CONFLITO DE INTERESSES NO DIREITO SOCIETÁRIO E FINANCEIRO

Um Balanço a Partir da Crise Financeira

CONFLITO DE INTERESSES NO DIREITO SOCIETÁRIO E FINANCEIRO

Um Balanço a Partir da Crise Financeira

PAULO CÂMARA
JOSÉ FERREIRA GOMES
JOÃO SOUSA GIÃO
RUI DE OLIVEIRA NEVES
SOFIA LEITE BORGES
GONÇALO CASTILHO DOS SANTOS
HUGO MOREDO SANTOS
GABRIELA FIGUEIREDO DIAS

CONFLITO DE INTERESSES
NO DIREITO SOCIETÁRIO E FINANCEIRO

AUTORES
PAULO CÂMARA; JOSÉ FERREIRA GOMES
JOÃO SOUSA GIÃO; RUI OLIVEIRA NEVES
SOFIA LEITE BORGES; GONÇALO CASTILHO DOS SANTOS
HUGO MOREDO SANTOS; GABRIELA FIGUEIREDO DIAS

EDITOR
EDIÇÕES ALMEDINA. SA
Av. Fernão Magalhães, n.º 584, 5.º Andar
3000-174 Coimbra
Tel.: 239 851 904
Fax: 239 851 901
www.almedina.net
editora@almedina.net

PRÉ-IMPRESSÃO | IMPRESSÃO | ACABAMENTO
G.C. – GRÁFICA DE COIMBRA, LDA.
Palheira – Assafarge
3001-453 Coimbra
producao@graficadecoimbra.pt

Janeiro, 2010

DEPÓSITO LEGAL
304880/10

Os dados e as opiniões inseridos na presente publicação
são da exclusiva responsabilidade do(s) seu(s) autor(es).

Toda a reprodução desta obra, por fotocópia ou outro qualquer
processo, sem prévia autorização escrita do Editor, é ilícita
e passível de procedimento judicial contra o infractor.

Biblioteca Nacional de Portugal – Catalogação na Publicação

Conflito de interesses no direito societário
e financeiro : um balanço a partir da crise
financeira / Paulo Câmara... [et al.]. – (Obras
colectivas)
ISBN 978-972-40-4078-3

I – Câmara, Paulo

CDU 347

Apresentação

A crise financeira de 2007-2009 e os escândalos societários de acentuado impacto que a antecederam, entre múltiplas implicações, confirmaram que as deficiências na gestão e na prevenção de conflitos de interesses podem originar consequências danosas de largo alcance – imprimindo, paralelamente, um renovado fôlego ao debate internacional e inter-disciplinar sobre o governo das sociedades.

Esta constatação, e a sequência de acontecimentos a ela conducente, serviram de inspiração e de catalisador a um conjunto de estudos jurídicos, em torno dos quais se organiza o presente volume.

O livro inicia-se com o contributo de Paulo Câmara, que se propõe efectuar uma leitura transversal e panorâmica das técnicas regulatórias sobre o conflito de interesses detectadas no Direito financeiro e societário. O capítulo conclui pela relevância que tais soluções ostentam, mesmo fora das estritas fronteiras daquelas disciplinas.

Dos conflitos de interesses entre accionistas se encarrega o texto de José Ferreira Gomes, centrando a sua atenção nos negócios celebrados entre a sociedade anónima e o seu accionista controlador, assumido como um dos problemas centrais do Direito das sociedades comerciais em mercados com concentração accionista, dos quais Portugal é um exemplo paradigmático. Neste contexto são criticamente analisadas as obrigações de aprovação prévia de tais negócios, os padrões de conduta dos accionistas controladores (*maxime*, o dever de lealdade) e dos administradores (os chamados deveres fundamentais), bem como as inerentes obrigações de divulgação de informação. A análise do prisma do Direito societário é completada através de um adicional par de capítulos: João Sousa Gião cura dos conflitos de interesses entre os administradores e os accionistas na sociedade anónima, dedicando atenção particular aos negócios com a sociedade e à remuneração dos administradores; a cargo de Rui Oliveira Neves ficou cometida a análise dos conflitos de interesses nos membros de órgãos de fiscalização.

O comentário sistemático ao regime do conflito de interesses nos serviços de intermediação financeira incumbe a Sofia Leite Borges, que retomou e desenvolveu, deste modo, estudos anteriores efectuados sobre o tema.

A crise financeira trouxe para primeiro plano o debate sobre o tratamento regulatório dos prestadores de serviços auxiliares de interesse público (*gatekeepers*), o que ficou reflectido em três capítulos do livro. A disciplina do conflito de interesses na análise financeira é objecto do texto de Gonçalo Castilho dos Santos, que percorre o regime consagrado no Código dos Valores Mobiliários, em transposição dos correspondentes textos comunitários, aproveitando esse excurso para ilustrar também as questões debatidas em *fora* internacionais e doutrina no que respeita a deveres de boa conduta do analista financeiro para com o destinatário da análise propriamente dita e, paralelamente, realçando o primado da transparência e da correcta prevalência dos interesses em presença, designadamente quando esteja em causa a definição da remuneração do analista ou a titularidade por este de instrumentos financeiros objecto da análise financeira. No tocante às sociedades de notação de risco (*rating agencies*), que têm gozado de relevantíssimos poderes num ambiente de quase completa ausência de regulação, a discussão é reconstituída e analisada por Hugo Moredo Santos, no capítulo onde pontua, nomeadamente, uma apreciação aos trabalhos desenvolvidos pela IOSCO e pelo CESR, bem como ao novo Regulamento da Comissão Europeia sobre a matéria. O volume encerra com uma reflexão reservada às matérias da auditoria, da autoria de Gabriela Figueiredo Dias, que no seu texto procura explorar vias alternativas às soluções proibicionistas, dirigindo um olhar crítico às intervenções regulatórias recentes.

Este livro constitui o segundo tomo de uma colecção iniciada com a publicação, em 2008, de *Código das Sociedades Comerciais e o Governo das Sociedades*, filiando-se num projecto colectivo, formado a partir de contributos individuais, e desinteressados, revertendo os direitos de autor de cada publicação para uma entidade de solidariedade social. No caso deste tomo, será a Associação "A CASA DE BETÂNIA" a destinatária das receitas que vierem a ser obtidas com a sua venda.

O projecto aqui concretizado reveste-se de duas outras características, que merece dar a conhecer. De um lado, assume uma promessa de continuidade na publicação de obras conjuntas, em cadência anual. De outro lado, procura reunir um círculo gradualmente alargado de juristas que, no compromisso entre a actividade profissional e de investigação, encontram o decisivo estímulo para reflectirem, de modo independente, sobre temas actuais ligados ao governo das sociedades.

OS AUTORES

CAPÍTULO I

Conflito de Interesses no Direito Financeiro e Societário:

Um Retrato Anatómico

Paulo Câmara

SUMÁRIO:
§ 1.º Introdução
   1. Apresentação do tema
   2. Os conflitos de interesses e a actual crise financeira
   3. Razão de ordem; indicação da sequência
§ 2.º Conflito de interesses e intermediação financeira
   4. A prevenção de conflito de interesses na intermediação financeira: quadro geral
   5. A política em matéria de conflito de interesses
   6. Deveres de recenseamento e de comunicação de conflito de interesses
   7. Os deveres de organização interna
§ 3.º Conflito de interesses e Direito das sociedades anónimas
   8. Soluções legislativas: uma leitura transversal
   9. A fixação da remuneração dos órgãos sociais
§ 4.º Síntese; técnicas de regulação
   10. Quadro geral; graduação de interesses
   11. Proibições de actuação em conflito
   12. Técnicas de gestão e de legitimação
   13. Mecanismos complementares
§ 5.º Conclusões finais
   14. A vocação expansiva das técnicas de regulação de conflito de interesses no Direito societário e no Direito financeiro

§ 1.º
INTRODUÇÃO

1. Apresentação do tema

I – Numa sociedade aberta e hedonista, como a actual, marcada pela coexistência e pelo cruzamento de plúrimas relações sociais e económicas, a probabilidade de ocorrência de conflito de interesses é muito intensa.

Em resultado deste quadro, são múltiplas as intervenções legislativas sobre conflito de interesses, a atravessar transversalmente todo o sistema jurídico. Trata-se de um fenómeno poliédrico, cujas diversas dimensões exibem diferentes naturezas, e potenciam abordagens diversas.

Cabe relembrar nomeadamente que no Direito civil, o conflito de interesses funda o estabelecimento de deveres de lealdade do gestor de negócios (art. 465.º a) CC) e do mandatário (art. 1161.º-1162.º CC)[1]. Segundo algumas concepções, subjaz igualmente à cominação de ineficácia do negócio em abuso de representação (art. 269.º CC)[2].

No Direito público, como técnicas para dirimir conflito de interesses vale referenciar o princípio de imparcialidade da actividade administrativa (art. 266.º, n.º 2 CRP e art. 6.º CPA) de que decorrem, em particular, as incompatibilidades e impedimentos de titulares de cargos públicos (arts. 117.º, n.º 2 e 154.º CRP) e o impedimento e suspeição de titular de órgão e agente da Administração Pública (arts. 44.º-51.º CPA).

No Direito processual e notarial cumpre lembrar, respectivamente, de um lado, o incidente de suspeição de juiz (arts. 126.º-136.º CPC) e de perito (art. 571.º, n.º 1 CPC) e, de outro lado, o princípio de imparcialidade dos notários relativamente a interesse privados

---

[1] MENEZES CORDEIRO, *Os deveres fundamentais dos administradores das sociedades, ROA* (2006), 470.

[2] Ao menos na visão transalpina do instituto, como se pode documentar em PEDRO DE ALBUQUERQUE, *A Representação Voluntária em Direito Civil. Ensaio de Reconstrução Dogmática*, (2004) 677-704.

conflituantes e a proibição de intervenção do notário em actos em que haja conflito (art. 13.º do Estatuto do Notariado, aprovado pelo DL n.º 24/2004, de 4 de Fevereiro).

O tema do conflito de interesses inclui-se ainda no *noyon dur* dos deveres profissionais dos advogados, atento o dever de recusa de patrocínio imposto aos advogados em caso de conflito de interesses (art. 94.º do Estatuto da Ordem dos Advogados, aprovado pela Lei n.º 15/2005, de 26 de Janeiro).

Vigora, por fim, no Direito do trabalho, a regra de incompatibilidade do exercício de cargo de direcção de associação sindical ou de associação de empregadores com o exercício de qualquer cargo de direcção em partido político, instituição religiosa ou outra associação relativamente à qual exista conflito de interesses (art. 446.º do Código do Trabalho, aprovado pela Lei n.º 7/2009, de 14 de Fevereiro).

Em face destas indicações, aqui apresentadas a título exemplificativo, intui-se a importância do tema, e percebe-se que este assume natureza transversal a todo o sistema jurídico.

II – Além de as técnicas legislativas empregues para lidar com conflito de interesses não serem uniformes, as respostas normativas assentam usualmente em regras sectoriais, de âmbito confinado a áreas demarcadas de actividades públicas, profissionais ou contratuais.

O carácter fragmentário das soluções recenseadas[3], por seu turno, revela-se nomeadamente na circunstância de não se deparar, nas previsões legislativas, um regime geral do conflito de interesses com vocação aplicativa a todo o Direito público ou Direito civil.

No tocante ao genérico sentido das descritas intervenções, pode afirmar-se que o desiderato geral é o da prevalência do interesse público ou do interesse particular vinculado (do representado, do mandante) na solução estabelecida. Mas tal revela-se insuficiente para inferências aplicativas mais largas[4]. De outro modo dito, pese

---

[3] Em geral, sobre a fragmentariedade da protecção jurídica dos interesses, reenvia-se para PAULO MOTA PINTO, *Interesse Contratual Negativo e Interesse Contratual Positivo*, (2008), 493-496.

[4] Na esfera do Direito público, reconhece-se, é certo, a importância que a doutrina sobre restrições aos direitos fundamentais joga nesta sede. Reenvia-se, a propósito, para ROBERT ALEXY, *A theory of constitutional rights*, Oxford (2002), 178-222.

embora a diversidade de previsões legislativas, são, entre nós, limitados os subsídios do Direito público ou do Direito civil – para edificação de construções centrais sobre conflito de interesses.

III – Em contraste, no Direito financeiro e societário nota-se uma densificação maior no regime positivo atinente ao conflito de interesses. Este, aliás, conheceu um desenvolvimento importante em tempos recentes.

Um dos fundamentos para esta especificidade da área societária e financeira é de ordem jurídico-cultural. Uma atenção pelo conflito de interesses é inescapavelmente devida a influências anglo-saxónicas, que mostram um relevo marcante no actual regime societário e financeiro. Aí o tema recolhe subsídios do regime do trust, com categorias jurídicas centrais que servem de inspiração para outros domínios[5]. A análise económica do Direito, por seu turno, de origem norte-americana, elevou, em termos globais, a utilização da teoria da agência a categoria explicativa geral. A acrescer, o manancial de estudos empíricos produzidos em muito tem ajudado a forjar um discurso científico estruturado em torno do conflito de interesses, nomeadamente em tema de remuneração de administradores[6].

O Direito continental, neste âmbito, encontra-se em fase de transição. As tradicionais traves mestras, edificadas sobretudo em torno dos deveres do mandato[7], vão perdendo terreno mercê das influências anglo-saxónicas e dado que algumas situações centrais aqui em jogo (v.g. a administração) não se reconduzem a este tipo contratual[8]. Em paralelo, regista-se, nomeadamente no Direito alemão e – mais

---

[5] BORIS KASOLOWSKY, *Fiduciary Duties in Company Law,* Baden-Baden (2002), 36--55 e passim; KLAUS HOPT, *Self-Dealing and Use of Corporate Opportunity: Regulating Directors' Conflicts of Interests,* KLAUS HOPT/ GUNTHER TEUBNER, *Corporate Governance and Directors' Liabilities. Legal, Economic and Sociological Analyses of Corporate Social Responsibility*, Berlin/ New York (1985), 295-296; DAVID BAYNE, *A philosophy of corporate control, University of Pennsylvania LR* 112 (1963-64), 31-34.

[6] Cfr. *infra*, § 3.º 9.

[7] RASHID BAHAR/ LUC THÉVENOZ, *Conflicts of Interest. Corporate Governance and Financial Markets,* Geneva (2007), 3.

[8] MENEZES CORDEIRO, *Da Responsabilidade Civil dos Administradores de Sociedades Comerciais,* Lisboa, (1997), 384-396.

recentemente – no Direito português, um desenvolvimento relevante conferido aos deveres de lealdade[9]. A harmonização comunitária financeira tem também auxiliado a uma projecção mais intensa do tratamento legislativo do conflito de interesses[10].

Os fundamentos jurídico-culturais exibem, apesar de tudo, algumas limitações. Com efeito, não podemos perfilhar concepções exclusivistas quanto à origem e às especificidades da governação. A qualidade das respostas normativas em sede de conflito de interesses, detectáveis em cada sistema jurídico, depende de um número alargado de variáveis, de entre os quais se conta a conformação típica da propriedade accionista, as concepções éticas vigentes[11], e as estruturas políticas em vigor[12].

Às respostas mais correntes para a intensidade do tratamento do conflito de interesses na área financeira e societária, atrás enunciadas, adianta-se uma outra. O Direito das sociedades e o Direito financeiro supõem, em comum, actos de investimento[13]. Ora, *quer o investimento accionista, quer o investimento financeiro obrigam a um ambiente de confiança robustecida, que implica respostas normativas seguras ao tema do conflito de interesses.* À análise do seu conteúdo são dedicadas as páginas seguintes.

2. Os conflitos de interesses e a actual crise financeira

I – Uma colocação actual deste tema obriga ao reconhecimento de que o debate científico e político sobre a adequação do regime jurídico em matéria de conflito de interesses conheceu redobrado

---

[9] Cfr. *infra*, § 4.º 10.
[10] NIAMH MOLONEY, *EC Securities Regulation*[2], (2008), 499-522, 591-595; RASHID BAHAR/ LUC THÉVENOZ, *Conflicts of Interest. Corporate Governance and Financial Markets*, cit., 261-362. Cfr. ainda *infra*, § 2.º.
[11] DIRK ZETZSCHE, *An Ethical Theory of Corporate Governance History*, CBC-RPS n.º 26 (2007), disponível em http://ssrn.com/abstract=970909.
[12] MARK ROE, *Political Determinants of Corporate Governance – Political Context, Corporate Impact*, Oxford, (2002).
[13] Como ilustração central, para a esfera societária: GIUSEPPE FERRI Jr., *Investimento e Conferimento*, Milano, (2001), 119-219, 423-496.

ímpeto desde a irrupção da crise financeira internacional iniciada em 2007[14].

Como é sabido, embora as causas para tais desequilíbrios globais sejam múltiplas, em larga parte na sua génese estão um número de incentivos perversos ao prosseguimento de interesses próprios de profissionais do sistema financeiro[15]. E apesar de a lógica de *tone at the top* obrigar a considerar, em primeira linha, os membros de órgãos sociais e de outros dirigentes de instituições financeiras – havendo indícios, entre estes, de casos de remuneração comprovadamente excessiva, ainda que em casos de insucessos de gestão (*rewards for failure*) –, o certo é que outros membros do staff de tais instituições foram afectados por uma combinação perversa de incentivos. Em causa está particularmente a estruturação dos incentivos dos gestores, *investment bankers, traders* e administradores baseados em indicadores de curto prazo, que encorajam a assunção de riscos excessivos e para actuações baseadas em perspectivas de curto prazo[16].

Deste ponto de vista, aliás, estas deficiências de fundo haviam já sido detectadas, ainda que em graus ou em configurações diferentes, nos escândalos societários de larga dimensão trazidos a público no início de milénio (Enron, Worldcom, Parmalat e outros)[17]. Com uma diferença fundamental, porém: os *gatekeepers* mais sujeitos a

---

[14] Indicações suplementares sobre o tema podem colher-se em PAULO CÂMARA, *Medidas regulatórias adoptadas em resposta à crise financeira: um exame crítico*, em *Direito dos Valores Mobiliários*, Vol. IX, (2009); Id., *Las medidas adoptadas en Portugal en respuesta a la crisis financiera*, Revista de Derecho de Mercado de Valores n.º 4 (2008), 543-556.

[15] MENEZES CORDEIRO, *A crise planetária de 2007/2010 e o governo das sociedades*, RDS n.º 2 (2009), 263-286.

[16] Emblemática, neste contexto é a discussão de proeminentes académicos norte-americanos recolhida por JOHN MORLEY/ ROBERTA ROMANO, *The Future of Financial Regulation*, (2009), disponível em http://ssrn.com/abstract=1415144, 46-83. Cfr. ainda U.S. DEPARTMENT OF THE TREASURY, *Financial Regulatory Reform. A New Foundation: Rebuilding Financial Supervision and Regulation*, (2009), 44-45; SANJAI BAGHAT/ ROBERTA ROMANO, *Reforming Executive Compensation: Focusing and Committing to the Long-Term*, (2009), disponível em http://ssrn.com/abstract=1336978; LUTGART VAN DEN BERGHE, *To What Extent is the Financial Crisis a Governance Crisis? From Diagnosis to Possible Remedies*, (2009).

[17] Reenvia-se para a colecção de estudos recolhida por JOHN ARMOUR/ JOSEPH MCCAHERY, *Improving Corporate Law and Modernising Securities Regulation in Europe and the US*, Oxford/ Portland (2006), 65-126, 367-412.

crítica foram, nesse período, sobretudo os auditores e os analistas, ao passo que com a presente crise o enfoque deslocou-se para as sociedades de notação de risco e os profissionais das instituições financeiras[18].

II – A crise financeira revelou, ainda, um problema de incentivos na prática das operações de titularização.

A integralidade da cessão de créditos, e da transferência do risco que lhe está associado[19], induziu em alguns casos a um comprovado menor rigor nos critérios da concessão de crédito, na expectativa da sua posterior titularização[20]. Documentam-se casos de displicência nas exigências de documentação dos contratos de crédito celebrados, bem como de diminuição no grau de exigência na selecção dos créditos a titularizar[21]. Estas causas terão estado na origem de uma sobreutilização do crédito, com efeitos negativos em termos macroeconómicos[22].

O descrito diagnóstico explica as recentes propostas legislativas, actualmente em discussão, no âmbito do regime da titularização – nomeadamente quanto a uma futura retenção obrigatória de uma parte significativa do risco na esfera jurídica do cessionário ou do *sponsor* da operação[23].

---

[18] EDDY WYMEERSCH, *Corporate Governance and Financial Stability*, Financial Law Institute Gent WP 2008-11 (2008), 5-8. Em sentidos opostos, quanto à medida da divergência de interesses, cfr. LUCIEN BEBCHUK et al., *The Wages of Failure: Executive Pay at Bear Sterans and Lehman 2000-2008*, (2009); RÜDIGER FAHLENBRACH/RENÉ STULTZ, *Bank CEO Incentives and the Credit Crises*, ECGI (2009).

[19] Para uma caracterização geral: PAULO CÂMARA, *Manual de Direito dos Valores Mobiliários*, cit., 320-330, com um sublinhado acerca dos problemas sistémicos que a titularização pode propiciar, a págs. 321-322.

[20] BANK OF ENGLAND, *Financial Stability Report*, (25-Out.- 2007), 16-28 (25-26); MENEZES CORDEIRO, *A crise planetária de 2007/2010 e o governo das sociedades*, cit., 269-270.

[21] JENNIFER E. BETHEL/ ALLEN FERRELL/GANG HU, *Legal And Economic Issues In Litigation Arising From The 2007-2008 Credit Crisis*, Harvard Law School (2008), 1-43.

[22] MARTIN WOLF, *A Reconstrução do Sistema Financeiro Global*, (2008, trad. de 2009), 187-200; GEORGE SOROS, *O Novo Paradigma para os Mercados Financeiros. A Crise de Crédito de 2008 e as suas Implicações*, Coimbra (2008), 13-30, 189-216.

[23] Cfr. U.S. DEPARTMENT OF THE TREASURY, *Financial Regulatory Reform. A New Foundation: Rebuilding Financial Supervision and Regulation*, (2009), 14, 43-44 (preconizando um dever de retenção de 5% da exposição ao risco de crédito subjacente) e, bem assim, o proposto *Consumer Financial Protection Agency Act of 2009*. Merece ainda ter em conta as propostas europeias em discussão pública relativas às alterações à

III – Na constelação de causas determinantes da crise, é consensual apontar igualmente o comportamento dos prestadores privados de serviços auxiliares de interesse público (*gatekeepers*)[24] – auditores, sociedades de notação de risco (*rating*), analistas – relativamente aos quais as exigências de imparcialidade são particularmente agudas.

Em particular, as sociedades de notação de risco revelaram um desempenho deficiente na avaliação de produtos financeiros estruturados. O ponto crítico situa-se sobretudo em operações de titularização, nas quais por vezes as sociedades de notação de risco desempenhavam um papel activo, chegando a aconselhar a estrutura das operações que as próprias avaliavam, de modo a obter a notação de risco mais elevada, ou nas quais prestavam outros serviços aos seus clientes (bancos de investimento)[25]. Esta promiscuidade conduziu a um intenso risco de de auto-avaliação – na medida em que traduz a avaliação do risco de operações que as próprias avaliadoras auxiliavam a conceber (*in effect rating their own work*[26]).

3. Razão de ordem; indicação da sequência

I – As indicações anteriores, embora introdutórias, permitem compreender a centralidade do problema do conflito de interesses e

---

Directiva de Adequação de Capitais Próprios, que agravam a graduação de risco das securitizações de 2.º grau, disponíveis em http://ec.europa.eu/internal_market/bank/regcapital/index_en.htm# consultation.

[24] Sobre o regime dos prestadores de serviços acessórios de interesse público, e sua autonomia, além do canónico JOHN COFFEE Jr, *Gatekeepers. The Professions and Corporate Governance,* reenvia-se para o meu *Manual de Direito dos Valores Mobiliários,* cit., 297-309.

[25] O ponto é objecto de tratamento desenvolvido por HUGO MOREDO SANTOS, *A Notação de Risco e o Conflito de Interesses,* neste volume, a p. 471-563. Cfr. ainda FRIEDRICH KÜBLER, *The subprime crisis – does it ask for more regulation?,* em MICHEL TISON / HANS DE WULF/ CHRISTOPHER VAN DER ELST/ REIHARD STEENNOT (org.), *Perspectives in Company Law and Financial Regulation,* Oxford, (2009), 570-582; FRANK PARTNOY, *Overdependence on Credit Ratings Was a Primary Cause of the Crisis,* University of San Diego (2009).

[26] Como afirmou a *Securities and Exchange Commission,* em transcrição que consta de uma célebre acção judicial interposta em Julho de 2009 pelo fundo de pensões californiano CalPERS contra as maiores sociedades de notação de risco.

a sensibilidade particular ao tema no Direito financeiro e no Direito societário. A crise financeira limitou-se a confirmar este dado.

Falta, porém, entre nós, uma visão de conjunto sobre o sistema. O quadro é paradoxal, já que, neste campo, são conhecidos estudos comparativos animadores – o que sucede com o recente estudo sobre a gestão de conflito de interesses em sociedades anónimas, tomando por amostra 72 sistemas jurídicos. Este levantamento comparativo classifica positivamente o ordenamento nacional[27], concluindo nomeadamente que o sistema jurídico-societário português se mostra melhor apetrechado que o alemão, italiano, francês, holandês e espanhol.

II – A oportunidade para um tratamento transversal do tema é, em suma, sobejamente visível. Cabe, pois, recensear estatuições financeiras e societárias referentes ao conflito de interesses e avaliar a sua coerência. Interessa, por fim, examinar se e, caso afirmativo, até que ponto é que as manifestações do Direito financeiro e societário do conflito de interesses podem irradiar influências para o sistema jurídico em geral. Esse o objecto do presente texto.

§ 2.º
CONFLITO DE INTERESSES
E INTERMEDIAÇÃO FINANCEIRA

4. A prevenção de conflito de interesses na intermediação financeira: quadro geral

I – É frequente a ocorrência de conflitos de interesses na prestação de serviços de investimento[28]. O fenómeno é, em alguma medida, *normal*.

---

[27] SIMEON DJANKOV/ RAFAEL LA PORTA / FLORENCIO LOPEZ-DE-SILANES / ANDREI SHLEIFER, *The Law and Economics of Self-Dealing*, (2005) http://ssrn.com/abstract=864645.

[28] Figura como emblemático, a propósito, o considerando 29 da Directiva n.º 2004/39/CE, de 21 de Abril de 2004 (DMIF): *o crescente leque de actividades que as empresas de investimento exercem em simultâneo tem aumentado as possibilidades de conflitos de interesses entre estas diferentes actividades e os interesses dos seus clientes.*

São numerosas, e diversas entre si, as causas para este risco elevado de conflito de interesses. Em termos estruturais, os contratos de intermediação financeira são em larga parte subtipos do contrato de mandato, em que desempenha relevância central o interesse do cliente[29]. Sucede que o intermediário financeiro é também portador de interesses, que podem conflituar com o daquele. Não pode negligenciar-se nomeadamente a estrutura de remuneração dos intermediários, que pode criar incentivos perversos à prestação de serviços em termos não coincidentes com os do cliente[30].

Avulta, de outro lado, a polifuncionalidade dos prestadores de serviços na área mobiliária[31] – podendo alguns serviços apresentar um risco maior de conflito em relação a outros (ex: recomendações de investimento e colocação de valores mobiliários), o que é exponenciado num universo massificado de clientes. A isso soma-se uma rede de distribuição crescentemente complexa, no âmbito da qual podem despontar interesses autónomos dos colaboradores, dirigentes, agentes vinculados ou subcontratados que se revelam em concreto contrastantes com os do cliente.

II – A trivialização das fontes de conflito de interesses não torna o tema homogéneo[32]. Haverá, com efeito, que proceder a múltiplas distinções, porquanto nem todos os conflitos de interesses apresentam o mesmo grau de danosidade.

Do mesmo modo, as respostas legislativas comportam uma natureza e uma densidade prescritiva muito variáveis. Quanto ao momento temporal em que intervêm, contrapõem-se, de um lado, as normas dirigidas à prevenção e, de outro, as normas dirigidas à gestão do conflito.

---

[29] PEDRO PAIS DE VASCONCELOS, *O Mandato Bancário, Estudos em Homenagem ao Professor Doutor Inocêncio Galvão Teles,* Vol. II, (2002), 131-155 (149-153).

[30] Cfr. a propósito Recomendação da Comissão Europeia n.º 2009/3177, de 30 de Abril de 2009, sobre remunerações no sector financeiro.

[31] HOLGER FLEISCHER, *Die Richtlinie über Märkte für Finanzinstrumente und das Finanzmarkt-Richtlinie-Umsetzungsgesetz – Entstehung, Grundkonzeption, Regelungsschwerpunkte,* cit., 395.

[32] Entre nós: SOFIA LEITE BORGES, *Conflito de Interesses na Intermediação Financeira,* Cadernos MVM n.º 27 (2007), 68-89; Id., neste volume, 315-425.

Atendendo à sua natureza, cabe, em particular, distinguir:

– normas que postulam deveres de informação (soluções informativas);
– normas que postulam deveres de organização (soluções organizativas);
– normas que estabelecem proibições (soluções proibicionistas), sejam estas proibições absolutas ou proibições cuja derrogação esteja na dependência de um terceiro.

Se quisermos descortinar uma tendência, designadamente em virtude da proliferação do modelo de banca universal[33] as soluções proibicionistas são raras. Podem divisar-se exemplos nas prescrições gerais sobre proibição de abuso de informação privilegiada, a que todavia nem sempre subjazem conflito de interesses em sentido técnico (uma vez que o benefício do próprio não constitui elemento do tipo penal: cfr. art. 378.º), as quais também atingem intermediários financeiros – como o ilustra o art. 309.º-E, n.º 1[34].

III – No prisma da política legislativa, a justificação para intervenções regulatórias neste âmbito pode colher-se seja em fundamentos micro-jurídicos, seja em razões de natureza macro-jurídica. Quanto ao primeiro plano, as normas sobre conflitos de interesses explica-se pelo pesado investimento de confiança depositado pelo cliente no seu intermediário, a resultam redobradamente justificadas em relação a instrumentos financeiros mais sofisticados[35].

---

[33] SIEGFRIED KÜMPEL, *Bank- und Kapitalmarktrecht*³, Köln, (2004), 274.

[34] As proibições de actuação nesta sede, em todo o caso, demonstram que os conflitos de interesses não são intrinsecamente inevitáveis, como salientam GAETANO PRESTI/ MATTEO RESCIGNO, *Il conflitto di interessi nella prestazione dei servizi di investimento,* MARIO ANOLLI / ALBERTO BANFI/ GAETANO PRESTI/ MATTEO RESCIGNO, *Banche, Servizi di Investimento e Conflitti di Interesse,* cit., 13, 29. Sobre as normas proibitivas como resposta para o conflito de interesses, e as objecções que suscitam enquanto técnica regulatória, cfr. *infra,* § 4.º, 12.

[35] Centrando a sua análise nos valores mobiliários estruturados: PETER MÜLBERT, *Anlegerschutz bei Zertifikaten – Beratungspflichten, Offenlegungspflichten bei Interessenkonflikten und die Änderungen durch das Finanzmarkt-Richtlinien-Umsetzungsgesetz (FRUG),* WM (2007) 1149-1163.

As soluções informativas procuram quebrar a assimetria informativa entre intermediário e cliente. As soluções organizativas, por seu turno, procuram reduzir as possibilidades de ocorrência do conflito lesivo.

Em termos macro-jurídicos, as regras sobre gestão e prevenção de conflito de interesses são dirigidos a robustecer a integridade do mercado, procurando evitar os problemas sistémicos decorrentes de uma generalizada falta de confiança nos intermediários. A defesa da reputação do intermediário vem assim associada à preservação da eficiência dos mercados[36].

IV – O tema dos conflitos de interesses no âmbito das actividades financeiras tem conhecido um desenvolvimento progressivo nas últimas décadas.

Em 1991, o britânico *Securities and Investment Board* aprovou os *Principles and Core Rules for the Conduct of Investment Business*[37]. De entre estes, havia indicações importantes sobre prevenção, gestão e tutela de expectativas ligadas a conflito de interesses.

Estas, por seu turno, na sua essência viriam a ser transportadas para um âmbito geográfico mais amplo através da IOSCO que fez aprovar em 1993 as *International Conduct of Business Principles*, de entre os quais constava um Princípio sobre conflito de interesses[38].

Nesse mesmo ano, a primeira Directiva comunitária sobre Serviços de Investimento viria a ser aprovada, postulando deveres de prevenção de conflito de interesses e de tratamento equitativo dos clientes, quando os conflitos de interesses não pudessem ser evitados[39].

---

[36] GAETANO PRESTI/ MATTEO RESCIGNO, *Il conflitto di interessi nella prestazione dei servizi di investimento*, MARIO ANOLLI / ALBERTO BANFI/ GAETANO PRESTI/ MATTEO RESCIGNO, *Banche, Servizi di Investimento e Conflitti di Interesse*, Il Mulino, (2008), 13.

[37] SECURITIES AND INVESTMENT BOARD, *Principles and Core Rules for the Conduct of Investment Business*, (1991), Principle 6 (*A firm should either avoid any conflict of interest arising or, when conflicts arise, should ensure fair treatment to all its customers by disclosure, internal rules of confidentiality, declining to act, or otherwise*).

[38] Cfr. IOSCO, *International Conduct of Business Principles*, (1993) cujo Princípio n.º 6 rezava: *A firm should try to avoid conflicts of interest, and where they cannot be avoided, should ensure that its customers are fairly treated.*

[39] Art. 11.º, n.º 1 § 6 da Directiva n.º 93/22/CEE, de 10 de Maio de 1993 (DSI).

O enunciado comunitário, porém, revelava excessiva vaguidade e impunha uma harmonização mínima[40], o que deu azo a disciplinas muito díspares no direito interno de cada Estado-membro[41].

Em Portugal, o Código do Mercado de Valores Mobiliários lidava com o problema do conflito de interesses através de uma técnica mista, combinando normas proibitivas com cláusulas gerais sobre prevenção do conflito. De um lado, o art. 645.º previa um pequeno catálogo de proibições, que poderiam ser contornadas através do conhecimento prévio e autorização escrita dos clientes. Sem que tal requisito fosse preenchido, quedava-se interdita a actuação do intermediário como contraparte do cliente[42] ou a subscrição, por conta do cliente ou para a gestão da sua carteira, de valores mobiliários integrantes ofertas dirigidas pelos próprios intermediários ou por eles garantidas ou tomadas firme. Semelhante proibição era estendida a operações de natureza semelhante, geradoras de um conflito de interesses entre o cliente e os intermediários financeiros. De outro lado, estabelecia-se um princípio de prevalência dos interesses do cliente (art. 660.º), o que era complementado através de uma cláusula geral que dispunha que os intermediários se deveriam esforçar por evitar a emergência de conflitos de interesses entre os seus clientes, tratando-os em termos equitativos quando tal ocorresse (art. 661.º). Ao lado, foi tornado explícito o princípio de igualdade de tratamento entre clientes (art. 659.º), a ceder apenas caso a natureza ou a prioridade temporal das suas ordens ou outra circunstância legal ou regulamentarmente atendível o impusesse. Por fim, em termos organizativos, eram transmitidas diversas directrizes tendo em vista obviar à ocorrência de conflitos de interesses entre o intermediário e os seus clientes ou entre clientes (art. 662.º)[43].

O Código dos Valores Mobiliários de 1991, logo na sua versão originária prolongou e desenvolveu esta técnica legislativa. A par de

---

[40] NIAMH MOLONEY exemplifica como casos não cobertos os direitos de resolução contratual, a proibição de remuneração ou de intermediação excessiva, bem como o tratamento de ordens de clientes: *EC Securities Regulation*, cit., 536-539.

[41] MICHEL TISON, *Conduct of Business Rules and their Implementation in the EU Member States*, in GUIDO FERRARINI/ KLAUS HOPT/ EDDY WYMEERSCH, *Capital Markets in the Age of the Euro*, (2002), 65-99.

[42] Ressalvando as excepções delimitadas no n.º 2 do art. 182.º CdMVM.

[43] Cfr., ainda, a habilitação regulamentar para tratar a matéria no art. 634.º CdMVM.

diversas cláusulas gerais contidas no art. 309.º, foi consagrada uma lista de proibições no art. 347.º, a propósito da negociação por conta própria[44]. Sintomática e relevante foi, por seu turno, a previsão específica da proibição de intermediação excessiva, no art. 310.º. Importantes concretizações destes dispositivos foram cumpridas através do Regulamento n.º 12/2000 da CMVM e suas sucessivas actualizações.

O grande salto qualitativo do regime sobre conflito de interesses, porém, foi consumado através das alterações ao Código dos Valores Mobiliários promovidas pelo DL n.º 357-A/2007, de 31 de Outubro, em transposição do actual enquadramento comunitário sobre a matéria, constante da Directiva 2004/39/CE, de 21 de Abril de 2004 (DMIF) e da Directiva n.º 2006/73/CE, de 10 de Agosto de 2006 (Directiva de execução ou de nível 2 da DMIF)[45]. Em resultado da transposição destes textos comunitários, passou a dedicar-se uma subsecção autónoma à matéria do conflito de interesses na intermediação financeira (Subsecção VI: arts. 309.º-309.º-F), a qual todavia não esgota as prescrições contidas ao longo do diploma com relevo no tema do conflito de interesses (cfr. nomeadamente os arts. 304.º e seguintes).

V – Antes do exame das regras de Direito interno, cumpre observar que a actual disciplina comunitária revela uma harmonização ambiciosa da prestação de serviços de investimento e do desenvolvimento de actividades de investimento – o que se detecta de modo paradigmático pelo facto de o âmbito da harmonização se estender às normas de conduta e organizacionais[46]. É patente o contraste em relação com a predecessora Directiva dos Serviços de Investimento, na qual tal matéria era objecto de uma harmonização mínima cuja

---

[44] Sobre a redacção originária destes preceitos, cfr. JOSÉ PEDRO FAZENDA MARTINS, *Deveres dos Intermediários Financeiros – Em Especial, os Deveres para com os Clientes e o Mercado*, in *Cadernos do Mercado de Valores Mobiliários*, n.º 7 (2000), 329-349 (338-343).

[45] Ao abrigo do arts. 13.º, n.º 10 e 19.º, n.º 10 da Directiva 2004/39/CE, de 21 de Abril de 2004 (DMIF).

[46] LUCA ENRIQUES, *L'intermediario in conflito d'interessi nella nuova disciplina comunitária dei servizi d'investimento*, Giurisprudenza Commerciale (Nov.-Dez. 2005), 844-847.

supervisão se confiava ao critério dos Estados onde o serviço era prestado: isto é, no caso de prestação de serviços transfronteiriça, aos Estados-membros de acolhimento (art. 11 (2) DSI)[47].

Assume lugar de destaque, nessa sede, o tratamento conferido ao conflito de interesses dos intermediários financeiros, significativamente mais desenvolvida do que surgia na anterior DSI[48].

VI – A matéria é encimada por duas cláusulas gerais. A um tempo, é estabelecido um dever de lealdade aos interesses do cliente: a empresa de investimento deve actuar de forma honesta, equitativa e profissional de acordo com a protecção dos legítimos interesses dos seus clientes (art. 304.º, n.º 1 e 309.º, n.º 3 CVM; art. 19 (1) DMIF).

O dever de lealdade do intermediário resulta particularmente relevante quando se contraponham interesses do intermediário e do seu cliente: a mensagem legislativa contida no n.º 3 do art. 309.º é clara quanto à prevalência deste último. Dito de outro modo, uma vez que, na prestação de serviços de investimento, o intermediário actua (usualmente ao abrigo de mandato) no interesse do cliente, não pode invocar o art. 335.º CC para uma cedência recíproca de interesses, se entre si o interesse do cliente e o do intermediário se revelarem em colisão.

Além disso, a empresa de investimento deve tomar todas as medidas organizacionais e administrativas razoáveis destinadas a evitar que conflitos de interesses relevantes prejudiquem os interesses dos clientes (art. 309.º-A, n.º 5 a) e 309.º-C, n.º 1 CVM e art. 13 (3) DMIF).

Desta última cláusula geral resultam as principais características do regime:

– o largo âmbito aplicativo: esta cláusula aplica-se ante qualquer cliente do intermediário, seja qualificado, não qualificado ou

---

[47] MICHEL TISON, *Conduct of Business Rules,* in GUIDO FERRARINI/ KLAUS HOPT/ EDDY WYMEERSCH, *Capital Markets in the Age of the Euro,* (2002), 80-88; COMPORTI, CARLO, *I conflitti di interessi nella disciplina comunitaria dei servizi finanziari, Diritto della Banca e del Mercato Finanziario* (2005), 603.

[48] As novas regras têm 11 vezes a extensão dos homólogos dispositivos da DSI, segundo os cálculos de JEAN-PIERRE CASEY/ KAREL LANNOO, *The MiFID Implementing Measures: Excessive detail or level playing field?,* cit., 6.

contraparte elegível[49]. A vulnerabilidade a condutas lesivas pode afectar qualquer categoria de investidores;[50]
- a prioridade à prevenção do conflito de interesses danoso: a Directiva prefere que o conflito lesivo nem chegue a ocorrer[51]. Não está em causa, note-se, a prevenção da ocorrência de todo e qualquer tipo de conflito de interesses – o que seria tarefa impossível – mas apenas a prevenção dos conflitos aptos a produzir danos. Adiante se compreende que outros traços do regime se centram, como *second best*, na gestão dos conflitos de interesses, atenta esta sua inevitabilidade;
- o enfoque no objectivo: o que releva é, antes de mais, a finalidade descrita e não os meios de a atingir. Adiante compreender-se-á melhor este ponto.

VII – As consequências aplicativas deste regime devem ser clarificadas através de uma precisão sobre o conceito de conflito de interesses subjacente.

Em geral, entende-se aqui por conflitos de interesses as situações de facto preexistentes à prestação de serviços financeiros reveladores de uma efectiva contraposição de interesses entre o prestador do serviço e o cliente ou entre clientes[52]. Esta formulação obriga a ter presente, no regime do conflito de interesses, duas principais dimensões:
- a delimitação subjectiva: perímetro das pessoas cujos interesses relevam para efeitos da aplicação do regime *sub judice*;
- a delimitação objectiva: determinação do tipo de desarticulação entre interesses significativo.

---

[49] A pretensa exclusão das contrapartes elegíveis desta disciplina, discutida na consulta pública, foi expressamente rejeitada pelo Considerando 25 da Directiva 2006/73/CE, de 10 de Agosto de 2006.

[50] MARC KRUITHOF, *Conflicts of Interest in Institutional Asset Management: Is the EU Regulatory Approach Adequate?*, cit., 47-48.

[51] A *redução ao mínimo* do conflito de interesses – como objectivo alternativo do aparelho organizativo –, subjacente ao regime da DSI (embora ainda reflectivo no actual 309.º, n.º 1 CVM), nesta medida, contrasta ligeiramente com o texto da nova Directiva.

[52] Em geral: ALDO STESURI, *Il Conflitto di Interessi*, Milano (1999), 105-110 e *passim*.

A delimitação subjectiva do âmbito do regime do conflito de interesses é realizada através dos arts. 309.º-E e 309.º-F CVM. Os conflitos de interesses aqui em referência são os que, no quadro da prestação de serviços de investimento ou auxiliares, ou na combinação desses serviços, se prefiguram como:

– conflitos entre intermediário e cliente;
– conflitos entre clientes.

No entanto, na primeira vertente, inclui-se o conflito, não apenas entre o cliente e a pessoa colectiva prestadora do serviço, mas também aquele e os dirigentes do intermediário, colaboradores e agentes vinculados ou quaisquer pessoas em relação de domínio com o intermediário financeiro.

O conflito de interesses entre clientes, por seu turno, pode nomeadamente decorrer por uma oportunidade de negócio não poder ser aproveitada por todos os clientes ou por haver interesses contrapostos em transacções entre clientes[53].

Daqui decorre igualmente que é necessária a intervenção de um cliente para haver conflito de interesses subsumível a esta disciplina. O simples desenvolvimento de actividades de investimento pela empresa não dá lugar à aplicação destes dispositivos[54].

VIII – A demarcação objectiva do conflito de interesses pressupõe a discussão sobre se as previsões normativas exigem uma incompatibilidade ou se se bastam com a simples concorrência de interesses contrapostos[55].

A actual formulação legislativa propende para uma acepção restritiva, próxima do primeiro sentido apontado. Embora não obrigue à

---

[53] MARC KRUITHOF, *Conflicts of Interest in Institutional Asset Management: Is the EU Regulatory Approach Adequate?*, Gent Financial Law Institute WP 2005-07 (2005), 13-14.

[54] Cfr., além do art. 18, n.º 1 DMIF, o considerando 21 da Directiva n.º 2006/ /73/CE, de 10 de Agosto de 2006.

[55] LUCA ENRIQUES, *Lo svolgimento di attività di intermediazione mobiliare da parte delle banche: aspetti della disciplina privatistica*, BBTC (1996), I, 635-ss (652-ss); RENZO COSTI/ LUCA ENRIQUES, *Il Mercato Mobiliare*, in GASTONE COTTINO (dir.), *Trattato di Diritto Commerciale*, VIII (2004), 343-344.

demonstração de uma incompatibilidade de interesses – no sentido de que não se possa satisfazer um sem que o outro saia lesado –, dispõe-se directamente que tais conflitos apenas relevam se implicarem prejuízo para uma das partes. Assim, se uma parte tem um benefício sem que a outra sofra uma desvantagem, não há tecnicamente conflito para efeitos do regime comunitário[56].

IX – Além disso, são consagrados deveres instrumentais para cumprimento do objectivo fixado no art. 13.º, n.º 3. Para uma apreensão mais imediata do material normativo em exame, podemos subdividi-los em três conjuntos essenciais, a saber:
- deveres de planeamento e execução da política de conflito de interesses;
- deveres de recenseamento e de comunicação;
- deveres de organização.

Cada uma destas categorias de deveres é explorada de seguida.

5. A política em matéria de conflito de interesses

I – O regime actual impõe um dever de adopção, divulgação e execução de uma política em matéria de conflito de interesses. A regulação da matéria concentra-se nos artigos 309.º-A e 309.º-B CVM[57] e recebeu influência determinante do parecer técnico do CESR que precedeu as medidas de nível 2[58].

---

[56] Considerando 24 da Directiva n.º 2006/73/CE, de 10 de Agosto de 2006 (nível 2 da DMIF).

[57] Estes preceitos correspondem à transposição dos artigos 21.º e 22.º da Directiva n.º 2006/73/CE, de 10 de Agosto de 2006 (nível 2 da DMIF).

[58] CESR, *Technical Advice on Possible Implementing Measures of the Directive 2004/39/EC on Markets in Financial Instruments,* (2005). Algumas apreciações sobre este texto podem colher-se em LUCA ENRIQUES, *L'intermediario in conflitto d'interessi nella nuova disciplina comunitária dei servizi d'investimento,* cit., 849-852; CARLO COMPORTI, *I conflitti di interessi nella disciplina comunitaria dei servizi finanziari,* cit., 604-606; GAETANO PRESTI/ MATTEO RESCIGNO, *Il conflitto di interessi nella prestazione dei servizi di investimento,* MARIO ANOLLI / ALBERTO BANFI/ GAETANO PRESTI/ MATTEO RESCIGNO, *Banche, Servizi di Investimento e Conflitti di Interesse,* cit., 18-21.

A política sobre conflito de interesses deve ser:
- eficaz;
- adequada à dimensão e natureza do intermediário e das actividades por este prestadas;
- global, cobrindo todas as áreas de actuação dos intermediários financeiros[59].

Por outro lado, a política deve ser reduzida a escrito, o que supõe ser elemento conhecimento do cliente e até de comparabilidade no mercado de prestação de serviços de investimento.

II – O principal objectivo apresentado é o de que os colaboradores do intermediário financeiro em áreas de actividade que possam implicar conflitos de interesses actuem com o grau adequado de independência.

A independência, nesta sede, é aferida em relação a duas ameaças distintas:
- face à dimensão e às actividades do intermediário e do grupo a que pertence; e
- à importância do risco de prejuízo para os interesses dos clientes.

III – Os mecanismos de mitigação dos conflitos de interesses podem envolver, entre outras, as seguintes medidas[60]:
- estabelecimento de separações informativas inter-departamentais;
- estabelecimento de fiscalizações distintas de departamentos que podem representar interesses divergentes entre clientes ou com o interesse do intermediário;

---

[59] Considerando 27 da Directiva n.º 2006/73/CE, de 10 de Agosto de 2006 (nível 2 da DMIF).

[60] Cfr. art. 22.º, n.º 3 da Directiva n.º 2006/73/CE, de 10 de Agosto de 2006 (nível 2 da DMIF) e a propósito: ETAY KATZ, *Investment Bank Conflits under MiFiD*, (2005) < www.complinet.com >.

– estruturação da remuneração de modo a evitar ligações aos serviços potencialmente conflituantes (ex: remunerações dos colaboradores na área de *research* não devem depender das receitas da área *corporate*);
– desenho dos mecanismos de reporte hierárquico de modo a que uma pessoa não possa exercer influência indevida sobre outras no modo como são prestados serviços de investimento;
– prevenção do envolvimento sequencial ou simultâneo de um pessoa em diferentes actividades de intermediação financeira, quando tal possa entravar a gestão adequada dos conflitos de interesses.

As medidas atrás mencionadas devem ser incluídas *na medida do necessário para assegurar o grau de independência requerido*[61]. É relevante detectar a natureza desta indicação: o estabelecimento destas medidas não é puramente voluntário. Ao invés, é injuntivo, se necessário para a gestão de conflito de interesses. Assim, para ser lícita, a não utilização de algum destes mecanismos supõe a demonstração da sua inadequação ou desnecessidade no caso concreto, ante a dimensão ou natureza do intermediário.

A abstenção de prestação do serviço não é usualmente tida como saída de primeira linha para a resolução de conflito de interesses no âmbito mobiliário[62]. Porém, o texto da Directiva adianta que medidas adicionais se podem justificar caso as anteriores sejam insuficientes. Assim, embora não o refira, não podemos olvidar que em alguns casos problemáticos se pode impor a recusa de prestação de serviços.

Esta colocação geral permite compreender que o enfoque é colocado mais no objectivo da regulação do conflito de interesses do que na imposição de um concreto catálogo de medidas organizativas para obrigatória adopção por parte dos intermediários financeiros.

Destaca-se nomeadamente a diluição do relevo das separações informativas inter-departamentais (*chinese walls*) – o que releva

---

[61] Art. 309.º-A, n.º 5.
[62] Já assim, aliás, sucedia ante a DSI, como nota SERGIO SCOTTI CAMUZZI, *I Conflitti di Interessi fra Intermediari Finanziari e Clienti nella Direttiva MiFID*, BBTC (2007), I, 121.

nomeadamente como indício da insuficiência destes expedientes, quando encarados isoladamente[63]. Com efeito, do lado da eficiência prática dos mecanismos, sabe-se que é difícil obter um grau satisfatório de impermeabilidade informativas. O hermetismo comunicacional dificilmente resiste quando há transferência de funcionários de um lado para o outro da divisória. A separação física, por seu turno, sobretudo em sociedades bancárias de pequena dimensão, nem sempre pode realizar-se. A acrescer, sobreleva um grande número de importantes decisões de investimento que são tomadas por funcionários ou directores bancários situados "acima da barreira". Por outro lado, sabe-se que a excessiva limitação de informação pode também ser perniciosa, ao poder obstar à circulação de dados informativos úteis e benignos, em lesão dos interesses do cliente. Por fim, as muralhas informativas apenas podem lidar com conflito de interesses que assentem em informação privilegiada, sendo impotentes para resolver conflitos de conhecimento público[64]. Por isso mesmo, o simples recurso a *chinese walls* não é, por si, suficiente para excluir toda e qualquer responsabilidade por violação das regras sobre conflitos de interesses – embora facilite a obtenção de prova de não utilização de informação sensível em detrimento dos interesses do cliente bancário[65].

Além disso, é patente que a técnica legislativa empregue é muito responsabilizadora das instituições financeiras, confiando na sua autonomia e no seu critério para atingir o desiderato enunciado: a adequada prevenção de conflitos de interesses prejudiciais aos clientes.

IV – O dever de fixar uma política de conflito de interesses parte da implícita premissa de que os conflitos de interesses não são evi-

---

[63] Na jurisprudência britânica, figura a propósito como emblemático o caso *Bolkiah* (cfr. *Bolkiah (Prince Jefri) v. KPMG [1999]* 1 ALL ER 517), que nomeadamente reputou de ineficazes as barreiras informativas erguidas *ad hoc*, sem fazerem parte da estrutura organizacional da empresa. Cfr., desenvolvidamente, CHARLES HOLLANDER/ SIMON SALZEDO, *Conflicts of Interest*[3], (2008), 4-8, 139-141, 163-166.

[64] LUCA ENRIQUES, *L'intermediario in conflito d'interessi nella nuova disciplina comunitária dei servizi d'investimento,* cit., 852.

[65] Cfr. a propósito, para maiores desenvolvimentos, PAULO CÂMARA, *O governo de grupos bancários,* in *Estudos de Direito Bancário,* (1999), 190-195 (194-195).

táveis. Centra, por isso, o seu principal enfoque na gestão dos conflitos de interesses[66].

Por outro lado, a gestão dos conflitos supõe o conhecimento sobre os casos em que o conflito pode ser mais lesivo – designadamente pela gama de serviços prestados e pela situação do grupo em que o intermediário se insere. Ora, esse conhecimento situa-se, antes do mais, na esfera do intermediário.

O ponto é, aliás, sintomático: em vez de uma prescrição detalhada sobre as individuais medidas que devem ser adoptadas, confia-se ao intermediário a sua escolha e indicação.

Revela-se aqui uma atitude comum na DMIF, que é a da devolução ao critério do intermediário em aspectos de pormenor na concreta conformação das medidas de gestão e prevenção do conflito. Tal logrará, com maior facilidade, a adequação das medidas de gestão do conflito de interesses à dimensão e natureza do prestador do serviço visada pelo texto comunitário.

Ainda assim, atenta a teleologia das normas em questão, não parece ser suficiente a mera adopção de deveres de prestação de informação: alguma dose de medidas organizativas deve, com efectividade ser posta em prática[67]. Fundamental é a adequação da política à prevenção de conflitos lesivos[68]. De resto, o desenho da política de conflito de interesses não deixa de ser sindicável pelas autoridades competentes – designadamente quanto à sua adequação e eficácia.

V – A fixação de uma política em matéria de conflito de interesses pressupõe, naturalmente, uma identificação dos serviços prestados e actividades desenvolvidas que podem originar conflitos de interesses. No texto preambular da Directiva de nível 2, enunciam-se os seguintes serviços como merecedores de particular atenção na

---

[66] CARLO COMPORTI, *I conflitti di interessi nella disciplina comunitaria dei servizi finanziari,* cit., 601.

[67] Sobre este ponto: GERALD SPINDLER/ ROMAN KASTEN, *Organisationverpflichtungen nach der MiFID und ihre Umsetzung, AG* (2006), 790.

[68] A enfatizar este ponto, no Direito alemão (§ 31 WpHG) são exigidas medidas apropriadas à identificação e prevenção do conflito.

conformação da política de conflito de interesses quando combinados entre si:
- estudos e consultoria de investimento;
- negociação por conta própria;
- gestão de carteiras;
- prestação de serviços financeiros às empresas – sobretudo tomada firme ou colocação, consultoria sobre fusões e aquisições[69].

6. Deveres de recenseamento e de comunicação de conflito de interesses

I – Os deveres de recenseamento e de comunicação de conflito de interesses repartem-se pelos seguintes:
- o dever de identificar os conflitos de interesses;
- o dever de registo de actividades que originaram conflito de interesses com risco de afectação de interesses de cliente;
- o dever de comunicação ao cliente do conflito no caso de não existir garantia de que os interesses dos clientes não saiam lesados (art. 312.º, n.º 1 c) CVM, em transposição do art. 18 (2) DMIF).

II – O dever de identificação dos conflitos de interesses, consagrado no arts. 309.º, n.º 1 e 309.º-B CVM[70], é particularmente exigente na medida em que faz relevar não apenas a pessoa colectiva prestadora do serviço, mas também os seus colaboradores, entidades subcontratadas e agentes vinculados.

Obriga, pois, o intermediário financeiro a recolher uma dose razoável de informação sobre situações de facto que podem originar conflitos de interesses e a manter uma vigilância contínua sobre essas fontes de conflitos[71].

---

[69] Considerando 26 da Directiva n.º 2006/73/CE, de 10 de Agosto de 2006.
[70] Cfr. art. 18.º, n.º 1 DMIF.
[71] CARLO COMPORTI, *I conflitti di interessi nella disciplina comunitaria dei servizi finanziari*, Diritto della Banca e del Mercato Finanziario (2005), 603.

Como notado, este dever é pressuposto da fixação da política de gestão de conflito de interesses.

III – Por seu turno, o dever de registo de actividades que originaram conflito de interesses com risco de afectação de interesses de cliente encontra-se estabelecido no art. 309.º-C CVM[72].

Tal facilita a fixação da política em matéria de conflito de interesses e, consequentemente, a avaliação *ex post* da sua adequação e eficácia.

IV – A prestação de informação referente ao conflito de interesse representa um meio usual de gestão do mesmo – aliás, menos intrusivo e frequentemente menos dispendioso[73]. Neste contexto, porém, o espaço concedido ao tratamento informativo é menor, já que o dever de comunicação do conflito de interesses surge já em situação problemática, em que não existe garantia de que os interesses dos clientes não saiam lesados[74].

Neste caso a comunicação:

– deve ser clara;
– incide sobre a natureza genérica e/ou fonte do conflito;
– deve ser prestada antes da execução da operação em nome do cliente.

Um dos aspectos merecedores de atenção é o de saber se a divulgação é feita em bloco para todos os tipos de futuros conflitos de interesses ou se é feita caso a caso. A lei, ao obrigar a revelar apenas a fonte genérica do conflito (e não a causa concreta) parece propender para o primeiro sentido[75]. Contudo, o surgimento de conflitos menos padronizados pode sugerir, para estes, solução diversa.

---

[72] Em transposição do artigo. 23.º da Directiva n.º 2006/73/CE, de 10 de Agosto de 2006.

[73] MARC KRUITHOF, *Conflicts of Interest in Institutional Asset Management: Is the EU Regulatory Approach Adequate?*, cit., 43-49.

[74] Cfr. art. 18.º, n.º 2 DMIF.

[75] O que enfraquece o regime, tornando mais modesto o grau de uniformização atingido: LUCA ENRIQUES, *Conflict of Interests in Investment Services: The Price and Uncertain Impact of MiFiD's Regulatory Framework*, cit., 331.

V – Como nota final decorrente da análise deste quadro, interessa reter que os deveres de informação não substituem os demais – antes constituem o último recurso para as situações em que os restantes expedientes para lidar com os conflitos são insuficientes. Constituem, pois, um mecanismo adicional e não substitutivo dos demais. Como dispõe o legislador comunitário, não pode haver confiança excessiva na divulgação sem ter devidamente em conta como os conflitos devem ser geridos[76].

Analisando o tema de outro prisma, não vale aqui a regra *disclose or abstain* – enquanto formulação que coloca em alternativa a informação à abstenção de comportamentos lesivos. Não só porque a prestação de informação não substitui o acatamento das demais regras de conduta, mas também porque soluções proibitivas da prestação de serviço, como notado, não constituem saída habitual para as situações de conflito de interesses.

7. Os deveres de organização interna dos intermediários financeiros

I – Merece demorarmo-nos ainda nas regras organizativas gizadas para regulação do conflito de interesses dos intermediários financeiros à luz do regime mobiliário.

O tema reclama uma nota de contexto, para se atentar na finalidade e âmbito do regime subjacente. As regras organizativas tomam invariavelmente por referência a matriz jurídico-societária. Sucede que no Direito das sociedades nacional apenas relevam de princípio aspectos organizacionais atinentes aos órgãos sociais e aos seus titulares.

No Direito dos valores mobiliários, ao invés, tem sido evidente um cuidado crescente com prescrições injuntivas – de teor dissemelhante – dirigidas a outros colaboradores. Explicam-no a necessidade de evitar riscos operacionais (fraudes ou desvio de fundos, por exemplo), de acautelar o rigor da informação financeira (o que é determinante para a eficácia das prescrições prudenciais) e de prevenir ou

---

[76] Considerando 27 da Directiva n.º 2006/73/CE, de 10 de Agosto de 2006.

gerir adequadamente os riscos de conflitos de interesses. Os deveres organizativos assumem nessa medida natureza instrumental em relação aos deveres de exercício de actividade[77].

II – Importa ainda dar conta que os deveres organizativos recebem decisiva influência do Direito comunitário.

A este propósito, a Directiva do Abuso do Mercado sujeita os dirigentes a um conjunto de normas preventivas (listas de *insiders*, comunicação de transacções: cfr. Directiva 2004/72/CE[78]).

É nesta linha que se filia igualmente a DMIF. Os textos comunitários prescrevem regras organizativas para adequada gestão de conflitos de interesses – que são, na verdade, regras de boa governação.

O mesmo sucede com a nova Directiva bancária sobre adequação de capitais próprios. No entanto, ao passo que esta se centra numa perspectiva prudencial, na DMIF as exigências organizativas prendem-se com as relações com os clientes.

III – A quase simultaneidade de entrada em vigor de regras organizativas impostas pela DMIF e pela reformulação da Directiva bancária de Adequação de Capitais (Directiva n.º 2006/48/CE, de 14 de Junho de 2006), sem articulação directa entre ambas, aconselha alguma ponderação na tarefa interpretativa, em particular em relação aos intermediários financeiros que estão sujeitos a ambos os instrumentos comunitários.

Em termos gerais, as indicações do diploma bancário são mais genéricas – dispondo a necessidade de as instituições de crédito disporem de dispositivos sólidos em matéria de governo das sociedades, incluindo uma estrutura organizativa clara, com linhas de responsabilidade bem definidas, transparentes e coerentes, processos de identificação, gestão, controlo e comunicação dos riscos e mecanismos

---

[77] GERALD SPINDLER/ ROMAN KASTEN, *Organisationverpflichtungen nach der MiFID und ihre Umsetzung,* cit., 785-791.

[78] Sobre a articulação destas regras com as indicações em matéria de abuso de mercado: CARLO COMPORTI, *I conflitti di interessi nella disciplina comunitaria dei servizi finanziari,* cit., 597-599.

adequados de controlo interno[79]. Confia-se largamente na comitologia para densificação destes critérios[80]. As modalidades de separação de funções para gestão os conflitos de interesses são confiadas ao órgão de administração[81].

IV – A DMIF também alberga enunciados de alguma generalidade, a prescrever no segundo parágrafo do art. 13 (5) deveres gerais de:
– boa organização administrativa e contabilística (art. 307.º CVM);
– mecanismos de controlo interno;
– controlo eficaz do sistema de processamento de informações.

Uma maior concretização dos objectivos legislativos cabe ao art. 305.º CVM, que enuncia os seguintes:
 a) Estabelecer, aplicar e manter os procedimentos de tomada de decisão e criar uma estrutura organizativa que especifique de modo claro e documentado os canais de comunicação e que assegure a afectação de funções e responsabilidades;
 b) Assegurar que as suas pessoas relevantes estejam ao corrente dos procedimentos a seguir para a correcta execução das suas responsabilidades;
 c) Estabelecer, aplicar e manter mecanismos de controlo interno adequados, concebidos para garantir o respeito das decisões e procedimentos a todos os níveis da empresa de investimento;
 d) Contratar quadros com as qualificações, conhecimentos e capacidade técnica necessários para a execução das responsabilidades que lhes são atribuídas;

---

[79] Art. 22.º da Directiva n.º 2006/48/CE, de 14 de Junho de 2006, relativa ao acesso à actividade das instituições de crédito e ao seu exercício.

[80] É conhecida a existência de contactos entre o CEBS e o CESR quanto a esta matéria, para harmonização horizontal – apesar da limitação decorrente de o quadro mobiliário ser apoiado em textos legislativos de nível 2 com substancial detalhe, como adiante se refere no texto.

[81] Anexo V, n.º 1 da Directiva Directiva n.º 2006/48/CE, de 14 de Junho de 2006. Cfr. ainda art. 18.º, n.º 2 do DL n.º 103/2007, de 3 de Abril, quanto à necessidade de os mecanismos de controlo interno e os procedimentos administrativos das instituições de crédito deverem permitir a verificação do cumprimento das regras prudenciais.

e) Estabelecer, aplicar e prosseguir efectivamente a prestação e a comunicação de informação de âmbito interno a todos os níveis relevantes da empresa de investimento;
f) Manter registos adequados e metódicos das suas actividades e organização interna;
g) Assegurar que a realização de múltiplas funções pelas suas pessoas relevantes não impedirá essas pessoas de executarem qualquer função específica de modo eficaz, honesto e profissional.

V – Subjaz a estas orientações a ideia de que uma estrutura organizativa afinada contribui para a eficiência do desempenho e previne irregularidades. Mas não basta montar a estrutura; importa *aplicar* os esquemas organizativos desenhados – isto é: fazê-los funcionar na prática.

Tal como no regime comunitário bancário, a competência intra-societária para velar por estes aspectos cabe, naturalmente, ao órgão de administração da sociedade (art. 305.º-D). Este deve proceder à sua avaliação periódica e correcção de eventuais deficiências detectadas.

A isto acresce que, segundo o regime societário nacional, ao órgão de fiscalização cabe *fiscalizar a eficácia do sistema de gestão de riscos, do sistema de controlo interno e do sistema de auditoria interna* – seja qual for o modelo de governo adoptado.

Abaixo se verá, todavia, que há dispositivos de maior detalhe a pontuar a área mobiliária, no que concerne ao sistema de controlo de cumprimento, ao sistema de auditoria interna e ao sistema de gestão de riscos.

VI – O recurso aos critérios de adequação e razoabilidade permite calibrar as exigências organizativas consoante a dimensão e a natureza da empresa de investimento em causa – o que aliás constitui uma mensagem explícita do texto comunitário (art. 5.º, n.º 1 e 2, em geral, e arts. 6.º, n.º 1, segundo parágrafo, para o caso do controlo de cumprimento, 7.º, n.º 2, no tocante à gestão dos riscos, e art. 8.º, no que concerne à auditoria interna, todos da Directiva 2006/73/CE)[82].

---

[82] Para maiores desenvolvimentos sobre os sistemas de auditoria interna, de controlo de cumprimento e de gestão de riscos, todos estes concorrentes para a prevenção e gestão

§ 3.º
CONFLITO DE INTERESSES
E DIREITO DAS SOCIEDADES ANÓNIMAS

8. Soluções legislativas: uma leitura transversal

I – A disciplina da gestão dos conflitos de interesses liga-se ao âmago da disciplina societária, que tem por objectivo central a definição das posições jurídicas dos sócios e dos titulares de órgãos sociais.

As sociedades anónimas conhecem tipicamente diversos tipos de conflitos de interesses[83]. Figure-se a possível tensão de interesses entre administradores e accionistas, entre accionistas maioritários e minoritários, entre accionistas e credores ou, por fim, entre accionistas e credores ou outros sujeitos com interesses relevantes na empresa (*stakeholders*).

Dada a extensão do fenómeno em causa, deve prevenir-se de imediato que não constitui objecto deste texto o de proporcionar uma leitura exaustiva do modo como o Direito societário soluciona estes conflitos. Dada a sua natureza introdutória, procura-se tão-só expor os vectores principais subjacentes ao regime jurídico-societário nesta matéria, que permitam ser utilizadas na parte final, para extrair conclusões no plano das técnicas legislativas aplicadas.

Embora o enfoque se centre aqui no Direito português, merece notar que, em termos comparatísticos, uma corrente doutrinal importante sustenta que as estratégias legislativas são convergentes no modo de lidar com estes conflitos de interesses[84]. Mas o grau de convergência não é constante em todos os institutos jurídicos: a título

---

de conflitos de interesses, cfr. PAULO CÂMARA, *Manual de Direito dos Valores Mobiliários,* cit., 389-397, e bibliografia aí citada.

[83] ZOHAR GOSHEN, *The Impact of Insider Trading Rules on Company Law*, em KLAUS HOPT/ EDDY WYMEERSCH (org.), *Capital Markets and Company Law*, Oxford (2002), 565-566.

[84] REINIER KRAAKMAN/ JOHN ARMOUR/ PAUL DAVIES/ LUCA ENRIQUES/ HENRY HANSMANN/ GÉRARD HERTIG/ KLAUS HOPT/ HIDEKI KANDA/ EDWARD ROCK, *The Anatomy of Corporate Law: A Comparative and Functional Approach*², (2009), 82-87 e *passim*.

de exemplo depara-se uma dissemelhança importante no regime das relações entre accionista maioritário e minoritário[85]. Demais, no plano aplicativo, a prática da governação de sociedades revela identicamente diferenças significativas entre as várias jurisdições[86].

II – O primeiro traço a apontar é o de que não há tratamento unificado do conflito de interesses no Direito societário.

São, com efeito, plúrimas as manifestações de Direito societário que devem ser consideradas para uma avaliação global do tema. Os institutos a reter, neste contexto, tomam como principais referências os possíveis conflitos de interesses entre o administrador e a sociedade, de um lado, e entre sócio e a sociedade, de outro[87].

O perfil típico de ocorrência destes conflitos liga-se ao grau de disseminação da estrutura accionista. O primeiro conflito mencionado é tanto mais potencialmente agravado quanto menor concentração do capital accionista. Mas não deixa de surgir em sociedades de estrutura de capital concentrada, nomeadamente por que em relação aos membros do órgão de administração os sucessos e insucessos societários são sentidos em grau muito menor[88]. Neste, há, de resto, uma distinção de raiz ligado à potencial divergência de interesses: em confronto com a posição dos accionistas, é fácil entender que os administradores não beneficiam totalmente dos ganhos da sociedade nem são penalizados integralmente com as suas perdas[89].

III – No Direito societário, a chave dogmática para a abordagem destes temas provém da teoria da agência, e toma os conflitos como problemas de agência.

---

[85] LUCA ENRIQUES, *Book Review: The Comparative Anatomy of Corporate Law*, (2004), 24.

[86] Falando, a propósito, de sintomas esparsos de *fausse convergence*: REINIER KRAAKMAN/ JOHN ARMOUR/ PAUL DAVIES/ LUCA ENRIQUES/ HENRY HANSMANN/ GÉRARD HERTIG/ KLAUS HOPT/ HIDEKI KANDA/ EDWARD ROCK, *The Anatomy of Corporate Law: A Comparative and Functional Approach*², cit., 312-313.

[87] O que encontra reflexo na sistematização do presente volume, cabendo referenciar os textos de JOSÉ FERREIRA GOMES E DE JOÃO SOUSA GIÃO, a pags. 75-291.

[88] FRANK EASTERBROOK/ DANIEL FISHEL, *Corporate Control Transactions*, cit., 701.

[89] DANIEL FISCHEL, *The Corporate Governance Movement*, cit., 1262.

Estas construções conhecem uma acentuada difusão, que transcende já o mundo anglo-saxónico.

No entanto, a teoria da agência apresenta maior relevo heurístico que hermenêutico. Esta construção mostra-se operante, é certo, na detecção de situações em que os conflitos de interesses apresentam probabilidade intensa, em virtude dos poderes confiados ao agente e ao risco de desvio em benefício próprio. Mas a valia aplicativa para a concreta descoberta de soluções aplicativas de problemas de agência revela-se, afinal, limitada.

IV – No âmbito do conflito de interesses entre administrador/ sociedade, cabe referir em primeiro lugar a vigência, desde 2006 em termos mais alargados, dos deveres de lealdade dos membros dos órgãos sociais[90].

Uma das matérias em que o envolvimento orgânico é mais intenso prende-se com as transacções com administradores dependentes de deliberação do conselho de admnistração e parecer favorável do órgão de fiscalização (art. 397.º e 428.º CSC).

Outro instrumento recente e muito importante na vigilância dos conflitos de interesses prende-se com a imposição de membros de órgãos de fiscalização independentes, adiante retomada[91].

Vigoram, no mais, diversas normas proibitivas – estabelecendo nomeadamente quanto proibição da concessão de crédito (arts. 397.º e 428.º CSC), proibição de contratos de trabalho ou de prestação de serviços (arts. 398.º e 428.º CSC), proibição de votar em caso de conflito de interesses (art. 410.º, n.º 6 CSC) e a proibição de desenvolvimento de actividade concorrente (art. 398.º, n.ºs 3-5). O regime consagrado no Código das Sociedades resulta igualmente numa indirecta proibição do administrador fixar a sua própria remuneração (art. 399.º CSC), tema que se analisa em ponto autónomo[92].

---

[90] Cfr. *infra*, § 4.º, 11.
[91] RUI DE OLIVEIRA NEVES, *Conflito de interesses e fiscalização de sociedades anónimas*, neste volume, 287-303.
[92] Cfr. *infra*, 9.

V – No tocante aos conflito de interesses entre sócios ou sócio/
/ sociedade, pontua como instituto central o do impedimento de voto,
que impõe uma proibição de votar em caso de conflito de interesses
(art. 384.º, n.º 6 CSC).

Outro modelo de resolução de conflitos prende-se como a disciplina da aquisição de bens a accionistas, que depende de assembleia geral (art. 29.º CSC).

Entre nós, permanece, ainda, fundamentalmente subaproveitado, no campo aplicativo, os deveres de lealdade dos sócios (designadamente maioritários)[93]. Ora, os deveres de lealdade (ou de fidelidade) desempenham funções no âmbito societário, sobretudo a dois níveis. *Em relação à sociedade*, trata-se de uma medida que serve para preencher o conteúdo de direitos sociais e para integrar lacunas na definição da posição do accionista, determinando, em consequência, direitos e deveres de actuação positiva e de omissão[94]. *Nas relações entre sócios*, os deveres de lealdade comunicam especiais cautelas de colaboração inter-associados, apelando para a consideração dos interesses dos co-sócios, como emanação da essência associativa[95]. Esta constitui uma área que se justifica que a jurisprudência nacional desenvolva.

Não pode passar, por fim, sem crítica o conceito excessivamente acanhado de transacções entre partes relacionadas acolhido na lei

---

[93] Na literatura nacional, é claramente hegemónica a posição de reconhecimento de deveres de lealdade entre sócios. Assim: EVARISTO FERREIRA MENDES, *A Transmissibilidade das Acções*, (1989) 16, nota 11; PAULO CÂMARA, *Parassocialidade e transmissão de participações sociais*, Lisboa (1996), 271-293; MENEZES CORDEIRO, *A lealdade no Direito das sociedades*, ROA (2006), 1034-1065; Id., *Os deveres fundamentais dos administradores das sociedades*, ROA (2006), 471-474; PEDRO PAIS DE VASCONCELOS, *A participação social nas sociedades comerciais*², (2006), 312-ss; ANA PERESTRELO DE OLIVEIRA, *Os credores e o governo societário: deveres de lealdade para os credores controladores?*, RDS n.º 1 (2009), 127-129 e, desenvolvidamente, JOSÉ FERREIRA GOMES, *Conflito de Interesses entre Accionistas nos Negócios Celebrados entre a Sociedade Anónima e o seu Accionista Controlador*, neste volume, págs 75-202. Em sentido negativo: LUÍS BRITO CORREIA, *Direitos Inderrogáveis dos Accionistas*, (1964/65), 100-101; CASSIANO DOS SANTOS, *Estrutura Associativa e Participação Societária Capitalística*, 527-554.

[94] HERBERT WIEDEMANN, *Gesellschaftsrecht*, München (1980), 431.

[95] Cfr. o meu *Parassocialidade e transmissão de participações sociais*, cit., 277-290.

societária (art. 397.º CSC) ao não abranger contratos entre as sociedades e sócios. Ante um tecido nacional pontuado por sociedades anónimas que apresentam tendencialmente estrutura accionista concentrada, esta característica da disciplina societária nacional representa uma deficiência na gestão dos conflitos de interesses entre accionistas maioritários e minoritários.

VI – Nas sociedades abertas (tal como recortadas pelo art. 13.º CVM), a malha de interesses é mais complexa, havendo que articular as posição jurídicas dos accionistas com as dos potenciais adquirentes de participações accionistas, uns e outros incluídos na categoria ampla de investidores.

Este é um âmbito que tem conhecido um efeito acelerado da harmonização comunitária nos últimos anos. Notam-se, de modo claro, áreas em que o conflito – como é caso das OPAs, do *insider trading*, do governo das sociedades e da informação, nomeadamente no que concerne aos negócios entre partes relacionadas (cfr. Regulamento n.º 1/2007, IFRS).

Interessa assinalar que é mais dilatado o âmbito subjectivo destas prescrições do que as encontradas no Direito societário comum. Tradicionalmente, o direito societário português não se preocupa com a posição jurídica e com conflito de interesses de outros funcionários societários – tais como o director financeiro ou o director operacional. Este é um aspecto que foi alterado com a transposição para o direito interno português da Directiva de nível 2 que desenvolve a prescrição constante do n.º 4 do art. 6.º da Directiva de Abuso de Mercado. Com efeito, esta regra comunitária obriga a uma divulgação de transacções de conta própria efectuadas por dirigentes de emitente de instrumentos financeiros sobre acções desse emitente ou sobre instrumentos financeiros com estas relacionados. Ora, neste contexto o conceito de dirigente ultrapassa o de membro de órgão social, abrangendo igualmente os responsáveis que, não sendo membros de órgãos sociais, possuam *"um acesso regular a informação privilegiada e o poder de participar nas decisões sobre a gestão e estratégia negocial do emitente"* (art. 248.º-B, n.º 3).

9. A fixação de remuneração dos membros dos órgãos sociais

I – No Direito das sociedades, sobretudo no rescaldo da crise financeira internacional, o centro do debate em matéria da regulação do conflito de interesses é hoje ocupado pelo tema da remuneração dos membros de órgãos sociais.

Diversas intervenções legislativas recentes, aliás, ensaiaram respostas ao problema – como é caso, nos EUA, do *Emergency Economic Stabilization Act* de 2008[96] da VorstAG alemã de 31 de Julho de 2009 ou, entre nós, da Lei n.º 28/2009, de 19 de Junho. A Comissão Europeia também aprovou múltiplas Recomendações sobre a matéria remuneratória (Recomendações n.ᵒˢ 2004/913/CE, 2005/162/CE, 2009/384/CE e 2009/385/CE). Dedica-se, por isso, tratamento autónomo ao tema, centrado embora numa perspectiva estrutural, para exame das soluções de governação aqui empregues[97].

II – Actualmente, é patente uma acentuada diversidade de modelos de governação, com cambiantes importantes na delimitação dos poderes e dos deveres do órgão de administração, do órgão de fiscalização e de estruturas auxiliares, e na estrutura de *checks and balances* que lhes está subjacente.

Esta proliferação de fórmulas organizativas consubstancia um dado jurídico, alicerçado em permissões legislativas, mas também um dado *de facto*: e corresponde, em ambos os sentidos, a uma realidade não apenas em ordenamentos jurídicos estrangeiros mas também em Portugal.

Vale notar, a este propósito, que entre nós em 2006 uma ampla reforma no Código das Sociedades Comerciais conduziu a alargar o leque de modelos e sub-modelos de governação, reforçando signifi-

---

[96] Na sua secção 111 (Pub. L. N.º 110-343 (2008)), este diploma previa plúrimas restrições na fixação de remuneração em sociedades cujos activos tivessem sido adquiridos pelo Tesouro norte-americano.

[97] Complemente-se, em todo o caso, neste volume, com JOÃO SOUSA GIÃO, *Conflitos de Interesses entre Administradores e os Accionistas na Sociedade Anónima: os Negócios com a Sociedade e a Remuneração dos Administradores*, pags 215-291.

cativamente a autonomia estatutária das sociedades anónimas[98]. Tal intervenção originou reflexos visíveis no quadro empresarial nacional, motivando adaptações ou alterações à estrutura de governação nomeada mas não exclusivamente em sociedades emitentes de valores mobiliários admitidos à negociação em mercado regulamentado.

A pluralidade de modelos de governação reflecte-se também no âmbito da competência para fixar as remunerações dos titulares dos órgãos sociais. O tratamento legislativo e dos códigos recomendatórios é polarizado no tema da remuneração dos administradores – razão por que a análise é aqui centrada.

III – Importa primeiro reconstituir as finalidades que, neste particular domínio, devem ser acauteladas. No plano funcional, é geralmente entendido que o sistema orgânico relativo à fixação da remuneração dos administradores se destina a cumprir os seguintes objectivos: assegurar uma remuneração adequada, de modo a captar e a fidelizar os gestores talentosos; evitar remunerações que provoquem uma excessiva erosão do património societário; procurar um alinhamento de interesses entre os administradores e a sociedade, através de uma estrutura de incentivos equilibrada. Numa formulação alternativa, pode afirmar-se que o modelo de governação quanto à remuneração visa cumprir simultaneamente uma finalidade negativa – evitar os "problemas de agência"[99] – e uma finalidade positiva –

---

[98] Para uma descrição da reforma e suas implicações na governação societária: PAULO CÂMARA, *O Governo das Sociedades e a Reforma do Código das Sociedades Comerciais,* em PAULO CÂMARA et al., *Código das Sociedades Comerciais e o Governo das Sociedades,* Coimbra, (2008), 9-141.

[99] É volumosa a literatura jurídica que trata o tema da remuneração a partir do ângulo da teoria da agência. Entre muitos: LUCIAN BEBCHUK/ JESSE FRIED, *Pay Without Performance,* Cambridge/ London (2004); Id., *Executive Compensation as an Agency Problem, Journal of Economic Perspectives* (Summer 2003); LUCIAN BEBCHUK/ JESSE FRIED/DAVID WALKER, *Managerial Power and Rent Extraction in the Design of Executive Compensation, Harvard Law School* (2002), 11-12 e *passim*; JENNIFER HILL/ CHARLES YABLON, *Corporate Governance and Executive Remuneration: Rediscovering Managerial Positional Conflict, Vanderbilt University Law School* (2002); REINIER KRAAKMAN / PAUL DAVIES/ HENRY HANSMANN/ GÉRARD HERTIG/ KLAUS HOPT/ HIDEKI KANDA/ EDWARD ROCK, *The Anatomy of Corporate Law. A Comparative and Functional Approach,* Oxford (2004), 51-52, 67-68, 107.

induzir a uma maximização do desempenho da sociedade, através da captação e da fidelização dos gestores mais capazes e da sua justa retribuição. Estas finalidades devem ser tidas em conta conjuntamente e em proporções próximas, pecando por unilateralista qualquer análise que privilegie uma sobre a outra.

Para atingir tais desideratos, detectam-se respostas sensivelmente divergentes, em sistemas jurídicos de referência, quanto à questão de saber qual o órgão ou corpo social com competências em matéria de remuneração dos administradores.

Um esforço de síntese leva a decantar quatro principais modelos, consoante tal competência assente em:

- administradores independentes não reunidos formalmente em comissão;
- comissões delegadas do conselho de administração;
- comissões delegadas do órgão de fiscalização ou no próprio órgão de fiscalização;
- comissões delegadas da assembleia geral ou na própria assembleia geral[100].

Cada um destes modelos é, a traço grosso, percorrido de seguida.

IV – O intenso desenvolvimento da análise sobre as regras e as práticas do governo das sociedades tem sido acompanhado pelo crescente e generalizado reconhecimento do relevo do papel dos administradores não executivos nessa sede.

Por detrás das comuns soluções legais ou recomendatórias sobre a existência de administradores não executivos, em particular, independentes, subjaz o entendimento de que estes podem cumprir uma tripla função: agilizar a gestão societária, libertando os administrado-

---

[100] O texto enuncia as principais tendências, em termos comparatísticos, do ponto de vista da resposta orgânica ao processo decisório em matéria retributiva. Frise-se existirem sistemas jurídicos que acolhem modelos mistos, como é caso do italiano, em que os estatutos ou a assembleia geral estabelecem a remuneração dos membros do órgão de administração em geral, ao passo que o conselho de administração fixa a remuneração dos membros da comissão executiva e dos administradores delegados (art. 2389 Cod. Civ. It.). Cfr. a propósito STEFANO CAPIELLO, *La Remunerazione degli Amministratori. "Incentivi Azionari" e Creazione di Valore,* Milano, (2005), 146-190.

res executivos para o *management* diário; trazer *know-how* em temas mais complexos que reclamam a intervenção de especialistas (por exemplo em matérias de auditoria, de contabilidade ou de governação); e resolver mais facilmente assuntos que apresentem risco de ocorrência de conflitos de interesses. Entre as matérias que, nesse âmbito, os administradores independentes são tidos como aptos a apreciar inclui-se invariavelmente a remuneração dos administradores.

Os administradores independentes são chamados, nesse contexto, a dar o seu contributo isoladamente ou reunidos em comissões. A primeira fórmula, embora menos frequente, não deixa de ser utilizada[101].

V – Em termos comparatísticos, o modelo mais comum pressupõe a atribuição de competências a uma comissão, nomeada pelo órgão de administração, para lidar com assuntos relacionados com a remuneração dos seus titulares[102].

Este modelo comporta, por seu turno, sub-modalidades importantes quanto à sua composição e às funções que lhe são assinaladas.

Quanto à primeira vertente, os membros destes *remuneration committees* são administradores, consoantes os mercados, maioritariamente ou exclusivamente independentes. Esta última é a opção tomada no Reino Unido[103]; nos Estados Unidos, é habitual a inclusão de membros exclusivamente independentes[104]; em França, por seu

---

[101] GUIDO FERRARINI/ NIAMH MOLONEY, *Executive Remuneration and Corporate Governance in the EU: Convergence, Divergence and Reform Perspectives,* em GUIDO FERRARINI/ KLAUS HOPT/ JAAP WINTER/ EDDY WYMEERSCH, *Reforming Company and Takeover Law in Europe,* Oxford, (2004), 301-305, 332-337.

[102] Em geral: GÉRARD HERTIG/ JOSEPH MCCAHERY, *On-Going Board Reforms: One-Size-Fits-All and Regulatory Capture,* ECGI Law Working Paper n.º 25/2005, http://ssrn.com/abstract=676417, 17-18. Sobre a experiência norte-americana, e em termos críticos, alegando excessiva interferência do CEO: LUCIAN BEBCHUK/ JESSE FRIED/ DAVID WALKER, *Managerial Power and Rent Extraction in the Design of Executive Compensation,* cit., 13-28; MICHAEL JENSEN/ KEVIN MURPHY, *Remuneration: Where we've been, how to get there, what are the problems, and how to fix them,* ECGI WP n.º 44 (2004).

[103] FINANCIAL REPORTING COUNCIL, *Combined Code on Corporate Governance,* (2006), B.2.1.

[104] LUCIAN BEBCHUK/ JESSE FRIED/DAVID WALKER, *Managerial Power and Rent Extraction in the Design of Executive Compensation,* cit., 13-14.

turno, considera-se ser suficiente a presença maioritária de membros independentes[105].

Igualmente relevante é apontar que estas comissões em alguns sistemas jurídicos têm funções decisórias (é o caso do Reino Unido[106]), ao passo que outros países preferem atribuir-lhes competências para a apresentação de propostas em matéria de remuneração, a ser decididas a final pelo órgão de administração. Assim sucede em França[107] e em Itália[108].

VI – O modelo de governo dualista, que combina a existência de um conselho de administração executivo e de um conselho geral e de supervisão[109], por norma confia neste órgão de fiscalização, ou em comissão composta por alguns dos seus titulares, a competência para a fixação da remuneração de administradores. Podem encontrar-se ilustrações desta arrumação organizativa na Alemanha e em Itália[110].

Em Portugal, dada a intensa plasticidade deste modelo de governação, essa eventualidade é directamente prevista na lei, embora se admita igualmente que os estatutos designem como competente a assembleia geral ou comissão de vencimentos por esta nomeada (art. 429.º CSC).

VII – Em derradeiro lugar, autonomiza-se o modelo que pressupõe a atribuição de competências em matéria de remuneração dos administradores à assembleia geral ou a comissão por esta delegada.

À partida, trata-se de um modelo que se caracteriza por afastar os administradores da decisão sobre remunerações, dado o risco de

---

[105] Tal o que decorre do regime francês: cfr. AFEP/MEDEF, *Le gouvernement d'entreprise des sociétés cotées*, (2003), 13. e 15.1 e, a propósito, KLAUS HOPT/PATRICK LEYENS, *Board Models in Europe. Recent Developments of Internal Corporate Governance Structures in Germany, the United States, France, and Italy*, ECGI Law Working Paper n.º 18 (2004), 17.

[106] FINANCIAL REPORTING COUNCIL, *Combined Code on Corporate Governance*, (2006), B.2.1.

[107] AFEP/MEDEF, *Le gouvernement d'entreprise des sociétés cotées*, (2003), 15.3.

[108] COMITATO PER LA CORPORATE GOVERNANCE, *Codice di Autodisciplina*, (2006), 1.C.1. d).

[109] Para desenvolvimentos: PAULO CÂMARA, *O Governo das Sociedades e a Reforma do Código das Sociedades Comerciais*, cit., 110-119.

[110] Cfr., na Alemanha, o Art. 4.2.2. do *Deutscher Corporate Governance Kodex* e, em Itália, o art. 2409-*terdecies*, n.º 1 a) Cod. Civ..

parcialidade[111], e que, nessa medida, se acomoda facilmente à intervenção de titulares de outros órgãos sociais ou de investidores institucionais no processo decisório referente à remuneração dos titulares do órgão de administração.

Pese embora esteja hoje relativamente isolado em termos comparatísticos, este é o modelo com raízes mais profundas no processo histórico de formação das sociedades anónimas[112]. Adiantando uma apreciação deste modelo, dir-se-á que assenta na distinção entre a competência para gestão e a competência para o estabelecimento da remuneração; em contrapartida, pode implicar uma composição do órgão com um perfil menos técnico por não pressupor qualificações prévias aos respectivos titulares, salvo as respeitantes à recomendada independência[113]. Dada a sua estrutura, *é de admitir que este possa ser o modelo mais ajustado a sociedades com accionistas de referência* (blockholder-model companies) *que pretendam exercer influência no processo decisório ligado à remuneração*[114].

---

[111] STEFAN WINTER, *Management- und Aufsichratsvergütung unter besonderer Berücksichtigung von Stock Options – Lösung eines Problems oder zu lösendes Problem?* em PETER HOMMELHOFF/ KLAUS HOPT/ AXEL V. WERDER, *Handbuch Corporate Governance*, cit., 337-339; NIGEL MAW et al., *Maw on Corporate Governance*, Dartmouth, Aldershot, (1994), 17.

[112] ELI HECKSCHER, *The Mercantilism*, trad. inglesa da versão alemã, 2 Vols., Garland Publishing: New York/ London, (tradução editada em 1983 do original de 1935), 360-372; HENK DEN HEIJER, *De VOC en de Beurs/ The VOC and the Exchange*, Amsterdam (2002), 20-26; FRANKLIN GEVURTZ, *The Historical and Political Origins of the Corporate Board of Directors*, University of the Pacific – McGeorge School of Law, (2004), 22-23; ARIBERTO MIGNOLI, *Idee e problemi nell'evoluzione della "company" inglese*, Rivista delle Società (1960), 639.

[113] O texto enuncia uma característica tendencial, sendo certo que a recente permissão de designação de não-sócios (art. 399.º CSC) pode incrementar a especialização da comissão de vencimentos. Tudo depende, claro está, da composição que em concreto for estabelecida para esta comissão.

[114] A aplicação do modelo conhece no entanto dificuldades de monta em Espanha, dado o art. 130 da LSA exigir adicionalmente que a remuneração conste dos estatutos (o que não sucede, reitere-se, no sistema jurídico português). Sobre a interpretação desta solução castelhana e as debilidades do seu tratamento jurisprudencial (no sentido da imposição de uma discriminação quantitativa da remuneração no pacto social), são incontornáveis os escritos de CÁNDIDO PAZ-ARES, *El enigma de la retribución de los consejeros ejecutivos,* InDret Vol. 1 (2008) e em RMV n.º 2 (2008), 15-88; Id, *Ad imposibilia nemo tenetur (o por qué recelar de la novísima jurisprudencia sobre retribución de administradores)*, InDret Vol. 2 (2009).

Trata-se, ademais, do sistema que vigora em Portugal em relação ao modelo clássico e ao modelo anglo-saxónico e que pode ser eleito no modelo dualista, razão por que será tido como principal referência nas páginas seguintes.

VIII – No sistema jurídico português, quanto à competência societária, rege o art. 399.º do Código das Sociedades Comerciais, segundo o qual compete à assembleia geral de accionistas ou a uma comissão por aquela nomeada fixar as remunerações de cada um dos administradores, tendo em conta as funções desempenhadas e a situação económica da sociedade (n.º 1). O mesmo preceito acrescenta que a remuneração pode ser certa ou consistir parcialmente numa percentagem dos lucros de exercício, mas a percentagem máxima destinada aos administradores deve ser autorizada por cláusula do contrato de sociedade (n.º 2). Lembra-se, por fim, que aquela percentagem não pode incidir sobre distribuições de reservas nem sobre qualquer parte do lucro do exercício que não pudesse, por lei, ser distribuída aos accionistas (n.º 3). Este é o regime aplicável ao modelo latino e ao modelo anglo-saxónico.

Em relação ao modelo dualista, é competente o conselho geral e de supervisão ou comissão por este nomeada ou, nos casos em que o contrato de sociedade assim o determine, à assembleia geral ou a comissão por esta nomeada. No mais, o art. 429.º remete para o disposto no art. 399.º.

O art. 399.º do Código das Sociedades Comerciais corresponde ao art. 405.º do Projecto de 1983[115]. O preceito sofreu uma alteração em 2006, o que acarretou duas implicações. A um tempo, veio por cobro a uma desarmonia, antes patente, entre o regime do modelo clássico e o modelo dualista de governação. O primeiro impunha que a cláusula estatutária autorizativa fixasse a percentagem global dos lucros destinados aos administradores, ao passo que o segundo modelo de governação fazia menção à percentagem máxima dos lucros: foi esta a solução que prevaleceu, passando agora a ficar alinhados os arts. 399.º, n.º 2 e 429.º do Código[116].

---

[115] *Código das Sociedades (Projecto)*, BMJ n.º 327 (1983), 283-284.

[116] A anterior opção consagrada no n.º 2 do art. 399.º CSC foi tida, no documento de consulta sobre a matéria, como *"claramente mais restritiva e desajustada"*, em com-

Além disso, a partir da reforma de 2006 do Código das Sociedades Comerciais passou a admitir-se que a comissão de vencimentos seja composta por não sócios[117], o que visou um alinhamento com as recomendações em matéria de independência dos membros da comissão de vencimentos entretanto aprovadas, abaixo consideradas.

IX – Uma das opções de fundo do sistema jurídico nacional em matéria de remuneração tem sido a de preservar, no essencial, a estabilidade das soluções legislativas, mas ao mesmo tempo procurar um aprimoramento do regime através de indicações recomendatórias. Actualmente, as recomendações sobre a matéria constam do Código do Governo das Sociedades elaborado e aprovado pela CMVM em 2007, que dedica uma secção à matéria da remuneração dos administradores[118].

O Ponto II.1.5.1 é o mais recente e dispõe que *A remuneração dos membros do órgão de administração deve ser estruturada de forma a permitir o alinhamento dos interesses daqueles com os interesses da sociedade. Neste contexto: i) a remuneração dos administradores que exerçam funções executivas deve integrar uma componente baseada no desempenho, devendo tomar por isso em consideração a avaliação de desempenho realizada periodicamente pelo órgão ou comissão competentes; ii) a componente variável deve ser consistente com a maximização do desempenho de longo prazo da empresa e dependente da sustentabilidade das variáveis de desempenho adoptadas; iii) quando tal não resulte directamente de*

---

paração com a vigente no modelo dualista. Cfr. CMVM, *Governo das Sociedades Anónimas – Propostas de Alteração ao Código das Sociedades Comerciais* (2006), disponível em http://www.cmvm.pt/NR/rdonlyres/9A6DF665-B529-426E-B266-75E08A225352/ 5654/proposta_alter_csc.pdf, 43; PAULO CÂMARA, *O Governo das Sociedades e a Reforma do Código das Sociedades Comerciais,* cit., 82.

[117] Sobre o ponto, já admitindo comissões de vencimentos sem serem compostas por sócios, se aprovadas com base em deliberação unânime, embora em frontal desrespeito do regime pregresso: Acórdão da Relação de Lisboa (SALAZAR CASANOVA) de 18 de Dez. 2002, em CJ V (2002), 106-111.

[118] Em referência estão as Recomendações em vigor. Retenha-se, porém, ter decorrido até Setembro de 2009 um processo e consulta pública relativo à alteração destas Recomendações. Os documentos em consulta estão disponíveis em http://www.cmvm.pt/ NR/exeres/A17FE64F-4C9B-45F0-A9A4-6772829B44EF.htm.

imposição legal, a remuneração dos membros não executivos do órgão de administração deve ser exclusivamente constituída por uma quantia fixa.

Menos recente é a indicação proveniente do Ponto II.1.5.2, segundo o qual *a comissão de remunerações e o órgão de administração devem submeter à apreciação pela assembleia geral anual de accionistas de uma declaração sobre a política de remunerações, respectivamente, dos órgãos de administração e fiscalização e dos demais dirigentes na acepção do n.º 3 do artigo 248.º-B do Código dos Valores Mobiliários. Neste contexto, devem, nomeadamente, ser explicitados aos accionistas os critérios e os principais parâmetros propostos para a avaliação do desempenho para determinação da componente variável, quer se trate de prémios em acções, opções de aquisição de acções, bónus anuais ou de outras componentes.*

Da alteração de 2007 resultou o Ponto II.1.5.3, que sentencia que *Pelo menos um representante da comissão de remunerações deve estar presente nas assembleias gerais anuais de accionistas.*

Por fim, o Ponto II.1.5.4 declara que *deve ser submetida à assembleia geral a proposta relativa à aprovação de planos de atribuição de acções, e/ou de opções de aquisição de acções ou com base nas variações do preço das acções, a membros dos órgãos de administração, fiscalização e demais dirigentes, na acepção do n.º 3 do artigo 248.º-B do Código dos Valores Mobiliários. A proposta deve conter todos os elementos necessários para uma avaliação correcta do plano. A proposta deve ser acompanhada do regulamento do plano ou, caso o mesmo ainda não tenha sido elaborado, das condições gerais a que o mesmo deverá obedecer. Da mesma forma devem ser aprovadas em assembleia geral as principais características do sistema de benefícios de reforma de que beneficiem os membros dos órgãos de administração, fiscalização e demais dirigentes, na acepção do n.º 3 do artigo 248.º-B do Código dos Valores Mobiliários*

Ainda na mesma secção, o Ponto II.1.5.5 do Código recomenda que a remuneração dos membros dos órgãos de administração e fiscalização seja *objecto de divulgação anual em termos individuais, distinguindo-se, sempre que for caso disso, as diferentes componentes recebidas em termos de remuneração fixa e de remuneração variável, bem como a remuneração recebida em outras empresas do grupo ou em empresas controladas por accionistas titulares de participações qualificadas.*

A acrescer, segundo o II.5.2 do Código do Governo das Sociedades, *os membros da comissão de remunerações ou equivalente devem ser independentes relativamente aos membros do órgão de administração.*

Do mesmo texto recomendatório decorre, no Ponto II.5.1, que *salvo por força da reduzida dimensão da sociedade, o conselho de administração e o conselho geral e de supervisão, consoante o modelo adoptado, devem criar as comissões que se mostrem necessárias para: i) assegurar uma competente e independente avaliação do desempenho dos administradores executivos e para a avaliação do seu próprio desempenho global, bem assim como das diversas comissões existentes; ii) reflectir sobre o sistema de governo adoptado, verificar a sua eficácia e propor aos órgãos competentes as medidas a executar tendo em vista a sua melhoria.*

A par do Código de Governo das Sociedades, aprovado pela CMVM, foi na Primavera de 2009 colocado em consulta pública um Ante-Projecto de Código de Bom Governo das Sociedades, da autoria do Instituto Português de Corporate Governance[119], igualmente com múltiplas indicações recomendatórias, incluídas na sua secção V, sobre a matéria das remunerações. O documento apresenta extrema importância, ao inaugurar as iniciativas privadas na área das recomendações em governação[120]. Neste domínio revela, no entanto, alguma timidez em matéria de divulgação de remunerações, por não estabelecer um princípio de plena divulgação discriminada de remunerações individuais dos administradores, contrariamente ao que depõe nomeadamente o mais recente documento do *European Corporate Governance Fórum* e veio a ser imposto pela Lei n.º 28/2009, de 19 de Junho, abaixo tratada. O processo de preparação deste texto recomendatório não se encontra, ainda, concluído.

---

[119] INSTITUTO PORTUGUÊS DE CORPORATE GOVERNANCE, *Ante-Projecto de Código de Bom Governo das Sociedades*, (4-Fev.-2009), disponível em www.cgov.pt.

[120] Para uma análise ao projecto, reenvia-se para PAULO CÂMARA, *Comentários Ao Ante-Projecto De Código De Bom Governo Apresentado Pelo Instituto Português De Corporate Governance*, disponível em http://www.cgov.pt/index.php?option=com_content&task=view&id=513&Itemid=1.

X – Cabe explicitar como se processa a relação entre as diversas fontes enunciadas. As indicações legislativas sobre competência para a fixação são injuntivas – isto é: não podem ser afastadas por cláusula estatutária ou deliberação social. Em consequência, a deliberação da assembleia geral ou do órgão de administração que contrarie a distribuição legal de competências em matéria de remuneração resulta, sem margem para dúvidas, viciada de nulidade (arts. 56.º, n.º 1 d) e 411.º, n.º 1 c))[121].

Além disso, as normas legais sobrepõem-se naturalmente às indicações recomendatórias, que não gozam de vinculatividade. Por seu turno, as recomendações podem ir além do conteúdo normativo mas não podem infirmá-lo. O critério da supremacia das fontes legislativas vale, aliás, identicamente para as recomendações nacionais e comunitárias.

XI – O tema da fixação de remuneração de membros de órgãos sociais sofreu, muito recentemente, alterações por efeito da entrada em vigor da Lei n.º 28/2009, de 19 de Junho, que inclui normas sobre aprovação e divulgação da política de remuneração dos membros dos órgãos de administração de entidades de interesse público.

Este diploma cria um dever de apresentação à assembleia geral de uma declaração sobre política de remuneração dos membros dos órgãos de administração e de fiscalização. É extenso o âmbito de aplicação deste regime, cobrindo todas as entidades de interesse público, e ainda as sociedades financeiras e as sociedades gestoras de fundos de capital de risco e de fundos de pensões (art. 2.º, n.º 2 da Lei n.º 28/2009, de 19 de Junho)[122].

O sistema é dobrado por um severo sistema contra-ordenacional, fixado no art. 4.º do diploma em referência.

---

[121] No mesmo sentido: COUTINHO DE ABREU, *Governação das Sociedades Comerciais*, Coimbra, (2006), 82.

[122] Lembre-se que, paralelamente, encontram-se em discussão propostas europeias sobre política de remuneração de instituições de crédito e intermediários financeiros, que visam endurecer o regime destas instituições, no sentido da indução a políticas de remuneração adequadas. Cfr. a Proposta de Alteração da Directiva de Adequação de Capitais em consulta durante o Verão de 2009 e disponível em http://ec.europa.eu/internal_market/bank/regcapital/index_en.htm#consultation.

Nesta Lei, entrevêem-se problemas de ordem formal e de natureza substancial. As objecções formais dizem respeito à escolha de uma Lei da Assembleia da República, enxertada num diploma sobre sistema sancionatório, para tratar o tema. Não há qualquer afinidade de matérias que o justifique; a assimilação do tema remuneratório ao das sanções, é inadequada, ao revelar uma pré-compreensão patológica daquela matéria. O gesto legislativo, neste aspecto, é ainda contrário ao intuito de sistematização e apuro formal das fontes de governo das sociedades.

Do lado da substância das soluções em apreciação, o óbice reside em que a autoria do documento sobre política de remuneração é do órgão de administração *ou* da comissão de remuneração (art. 2.º, n.º 1 da Lei n.º 28/2009, de 19 de Junho)[123]. A possibilidade de o órgão de administração elaborar tal documento representa, porém, uma solução dissonante com a decorrente do art. 399.º do Código das Sociedades Comerciais, segundo a qual cabe à assembleia geral ou a comissão por esta designada a fixação da remuneração da assembleia geral e com a do art. 429.º CSC, no âmbito do modelo de governo societário dualista, que supletivamente atribui tal competência ao conselho geral e de supervisão ou a uma sua comissão de remuneração ou, no caso em que o contrato de sociedade assim o determine, à assembleia geral de accionistas ou a uma comissão por esta nomeada.

O ponto essencial a reter é o de que esta recente intervenção legislativa deu causa (inadvertidamente ou não) a uma modificação do sistema de competências orgânicas em matéria da remuneração dos órgãos sociais. Embora no desenho originário do Código das Sociedades Comerciais, como instrumento preventivo de conflito de interesses, o órgão de administração tenha sido arredado da competência deliberativa na fixação da sua remuneração, a Lei n.º 28/2009, de 19 de Junho, vem abrir a possibilidade de, em alternativa à comissão de remunerações, ser a administração a apresentar a declaração obrigatória sobre a política de remunerações, para aprovação pelo colégio de accionistas. Crê-se que para uma leitura correcta da arti-

---

[123] O contraste com o II.1.5.2. do Código do Governo das Sociedades é manifesto.

culação entre esta nova previsão legislativa e as competências estabelecidas no Código das Sociedades para a fixação de remunerações, de resto inalteradas, será necessário delimitar cuidadosamente o conteúdo da declaração sobre política de remunerações. A lei (art. 2.º, n.º 3 da Lei n.º 28/2009) obriga a que tal declaração contenha informação sobre: os mecanismos que permitam o alinhamento dos interesses dos membros do órgão de administração com os interesses da sociedade; os critérios de definição da componente variável da remuneração; a existência de planos de atribuição de acções ou de opções de aquisição de acções por parte de membros dos órgãos de administração e de fiscalização; a possibilidade de o pagamento da componente variável da remuneração, se existir, ter lugar, no todo ou em parte, após o apuramento das contas de exercício correspondentes a todo o mandato; os mecanismos de limitação da remuneração variável, no caso de os resultados evidenciarem uma deterioração relevante do desempenho da empresa no último exercício apurado ou quando esta seja expectável no exercício em curso. A partir daqui, e considerando que se trata de uma lista mais contida do que a patente no ponto 3 da Recomendação da Comissão Europeia n.º 2004/913/ /CE, de 14 de Dezembro de 2004, parece seguro entender que a política de remunerações se confina ao enunciado dos objectivos da política remuneratória e à explicitação da sua estrutura, nos pontos referidos (em particular na sua componente variável e na relação entre esta e o desempenho da gestão), sem contudo interferir na concreta fixação da prestação remuneratória. Assim sendo, em última análise, pode até o órgão de administração estar bem posicionado para estabelecer os critérios de desempenho mais adequados e idóneos para a fixação ulterior da remuneração variável. Deste ponto de vista, a nova disciplina, ultrapassada uma reacção inicial de perplexidade, se for objecto de utilizações prudentes não garante mas propicia uma sintonia mais afinada entre o *quantum* remuneratório e a avaliação do desempenho: dando assim resposta a uma das debilidades diagnosticadas no âmbito da crise.

Na concreta conformação organizativo-funcional desta relação entre órgãos díspares em matéria remuneratória, a margem decisória confiada ao critério de cada sociedade é, em todo o caso, bastante dilatada. Futuras recomendações nacionais nesta matéria podem, neste quadro, contribuir para um adicional aprimoramento do sistema, nomeadamente se preconizarem, como à luz do art. 2.º, n.º 3 a) da Lei n.º 28/2009, de 19 de Junho parece adequado, que o órgão de administração confie um papel importante na execução desta tarefa aos administradores não-executivos, sobretudo se forem independentes.

Resta afirmar que não se levantam problemas aplicativos se a política de remunerações for apresentada pela comissão de remunerações, o que é admitido na Lei n.º 28/2009, porquanto tal solução condiz com a regra de competência deliberativa enunciada no art. 399.º e 429.º CSC.

XII – A Lei n.º 28/2009, de 19 de Junho, determinou ainda, no seu art. 3.º, a todas as entidades de interesse público (cujo rol se encontra previsto no DL n.º 225/2008, de 20 de Novembro) um dever de divulgação pública anual do montante da remuneração auferida pelos membros dos órgãos de administração e de fiscalização, de forma agregada e individual. Tal dever corresponde a um endurecimento normativo, por via injuntiva, e um sensível alargamento de âmbito de uma solução já indicada, em termos recomendatórios, para as sociedades cotadas – mas que sob a forma recomendatória nunca logrou, nesse âmbito, um grau de acolhimento expressivo.

§ 4.º
TÉCNICAS DE REGULAÇÃO

10. Quadro geral; graduação de interesses e deveres de lealdade

I – Em ordem a dar resposta às questões originariamente enunciadas[124], procura-se aqui, a título conclusivo, reordenar e sintetizar os dados compulsados nas páginas antecedentes. Antes impõe-se delimitar o conflito de interesses à partida relevante para efeitos

---

[124] Cfr. *supra*, 3.

legislativos. Para merecer inclusão numa previsão legislativa, o conflito de interesses deve reunir três características:
- a incompatibilidade;
- a materialidade; e
- a ausência de deveres contrapostos.

A dignidade normativa do conflito de interesses exige uma incompatibilidade de interesses, em que um dos interesses em colisão seja um interesse vinculado[125]: de modo a que a satisfação de um prejudique a de outro. O conflito não se basta, assim, com a simples concorrência de interesses contrapostos[126].

O conflito deve, ademais, implicar relevo material. No âmbito da disciplina da intermediação financeira, adita-se um requisito suplementar: o da existência de dano para uma das partes provocado pela situação de conflito[127].

O conflito de interesses demarca-se, por fim, do conflito de deveres, em que os sujeitos agem em cumprimento de normas impositivas[128]. Ao contrário, no típico conflito de interesses, a conduta dos agentes não é condicionada por prescrições que obriguem ao comportamento adoptado. Esta distinção pode surgir dificultada se um dos deveres em conflito for um dever de lealdade. Aí, a título principal, se o dever de lealdade resultar prejudicado pela observância de um outro dever, a licitude da conduta obriga à análise do conflito de deveres – e, *maxime*, da ponderação do dever prevalente – escapando nesse caso ao tema deste volume.

---

[125] Na caracterização do conflito de interesses, THÉVENOZ e BAHAR exigem que haja um dever de lealdade (RASHID BAHAR/ LUC THÉVENOZ, *Conflicts of Interest. Corporate Governance and Financial Markets,* cit., xxii, 2-3). Sucede, porém, que em diversas áreas jurídicas não existe positivado um dever de lealdade (atente-se, a propósito, no ponto de partida deste texto: cfr. *supra*, 1.) – não deixando de haver conflito de interesses – bastando a existência de um interesse vinculado (por lei ou contrato). Prefere-se, por este motivo, a formulação empregue no texto.

[126] INOCÊNCIO GALVÃO TELES refere-se a um necessário *antagonismo de interesses*: cfr., do autor, *O § 3.º do Artigo 39.º da Lei de 11 de Abril de 1901, O Direito* Ano 78 (1946), 66.

[127] Cfr. *supra*, 4..

[128] Por último: OLINDO GERALDES, *Conflito de deveres, O Direito* Ano 141 (2009), II, 411-428.

Podem apontar-se diversas modalidades de conflito de interesses. Distinguem-se, à cabeça, os conflitos actuais, potenciais ou futuros, consoante a incompatibilidade de interesses ocorra no presente ou em momento temporalmente ulterior[129].

II – De entre as técnicas de regulação de conflito de interesses, uma primeira classificação, quanto à finalidade, distingue, de um lado, normas dirigidas à prevenção e, de outro, as normas dirigidas à gestão do conflito.

Mais aturada é a classificação funcional de HANSMANN e de KRAAKMAN que, com base no Direito societário, aponta seis técnicas básicas envolvendo respectivamente: i) direitos de designação; ii) direitos de envolvimento no processo decisório; iii) a designação de membros independentes; iv) recompensas (em sentido amplo); v) técnicas de condicionamento comportamental; e vi) regulação da admissão e saída de sócios[130].

Esta arrumação suscita dúvidas, porquanto algumas técnicas mostram afinidades suficientes para serem assimiladas (a v) e a vi)), justificando-se por outro lado autonomizar as técnicas baseadas na informação. A classificação aqui seguida é, por esse motivo, diversa. Assim, atendendo à sua natureza, entre as técnicas regulatórias de conflito de interesses contrapõem-se aqui:

– normas que postulam deveres de informação (soluções informativas);
– normas que postulam deveres de organização (soluções organizativas);
– normas que derrogam competências orgânicas (soluções orgânicas);
– normas que estabelecem proibições (soluções proibicionistas).

O quadro apresentado, adiante desenvolvido, merece porém ser complementado com um outro, que distingue *técnicas proibicionistas, de legitimação e de gestão do conflito*. As soluções proibicionis-

---

[129] CHARLES HOLLANDER/ SIMON SALZEDO, *Conflicts of Interest*³, cit., 1-4.
[130] REINIER KRAAKMAN/ JOHN ARMOUR/ PAUL DAVIES/ LUCA ENRIQUES/ HENRY HANSMANN/ GÉRARD HERTIG/ KLAUS HOPT/ HIDEKI KANDA/S EDWARD ROCK, *The Anatomy of Corporate Law: A Comparative and Functional Approach*², (2009).

tas impõem a ilicitude da actuação em conflito. O contrário sucede com as técnicas de legitimação – que postulam ónus, deveres ou encargos que, uma vez cumpridos, emprestam licitude ao acto praticado em conflito. Reitera-se este ponto: nas *técnicas de legitimação* da actuação em conflito, o acto em conflito é permitido.

Restam as *técnicas de gestão do conflito*, que embora impliquem a adopção de comportamentos por parte do agente, não resultam necessariamente na legitimação do acto praticado em conflito, ainda que tais normas sejam, em concreto, observadas.

III – Um dado prévio é o da vigência de normas que estabelecem graduação de interesses. Esta graduação assume natureza instrumental em relação às técnicas atrás elencadas. Mas a sua explicitação é necessária para que aquelas possam vigorar. Neste sentido, as normas sobre graduação de interesses assumem uma precedência lógica em relação às técnicas de regulação.

A graduação de interesses pode ser estabelecida directamente, ou indirectamente. Descortinam-se, em termos tópicos, dois critérios de *graduação directa de interesses*:

– o critério da prioridade temporal – por exemplo na execução de ordens (art. 328.º, n.º 2 CVM)
– o princípio da igualdade – nomeadamente no rateio de oferta pública (art. 112.º CVM).

A *graduação indirecta* realiza-se através da estipulação legal de deveres de lealdade. Esse, aliás, é um meio de estabelecer, não apenas a graduação de interesses, mas também de visar o alinhamento de interesses entre o agente e o(s) sujeito(s) cujo interesse é por aquele servido.

A conjugação destas técnicas de graduação de interesses, de modo directo e indirecto, conduz a que o legislador não conceda espaço, no terreno societário e financeiro, à aplicação do regime supletivo vigente em matéria de colisão de direitos iguais ou da mesma espécie, que impõe aos respectivos titulares uma cedência recíproca e proporcional (art. 335.º, n.º 1 CC)[131].

---

[131] Cfr. *supra*, § 2.º, 4.

IV – No Direito das sociedades, a graduação dos interesses a que devem obediência os titulares dos órgãos sociais é decorrente do art. 64.º CSC. Para uma adequada fixação do sentido hermenêutico do preceito é necessário ter presente que a alínea b) do n.º 1 deste preceito contém duas proposições distintas, a saber:

- Os administradores devem *atender* aos interesses de longo prazo dos sócios;
- Os administradores devem *ponderar* os interesses dos outros sujeitos relevantes para a sustentabilidade da sociedade, tais como os seus trabalhadores, clientes e credores

Esta contraposição exprime uma graduação de interesses a atender na gestão societária. Com efeito, a lei distingue duas categorias de interesses: (i) o interesse primário a que o administrador deve obediência; e (ii) os interesses secundários que devem apenas ser ponderados[132]. Apenas o primeiro deve ser considerado, *summo rigore*, interesse social[133]. A mensagem legislativa é clara: quando se mostre em conflito com o interesse dos restantes *stakeholders*, é o interesse de longo prazo dos sócios que deve prevalecer.

Os fundamentos da primazia dos interesses dos sócios são conhecidos. Os sócios são investidos no poder de voto que determina colectivamente a conformação dos estatutos e, directa ou indirectamente, a eleição dos titulares da administração; e são os sócios que suportam o risco da empresa, sendo reembolsados, em caso de liquidação da sociedade, apenas após o pagamento aos credores (*residual claimants*). Tudo somado, é perceptível que a primazia dos titulares das participações sociais favorece mais directamente a prosperidade da sociedade, o que apresenta benefícios para os restantes *stakeholders* e para a economia em geral.

---

[132] INSTITUTO PORTUGUÊS DE CORPORATE GOVERNANCE, *Livro Branco sobre Corporate Governance*, cit., 141-142.

[133] É concordante a posição de ALEXANDRE SOVERAL MARTINS, *Cláusulas do Contrato de Sociedade que Limitam a Transmissibilidade de Acções. Sobre os Artigos 328.º e 329.º do CSC*, Coimbra (2006), 636; e de ARMANDO MANUEL TRIUFANTE, *Código das Sociedades Comerciais Anotado*, Coimbra, (2007), 63. Sobre o tema, cfr. por último PEDRO PAIS DE VASCONCELOS, *Business Judgment Rule, deveres de cuidado e de lealdade, ilicitude e culpa e o artigo 64.º do Código das Sociedades Comerciais*, Direito das Sociedades em Revista n.º 2 (2009), 41-79.

Acresce que o enfoque agora firmado na posição dos accionistas serve melhor a vocação do Direito das sociedades – a qual não é, recorde-se, a de resolver conflitos laborais ou de prevenir cataclismos ambientais[134]. Essa limitação intrínseca à disciplina societária não pode ser olvidada nesta sede.

Mesmo a vinculação do actual art. 64.º CSC aos interesses dos sócios *de longo prazo* não surpreende, já que serve a subsistência da sociedade e a sua criação de riqueza, em termos duráveis. Retira-se da nova redacção do normativo que os interesses dos sócios de curto prazo, embora devam ser sopesados em plano superior em relação aos dos demais *stakeholders*, são subalternizados em relação aos interesses dos sócios de longo prazo. Esta mensagem é importante, numa época em que proliferam os investidores apenas preocupados com o encaixe financeiro decorrente da rentabilização, a curto prazo, do investimento accionista efectuado – onde se incluem tipicamente os accionistas intra-diários (*day traders*) e os fundos alternativos (*hedge funds*). Estes últimos, aliás, pese embora a sua heterogeneidade, exercem frequentemente o seu activismo accionista com base em direitos inerentes a acções detidas em empréstimo ou em instrumentos negociais baseados em derivados (v.g. *equity swaps*), o que faz com que a sua influência esteja muitas vezes desligada do risco típico inerente à participação accionista – prática que, aplicada à participação assemblear, tem recebido a reveladora designação de voto vazio (*empty voting*)[135]. Esta, pois, a constelação de accionistas que o novo art. 64.º vem agora discriminar negativamente em relação aos accionistas de longo prazo, reconhecendo a diversidade de interesses, de objectivos e do grau de correspondência com o interesse social subjacentes em um e no outro caso.

---

[134] D. GORDON SMITH, *The Dystopian Potential of Corporate Law*, University of Wisconsin Legal Studies Research Paper n. 1040 (2007).

[135] HENRY HU/ BERNARD S. BLACK, *The New Vote Buying: Empty Voting and Hidden (Morphable) Ownership*, Southern California Law Review Vol. 79 (2006) 811-908; GABRIELA FIGUEIREDO DIAS, *Regulação e Supervisão de Hedge Funds: Percurso, Oportunidade e Tendências*, in *Direito dos Valores Mobiliários*, Vol. VIII, 65-149.

Por fim, no regime dos grupos (assentes em contrato de subordinação ou em domínio total), o art. 503.º CSC firma a prevalência dos interesses da sociedade dominante. Não deixa de ser uma concretização da mesma orientação de fundo subjacente ao art. 64.º CSC, embora este preceito traduza mais indicações[136].

V – Técnica fundamental de graduação e de alinhamento de interesses, o dever de lealdade assume uma face dupla. Concretiza-se, a um tempo, em deveres de *non facere* – *i.e.*, deveres de abstenção de condutas que se desviem dos interesses sociais, em benefício de interesses pessoais do agente[137]. Assim entendida, a lealdade opera como limite endógeno à actuação do membro do órgão social, ao impedir a utilização dos poderes inerentes à titularidade do órgão social em ilegítimo proveito próprio ou de terceiro[138]. A outro tempo, o dever de lealdade pode também ser lido, em sentido positivo, como o dever de aportar a maximização de benefícios em prol da sociedade, e não em proveito próprio ou de terceiros[139].

Numa visão compreensiva, dir-se-á que os deveres de lealdade servem como cláusula geral a obrigar a uma gestão adequada de conflitos de interesses em que esteja envolvido o titular do órgão social, em prevalência do interesse social.

---

[136] Cfr. entre nós, nomeadamente, ENGRÁCIA ANTUNES, *Os Grupos de Sociedades*², (2002), 717-760; ANA PERESTRELO DE OLIVEIRA, *A Responsabilidade Civil dos Administradores nas Sociedades em Relação de Grupo*, (2007), 125-171; Id., *Anotações aos arts. 503.º e 504.º*, em MENEZES CORDEIRO (coord.), *Código das Sociedades Comerciais Anotado*, cit., 1212-1222.

[137] THOMAS M. J. MOLLERS, *Treuepflichten und Interessenkonflikte bei Vorstands- und Aufsichtsratsmitgliedern*, cit., 413.

[138] J. ROBERT BROWN, *Disloyalty without Limits: "Independent" Directors and the Elimination of the Duty of Loyalty*, Kentucky L J Vol. 95 (2006-2007), 53-54.

[139] Assim: FRANK EASTERBROOK/ DANIEL FISHEL, *The Economic Structure of Corporate Law*, Cambridge/ London (1991), 103; COUTINHO DE ABREU, *Deveres de Cuidado e de Lealdade dos Administradores e Interesse Social*, in *Reformas do Código das Sociedades*, Coimbra (2007), 22 n. 13. Em sentido menos categórico, alegando dificuldades de delimitação do dever positivo de lealdade: R. P. AUSTIN, *Moulding the Content of Fiduciary Duties*, in A. J. OAKLEY (ed.), *Trends in Contemporary Trust Law*, Clarendon Press, Oxford (1996), 159-161.

É reconhecido que os deveres de lealdade dos titulares do órgão de administração já recebiam consagrações tópicas no direito português antes da reforma de 2006, sob a veste do dever de não concorrência (artigo 398.º) ou do dever de comportamento leal da administração de sociedade visada na pendência de OPA (artigo 181.º, n.º 2 CVM).

No entanto, a sua directa consagração no artigo 64.º CSC permite concretizações aplicativas mais amplas, nomeadamente quanto ao dever de segredo, ao dever de comunicação ao órgão de administração e, ou ao órgão de fiscalização de situações que fundam conflitos de interesses e ao dever de não aproveitamento de oportunidades societárias[140].

VI – No Direito financeiro, o dever de lealdade aos interesses do cliente (arts. 304.º, n.º 1 e 309.º, n.º 3) implica uma graduação deste em prevalência do interesse do intermediário ou dos seus colaboradores. Trata-se de um dever geral – que cobre todas as actividades de intermediação financeira e todos os prestadores destes serviços. Precisamente aqui, o seu âmbito aplicativo é bastante dilatado, cobrindo um conjunto amplo de pessoas relacionadas com a prestação de serviços ou a direcção do intermediário financeiro, a saber: titulares do órgão de administração e pessoas que dirigem efectivamente a actividade do intermediário financeiro ou de agente vinculado e colaboradores do intermediário financeiro, de agente vinculado ou de entidades subcontratadas, envolvidos no exercício ou fiscalização de actividades de intermediação financeira ou de funções operacionais que sejam essenciais à prestação de serviços de forma contínua e em condições de qualidade e eficiência (art. 304.º, n.º 5).

---

[140] Sobre a doutrina das *corporate opportunities*: KENNETH DAVIS, *Corporate Opportunities and Comparative Advantage*, Iowa L R 84 (1998), 211-273; JAMES COX / THOMAS L. HAZEN, *Corporations*², New York (2003), 243-244; WILLIAM SAVITT, *A New New Look at Corporate Opportunities*, Columbia Law School, Center for Law and Economic Studies Working Paper n. 235, http://ssrn.com/abstract=446960; STEPHEN BAINBRIDGE, *Corporation Law and Economics*, (2002), 346-347. Cfr. ainda, em análise de outras extensões dos deveres de lealdade: ANA PERESTRELO DE OLIVEIRA, *Os credores e o governo societário: deveres de lealdade para os credores controladores?*, cit., 119-133.

VII – Como visto, seja no Direito societário, seja no Direito financeiro os deveres de lealdade assumem uma função decisiva na gestão e prevenção de conflitos de interesses. Decisivo é notar, neste contexto, que em ambos os casos a lealdade surge robustecida e complementada por um sistema organizativo e por uma densa malha de deveres de informação.

11. Proibições de actuação em conflito

I – Ocorrendo um conflito de interesses, a paralisação da actuação do agente por força de norma proibitiva constitui o remédio mais eficaz enquanto técnica legislativa.

Assim, a solução proibicionista implica uma prevenção do conflito ou, ao menos, das consequências desfavoráveis a este associadas.

II – No Direito societário, são diversas as prescrições de alcance proibitivo, como assinalado sobretudo na esfera da prevenção dos conflitos de interesses envolvendo administradores. Sirvam de exemplo, nesse contexto, a proibição da concessão de crédito (arts. 397.º e 428.º CSC), a proibição de contratos de trabalho ou de prestação de serviços (arts. 398.º e 428.º CSC), a proibição de votar em caso de conflito de interesses (art. 410.º, n.º 6 CSC), a proibição de desenvolvimento de actividade concorrente (art. 398.º, n.ºs 3-5)[141] e a (implícita) proibição de fixação da própria remuneração (art. 399.º)[142].

Fora do Código das Sociedades Comerciais, um exemplo paradigmático da técnica proibicionista reside na limitação aos poderes do órgão de administração de sociedade visada em OPA, ao abrigo do art. 182.º CVM. Este dispositivo procura resolver adequadamente a situação de conflito de interesses que durante a pendência de uma oferta pública de aquisição hostil se manifesta em relação aos administradores da sociedade visada. Tal conduziu a uma limitação legal dos poderes de administração durante o período da oferta (*passivity*

---

[141] Cfr. *supra*, 8.
[142] Apesar de afectada pela Lei n.º 28/2009, de 19 de Junho, que admite a atribuição de competência à administração para o estabelecimento da política de remunerações. Cfr. *supra*, 9.

rule)[143]. A inibição legal atinge a prática de actos pela administração que reúnam três características, cumulativamente: a susceptibilidade de alterar de modo relevante a situação patrimonial da sociedade visada; a sua não recondução à gestão normal da sociedade; e a susceptibilidade de afectarem relevantemente os objectivos anunciados pelo oferente.

Cumpre assinalar, todavia, que o âmbito desta norma proibitiva sofreu recentemente uma dupla erosão, por via comunitária[144], seja com a permissão de actos destinados à procura de oferentes concorrentes (art. 182.º, n.º 3 c) CVM) seja com o estabelecimento, a título supletivo, de uma controversa regra da reciprocidade (art. 182.º, n.º 6 e 182.º-A CVM). Estas restrições, somadas à possibilidade de levantamento da inibição através de deliberação autorizativa adoptada em assembleia de accionistas (art. 182.º, n.º 3 b) CVM), reduziram substancialmente o pendor proibitivo da regra consagrada no art. 182.º CVM, tornando-a no seu todo mais adaptada ao intrincado novelo de interesses que se cruza no âmbito das OPAs.

III – Além dos diplomas codificados, merece referência, neste contexto, o dever dos auditores de não aceitarem trabalhos que possam comprometer a sua independência[145].

---

[143] Na literatura nacional, perante o Direito vigente: LUÍS MENEZES LEITÃO, *As medidas defensivas contra uma oferta pública de aquisição hostil, Direito dos Valores Mobiliários*, Vol. VII (2007), 57-76; JORGE DE BRITO PEREIRA, *A limitação dos poderes da sociedade visada durante o processo de OPA*, in *Estudos de Direito dos Valores Mobiliários*, Vol. II, (2000), 175-202; PAULO CÂMARA, *Manual de Direito dos Valores Mobiliários*, cit., 624-626. De entre as dissertações de mestrado sobre o tema, merece destacar ORLANDO VOGLER GUINÉ, *Da Conduta (Defensiva) da Administração "Opada"*, FDUC, Coimbra (2008); JOANA RIBEIRO E SILVA, *A OPA como Mecanismo de Governo Societário*, UCP, Lisboa (2009).

[144] Sobre o art. 9.º, n.º 1 da Directiva 2004/25/CE, de 21 de Abril de 2004: JAAP WINTER, *The good, the bad and the ugly of the European Takeover Directive*, em *European Takeovers: The Art of Acquisition*, xxv-xxviii; BLANAID CLARKE, *Corporate governance regulation and board decision making during takeovers*, em GOPINATH ARUN/ JOHN TURNER (org.), *Corporate Governance and Development: Reform, Financial Systems and Legal Frameworks*, Cheltenham/ Northampton, (2009), 127-142; JAVIER GARCÍA DE ENTERRÍA, *El deber de pasividad de los administradores de la sociedad afectada por una OPA, RMV* n.º 2 (2008), 89-136.

[145] GABRIELA FIGUEIREDO DIAS, *Interesses e Conflito de Interesses na Auditoria*, neste volume, a págs (553-611).

Igualmente no regime do capital de risco se depara uma proibição de as entidades gestoras intervirem em negócios que gerem conflitos de interesses com os titulares das unidades de participação dos fundos de capital de risco sob sua gestão (art. 13.º, n.º 2 do DL n.º 375/2007, de 8 de Novembro).

IV – A eficácia das soluções proibicionistas pode ser exponencialmente aumentada quando as normas proibicionistas são dobradas por normas contra-ordenacionais ou penais.

Nesta última categoria figura o caso do *insider trading*, que postula nomeadamente uma criminalização de aproveitamento indevido de informação no interesse próprio. Com efeito, o *insider trading* do dirigente (insider primário) configura um caso de resposta penal para uma lesão de interesses públicos por preteridos por interesses privados. Outros tipos penais comuns podem servir semelhantes funções – tais como a corrupção ou a infidelidade.

V – Todavia, alguns casos, as soluções proibicionistas podem envolver custos desproporcionados aos benefícios.

As normas proibitivas, em alguns casos, configuram limitações a princípios constitucionais (v.g. de liberdade de iniciativa privada), que apenas podem ver-se restringidos na medida do necessário para salvaguardar outros direitos ou interesses constitucionalmente tutelados (art. 18.º, n.º 2 da Constituição).

Por isso, as soluções proibicionistas são reservadas para casos em que actuação em conflito pode afectar o processo decisório de terceiros (impedimento de voto, proibição de adopção de medidas defensivas em OPA) ou interesses públicos (*insider trading*). São, além disso, típicas, dependendo de acto legislativo directo.

VI – No plano aplicativo e da política legislativa, o tema crítico é o de saber traçar a fronteira entre, de um lado, os conflitos de interesses aptos a serem legitimados por alguma das técnicas adiante tratadas e, de outro lado, os conflitos que dão lugar a uma proibição de actuação.

À partida, como critério geral, dir-se-á que a proibição se justifica quando haja *um intolerável perigo de ocorrência de dano cau-*

sado pela actuação em conflito. O critério de fundo é, assim, o da proporcionalidade, que ganha aqui aplicação muito intensa[146].

12. Técnicas de gestão e de legitimação

I – Recorde-se a distinção, aqui esboçada[147], entre técnicas de gestão e de legitimação do conflito de interesses: ambas implicam a imposição de comportamentos relacionados com o conflito. A adopção do comportamento devido, nas técnicas de legitimação, erradica qualquer hipótese de o comportamento ser considerado ilícito, o que não acontece necessariamente com as técnicas de gestão do conflito.

Neste quadro, os deveres de prestação de informação (sejam os deveres de informação sobre transacções com partes relacionadas ao abrigo da IAS 24 ou do art. 66.º-A, n.º 2 CSC[148], sejam incidindo sobre as políticas de gestão de conflito, ao abrigo do Código dos Valores Mobiliários) devem entender-se como soluções de gestão, cujo acatamento não torna necessariamente lícita a actuação em conflito desvendada.

Por outro lado, estas soluções informativas, embora constituam um reduto mínimo das técnicas regulatórias, invariavelmente consagrado, conhece possíveis limitações. Em causa está a eventual impreparação dos destinatários da informação para a partir da informação recebida tomarem decisões esclarecidas. Com efeito, frequentemente as prescrições informativas assentam numa presunção de capacidade do investidor ou accionista para ter acesso à informação, poder com-

---

[146] Em geral: ANDRÉ FIGUEIREDO, *O Princípio da Proporcionalidade e a sua Expansão para o Direito Privado,* em *Estudos Comemorativos dos 10 Anos da Faculdade de Direito da Universidade Nova de Lisboa,* Vol. II (2008), 23-51.

[147] Cfr. *supra*, 10.

[148] Recorde-se que com a alteração introduzida pelo DL n.º 185/2009, este preceito passou a obrigar as sociedades que não elaboram as suas contas de acordo com as normas internacionais de contabilidade a proceder à divulgação, no anexo às contas, de informações sobre as operações realizadas com partes relacionadas, incluindo, nomeadamente, os montantes dessas operações, a natureza da relação com a parte relacionada e outras informações necessárias à avaliação da situação financeira da sociedade, se tais operações forem relevantes e não tiverem sido realizadas em condições normais de mercado.

preendê-la e agir, em tempo útil, em conformidade com a informação disponível – o que, fazendo fé nos números nacionais sobre literacia financeira, em muitos casos (v.g. informação financeira, informação sobre transacções entre partes relacionadas) pode não suceder.

De outro modo dito, admite-se que esta saída possa não valer para todos os clientes/ accionistas – mas apenas para os que possam ter conhecimentos e experiência para exprimir um consentimento informado.

II – Um dos legados da governação societária prende-se com a cominação de deveres de organização para a gestão de conflito de interesses.

Aqui se situam, como tratado anteriormente, os deveres de constituição e manutenção, em termos adequados e eficazes, de sistemas de gesão de riscos, de controlo interno e de controlo de cumprimento.

Embora crismados no contexto específico dos intermediários financeiros, a organização de tais sistemas podem impor-se em outras organizações, por virtude do dever de diligência dos administradores (art. 64.º, n.º 1 CSC), se a dimensão e característica da sociedade o justificarem.

A política de gestão de conflito de interesses dos intermediários financeiros merece diferente apreciação. Ao remeter para um repositório de práticas e de procedimentos, a política tem o mérito de devolver ao intermediário financeiro a tarefa da análise sobre a adaptação do risco à sua concreta organização. Por não constituirem propriamente uma forma de auto-regulação (ao darem execução a normas hetero-impostas) e porque não fica afastado o risco de indicações exógenas (solicitadas ou não, mas em todo o caso extra-legislativas) sobre a conformação de tais políticas – aliás de difícil escrutínio, designadamente judicial – as políticas de gestão de conflito de interesses levantam ainda demasiadas interrogações para serem ignoradas.

III – A designação de membros independentes de órgãos sociais tem-se revelado um instrumento legislativo e recomendatório de crescente relevo na prevenção ou adequada resolução de situações de conflito de interesses[149].

Embora o papel dos membros independentes dos órgãos sociais – de construtiva atitude desafiadora da gestão executiva, avaliação do seu desempenho e activa colaboração no desenho da estratégia empresarial[150] – transcenda a temática do conflito de interesses, não deixa de ser esta uma área de particular incidência.

Em Portugal, o tema iniciou o seu trajecto por via das Recomendações da CMVM sobre Corporate Governance, publicadas a partir de 1999. O DL n.º 76-A/2006, de 29 de Março, elevou a importância desta técnica, ao impor, nos órgãos de fiscalização de sociedades anónimas, em qualquer modelo de governo.

Por seu turno, o DL n.º 225/2008, de 20 de Novembro, ampliou as exigências de membros independentes de órgãos de fiscalização a todas as entidades de interesse público[151] – categoria muito ampla onde se incluem as seguintes entidades[152]:

  a) Os emitentes de valores mobiliários admitidos à negociação num mercado regulamentado;
  b) As instituições de crédito que estejam obrigadas à revisão legal das contas;
  c) As sociedades de capital de risco;
  d) As sociedades de titularização de créditos;
  e) As empresas de seguros e de resseguros;
  f) As sociedades gestoras de participações sociais, quando as participações detidas, directa ou indirectamente, lhes confiram a maioria dos direitos de voto nas instituições de crédito referidas na alínea b);

---

[149] PAULA COSTA E SILVA, *O administrador independente,* em *Direito dos Valores Mobiliários,* Vol. VI, (2006) 417-425; JOÃO GOMES DA SILVA, *Os administradores independentes das sociedades cotadas portuguesas,* em INSTITUTO PORTUGUÊS DE CORPORATE GOVERNANCE/ COMISSÃO JURÍDICA, *Corporate Governance. Reflexões I,* (2007), 7-29.

[150] Reenvia-se em particular para DEREK HIGGS (coord.), *Review of the role and effectiveness of non-executive directors,* (2003), 27-29.

[151] Art.3.º, n.º 2 do DL n.º 225/2008, de 20 de Novembro.

[152] Art.2.º do DL n.º 225/2008, de 20 de Novembro.

g) As sociedades gestoras de participações sociais no sector dos seguros e as sociedades gestoras de participações mistas de seguros;

h) As empresas públicas que, durante dois anos consecutivos, apresentem um volume de negócios superior a € 50 000 000, ou um activo líquido total superior a € 300 000 000.

É certo que os administradores independentes não valem como solução organizativa para todas as empresas, independentemente da sua dimensão. A par de estudos empíricos a documentarem resultados menos positivos em empresas de pequena dimensão[153], os custos que esta solução implica e a dificuldade de recrutamento de membros efectivamente independentes são dados que nesse âmbito não podem ser descurados. Admite-se além disso existirem, no direito positivo nacional, fragilidades na delimitação legal do conceito de independência. Apesar destes óbices, no essencial a figura deve reputar-se como positiva, seja na salvaguarda da confiabilidade da informação financeira[154], seja na gestão de conflitos de interesses, seja na edificação de um sistema de *checks and balances* a rodear a gestão executiva.

À margem deve considerar-se o dever de independência dos auditores, que representa disciplina extrema, ao envolver a intervenção do órgão social de fiscalização, com o dever de acautelar a independência do auditor.

---

[153] Particularmente sintomático, a este propósito, é o estudo de MEZIANE LASFER (*Board Structure and Agency Costs,* EFMA (2002)), que demonstrou existir uma correlação positiva entre administradores independentes e o desempenho de sociedades de grande dimensão, ao passo que apurou uma correlação *negativa* entre administradores independentes e o desempenho de sociedades de pequena dimensão (*high-growth*). Apreciação diversa merece a conclusão de NUNO FERNANDES, que – no contexto nacional – descortinou uma tendência para níveis remuneratórios mais elevados em sociedades com administradores não-executivos, não fazendo porém – apesar do título do estudo – uma distinção mais fina entre membros não executivos independentes e não-independentes: cfr. *Board Compensation and Firm Performance: The Role of "Independent" Board Members,* ECGI Finance WP n.º 104 (2005).

[154] Embora muito céptico, o ponto é aceite por RICHARD NOLAN, *Legal Control of Directors' Conflicts of Interest in the UK,* em JOHN ARMOUR/ JOSEPH MCCAHERY, *After Enron – Improving Corporate Law and Modernising Securities Regulation in Europe and the US,* Oxford/ Portland, (2006), 407.

IV – Resta considerar as técnicas de legitimação em que se situam os mecanismos autorizativos, *proprio sensu*, do conflito de interesses.

A legitimação através de solução orgânica, de que tal constitui exemplo, tem concretizações nomeadamente no regime de transacção entre partes relacionadas com parecer do órgão de fiscalização e de intervenção de membros de órgãos sociais independentes.

Como possíveis limitações, estas soluções podem em tese enfrentar uma eventual insuficiência do órgão para decidir, com base em informação recolhida pelo próprio. Mas mesmo tal possível limitação não retira a eficácia legitimadora que esta técnica regulatória definitivamente revela.

13. Mecanismos complementares

I – O quadro classificativo das técnicas regulatórias em matéria de conflito de interesses correria um risco grave de incompleição de não houvesse referência ao contexto global em que tais soluções são consagradas, se aplicam e são fiscalizadas.

Com efeito, a robustez das instituições (financeiras, não-financeiras, privadas ou públicas) e o grau de disseminação dos padrões éticos constituem elementos decisivos para aquilatar da eficácia e da adequação das respostas ao conflito de interesses.

II – No Direito financeiro, é igualmente clara a importância da supervisão financeira, quanto à aferição da eficácia dos sistemas organizativos de gestão de risco, de controlo interno e de *compliance*. A título de exemplo, as políticas de conflito de interesses, de utilização imposta na intermediação financeira[155], pressupõem igualmente o acompanhamento devido do lado das autoridades de supervisão – sob pena de a sua eficácia como instrumento resultar comprometida. O mesmo se dirá das recentes propostas europeias em torno da política de remuneração de instituições de crédito e intermediários

---

[155] Cfr. *supra*, § 2.º, 5.

financeiros, que implicam, como novidade absoluta, um escrutínio atribuído nesta matéria às autoridades de supervisão[156].

No Direito societário, a aplicação coactiva surge sobretudo por via dos tribunais, pelo que a celeridade e a qualidade das suas decisões e a eficácia dos procedimentos decisórios constituem um elemento essencial na estrutura institucional atinente ao conflito de interesses.

III – Admite-se, ainda, que a auto-regulação possa desempenhar, neste âmbito, um papel complementar de relevo.

Os códigos de conduta e outros textos quase-normativos podem, com efeito, auxiliar à conformação de condutas de profissionais, por vezes com maior proximidade das organizações visadas.

Todavia, há que reconhecer que a auto-regulação apresenta uma função duplamente limitada[157]. A um tempo, a auto-regulação apenas pode intervir a título subsidiário, nas áreas não tocadas por previsões legislativas. A outro tempo, ficou demonstrado pela crise financeira que as diversas formas de auto-regulação revelaram uma falibilidade clara em contexto de ruptura.

Este cepticismo diminui o relevo da auto-regulação, mas não o anula – e deve em última análise considerar-se como cíclico, nomeadamente por virtude da constante renovação de fontes de regulação societária e financeira[158].

---

[156] Cfr. *supra*, § 3.º, 9.
[157] PAULO CÂMARA, *Manual de Direito dos Valores Mobiliários*, cit., 254-259; EILÍS FERRAN, *Corporate Law, Codes and Social Norms – Finding the Right Regulatory Combination and Institutional Structure*, Journal of Corporate Law Studies (Dec.-2001), 381-409.
[158] PAULO CÂMARA, *Manual de Direito dos Valores Mobiliários*, cit., 256-257; Id., *Códigos de Governo das Sociedades*, CdMVM n.º 15 (Dezembro de 2002), 65-90.

§ 6.º Conclusões

14. A vocação expansiva das técnicas de regulação de conflito de interesses no Direito societário e no Direito financeiro

I – A tendência para a satisfação de interesses pessoais, que podem colidir com interesses vinculados, não é privativa, como vimos[159], do Direito societário ou do Direito financeiro.

Os *actos de investimento* subjacentes aos domínios societário e financeiro obrigam aqui, todavia, a um reforçado ambiente de confiança, para o que se revela crítico o nível de resposta apresentado pelas soluções normativas vigentes em matéria de prevenção e de gestão de conflito de interesses.

Além desta constatação, importa observar, a partir do desenvolvimento precedente, que o catálogo de soluções encontradas no Direito das sociedades ou do Direito financeiro revela, pela sua diversidade e densidade prescritiva, uma importância que transcende as estritas fronteiras de cada uma daquelas disciplinas.

O dado fundamental é o da assunção das soluções relacionadas com a governação das sociedades, em termos complementares e inter-relacionados, como via principal para a resposta aos problemas colocados pelos conflitos de interesses. O governo das sociedades assume-se, assim, como a equação central como modo de resgatar a confiança nas estruturas de investimento accionista ou financeiro.

II – Daqui não resulta a defesa de uma generalização acrítica, para outros quadrantes legislativos, das soluções crismadas, a este propósito, nas previsões normativas societárias e financeiras.

Revela-se sintomática, paralelamente, os apelos a uma maior simetria entre o regime dos vários prestadores de serviços de interesse público (ou *gatekeepers* – aqui incluídos os auditores, os analistas e as sociedades de notação de risco) que emergiu como uma das consequências da crise financeira. Tal resulta de críticas acesas nomeadamente às diferenças no tratamento dos conflitos de interesses, verificadas em termos internacionais.

---

[159] Cfr. *supra*, 1.

Tal permite inferir que há uma tendência, ao menos sectorial, de aproximação – embora não de harmonização – de soluções respeitantes aos conflitos de interesses.

III – A encerrar, é inescapável concluir que as indicações em matéria de prevenção, gestão e legitimação de conflitos de Interesses provindas do Direito societário e financeiro servem de potencial referência inspiradora de futuras intervenções legislativas em outros ramos do Direito.

Atenção significativa concitam, de um lado, a explicitação de deveres de lealdade – que comportam uma dupla vertente, seja na interdição de comportamentos desviantes ao respeito pelo interesse vinculado, seja na promoção de actos dirigidos à satisfação desse interesse. A consagração legislativa, em termos explícitos e nítidos, do dever de lealdade (v.g. arts 64.º CSC e 309.º CVM) favorece, com efeito, a percepção clara dos modelos de decisão dos profissionais e robustece a confiança de todos quantos se inter-relacionam com as empresas em questão. O contributo central não reside apenas aqui: fundamental é, de outro lado, e em termos complementares, a adopção de soluções organizativas, seja através do robustecimento e da revalorização dos órgãos de fiscalização, seja através da intervenção de sistemas de controlo de cumprimento. Igualmente importante é, de outro lado, a função que os deveres de informação desempenham na prevenção, gestão e contramotivação de conflito de interesses. É do efeito conjugado desta tripla dimensão das técnicas legislativas analisadas – deveres de lealdade, de organização e de informação – que se constrói o sistema de gestão e de prevenção de conflito de interesses.

Este ponto merece ser notado. Revelam-se aqui, em suma, construções matriciais atinentes à governação societária que, pese embora tenham despontado em ramos do Direito especiais, seguramente contribuirão para o desenvolvimento do núcleo do sistema jurídico.

É certo, porém, que a demonstração desta última asserção não foi aqui realizada senão parcialmente. A medida concreta da utilizabilidade destas técnicas regulatórias fora dos estritos quadros aqui examinados (e, designadamente, em relação a outras fórmulas organizativas) deve ser aferida em concreto – procurando, na especificidade de cada modelo organizativo, a solução que, *de iure condendo*, se mostre mais ajustada. Basta, para já, reconhecer que esse exercício – que se queda de fora do âmbito do presente volume – adquire agora inteira prioridade.

Abstract

This chapter attempts at providing an overview of regulatory techniques in relation to conflicts of interest in securities and corporate law. It is concluded that the bulk of the techniques herein examined – and notably the unique combination between disclosure, loyalty and organizational duties – have a strong potential of being in the future used in other legal spheres.

The explanations for this picture lie on the fact that both corporate law and financial law deal with investment decisions from investors and shareholders – which inherently implies a context of reassured trust and transparency.

The concrete forms and degree to which the solutions herein analysed can be influential in respect to other organizations, remain a priority task, from a legal research standpoint, to be addressed in the near future.

CAPÍTULO II

Conflitos de interesses entre accionistas nos negócios celebrados entre a sociedade anónima e o seu accionista controlador*

José Ferreira Gomes

---

* O presente estudo beneficiou das críticas e comentários do Prof. Doutor Carneiro da Frada, dos Mestres Paulo Câmara, Pedro Maia e Gonçalo Castilho dos Santos e do Dr. Bernardo Abreu Mota. Beneficiou ainda das sucessivas discussões com o Mestre Diogo Costa Gonçalves e com o Dr. Nuno Trigo Reis nos corredores e na biblioteca da Faculdade de Direito de Lisboa. A todos expressamos o nosso agradecimento. Naturalmente, quaisquer falhas existentes são da nossa exclusiva responsabilidade.

Citações: Nas referência a autores no corpo do texto ou nas notas de rodapé optámos por usar os nomes pelos quais os mesmos são habitualmente conhecidos ou referidos. Nas citações das obras propriamente ditas, usamos referências completas na primeira citação de cada obra, e referências abreviadas (último apelido do autor e título abreviado da obra) nas restantes citações.

Abreviaturas: Foram reduzidas ao mínimo. As poucas que foram mantidas são de uso corrente, incluindo: CSC (código das sociedades comerciais), CC (Código Civil), CVM (Código dos Valores Mobiliários e outras devidamente identificadas ao longo do texto.

ÍNDICE

NOTA PRÉVIA	76
§ 1 INTRODUÇÃO	78
§ 2 O PROBLEMA EM ANÁLISE ENTRE AS FORMAS DE EXTRACÇÃO DE BENEFÍCIOS PRIVADOS PELO ACCIONISTA CONTROLADOR	86
§ 3 A SOLUÇÃO DO PROBLEMA *DE IURE CONSTITUTO*	90
3.1 Considerações gerais	90
3.2 Requisitos de aprovação dos negócios celebrados com um accionista controlador	93
3.2.1 Considerações gerais	93
3.2.2 O regime das quase entradas	96
3.2.3 A aprovação dos negócios entre a sociedade e os seus administradores	101
3.2.3.1 O teor literal do artigo 397.º, n.º 2 CSC, aplicável aos modelos monistas	101
3.2.3.2 Contratos celebrados entre a sociedade e terceiros representados pelo mesmo administrador	104
3.2.3.3 Contratos celebrados entre a sociedade e terceiros com administradores comuns que não representam a sociedade na sua celebração	106
3.2.3.4 Balanço sobre o regime do artigo 397.º CSC, em especial: os contratos celebrados entre a sociedade e um accionista controlador	108
3.2.3.5 A aferição da existência de vantagens especiais e da inclusão do contrato no próprio comércio da sociedade	112
3.2.4 A solução legal no modelo germânico (artigos 428.º e 443.º CSC)	115
3.2.5 Conclusão sobre os requisitos de aprovação dos negócios entre a sociedade e os seus administradores	120
3.3 Padrões de conduta: o dever de lealdade dos accionistas e os deveres fundamentais dos administradores	121
3.3.1 O dever de lealdade dos accionistas	121
3.3.1.1 Considerações gerais	121
3.3.1.2 O *duty of loyalty* no direito societário norte-americano	123
3.3.1.3 Os *Treupflichten* no direito societário alemão	126
3.3.1.4 Os deveres de lealdade dos accionistas no direito português	127
3.3.1.5 Concretizações do dever de lealdade dos accionistas no regime legal dos impedimentos de voto e da anulabilidade de deliberações sociais	141
3.3.1.6 Concretização do dever de lealdade dos accionistas no regime legal da responsabilidade civil do sócio controlador pelo exercício de influência sobre a administração	146

3.3.2 Outras formas de determinação da conduta do accionista controlador e da sua responsabilidade civil: O accionista controlador como administrador de facto 152

3.3.3 Os deveres fundamentais dos administradores 156
    3.3.3.1 Considerações gerais 156
    3.3.3.2 Os deveres de cuidado dos administradores 158
    3.3.3.3 Os deveres de lealdade dos administradores 167

3.3.4 A responsabilidade penal dos administradores por violação do dever de lealdade 170

3.4 Deveres de informação sobre negócios celebrados com partes relacionadas 174

    3.4.1 Considerações gerais: a importância da informação no Direito das sociedades comerciais e dos valores mobiliários e a justificação dos deveres de informação sobre negócios com partes relacionadas 174

    3.4.2 Os deveres de informação sobre negócios com partes relacionadas 180
        3.4.2.1 Os deveres de informação sobre contratos entre a sociedade e os seus administradores (artigo 397.º, n.º 4 CSC) 180
        3.4.2.2 Os deveres de informação sobre operações com partes relacionadas em anexo às contas anuais (alterações ao CSC pelo Decreto-Lei n.º 185/2009) 182
        3.4.2.3 O dever de informação das sociedades cotadas no relatório anual de governo societário (artigo 245.º-A CVM e Regulamento CMVM 01/2007) 187
        3.4.2.4 O dever de informação dos emitentes no relatório semestral (artigo 246.º CVM) 189
        3.4.2.5 Os deveres de informação das sociedades sujeitas à IAS 24 (nos termos do Decreto-Lei n.º 158/2009) 190

§ 4 BALANÇO E CONCLUSÕES 197

4.1 Balanço sobre o problema e sobre as soluções disponíveis *de iure constituto* 197

4.2 Reflexões *de iure condendo* 203

NOTA PRÉVIA

O presente texto constitui um ensaio sobre um dos temas da nossa investigação com vista à preparação da dissertação de doutoramento na Faculdade de Direito de Lisboa, pelo que as opiniões aqui expressas devem ser entendidas como produto da reflexão desenvolvida até ao momento e não como posições finais sobre a matéria. Quaisquer comentários sobre este texto podem ser remetidos para j.ferreiragomes@netcabo.pt.

§ 1
INTRODUÇÃO

I. O conflito de interesses entre sócios de uma sociedade comercial é provavelmente o mais relevante problema do Direito das sociedades comerciais em mercados caracterizados por concentração accionista, dos quais Portugal é um exemplo paradigmático. Verificando-se tal concentração em quase todos os mercados, com excepção dos anglo-americanos, o conflito de interesses entre sócios tem sido alvo de atenção de grande parte da doutrina internacional sobre o governo e o financiamento das sociedades comerciais, tanto do ponto de vista teórico como empírico[1].

Enquanto nos mercados caracterizados por dispersão accionista o principal desafio reside no alinhamento dos interesses dos adminis-

---

[1] Substituindo assim o tema das ofertas públicas de aquisição hostis que importa principalmente ao mercado norte-americano e britânico, apesar da sua intensa discussão noutras jurisdições, incluindo a União Europeia, onde o mesmo foi especialmente debatido a propósito da 13.ª Directriz de Direito Societário (Directriz 2004/25/CE do Parlamento Europeu e do Conselho de 21 de Abril de 2004 relativa às ofertas públicas de aquisição, JO L 142 de 30/04/2004 p. 0012–0023). Vide RONALD J. GILSON – Controlling Shareholders and Corporate Governance: Complicating the Comparative Taxonomy, *Harvard Law Review*, 119:6, 2006, p. 1642.

Para o desenvolvimento desta questão – que está na base dos estudos sobre protecção dos investidores e o seu papel no desenvolvimento dos mercados de capitais, em especial os estudos de LA PORTA, LOPEZ-DE-SALINES e SHLEIFER – muito contribuíram os estudos de GROSSMAN e HART. Cfr. SIMEON DJANKOV, et al. – *The Law and Economics of Self-Dealing*, 2006, http://ssrn.com/abstract=864645; ALEXANDER DYCK e LUIGI ZINGALES – Private Benefits of Control: An International Comparison, *The Journal of Finance*, 59:2, 2004, p. 537-538.

tradores e gestores com os interesses da sociedade, a existência de um sócio controlador[2] altera por completo os dados da equação[3]. Pela posição assumida, este sócio está em condições práticas de fiscalizar directamente a administração da sociedade (e, em muitos casos, de dar instruções[4]), reduzindo a margem da mesma para prosseguir os

---

[2] Optámos aqui pelo termo "controlador" e não pelo termo "maioritário" apesar do entendimento de que «[m]aioria é quem controla a sociedade e seus órgãos; minoria quem não pode controlar». RAÚL VENTURA – *Sociedades por Quotas (Comentário ao Código das Sociedades Comerciais)*, Vol. 1, 2 ed., 3 reimp., Coimbra: Almedina, 1989, p. 137, onde o Autor cita FALKENHAUSEN. Entre nós, também CASSIANO DOS SANTOS se refere à minoria como sinónimo de sócios afastados do controlo da sociedade. Cfr. FILIPE CASSIANO DOS SANTOS – *Estrutura Associativa e Participação Societária Capitalística: Contrato de Sociedade, Estrutura Societária e Participação do Sócio nas Sociedades Capitalísticas*, Coimbra: Coimbra Editora, 2006, p. 96. Preferimos assim o uso, nesta sede, do termo "sócio controlador", termo normalmente usado no tratamento da responsabilidade solidária do sócio nos termos do artigo 83.º CSC, e não de outras como "sócio dominante", termo normalmente limitado à matéria das sociedades coligadas, nos termos do artigo 481.º ss CSC. A este propósito, *vide, e.g.*, JOSÉ A. ENGRÁCIA ANTUNES – *Os Grupos de Sociedades: Estrurura e Organização Jurídica de Empresa Plurisocietária*, 2.ª ed., Coimbra: Almedina, 2002, em especial p. 56-57; RUI MANUEL PINTO SOARES PEREIRA DIAS – *Responsabilidade por Exercício de Influência sobre a Administração de Sociedades Anónimas*, Coimbra: Almedina, 2007; ANA PERESTRELO DE OLIVEIRA – *A Responsabilidade Civil dos Administradores nas Sociedades em Relação de Grupo*, Coimbra: Almedina, 2007; TERESA ANSELMO VAZ – A Responsabilidade do Accionista Controlador, *O Direito*, 128:III-IV, 1996, p. 334 e segs. No contexto do Direito mobiliário, PAULA COSTA E SILVA prefere o termo "domínio", explicando que este é associado à titularidade de participações qualificadas que atingem ou ultrapassem um terço ou metade dos direitos de voto, a qual obriga ao lançamento de oferta pública de aquisição, nos termos do artigo 187.º, n.º 1 do CVM. Segundo esta Autora, domina a sociedade quem domina os seus órgãos, *i.e.*, os titulares da maioria dos direitos de voto ou aqueles que, independentemente dos direitos de voto de que sejam titulares, possam determinar quem serão os titulares dos órgãos de administração e fiscalização da sociedade. PAULA COSTA E SILVA – Sociedade Aberta, Domínio e Influência Dominante, *Revista da Faculdade de Direito da Universidade de Lisboa*, 48:1 e 2, 2007, p. 40, 46-47. Note-se no entanto que na versão portuguesa da Directriz 2004/25/CE do Parlamento Europeu e do Conselho, de 21 de Abril de 2004, relativa às ofertas públicas de aquisição, se usa o termo "controlo" e não "domínio".

[3] *Vide*, para maiores desenvolvimentos, *e.g.*, LUCA ENRIQUES e PAOLO VOLPIN – Corporate Governance Reforms in Continental Europe, *Journal of Economic Perspectives*, 21:1, 2007, p. 117 e seg; KLAUS J. HOPT – "Comparative Company Law", in REIMANN e ZIMMERMANN (eds) – *The Oxford Handbook of Comparative Law*, Oxford, 2006, p. 1166 e seg.

[4] Note-se que, numa perspectiva estritamente legal, «a influência directa do sócio maioritário na condução da actividade social é, em abstracto, tendencialmente nula, reduzida

seus próprios interesses pessoais[5]. No entanto, não é linear que a limitação da margem da administração para prosseguir os seus interesses pessoais se traduza numa maior eficiência na prossecução do interesse social, entendido como o interesse comum de todos os sócios, enquanto sócios (perspectiva contratualista). Perante a pressão exercida pela sócio controlador, do qual depende para assegurar a continuidade do seu mandato à frente dos destinos da sociedade, não será de estranhar que a administração privilegie os interesses particulares (ou privados) deste sócio em prejuízo do interesse comum.

Pelo poder de determinação da composição da administração, o sócio controlador tem mais influência sobre a sociedade do que qualquer outra pessoa[6] – ao ponto de se afirmar que o poder de controlo se traduz num poder de orientação da administração da sociedade, com a respectiva conformação da vontade social[7] –, razão pela qual assume particular importância o conflito entre os seus

---

ao poder de nomeação e destituição dos administradores». SANTOS – *Estrutura Associativa...* p. 192. Mas na prática é inegável que este poder atribui ao accionista controlador a possibilidade de pressionar a administração e conduzir os destinos da sociedade.

[5] A fiscalização desenvolvida pelo sócio controlador pode assim ser configurada como uma alternativa a outros mecanismos de governo societário, *v.g.*, administradores independentes e aquisições hostis. Cfr. GILSON – *Controlling Shareholders and Corporate Governance...* p. 1652. Sobre a "direcção económica unitária e comum" enquanto elemento caracterizados dos grupos de sociedades, vide, entre nós e por todos, ANTUNES – Os Grupos de Sociedades... p. 52, 113-122; RAÚL VENTURA – Grupos de Sociedades: Uma Introdução Comparativa a Propósito de um Projecto Preliminar de Directiva da CEE, Revista da Ordem dos Advogados, 41, 1981, p. 52-56.

[6] GERARD HERTIG e HIDEKI KANDA – "Related Party Transactions" – *The Anatomy of Corporate Law: A Comparative and Functional Approach*, Oxford, New York: Oxford University Press, 2006, p. 118.

[7] VAZ – A Responsabilidade do accionista controlador... p. 341. Não obstante o dever que impende sobre os sócios de não influenciar a administração da sociedade senão nos órgãos para isso apropriados, através do exercício dos seus direitos sociais, tal influência pode ser, na prática, uma realidade. Cfr. JORGE M. COUTINHO DE ABREU – *Curso de Direito Comercial*, Vol. 2 – Das Sociedades, 2 ed., Coimbra: Almedina, 2007, p. 68 e 309; VAZ – A Responsabilidade do accionista controlador... p. 356 e 360. Este aspecto é especialmente desenvolvido por Engácia Antunes a propósito dos grupos de sociedades. ANTUNES – *Os Grupos de Sociedades... passim.*

interesses particulares (ou privados[8]) e os interesses comuns dos sócios que caracterizam o interesse social[9].

II. Este conflito de interesses traduz-se na extracção de benefícios privados pelo sócio controlador, *i.e.*, na obtenção de vantagens que não são partilhadas com os demais sócios na proporção das suas participações sociais.

Nos mercados emergentes, a obtenção de benefícios privados pelos sócios controladores (fenómeno conhecido por *"tunnelling"*[11]) verifica-se tendencialmente através de transacções financeiras[12],

---

[8] A nossa jurisprudência tende a usar os conceitos de "interesses particulares" – *vide* e.g. o Ac. Tribunal da Relação do Porto de 1 de Março de 1990 (JTRP00009756/ITIJ/Net) – e de "interesses individuais" – *vide e.g.* o Ac. Supremo Tribunal de Justiça de 12 de Junho de 1996 (JSTJ00030435/ITIJ/Net). Neste estudo preferimos, porém, o conceito de "interesses privados" para assegurar uma clara interligação conceptual com a teoria económica onde, em geral, é dada preferência à tradução literal dos termos *"private interests"* e *"private benefits"*.

[9] Este tema é tratado também no capítulo seguinte deste livro por JOÃO SOUSA GIÃO. Cfr. § 1, ponto 1.

[10] Em princípio, os benefícios da sociedade devem ser repartidos por todos os sócios na proporção da sua participação no capital social, seja através da distribuição de dividendos (cfr. artigo 22.º, n.º 1 CSC), seja através da repartição do produto da liquidação da sociedade (cfr. artigo 156.º). Verifica-se no entanto com frequência que o sócio controlador assegura determinados "benefícios privados" – benefícios extraídos para satisfação dos seus interesses pessoais, em prejuízo do interesse social e dos interesses dos demais sócios – que excedem, em termos proporcionais, a sua participação no capital social. Acresce que os benefícios privados não têm necessariamente um conteúdo patrimonial, o que não quer dizer que a sua extracção pelo sócio controlador não possa ter, ainda assim, consequências patrimoniais para a sociedade.

Entre nós, PAIS DE VASCONCELOS qualifica o sócio que obtém vantagens desproporcionadas e injustificadas em detrimento da sociedade e dos demais sócios como "sócio parasita". PEDRO PAIS DE VASCONCELOS – *A participação social nas sociedades comerciais*, Coimbra: Almedina, 2005, p. 360.

[11] Termo usado originalmente para referir a expropriação dos accionistas minoritários na República Checa (por referência à remoção de bens de uma sociedade através de um túnel subterrâneo) e tornado popular por SIMON JOHNSON, *et al.* – Tunneling, *The American Economic Review*, 90:2, 2000, p. 22, descrevendo «*the transfer of assets and profits out of firms for the benefit of those who control them*».

[12] *V.g.*, (i) emissão de acções a adquirir pelos sócios controladores abaixo do seu valor de mercado ou (ii) dispersão do capital social através de uma oferta pública e subsequente reaquisição potestativa, caso em que o valor das acções dos sócios minoritá-

enquanto nos mercados desenvolvidos é mais frequente o recurso a mecanismos operacionais (contratos celebrados entre a sociedade e o sócio controlador ou outras partes relacionadas)[13] ou à venda da posição de controlo com um prémio relativamente ao valor das acções dos sócios minoritários, capitalizando assim o *cash flow* futuro associado aos benefícios privados do sócio controlador[14] (dado que o valor das suas acções inclui o valor actual líquido dos benefícios privados por si esperados[15]).

Pela sua relevância no contexto português, concentramo-nos no conflito de interesses entre sócios decorrente da celebração de negócios entre a sociedade e o seu sócio controlador[16].

---

rios é descontado pelo valor capitalizado dos benefícios privados do sócio controlador, permitindo que este obtenha o valor capitalizados dos futuros benefícios privados. VLADIMIR ATANASOV, *et al.* – *How Does Law Affect Finance? An Examination of Equity Tunneling in Bulgaria*, 2008, http://ssrn.com/abstract=902766; RONALD J. GILSON e JEFFREY N. GORDON – Controlling Controlling Shareholders, *University of Pennsylvania Law Review*, 152:2, 2003, p. 787.

[13] *Vide, e.g.*, MARIANNE BERTRAND, PARAS MEHTA e SENDHIL MULLAINATHAN – Ferreting Out Tunneling: An Application to Indian Business Groups, *The Quarterly Journal of Economics*, 117:1, 2002. Como explicam os Profs. GILSON e GORDON, «os accionistas controladores podem extrair benefícios significativos através de esquemas de repartição de custos que pagam excessivamente aos accionistas controladores pela prestação de serviços centrais, como é o caso dos serviços de pensões, contabilidade, ou similares. Alternativamente, o accionista controlador pode beneficiar de *"tunneling"* – *i.e.*, através de contratos com a sociedade, como preços de transferência, que favoreçam o accionista controlador. Em qualquer caso, o accionista controlador obtém valor através da sua posição de controlo que não é obtido pelos accionistas não controladores». GILSON e GORDON – *Controlling Controlling Shareholders...* p. 787.

[14] GILSON e GORDON – *Controlling Controlling Shareholders...* p. 787.

[15] GILSON – *Controlling Shareholders and Corporate Governance...* p. 1654.

[16] De acordo com KIRCHMAIER e GRANT, esta é habitualmente identificada como a forma mais comum de extracção de benefícios privados de controlo nas economias europeias. TOM KIRCHMAIER e JEREMY GRANT – *Financial Tunneling and the Revenge of the Insider System: How to Circumvent the New European Corporate Governance Legislation*, 2005, http://eprints.lse.ac.uk/13324/. Este facto levou alguns autores a concluir que as estruturas accionistas europeias são frequentemente ineficientes. THOMAS KIRCHMAIER e JEREMY GRANT – Corporate ownership structure and performance in Europe, *European Management Review*, 2:3, 2005. Apesar de a doutrina económica afirmar que para o mercado releva o nível de benefícios privados pelos accionistas controladores, parece que o mesmo tem pouca capacidade para determinar atempadamente que benefícios estão de facto a ser expropriados. *Vide* OLAF EHRHARDT e ERIC NOWAK – *Private Benefits and Minority Shareholder Expropriation (or What Exactly are Private Benefits of Control?)*, 2003, http://ssrn.com/paper=423506.

Limitamos ainda o âmbito da nossa investigação às sociedades anónimas – razão pela qual, salvo onde o contrário se justifique, passar-nos-emos a referir a accionistas e não a sócios –, não porque o "problema" seja um seu monopólio, mas porque a análise do mesmo na perspectiva conjunta destas sociedades e das sociedades por quotas extravasaria largamente os limites desta publicação.

III. Ao concentrarmos a nossa atenção no problema inerente à celebração de contratos entre a sociedade e o seu accionista controlador, tomamos por base um caso – *i.e.*, a descrição de uma situação (simuladamente) real, carecendo de resolução jurídica (CARNEIRO DA FRADA[17]) – para a partir dele conhecer as soluções dadas pela nossa ordem jurídica.

Impõe-se a ligação do problema ao Direito[18] e a orientação do pensamento jurídico pela realização prática do Direito[19], devendo reconhecer-se a importância da sua dimensão problemática, a qual não contende com o sistema, na visão aporética, entendido como aberto ou receptivo à propositura constitutiva de problemas nele não incluídos (MENEZES CORDEIRO)[20]. De facto, a aplicação do Direito «é susceptível de proporcionar um sentido jurídico específico e insubstituível a uma regra, de a dotar de um último e novo momento determinativo enquanto desenvolvimento congruente da interpreta-

---

[17] MANUEL A. CARNEIRO DA FRADA – *Direito Civil – Responsabilidade Civil – O Método do Caso*, Coimbra: Almedina, 2006, p. 151.

[18] Como afirma o nosso Professor: «O pensamento problemático, com contributos da tópica, assume uma função geral de redefinição do discurso jurídico». ANTÓNIO MENEZES CORDEIRO – *Da Boa Fé no Direito Civil*, Coimbra: Almedina, 1982, p. 1145--1147.

[19] Recordem-se as palavras de CASTANHEIRA NEVES: «[A]o pensamento jurídico cumpre assumir, em todos os seus momentos e a todos os seus níveis, a intenção e a função práticas (prático-normativas) do direito, de modo que o seu universal objectivo – e, portanto, também o da dogmática jurídica – não deverá ser outro senão o da normativa solução dos problemas prático-sociais postos pela histórica realização do direito. Com o que à dogmática, como dimensão específica da prática "ciência do direito", caberá a função de preparar e orientar, mediante uma determinativa reelaboração sistemática do direito positivo, a normativo-judicativa realização prática do direito (...)». ANTÓNIO CASTANHEIRA NEVES – "Método Jurídico" – *Digesta: Escritos acerca do Direito, do Pensamento Jurídico, da sua Metodologia e Outros*, Vol. 2, Coimbra: Coimbra Editora, 1995, p. 287.

[20] Cfr. CORDEIRO – *Da Boa Fé...* p. 1145-1146.

ção/integração»[21]. Neste sentido, «se o problema concreto é o prius metodológico – o princípio e o fim (últimos) do Direito –, então o método do caso apresenta-se incontornável» (CARNEIRO DA FRADA)[22]. Adoptando este método, invertemos o ponto de mira: em vez de partirmos das normas e princípios para o caso, tomamos o caso como "óculo", para a partir dele conhecer o Direito[23].

IV. Assim, partindo do caso, estruturamos a análise crítica das soluções disponíveis com base numa classificação tripartida: (i) os requisitos de aprovação dos negócios entre a sociedade e o seu accionista controlador; (ii) os padrões de conduta dos accionistas controladores e dos administradores; e (iii) os deveres de informação sobre os negócios entre a sociedade e o seu accionista controlador.

No primeiro plano, analisamos em especial o regime das quase entradas previsto no artigo 29.º CSC (*aquisição de bens a accionistas*), o regime da aprovação de negócios com administradores decorrente do artigo 397.º CSC (*negócios com a sociedade*), no contexto dos modelos de administração e fiscalização *latino* e *anglo-saxónico*, e dos artigos 428.º CSC (*exercício de outras actividades e negócios com a sociedade*) e 443.º CSC (*poderes de representação*) no contexto do modelo *germânico*.

No segundo plano, abordamos antes de mais o dever de lealdade dos accionistas entre si e face à sociedade, atendendo à sua configuração dogmática no Direito Português considerando a influência das experiências germânica e norte-americana. Analisamos depois as suas concretizações nos regimes legais dos impedimentos de voto e da anulabilidade das deliberações sociais. Analisamos ainda outra forma de determinação da conduta do sócio controlador: a responsabilidade dos administradores de facto. Passamos de seguida aos deveres de cuidado e de lealdade dos administradores, determinando o seu enquadramento dogmático, o seu conteúdo e os seus limites na resolução do problema que ora nos ocupa.

Por fim, no que respeita ao terceiro ponto, analisamos em geral a relevância da informação na limitação dos benefícios privados de controlo, a justificação dos deveres de informação sobre negócios

---

[21] FRADA – *Direito Civil...* p. 144-145.
[22] Ibidem, p. 145.
[23] Ibidem, p. 134.

com partes relacionadas e a configuração de tais deveres no nosso Direito das sociedades comerciais e dos valores imobiliários, apresentando um juízo crítico sobre o seu conteúdo e alcance.

V. A actualidade deste tema – que tem sido objecto de intensa discussão não só a nível académico, mas também entre legisladores e reguladores – é indiscutível, em especial na sequência de diversos casos que abalaram os mercados desde o início do novo milénio, com destaque, naturalmente, para o caso *Parmalat*.

Este caso constitui o exemplo paradigmático das fraudes europeias – tal como a *Enron* e a *Worldcom* constituem os exemplos típicos das fraudes norte-americanas – e tornou-se especialmente famoso pelo historial de extracção de benefícios privados pela família Tanzi, em prejuízo da sociedade, dos seus accionistas minoritários, dos seus trabalhadores e dos seus credores. Aparentemente, cerca de 2,3 mil milhões de Euros foram indevidamente desviados da empresa, através de negócios celebrados com terceiros, em benefício do accionista controlador. O escândalo tornou-se do conhecimento público quando se comprovou que uma conta de 3,9 mil milhões de Euros aberta junto do *Bank of America* era fictícia[24].

Entre nós, há muito que se discutem na praça pública os comportamentos predatórios de accionistas controladores[25], mas casos recentes, como o do BPN, reforçam a actualidade da discussão[26].

---

[24] Para uma descrição detalhada do caso Parmalat, *vide* ENRIQUES e VOLPIN – Corporate Governance Reforms in Continental Europe, p. 123-125; ALESSANDRA GALLONI e DAVID REILLY – How Parmalat spent and spent, *Wall Street Journal*; ANDREA MELIS – *Corporate Governance Failures. To What Extent is Parmalat a Particularly Italian Case?*, 2004, http://ssrn.com/abstract=563223.

[25] Esta questão tem sido particularmente discutida a propósito da independência dos órgãos de fiscalização privada da sociedade. Já em 1972 ALBERTO PIMENTA afirmava que «[a]s insuficiências do Conselho Fiscal – derivadas quer da sua normal falta de competência, quer da sua subordinação aos administradores ou aos grandes accionistas – são já um lugar comum». Cfr. ALBERTO PIMENTA – *A Prestação das contas do exercício nas sociedades comerciais. Separata do Boletim do Ministério da Justiça n.ºs 200, 201, 202, 203, 204, 205, 207 e 209*, Lisboa: Ministério da Justiça, 1972, p. 281, nota 480.

[26] Que, apesar de tudo, não parecem estar directamente relacionados com a actual crise que teve origem no mercado de *subprime* norte americano. Para uma explicação interessante desta crise, *vide e.g.*, MICHAEL LEWIS – "The End", in *Portfolio*, 2008, disponível em http://www.portfolio.com/in-this-issue-dec-2008.

VI. Pretendemos com esta análise promover a discussão sobre um conjunto de questões que têm sido pouco discutidas pela nossa doutrina e jurisprudência e que tanta relevância têm para a adequada composição dos interesses dos accionistas na sociedade anónima e, reflexamente, para a sua eficiência no quadro de uma cada vez mais acentuada concorrência legislativa e regulamentar a nível internacional. Esperamos ainda que estas linhas auxiliem o intérprete aplicador do Direito na solução destas questões.

§ 2
O PROBLEMA EM ANÁLISE ENTRE AS FORMAS DE EXTRACÇÃO DE BENEFÍCIOS PRIVADOS PELO ACCIONISTA CONTROLADOR

I. Os conflitos de interesses entre accionistas podem assumir diferentes configurações, às quais correspondem diferentes formas de extracção de benefícios privados pelos accionistas controladores. Atendendo à diversidade de problemas que suscitam e os mecanismos legais existentes para os enfrentar, não podemos apresentar aqui uma análise omnicompreensiva. Destacamos no entanto os casos mais óbvios[27]:

   i) Celebração de negócios fora do mercado entre a sociedade e os seus accionistas controladores, beneficiando estes últimos em prejuízo da sociedade.
   ii) Mecanismos abusivos de compensação dos administradores, através dos quais o accionista controlador (que ocupa essa posição) extrai riqueza da sociedade que não é distribuída proporcionalmente por todos os accionistas.
   iii) (Ab)uso de bens da sociedade, que se verifica, por exemplo, quando o accionista controlador (que ocupa determinados

---

[27] Cfr. ROBERT CHARLES CLARK – *Corporate Law*, New York: Aspen Publishers, 1996, p. 141-150. Para um maior desenvolvimento de cada um destes pontos, *vide* também, *v.g.*, JAMES D. COX e THOMAS L. HAZEN – *Cox & Hazen on Corporations : including unincorporated forms of doing business*, 2 ed., New York: Aspen Publishers, 2003, FRANKLIN A. GEVURTZ – *Corporation Law*, St. Paul: West Group, 2000.

cargos sociais) usa em proveito próprio determinados bens da sociedade, sem que esse uso tenha sido aprovado pelos órgãos competentes como parte da sua remuneração. Entre o abuso de bens da sociedade, podemos incluir também a apropriação de oportunidades de negócios da sociedade e o abuso de informação privilegiada.

iv) Aplicação de fundos da sociedade para manter a situação de controlo, a qual se verifica, por exemplo, quando a sociedade compra as acções de um accionista concorrente do controlador para evitar uma alteração do controlo. Esta aplicação pode envolver uma diluição da posição dos demais accionistas (quando o preço pago pelas acções do accionista concorrente acima do valor do mercado reduz os activos da sociedade de forma desproporcional ao valor das acções que saíram do mercado) e um custo de oportunidade, traduzido no desaproveitamento do aumento de valor que poderia estar associado à assumpção do controlo da sociedade pelo accionista concorrente e corresponde alteração da administração e das políticas da sociedade.

v) Negócios relativos ao controlo da sociedade, incluindo fusões; venda de participações de controlo; aquisições tendentes ao domínio total ou outras formas de exclusão dos accionistas minoritários (*freezout*); e aquisição de acções através de ofertas públicas de aquisição. Dependendo da sua configuração específica, alguns destes negócios podem envolver questões já enumeradas nas alíneas anteriores, mas apresentamo-los aqui autonomamente, sem concretização, para facilitar a exposição.

II. A doutrina jurídico-económica afirma em geral que nas economias europeias (incluindo Portugal), a forma mais comum de extracção de benefícios privados pelos accionistas controladores consiste na celebração de contratos com a sociedade[28], directamente ou

---

[28] KIRCHMAIER e GRANT – *Financial Tunneling and the Revenge of the Insider System: How to Circumvent the New European Corporate Governance Legislation*. Este facto levou alguns autores a concluir que as estruturas accionistas europeias são frequentemente ineficientes. KIRCHMAIER e GRANT – Corporate ownership structure... Apesar de

através de entidades relacionadas, através dos quais é desviado valor da sociedade em benefício desse accionista. Assume especial relevância a celebração de contratos intra-grupo[29], através do qual são coordenadas as actividades de diversas sociedades. Esta coordenação pode servir legítimos objectivos empresariais, mas cada contrato celebrado para o efeito constitui uma oportunidade para a expropriação dos accionistas minoritários, especialmente quando estão envolvidas sociedades nas quais o sócio controlador detém diferentes percentagens de direitos patrimoniais (*e.g.*, uma sociedade com acções admitidas à negociação e uma subsidiária detida a 100%)[30].

> *Exemplo*: "A" detém 30% da sociedade "B" (os restantes 70% estão distribuídos por pequenos accionistas) e 100% da sociedade "C". A sociedade "B" compra um terreno à sociedade "C", pelo valor de 1 milhão de euros. Neste negócio existe o risco de abuso da sociedade "B" – consubstanciado no pagamento de um preço excessivo pelo referido terreno – pelo seu accionista controlador, pelo facto de este ter um interesse obviamente conflituante com o interesse desta sociedade: por cada euro da sociedade "B" que venha a ser distribuído aos seus accionistas, "A" só receberá 30 cêntimos e os demais 70 cêntimos serão distribuídos aos demais accionistas; caso o mesmo euro seja transferido para a sociedade "C" e depois distribuído, "A" recebê-lo-á na totalidade, em prejuízo dos pequenos accionistas da sociedade "B"[31].

---

a doutrina económica afirmar que para o mercado releva o nível de benefícios privados pelos accionistas controladores, parece que o mesmo tem pouca capacidade para determinar atempadamente que benefícios estão de facto a ser expropriados. Vide EHRHARDT e NOWAK – *Private Benefits and Minority Shareholder Expropriation (or What Exactly are Private Benefits of Control?)*.

[29] Note-se que nos reportamos aqui a grupos de sociedades *lato sensu* e não à configuração que lhes é dada pelo CSC nos artigos 481.º a 508.º-E. JOSÉ A. ENGRÁCIA ANTUNES – *Os Grupos de Sociedades: Estrutura e Organização Jurídica da Empresa Plurissocietária*, 2 ed., Coimbra: Almedina, 2002, p. 278-285.

[30] PIERRE-HENRI CONAC, LUCA ENRIQUES e MARTIN GELTER – *Constraining Dominant Shareholders' Self-Dealing: The Legal Framework in France, Germany, and Italy*, 2007, http://ssrn.com/paper=1023890, p. 7-8. Entre nós vide por todos ANTUNES – *Os Grupos de Sociedades...* passim.

[31] Baseado no exemplo de CLARK – *Corporate Law...* p. 142.

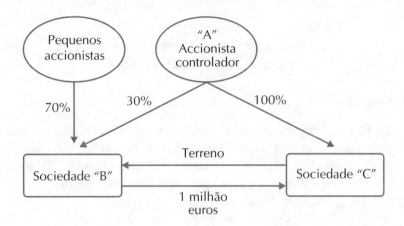

III. Ainda assim, nem todos os negócios onde se verifica um conflito de interesses são ineficientes. Em determinadas situações, o negócio com um accionista interessado pode ser a melhor opção disponível para a sociedade, desde logo porque este pode ter uma vantagem competitiva no mercado ou decorrente da sua proximidade face à sociedade. O facto de os negócios consigo mesmo (entendidos aqui em termo genéricos) poderem ser eficientes ou ineficientes está na base do problema dos conflitos de interesses, determinando o afastamento da simples proibição da sua celebração e requerendo um sistema que permita distinguir os bons dos maus negócios, maximizando a celebração de negócios eficientes e minimizando a celebração de negócios ineficientes[32].

Veremos em seguida se os mecanismos actualmente existentes em Portugal permitem alcançar este desiderato.

---

[32] DANIEL BERKOWITZ, KATHARINA PISTOR e JEAN-FRANCOIS RICHARD – Economic development, legality, and the transplant effect, *European Economic Review* 47, 2003, p. 18-19.

§ 3
A SOLUÇÃO DO PROBLEMA
DE IURE CONSTITUTO

3.1 Considerações gerais

I. Em diferentes ordenamentos têm sido ensaiadas diferentes soluções para o problema da extracção de benefícios privados pelo accionista controlador, as quais devem ser consideradas no contexto mais vasto dos mecanismos de governo das sociedades, não só de carácter legal, mas também económico e social[33].

Estas soluções específicas podem ser genericamente classificadas em três grupos[34]:

i) Em primeiro lugar, a imposição da aprovação (solução *ex ante*) ou ratificação (solução *ex post*) dos negócios que envolvam conflitos de interesses entre a sociedade e o seu accionista controlador pelos demais accionistas ou pelos administradores desinteressados. Contrariamente ao que se verifica na aprovação dos negócios entre a sociedade e os seus administradores, em termos de direito comparado, verifica-se uma maior relutância em confiar a aprovação dos negócios com accionistas controladores aos administradores (desinteressados). A justificação desta diferença parece residir na suspeita de que mesmo os administradores ditos desinteressados (ou mesmo "independentes") não estão isentos de pressão pelo accionista controlador que determina a sua eleição[35]. Mas, em geral, a solução também não passa pela aprovação

---

[33] Sobre a integração do Direito na ordem social *vide*, *v.g.*, J. BAPTISTA MACHADO – *Introdução ao Direito e ao Discurso Legitimador*, 16 reimp., Coimbra: Almedina, 2007, p. 11-14. Para um desenvolvimento do papel das normas sociais no âmbito das sociedades comerciais e da sua relação com o direito das sociedades comerciais, *vide* MELVIN A. EISENBERG – Corporate Law and Social Norms, *Columbia Law Review*, 99, 1999.

[34] VAZ SERRA apresenta uma classificação ligeiramente diferente, mas muito esclarecedora, das principais soluções a nível internacional à data de 1967. ADRIANO VAZ SERRA – Contrato consigo mesmo e negociação de directores ou gerentes de sociedades anónimas ou por quotas com as respectivas sociedades, *Revista de Legislação e Jurisprudência*, 100, 1967, p. 97-101.

[35] HERTIG e KANDA – "Related Party Transactions...", p. 121.

do negócio pelos accionistas minoritários (*i.e.*, os desinteressados), provavelmente pelo conflito desse mecanismo com a regra da maioria nas deliberações sociais[36].

ii) Em segundo lugar, estes negócios podem ser avaliados *ex post* por um tribunal com base num determinado padrão de conduta. O padrão de conduta consiste num dever imposto directamente ao accionista controlador (face à sociedade e aos demais accionistas) ou aos administradores (face à sociedade e eventualmente a terceiros) na avaliação, negociação e celebração de negócios entre tais accionistas e a sociedade (*e.g.*, dever de lealdade dos accionistas e deveres fundamentais dos administradores). Como veremos, esta solução é tanto mais relevante para a limitação da extracção de benefícios privados de controlo quanto maior for a eficiência dos tribunais na sua aplicação (*enforcement*), concretização e desenvolvimento[37].

iii) Em terceiro e último lugar, tais negócios podem implicar um dever de informação, de forma a facilitar a avaliação *(ex ante* ou *ex post*, consoante o caso) da posição da sociedade pelos accionistas minoritários (ou pelo mercado em geral)[38]. Com base nessa informação, os accionistas minoritários poderão reagir a tais negócios quando isso se justifique e o mercado reflectirá o seu impacto no custo de capital para a sociedade, criando um incentivo para a limitação dos negócios ineficientes.

---

[36] Ibidem, p. 122.

[37] Recordem-se a este propósito as palavras de CARLOS DA MOTA PINTO: cabe à jurisprudência «a importantíssima missão de, em face do caso concreto, dar vida à norma legal, precisando-a e concretizando-a. Esta "concretização" da lei implica uma explicitação das suas virtualidades e um desenvolvimento e enriquecimento dela, embora integrada no quadro ou no sistema legal – um sistema aberto, é certo –, como o exigem o princípio da legalidade e o fundamento democrático da função legislativa». «O *carácter constitutivo* desta intervenção judicial é sobretudo importante no que se refere à aplicação aos casos da vida de conceitos indeterminados e cláusulas gerais (...)». CARLOS A. DA MOTA PINTO, ANTÓNIO PINTO MONTEIRO e PAULO MOTA PINTO – *Teoria Geral do Direito Civil*, 4 ed., Coimbra: Coimbra Editora, 2005, p. 67.

[38] CONAC, ENRIQUES e GELTER – *Constraining Dominant Shareholders' Self-Dealing: The Legal Framework in France, Germany, and Italy*, p. 11.

Analisamos em seguida cada um destes mecanismos à luz do nosso direito constituído.

II. Como se pode facilmente constatar, excluímos deste estudo a importante e complexa matéria do levantamento da personalidade colectiva[39] – com importantes antecedentes no direito anglo-saxónico (pioneiro nesta matéria[40]) e desenvolvimentos no direito alemão, introduzida entre nós por FERRER CORREIA[41] e já largamente discutida na nossa doutrina e aceite por alguma jurisprudência[42] – por entendermos que este instituto não se enquadra entre os mais adequados mecanismos de limitação ou reacção face a conflitos de interesses entre accionistas no caso em apreço.

Como ensina MENEZES CORDEIRO, o levantamento é um instituto de enquadramento[43] que surgiu *a posteriori* para sistematizar e explicar diversas soluções concretas (sem unidade interna[44]), estabelecidas para resolver problemas reais postos pela personalidade colectiva[45]. O Autor identifica as seguintes constelações de casos concretos em que o mesmo se manifesta[46]: (i) a confusão de esferas

---

[39] Como bem adverte MENEZES CORDEIRO, esta é uma matéria cada vez mais técnica e especializada: «trata-se de um tema que, cada vez menos, poderá ser tratado de improviso». ANTÓNIO MENEZES CORDEIRO – *O levantamento da personalidade colectiva*, Coimbra: Almedina, 2000, p. 146.

[40] *Vide, e.g.*, ANTÓNIO MENEZES CORDEIRO – *Manual de Direito das Sociedades*, Vol. 1, 2 ed., Coimbra: Almedina, 2007, p. 376-381; CORDEIRO – *O levantamento da personalidade colectiva*, p. 108-110.

[41] ANTÓNIO FERRER CORREIA – *Sociedades Fictícias e Unipessoais*, Coimbra: Livraria Atlântida, 1948, p. 325.

[42] *Vide* referências em CORDEIRO – *Manual...*, vol. *1*, p. 382-383.

[43] CORDEIRO – *O levantamento da personalidade colectiva*, p. 148-149.

[44] Ibidem.

[45] Ibidem, p. 115.

[46] *Vide* também o Ac. STJ de 3 de Fevereiro de 2009, onde se lê que «Estão mais ou menos sistematizadas as condutas societárias reprováveis que, na vertente do abuso da responsabilidade limitada (que não se confunde com a do abuso da personalidade), podem conduzir à aplicação do instituto da desconsideração da personalidade, avultando, de entre elas: a confusão ou promiscuidade entre as esferas jurídicas da sociedade e dos sócios; a subcapitalização, originária ou superveniente, da sociedade, por insuficiência de recursos patrimoniais necessários para concretizar o objecto social e prosseguir a sua actividade; as relações de domínio grupal». «Para além destas situações, também se podem perfilar outras em que a sociedade comercial é utilizada pelo sócio para contornar uma obrigação legal ou contratual que ele, individualmente, assumiu, ou para encobrir um negócio contrário à lei, funcionando como interposta pessoa».

jurídicas⁴⁷; (ii) a subcapitalização⁴⁸; e (iii) o atentado a terceiros e o abuso de personalidade⁴⁹.

Ora, nem neste tipo de casos, nem no âmbito do âmbito dos grupos de sociedades⁵⁰, o levantamento da personalidade colectiva se assume como um meio adequado de limitação ou reacção face a conflitos entre accionistas no caso ora em análise, especialmente quando confrontado com as potencialidades da aplicação directa do dever de lealdade entre accionistas que analisamos adiante⁵¹. Diferente poderia ser a conclusão se o foco do presente estudo fosse a salvaguarda dos credores sociais. No entanto, mesmo nesse caso, não poderíamos ignorar as incertezas realçadas por exemplo, por Engrácia Antunes⁵².

3.2 Requisitos de aprovação dos negócios celebrados com um accionista controlador

3.2.1 Considerações gerais

I. Em geral, é atribuída menor relevância ao papel dos administradores desinteressados na avaliação dos negócios entre a sociedade e os seus accionistas controladores do que aquela que é atribuída no âmbito dos negócios entre a sociedade e os seus administradores.

---

⁴⁷ A qual se verifica quando a inobservância de certas regras societárias ou decorrências puramente objectivas obnubilem a separação entre o património da sociedade e o(s) do(s) sócio(s). CORDEIRO – *O levantamento da personalidade colectiva*, p. 116.

⁴⁸ A qual se verifica quando uma sociedade tenha sido constituída com um capital insuficiente. Ibidem, p. 118.

⁴⁹ O atentado a terceiros verifica-se sempre que a personalidade colectiva seja usada, de modo ilícito ou abusivo, para os prejudicar. Ibidem, p. 115.

⁵⁰ Ibidem, p. 131 e segs.

⁵¹ Acresce que sendo aplicável também às sociedades anónimas, é nas sociedades por quotas que, entre nós, este instituto encontra o seu campo de aplicação por excelência. Efectivamente, o problema do levantamento da personalidade colectiva surgiu historicamente no Direito continental europeu com o êxito das sociedades por quotas, nas quais não se verificam as especiais cautelas internas e de publicidade no funcionamento que caracterizam as sociedades anónimas. Cfr. Ibidem, p. 103-104.

⁵² ANTUNES – *Os Grupos de Sociedades...* p. 599, em especial, nota 1175.

No entanto, alguns ordenamentos de referência fazem uso deste mecanismo isoladamente – é o caso dos ordenamentos alemão (*Konzernrecht*) e do estado do Delaware, nos Estados Unidos[53] – ou em conjugação com a aprovação de tais negócios pelos sócios – como se verifica em França[54].

A aprovação destes negócios pelos accionistas minoritários é um possível substituto para a aprovação pelo conselho de administração, mas – como referimos antes – também este mecanismo não tem merecido grande aceitação, provavelmente por contrariar a regra da maioria nas deliberações sociais. Só os Estados Unidos têm uma tradição de aceitação deste mecanismo como a forma mais adequada de controlo dos negócios entre uma sociedade e os seus accionistas controladores. Noutros ordenamentos é imposta a aprovação pela minoria em determinados tipos de sociedades (em França, na SARL e, na Alemanha, na GmbH) ou é consagrada a protecção das minorias pela anulação de deliberações sociais por *"minority fraud"* ou *"extreme unfairness"*[55]. Em França, por exemplo, os minoritários têm direito a nomear um *expert de gestion* para investigar este tipo de negócios, reunindo a informação necessária para reagir judicialmente[56].

GERARD HERTIG e HIDEKI KANDA sugerem que a aprovação deste tipo de negócios pelos accionistas minoritários é o único mecanismo credível, mas limita significativamente os direitos de controlo dos accionistas controladores, razão pela qual a regra da aprovação pela "maioria da minoria" está mais desenvolvida nos Estados Unidos (caracterizado por uma dispersão accionista e, logo, pela ausência de accionistas controladores), mas menos desenvolvida a nível Europeu (onde os accionistas controladores e os accionistas institucionais têm um poder de voto significativo)[57].

---

[53] Vide Kahn v. Lynch Communications Systems, Inc., 638 A.2d 1110 (Delaware Supreme Court 1994); e § 318 *Aktiengesetz*.

[54] Vide Art. L. 225-38 *Code de Commerce*. Cfr. HERTIG e KANDA – "Related Party Transactions...", p. 121-122.

[55] Este é o caso do Japão e do Reino Unido. Na Alemanha os sócios só têm de provar que o voto do controlador foi decisivo (§ 243 *Aktiengesetz*), mas o efeito desta disposição tem sido posto em causa dada a sua limitada aplicação. Ibidem.

[56] Vide Arts. L. 225-231 e Art. L. 223-37 *Code de Commerce*. Cfr. Ibidem, p. 122.

[57] Ibidem, p. 123.

II. A imposição da aprovação deste tipo de negócios pelos accionistas tem sido amplamente discutida também a nível económico. Neste âmbito, GOSHEN explica[58] que, em termos económicos, a votação é comummente aceite como o melhor método para alcançar um consenso num grupo a partir de diferentes avaliações subjectivas dos indivíduos que compõem o grupo. O mecanismo do voto baseia-se na assumpção de que a opinião da maioria reflecte a "preferência do grupo", *i.e.*, a escolha óptima para o grupo como um todo[59]. Presume-se que a perspectiva da maioria é o melhor indicador de um negócio eficiente[60]. No entanto, o voto só traduz eficazmente a posição do grupo na medida em que o voto dos vários indivíduos que o compõem se baseie numa avaliação honesta dos seus melhores interesses enquanto membros do grupo (*"sincere voting"*)[61]. Sempre que tais indivíduos considerem o sentido de voto de outros membros (*"strategic voting"*)[62] ou votem de acordo com o seus interesses pessoais que conflituam com os interesses do grupo (*"conflict-of-interest voting"*)[63], o processo de voto deixa de ser um indicador de negócios eficientes. A participação da parte interessada na deliberação não contribui com informação pertinente sobre os benefícios do negócio para o grupo como um todo. A solução da aprovação dos negócios pelos accionistas desinteressados evita que a parte interessada possa impor a sua vontade à minoria, mas implica a perda de negócios eficientes em determinadas situações. Quando o grupo minoritário é pequeno, verifica-se um risco de *strategic voting*, em que a minoria

---

[58] ZOHAR GOSHEN – "Controlling corporate self-dealing: convergence or path dependency", in MILHAUPT (ed) – *Global Markets, Domestic Institutions: Corporate Law and Governance in a New Era of Cross-Border Deals*, New York: Columbia University Press, 2003, p. 18-19.

[59] SHEMUEL NITZAN e URIEL PROCACCIA – Optimal Voting Procedures for Profit Maximizing Firms, *Public Choice*, 51, 1986.

[60] LUCIAN ARYE BEBCHUK – The Sole Owner Standard for Takeover Policy, *Journal of Legal Studies*, 17, 1988; SHEMUEL NITZAN e JACOB PAROUSH – Optimal Decision Rules in Uncertain Dichotomous Choice Situations, *International Economics Review*, 23, 1982.

[61] AMARTYA SEN – Behavior and the Concept of Preference, *Economica*, 40, 1988.

[62] ZOHAR GOSHEN – Controlling Strategic Voting: Property Rule or Liability Rule?, *University of California Law Review*, 70, 1997.

[63] BERKOWITZ, PISTOR e RICHARD – Economic development...

(ou parte dela) tenta obter uma maior percentagem dos benefícios do negócio. Sempre que o valor extraído pela minoria permita, ainda assim, a extracção de um benefício pela maioria, o negócio poderá concretizar-se. No entanto, se a percentagem do valor extraído pela minoria for demasiado elevado, poderá perder-se o negócio[64].

Esta questão tem sido discutida a nível jus-societário a propósito dos "abusos de minoria"[65].

3.2.2 O regime das quase entradas

I. O legislador português dedicou pouca atenção a este problema fundamental da vida societária, ao contrário do que se tem verificado recentemente noutras ordens jurídicas. De facto, aparentemente os negócios celebrados entre a sociedade e os seus accionistas controladores (só por si) não estão sujeitos a qualquer requisito de aprovação ou ratificação, seja pelo conselho de administração seja pela assembleia geral, salvo no caso específico das "quase entradas" previstas no artigo 29.º CSC[66].

II. De acordo com esta disposição[67], *a aquisição de bens* por uma sociedade anónima a um seu fundador ou sócio (directamente ou por interposta pessoa), antes da celebração do contrato de sociedade, simultaneamente com este ou nos dois anos seguintes ao registo do *contrato de sociedade* ou do *aumento do capital*, deve ser previamente verificada por um revisor oficial de contas independente[68] e aprovada em assembleia geral, desde que o contravalor dos bens adquiridos à mesma pessoa durante o referido período exceda 2% do capital social no momento da celebração do contrato de aquisição[69].

---

[64] Ibidem, p. 21.

[65] *Vide, e.g.*, JORGE M. COUTINHO DE ABREU – *"Abusos de minoria"*, Problemas do Direito das Sociedades, Coimbra: Almedina, 2002.

[66] Cfr. PAULO DE TARSO DOMINGUES – *Do capital social*, Studia Iuridica, n.º 33, 2 ed., Coimbra: Coimbra Editora, 2004, p. 87-90.

[67] Que transpõe o artigo 11.º da Segunda Directriz sobre sociedades, que por sua vez se baseou no § 52 AktG. Cfr. Ibidem, p. 88.

[68] Nos termos do artigo 28.º, *ex vi* artigo 29.º, n.º 3 CSC.

[69] Cfr. artigo 29.º, n.º 1 CSC.

Note-se que o fundador ou sócio a quem os bens sejam adquiridos está impedido de votar, que a deliberação de aprovação deve ser registada e publicada[70], e que o contrato de aquisição deve ser reduzido a escrito. A não aprovação pela assembleia geral gera ineficácia do negócio[71], enquanto a falta da forma prescrita implica, nos termos gerais, a sua nulidade[72]. Por fim, esta disposição não se aplica à aquisição de bens em bolsa ou em processo judicial executivo ou compreendida no objecto da sociedade[73].

III. Esta disposição visa impedir que os fundadores ou sócios da sociedade evitem a aplicação do artigo 28.º CSC na constituição da sociedade ou no aumento do seu capital social, realizando as suas participações em dinheiro e não em espécie, na expectativa de reaverem esse dinheiro contra a entrega de bens num momento posterior à constituição da sociedade ou do aumento do seu capital. Caso não existisse esta disposição, seria fácil contornar a aplicação do artigo 28.º, evitando assim a avaliação dos bens aportados pelo revisor oficial de contas[74].

Deve recordar-se que os "bens" a que se refere o artigo 29.º CSC são – tal como aqueles a que se refere o artigo 28.º – direitos patrimoniais, susceptíveis de penhora e que não se traduzam em dinheiro[75].

IV. Neste contexto, PEDRO MAIA desafiou-nos a enfrentar a questão de saber se os requisitos de avaliação pelo ROC e de apro-

---

[70] Cfr. artigos 29.º, n.º 3, e 384.º, n.º 6, al. d) CSC.
[71] Cfr. artigo 29.º, n.º 5 CSC.
[72] Cfr. artigo 29.º, n.º 4 CSC.
[73] Nos termos do n.º 2 do artigo 29.º CSC.
[74] No mesmo sentido, DOMINGUES – *Do capital social...* p. 88.
Como referem GONÇALVES DA SILVA e ESTEVES PEREIRA: «Para obterem o que, com razão ou sem ela, consideram condigna compensação da sua iniciativa, do seu trabalho e dos seus riscos, os promotores-fundadores recorrem algumas vezes a manobras de discutível lisura: contabilizar como gastos de constituição, no todo ou em parte, a importância do capital por eles subscrito, **mascarar as suas entregas *"in natura"* de entregas em dinheiro (seguidas de compras simuladas)**, etc» (sublinhado nosso). Cfr. F. V. GONÇALVES DA SILVA e J.M. ESTEVES PEREIRA – *Contabilidade das Sociedades*, 10 ed., Lisboa: Plátano, 1996, p. 109.
[75] CORDEIRO – *Manual...*, vol. *1*, p. 591, a propósito do artigo 28.º CSC.

vação pela assembleia geral, previstos no artigo 29.º CSC, devem ser aplicáveis aos contratos de prestação de serviços celebrados entre a sociedade e os seus fundadores ou sócios (no período de suspeição e no valor mínimo referido). Esta questão é tanto mais pertinente quanto, na medida em que se considere que o artigo 29.º é aplicável apenas à aquisição de bens que podem ser aportados pelos sócios para a realização do capital social, poderia afirmar-se a liberdade dos sócios para contornar a proibição de entradas em indústria nas sociedades anónimas (cfr. artigo 277.º, n.º 1 CSC)[76]. Basta para o efeito que os sócios realizem as suas entradas em dinheiro, com o qual a sociedade paga por serviços por si prestados num momento posterior.

Diga-se, em abono da verdade, que a celebração de contratos de prestação de serviços entre a sociedade e os seus accionistas é muito comum na prática, especialmente no âmbito dos grupos societários[77] ou em contextos como o *project finance*, onde tais contratos são frequentemente celebrados quase em simultâneo com o contrato de sociedade. Isto não significa porém que esses contratos visem necessariamente contornar a proibição de entradas de indústria ou a descapitalização da sociedade. Esta é, no entanto, uma consequência possível, razão pela qual se impõe a discussão desta questão.

O artigo 29.º refere-se à aquisição de "bens"[78]. Atendendo à distinção entre bens e serviços (cfr. artigo 980.º CC) e entre bens e indústria (cfr. artigo 20.º CSC), somos levados a concluir que o conceito de "bens" não abrange os serviços.

Para além do teor literal do artigo 29.º CSC, também a sua *ratio* parece negar a aplicabilidade deste regime à prestação de serviços pelos accionistas ou fundadores. Efectivamente, em geral entende-se que o artigo 29.º *se limita* a salvaguardar os efeitos do disposto no artigo 28.º CSC: correcta avaliação das entradas em espécie. Na

---

[76] O mesmo princípio vigora nas sociedades por quotas (cfr. artigo 202.º, n.º 1 CSC) e é aplicável ao sócio comanditário nas sociedades em comandita (cfr. artigo 468.º CSC). Nas sociedades em nome colectivo o valor da contribuição em indústria não é computado no capital social (cfr. artigo 178.º, n.º 1 CSC).

[77] ANTUNES – *Os Grupos de Sociedades...* p. 126.

[78] Noção que, como vimos, abrange todos os direitos patrimoniais susceptíveis de penhora e que não se traduzam em dinheiro. Cfr. CORDEIRO – *Manual...*, vol. *1*, p. 591, a propósito do artigo 28.º CSC.

medida em que o artigo 28.º CSC não se aplica às entradas de indústria (porque estas não podem ter lugar nas sociedades anónimas) também o artigo 29.º é inaplicável aos contratos de prestação de serviços pelos accionistas.

Poderia ensaiar-se uma solução alternativa, partindo da perspectiva de que o artigo 29.º tem um propósito mais vasto, de salvaguarda da posição dos credores, em concretização dos princípios da "intangibilidade do capital social"[79] ou da "valoristicamente exacta formação do capital social" (consoante a sociedade tenha ou não sido já constituída)[80] e da proibição das entradas de indústria nas sociedades

---

[79] De acordo com o princípio da intangibilidade do capital social (o mesmo valendo neste caso a propósito do princípio da valoristicamente exacta formação do capital social), aos sócios não podem ser atribuídos bens que sejam necessários à cobertura do capital social. Cfr. DOMINGUES – *Do capital social...* p. 133. Note-se que TARSO DOMINGUES refere "bens" e "valores". Parece-nos no entanto que o segundo conceito é abrangido pelo primeiro, pelo que se torna equívoca a sua referência lado a lado. Em especial, os bens atribuídos à sociedade pelos sócios não podem retornar ao património destes, salvo em caso de redução do capital social ou de liquidação da sociedade. Cfr. DOMINGUES – *Do capital social...* p. 134.

Neste contexto, o artigo 21.º, n.º 2 CSC proíbe expressamente «toda a estipulação pela qual deva algum sócio receber juros ou outra importância certa em retribuição do seu capital ou indústria». Desde logo, a admissibilidade de uma estipulação pela qual algum sócio deva receber uma importância em retribuição da sua indústria poderia colidir com a natureza do risco inerente à actividade comercial e prejudicar os legítimos interesses dos credores sociais. Cfr. ARMANDO BRAGA – *Código das Sociedades Comerciais Anotado e Comentado*, 2 ed., Porto: Almeida e Leitão, Lda., 1998, p. 122; DOMINGUES – *Do capital social...* p. 137. Concretizando para o que ora nos interessa, releva o risco de tal estipulação poder implicar uma descapitalização da sociedade a favor do sócio beneficiado, no caso de «a empresa não gerar riqueza ou lucro mas ao invés sofrer prejuízos – o que sucede normalmente no período inicial da sua actividade –». Cfr. DOMINGUES – *Do capital social...* p. 137.

Mesmo que fosse permitida, só faria sentido incluir uma estipulação relativa à retribuição da indústria no pacto social daquelas sociedades em que são admitidas as entradas desta natureza. Como vimos, não é o caso das sociedades anónimas. Esta disposição revela no entanto uma preocupação do legislador na alocação do risco comercial e na protecção dos credores sociais, a ter em consideração na interpretação sistemática do artigo 29.º CSC.

[80] Sobre a individualização do "princípio da valoristicamente exacta formação do capital social" face ao princípio da intangibilidade do capital social, *vide* DOMINGUES – *Do capital social...* p. 72. Sobre este último princípio, *vide*, por todos, DOMINGUES – *Do capital social...* p. 132-146.

anónimas[81]. Caso assim se entendesse, poderia também entender-se que os contratos de prestação de serviços por accionistas estão sujeitos a avaliação por um ROC e aprovação da assembleia geral nos termos do artigo 29.º CSC. Não nos parece porém ser essa a *ratio* desta disposição.

Assim, no actual estádio de desenvolvimento desta questão, tal interpretação parece ser vedada pelo teor literal do preceito. Também não nos parece admissível a interpretação extensiva do mesmo, por não identificarmos quaisquer argumentos que permitam sustentar que o legislador disse menos do que pretendia. Nos mesmos termos, no quadro sistemático do artigo 29.º, não parece sequer concebível a sua interpretação correctiva, sob pena de extrapolação de uma ficção sem sustentabilidade. Paralelamente, não podemos defender a aplicação desta solução pela via analógica, por não divisarmos uma lacuna a integrar. Um entendimento diverso sacrificaria excessivamente a segurança jurídica, com elevados custos para as sociedades visadas e para os seus accionistas.

Parece-nos assim que estamos perante uma dificilmente ultrapassável insuficiência da lei. Resta portanto apelar ao legislador para rever esta posição no quadro mais vasto de um plano de reforma do direito das sociedades, sustentado e fundamentado num adequado plano de acção, e não em sucessivas alterações avulsas que sobrecarregam e confundem o intérprete aplicador e os agentes do mercado.

Sem prejuízo deste apelo, deve enquadrar-se o presente problema no contexto mais vasto dos negócios entre sociedades e os seus

---

[81] Relativamente à proibição das entradas de indústria, a sua fundamentação reside na dificuldade de avaliação deste tipo de entradas (quer pela sua natureza, quer pelo facto de a sua duração ser incerta) e na impossibilidade de garantir e assegurar o seu cumprimento, em virtude do seu carácter futuro e sucessivo, «o que, dada a impossibilidade da sua execução forçada, determina que elas não sejam adequadas ao desempenho da função de garantia que se assinala ao capital social». Como conclui TARSO DOMINGUES, «de forma a obviar a que no activo da sociedade conste um valor referente aos serviços prestados por um sócio, que pode, de todo, não corresponder àquilo que efectiva e realmente o serviço vale (...) e que, por outro lado, não se apresenta como um meio de garantia para os terceiros credores, a lei – pura e simplesmente – veda a possibilidade de se computarem no capital social as entradas de indústria». Cfr. DOMINGUES – *Do capital social...* p. 76-77.

accionistas controladores dado que, nesta perspectiva podem considerar-se outras construções dogmáticas que permitam uma justa solução do caso concreto[82].

3.2.3 *A aprovação dos negócios entre a sociedade e os seus administradores*

3.2.3.1 *O teor literal do artigo 397.º, n.º 2 CSC, aplicável aos modelos monistas*

I. Noutro plano temos o n.º 2 do artigo 397.º CSC, de acordo com o qual «são nulos os contratos celebrados entre a sociedade e os seus administradores, directamente ou por pessoa interposta, se não tiverem sido previamente autorizados por deliberação do conselho de administração, na qual o interessado não pode votar, e com o parecer favorável do conselho fiscal».

Nos termos desta disposição, não basta que estes contratos sejam aprovados por um ou mais mandatários da sociedade, um ou mais administradores-delegados, ou pela comissão executiva (quando existam).

II. O mecanismo de aprovação de negócios entre a sociedade e os seus administradores pelo conselho de administração apresenta duas grandes vantagens (especialmente quando comparado com a aprovação pelos accionistas): por um lado, é pouco oneroso para sociedades cotadas; por outro, provavelmente não desincentiva a celebração de negócios *eficientes*. Quanto aos inconvenientes, os administradores desinteressados podem não ser suficientemente independentes para avaliar o negócio em causa, dada a sua selecção pelos accionistas maioritários, pelos principais gestores ou por ambos. Acresce que, na medida em que a aprovação do negócio pelo conselho limite a intervenção dos accionistas, este mecanismo pode ser especialmente ineficiente. A fragilidade deste mecanismo deve assim ser tida em consideração na ponderação global dos mecanismos usados no controlo de conflitos de interesses.

---

[82] Vide, em especial, os pontos 3.23.4, 3.3.3.4 e 33.3.3 *infra*.

III. Decorre do artigo 397.º, n.º 5 que a proibição de contratos entre a sociedade e um seu administrador «não se aplica quando se trate de acto compreendido no próprio comércio da sociedade e nenhuma vantagem especial seja concedida ao contraente administrador». Assim, aparentemente há todo um universo de *self dealing transactions* objecto deste estudo que não estão sujeitas a este mecanismo de controlo, incluindo: (i) negócios com accionistas controladores que não sejam administradores da sociedade; (ii) negócios com accionistas-administradores em que lhes são concedidas vantagens especiais, mas compreendidos no próprio comércio da sociedade; e (iii) negócios com accionistas-administradores não compreendidos no próprio comércio da sociedade, mas em que não são concedidas vantagens especiais aos administradores.

Para o que ora nos interessa – negócios entre a sociedade e um sócio controlador – parece que, de acordo com o seu teor literal, o artigo 397.º CSC abrange apenas os negócios que, concedendo vantagens especiais ou não sendo compreendidos no próprio comércio da sociedade, sejam celebrados (directamente ou por pessoa interposta) com accionistas que sejam simultaneamente administradores da sociedade[83]. Só estes negócios estão, nos termos literais do artigo 397.º, sujeitos a deliberação do conselho de administração, na qual não pode votar o administrador interessado (solução que aliás já decorreria da regra geral do artigo 410.º, n.º 6 CSC), não podendo ser aprovados apenas por um ou mais mandatários da sociedade, por um ou mais administradores-delegados, ou pela comissão executiva (quando existam).

IV. O facto de o n.º 2 do artigo 397.º prever expressamente os casos em que os contratos não são celebrados directamente com o administrador, mas sim por interposta pessoa[84], permite resolver os

---

[83] Como refere PAIS DE VASCONCELOS, a «lei encara a questão na perspectiva da actuação do administrador independentemente da sua qualidade de sócio ou não sócio. Mas (...) há uma diferença que não deve ser desconsiderada. Neste caso, o gestor é sócio e a vantagem que obtém, ou visa obter, com o negócio vai verificar-se na sua pessoa como sócio». VASCONCELOS – *A participação social...* p. 344.

[84] Na vigência do artigo 173.º, § 3 do Código Comercial, VAZ SERRA afirmava haver «contrato consigo mesmo ainda que o director contrate em nome próprio no interesse

casos de "identidade económica", não sendo necessário recorrer à analogia, como tem sido feito pelos tribunais alemães a propósito do § 112 AktG[85]. O melhor exemplo é o dos negócios celebrados com um terceiro (sociedade) na qual o administrador tem uma participação maioritária. A inclusão deste caso-tipo no âmbito de aplicação do artigo 397.º evita o esvaziamento do seu conteúdo útil, dado que em muitos casos (senão mesmo a maioria), os administradores não negoceiam directamente com a sociedade na qual exercem funções, antes usando uma sociedade (ou outra pessoa) por si controlada para o efeito.

V. Ainda assim, o teor literal do artigo 397.º, n.º 2 CSC é manifestamente insuficiente face à *ratio* da norma. Importa por isso ultrapassar uma interpretação redutora[86], aplicando ainda a exigência de

---

de outrem ou que contrate como representante de terceiro, pois a razão é a mesma, **ou ainda que ele contrate indirectamente consigo mesmo (isto é, por meio de pessoa interposta, que contrate em nome próprio mas por conta do director)**» (sublinhado nosso). ADRIANO VAZ SERRA – Contrato consigo mesmo, *Revista de Legislação e Jurisprudência*, 91, 1958, p. 203.

[85] CONAC, ENRIQUES e GELTER – *Constraining Dominant Shareholders' Self-Dealing: The Legal Framework in France, Germany, and Italy*, p. 12.

[86] A propósito do artigo 254.º, n.º 3 CSC, RAÚL VENTURA defende que não existe um critério especial para determinar a "interposição de pessoas", aplicando-se os critérios gerais civilísticos, basicamente os fornecidos pelo artigo 579.º, n.º 2 CC. De acordo com este preceito: «*Entende-se que a cessão é efectuada por interposta pessoa, quando é feita ao cônjuge do inibido ou a pessoa de quem este seja herdeiro presumido, ou quando é feita a terceiro, de acordo com o inibido, para o cessionário transmitir a este a coisa ou direito cedido*». Cfr. RAÚL VENTURA – *Sociedades por Quotas (Comentário ao Código das Sociedades Comerciais)*, Vol. 3, 1 ed., 1 reimp., Coimbra: Almedina, 1996.

COUTINHO DE ABREU defende que nas "pessoas interpostas" se devem incluir «não apenas as referidas no artigo 579.º, n.º 2 CC, mas ainda outros sujeitos singulares ou colectivos, próximos dos administradores em causa – todos os sujeitos que os administradores podem influenciar». Cfr. JORGE M. COUTINHO DE ABREU – *Responsabilidade Civil dos Administradores de Sociedades*, IDET, Cadernos, n.º 5, Coimbra: Almedina, 2007, p. 27, nota 42. Desenvolvendo esta posição, JOÃO SOUSA GIÃO afirma que não lhe choca que o conceito de "pessoas interpostas" seja interpretado, para este fim específico, de modo a incluir todos os casos em que o conflito de interesses existe. Conclui ainda: «Interpretação contrária é que parece frustar o propósito normativo da regra». Cfr. Capítulo III deste obra, § 2.º, ponto 7, para. VI.

aprovação pelo conselho de administração prescrita pelo artigo 397.º, n.º 2 CSC aos seguintes casos:

(1) Contratos celebrados entre a sociedade e terceiros representados pelo mesmo administrador (dupla representação); e
(2) Contratos celebrados entre a sociedade e terceiros com administradores comuns que não representam a sociedade no contrato em causa.

Analisamos cada um destes casos em seguida.

3.2.3.2 *Contratos celebrados entre a sociedade e terceiros representados pelo mesmo administrador*

I. Deve ser admitida a interpretação extensiva do artigo 397.º, n.º 2 CSC, de forma a permitir a sua aplicação aos contratos celebrados com terceiros – incluindo accionistas – também representados por um administrador da sociedade, ou seja, «quando um representante comum de dois representados contrata em nome de ambos estes» (dupla representação)[87].

Com efeito, parece-nos que o legislador – ao estabelecer no direito das sociedades comerciais uma solução idêntica à do artigo 261.º CC, de acordo com o qual «[é] anulável o negócio celebrado pelo representante consigo mesmo, seja em nome próprio, *seja em representação de terceiro*, a não ser que o representado tenha especificadamente consentido na celebração, ou que o negócio exclua por sua natureza a possibilidade de um conflito de interesses» (sublinhado nosso) – disse menos do que pretendia, não esclarecendo que a solução do código das sociedades comerciais é aplicável tanto aos casos em que o administrador actua *em nome próprio*, como aos casos em que o administrador actua *em representação de terceiro*[88].

---

[87] Em sentido contrário, o acórdão do STJ de 27/01/1967, *Boletim do Ministério da Justiça* n.º 163, p. 322 e *Revista de Legislação e Jurisprudência*, 100.º, p. 81, muito criticado por SERRA – Contrato consigo mesmo e negociação de directores ou gerentes...

[88] No mesmo sentido, na vigência do artigo 173.º, § 3 do Código Comercial, VAZ SERRA que afirma haver «contrato consigo mesmo ainda que o director contrate em nome próprio no interesse de outrem **ou que contrate como representante de terceiro**, pois a razão é a mesma, ou ainda que ele contrate indirectamente consigo mesmo (isto é, por

Como explica PIRES DE LIMA e ANTUNES VARELA a propósito da dupla representação prevista no artigo 261.º CC, os perigos do contrato consigo mesmo são evidentes: o representante sentir-se-á tentado a sacrificar os interesses de um dos representados em benefício dos do outro[89].

Note-se ainda que o facto de a representação orgânica não constituir verdadeira representação[90] não obsta ao paralelismo entre o disposto nos artigos 397.º, n.º 2 CSC e 261.º CC. De facto, já autores como GALVÃO TELES, VAZ SERRA e FERRER CORREIA defendiam a aplicação das regras gerais de direito civil sobre contrato consigo mesmo aos órgãos das pessoas colectivas, «embora não sejam verdadeiros representantes desta», dada a identidade de razão de ser[91]. Independentemente de a "representação" referida no artigo 261.º ter um diferente enquadramento dogmático face à "representação orgânica", impõe-se uma unidade valorativa. O conteúdo teleológico destas disposições (artigos 261.º CC e 397.º, n.º 2 CSC) é claro: ambas visam evitar conflitos de interesses inerentes à gestão de bens alheios. Impõe-se por isso a ordenação sistemática do artigo 397.º, n.º 2 – de acordo com o sistema interno, de carácter axiológico ou teleológico – para entender esta norma «não apenas como fenómeno isolado, mas como parte de um todo»[92].

---

meio de pessoa interposta, que contrate em nome próprio mas por conta do director)» (sublinhado nosso). SERRA – Contrato consigo mesmo... p. 203.

[89] PIRES DE LIMA e ANTUNES VARELA – *Código Civil Anotado*, Vol. 1, 4.ª ed., Coimbra: Coimbra Editora, 1987, p. 243, nota 1 do artigo 261.º. A doutrina em geral enquadra este caso nos negócios consigo mesmo. Vide e.g., SERRA – Contrato consigo mesmo...; SERRA – Contrato consigo mesmo e negociação de directores ou gerentes...

[90] Neste sentido ensina MENEZES CORDEIRO que a "representação" da sociedade pelos administradores não equivale à representação em sentido técnico, sendo «um modo cómodo sugestivo de exprimir os nexos de organicidade que imputam, ao ser colectivo, a actuação dos titulares dos seus órgãos». Cfr. CORDEIRO – *Manual..., vol. 1*, p. 797.

[81] SERRA – Contrato consigo mesmo... p. 247; GALVÃO INOCÊNCIO TELES – Contrato entre sociedades anónimas e o seu director, *O Direito*, 87, 1955, p. 14 CORREIA – *Sociedades fictícias e unipessoais*, p. 312.

[92] Sobre a ordenação sistemática e determinação do conteúdo teleológico, *vide* CLAUS-WILHELM CANARIS – *Pensamento Sistemático e Conceito de Sistema na Ciência do Direito*, Lisboa: Fundação Calouste Gulbenkian, 2002, p. 154 e segs. (p. 156).

RAÚL VENTURA defende a aplicação do artigo 261.º CC, enquanto princípio geral da representação, directamente às sociedades por quotas (perante a impossibilidade de lhes

Como ensina MENEZES CORDEIRO, o Direito civil é o mais comum e o mais abstracto de todos os ramos do direito, constituindo a base a partir do qual, por especialização, por complementação ou por inovação se vão erguendo todos os demais ramos jurídico normativos[93]. No caso em apreço, não divisamos qualquer especialidade do Direito das sociedades que justifique uma solução diferente à do direito comum.

II. Do exposto resulta que a solução passa pela inclusão do caso em análise neste artigo na categoria da *dupla representação* e não pela sua resolução à luz da previsão da nulidade dos negócios celebrados *por pessoa interposta*, nos termos do artigo 397.º, n.º 2 CSC.

De facto, no caso que ora nos ocupa está em causa um interesse do accionista controlador, prosseguido através do administrador que representa ambas as sociedades (dupla representação), e não um interesse do administrador prosseguido por interposta pessoa[94]. Daqui resulta um conflito de interesses para o administrador porque no caso deve lealdade a dois senhores e não porque através do negócio celebrado por interposta pessoa prossegue um interesse pessoal.

3.2.3.3 Contratos celebrados entre a sociedade e terceiros com administradores comuns que não representam a sociedade na sua celebração

Mais complexo é o caso em que uma mesma pessoa tem assento no conselho de administração de ambas as partes contratantes (sociedade-filha e sociedade-mãe) mas não as representa na celebração do

---

aplicar o artigo 397.º CSC). VENTURA – *Sociedades por Quotas... Vol. 3*, p. 177-178. Esta posição é sufragada por alguma jurisprudência que aplica directamente o artigo 261.º aos negócios consigo mesmo nas sociedades por quotas, tanto na modalidade de negocio consigo mesmo *stricto sensu*, como de dupla representação. *Vide* neste sentido os Acórdãos do Tribunal da Relação do Porto de 13/12/2005 (Alziro Cardoso) e 05/02/2009 (Pinto de Almeida), disponível em www.dgsi.pt.

COUTINHO DE ABREU, pelo contrário, defende a aplicação analógica do artigo 397.º a sociedades de outro tipo. ABREU – *Responsabilidade civil...* p. 28.

[93] ANTÓNIO MENEZES CORDEIRO – *Tratado de Direito Civil Português*, Vol. 1 (Parte Geral), Tomo 1, 3.ª ed., Coimbra: Almedina, 2007, p. 55.

[94] Sobre o conceito de "pessoa interposta" na nossa doutrina, *vide supra* nota 83.

negócio em questão. Neste caso, consoante as circunstâncias do caso concreto, poderemos estar perante uma lacuna[95] a integrar. Com efeito, as circunstâncias poderão indiciar um conflito de interesses que imponha não só a adequada informação do conselho de administração sobre o conteúdo e alcance de tal conflito, mas também a discussão dos termos do negócio ao nível do conselho, requerendo a sua actuação colegial[96]. Esta solução permite, por exemplo, evitar que o administrador em questão possa evitar a aplicação do artigo 397.º, n.º 2 CSC, fazendo intervir um outro administrador (sobre o qual consegue exercer pressão suficiente) para representar a sociedade-filha no negócio com a sociedade-mãe[97].

A solução deverá então consistir na aplicação do artigo 397.º, n.º 2 CSC por analogia, dada a identidade de razão entre o caso nele previsto e o caso aqui em análise. Nestes termos, os contratos celebrados entre uma sociedade-mãe e uma sociedade-filha que tenham um ou mais administradores em comum deverão ser aprovados pelo conselho de administração da sociedade filha, sob pena de nulidade.

Estamos conscientes de que esta interpretação amplia o campo de aplicação do artigo 397.º, n.º 2 CSC, abrangendo um enorme grupo de casos não cobertos pelo teor literal do preceito, nos quais poderá inexistir qualquer conflito de interesses. Parece-nos, no entanto, que tal conclusão sobre a inexistência de conflitos de interesses deve caber ao conselho de administração, em cujo funcionamento

---

[95] Como facilmente se pode constatar, o artigo 397.º, n.º 2 CSC não constitui norma excepcional, não sendo portanto aplicável a proibição do artigo 11.º CC.

[96] Este ponto é especialmente sensível nas sociedades com "administradores independentes". Sobre a introdução deste conceito em Portugal, vide RUI DE OLIVEIRA NEVES – "O Administrador Independente" – *Código das Sociedades Comerciais e Governo das Sociedades*, Coimbra: Almedina, 2008.

[97] Noutro âmbito, mas que denota uma perspectiva contrária, GALVÃO TELES afirmava na vigência do artigo 173.º, § 3 do Código Comercial que esta disposição correspondia a uma aplicação da doutrina geral do contrato consigo mesmo, pelo que se o director da sociedade contratasse, não consigo mesmo, mas com outro director, que representasse a sociedade, o contrato não seria proibido. TELES – Contratos entre sociedades anónimas... p. 12 e seg. Contra, segundo VAZ SERRA, a *Revista dos Tribunais*, 76, p. 17, por entender que o artigo 173.º, § 3.º «veda os negócios entre o director e a sociedade, seja qual for a pessoa que represente esta». SERRA – Contrato consigo mesmo... p. 203, nota 1.

colegial reside a esperança de limitação de tais conflitos. A este caberá então aprovar tais negócios, em geral (por tipos de negócios, por exemplo) ou em particular (caso a caso).

3.2.3.4 Balanço sobre o regime do artigo 397.º CSC, em especial: os contratos celebrados entre a sociedade e um accionista controlador

I. Reconhecemos que as soluções propostas para além do teor literal do artigo 397.º CSC não são isentas de dificuldades, desde logo porque não fornecem aos intervenientes linhas claras de actuação *ex ante*, como se pretende num mecanismo de carácter procedimental. É assim necessário ponderar o equilíbrio entre a justa solução desta questão à luz do disposto no artigo 397.º CSC e o imperativo de segurança jurídica. De facto, a aplicação do regime da nulidade a casos não expressamente previstos na letra da lei gera um elevado grau de insegurança quanto à validade dos negócios celebrados, podendo prejudicar terceiros de boa fé, entendida aqui como o desconhecimento sem culpa do vício do negócio[98].

---

[98] A propósito da necessidade de segurança jurídica e da protecção de terceiros contratantes de boa fé no âmbito societário, recorde-se a discussão em torno da capacidade da sociedade nos termos do artigo 6.º, n.º 3 do Código das Sociedades Comerciais. Vide, e.g., JOSÉ DE OLIVEIRA ASCENSÃO – *Teoria Geral do Direito Civil*, Vol. 1 e 2, Lisboa: S. Ed., 1992, p. 240, PEDRO PAIS DE VASCONCELOS – *Teoria Geral do Direito Civil*, 2 ed., Coimbra: Almedina, 2003, p. 160 e seg., em especial, p. 166 e seg., PEDRO DE ALBUQUERQUE – A vinculação das sociedades comerciais por garantia de dívidas de terceiro, *Revista da Ordem dos Advogados*, 55:3, 1995, em especial p. 702 e seg., PEDRO DE ALBUQUERQUE – Da prestação de garantias por sociedades comerciais a dívidas de outras entidades, *Revista da Ordem dos Advogados*, 57:1, 1997; CARLOS OSÓRIO DE CASTRO – Da prestação de garantias por sociedades a dívidas de outras entidades, *Revista da Ordem dos Advogados*, 56:2, 1996, p. 565 e seg., com úteis indicações bibliográficas na p. 75 (nota 9), CARLOS OSÓRIO DE CASTRO – De novo sobre a prestação de garantias por sociedades a dívidas de outras entidades: luzes e sombras, *Revista da Ordem dos Advogados*, 58:2, 1998, em especial p. 830 e seg., ABREU – *Curso... vol. 2*, p. 184 e segs; JORGE M. COUTINHO DE ABREU – "Vinculação das sociedades comerciais" – *Estudos em honra do Professor Doutor José de Oliveira Ascensão*, Vol. 2, Coimbra, 2008; CORDEIRO – *Manual..., vol. 1*, p. 331 e segs; JOÃO LABAREDA – "Nota sobre a prestação de garantias por sociedades comerciais a dívidas de outras entidades" – *Direito societário português: algumas questões*, Coimbra: Quid Iuris, 1998; ALEXANDRE SOVERAL MARTINS – "Da

No que à sociedade diz respeito, não vemos inconveniente no acréscimo de insegurança neste caso, dado que esta constitui um incentivo à adopção de políticas conservadoras. Perante o risco de invalidade do negócio, em caso de dúvida, o administrador delegado ou a comissão executiva deverá submeter o negócio a aprovação do conselho de administração.

No que aos terceiros diz respeito, há que distinguir duas posições: por um lado, a posição do terceiro *insider* que contrata com a sociedade (*e.g.*, o accionista controlador, a sociedade controlada pelo administrador ou a sociedade na qual o administrador também exerce funções de administração); por outro, a posição do terceiro *outsider*. No primeiro caso, atendendo ao perigo de oportunismo decorrente da ligação especial à sociedade, para com esta contratar em circunstâncias "fora do mercado" (não acessíveis a outros terceiros) e com potencial prejuízo para a sociedade, parece-nos que se justifica a oneração de tais terceiros com a insegurança jurídica inerente a estas soluções. De facto, dificilmente um *insider* conseguirá fazer prova da sua boa fé e assim afastar as referidas consequências do acto ilícito.

No segundo caso – *outsiders* – não se verificam as mesmas razões justificativas, sendo de prever um maior número de casos em que estes podem provar a sua boa fé, caso em que a sua posição deve ser assegurada. Ainda assim, a marginalidade destas ocorrências e a possibilidade de terceiros de boa fé salvaguardarem, nos termos gerais, a sua posição[99], permitem-nos defender a implementação destas soluções.

II. Mesmo admitindo todas as soluções sugeridas, ficamos aquém de uma solução global adequada para os problemas em causa. Face ao nosso direito constituído não nos parece possível, porém, ir mais longe, por esta via, de forma a impor – à semelhança do veri-

---

personalidade e capacidade jurídicas das sociedades comerciais" – *Reformas do Código das Sociedades*, Coimbra: Almedina, 2007, p. 108 e segs; RAÚL VENTURA – Adaptação do Direito português à 1.ª Directiva do Conselho da CEE sobre Direito das Sociedades, *Documentação e direito comparado*, 2, 1980, p. 138 e sgs; RAÚL VENTURA – Objecto da sociedade e actos ultra vires, *Revista da Ordem dos Advogados*, 40, 1980.

[99] Vide CORDEIRO – *Manual...*, vol. *1*, p. 238.

ficado no sistema italiano[100] – a aprovação do conselho de administração em todos os negócios nos quais um administrador tenha um "interesse próprio ou de terceiro", abrangendo assim os negócios nos quais tenha interesse um accionista que, pelos direitos de voto que detém, determina a nomeação de um ou mais administradores. Parece-nos que tal interpretação não tem apoio na letra da lei, nem é sustentável com base na extensão da norma ou na integração de lacunas. Neste caso, o grau de insegurança jurídica sobrepõe-se às razões justificativas de uma solução idêntica às sugeridas em cima para outros casos[101]. Não parece sequer viável explorar uma interpretação criativa da lei[102] ou um desenvolvimento do Direito superador da lei[103], porquanto a consideração das consequências (a referida insegurança jurídica), que se impõe[104], nos afasta desse caminho[105].

III. No entanto, à margem do artigo 397.º poderia ainda discutir-se se um contrato celebrado entre a sociedade e o seu accionista

---

[100] Em Itália, o artigo 2391 do *Codice Civile* (*Interessi degli amministratori*) regula os negócios entre a sociedade e os seus administradores (sobre este regime *vide* GIAN FRANCO CAMPOBASSO – *Manuale di Diritto Commerciale*, 4 ed., Torino: UTET Giuridica, 2007, p. 256-258 e de forma mais desenvolvida FRANCESCO FERRARA JR. e FRANCESCO CORSI – *Gli Imprenditori e le Società*, 13 ed., Milano: Dott. A. Giuffrè Editore, 2006, p. 592-593).

[101] Tal como nas deliberações sociais, também nas deliberações dos administradores é particularmente importante assegurar a certeza e a segurança jurídicas. A propósito das deliberações sociais, *vide* MANUEL A. CARNEIRO DA FRADA – *Deliberações sociais inválidas no novo código das sociedades*, separata de Novas perspectivas do direito comercial, Coimbra: Almedina, 1988, p. 320-321.

[102] Sobre a interpretação criativa da lei, *vide* CORDEIRO – *Tratado... Vol. 1, Tomo 1*, p. 151-154, 266-269.

[103] *Vide* KARL LARENZ – *Metodologia da Ciência do Direito*, 4.ª ed., Lisboa: Fundação Calouste Gulbenkian, 2005, p. 588 e segs.

[104] CORDEIRO – *Tratado... Vol. 1, Tomo 1*, p. 151-154, 266-269.

[105] Em sentido contrário pronuncia-se, no Capítulo III deste livro, JOÃO SOUSA GIÃO, o qual defende que o dever de transparência dos administradores existe não apenas nos casos em que o administrador é parte no negocio proposto, mas em todos os casos em que o administrador tenha um interesse pessoal, financeiro ou de outra natureza, relativo aos resultados do negócio. Conclui o Autor: «Tal conclusão é a única coerente com a concepção de negócio em situação de conflito de interesses atrás defendida». Cfr. § 2.º, ponto 7, para. V. Como resulta do texto, apesar de concordarmos com esta solução *de lege ferenda*, parece-nos que a mesma não tem apoio na actual letra da lei.

controlador – não abrangido formalmente pelo artigo 397.º CSC – pode ser considerado não vinculativo para a sociedade quando o administrador (ou administradores) em causa e a contraparte (por exemplo, o controlador) sabiam que prejudicavam a sociedade de modo contrário aos bons costumes[106] ou à boa fé. VAZ SERRA afirma que este é um caso de abuso de poderes de representação, na medida em que o representante pratica o acto dentro dos limites formais dos poderes conferidos, mas contrariamente aos fins da representação. Ora, nos termos do artigo 269.º CC, caso a outra parte conhecesse ou devesse conhecer o abuso de poderes, são aplicáveis as regras do excesso de representação (cfr. artigo 268.º CC), logo, o negócio seria ineficaz[107].

Uma vez mais parece-nos que o facto de a representação orgânica não constituir verdadeira representação não deve obstar à aplicação das soluções legais de direito civil[108]. Não podemos desenvolver aqui este tema a que esperamos voltar noutra sede.

IV. Deve ainda considerar-se, uma vez mais à margem do artigo 397.º CSC, se a aprovação deste negócio por um mandatário, por um administrador delegado ou pela comissão executiva – e não pelo conselho de administração com parecer prévio do conselho fiscal – constitui uma violação do dever de lealdade do accionista controlador e dos deveres fundamentais dos administradores envolvidos[109].

V. Em todo o caso, recorde-se que se tal negócio for submetido a aprovação do conselho de administração – por imposição estatutá-

---

[106] Vide, neste sentido, as referências de VAZ SERRA à discussão deste tema no espaço tedesco, defendo idêntica solução entre nós. SERRA – Contrato consigo mesmo... p. 200, nota 2, e p. 215.

[107] Cfr. SERRA – Contrato consigo mesmo e negociação de directores ou gerentes... p. 177-179.

[108] Historicamente, a questão do negócio consigo mesmo foi tratada no âmbito da representação em sentido lato, incluindo a chamada representação orgânica. Vide, e.g., SERRA – Contrato consigo mesmo...; SERRA – Contrato consigo mesmo e negociação de directores ou gerentes...; TELES – Contratos entre sociedades anónimas...

[109] Sobre esta matéria vide pontos 3.3.1.4 (em especial o parágrafo VIII), 3.3.3.2 e 3.3.3.3 infra.

ria, decisão interna da sociedade ou ausência de delegação de poderes do conselho (própria ou imprópria) – o administrador interessado não pode votar (cfr. artigo 397.º, n.º 2 CSC), devendo entender-se, nos termos do artigo 410.º, n.º 6 CSC, que não podem votar os administradores que tenham, *por conta própria ou de terceiro (incluindo um accionista controlador)*, um interesse conflituante com a sociedade, caso em que tais administradores deverão informar o presidente do conselho sobre esse conflito[110].

3.2.3.5 A aferição da existência de vantagens especiais e da inclusão do contrato no próprio comércio da sociedade

I. Como referimos anteriormente, o artigo 397.º CSC suscita ainda um outro problema que importa referir: Nos termos do n.º 5 deste preceito, a estatuição da nulidade dos contratos celebrados entre a sociedade e os seus administradores que não tenham sido previamente autorizados pelo conselho de administração, com parecer favorável do conselho fiscal (cfr. n.º 2), não é aplicável «quando se trate de acto compreendido no próprio comércio da sociedade e nenhuma vantagem especial seja concedida ao contraente administrador».

De acordo com esta solução, o administrador delegado ou a comissão executiva (consoante a delegação de competências em cada caso) determinarão, caso a caso, se o contrato a celebrar se enquadra nesta previsão normativa para saber se o mesmo deve ou não ser levado ao conhecimento e sujeito à aprovação do conselho de administração.

Como é fácil de ver, num sem número de casos, esta solução transforma um mecanismo preventivo – razão pela qual se exige a deliberação *prévia* do conselho de administração e não se admite a posterior ratificação do contrato (cfr. artigo 397.º, n.º 2 CSC) – num mecanismo de controlo *ex post*. Efectivamente, na medida em que o conselho de administração não é chamado a pronunciar-se sobre a inclusão do contrato em causa naquela previsão normativa, só naqueles casos (remotos) em que o conselho de administração tome conhe-

---

[110] Analisamos esta questão adiante com maior detalhe. Vide nota 267.

cimento (*a posteriori*) do incumprimento do disposto no artigo 397.º pelo administrador delegado ou pela comissão executiva, poderá reagir invocando a nulidade do contrato em causa.

Por outras palavras, passa-se de uma solução em que se pretendia prevenir a tentação, eliminando a oportunidade[111], para uma solução em que cabe ao interessado interpretar conceitos gerais e abstractos, potenciando a tentação e a oportunidade.

Dado que o conselho não toma conhecimento, só por si, sem iniciativa dos administradores envolvidos, dos contratos celebrados ao abrigo do n.º 5 do artigo 397.º CSC, é de esperar que esta válvula de escape seja usada de forma abusiva num sem número de casos, esvaziando, em grande medida, o conteúdo útil do mecanismo previsto no n.º 2 do mesmo preceito[112].

II. Entendemos a preocupação do legislador que entendeu inexistir um perigo para a sociedade decorrente de contratos inseridos no comércio próprio da sociedade em que nenhuma vantagem especial é concedida ao administrador[113]. Como ensinam LARENZ e CANARIS, esta preocupação insere-se no contexto mais vasto da redução teleológica das normas que prescrevem a nulidade ou anulabilidade aos "negócios consigo mesmo", de forma a excluir do seu âmbito de aplicação os negócios que não envolvem conflitos de interesses entre representante e representado[114] (cfr. parte final do artigo 261.º, n.º 1 CC).

Pense-se, por exemplo, na celebração de contratos em massa com consumidores por sociedades como a EDP, a GALP, ou a PT. Será que os mesmos contratos, quando celebrados com um adminis-

---

[111] Usando as expressivas palavras de RAÚL VENTURA a propósito do artigo 251.º do CSC. Cfr. RAÚL VENTURA – *Sociedades por Quotas (Comentário ao Código das Sociedades Comerciais)*, Vol. 2, 1 ed., 2 reimp., Coimbra: Almedina, 1999, p. 298.

[112] Também JOÃO SOUSA GIÃO critica esta solução. *Vide* Capítulo III, § 2.º, ponto 7, para. X, deste livro.

[113] Veja-se por exemplo SERRA – Contrato consigo mesmo... p. 231; TELES – Contratos entre sociedades anónimas... p. 16.

[114] Cfr. ANTÓNIO CASTANHEIRA NEVES – *Metodologia Jurídica: Problemas fundamentais*, Studia Iuridica, n.º 1, Coimbra: Coimbra Editora, 1993, p. 186-188.

trador destas sociedades, devem ser previamente aprovados pelo respectivo conselho de administração?

É verdade que nestes casos não existe um perigo típico de auto-contratação, mas o n.º 5 do artigo 397.º CSC abrange muitos outros casos em que legítimas dúvidas interpretativas se colocam. Considerando que este é um mecanismo de fiscalização prévia e colegial – não compatível com exclusões genéricas como a que resulta desta disposição – parece-nos que deveria ser o conselho de administração a aferir se no caso concreto existe ou não um conflito de interesses. Nesse contexto, todos os contratos a celebrar com administradores deveriam ser submetidos a aprovação prévia deste conselho, ainda que se admitisse uma deliberação genérica especificando os contratos que poderiam ser celebrados entre a sociedade e os seus administradores[115]. Infelizmente, porém, não foi esta a solução consagrada pelo nosso legislador. De acordo com a solução legalmente consagrada, *a priori* cabe ao administrador interessado aferir se o negócio cabe no comércio da sociedade e se lhe é concedida alguma vantagem especial. *A posteriori* tal avaliação pode ser contestada em juízo, podendo ser declarada a nulidade do negócio e eventualmente responsabilizado o administrador por violação dos seus deveres fundamentais.

III. De acordo com as melhores práticas de governo das sociedades – mais exigentes do que a obrigação jurídica antes analisada – impõe-se uma restrição da discricionariedade do administrador interessado na aferição da existência de vantagens especiais no contrato a celebrar.

Quando ao administrador, enquanto contraparte da sociedade no contrato, não couber liberdade de estipulação (mas apenas liberdade

---

[115] A inclusão de uma permissão genérica nos estatutos da sociedade parece-nos menos adequada, não só face ao disposto no artigo 397.º que afirma que a aprovação dos contratos com administradores é da competência do conselho de administração, mas também porque tal solução abre a porta a abusos, limitando a capacidade do conselho para reagir a conflitos de interesses verificados no dia a dia da sociedade. Em sentido idêntico, a propósito do artigo 173.º, § 3 Código Comercial, TELES – Contratos entre sociedades anónimas... p. 17. Em sentido contrário, VAZ SERRA afirmava que o consentimento da pessoa colectiva podia ser dado nos correspondentes estatutos. SERRA – Contrato consigo mesmo... p. 227.

de contratação), como tipicamente sucede na contratação em massa, sujeita a cláusulas contratuais gerais, deve presumir-se a inexistência de vantagens especiais para o administrador.

Nos demais casos em que haja liberdade de estipulação, deve o administrador atender aos critérios gerais de determinação de vantagens especiais que hajam sido estabelecidos pelo conselho de administração. Quando este não tenha fixado quaisquer critérios para o efeito, o contrato que em concreto se pretende celebrar deve ser submetido à sua aprovação, não podendo caber ao administrador interessado determinar se o mesmo o beneficia indevidamente ou não.

3.2.4 A solução legal no modelo germânico (artigos 428.º e 443.º CSC)

I. Vejamos agora o caso específico das sociedades que adoptem o modelo de administração e fiscalização de inspiração germânica, nos termos do artigo 278.º, n.º 1, al. c) CSC: Por um lado dispõe o artigo 428.º CSC que se aplicam aos administradores destas sociedades (os membros do conselho de administração executivo) o disposto nos artigos 397.º e 398.º CSC, competindo ao conselho geral e de supervisão as autorizações aí referidas. Por outro lado, dispõe o artigo 443.º CSC que, nas relações da sociedade com os seus administradores, a sociedade é obrigada pelos dois membros do conselho geral e de supervisão por este designados.

Assim, para além dos problemas abordados anteriormente a propósito da interpretação do artigo 397.º CSC, na conjugação dos artigos 428.º e 443.º, n.º 1 CSC colocam-se ainda as seguintes questões: Quem tem poderes de gestão[116] para decidir sobre a celebração

---

[116] Recorde-se, neste contexto, a relativa indeterminabilidade dos conceitos de gestão e administração. Cfr. ISABEL MOUSINHO DE FIGUEIREDO – O administrador delegado (A delegação de poderes de gestão no Direito das Sociedades), *O Direito*, 137:3, 2005, p. 557. SOVERAL MARTINS, por exemplo, afirma que o poder de administração do conselho de administração (artigo 405.º CSC) inclui os poderes de gestão e representação. Cfr. ALEXANDRE SOVERAL MARTINS – A responsabilidade dos membros do conselho de administração por actos ou omissões dos administradores delegados o dos membros da comissão executiva, *Boletim da Faculdade de Direito (Universidade de Coimbra)*, 78, 2002, p. 366.

do negócio com um ou mais membros do conselho de administração executivo? E quem tem poderes de representação da sociedade face a terceiros neste tipo de negócios?

Poderíamos afirmar simplesmente que, face ao disposto no artigo 428.º CSC, recai sobre o conselho geral e de supervisão o poder para decidir sobre esta matéria (*i.e.*, para autorizar previamente a celebração do contrato), sendo depois a sociedade vinculada por dois membros deste conselho na celebração do negócio, nos termos do artigo 443.º, n.º 1 CSC.

Mas, face a este entendimento, pode questionar-se o sentido desta última disposição. De facto, se o negócio já foi discutido e aprovado pelo conselho geral e de supervisão, qual é a razão subjacente à imposição da intervenção de dois membros deste conselho na celebração do negócio?

A solução do artigo 443.º, n.º 1 CSC afasta-se da que foi consagrada pelo legislador alemão no § 112 do *Aktiengesetz*, o qual dispõe simplesmente que compete ao *Aufsichtsrat* representar a sociedade face aos *Vorstandsmitgliedern*. Face a esta redacção, entende-se em geral que esta atribuição de poderes de representação ao *Aufsichtsrat* inclui a atribuição do poder de gestão subjacente[117]. Com este mecanismo visou o legislador alemão assegurar a análise das condições do negócio no seio da sociedade, de forma aberta e transparente, de forma a prosseguir os melhores interesses da sociedade naqueles casos em que o conflito de interesses de um membro da administração poderia comprometer a credibilidade da sua decisão no negócio em causa. Neste sentido, não faria sentido que ao *Aufsichtsrat* fosse reservado apenas um papel de representação da sociedade, vinculada à decisão de gestão da administração.

Qual é, então, o sentido desta especificidade do regime português? Poderíamos ser levados a concluir que, face ao disposto no artigo 443.º, n.º 1 CSC, o legislador quis atribuir aos dois membros do conselho geral e de supervisão não apenas o poder de representação, mas também o inerente poder de gestão sobre o negócio com

---

[117] KARSTEN SCHMIDT e MARCUS LUTTER – *Aktiengesetz Kommentar*, Vol. 1, Köln: Verlag Dr. Otto Schmidt, 2008, p. 1217, ponto I do comentário ao § 112 por Tim Drygala.

o administrador. Assim, a referência do artigo 428.º ao conselho geral e de supervisão, no confronto o disposto no artigo 443.º. n.º 1, poderia ser entendida no sentido de permitir ou no sentido de impor uma delegação dos poderes de gestão sobre este negócio aos dois membros designados. Neste contexto, a necessária intervenção de dois membros daquele conselho visaria assegurar uma adequada ponderação dos negócios em causa e dos conflitos de interesses dos administradores. Seria assim potenciada a discussão entre os dois administradores sobre a melhor forma de prosseguir o interesse da sociedade e dificultada a pressão dos interessados sobre os decisores.

Parece-nos no entanto que esta não é a melhor interpretação face ao disposto no artigo 428.º CSC. Pelo contrário: parece-nos que a solução mais adequada face à letra e à *ratio* dos preceitos – garantia da prossecução dos melhores interesses da sociedade em casos de conflito de interesses da administração – consiste na autorização do negócio pelo conselho geral e de supervisão. Só a discussão aberta do negócio e do conflito de interesses do administrador ao nível do conselho, onde podem ser debatidas as diferentes opiniões e perspectivas, permite ultrapassar a nebulosidade inerente a qualquer negócio "infectado" por um conflito de interesses. Recorde-se que é esta necessidade de assegurar a transparência do negócio numa situação de conflito de interesses ao nível dos órgãos sociais que justifica, por exemplo, o regime do artigo 397.º, n.º 2 CSC (aplicável, como vimos, aos modelos ditos latino e anglo-saxónico de administração e fiscalização das sociedades anónimas), de acordo com o qual o negócio a celebrar com um administrador tem de ser aprovado pelo conselho de administração, não podendo ser aprovado por um mandatário da sociedade, por um administrador delegado ou pela comissão executiva. Tal como neste caso o conselho de administração não pode delegar o poder de autorização do negócio num administrador, também não deve ser admitida a possibilidade de o conselho geral e de supervisão delegar o poder que lhe é atribuído nos termos do artigo 428.º CSC nos membros designados para representar a sociedade nos termos do artigo 443.º CSC.

Não basta por isso a designação de dois membros do conselho geral e de supervisão para decidir e representar a sociedade no negócio. Estes membros poderão negociar o contrato, mas a celebração do mesmo – ou pelo menos as suas condições essenciais, com base em informação adequada sobre o negócio em si e sobre os inerentes conflitos de interesses – deve ser precedida de autorização do conselho.

II. Vejamos agora as consequências da celebração do contrato pelos dois membros designados sem prévia autorização pelo conselho geral e de supervisão (tenha ou não havido delegação do poder de autorização nos dois membros designados que, como vimos, deve ser considerada inadmissível e logo inválida): nos termos do artigo 397.º, n.º 2 *ex vi* artigo 428.º CSC, o contrato deve ser considerado *nulo*.

Poderíamos argumentar em favor de uma solução diversa se o administrador fizesse prova de que não conhecia, nem devia conhecer, a falta de autorização no caso concreto. Neste caso poderia admitir-se a validade do negócio de forma a tutelar a posição do administrador (contraparte do negócio), sem prejuízo das consequências internas que decorram da celebração do negócio para os membros do conselho geral e de supervisão que celebraram o negócio sem autorização prévia para o efeito[118]. Parece-nos no entanto que esta posição não tem apoio nem na letra nem no espírito da lei.

---

[118] Se bem entendemos, OLIVEIRA ASCENSÃO e CARNEIRO DA FRADA defendem solução idêntica no caso da representação de uma empresa, por um seu agente, face a um terceiro: «Quando o representante, actuando embora dentro dos limites formais dos poderes que lhe foram outorgados, utiliza conscientemente esses poderes em sentido contrário ao seu fim ou indicações do representado, só há ineficácia do negócio em relação ao representado se a outra parte no negócio conhecia ou devia conhecer o abuso». Apesar de o caso analisado pelos Autores ter contornos distintos ao que ora nos ocupa, a questão de fundo mantém-se inalterada: se o terceiro (neste caso administrador da sociedade) conhecia ou devia conhecer as limitações, não do poder de representação, mas sim do poder de gestão subjacente, então não deve beneficiar de uma protecção que prejudica (ou é susceptível de prejudicar) a sociedade à qual deve lealdade. De facto, não se impõe a protecção do administrador – como se imporia face a um terceiro *outsider* – «contra a falta de transparência da diferenciação funcional no seio de uma empresa e dos riscos coligados a essa situação» porque este conhece (ou tem obrigação de conhecer) a organização da sociedade, que neste caso se reflecte na atribuição legal de poderes de gestão ao conselho geral e de supervisão (cfr. artigo 428.º) e poderes de representação a dois dos seus membros através da deliberação de designação referida no artigo 443.º, n.º 1 CSC. Assim sendo, ainda que se reconheça que a sociedade em geral deve suportar o «risco de

De facto, parece que o legislador consagrou uma presunção inilidível de que o administrador conhecia a falta de autorização ou uma obrigação de conhecimento dessa falta de autorização. Esta é uma opção acertada porquanto o administrador, enquanto *insider*, não deve ser equiparado a um terceiro que, sendo *outsider* face à sociedade, confia na aparência da validade do negócio celebrado por quem, nos termos legais, tem poderes para representar a sociedade. O administrador tem a obrigação de saber não só que o negócio devia ser previamente aprovado pelo conselho geral e de supervisão, mas ainda que, no caso concreto em causa, o negócio não foi validamente aprovado por quem de direito. Deve por isso presumir-se o conhecimento pelo administrador (ou reconhecida a sua obrigação de conhecimento) da falta de autorização necessária para a celebração do negócio. Não podemos por isso admitir uma solução de validade do negócio assente na salvaguarda dos direitos de terceiros (o administrador contraparte no negócio ou outros terceiros envolvidos no negócio) e da aparência tutelável.

III. Ainda nas sociedades de modelo germânico, aos negócios celebrados entre membros do conselho geral e de supervisão e a sociedade aplica-se, com as necessárias adaptações, o disposto no artigo 397.º *ex vi* artigo 445.º, n.º 1 CSC, pelo que remetemos para a nossa análise em cima. Chamamos ainda a atenção para as pertinentes considerações de JOÃO SOUSA GIÃO, no Capítulo III deste livro[119], sobre a adaptação ao modelo germânico da referência do artigo 397.º ao parecer favorável do órgão de fiscalização. De acordo com este Autor, deve entender-se que a mesma impõe um parecer

---

organização interna da empresa e da observância efectiva da divisão interna de funções por parte das pessoas e departamentos de acordo com as suas instruções», nos termos sugeridos por OLIVEIRA ASCENSÃO e CARNEIRO DA FRADA, parece-nos que neste caso específico não se justifica impor a validade do negócio à sociedade, porque o administrador conhece (ou deve conhecer) a divisão de funções e poderes dentro da empresa, não podendo beneficiar da sua "imagem externa". Cfr. JOSÉ DE OLIVEIRA ASCENSÃO e MANUEL A. CARNEIRA DA FRADA – Contrato celebrado por agente de pessoa colectiva. Representação, responsabilidade e enriquecimento sem causa, *Revista de Direito e Economia*, Anos XVI-XIX, 1990-1993, p. 53 e 57-58.

[119] § 2.º, ponto 7, para. XII.

favorável da comissão para as matérias financeiras ou, caso esta inexista, do ROC.

3.2.5 Conclusão sobre os requisitos legais de aprovação dos negócios entre a sociedade e os seus administradores

I. Concluindo: da análise dos preceitos supra referidos decorre um princípio comum de acordo com o qual os negócios entre a sociedade e um seu administrador – que contrata (i) directamente com a sociedade, (ii) através de uma sociedade por si controlada ou (iii) na qual exerce cargo de administração, representando ou não as partes no contrato em causa – devem ser aprovadas por um órgão colegial que garanta a adequada discussão dos conflitos de interesses eventualmente existentes e assegure a prossecução do interesse da sociedade: o conselho de administração nos modelos ditos *latino* e *anglo-saxónico*; o conselho geral e de supervisão no modelo *germânico*. Decorre ainda que, quando os *administradores desinteressados* ou os membros do *conselho geral e de supervisão* sejam chamados a pronunciar-se sobre um contrato a celebrar com um administrador, assumindo que existe uma vantagem para a sociedade (ou que pelo menos não se verifica uma desvantagem) em contratar directamente com o administrador (ou outra pessoa nos termos da interpretação sugerida) fora do mercado, deverão os mesmos[120] assegurar que tal contrato é negociado *at arm's lenght*[121], ou seja, que é negociado com total independência face ao administrador e outros *insiders* interessados, de forma a alcançar um resultado procedimental e substancialmente justo para a sociedade, tal como o deveriam fazer ao negociar com um terceiro no mercado.

II. A aprovação de um negócio com um accionista controlador em prejuízo da sociedade pode sujeitar os administradores a respon-

---

[120] Bem como o accionista controlador, como veremos em baixo.
[121] Expressão hoje comummente usada até pela doutrina germânica. Cfr, *e.g.*, MARCUS LUTTER – "Interessenkonflikte und Business Judgment Rule", in HELDRICH, et al. (eds) – *Festschrift für Claus-Wilhelm Canaris zum 70. Geburtstag*, Vol. 2, München: Beck Juristischer Verlag, 2007, p. 547.

sabilidade civil por violação dos seus deveres de cuidado (desde que verificados os demais pressupostos de responsabilidade civil), tal como transposto para o artigo 64.º, n.º 1, al. a) CSC (e n.º 2 no caso do conselho geral e de supervisão), não podendo sequer valer-se da *business judgment rule*, ou do seu dever de lealdade, tal como transposto para o artigo 64.º, n.º 1, al. b) CSC, como veremos em baixo no ponto 3.3.

3.3 Padrões de conduta: o dever de lealdade dos accionistas e os deveres fundamentais dos administradores

3.3.1 *O dever de lealdade dos accionistas*

3.3.1.1 *Considerações gerais*

I. Em geral, cada ordem jurídica impõe aos administradores um padrão de conduta destinado a controlar os seus conflitos de interesses e limitar os riscos de apropriação de bens e informação societária (dever de lealdade, *duty of entire fairness*, *prohibition against wrongful profiting from position*, *abus de biens socieaux*, etc.). A violação deste padrão acarreta, consoante os casos, a invalidade do negócio e/ou responsabilidade civil[122]. Da mesma forma, diferentes ordens jurídicas usam diferentes padrões para regular os negócios com accionistas controladores, os quais têm como objectivo comum a limitação da apropriação de benefícios privados de controlo.

II. Entre nós, assume especial relevância o reconhecimento de um dever de lealdade dos accionistas *entre si* e *para com a sociedade*[123], à semelhança do que foi desenvolvido pela jurisprudência

---

[122] HERTIG e KANDA – "Related Party Transactions...", p. 114.
[123] LUTTER afirma que o dever de lealdade dos sócios é na sua essência um dever principal, dado que não só delimita e controla o exercício jurídico de outros deveres, mas através dele é concretizado o conteúdo dos deveres de acção e omissão dos sócios. MARCUS LUTTER – Treupflichten und ihre Anwendungsprobleme, *ZHR*, 162:2, 1998, p. 167.

norte americana e reconhecido no Direito alemão[124], em desenvolvimento dos conceitos gerais de direito civil[125].

III. O dever de lealdade dos accionistas assumiu particular expressão no ordenamento norte-americano, onde a jurisprudência foi berço dos seus mais significativos desenvolvimentos, constituindo referência além fronteiras. A fortíssima influência internacional do direito norte americano neste campo deve-se não ao facto de este ser cientificamente mais apurado do que o Direito de outros espaços jurídicos, mas ao facto de a dinâmica do espaço económico no qual se desenvolve e a maior litigância que o caracteriza impor aos seus tribunais o ónus de explorar e desenvolver soluções específicas para os problemas sentidos pelos agentes económicos. Estas soluções, por sua vez, são frequentemente transpostas para outros ordenamentos, com maiores ou menores desenvolvimentos de adaptação à tradição jurídica do ordenamento de adopção. Neste contexto, merece destaque o desenvolvimento de soluções específicas pela jurisprudência e

---

[124] Sobre o reconhecimento do dever de lealdade no direito alemão, *vide* o estudo de MENEZES CORDEIRO já referido, de acordo com o qual os tribunais começaram por entender que a maioria podia decidir como entendesse dentro da lei, intervindo mais tarde nos casos mais escandalosos ao abrigo da cláusula dos bons costumes, afirmando por fim o dever de lealdade dos accionistas entre si, enquanto membros da comunidade de sócios. ANTÓNIO MENEZES CORDEIRO – Os deveres fundamentais dos administradores de sociedades, *Revista da Ordem dos Advogados*, 66:2, 2006, p. 471-474. Para uma análise mais detalhada, *vide* ainda ANTÓNIO MENEZES CORDEIRO – A lealdade no direito das sociedades, *Revista da Ordem dos Advogados*, Ano 66, Vol. 3, 2006.

[125] Sobre a concretização do dever de lealdade *vide* MENEZES CORDEIRO que distingue **no direito civil** (i) a lealdade como dever acessório que acompanha as obrigações, adstringindo as partes a, por acção, preservar os valores em jogo (apoiando-se no artigo 762.º, n.º 2 CC); (ii) a lealdade como particular conformação de prestações de serviços, variando na razão directa da confiança requerida (esta é uma manifestação mais intensa dos deveres acessórios que modelam a própria prestação principal; «em rigor já nem seriam "deveres acessórios", antes enformando a obrigação principal»); (iii) lealdade como dever próprio de uma obrigação sem dever de prestação principal (relembrando a boa fé *in contrahendo* e o artigo 227.º, n.º 1 CC) e (iv) a lealdade como configuração das actuações requeridas a quem gira um negócio alheio, aproximando-se dos deveres do gestor ou do mandatário (artigo 465.º, al. a), 1161.º e 1162.º CC), tendo, nesta vertente, um conteúdo fiduciário. CORDEIRO – A lealdade... p. 1038-1039; CORDEIRO – Os deveres fundamentais... p. 470.

doutrina além-Reno, construídas sobre as sólidas bases da sua tradição jus-científica, como referimos adiante[126].

3.3.1.2 O duty of loyalty *no direito societário norte-americano*

No direito norte americano, o *duty of loyalty* foi desenvolvido pela jurisprudência e pela doutrina de acordo com diferentes formulações, numa história rica e de intenso confronto de posições que influenciou em grande medida o desenvolvimento do dever de lealdade enquanto princípio básico do direito das sociedades comerciais, muito para além das fronteiras norte-americanas.

No início, de acordo com a *common law*, era ponto assente que um accionista, actuando enquanto tal, podia exercer os seus direitos de voto no seu próprio interesse, sem atender aos interesses dos demais accionistas (*vide, e.g., Haldeman v. Haldeman*[127]). Em geral, esta solução mantém-se inalterada (*vide, e.g., Thorpe v. CERBCO, Inc.*[128] e *Gabhart v. Gabhart*[129]). No entanto, o accionista que seja eleito para o conselho de administração e que actua na qualidade de administrador assume deveres fiduciários face aos demais accionistas (*vide Zahn v. Transamerica Corp.*[130]). O caso do accionista controlador (que não seja membro da administração) situa-se entre estes dois extremos, na medida em que o seu poder de voto lhe permita determinar a eleição do conselho de administração. Os tribunais norte americanos cedo reconheceram que, nestas circunstâncias, o conselho de administração não podia actuar de forma independente face ao

---

[126] Sobre a influência do Direito norte-americano no direito dos valores mobiliários e das sociedades comerciais a nível internacional, com especial destaque para o espaço germânico, cfr. HOPT – "Comparative Company Law...", p. 1179 e seg. Como explica HOPT, a influência do direito norte-americano começou por se sentir ao nível do direito dos valores mobiliários, em cujo âmbito se destacaram o *Securities Act* de 1933 (que lidava com a introdução de novos valores mobiliários no mercado e impunha ampla divulgação de informação) e o *Securities Exchange Act* de 1934 (que cobria a compra e venda de valores mobiliários dentro e fora das bolsas de valores).

[127] 197 S.W. 376, 381 (Ky.1917).
[128] 1993 WL 443406 (Del.Ch.1993).
[129] 370 N.E.2d 345, 355 (Ind.1977).
[130] 162 F.2d 36 (3rd Cir.1947).

accionista controlador, pelo que lhe estenderam os deveres fiduciários dos administradores (*vide, e.g.*, a sentença do *U.S. Supreme Court* de 1919 no caso *Southern Pac. Co. v. Bogert*[131])[132].

O padrão de referência nos dias que correm continua a ser aquele que foi estabelecido nas sentenças do *Supreme Court of Delaware* em *Sinclair Oil Corp. v. Levien*[133] e do *Third Circuit* em *Zahn v. Transamerica Corp.*[134]: do domínio exercido pelo accionista controlador sobre os administradores da sociedade decorre a falta de capacidade destes para representar a sociedade como o fariam face a um terceiro no mercado, pelo que o poder do accionista controlador para ditar o sentido da actuação dos administradores determina uma extensão do dever de lealdade a tais accionistas[135]. No fundo, aquele que controla os administradores deve estar sujeito a um dever tão rigoroso como aquele que é aplicável a estes[136]. No entanto, ainda de acordo com a decisão proferida em *Sinclair*, a actuação do accionista controlador só pode ser posta em causa perante um caso de *self dealing*, entendendo o tribunal que:

«*Self dealing occurs when the parent, by virtue of its domination of the subsidiary causes the subsidiary to act in such a way that the parent receives something from the subsidiary to the exclusion of, and detriment to, the minority stockholders of the subsidiary*»[137].

Com base neste teste, o tribunal entendeu que a distribuição de dividendos questionada naquele caso não podia ser posta em causa porque todos os accionistas tinham beneficiado da mesma na proporção das suas participações sociais.

Note-se ainda que este teste, acerca da existência de *self dealing*, reporta-se à distribuição do ónus da prova, mas na verdade determina em grande medida a decisão sobre o mérito da causa. De facto, ao Autor cabe provar a existência de *self dealing*. Caso o consiga, ca-

---

[131] 250 U.S. 483, 487-488 (1919).
[132] STEPHEN M. BAINBRIDGE – *Corporation Law and Economics*, New York: Foundation Press, 2002, p. 335-336.
[133] 280 A.2d 717 (Del.Supr.1971).
[134] 162 F.2d 36 (3rd Cir.1947).
[135] Cfr. GEVURTZ – *Corporation Law...* p. 347-349.
[134] COX e HAZEN – *Corporations...* p. 602.
[137] 280 A.2d at 720.

berá ao Réu provar que o negócio era justo (*fair*), tanto quanto ao preço como quanto à negociação (*fair price* e *fair dealing*). No entanto, caso o Autor prove *self dealing* nos termos indicados, torna-se muito difícil ao Réu provar que o negócio era justo[138].

Concretizando: o dever de lealdade dos accionistas controladores corresponde a um dever fiduciário de acordo com o qual lhes é vedado o aproveitamento da sociedade ou dos seus co-accionistas, através de negócios *fraudulentos* ou simplesmente *injustos*. Os accionistas controladores devem, por isso, no exercício do seu poder institucional (incluindo o uso da informação referente à sociedade), agir de boa fé na promoção dos interesses da sociedade. Por outro lado, quando negoceiem com a mesma, devem comunicar integralmente aos seus representantes desinteressados todos os factos relevantes para o efeito, e lidar com a sociedade em condições de intrínseca justeza (*intrinsic fairness*). Assim, os accionistas controladores não podem lidar com a sociedade por qualquer forma que os beneficie em prejuízo da mesma[139] e, logo, dos demais accionistas.

Para concluir esta breve analise, note-se que fora do contexto supra referido, a doutrina norte-americana tende a considerar que os accionistas não estão sujeitos a qualquer dever fiduciário, consideração que é especialmente relevante no contexto dos abusos de minoria e da responsabilidade dos accionistas institucionais (minoritários) pela influência exercida sobre a administração da sociedade[140].

---

[138] Cfr., *e.g.*, IMAN ANABTAWI e LYNN STOUT – Fiduciary duties for activist shareholders, *Stanford Law Review*, 60, 2008, p. 1264; COX e HAZEN – *Corporations...* p. 603; GEVURTZ – *Corporation Law...* p. 352-354.

[139] WILLIAM T. ALLEN e REINIER KRAAKMAN – *Commentaries and Cases on the Law of Business Organizations*, New York: Aspen Publishers, 2003, p. 285. Vide também, por exemplo, CLARK – *Corporate Law...* p. 141.

[140] Esta situação deve ser entendida no contexto norte americano, onde em geral são apontadas duas justificações para a ausência de responsabilização dos accionistas institucionais: o facto de a dispersão accionista no sistema norte americano implicar uma apatia racional dos accionistas minoritários, cuja intervenção na vida da sociedade, em termos económicos, não compensa os custos inerentes; e o facto de a sua intervenção ser em geral qualificada como positiva, por se assumir que é baseada na intenção de promover o desempenho da sociedade, intenção essa que, nesses termos, estaria alinhada com os interesses da sociedade e dos demais accionistas. Sobre este tema, com uma critica a estas assumpções, *vide* em especial ANABTAWI e STOUT – Fiduciary duties for activist shareholders, p. 1257.

3.3.1.3 Os Treupflichten no direito societário alemão

Os *Treupflichten* dos sócios surgem no direito das sociedades comerciais alemão nos anos 20 do século passado[141]. Na sua base esteve um desenvolvimento jurisprudencial *praeter legem* – em especial após a II Guerra Mundial, com destaque para as decisões nos casos *Audi/NSU*, *ITT*[142], *Linotype*[143] e *Girmes*[144] – com importantes contribuições doutrinárias[145].

Tradicionalmente entendia-se que a ideia de accionista apenas fundava direitos e deveres dos accionistas face à sociedade e não entre si. Nas palavras de PAULO CÂMARA, «pretendia-se que a personalidade colectiva significasse o total obnubilamento da esfera privada do associado»[146]. Progressivamente, porém, foi sendo reconhecido o dever de lealdade dos sócios entre si, primeiro nas sociedades de pessoas e nas sociedades por quotas e só mais tarde nas sociedades anónimas. Antes da recepção do dever de lealdade, operavam as regras gerais da boa fé e da responsabilidade civil. Neste contexto, os deveres de fidelidade começaram por corresponder apenas a uma concretização de institutos já conhecidos, assumindo pro-

---

[141] Cfr. NUNO TRIGO REIS – "Os deveres de lealdade dos administradores de sociedades comerciais" – *Temas de Direito Comercial*, Coimbra: Almedina, 2009, p. 293.

[142] BGH 5 Jan. 1975, *BGHZ*, 65 (1976), p. 15 e ss.; *JZ*, 1976, p. 408-409.

[143] BGH 1-Fev.-1988, *BGHZ*, 1988, p. 194; *JZ*, 1989, p. 443 e ss.

[144] BGH 20-Mar.-1995, *JZ*, 1995, p. 1064; *NJW*, 1995, 1739 e ss.

[145] Como explica MENEZES CORDEIRO, este dever começou por se apoiar numa ideia de justiça concreta, consonante com o sistema, tendo sido desenvolvida no estudo clássico de FECHNER, na qual MENEZES CORDEIRO destaca: «[a] lealdade nasceria directamente do povo, sendo, então, objecto da Moral e da Filosofia e, ainda, da classificação jurídica. A lealdade está enraizada na consciência de cada um, dirigindo-se ao outro. Sem ela, aliás, a vida em comunidade nem seria possível: ela dá firmeza às relações jurídicas». Entre as muitas outras contribuições da doutrina, MENEZES CORDEIRO destaca ainda o pensamento de HUECK e a sua pirâmide de conceitos – os bons costumes, a boa fé e o dever de lealdade – realçando a necessidade de precisão de conceitos para esclarecer o conteúdo dogmático da lealdade. Cfr. CORDEIRO – A lealdade... p. 1050-1051; CORDEIRO – Os deveres fundamentais... p. 472.

[146] PAULO CÂMARA – *Parassocialidade e transmissão de valores mobiliários*, dissertação de mestrado policopiada, Faculdade de Direito da Universidade de Lisboa, 1996, p. 272-273; REIS – "Os deveres de lealdade...", p. 293-295.

gressiva autonomia como vinculações mais intensas que os genéricos deveres de boa fé[147].

As referidas decisões jurisprudenciais, entre outras, constituíram marcos significativos nesta evolução. Resumidamente: (1) No caso *Audi/NSU*, numa solução muito contestada pela doutrina e explicada desenvolvidamente por PAULO CÂMARA, o *Oberlandesgericht Celle* negou a existência de qualquer relação jurídica entre o sócio maioritário e o sócio minoritário que justificasse um dever de protecção do primeiro sobre o segundo (nomeadamente de fidelidade). O *Bundesgerichtshof* por seu turno confirmou este entendimento, recusando a relevância dos deveres de fidelidade para além dos limites do BGB ou da esfera intrassocietária, salvo em caso de exercício de influência da sociedade dominante sobre a dominada em desfavor desta[148]. (2) Em 1975, no caso *ITT*, o *Bundesgerichtshof* afirmou já que a sócia maioritária de uma GmbH estava sujeita a um dever de lealdade face à minoria, como contrapeso da sua influência directa sobre a gerência daquela sociedade. (3) No caso *Linotype*, em 1988, o *Bundesgerichtshof* afirmou finalmente os deveres de fidelidade entre accionistas, na sociedade anónima (a propósito da averiguação da validade de uma deliberação social ou de um acordo parassocial)[149]. (4) Por fim, em 1995, a decisão proferida pelo *Bundesgerichtshof* no caso *Girmes* reconheceu o dever de lealdade dos accionistas minoritários relativamente aos seus co-accionistas, em especial no que respeita ao exercício de direitos sociais.

3.3.1.4 *Os deveres de lealdade dos accionistas no direito português*

I. Entre nós, o dever de lealdade é reconhecido na relação dos sócios entre si e com a sociedade (também nas sociedades anónimas,

---

[147] CÂMARA – *Parassocialidade*... p. 273-274; REIS – "Os deveres de lealdade...", p. 293-295.

[148] CÂMARA – *Parassocialidade*... p. 274-276; REIS – "Os deveres de lealdade...", p. 293-295.

[149] CÂMARA – *Parassocialidade*... p. 277; REIS – "Os deveres de lealdade...", p. 293-295.

como veremos)[150], impondo a cada sócio que não contrarie o interesse social no seu comportamento enquanto sócio (*conteúdo negativo*)[151] e que coopere com os demais sócios e com a sociedade na prossecução do fim comum (*conteúdo positivo*)[152]. Como veremos

---

[150] Cfr. VASCONCELOS – *A participação social...* p. 315. Também MENEZES CORDEIRO realça o facto de a ideia de lealdade dos accionistas poder ser configurada como a lealdade dos accionistas entre si, designadamente da maioria quanto à minoria – mas também inversamente –, e dos accionistas para com a sociedade. CORDEIRO – Os deveres fundamentais... p. 471.

[151] Cfr. VASCONCELOS – *A participação social...* p. 325.

[152] Cfr. Ibidem, p. 334.

Esta afirmação do conteúdo positivo do dever de lealdade não é inteiramente partilhada por outros autores como COUTINHO DE ABREU e PEREIRA DE ALMEIDA que acentuam o seu conteúdo negativo. De facto, COUTINHO DE ABREU afirma que se tem reconhecido um dever de lealdade dos sócios que, contrariamente ao que se verifica no dever de lealdade dos administradores – de conteúdo marcadamente positivo, atendendo à natureza dos seus "poderes-função" ou "poderes-deveres", de acordo com os quais os administradores devem prosseguir o interesse social, sendo este o critério de delimitação desses poderes – é de conteúdo essencialmente negativo, dado que «[o]s sócios têm o direito de, na sociedade, intentar satisfazer os seus próprios interesses – devendo porém fazê-lo dentro dos limites demarcados pelo interesse social». Segundo este Autor, trata-se de um direito subjectivo e não de "direitos-função" ou "poderes-função". Cfr. ABREU – *Governação das Sociedades Comerciais,* Coimbra: Almedina, 2006, p. 22 (nota 13). Assim, «este dever impõe que cada sócio não actue de modo incompatível com o interesse social (interesse comum a todos os sócios enquanto tais) ou com interesses de outros sócios relacionados com a sociedade». Cfr. ABREU – *Governação...* p. 310-311. PEREIRA DE ALMEIDA, por seu turno, realça apenas que o dever de lealdade «constitui um dever acessório de conduta em matéria contratual e um dever geral de respeito e de agir de boa fé», afirmando, na senda de COUTINHO DE ABREU, que este «é um dever mais de conteúdo negativo (de omitir ou não fazer) que positivo (de promover ou fazer). É o dever de não actuar contra o interesse da sociedade». ANTÓNIO PEREIRA DE ALMEIDA – *Sociedades comerciais*, Coimbra: Coimbra editora, 2006, p. 105. Como refere PAIS DE VASCONCELOS, a concretização negativa do dever de lealdade não é neutra. «Significa uma atitude restritiva, ou apenas prudente, que admite mais facilmente a vinculação do sócio a abster-se de comportamentos desleais do que a obrigação de adoptar específicos comportamentos». Explica o Professor: «Este entendimento do dever de lealdade tem subjacente a ideia de que o sócio só está obrigado a entrar com o capital e, além disto, àquilo que a lei ou os estatutos previrem. Assim se defende o sócio de eventuais deliberações da sociedade (ou outros modos de concretização) em que, a título de concretização do dever de lealdade, lhes sejam impostos comportamentos ou sacrifícios injustificados». VASCONCELOS – *A participação social...* p. 356.

A estas considerações, contrapõe PAIS DE VASCONCELOS «[e]m si mesmo considerado, o dever de lealdade vincula o sócio a ser leal, a agir com lealdade e abster-se

adiante, esta formulação deve ser precisada para concretizar os deveres especificamente impostos a cada sócio.

II. Este dever decorre da participação social[153], sendo o seu conteúdo e alcance modelado pelo tipo de sociedade em causa e pela posição e relacionamento do sócio com a sociedade e com os demais sócios[154]. Apesar do silêncio da lei (contrariamente ao verificado para os administradores ou titulares de órgãos sociais com funções de fiscalização, de acordo com a redacção dada na reforma de 2006 ao artigo 64.º CSC[155])[156], a nossa doutrina afirma em geral que os deve-

---

de agir com deslealdade. Nesta perspectiva, não tem muito sentido distinguir entre o dever de ser leal e o dever de não ser desleal. Em concreto, na concretização perante o caso, a conduta devida pode ser activa ou omissiva». VASCONCELOS – *A participação social...* p. 357.

Também MENEZES CORDEIRO realça a importância da distinção entre «a lealdade como fonte de meros deveres de abstenção e a lealdade enquanto dever de actuação positiva». CORDEIRO – Os deveres fundamentais... p. 470.

[153] A natureza da participação social é objecto de diferentes concepções doutrinárias. Por exemplo: Para MENEZES CORDEIRO a participação social corresponde ao *status socii*, noção inicialmente construída por ASCARELLI e recentemente seguida entre nós também por COSTA GONÇALVES, que permite exprimir sinteticamente todo um mutável mas consistente conjunto de posições jurídicas do sócio. TULLIO ASCARELLI – "Principi e problemi delle società anonime" – *Saggi Giuridici*, Milano: Giuffrè, 1949, p. 345-346; CORDEIRO – *Manual...*, vol. 1, p. 568-569; DIOGO COSTA GONÇALVES – *Fusão, cisão e transformação de sociedades comerciais: a posição jurídica dos sócios e a delimitação do statuo viae*, Coimbra: Almedina, 2008, p. 348-349. Para COUTINHO DE ABREU trata-se de uma posição contratual (salvo nas sociedades unipessoais) que consiste no «conjunto unitário de direitos e obrigações actuais e potenciais do sócio enquanto tal». ABREU – *Curso... vol. 2*, p. 207, 220-221. PAIS DE VASCONCELOS, que analisa esta questão e expõe as diferentes correntes doutrinárias, apresenta uma classificação plural assente na relação jurídica, no direito subjectivo, no *status socii* e no objecto de direito, VASCONCELOS – *A participação social...* p. 495-504.

[154] No mesmo sentido, VASCONCELOS – *A participação social...* p. 333-334.

[155] MENEZES CORDEIRO afirma que os "deveres de lealdade" dos administradores positivados pelo Decreto-Lei n.º 76-A/2006, de 29 de Março, correspondem aos *fiduciary duties* britânicos, mais restritivos do que os deveres de lealdade propriamente ditos. Vide o glossário apresentado em CORDEIRO – A lealdade... p. 1064-1065.

[156] Recorde-se que o reconhecimento do dever de lealdade dos accionistas entre si levou mais tempo para ser reconhecido, em especial nas sociedades por capitais, tanto pela jurisprudência como pela doutrina. Os críticos de um tal dever entre os accionistas afirmam a inexistência de relações contratuais entre os accionistas e o silêncio da lei sobre tal dever. No entanto, já em 1989 LUTTER realçava que a lei consagra concreti-

res de lealdade têm fonte legal, desde logo pela impossibilidade de as partes preverem contratualmente todas as situações que servem de base à sua aplicação[157]. Como explica CARNEIRO DA FRADA: «a lealdade resulta de uma ponderação ético-jurídica independente da previsão das partes nesse sentido e apresenta-se como consequência de uma valoração heterónoma (*ex lege*) da ordem jurídica»[158].

Assim, em termos de sistematização dogmática, entre nós o dever de lealdade é geralmente reconduzido à boa fé[159], sendo limi-

---

zações do dever de lealdade (*vide* § 243 II AktG) e que o silêncio ou quase silêncio da lei não impediu a doutrina e a jurisprudência de *inventar* e desenvolver largamente a *culpa in contrahendo*. MARCUS LUTTER – Die Treupflicht des Aktionärs, *ZHR*, 153:4, 1989, p. 454.

[157] CANARIS – *Pensamento Sistemático*, p. 429; CORDEIRO – *Da Boa Fé...* p. 554; MANUEL A. CARNEIRO DA FRADA – *Teoria da Confiança e Responsabilidade Civil*, Coimbra: Almedina 2004 p. 66 e seg. e 865 e seg. e, recentemente, REIS – "Os deveres de lealdade...", p. 342 e segs.

Como explica PAIS DE VASCONCELOS, a inexistência de uma disposição idêntica à do artigo 64.º para os accionistas «não significa, porém, que não existam outras situações jurídicas passivas, na posição jurídica do sócio, umas expressas na lei e outras não, qualificáveis como manifestações de um dever de lealdade que o vincule». VASCONCELOS – *A participação social...* p. 312 e 333.

[158] MANUEL A. CARNEIRO DA FRADA – "A *business judgment rule* no quadro dos deveres gerais dos administradores" – *A Reforma do Código das Sociedades Comerciais: Jornadas em Homenagem ao Professor Doutor Raúl Ventura*, Coimbra: Almedina, 2007, p. 70.

[159] Neste sentido, MENEZES CORDEIRO (para quem o dever de lealdade impõe um exercício das posições sociais de acordo com a boa fé, concretizando este princípio através da tutela da confiança – *e.g.,* proibição de *venire contra factum proprium* – e da primazia da materialidade subjacente – *e.g.,* proibição do exercício abusivo do direito de informação), PAIS DE VASCONCELOS (não obstante a referência, em determinado ponto, com KARSTEN SCHMIDT, que «[e]ste é um dever geral que é implicado pela própria natureza da sociedade, que é inerente ao relacionamento associativo, e que é natural na interacção societária») e, recentemente, NUNO TRIGO REIS. Cfr. CORDEIRO – A lealdade... p. 1056; CORDEIRO – *Manual...,* vol. *1*, p. 238; REIS – "Os deveres de lealdade...", p. 342 e segs; KARSTEN SCHMIDT – *Gesellschaftsrecht*, 4 ed., Köln, Berlin, Bonn, München: Carl Heymanns, 2002, p. 595; VASCONCELOS – *A participação social...* p. 312, 333.

CARNEIRO DA FRADA, a propósito do dever de lealdade dos administradores perante a sociedade, afirma que o mesmo ultrapassa a medida de conduta genericamente reclamada em nome da boa fé pelo artigo 762.º, n.º 2 CC, o qual promove uma «concordância prática de interesses contrapostos das partes numa relação de troca. Não proíbe que se prossigam interesses próprios: tal não faria sentido nos contratos onerosos ou com interesses opostos.

tado por isso às relações especiais (*Sonderverbindung*) que distinguem o relacionamento dos sócios entre si e com a sociedade dos contactos anónimos e ocasionais que nos remetem para o plano da responsabilidade delitual[160]. Esta não é no entanto a tendência mais actual além Reno e mesmo entre nós há quem sustente a autonomi-

---

Apenas impõe padrões e limites de razoabilidade, atenta a existência concomitante de interesses de outrem». O Autor defende que a regra da boa fé neste caso não tem como finalidade estabelecer limites à prossecução de interesses próprios (ou modos de o fazer), mas garantir a sobreordenação dos interesses da sociedade e as condições da sua prossecução, decorrentes da situação de curadoria de interesses alheios. FRADA – "A *business judgment rule*...", p. 70-71.

[160] Neste sentido, JORGE F. SINDE MONTEIRO – *Responsabilidade por conselhos, recomendações ou informações*, Coimbra: Almedina, 1989, p. 535, 549.

CARNEIRO DA FRADA: «o princípio da boa fé requer ordinariamente que entre os sujeitos exista uma *relação especial, particular*, para que seja chamado a aplicar-se. Assim, não deveria identificar-se a boa fé pura e simplesmente com os padrões de conduta genericamente exigíveis pela ordem jurídica, sob pena de uma descaracterização dela. A boa fé exprime um *parâmetro qualificado de conduta* reclamado em certas circunstâncias pelos sujeitos, a saber, essencialmente no âmbito de relacionamentos específicos entre eles. Fora desse contexto de uma *relação intersubjectiva*, a ordem jurídica *apenas exige dos membros a necessidade de adopção de uma conduta que não seja danosa para as posições alheias que ela protege; não exige boa fé, contenta-se apenas com a não perturbação e a não lesão de esferas alheias*». MANUEL A. CARNEIRO DA FRADA – *Uma "terceira via" no direito da responsabilidade civil?*, Coimbra: Almedina, 1997, p. 53. Vide também MANUEL A. CARNEIRO DA FRADA – *Contrato e Deveres de Protecção*, Coimbra: Almedina, 1994, p. 229 e seg., 236 e seg.

MENEZES CORDEIRO, por seu turno, esclarece que «A boa fé intervém em situações de relacionamento específico entre as pessoas. Para as pessoas não relacionadas, ou estranhas ao relacionar entre outros, está disponível, a cláusula dos bons costumes». Noutro ponto, acrescenta que «[d]epreende-se a existência de diferenças profundas entre boa fé, bons costumes e ordem pública. A primeira prescreve condutas, nos termos já reconhecidos, ou pode fazê-lo e intervém, de modo preferencial, em relações específicas; os segundos vedam apenas certos comportamentos e concretizam-se, em absoluto, sem dependência de um relacionamento particular. Além disso, no que tem um significado profundo, boa fé e bons costumes apresentam origens históricas diferentes, evoluções diversas e sentidos jusculturais distintos, colocando, na Ciência do Direito, temas próprios de discussão e aprofundamento. Em consequência, têm conteúdos inconfundíveis: os bons costumes exprimem a Moral social, nas áreas referidas da actuação sexual e familiar e da deontologia profissional, proibindo os actos que a contrariem, enquanto a boa fé, mais complexa, manda assumir uma série de atitudes correspondentes a exigências fundamentais do sistema». CORDEIRO – *Da Boa Fé*... p. 647, 1223.

zação dos deveres de lealdade, enquanto princípios próprios do direito das sociedades, face à boa fé[161].

III. Quanto mais intenso é o contacto entre os sócios e entre estes e a sociedade, mais intenso será o dever de lealdade. Assim, será mais intenso nas sociedades de pessoas, que envolvem um contacto directo entre os sócios e uma maior participação na vida da sociedade, e menos intenso nas sociedades de capitais, com especial destaque para as sociedades cotadas, onde o nível de dispersão accionista pode levar-nos a questionar a existência de uma "relação especial" entre os accionistas. Não deve no entanto adoptar-se um critério de distinção baseado apenas no tipo social. Cada caso é um caso: há grandes sociedades por quotas com um elevado grau de absentismo dos sócios, em que alguns destes pouco ou nada participam na vida social; e há pequenas sociedades anónimas que dão vida a um negócio familiar, baseado no forte relacionamento entre os seus accionistas. Assim, a intensidade do dever de lealdade deve ser determinada em função da intensidade do relacionamento entre os sócios e entre estes e a sociedade no caso concreto.

---

[161] A evolução no espaço tedesco foi no sentido da fundamentação dos deveres de lealdade dos sócios, primeiro, na cláusula dos bons costumes (cuja violação daria lugar a responsabilidade aquiliana) e, depois, na boa fé, enquanto fundamento de deveres em relações especiais de proximidade. No entanto, mais recentemente são muitos os autores que autonomizam o dever de lealdade face à boa fé. Neste sentido, LUTTER afirma que a existência de um dever de lealdade dos sócios entre si e face à sociedade não é hoje questionada, constituindo um princípio jurídico do direito das sociedades, uma cláusula geral de fonte jurisprudencial, estabelecida através do direito consuetudinário. LUTTER – Treupflichten und ihre Anwendungsprobleme... p. 165. Para um maior desenvolvimento, vide, entre nós, CORDEIRO – A lealdade... p. 1042; REIS – "Os deveres de lealdade...", p. 412 e segs. (§ 10).

Entre nós, PAULO CÂMARA contraria a tendência de recondução dos deveres de lealdade à boa fé, afirmando que «a distinção entre boa fé e vínculos de fidelidade se pode considerar historicamente consolidada. / Os deveres de lealdade – note-se – não excluem a geral aplicação dos deveres dimanados da boa fé. Aqueles, todavia, não se confundem com estes, na medida em que correspondem a exigências especiais do direito das sociedades, encontrando a sua legitimação, de forma implícita, na estrutura do sistema societário e não em disposições positivas sobre boa fé (§ 242 BGB ou art. 762.º CC, por exemplo)». CÂMARA – Parassocialidade... p. 285.

IV. No que respeita às sociedades anónimas, poderia afirmar-se num primeiro momento que, pela constituição da sociedade, o relacionamento dos accionistas entre si é substituído pela relação institucional e orgânica centrada no ente social. No entanto, mesmo neste tipo de sociedades, não deixam de existir relações jurídicas dos accionistas entre si (no âmbito das quais sobressaem determinados deveres *ex lege*), apesar de estas assumirem uma configuração distinta da que qualifica as relações entre os sócios nas sociedades de pessoas[162]. A pureza do modelo faz corresponder à sociedade de capitais uma estrutura accionista anónima, que participa da vida social pelo exercício dos direitos e cumprimento das obrigações (ou poderes e deveres) inerentes à sua participação social. A vida real demonstra, porém, que os accionistas não são todos iguais, nem são todos anónimos e que a especial influência exercida sobre a sociedade – especialmente em virtude da titularidade de participações qualificadas ou do domínio da sociedade por um ou mais accionistas – se reflecte na posição económico-jurídica dos demais accionistas e na sua maior ou menor apetência para participar no capital (determinando o valor de mercado das acções da sociedade) e na vida da sociedade[163]. Porque os accionistas não são todos iguais e a especial posição de um ou alguns deles pode determinar uma particular susceptibilidade de causação de danos à sociedade e aos demais accionistas, tem sido reconhecido que ao poder é associado um dever de lealdade face à sociedade e aos demais participantes no projecto comum[164].

---

[162] Neste sentido, VASCONCELOS – *A participação social...* p. 55-56, 312-313, onde o Autor afirma que a questão do relacionamento societário nos quatro principais tipos de sociedades comerciais não deve merecer tratamento unitário. De facto: «Quanto menos densa a textura da sociedade, quanto menos autonomia exista entre a sociedade e os sócios, mais importante será a componente contratual e correspondentemente menos a institucional».

[163] Quanto maior é a participação de um sócio e a sua influência na determinação dos destinos da sociedade, menor é a capacidade dos demais sócios de fazerem valer os seus pontos de vista perante a administração.

[164] Neste sentido, a maioria da doutrina alemã sustenta o princípio da correlação entre o poder jurídico e a responsabilidade (*Prinzips der Korrelation zwischen Rechtsmacht und Verantwortung*). Vide SCHMIDT – *Gesellschaftsrecht...* p. 587 e seg.

V. É no entanto claro que o elo que une os sócios entre si e com a sociedade assume diferentes contornos consoante se esteja perante a concretização do projecto comum para o qual foi constituída a sociedade ou perante outros interesses legítimos dos sócios, relacionados ou não com a sua participação social.

Em primeiro lugar, sendo a sociedade um mecanismo técnico-jurídico de realização de interesses colectivos e duradouros dos accionistas, o dever de lealdade dos accionistas (face à sociedade e entre si[165]) assume-se como um dever de promoção do interesse social (*Förderpflicht*). O seu grau, intensidade, e conteúdo concreto depende da maior ou menor influência do accionista na condução da vida societária. Assim, enquanto o pequeno accionista tem em princípio o "direito ao desinteresse"[166], o accionista que isoladamente ou em conjunto com outros co-accionistas assuma influência sobre a administração da sociedade está vinculado à promoção do interesse social. Não se depreenda porém que os pequenos accionistas não estão adstritos a um dever de lealdade neste contexto. Para além do conteúdo negativo de tal dever (abstenção de condutas que coloquem em causa a promoção do dever social, como é o caso do exercício abusivo do direito de voto pelos minoritários), as circunstâncias do caso poderão ditar um conteúdo positivo, como se verifica, por exemplo, nalguns casos de participação no aumento de capital da sociedade.

Em segundo lugar, na medida em que os accionistas são titulares de outros interesses – para além dos interesses comuns que configuram o interesse social – que não podem ser ignorados pelos demais accionistas (em especial quando a sua especial posição de influência

---

[165] Em sentido contrário, LUTTER parece configurar o dever de promoção apenas face à sociedade, apresentando os deveres de lealdade dos sócios entre si como deveres de consideração (*Rücksichtspflichten*). LUTTER – Die Treupflicht des Aktionärs... p. 452-457.

PAULO CÂMARA afirma que, face à sociedade, o dever de lealdade «serve para preencher o conteúdo de direitos sociais e para integrar lacunas na definição da posição do accionista, determinando, em consequência, direitos e deveres de actuação positiva e de omissão. Nas relações entre sócios comunicam especiais cautelas de colaboração inter-associados, apelando para a consideração dos interesses dos co-sócios, como emanação da essência associativa. CÂMARA – *Parassocialidade*... p. 278.

[166] LUTTER – Die Treupflicht des Aktionärs... p. 452, citando WIEDEMANN.

determine uma maior susceptibilidade de causação de danos) podem ser apontadas outras concretizações do dever de lealdade dos accionistas entre si, que LUTTER designa por deveres de consideração (*Rücksichtspflichten*)[167]. A *consideração* por esses outros interesses dos co-accionistas pode ser devida tanto no âmbito interno da sociedade – em especial através do exercício de posições sociais ou de influência sobre a administração[168] –, como fora da sociedade ainda que em estrita relação com esta, como cedo afirmou a doutrina alemã em reacção ao caso Audi/NSU.

Neste caso, a VW, accionista maioritário com 75% das acções da Audi/NSU e intenções de adquirir os restantes 25% do capital social, começou por oferecer um preço por acção que foi contestado por um accionista minoritário. Face a essa contestação, a VW negociou secretamente um preço por acção quatro vezes superior, que veio a estender posteriormente aos demais accionistas. Perante estes acontecimentos, aqueles accionistas que já tinham vendido as suas acções a um preço quatro vezes inferior sentiram-se lesados, tendo um deles proposto uma acção de responsabilidade civil com base em violação do dever de lealdade[169]. Como já referimos antes, o *Oberlandesgericht Celle* negou a existência de qualquer relação jurídica entre o sócio maioritário e o sócio minoritário e o *Bundesgerichtshof* recusou a relevância dos deveres de fidelidade fora dos limites do BGB ou da esfera intrassocietária[170].

As consequências da violação do dever de lealdade variam, porém, no âmbito da sociedade ou fora desta. No primeiro caso estará em causa, em princípio, a impugnação de uma deliberação social. No segundo, a reclamação de uma prestação.

VI. No enquadramento do dever de lealdade, questiona-se se o mesmo decorre de uma relação de confiança entre os accionistas, com todas as consequências que daí advêm[171].

---

[167] Ibidem, p. 453-457.
[168] Neste sentido, Ibidem, p. 454.
[169] Para uma descrição detalhada deste caso, *vide*, entre nós, CÂMARA – *Parassocialidade...* p. 275-276.
[170] Ibidem, p. 276.
[171] Sobre a teoria da confiança, *vide* por todos, FRADA – *Teoria da Confiança*....

O dever de lealdade, tal como configurado no espaço anglo-saxónico, corresponde a um dever fiduciário[172]. Inicialmente, o *Lord Chancellor* e os juízes dos *courts of equity* resolviam casos com base em "*breach of trust and confidence*" (*vide, e.g.*, a decisão de Lord Hardwicke em 1742 no caso *Charitable Corporation v. Sutton*[173])[174]. No entanto, com o desenvolvimento do *trust* enquanto instituição jurídica com características específicas, sentiu-se a necessidade da sua distinção face a outras figuras, pelo que se tornou inapropriado falar de "*breach of trust*" nas relações *agent-principal*, *partner-partner* e *director-company*. Nestes contextos passaram a usar-se outros termos, com destaque para o de *fiduciary duty*, que já no século XIX se tornou de uso corrente[175].

Sem prejuízo destas referências, não nos parece que a qualificação do dever de lealdade como um dever fiduciário – inerente portanto a uma relação de fidúcia ou confiança – seja a melhor solução dogmática, porquanto os accionistas podem não confiar uns nos outros, mas nem por isso deixa de ser devida a lealdade, enquanto corolário de uma correcção de comportamento, de cariz ético-jurídico objectivo[176]. Ou, numa visão mais abrangente, considerando o anonimato accionista subjacente à sociedade anónima, os accionistas podem – e o mais natural é que assim aconteça nas grandes sociedades anónimas e, em especial, nas sociedades cotadas – simplesmente desconhecer os seus associados, caso em que não faz sentido falar de relações de confiança[177].

---

[172] Cfr., *e.g.*, CLARK – *Corporate Law...* p. 141.
[173] 2 Akt. 400 (1742).
[174] BORIS KASOLOWSKY – *Fiduciary Duties in Company Law*, Baden-Baden: Nomos Verlagsgesellschaft, 2003, p. 55.
[175] Ibidem.
[176] FRADA – "A *business judgment rule*...", p. 71. Em sentido contrário, MENEZES CORDEIRO apresenta a lealdade como contraponto da confiança. De acordo com o Professor: «A relação de lealdade envolve uma relação de confiança na qual, o pólo activo – o que suscita a confiança – é, precisamente, o indivíduo leal». CORDEIRO – *Manual...*, vol. *1*, p. 405.
[177] CORDEIRO – *Manual...*, vol. *1*, p. 409; FRADA – *Teoria da Confiança...* p. 476.

VII. Por tudo quanto foi dito, pode dizer-se que o dever de lealdade consiste numa cláusula geral que opera na ausência de soluções específicas determinadas pela lei ou pelo pacto social e, simultaneamente, fundamenta diversas disposições legais que o legislador foi consagrando[178]. Na sua base temos diversos tipos de situações que foram reclamando uma intervenção da jurisprudência e, depois, do legislador. Estas situações têm em comum a necessidade de intervenção, *in casu*, dos valores básicos do sistema jurídico e a existência de uma especial proximidade entre dois sujeitos[179]. Note-se que, dada a sua diversidade, as soluções adoptadas correspondem também, em sobreposição, a regimes técnico-jurídicos mais precisos (relativos à competência da assembleia geral, à responsabilidade nos grupos de sociedade, ao levantamento da personalidade, etc.[180]). Na medida em que assim seja, são de aplicar as soluções dogmáticas específicas, cedendo o dever de lealdade enquanto figura mais geral, de carácter residual[181]. Veja-se no ponto 3.3.1.5 infra o caso dos impedimentos de voto dos accionistas perante um conflito de interesses[182] e da anulabilidade de deliberações sociais por votos abusivos[183].

VIII. Concretizando o dever de lealdade dos accionistas entre si e face à sociedade no âmbito do presente estudo, podemos afirmar que, assumindo que existe uma vantagem (ou pelo menos não se verifica uma desvantagem) para a sociedade em negociar directamente com o seu accionista controlador – logo, fora do mercado – devem não apenas os administradores, mas também o próprio accionista envolvido (em virtude do seu dever de lealdade), assegurar que em todos os momentos a negociação se processa *at arm's lenght*, ou seja, que os representantes da sociedade negoceiam com total independên-

---

[178] REIS – "Os deveres de lealdade...", p. 302-303. Também assim é no direito norte americano. *Vide*, por exemplo, CLARK – *Corporate Law*... p. 141.
[179] CORDEIRO – *Manual...*, vol. *1*, p. 416.
[180] Ibidem, p. 421.
[181] Ibidem. *Vide* ainda o interessante desenvolvimento dos casos-tipo (concretizações do dever de lealdade) em LUTTER – Die Treupflicht des Aktionärs..., Capítulo V.
[182] Artigo 384.º, n.º 6 CSC, especialmente a alínea d).
[183] Artigo 58.º, n.º 1 al. b) CSC.

cia face aos *insiders* interessados, de forma a alcançar um resultado procedimental e substancialmente justo para a sociedade, tal como o deveriam fazer ao negociar com um terceiro no mercado.

Esta concretização impõe diversos desenvolvimentos:

(1) Em primeiro lugar, um desenvolvimento sobre a conduta devida pelo accionista controlador: este deverá não só informar integralmente os representantes da sociedade acerca do seu conflito de interesses e tomar as medidas necessárias para estes actuem com total independência, mas ainda assegurar que o negócio é efectivamente justo para a sociedade[184]. Não basta por isso ao accionista controlador dar condições aos administradores para que estes cumpram adequadamente os seus deveres face à sociedade; ele próprio está adstrito a uma obrigação de resultado: o negócio tem de ser justo para a sociedade.

Apesar da nossa afirmação de que a negociação com o accionista controlador deve seguir um procedimento idêntico ao usado nas negociações com terceiros, de forma a assegurar a defesa dos interesses da sociedade, a verdade é que este nem sempre é suficiente para assegurar a justeza de um negócio com um accionista controlador. Assim sendo, as medidas a adoptar para garantir a justiça desse negócio poderão ter de ser, consoante as circunstâncias do caso, ainda mais exigentes.

> *Exemplo*: num negócio entre a sociedade e o seu accionista controlador, pelo qual aquela adquire a este um imóvel, este imóvel foi avaliado pelos serviços internos da sociedade em €50.000 e por um perito independente em €15.000. Enquanto na negociação com um terceiro os administradores não estariam obrigados a requerer uma avaliação independente, num negócio com o accionista controlador, os administradores não devem decidir apenas com base na ava-

---

[184] Note-se que os deveres de lealdade (que «visam condutas positivas e promovem directamente o escopo almejado pelo credor) se distinguem dos deveres de informação, mas estes podem ser exigidos pela lealdade. Cfr. CORDEIRO – A lealdade... p. 1039.

liação dos serviços internos da sociedade sobre os quais aquele acaba por ter influência directa ou indirecta[185].

Quando à justeza intrínseca do negócio face à sociedade, parece-nos que só uma obrigação de resultados – e não apenas uma obrigação de meios, como seja a implementação de um procedimento adequado de negociação – assegura a compatibilização dos interesses privados do accionista controlador com os interesses da sociedade, por dois motivos (EINSENBERG): (i) em primeiro lugar, por mais adequados que sejam os meios adoptados, não podemos assumir que os representantes da sociedade tratarão o seu accionista controlador exactamente como tratariam um terceiro; (ii) em segundo lugar, é muito difícil, senão mesmo impossível, usar um conceito legal de "desinteresse" dos administradores que corresponda ao desinteresse factual. Sendo o conceito legal de desinteresse dos administradores reduzido artificialmente, é essencial assegurar que o negócio com um accionista controlador é sujeito a uma avaliação de justeza substancial e não meramente procedimental. De facto, não pode bastar a aprovação do negócio por administradores desinteressados (de acordo com o critério legal) porque na prática estes podem não ser desinteressados[186]. Acresce que, neste contexto, atendendo ao poder do accionista controlador na escolha e eleição dos administradores, dificilmente se poderá considerar qualquer destes totalmente desinteressado. A interpretação contrária permitiria ao accionista controlador prosseguir os seus interesses à custa da sociedade, implementando mecanismos formais sem correspondência substancial.

(2) Em segundo lugar, quando um tribunal tem de avaliar a justeza (*fairness*) de um resultado para a sociedade, como seja o preço de aquisição de um determinado bem, só pode

---

[185] Este exemplo constitui uma adaptação do exemplo de EISENBERG sobre negócios entre a sociedade e o seu CEO. Cfr. MELVIN ARON EISENBERG – Self-interested transactions in corporate law, *Journal of Corporation Law*, 1988, p. 1002.
[186] Ibidem, p. 1002-1003.

afirmar se esse preço está ou não dentro da margem em que duas partes – negociando *at arm's lenght* – teriam concluído o negócio. Usando o exemplo apresentado por EISENBERG: um determinado edifício de escritórios pode ser justamente avaliado entre $40 e $44 milhões, porque qualquer preço dentro dessa margem poderia ter sido alcançado pelas partes negociando *at arm's lenght*[187]. Note-se que a determinação do valor objectivo de um activo não é uma ciência exacta. Os tribunais baseiam a sua opinião na avaliação de peritos, as quais são influenciadas por assumpções subjectivas e podem ser determinadas pelo desejo de corresponder aos interesses da parte que requer a avaliação[188]. O tribunal terá portanto de decidir entre as avaliações apresentadas. Apesar dos inconvenientes desta solução, não existe outra forma para avaliar objectivamente um activo[189]. Qualquer outra solução, orientada pela realização de *justiça substantiva* e não meramente *procedimental*[190] – *i.e.*, a garantia de que o preço de formou livremente e dentro da zona de negociação –, implicaria uma substituição do critério dos preços de mercado pelo critério do juiz (autónomo do mercado), susceptível de criar desajustes com a realidade económica dificilmente suportáveis na prática.

(3) Em terceiro lugar, poderia pensar-se que o dever de informação do accionista controlador (implícito no dever de lealdade) se esgota na informação sobre o conflito de interesses, ou seja: o accionista controlador não está obrigado a divulgar quaisquer outros factos relevantes para o negócio, da mesma forma que não estaria se a sua contraparte fosse um terceiro plenamente independente, dado que após o conhecimento do conflito de interesses do accionista controlador, os

---

[187] Ibidem, p. 999.
[188] LUCIAN ARYE BEBCHUK e MARCEL KAHAN – Fairness Opinions: How Fair Are They and What Can Be Done About It?, *Duke Law Journal*, 27, 1989.
[189] BERKOWITZ, PISTOR e RICHARD – Economic development... p. 20-21.
[190] FERNANDO ARAÚJO – *Teoria Económica do Contrato*, Coimbra: Almedina, 2007, p. 54-55.

representantes da sociedade estão em condições de salvaguardar os interesses da sociedade como o fariam face a um terceiro. Como adverte EISENBERG, esta premissa está errada dado que, numa relação de confiança como a que se estabelece entre os administradores da sociedade e o seu accionista controlador, o conhecimento do conflito de interesses só por si não alerta os primeiros para a necessidade de tomar as devidas cautelas para salvaguardar os interesses da sociedade. Veja-se o exemplo deste Professor: Se *"A"* vende o seu carro usado à sua irmã, ela assume que ele será transparente em relação ao carro de uma forma que um terceiro não seria, ainda que ela saiba que o irmão tem um conflito de interesses[191]. O mesmo vale para a relação entre os representantes da sociedade e o seu accionista controlador (pelo qual, em princípio, terão sido escolhidos e eleitos para o cargo que ocupam). Acresce que, mesmo que os administradores estejam advertidos para a necessidade de tomar cautelas que assegurem o interesse da sociedade, existe uma desequilíbrio informacional (injusto) a menos que o accionista controlador comunique todos os factos relevantes para o negócio. O accionista controlador sabe, ou está em condições práticas de saber, todas as informações relevantes que a sociedade tem sobre o negócio. Para equilibrar a balança, a sociedade deve tomar conhecimento de todos os factos relevantes que são do conhecimento do accionista controlador[192].

3.3.1.5 *Concretizações do dever de lealdade dos accionistas no regime legal dos impedimentos de voto e da anulabilidade de deliberações sociais*

I. Entre as concretizações do dever de lealdade dos accionistas na lei destacamos (no âmbito deste estudo) o regime legal dos impedimentos de voto dos accionistas em caso de conflito de interesses

---

[191] EISENBERG – Self-interested transactions... p. 1000.
[192] Ibidem.

(artigo 384.º, n.º 6 CSC, especialmente a alínea d)[193]) e da anulabilidade de deliberações sociais por votos abusivos (artigo 58.º, n.º 1 al. b) CSC[194])[195].

II. A disposição do artigo 384.º, n.º 6 CSC constitui um comando dirigido a cada um dos accionistas, proibindo-o de votar nas deliberações nas quais tenha um conflito de interesses[196], correspondendo a uma manifestação positivada do dever de lealdade dos accionistas[197]. Para efeitos do presente estudo, entre as diferentes situações nas quais o accionista está impedido de votar, destacamos aquela que vem prevista na alínea d): quando a deliberação incida

---

[193] Onde se lê que um accionista não pode votar, nem por si nem por representante, nem em representação de outrem, quando a lei expressamente proíba ou ainda quando a deliberação incida sobre qualquer relação, estabelecida ou a estabelecer, entre a sociedade e o accionista, estranha ao contrato de sociedade.

[194] O qual dispõe que são anuláveis as decisões que «[s]ejam apropriadas para satisfazer o propósito de um dos sócios de conseguir, através do exercício do direito de voto, vantagens especiais para si ou para terceiros, em prejuízo da sociedade ou de outros sócios ou simplesmente de prejudicar aquela ou estes, a menos que se prove que as deliberações teriam sido tomadas mesmo sem os votos abusivos».

[195] Estes mecanismos constituem duas das três formas de tutela do interesse social apontadas por MENGONI. A terceira seria a fiscalização judicial do motivo do voto e só sendo provada a efectiva intenção do sócio de realizar, pelo exercício do seu voto, uma vantagem particular, em prejuízo do interesse social, o voto seria declarado inválido e a deliberação poderia ser anulada. VENTURA – *Sociedades por Quotas...* Vol. 2, p. 299.

[196] Note-se a este respeito que o nosso legislador adoptou neste artigo uma técnica legislativa diferente da reflectida no artigo 251.º CSC para as sociedades por quotas. De facto, enquanto no artigo 251.º CSC foi incluída uma regra geral de proibição de voto quando o sócio se encontre, relativamente à matéria em deliberação, em situação de conflito de interesses com a sociedade, seguida de uma enumeração exemplificativa de situações de conflitos de interesses, o artigo 384.º, n.º 6 CSC limita-se a enumerar as situações específicas em que o accionista está impedido de votar, sem enumerar uma regra geral. Perante esta diferente técnica, RAÚL VENTURA afirma que a enumeração do artigo 384.º, n.º 6 CSC é taxativa, posição que é contestada, por exemplo, por PAIS DE VASCONCELOS, o qual afirma que esta conclusão é formalmente possível mas substancialmente infundada, sendo necessária uma integração sistemática. Ibidem, p. 283, VASCONCELOS – *A participação social...* p. 143-148.

[197] Realce-se no entanto a acertada conclusão de RAÚL VENTURA: «o sócio não está impedido de votar porque o facto de votar, em si mesmo, viole algum princípio fundamental da ordem jurídica, mas sim porque se presume vir tal violação a existir pela deliberação em que o sócio vote». VENTURA – *Sociedades por Quotas...* Vol. 2, p. 306.

sobre qualquer relação, estabelecida ou a estabelecer, entre a sociedade e o accionista, estranha ao contrato de sociedade. Nas palavras de RAÚL VENTURA, esta é a verdadeira sede do conflito de interesses entre sócio e sociedade[198]. Perante o conflito de interesses, a lei presume que o accionista promoverá o seu interesse pessoal em prejuízo do interesse da sociedade, impedindo-o por isso de votar[199]. Deve assim realçar-se o carácter preventivo desta norma. Nesse sentido, para efeitos deste impedimento não importa a verdadeira intenção do accionista (prossecução do seu interesse próprio ou do interesse da sociedade)[200], nem sequer se o voto ou a correspondente deliberação provocaram danos à sociedade[201]. A circunstância que determina o impedimento de voto é a situação objectiva de conflito de interesses em si mesma e não a vontade do accionista ou a causação de danos. A violação desta disposição imperativa, que não pode ser afastada pelas partes, determina a nulidade do voto (artigo 294.º CC) e a anulabilidade da deliberação tomada com esse voto (artigo 58.º, n.º 1 al. a) CSC)[202].

III. A norma do artigo 58.º, n.º 1, al. b) CSC, por sua vez, determina a anulabilidade das deliberações sociais por votos abusivos, ou, nas palavras do legislador, daquelas que «sejam apropriadas para satisfazer o propósito de um dos sócios de conseguir, através do exercício do direito de voto, vantagens especiais para si ou para terceiros, em prejuízo da sociedade ou de outros sócios ou simplesmente de prejudicar aquela ou estes, a menos que se prove que as deliberações teriam sido tomadas mesmo sem os votos abusivos». Por contraposição ao que foi analisado no parágrafo anterior, este é

---

[198] A propósito da alínea g) do n.º 1 do artigo 251.º. Ibidem.
[199] Nas palavras de RAÚL VENTURA, «previne a tentação, eliminando a oportunidade». Ibidem, p. 303.
[200] Ibidem, p. 298.
[201] Ibidem, p. 298-299.
[202] Salvo se se verificar alguma causa de nulidade, nos termos do artigo 56.º CSC. Ibidem, p. 303-304. CARNEIRO DA FRADA explica que «o regime da anulabilidade corresponde a uma aspiração de certeza ou segurança jurídicas, valores que são particularmente sensíveis na presente matéria». FRADA – Deliberações sociais inválidas... p. 320-321.

um mecanismo de reacção e não de prevenção, aos abusos de maioria[203]. Considerando que o direito de voto é atribuído para concretização e realização do interesse social[204] – em cumprimento do dever de lealdade de cada um dos sócios à sociedade e aos demais sócios – bem como os imperativos decorrentes do princípio da igualdade de tratamento dos sócios[205], a reacção dirige-se aos votos abusivos, *i.e.*, (i) aos votos dirigidos à satisfação de interesses do sócio ou de terceiro, em detrimento da sociedade ou de outros sócios, e (ii) aos votos emulativos (*i.e.*, que visem prejudicar a sociedade ou outros sócios)[206]. Por vantagens especiais entendem-se as vantagens específicas de um sócio ou terceiro, por oposição a vantagens que assistem a todos os sócios ou a uma generalidade de terceiros[207]. Para efeitos da anulação da deliberação não basta porém provar a existência de

---

[203] A este propósito *vide* os comentários da doutrina que tende a recusar a aplicabilidade desta norma às deliberações negativas, ou seja, às deliberações reprovadas com votos abusivos (logo nulos) da minoria, dada a impossibilidade de anular uma deliberação reprovada (acto negativo). Como realça CARNEIRO DA FRADA, mesmo se se aceitasse esta opinião, haveria que demonstrar que a anulação do deliberação reprovada é susceptível de fazer emergir uma deliberação em sentido contrário, ou seja, de aprovação da proposta rejeitada. Cfr. JORGE M. COUTINHO DE ABREU – *Do abuso de direito : ensaio de um critério em direito civil e nas deliberações sociais*, Coimbra: Almedina, 1983, p. 136; FRADA – *Deliberações sociais inválidas...* p. 322-323; MANUEL ANTÓNIO PITA – *A protecção das minorias*, separata de Novas perspectivas do direito comercial, Coimbra: Almedina, 1988, p. 369-371. Quanto a jurisprudência, *vide v.g.* Ac. STJ de 28.2.2002, Rev. n.º 71/0-7.ª: *Sumários do Boletim Interno do STJ*, 2/2002.

[204] Cfr. PITA – *A protecção das minorias...* p. 369-371.

[205] A este propósito, vide a análise deste fundamento de anulabilidade apresentado por CARNEIRO DA FRADA, o qual realça que o mesmo corresponde à necessidade de sancionar actos formalmente conformes à lei ou aos estatutos, mas desconformes com a intencionalidade material subjacente. Segue o Professor, explicando que o Direito Comparado demonstra que esta disfuncionalidade tem sido combatida através do recurso a dois princípios actuantes no Direito das sociedades, patentes na alínea b) do n.º 1 do artigo 58.º CSC: o princípio da igualdade de tratamento dos sócios e o princípio da boa fé, o qual implica a fidelidade de cada um dos sócios aos interesses da sociedade e dos demais sócios, prescrevendo a abstenção de comportamentos lesivos a esses interesses. O Professor alerta ainda para o facto de a aplicação destes dois princípios não se esgotar nesta disposição normativa. FRADA – *Deliberações sociais inválidas...* p. 322-323.

[206] ANTÓNIO MENEZES CORDEIRO – *SA: Assembleia Geral e Deliberações Sociais*, Coimbra: Almedina, 2007, p. 209-210.

[207] Ibidem, VASCONCELOS – *A participação social...* p. 156.

vantagens especiais e o prejuízo da sociedade ou de outros sócios: É necessário provar o *dolo, i.e.,* o *propósito* de conseguir as vantagens especiais, em prejuízo da sociedade ou de outros sócios. Esta intenção tem de ser inferida da conduta exterior do sócio, sob pena de impossibilidade de aplicação desta norma legal[208].

IV. Não obstante a importância das normas reflectidas nos artigos 384.º, n.º 6 e 58.º, n.º 1 al. b) CSC, não desenvolveremos a sua análise neste estudo, porquanto a sua aplicabilidade ao problema para o qual procuramos resposta é marginal. De facto, na medida em que a celebração de negócios entre a sociedade e os seus accionistas é matéria da competência do conselho de administração (artigo 405.º CSC), a menos que este suscite a intervenção da assembleia geral sobre o assunto, aquela não poderá deliberar sobre o mesmo. Assumindo que são marginais os casos em que tal ocorre, em princípio não haverá lugar à aplicação dos impedimentos de voto ou à anulação de deliberações da assembleia geral no caso-tipo em análise.

V. Apesar da nossa opção sobre a exclusão deste tema no presente estudo, chamamos a atenção para a extraordinária importância e actualidade do tema dos abusos subjacentes ao exercício do direito de voto, inerentes às cada vez mais complexas formas de separação da propriedade formal face ao risco económico das participações sociais, ou da separação dos direitos patrimoniais face aos direitos sociais decorrentes da mesma. Veja-se a este propósito a discussão em torno da propriedade oculta de participações sociais (*hidden ownership*) – HU e BLACK usam o termo '*hidden (morphable) ownership*' para descrever a combinação de propriedade económica não divulgada e poder de voto provável e informal[209] – ou dos votos

---

[208] No mesmo sentido, CORDEIRO – *SA: Assembleia Geral...* p. 209-210. Contra, VASCONCELOS – *A participação social...* p. 157. Para uma análise paralela do regime alemão sobre esta matéria (§ 243 II AktG) neste contexto, remetemos uma vez mais para LUTTER – Die Treupflicht des Aktionärs... p. 456 e seg.

[209] HENRY T.C. HU e BERNARD S. BLACK – Equity and Debt Decoupling and Empty Voting II: Importance and Extensions, *University of Pennsylvania Law Review*, 156, 2008.

vazios (*empty voting*) – HU e BLACK caracterizaram os "*empty voters*" como as pessoas cujos direitos de voto excedem substancialmente a sua propriedade económica líquida (*net economic ownership*)[210].

3.3.1.6 Concretização do dever de lealdade dos accionistas no regime legal da responsabilidade civil do sócio controlador pelo exercício de influência sobre a administração

I. De acordo com o artigo 83.º, n.º 4 do CSC, «[o] sócio que tenha a possibilidade, ou por força de disposições contratuais ou pelo número de votos de que dispõe, só por si ou juntamente com pessoas a quem esteja ligado por acordos parassociais, de destituir ou fazer destituir gerente, administrador ou membro do órgão de fiscalização e pelo uso da sua influência determine essa pessoa a praticar ou omitir um acto responde solidariamente com ela, caso esta, por tal acto ou omissão, incorra em responsabilidade para com a sociedade ou sócios, nos termos desta lei».

Esta disposição não se aplica apenas às situações de exercício de controlo sobre a sociedade, mas tem neste âmbito a sua aplicação mais frequente[211].

II. Os pressupostos de aplicação deste regime são os seguintes:

i) Existência da possibilidade de destituição do membro do órgão de administração ou fiscalização, a qual se presume constituir meio adequado para o exercício de influência;

ii) Efectivo exercício de influência sobre o membro do órgão de administração ou fiscalização;

iii) O facto de a influência ter sido determinante da prática ou omissão do acto gerador de responsabilidade pelo membro do órgão de administração ou fiscalização;

---

[210] HENRY T. HU e BERNARD S. BLACK – The New Vote Buying: Empty Voting and Hidden (Morphable) Ownership, *Southern California Law Review*, 79, 2006, p. 825.

[211] VAZ – A Responsabilidade do accionista controlador... p. 375.

iv) Responsabilidade civil do membro do órgão de administração ou fiscalização sobre o qual foi exercida a influência.

III. Releva ainda a delimitação do sujeito activo da influência[212]. De acordo com o teor literal deste preceito, só o «sócio que tenha possibilidade, ou por força de disposições contratuais ou pelo número de votos de que dispõe, só por si ou juntamente com pessoas a quem esteja ligado por acordo parassociais, de destituir ou fazer destituir gerente, administrador ou membro do órgão de fiscalização» responde pelo exercício de influência nos termos acima descritos. A interpretação da norma quanto a este ponto é não só interessante, como extremamente relevante do ponto de vista prático. Desde logo, pode questionar-se o alcance do conceito de "sócio" para efeitos desta disposição nas seguintes situações:

i) Quando exista um acordo parassocial pelo qual um sócio adquire a possibilidade de exercer influência determinante sobre o membro do órgão de administração ou fiscalização, deve responder apenas o sócio que exerceu a influência ou também os demais sócios àquele vinculados pelo acordo parassocial?

ii) Quando haja terceiros que são partes do acordo parassocial, devem estes responder juntamente com os sócios?

iii) Quando a influência determinante seja exercida não pelo "sócio", mas sim por um terceiro que o controla – *maxime*, nos grupos de sociedades, quando a sociedade-mãe da sociedade-"sócia" exerce influência directa sobre um ou mais membros dos órgãos de administração ou fiscalização da sociedade – deve este terceiro responder nos mesmos termos?

iv) Quando haja terceiros que, através de vínculos contratuais – *maxime*, através dos chamados "contratos de gestão de empresa" ou outros que permitam "relações fácticas de domínio" –, exerçam influência determinante sobre o membro do órgão de administração ou fiscalização, devem estes responder nos termos desta disposição?

---

[212] Sobre este tema vide ANTUNES – *Os Grupos de Sociedades...* p. 589-590.

Não podemos aqui desenvolver esta problemática, tratada por RUI PEREIRA DIAS[213], para o qual por ora remetemos, apesar de nem sempre concordarmos com as considerações ou com as conclusões pelo mesmo apresentadas.

Realçamos apenas a importância da questão: caso não se admita a extensão do conceito de "sócio" desta disposição aos sujeitos indicados, à partida, nem a sociedade nem os sócios lesados poderão responsabilizá-los pelos danos provocados nos termos indicados. Por um lado, inexiste um vínculo obrigacional que fundamente responsabilidade obrigacional. Por outro, inexiste tanto (i) um direito subjectivo da sociedade a que tais sujeitos não participem ou permitam (nos termos indicados) o exercício da influência determinante da conduta lesiva (cfr. artigo 483.º, n.º 1, I parte do CC), como (ii) uma norma de protecção que cubra este caso (cfr. artigo 483.º, n.º 1, II parte do CC).

A sociedade e o sócio lesado poderiam contudo explorar outras vias de responsabilização desses sujeitos (quando verificados os respectivos pressupostos), como o levantamento da personalidade jurídica da sociedade-"sócio" e a responsabilidade civil do administrador de facto, sujeitando-se às dificuldades inerentes às mesmas.

IV. Quanto ao referido poder de destituição do membro do órgão de administração ou fiscalização, RUI PEREIRA DIAS defende uma *redução teleológica* do art. 83.º, n.º 4, não se aplicando este, no que se refere aos membros do órgão com funções de fiscalização, às sociedades anónimas de estrutura latina, de estrutura anglo-saxónica ou de estrutura germânica (neste último caso, quando o poder de nomear e destituir os administradores caiba à assembleia geral e não ao conselho geral e de supervisão), dado que os membros deste órgão só podem ser destituídos com justa causa (cfr. artigos 419.º, n.º 1; 423.º-E, n.º 1 CSC)[214].

Tal como referimos antes, este não é local para o desenvolvimento deste tema. Parece-nos no entanto de referir, desde já, que este não nos parece ser o melhor caminho. De facto, na prática poderá ser

---
[213] DIAS – *Responsabilidade por Exercício de Influência...* p. 49-54, 86-91.
[214] Ibidem, p. 96-98.

tão relevante a influência sobre o órgão de administração como a influência sobre o órgão de fiscalização, razão pela qual nos parece preferível a *extensão teleológica* desta norma e não a sua redução[215]. Assim, atendendo à ratio desta norma, deveria entender-se a referência ao poder de "destituição" dos membros dos órgãos de administração e fiscalização num sentido amplo e não no seu mais restrito e preciso sentido técnico-jurídico. Abarcaria então não apenas este, mas ainda o poder para renovar (ou não) o mandato dos membros dos órgãos de administração e fiscalização, dado que tanto num caso como noutro se verificam idênticas condições para exercer pressão ou influência sobre o órgão em causa.

V. Quanto à solidariedade passiva, importa referir que a lei portuguesa – contrariamente à sua congénere alemã (cfr. § 117 (2) I AktG[216]) – faz depender a responsabilidade do "sócio" da responsabilidade do membro do órgão de administração ou fiscalização.

---

[215] Sobre estes conceitos, *vide*, *v.g.*, NEVES – *Metodologia...* p. 186-188.

[216] No § 117 AktG, com epígrafe "dever de indemnização", lê-se: «*(1) Quem, intencionalmente, utilizando a sua influência sobre a sociedade, determinar um membro do órgão de administração ou do órgão de fiscalização, um procurador ou um gestor geral de negócios a actuar em detrimento da sociedade ou dos seus accionistas, é responsável para com a sociedade pelos prejuízos resultantes dessa acção. É ainda obrigado a indemnizar os accionistas dos prejuízos que daí lhes resultarem, se eles, independentemente dos prejuízos que lhes tenham advindo através do prejuízo da sociedade, também forem prejudicados. (2) Respondem solidariamente os membros de órgão de administração ou de fiscalização, se houverem agido em violação dos seus deveres. Caso seja discutível se eles usaram da diligência de um gestor ordenado e consciencioso, incumbe-lhes o ónus da prova. Não existe dever de indemnizar a sociedade ou os accionistas, por parte dos membros do órgão de administração ou de fiscalização, quando a actuação se baseie numa deliberação válida da assembleia geral. O consentimento do órgão de fiscalização para a prática do acto não exclui o dever de indemnizar. (3) Responde também solidariamente aquele que através do acto prejudicial tiver obtido uma vantagem, desde que tenham propositadamente determinado o exercício da influência. (4) A exclusão do dever de indemnizar a sociedade aplica-se, com as devidas adaptações, o § 93, parágrafo (4), 3.ª e 4.ª frases. (5) O direito de indemnização da sociedade pode também ser exercido pelos seus credores, desde que estes não consigam obter desta a satisfação dos seus créditos. Relativamente aos credores, o direito de indemnização não pode ser excluído, nem através de renúncia ou transacção da sociedade, nem pela circunstância de o acto se basear numa deliberação da assembleia geral. Se tiver sido iniciado processo de insolvência sobre o património da sociedade, o direito*

Esta solução legal gera dificuldades, em especial quando a influência determinante seja exercida através de deliberação social[217] ou seja simplesmente respaldada por uma deliberação dos sócios.

Porque (i) a responsabilidade dos administradores para com a sociedade não tem lugar quando o acto ou omissão assenta em deliberação dos sócios, ainda que anulável (artigo 72.º, n.º 5), e (ii) a responsabilidade do sócio pelo exercício de influência depende da responsabilidade do administrador, poderia dizer-se que o sócio tem aberta a porta para exercer influência sobre a administração sem risco de responsabilidade civil, desde que faça aprovar deliberação social que exclua a responsabilidade do administrador. Perante a prescrição da nulidade das deliberações dos sócios cujo conteúdo não esteja, por natureza, sujeita a deliberação dos sócios (artigo 56.º, n.º 1, al. c) CSC), bastaria que o sócio determinasse a administração a submeter o assunto a deliberação dos sócios.

Perante este cenário, seguimos COUTINHO DE ABREU e ELISABETE RAMOS quando afirmam que tal conduta do sócio consubstancia fraude à lei, devendo o sócio ser responsabilizado nos termos do artigo 83.º, n.º 4 CSC: «em casos destes, além de o administrador ser normalmente responsável para com a sociedade (não devia ter submetido o assunto a deliberação [dos sócios] e / ou não devia tê-la executado), certo é que a influência prejudicial do sócio controlador

---

*dos credores é exercido pelo administrador da insolvência na sua pendência. (6) Os direitos resultantes destes preceitos prescrevem no prazo de cinco anos. (7) Estes preceitos não se aplicam, se o membro do órgão de administração ou de fiscalização, procurador ou gestor geral de negócios foi determinado à prática do acto prejudicial através do exercício 1. do poder de direcção com base em contrato de subordinação ou 2. do poder de direcção de uma sociedade principal [*Hauptgesellschaft*] (§ 319), na qual a sociedade esteja integrada [eingegliedert]»* (tradução de DIAS – *Responsabilidade por Exercício de Influência...* p. 25-26).

[217] Admissível, em determinados casos, de acordo com JORGE M. COUTINHO DE ABREU e MARIA ELISABETE RAMOS – "Responsabilidade civil de administradores e de sócios controladores" – *Responsabilidade Civil de Administradores e de Sócios Controladores – Privatização de Empresas Públicas e Empresarialização Pública – Princípios do Comércio Electrónico – Project Finance*, Coimbra: Almedina, 2004, p. 51. Contra, VAZ – A Responsabilidade do accionista controlador... p. 376.

começa a ser exercida antes da deliberação e continua na tomada desta»[218].

RUI PEREIRA DIAS, se bem entendemos, vai mais longe, sugerindo uma interpretação do n.º 4 do artigo 83.º segundo o qual a "responsabilidade do administrador" deve ser entendida como referência «*à sua actuação (exterior e ilegitimamente influenciada ou determinada)*, bem como aos danos por ela causados; e não uma verdadeira *remissão* (seja enquanto norma directa ou indirecta) à responsabilidade civil societária do administrador (artigos 72.º e ss.), exigindo o preenchimento cabal de todos os pressupostos normativos desta»[219]. Assim, relevaria apenas a produção de um dano, baseada na influência do sócio, mas actuada por meio do administrador[220].

VI. Estamos perante um caso de responsabilidade por "*culpa in instruendo*"[221]. Assim, apesar de a responsabilidade se basear em facto de outrem, pressupõe a censurabilidade da conduta do próprio sócio[222]. Dado que a lei não faz depender a sua estatuição de um determinado *animus* do sujeito activo, é irrelevante a existência de dolo ou a consciência da ilicitude, para o preenchimento da *factispecies* legal[223].

Quanto ao ónus da prova, COUTINHO DE ABREU e ELISABETE RAMOS defendem que o artigo 83.º, n.º 4 é uma manifestação do dever de lealdade dos sócios, daí retirando tratar-se de responsabilidade obrigacional. Assim, «a sociedade ou os sócios devem provar

---

[218] ABREU e RAMOS – "Responsabilidade civil de administradores e de sócios controladores...", p. 52-53.
[219] DIAS – *Responsabilidade por Exercício de Influência...* p. 107.
[220] Ibidem.
[221] ANTUNES – *Os grupos de sociedades...* p. 589.
[222] DIAS – *Responsabilidade por Exercício de Influência...* p. 126-127; VAZ – A Responsabilidade do accionista controlador... p. 394.
[223] ANTUNES – *Os grupos de sociedades...* p. 591. O mesmo autor acrescenta ainda que neste âmbito se relevam tanto as instruções directas do sócio aos membros do órgão da administração, como os simples conselhos, pareceres, recomendações ou qualquer forma de manifestação de influência que possua um nexo da causalidade com prática ou omissão do acto. *Ibidem.*

a influência exercida pelo sócio dominante, mas não têm de provar a culpa deste»[224].

Também RUI PEREIRA DIAS afirma que este regime representa, antes de mais, uma concretização do dever de lealdade dos sócios[225], mas acrescenta que deve aceitar-se a sua valência noutras circunstâncias em que, não sendo aplicável o dever de lealdade, «a norma recobre sentido porque insuflada pela necessidade de protecção de outras exigências»[226]. De acordo com este Autor, o artigo 83.º, n.º 4 CSC não determina em geral a conduta do sócio controlador, sancionando apenas a influência deste sobre os órgãos de administração ou fiscalização da sociedade, causando danos a esta ou aos demais sócios. Assim, identifica entre os fins desta norma a «salvaguarda da organização societária, que transcende o puro plano contratual», concluindo que não se podem reconduzir as condutas sancionadas tão simplesmente ao incumprimento de *obrigações em sentido técnico*. Ainda assim, este Autor qualifica esta norma como de responsabilidade *contratual*, «embora porventura com *nuances* ditadas pela natureza dos fins normativos identificados»[227].

3.3.2 Outras formas de determinação da conduta do accionista controlador e da sua responsabilidade civil: O accionista controlador como administrador de facto

I. Outra forma de delimitação da conduta devida pelo accionista controlador – em determinadas circunstâncias – passa pela consideração do mesmo como "administrador de facto", sujeitando-o, nessa medida e com as necessárias adaptações[228], ao mesmo feixe de

---

[224] ABREU e RAMOS – "Responsabilidade civil de administradores e de sócios controladores...", p. 53-54. No mesmo sentido, mas sem fundamentar no dever de lealdade, VAZ – A Responsabilidade do accionista controlador... p. 393-395. Contra, ANTUNES – *Os grupos de sociedades...* p. 591 (nota 1152).
[225] DIAS – *Responsabilidade por Exercício de Influência...* p. 120-121.
[226] Ibidem.
[227] Ibidem, p. 124-125.
[228] Como afirma RICARDO COSTA, não é possível aplicar aos administradores de facto, de forma mecânica e imediata, as normas que se convocam para determinar a

deveres e ao mesmo regime de responsabilidade civil a que estão sujeitos os administradores de direito.

COUTINHO DE ABREU e ELISABETE RAMOS ensinam que «é administrador de facto (em sentido amplo) quem, sem título bastante, exerce, directa ou indirectamente e de modo autónomo (não subordinadamente) funções próprias de administrador de direito da sociedade»[229].

II. Historicamente, as raízes da qualificação de determinados sujeitos como administradores *de facto*, para efeitos da sua sujeição aos deveres dos administradores *de iure* e eventual responsabilização, podem ser encontradas nos primórdios do direito societário da *Common Law*. Logo no Século XIX, destacam-se casos como o *Canadian Land Reclaiming and Colonizing Co, Re* (1880)[230], nos quais os tribunais aplicaram os deveres dos administradores *de iure* às pessoas que actuavam como administradores, apesar de não terem sido nomeadas para o efeito[231].

---

responsabilidade dos administradores de direito: «Haverá um catálogo de normas que pressupõe a aptidão formal do sujeito que exerce a administração diferente de um outro catálogo (integrado no anterior mas de circunferência com menor diâmetro) em que prevalece o aspecto substancial da administração ou do estatuto de administrador». RICARDO COSTA – "Responsabilidade civil societária dos administradores de facto" – *Temas societários*, Coimbra: Almedina, 2006, p. 40-41.

[229] ABREU e RAMOS – "Responsabilidade civil de administradores e de sócios controladores...", p. 43. *Vide* também DIAS – *Responsabilidade por Exercício de Influência...* p. 129, citando NICCOLÒ ABRIANI, o qual define o administrador de facto como «aquele que a) na ausência de uma eficaz deliberação da assembleia, exerceu b) de modo continuado c) funções reservadas aos administradores de direito da sociedade d) com autonomia decisória, em posição substitutiva ou também meramente cooperativa, mas não subordinada, em relação a estes últimos». TÂNIA MEIRELES DA CUNHA, se bem entendemos influenciada especialmente por uma alegada evolução da doutrina e jurisprudência italiana, apresenta uma noção idêntica, realçando a continuidade, a efectividade, a durabilidade, a regularidade, o poder de decisão e a independência das funções exercidas. Afirma esta Autora que são aplicáveis aos administradores de facto os artigos 72.º e segs. CSC, mas por remissão do artigo 80.º CSC. TERESA MEIRELES DA CUNHA – *Da Responsabilidade dos Gestores de Sociedades perante os Credores Sociais: A Culpa nas Responsabilidades Civil e Tributária*, Coimbra: Almedina, 2004, p. 76-78.

[230] 14 Ch. D. 660.

[231] PAUL L. DAVIES – *Gower and Davies' Principles of Modern Company Law*, 8 ed., London: Sweet & Maxwell, 2008, p. 483.

Já em 1980, o legislador britânico passou a distinguir dentro do conceito de administrador de facto o conceito de *shadow director*, correspondendo este à pessoa de acordo com cujas indicações ou instruções os administradores de uma sociedade normalmente actuam, independentemente de ter sido nomeada como administrador e de actuar como tal[232]. Por detrás desta distinção esteve a intenção do legislador de sujeitar estes sujeitos a um conjunto de deveres *específicos* dos administradores. Sujeitou-os ainda aos deveres *gerais* dos administradores, mas apenas na medida em que as correspondentes regras de *common law* e princípios de equidade sejam aplicáveis[233].

Apesar da relevância da distinção para efeitos da aplicação dos tais deveres específicos aos *shadow directors*, a doutrina[234] e alguma jurisprudência[235] parecem defender a sua irrelevância para efeitos da aplicação dos deveres gerais dos administradores. Parece assim claro que não existe uma diferença de fundo que justifique a distinção entre os *de facto directors* e os *shadow directors*, mas apenas uma distinção formal para efeitos da aplicação *ex lege* dos tais deveres específicos. Assim, relevante para a aplicação dos deveres gerais dos administradores *de iure* aos administradores *de facto* é a existência de um sujeito que exerce de facto influência no governo da sociedade[236].

---

[232] Ibidem.

[233] De acordo com PAUL DAVIES, existe pouca jurisprudência relativa à concretização do âmbito de aplicação dos deveres gerais aos *shadow directors*. De acordo com este Autor, em *Ultraframe (UK) Ltd v Fielding (*[2005] EWHC 1638 (Ch), parágrafos 1279 e segs.), o tribunal andou mal ao considerar que os deveres dos administradores não se aplicam aos *shadow directors* na medida em que estes – contrariamente aos administradores *de iure* e aos administradores *de facto* – não actuam em nome e representação da sociedade, não estando por isso numa relação fiduciária com esta. Ibidem.

[234] Ibidem, p. 484-485.

[235] *Vide, v.g., Kaytech International Plc, Re* ([1999] 2 B.C.L.C. 351, 424, CA).

[236] PAUL DAVIES chama no entanto a atenção para o facto de que, nos termos da *section* 250(3), uma sociedade não deve ser considerada *shadow director* de uma subsidiária simplesmente pelo facto de os administradores desta seguirem habitualmente as suas instruções. Uma sociedade mãe pode por isso impor uma política comum ao grupo de sociedades por si controlado, sem com isso violar um dever para com as subsidiárias (*e.g.*, pelo facto de a política de grupo não corresponder aos melhores interesses de uma subsidiária). DAVIES – *Principles...* p. 485.

III. Esta introdução à distinção no direito britânico ajuda a perceber que a idêntica distinção apresentada entre nós por RICARDO COSTA é útil para efeitos expositivos, sem que daí se possam retirar consequências de regime. De acordo com este Autor[237]:

i) Os *administradores de facto directos*, que podem ou não ter notoriedade perante terceiros, são aqueles que decidem e, eventualmente, tratam dos negócios sociais na primeira pessoa, agindo na posição dos administradores de direito sem qualquer intermediário; e

ii) Os *administradores de facto indirectos* ou *ocultos* (*shadow directors*) são aqueles que actuam indirectamente sobre a administração instituída, impondo as suas instruções e condicionando as escolhas operativas dos administradores de direito (ou até dos administradores de facto directos) que invariavelmente as acatam sem liberdade de análise.

IV. Assim, considerando que os deveres dos administradores visam determinar a conduta da administração da sociedade de acordo com os fins legalmente estabelecidos[238], o conceito de "administrador" deve ser entendido num sentido funcional, permitindo a aplicação dos correspondentes *deveres fundamentais* tanto aos administradores *de iure* como aos administradores *de facto*[239].

---

[237] COSTA – "Responsabilidade...", p. 30.
[238] Neste sentido, DAVIES – *Principles...* p. 484.
[239] De acordo com COUTINHO DE ABREU e ELISABETE RAMOS, «Os administradores de facto (em sentido amplo) hão-de estar sujeitos a responder civilmente para com a sociedade e terceiros (entendidos latamente). Tal como os administradores de direito, eles *administram*; devem por isso igualmente *cumprir as regras de correcta administração*, sob pena de arcarem com as *respectivas responsabilidades*. Esta perspectiva funcional (que atende às funções de administração efectivamente exercidas, não à qualificação formal do sujeito como administrador *de jure*) será suficiente para concluir que os artigos 72.º, ss do CSC (...) são directamente aplicáveis também aos administradores de facto» (note-se, porém, que algumas situações de responsabilidade de certos administradores de facto entram no campo de aplicação do art. 83.º, 4, do CSC). ABREU e RAMOS – "Responsabilidade civil de administradores e de sócios controladores...", p. 43. Acrescentam estes Autores que, apesar deste entendimento não resultar expressamente do texto dos artigos 72.º e seguintes do CSC, é confirmado pela sua *ratio*. Conclui ainda que o artigo 80.º CSC – no qual se lê que «[a]s disposições respeitantes à responsabilidade dos gerentes

Consequentemente, deve ser admitida a interpretação extensiva dos artigos 72.º e segs. CSC, estendendo a responsabilidade civil dos administradores *de iure* àqueles que exercem funções de administração na sociedade sem para tal terem sido formalmente designados.

Quanto aos *deveres específicos* dos administradores, impõe-se uma cautela acrescida na sua extensão aos administradores de facto dado que, como bem realça RICARDO COSTA, «[h]averá um catálogo de normas que pressupõe a aptidão formal do sujeito que exerce a administração diferente de um outro catálogo (integrado no anterior mas de circunferência com menor diâmetro) em que prevalece o aspecto substancial da administração ou do estatuto de administrador»[240].

V. No caso em análise neste trabalho podemos estar perante a sobreposição de diferentes meios destinados a dar resposta ao mesmo problema: responsabilidade civil pelo exercício de administração *de facto*, pelo exercício de influência sobre os órgãos de administração ou fiscalização, e pela violação do seu dever de lealdade.

---

ou administradores aplicam-se a outras pessoas a quem sejam confiadas funções de administração» –, para «além de desnecessário para fazer responder os administradores de facto nos termos em que respondem os de direito, (...) não é suficiente para no que respeita a alguns administradores de facto», dado que, «salvo autorização da lei, não é lícito atribuir (estatutariamente ou por outra via) a órgãos inominados no CSC competências legalmente pertencentes ao órgão de administração». ABREU e RAMOS – "Responsabilidade civil de administradores e de sócios controladores...", p. 45.

De acordo com RICARDO COSTA, «[e]stes sujeitos merecem a qualificação de administradores se colocarem em acção os papeis administrativos no círculo *funcional* de administração e com o poder de independência decisória que *caracteriza* a esfera dos administradores». Nessa medida, continua o Autor, devem estar submetidos ao risco de administração porque, por um lado, o complexo de deveres dos administradores visa determinar o correcto desenvolvimento da actividade de gestão da sociedade (não delimitado formal-organicamente) e, por outro, porque a responsabilidade civil deve funcionar como contrapeso ao exercício de um poder, ainda que este seja exercido apenas de facto. COSTA – "Responsabilidade...", p. 31. O reconhecimento dos administradores de facto não só é pressuposto de eficácia da disciplina de responsabilidade civil pela administração social, como também impede o exercício ilegítimo dos poderes administrativos e promove a uniformidade do ordenamento global da responsabilidade civil pela administração. COSTA – "Responsabilidade...", p. 32. Impõe-se portanto a interpretação extensiva dos artigos 72.º e seguintes, aplicando-os aos administradores de facto. COSTA – "Responsabilidade...", p. 36-40.

[240] COSTA – "Responsabilidade...", p. 40-41.

Perante a sobreposição da responsabilidade do accionista controlador pelo exercício de influência (nos termos do já analisado artigo 83.º, n.º 4 CSC) e pelo exercício de administração *de facto*, deve prevalecer o regime especialmente consagrado no CSC, não só pela sua maior especificidade, como pela segurança jurídica associada à sua positivação.

Perante a sobreposição da responsabilidade civil do administrador *de facto* com a decorrente da violação do dever de lealdade dos accionistas deve a primeira prevalecer, dado que, como afirmámos antes, o dever de lealdade constitui uma cláusula geral que opera na ausência de outras soluções específicas.

3.3.3 Os deveres fundamentais dos administradores

3.3.3.1 *Considerações gerais*

Para o desiderato da limitação da extracção de benefícios privados pelo accionista controlador contribui não apenas o reconhecimento do dever de lealdade dos accionistas – enquanto padrão de conduta a avaliar *ex post* pelo tribunal – mas também os deveres fundamentais dos administradores da sociedade[241] – tema que ganhou novos contornos com a alteração do artigo 64.º CSC em 2006 e que tem sido objecto de discussão pela nossa doutrina – sem a colaboração dos quais o accionista controlador não pode alcançar os seus objectivos.

Este tema é objecto de cuidadosa análise por JOÃO SOUSA GIÃO no Capítulo III deste livro, razão pela qual não trataremos aqui de apresentar um enquadramento geral do mesmo. Importa no entanto referir que os deveres fundamentais dos administradores se reflectem

---

[241] Nos termos do artigo 64.º, n.º 1 CSC, «Os gerentes ou administradores da sociedade devem observar: a) Deveres de cuidado, revelando a disponibilidade, a competência técnica e o conhecimento da actividade da sociedade adequados às suas funções e empregando nesse âmbito a diligência de um gestor criterioso e ordenado; e b) Deveres de lealdade, no interesse da sociedade, atendendo aos interesses de longo prazo dos sócios e ponderando os interesses dos outros sujeitos relevantes para a sustentabilidade da sociedade, tais como os seus trabalhadores, clientes e credores».

também na aprovação de negócios da sociedade com o seu accionista controlador. Com efeito (tal como referimos incidentalmente no ponto 3.2, a propósito da aprovação de negócios com administradores nos termos do artigo 397.º, n.º 2 CSC) a aprovação de um negócio com um accionista controlador em prejuízo da sociedade pode sujeitar os administradores a responsabilidade civil por violação dos seus deveres de cuidado (tal como transpostos para o artigo 64.º, n.º 1, al. a) CSC, enquanto concretização do dever de administrar que analisamos em baixo), nos termos do artigo 72.º, n.º 1 CSC (como veremos adiante), não podendo sequer aplicar-se a *business judgment rule*, ou dos seus deveres de lealdade, nos termos do artigo 64.º, n.º 1, al. b) CSC.

3.3.3.2 Os deveres de cuidado dos administradores

I. Comecemos pelos deveres de cuidado: a intenção expressa do legislador (CMVM[242]) foi transpor para o nosso Direito os chamados *duties of care* de origem anglo-saxónica, os quais se apresentam tanto no direito inglês como no direito norte americano como uma medida de diligência requerida para o exercício regular das funções dos administradores[243], razão pela qual vários autores se insurgiram contra a redacção da alínea a) do n.º 1 do artigo 64.º CSC, na qual – a título de concretização dos referidos deveres de cuidado – o legislador acabou por remeter para a "diligência de um gestor criterioso e ordenado"[244]. Estamos pois perante uma bitola de diligência,

---

[242] CMVM – Governo das sociedades anónimas: propostas de alteração do Código das Sociedades Comerciais / Processo de consulta pública n.º 1/2006, 2006.

[243] Sobre o direito inglês, *vide* por exemplo DAVIES – *Principles...* p. 432-437. Cfr. também CORDEIRO – Os deveres fundamentais... p. 477, citando TERENCE PRIDE, GARY SCANLAN e RICHARD MARTINDALE – The Law of Private Limited Companies, 1996, p. 113-116. Sobre o direito norte americano, *vide* ALLEN e KRAAKMAN – *Commentaries...* p. 270-271; COX e HAZEN – *Corporations...* p. 476-482.

[244] *Vide, v.g.*, ABREU – *Governação...* p. 20; CORDEIRO – Os deveres fundamentais... p. 479-480. CARNEIRO DA FRADA, por seu turno, afirma que não foi positiva a redução do "dever de administrar" – enquanto conceito-síntese (*Inbegriff*) – aos deveres de cuidado, explicando que sendo o "cuidado" um modo-de-conduta, o "dever de cuidado" não exprime, em regra, um dever de prestar, e muito menos um dever de prestar característico de uma relação obrigacional específica. «Mesmo que o cuidado a ter pelo devedor

com algumas precisões[245] positivadas que não excluem a contínua concretização da mesma pela jurisprudência e pela doutrina: disponibilidade, competência técnica e o conhecimento da actividade da sociedade adequados às suas funções. Na sua concretização relevam ainda as regras de bom governo das sociedades hoje espelhadas em diversos instrumentos[246].

Não podemos portanto seguir MENEZES CORDEIRO quando afirma que a bitola de diligência é uma regra de conduta incompleta que apenas em conjunto com outras normas tem um conteúdo útil preciso, negando a possibilidade de estes deveres de cuidado poderem ser concretizados sem referência a outras normas[247], pelo que a responsabilidade exigiria a infracção de normas específicas atinentes à administração, legais ou contratuais[248]. De facto, parece-nos que a bitola de diligência se aplica genericamente ao dever fundamental dos administradores que não é referido expressamente por qualquer norma: o dever de administrar[249]. Este, nas palavras de CARNEIRO DA FRADA, representa um conceito-síntese (*Inbegriff*), constitui um dever

---

lhe imponha deveres, trata-se de meros deveres de comportamento agregados a um dever de prestar; ou seja, redunda em deveres de protecção, que têm uma função essencialmente negativa, orientados que estão para a preservação da pessoa ou do património do outro sujeito da relação». FRADA – "A *business judgment rule*...", p. 66-68.

[254] CORDEIRO – Os deveres fundamentais... p. 480.

[246] Cfr. ANTÓNIO MENEZES CORDEIRO – "Anotação ao artigo 64.º CSC", in CORDEIRO (ed) – *Código das Sociedades Comerciais Anotado*, Coimbra: Almedina, 2009, p. 245.

[247] Explicando o Professor que «ninguém actua diligentemente, *tout court*: há que saber de que conduta se trata para, então, fixar o grau de esforço exigido na actuação em jogo». CORDEIRO – Os deveres fundamentais... p. 453-454. Esta ideia é ainda desenvolvida pelo mesmo Professor em CORDEIRO – *Manual...*, vol. *1*, p. 931-932, e tinha já antecedentes em ANTÓNIO MENEZES CORDEIRO – *Da responsabilidade civil dos administradores das sociedades comerciais*, Lisboa: Lex, 1997, p. 523.

[248] Explicando esta posição da doutrina face à anterior redacção do artigo 64.º (à qual se opunha), *vide* FRADA – *Direito Civil...* p. 119.

[249] O dever de administrar é correntemente referido e analisado pela nossa doutrina: FRADA – "A *business judgment rule*...", p. 66-68; PEDRO MAIA – *Função e funcionamento do conselho de administração da sociedade anónima*, Stvdia Ivridica, 62, Coimbra: Coimbra Editora, 2002; MARIA ELISABETE RAMOS – *Responsabilidade civil dos administradores e directores das sociedades anónimas perante os credores sociais*, Studia Iuridica, n.º 67, Coimbra: Coimbra Editora, 2002, p. 65 ss, 77 ss; RAÚL VENTURA e BRITO CORREIA – *Responsabilidade civil dos administradores e directores das socieda-*

de prestar que confere individualidade, tipicidade e unidade à situação do administrador, definindo o teor da relação de administração societária, distinguindo-a de outras relações[250].

II. Cremos ainda que, se a operacionalidade do dever de cuidado para efeitos de responsabilidade dependesse da infracção de normas específicas atinentes à administração, legais ou contratuais, ficaria sem sentido a *business judgment rule* (analisada em baixo) que exclui a responsabilidade (em determinadas circunstâncias) pelo incumprimento do dever de administrar, com cuidado, de acordo com o interesse social – com autonomia e discricionariedade – «porque quando a lei estabelece condutas específicas que exige aos administradores (...) e lhes não consente qualquer margem de ponderação no que toca à sua observância, a responsabilidade deriva imediatamente e sem mais da violação do dever».

«A *business judgment rule* não pode ilibar de responsabilidade o administrador quando foram violadas prescrições ou proibições específicas fixadas na lei ou nos estatutos. Não é esse o seu âmbito» (CARNEIRO DA FRADA[251]).

---

des anónimas e dos gerentes das sociedades por quotas: Estudo comparativos dos direitos alemão, francês, italiano e português. Nota explicativa do capítulo II do Decreto-Lei n.º 49381 de 15 de Novembro de 1969, Separata do Boletim do Ministério da justiça n.ºs 192, 193, 194 e 195., 1970, p. 5 ss; VASCO DA GAMA LOBO XAVIER – *Anulação de deliberação social e deliberações conexas* Coimbra: Almedina, 1998 (reimpressão).

Se bem entendemos, noutro ponto o Prof. MENEZES CORDEIRO aproxima-se desta construção ao afirmar que os deveres de cuidado «parecem reportar à disponibilidade, competência técnica e ao conhecimento da sociedade. Na realidade, estes três elementos constituem outros tantos deveres, que explicitam, em moldes não taxativos, o teor do tal "cuidado". **Se procurarmos generalizar encontramos o conteúdo positivo da gestão. Ou seja: os administradores devem gerir com cuidado**, o que implica, designadamente, a disponibilidade, a competência e o conhecimento» (sublinhado nosso), afirmando mesmo que se trata de matéria a clarificar caso a caso, realçando o papel dos códigos do governo das sociedades. No, entanto, logo em seguida, conclui novamente que «[a] diligência, enquanto medida objectiva e normativa do esforço exigível, mantém-se tudo visto, como uma regra de conduta incompleta: mas regra que dobra toda (sic) as outra, de modo a permitir apurar a efectiva actuação exigida aos administradores». Cfr. CORDEIRO – *Manual...*, vol. 1, p. 838-839.

[250] FRADA – "A *business judgment rule*...", p. 66.
[251] Ibidem, p. 82.

III. Não obstante a existência de outras cláusulas gerais de conduta no nosso direito civil (boa fé, bons costumes) e mesmo no direito societário (lealdade) foi intenção expressa do nosso legislador positivar uma cláusula geral específica para a determinação da conduta dos administradores que, à luz do que sucede nos sistemas anglo-saxónicos (independentemente das críticas que se possam aduzir à opção do legislador de importar conceitos anglo-saxónicos[252]) visa por si só garantir uma qualidade mínima na administração da sociedade[253]. De facto, no sistema americano onde foi mais desenvolvido, o dever de cuidado pode ser dividido em três segmentos, a saber: (i) o dever de controlo ou vigilância organizativo-funcional; (ii) o dever de actuação procedimentalmente correcta (para a tomada de decisões) e (iii) o dever de tomar decisões (substancialmente) razoáveis (COX e HAZEN[254]).

IV. Não podemos desenvolver este tema neste estudo, pelo que sintetizamos aqui a nossa posição: a propósito do desenvolvimento do conteúdo útil do dever de cuidado de forma a assegurar um padrão mínimo de qualidade na administração das sociedades comerciais, têm sido apresentadas concretizações que vão para além da caracterização deste dever como uma bitola de diligência (modo-de--conduta), deduzindo dele deveres de prestar característicos de uma relação obrigacional específica (positivados ou não). Parece-nos por isso importante esclarecer que tais deveres de prestar decorrem não directamente do dever de cuidado, mas sim da obrigação de administrar, a qual deve ser cumprida de acordo com o padrão de qualidade exigido pelo dever de cuidado[255].

V. No caso que ora nos ocupa, podemos afirmar a violação do dever de administrar com cuidado quando os administradores não

---

[252] Cfr. CORDEIRO – Os deveres fundamentais...
[253] Cfr. HENRY HANSMANN e REINIER KRAAKMAN – "The Basic Governance Structure" – *The Anatomy of Corporate Law: A Comparative and Functional Approach*, Oxford, New York: Oxford University Press, 2006, p. 52.
[254] COX e HAZEN – *Corporations...* p. 492-493, tal como adaptado por ABREU – *Governação...* p. 18-24.
[255] No mesmo sentido, cfr. FRADA – "A *business judgment rule*...", p. 66-68.

tomam as medidas adequadas à prossecução do interesse social na negociação com o accionista controlador. A violação desse dever pode dar lugar a responsabilidade civil face à sociedade (artigo 72.º, n.º 1 CSC) e a justa causa de destituição (artigo 403.º, n.ºs 3 e 4).

VI. Neste caso os administradores não poderão sequer valer-se da *business judgment rule,* incluída em 2006 no artigo 72.º, n.º 2 CSC, como causa de exclusão de responsabilidade, dado o conflito de interesses nele patente: «*A responsabilidade é excluída se alguma das pessoas referidas no número anterior provar que actuou em termos informados, livre de qualquer interesse pessoal e segundo critérios de racionalidade empresarial*» (sublinhado nosso).

Esta regra surgiu nos Estados Unidos como uma solução jurisprudencial[256] para a dificuldade sentida pelos juízes em julgar *ex post* o mérito de decisões empresariais, tomadas pelos órgãos societários competentes para o efeito, de acordo com "critérios de racionalidade empresarial", com base em informação adequada. Além Atlântico, a *business judgment rule* funciona tanto como uma regra processual sobre a prova como uma regra substantiva, de acordo com a qual se o autor não elidir a presunção de que os administradores actuaram de boa fé, nos melhores interesses da sociedade e devidamente informados, os réus (administradores) e as suas decisões serão protegidas[257].

Não se trata apenas de questionar a capacidade dos juízes para avaliar o mérito das decisões empresariais, mas também de pôr em causa decisões tomadas num determinado momento, com base em percepções da situação subjacente formuladas em momento posterior. De facto, os administradores devem tomar a melhor decisão

---

[256] A *business judgment rule* é classificada como um *standard of judicial review*, por oposição aos *standards of conduct*, como o *duty of care*. Sobre esta distinção, *vide* MELVIN ARON EISENBERG – The divergence of standards of conduct and standards of review in corporate law, *Fordham Law Review*, 62, 1993.

[257] Cfr. COMMITTEE ON CORPORATE LAWS OF THE AMERICAN BAR ASSOCIATION – Changes in the Model Business Corporation Act: Amendments pertaining to electronic filings / standards of conduct and standards of liability for directors, *Business Lawyer*, 53, 1997, p. 177-178; THE AMERICAN LAW INSTITUTE – *Principles of Corporate Governance: Analysis and Recommendations*, St. Paul, Minn.: American Law Institute Publishers, 1994, § 4.01(c).

possível para os interesses da sociedade, atendendo à sua percepção das circunstâncias específicas do caso no momento da decisão, com base na informação disponível[258]. O juízo posterior sobre essa decisão pode ser viciado pela existência de novas informações que permitem formular uma perspectiva diferente dos factos que estiveram na base da decisão[259]. Por outro lado sentiu-se que o excesso de litigância nesta área (não verificada em Portugal[260]), com a excessiva intervenção dos juízes na avaliação das decisões empresariais, reduzia a apetência dos administradores para assumir riscos empresariais, exponenciando um conservadorismo que prejudicava não só a sociedade, mas também a economia como um todo. Como refere FERNANDES DE OLIVEIRA, a *business judgment rule* parece ser promotora de progresso e desenvolvimento económicos, dado que «os administradores tenderão a ser tanto mais conservadores e avessos a tentativas de inovação ou a experimentar o que nunca se fez, quanto maiores forem as probabilidades de incorrerem em responsabilidade civil como consequência da aplicação de um qualquer *standard* associado aos deveres de cuidado, a que se encontrem sujeitos»[261].

---

[258] Analisamos em seguida a questão do conflito de interesses.

[259] No mesmo sentido, ANTÓNIO FERNANDES DE OLIVEIRA realça que «poderá parecer óbvio aquilo que, para quem deve de decidir *a priori*, nas circunstâncias do caso e sob eventual pressão, era tudo menos isso. O que Colombo queria dizer (literalmente, não metaforicamente) com o episódio do "ovo", só se tornou evidente depois de este concluir a sua actuação, isto é, "era" evidente, mas só *a posteriori*». ANTÓNIO FERNANDES DE OLIVEIRA – "A responsabilidade civil dos administradores" – *Código das Sociedades Comerciais e Governo das Sociedades*, Coimbra: Almedina, 2008, p. 276-277. Cfr. ainda, por exemplo, COX e HAZEN – *Corporations...* p. 480-481.

[260] O facto de não se verificar qualquer excesso de litigância nesta área em Portugal, antes pelo contrario, levou MENEZES CORDEIRO a criticar a introdução desta regra entre nós no artigo 72.º, n.º 1 CSC. CORDEIRO – Os deveres fundamentais... p. 452. O Professor, aliás, afirmava já face à anterior redacção que «o art. 64.º, pela sua incompletude estrutural, nunca poderia, só por si, fundamentar a responsabilidade dos administradores, por erro de gestão» e «os tribunais não estão apetrechados para proceder à apreciação do mérito da gestão». CORDEIRO – *Da responsabilidade civil...* p. 523. A regra era também defendida por PEDRO CAETANO NUNES – *Responsabilidade civil dos administradores perante os accionistas*, Coimbra: Almedina, 2001, p. 23 ss; JOÃO SOARES DA SILVA – A responsabilidade civil dos administradores de sociedades: os deveres gerais e os princípios da *corporate governance*, Revista da Ordem dos Advogados, 57, 1997, p. 624 ss.

[261] OLIVEIRA – "A responsabilidade civil...", p. 277-278.

Apesar de a fórmula da *business judgment rule* introduzida entre nós se afastar nalguma medida daquela que foi desenvolvida nos Estados Unidos ou mesmo, nalguns aspectos, da prevista no § 93 I, 2, *in fine*, da *Aktiengesetz*[262], há um aspecto comum a todas as formulações: pressuposto de aplicação desta protecção conferida aos administradores é que a decisão destes tenha por base os melhores interesses da sociedade. Ora, estando um administrador sujeito a um conflito de interesses, não se pode presumir que ele prosseguiu o melhor interesse da sociedade[263].

Atendendo à *ratio* desta norma, devemos interpretar extensivamente a "liberdade de interesses pessoais" prescrita no artigo 72.º, n.º 2 CSC no sentido de incluir a liberdade dos interesses de todos aqueles que, pelos mais diversos tipos de laços, possam limitar a sua objectividade na determinação do melhor interesse da sociedade[264]. Para efeitos deste estudo destacamos naturalmente os interesses do accionista controlador que, pela influência que tem sobre a administração, projecta sobre esta o seu próprio conflito de interesses. Mesmo que se entenda o conselho de administração como um órgão de conflito – onde, na prática, se digladiam as perspectivas que os principais accionistas têm do interesse social[265] – onde apenas alguns dos administradores estão, na prática, sujeitos à influência do accionista interessado, basta que um desses administradores tenha participado na discussão e deliberação – em violação do disposto no artigo 410.º, n.º 6 CSC – para que todo o conselho fique "infectado" pelo conflito e não possa, como tal, beneficiar da *business judgment rule* (não bastando por isso que o afectado pelo conflito de interesses

---

[262] FRADA – "A *business judgment rule*...", p. 85.

[263] No direito alemão, face à redacção do § 93, Abs. 1, Satz 2 AktG, que – «Não há uma violação de dever quando o membro da direcção, na base de informação adequada, devesse razoavelmente aceitar que, aquando da decisão empresarial, prosseguia o bem sociedade» (tradução nossa) – LUTTER explica que «pode e deve interpretar-se a característica do *Tatbestand* "bem da sociedade" como actuação no *exclusivo interesse da sociedade*». LUTTER – "Interessenkonflikte...", p. 246. Sobre a história deste preceito na Alemanha e sua transposição para o Direito português, *vide* CORDEIRO – Os deveres fundamentais... p. 450-452.

[264] No mesmo sentido, cfr. FRADA – "A *business judgment rule*...", p. 94.

[265] Cfr. MAIA – *Função*... p. 311-312.

exponha o seu conflito e a decisão seja ainda assim tomada com os votos favoráveis da maioria dos administradores desinteressados)[266].

VII. A propósito do artigo 410.º, n.º 6 CSC, RAÚL VENTURA afirma que ao administrador interessado está apenas vedado o direito de voto no assunto em que tenha interesse, pelo que o mesmo pode participar na discussão sobre o assunto em causa, valendo a sua presença na reunião para efeitos do cálculo do quórum de deliberação. Afirma expressivamente o Professor: «Não me parece que a possibilidade de o sócio administrador influenciar os outros na discussão da matéria em que surge o conflito de interesses deva ter algum peso no problema – mal seria que os outros administradores não soubessem preservar o interesse da sociedade, apesar da argumentação de um deles»[267].

Como decorre do texto, não podemos concordar com esta posição. O administrador interessado deve estar presente na reunião do conselho e deve contar para efeitos do quórum constitutivo, o qual, nos termos literais do artigo 410.º, n.º 4 CSC e como realça RAÚL VENTURA, é exigido não apenas para poder ser iniciada a reunião, mas também no momento da tomada de cada deliberação. Isto não significa que tal administrador tenha de estar presente em todos os momentos da reunião. De facto, contrariamente ao afirmado pelo referido Professor, a prática demonstra que os administradores interessados têm um significativo poder de persuasão sobre os demais administradores e que a participação daqueles vicia a discussão – que se pretende totalmente desinteressada – sobre o assunto em causa. A questão assume contornos mais graves quando o administrador interessado "representa" o accionista controlador no conselho, dada a influência que este tem na composição do conselho, condicionando

---

[266] Neste sentido, LUTTER – "Interessenkonflikte...", p. 249-250, o qual defende que a liberdade de conflito de interesses, enquanto pressuposto de aplicação da *business judgment rule*, impõe a comprovação de que: (i) os outros membros do conselho foram atempadamente informados sobre o conflito de interesses, (ii) o afectado não influenciou a informação sobre o objecto em questão e (iii) manteve-se afastado não apenas da decisão em si, mas também de todo o debate que conduziu à mesma.

[267] RAÚL VENTURA – *Estudos Vários Sobre Sociedades Anónimas (Comentário ao Código das Sociedades Comerciais)*, 1 reimp., Coimbra: Almedina, 2003, p. 552-553.

a capacidade de avaliação "desinteressada" dos administradores "desinteressados"[268].

Assim, se, nos termos do artigo 64.º CSC, o conselho deve discutir e deliberar atendendo exclusivamente ao interesse da sociedade, deve – nas palavras de RAÚL VENTURA a propósito do direito de voto nesta circunstância – prevenir-se a tentação, eliminando (ou pelo menos contrariando) a oportunidade de atender a outros interesses que não os da sociedade. Nestes termos, o administrador interessado deve estar presente na reunião e participar normalmente na discussão e deliberação sobre todos os assuntos sobre os quais não tenha um interesse. Chegados, pela ordem de trabalhos, ao momento da discussão do assunto no qual tem um interesse, o administrador interessado deve, nos termos do artigo 410.º, n.º 6 *in fine* CSC, informar o presidente e, apesar de a letra da lei não o referir, os demais administradores sobre o seu conflito de interesses, na medida do necessário para que estes possam tomar uma decisão informada sobre o seu sentido de voto. Em seguida, deve retirar-se da sala para que os administradores desinteressados possam discutir adequadamente o assunto, tendo em vista apenas os melhores interesses da sociedade. Finda a discussão, o administrador interessado deve estar presente no momento da votação apenas e tão só quando a sua presença seja necessária para assegurar o quórum constitutivo, caso em que não poderá votar nem interferir na votação[269].

---

[268] Cfr. Ibidem, p. 554.

Tomemos como exemplo a celebração de um contrato de venda de um imóvel da sociedade ("A") a uma outra sociedade ("B"), na qual um administrador de "A" tem um interesse. O interesse da sociedade "B" será defendido pelos seus representantes na negociação com os representantes da sociedade "A", não havendo qualquer razão que justifique que tal interesse seja também defendido no seio do conselho de administração da sociedade "A".

O conselho da sociedade "A" deve por isso assegurar que, em todos os momentos, a negociação se processa *at arm's lenght*, ou seja, que o assunto é discutido e deliberado com total independência face aos *insiders* interessados, de forma a alcançar um resultado procedimental e substancialmente justo para a sociedade, tal como o deveria fazer ao negociar com um terceiro no mercado.

[269] Também JOÃO SOUSA GIÃO defende que o administrador interessado não deve estar presente nas reuniões que têm por objecto a autorização dos negócios em conflito. Cfr. Capítulo III, § 2.º, ponto 7, para. VIII deste livro.

VIII. Concluindo, perante um conflito entre os interesses da sociedade e os interesses do sócio controlador, não sendo aplicável a *business judgment rule*, vale a presunção de culpa dos administradores, nos termos do artigo 72.º, n.º 1 CSC. Caso se entenda, como MENEZES CORDEIRO, que a culpa aqui referida vale no sentido de *faute*, do sistema napoleónico, que inclui a ilicitude[270], então caberá aos administradores provar a "justeza" (*fairness* ou *Richtigkeit*) da sua decisão.

Neste contexto, realça CARNEIRO DA FRADA que é difícil a destrinça entre os conceitos de "razoabilidade da decisão" e de "racionalidade económica"[271], este último referido na formulação da *business judgment rule* do artigo 72.º, n.º 2 CSC[272]. Em todo o caso, no âmbito dos contratos celebrados entre a sociedade e um accionista controlador, devem os administradores provar que obtiveram as melhores condições que poderiam ter sido obtidas no mercado. Por exemplo, numa venda de activos a um accionista controlador, a administração deve provar[273] que as condições do negócio, incluindo o preço acordado, correspondem às melhores condições que poderiam ter sido obtidas na venda daqueles bens a um terceiro no mercado.

3.3.3.3 Os deveres de lealdade dos administradores

I. Também os deveres de lealdade dos administradores são melhor analisados por JOÃO SOUSA GIÃO no capítulo III deste livro, pelo que nos limitamos a apresentar aqui algumas notas.

II. O dever de lealdade dos administradores – que os obriga a prosseguir com exclusividade o interesse da sociedade e «os impede de exercer as suas competências em proveito próprio ou em benefício

---

[270] Cfr. CORDEIRO – *Da responsabilidade civil...* p. 469). Contra, *e.g.*, FRADA – "A *business judgment rule...*", p. 85-89.

[271] FRADA – "A *business judgment rule...*", p. 95.

[272] Sobre a introdução deste pressuposto no artigo 72.º, n.º 2, sem paralelo, por exemplo, na solução alemã, *vide* Ibidem, p. 94-97, onde o Professor esclarece que a necessidade de verificação deste pressuposto «[abre] já a porta a um (certo) juízo de mérito da gestão, embora desacoplado dos resultados» (p. 95).

[273] Vide nota 265 sobre o ónus da prova neste caso.

de terceiros influentes, ou de discriminar entre accionistas» – é um dever de cumprimento estrito, que não consente aos administradores margem de apreciação (CARNEIRO DA FRADA[274]).

III. No âmbito deste ensaio, temos dúvidas acerca da conclusão de MENEZES CORDEIRO de que, na medida em que os deveres de lealdade operam como concretizações de um dever genérico, «à partida ninguém lhes poderá conhecer o conteúdo: nem mesmo o próprio visado». «Não se torna, por isso, viável falar numa prévia *obligatio iuris*, à qual o administrador esteja ligado», não se podendo apelar a uma pura e simples situação de responsabilidade obrigacional, fazendo valer a inerente presunção de culpa. «Apesar de, no termo da concretização, haver de facto deveres específicos, a situação aproxima-se da responsabilidade delitual»[275].

Concordamos que os deveres de lealdade exigem concretizações no caso concreto, mas temos dúvidas na parte em que o Professor afirma que o visado não lhes poderá conhecer o conteúdo. De facto, parece-nos que se pode afirmar que em muitos casos tipo a concretização deste dever alcançou um consenso difícil de negar, em especial pelos administradores[276]. Entre tais casos tipo, destaca-se claramente o dever de salvaguardar o interesse da sociedade, nos negócios celebrados entre esta e o seu accionista controlador.

Neste caso, a tarefa de concretização e densificação do dever de lealdade dos administradores é ainda facilitada pelo disposto noutras disposições legais, como o número 2 do artigo 186.º do Código da Insolvência e da Recuperação de Empresas (CIRE), o qual enumera situações tidas como de insolvência culposa. Como destaca CARNEIRO DA FRADA, «o elenco de hipóteses constante do referido pre-

---

[274] FRADA – *Direito Civil...* p. 120-121. COUTINHO DE ABREU realça o facto de os administradores terem "poderes-função", poderes-deveres, necessários para promover o interesse social. ABREU – *Governação...* p. 22.

[275] CORDEIRO – *Manual...*, vol. *1*, p. 933-934.

[276] Trilhando um caminho paralelo, CARNEIRO DA FRADA afirmava, no contexto da anterior redacção do artigo 64.º CSC, que na concretização do "dever de diligência", o «consenso acerca do que seja, as "melhores práticas" (*best practices*) proporciona aqui um importante critério. MANUEL A. CARNEIRO DA FRADA – A responsabilidade dos administradores na insolvência, *Revista da Ordem dos Advogados*, 66:2, 2006, p. 679.

ceito presta um auxílio inestimável ao intérprete-aplicador na hora da concretização dos deveres dos administradores que possam ter sido violados»[277].

Para o caso em análise, relevam especialmente as alíneas b), d), e) e f) desta norma, nas quais se lê:

> «*Considera-se sempre culposa a insolvência do devedor que não seja uma pessoa singular quando os seus administradores, de direito ou de facto, tenham:*
>
> b) *Criado ou agravado artificialmente passivos ou prejuízos, ou reduzido lucros, causando, nomeadamente, a celebração pelo devedor de negócios em seu proveito ou no de pessoas com eles especialmente relacionadas;*
> d) *Diposto dos bens do devedor em proveito pessoal ou de terceiros;*
> e) *Exercido, a coberto da personalidade colectiva da empresa, se for o caso, uma actividade em proveito pessoal ou de terceiros e em prejuízo da empresa;*
> f) *Feito do crédito ou dos bens do devedor uso contrário ao interesse deste, em proveito pessoal ou de terceiros, designadamente para favorecer outra empresa na qual tenham interesse directo ou indirecto».*

Ora, perante esta explicitação legal do dever dos administradores de salvaguardar o interesse social na relação da sociedade com o seu accionista controlador, não poderão os administradores negar o seu conhecimento.

Assim, para aquele que gere bens alheios, o dever de gerir esses bens de acordo com os melhores interesses do seu titular – e não de acordo com os seus próprios interesses ou de terceiros – é o primeiro

---

[277] Ibidem, p. 681. Segundo este Professor, o facto de o artigo 186.º, n.º 2 CIRE conferir relevância delitual às condutas dos administradores não prejudica a responsabilidade decorrente por violação de deveres emergentes de uma relação especial, como aquela que se verifica entre o administrador e a sociedade. Estaremos, portanto, perante uma situação de concurso entre responsabilidade aquiliana e obrigacional. FRADA – A responsabilidade dos administradores na insolvência... p. 695.

e o mais básico mandamento[278] cujo desconhecimento não o pode proteger em sede de responsabilidade civil, em especial quando a conduta devida em concretização de tal dever genérico se apresenta como consensual nos usos comerciais e plasmada em disposições como o artigo 186.º, n.º 2 CIRE.

A entender-se assim, parece-nos que deve valer a presunção de culpa dos administradores (artigo 72.º, n.º 1 CSC) que, segundo MENEZES CORDEIRO (como vimos antes a propósito dos deveres de cuidado), vale no sentido de *faute*, do sistema napoleónico, que inclui a ilicitude[279].

De acordo com este entendimento, verificado um conflito de interesses dos administradores nas decisões relativas aos contratos celebrados com um accionista controlador, deverão estes provar que actuaram exclusivamente de acordo com os melhores interesses da sociedade, e não de acordo com os interesses desse accionista, sob pena de poderem incorrer em responsabilidade civil face à sociedade (artigo 72.º, n.º 1 CSC) e de poderem ser destituídos com justa causa (artigo 403.º, n.ºs 3 e 4), por violação do seu dever de lealdade (a qual pode ser simultânea à violação dos seus deveres de cuidado nos termos antes expostos).

3.3.4 *A responsabilidade penal dos administradores por violação do dever de lealdade*

I. A compreensão do quadro geral da responsabilidade dos administradores pela violação dos seus deveres fundamentais no caso que ora nos ocupa impõe uma referência, ainda que muito breve, à

---

[278] Como explica MENEZES CORDEIRO a propósito da gestão de bens alheios na administração da sociedade: tal gestão pressupõe uma específica lealdade, à qual podemos conferir natureza fiduciária: todos os poderes que lhes sejam concedidos [aos administradores] devem ser exercidos não no seu próprio interesse, mas por conta da sociedade. Eles são dobrados pelo vínculo da confiança que dá corpo à lealdade». CORDEIRO – *Manual...*, vol. *1*, p. 829.

[279] Cfr. CORDEIRO – *Da responsabilidade civil...* p. 469. Contra, FRADA – "A *business judgment rule...*", p. 85-89.

responsabilidade penal decorrente da violação do seu dever de lealdade.

Como refere SOUSA MENDES, é discutível se os actos de gestão danosa ou de representação da sociedade em violação dos deveres de fidelidade (ou lealdade) que incumbem aos administradores podem ou não caber no artigo 514.º CSC[280]. De acordo com este Autor, na senda de PÁRIS FERNANDES[281], particularmente adequado à punição destas condutas abusivas parece ser antes o tipo legal do crime de infidelidade, que é um crime contra o património em geral, introduzido pela primeira vez no nosso ordenamento jurídico em 1982 – inicialmente no artigo 319.º, agora no artigo 224.º do CP – para suprir a impossibilidade jurídico penal de subsumir determinados comportamentos particularmente danosos nos tipos de crime de abuso de confiança e de burla[282].

---

[280] O artigo 514.º CSC dispõe que:
1. O gerente ou administrador de sociedade que propuser à deliberação dos sócios, reunidos em assembleia, distribuição ilícita de bens da sociedade é punido com multa até 60 dias.
2. *Se a distribuição ilícita chegar a ser executada, no todo ou em parte, a pena será de multa até 90 dias.*
3. *Se a distribuição ilícita for executada, no todo ou em parte, sem deliberação dos sócios, reunidos* em *assembleia, a pena será de multa até 120 dias.*
4. *O gerente ou administrador de sociedade que executar ou fizer executar por outrem distribuição de bens da sociedade com desrespeito por deliberação válida de assembleia social* regularmente *constituída é, igualmente, punido com multa até 120 dias.*
5. Se, em algum dos casos previstos nos n.os 3 e 4, for causado dano grave, material ou moral, e que o autor pudesse prever, a algum sócio que não tenha dado o seu assentimento para o facto, à sociedade, ou a terceiro, a pena será a da infidelidade.
Esta disposição deve ser conjugada com o disposto no artigo 527.º CSC, em especial nos seus n.os 1 e 3, nos termos dos quais: *1. Os factos descritos nos artigos anteriores só serão puníveis quando cometidos com dolo. 3. O dolo de benefício próprio, ou de benefício de cônjuge, parente ou afim até ao 3.º grau, será sempre considerado como circunstância agravante.*
Cfr. PAULO SOUSA MENDES – "Anotação ao artigo 514.º CSC", in CORDEIRO (ed) – *Código das Sociedades Comerciais Anotado*, Coimbra: Almedina, 2009, p. 1262.

[281] GABRIELA PÁRIS FERNANDES – O crime de distribuição ilícita de bens da sociedade, *Direito e Justiça*, XV:2, 2001, p. 289-296.

[282] Ibidem, p. 292.

II. Dispõe o artigo 224.º, n.º 1 CP que: «*Quem, tendo-lhe sido confiado, por lei ou por acto jurídico, o encargo de dispor de interesses patrimoniais alheios ou de os administrar ou fiscalizar, causar a esses interesses, intencionalmente e com grave violação dos deveres que lhe incumbem, prejuízo patrimonial importante é punido com pena de prisão até 3 anos ou com pena de multa*».

De acordo com PÁRIS FERNANDES, não tem sido negada pela doutrina e pela jurisprudência a aplicação deste crime às situações de administração das sociedades comerciais[283] que têm por base um *acto jurídico* de nomeação ou eleição dos administradores[284].

III. EDUARDO CORREIA, autor do anteprojecto do código de 1982, salientou três aspectos que, como refere TAIPA DE CARVALHO, ainda hoje são relevantes para a interpretação do actual artigo 224.º CP:

Em primeiro lugar, reconhecia-se a *dignidade penal* dos comportamentos dolosos e gravemente lesivos do património alheio aí previstos, bem como a *necessidade penal*, porque a obrigação de indemnização dos danos patrimoniais causados não constitui suficiente prevenção de tais condutas e porque o lesante pode não ter capacidade patrimonial para indemnizar os prejuízos causados[285].

Em segundo lugar, o crime de infidelidade pressupõe uma relação de confiança decorrente da gestão de interesses patrimoniais alheios. Nas palavras de TAIPA DE CARVALHO: «a pressuposta relação de confiança (e consequente dever de fidelidade) não tem de ser espontaneamente gerada entre o agente e o sujeito passivo, pois basta e exige-se (condição necessária e suficiente) que a lei ou um acto jurídico imponha o dever de administrar, adequadamente, os interesses patrimoniais de outra pessoa. Trata-se, pois, de uma obrigação de fidelidade na administração que, embora possa estar associada a uma relação de confiança ou de lealdade (...), desta se desprende, relevando apenas a exigência legal (directa ou indirectamente, no caso

---

[283] Ibidem.

[284] Cfr. AMÉRICO TAIPA DE CARVALHO – "Comentário ao artigo 224.º CP", in DIAS (ed) – *Comentário Conimbricense do Código Penal*, Vol. II, Coimbra: Coimbra Editora, 1999, p. 365.

[285] Cfr. Ibidem, p. 362.

de acto jurídico) de não prejudicar dolosamente os interesses do respectivo titular jurídico[286].

Em terceiro lugar, a técnica usada na descrição deste crime – baseada em elementos exigentes ou apertados – procurou evitar um alargamento excessivo a situações de administração que, embora ruinosas, todavia não mereciam ser criminalmente puníveis. É assim exigido um (i) prejuízo importante ou elevado resultante de (ii) dolo directo ou necessário e de (iii) grave violação dos deveres assumidos[287].

IV. Nos termos do n.º 1 do artigo 224.º, este é um crime de resultado, mas nos termos do n.º 2 do mesmo artigo é punida a tentativa. Esta existe quando, praticada a conduta adequada a produzir o resultado, este não se verificou[288]. Se a não ocorrência deste for consequência de uma desistência do agente ou, não o sendo, ele tiver diligenciado no sentido de evitar a ocorrência, a tentativa deixa de ser punível (artigo 24.º CP).

V. Por fim, importa ainda referir que, atendendo às preocupações do legislador em restringir a punibilidade da infidelidade, não deve ser admitida a comunicabilidade das qualidades ou relações previstas no artigo 224.º aos comparticipantes não administradores (cfr. artigo 28.º, n.º 1 CP)[289].

---

[286] Cfr. Ibidem, p. 363.
[287] Cfr. Ibidem, p. 363-364, 368-369. Não basta portanto, de acordo com TAIPA DE CARVALHO, o dolo eventual.
[288] Ibidem, p. 370.
[289] Ibidem, p. 371.

3.4 Deveres de informação sobre negócios celebrados com partes relacionadas

3.4.1 *Considerações gerais: a importância da informação no Direito das sociedades comerciais e dos valores mobiliários e a justificação dos deveres de informação sobre negócios com partes relacionadas*

I. Os deveres de informação sobre negócios a celebrar ou já celebrados com partes relacionadas constituem um dos mecanismos mais significativos de controlo legal deste tipo de negócios, na medida em que limitam os comportamentos abusivos dos *insiders* através do mercado de capitais (ao reflectir as suspeitas existentes no preço das acções); do mercado de trabalho dos gestores (pelos reflexos na sua reputação profissional); e da estrutura de governo societário (permitindo a intervenção dos *outsiders*, com especial destaque para os accionistas minoritários e credores)[290].

Neste artigo limitamo-nos a apresentar os traços gerais de um estudo um pouco mais vasto que publicámos recentemente e para o qual remetemos[291]. Assim, abordamos brevemente a importância da *informação* no Direito das sociedades comerciais e dos valores mobiliários, as nossas conclusões sobre a justificação dos *deveres de informação* sobre negócios com partes relacionadas e sobre a nossa análise crítica ao uso destes deveres pelo nosso legislador.

II. A importância da informação é comummente associada à protecção dos investidores e à promoção da eficiência do mercado dos valores mobiliários[292].

---

[290] HERTIG e KANDA – "Related Party Transactions...", p. 105.

[291] JOSÉ FERREIRA GOMES – Os deveres de informação sobre negócios com partes relacionadas e os recentes Decretos-Lei n.º 158/2009 e 185/2009, *Revista de Direito das Sociedades*, 1:3, 2009 – Cadernos do Mercado dos Valores Mobiliários, edição especial.

[292] Cfr., entre nós, PAULO CÂMARA – Os deveres de informação e a formação de preços no mercado dos valores mobiliários, *Cadernos do Mercado de Valores Mobiliários*, 2, 1998, p. 82-83; CARLOS OSÓRIO DE CASTRO – "A informação no direito do mercado de valores mobiliários " – *Direito dos Valores Mobiliários*, Lisboa: Lex, 1997, p. 335-336; EDUARDO PAZ FERREIRA – "A informação no mercado de valores mobi-

A protecção dos investidores no mercado dos valores mobiliários depende, em grande medida, da divulgação de informação em termos tais que permitam um adequado esclarecimento das suas decisões de investimento[293]. Pretende-se que os investidores possam tomar decisões de investimento racionais, avaliando os correspondentes riscos de ganhos e perdas, com acesso à informação necessária para o efeito[294].

A salvaguarda da eficiência do mercado traduz-se na promoção (i) da adequada formação dos preços dos valores mobiliários neste transaccionados e (ii) da igualdade de oportunidades quanto a decisões de investimento (limitação do uso de informação privilegiada ou *insider trading*)[295].

III. É no entanto fundamental reconhecer um outro plano no qual a informação desempenha um papel central: o governo das sociedades[296]. De facto, tanto a informação divulgada voluntariamente

---

liários" – *Direito dos Valores Mobiliários* Vol. 3, Coimbra: Coimbra Editora, 2001, p. 146. *Vide* também, *e.g.*, LEN SEALY e SARAH WORTHINGTON – *Cases and Materials in Company Law*, 8 ed., Oxford, New York: Oxford University Press, 2008, p. 585.

[293] Como afirma SOFIA NASCIMENTO RODRIGUES, a transparência informativa constitui o pilar básico sobre o qual assentam as decisões dos investidores. SOFIA NASCIMENTO RODRIGUES – *A protecção dos investidores em valores mobiliários*, CMVM, Estudos sobre o mercado de valores mobiliários, Coimbra: Almedina, 2001, p. 37-38.

[294] PAULO CÂMARA – *Manual de Direito dos Valores Mobiliários*, Coimbra: Almedina, 2009, p. 731; CÂMARA – Os deveres de informação... p. 82-83; CASTRO – "A informação no direito do mercado de valores mobiliários ", p. 336-337.

[295] CÂMARA – *Manual...* p. 731; CÂMARA – Os deveres de informação... p. 79-94; DAVIES – *Principles...* p. 937.

[296] Como refere PAULO CÂMARA, a maximização da informação constitui uma trave mestra do sistema de governação dos emitentes, acrescentando que: «a transparência das decisões empresariais e a divulgação imediata dos indicadores do desempenho servem de base para o escrutínio da gestão e, com isso, favorecem o efeito disciplinador do mercado de capitais». CÂMARA – *Manual...* p. 731; MERRITT B. FOX – "Required disclosure and corporate governance", in HOPT, et al. (eds) – *Comparative corporate governance: The state of the art and the emerging research*, Oxford, New York: Clarendon Press, Oxford University Press, 1998, p. 701-718.

KRAAKMAN chega mesmo a defender que as funções dos deveres de informação no governo das sociedades são mais importantes do que a função de conformação do preço dos valores mobiliários, ainda que não substituam o papel de fiscalização por um conselho

como aquela que é exigida pelo Direito das sociedades comerciais e dos valores mobiliários desempenham um papel central na resolução ou limitação dos problemas de agência centrais a toda a dinâmica do governo das sociedades (*managerial* e *controlling shareholder agency problems*).

Em geral, a divulgação de informação constitui, *só por si,* tanto para a administração como para os accionistas controladores, um incentivo ao cumprimento dos seus deveres para com a sociedade e, reflexamente, para com os demais *stakeholders*. Ao expor ineficiências ou irregularidades na administração da sociedade, a informação desencadeia diferentes forças de mercado contra os *insiders*, com efeitos sancionatórios e dissuasores. Por exemplo, no mercado de capitais, a informação divulgada é reflectida no preço das acções, aumentando o custo de capital para a sociedade, prejudicando assim os promotores da sociedade que a pretendem financiar através deste mercado. No mercado de trabalho, a informação sobre incompetência e sobre a violação de deveres de administração afecta a reputação dos administradores – teoricamente o seu maior activo profissional – dificultando a sua posição na sociedade e a sua possível contratação para outros cargos de administração no futuro. A esta pressão do mercado de trabalho acresce ainda a censura social.

---

de administração devidamente motivado para o efeito. Cfr. REINIER KRAAKMAN – "Disclosure and Corporate Governance: An Overview Essay", in FERRARINI, et al. (eds) – *Reforming Company and Takeover Law in Europe*, Oxford, New York: Oxford University Press, 2004, p. 96. De acordo com este Autor, os deveres de informação servem três funções essenciais no governo das sociedades. Em primeiro lugar, uma função de aplicação do direito (*enforcement*), na medida em que desencoraja o oportunismo dos *insiders*, só por si ou em conjugação com outros mecanismos legais de controlo. Em segundo lugar, uma função educativa, ao assegurar a informação dos accionistas, encarregues de importantes decisões na sociedade. Em terceiro lugar, uma função legislativa, na medida em que a lei exija aos emitentes a adopção de determinadas práticas de governo societário de acordo com a regra *comply or explain*. KRAAKMAN – "Disclosure and Corporate Governance...", p. 96-99.

MAHONEY vai ainda mais longe, afirmando que o sistema de deveres de informação norte americano não foi concebido para fornecer todas as informações relevantes a todos os participantes no mercado, permanecendo longe desse objectivo. Pelo contrário, o sistema constituiu uma alteração das tradicionais doutrinas judiciais concebidas para combater o *promoter agency problem*. PAUL G. MAHONEY – Mandatory disclosure as a solution to agency problems, *University of Chicago Law Review*, 62, 1995.

A informação releva ainda pelo seu efeito *indirecto* na limitação dos benefícios privados de controlo: pela redução da assimetria informativa entre *insiders* (com controlo sobre a actividade da sociedade) e *outsiders*, estes últimos podem fazer uso de diferentes mecanismos de governo societário para reagir à violação de deveres de administração. Entre esses mecanismos destacam-se, para além da eleição da administração quando esta não dependa apenas dos *insiders*, as diferentes acções de responsabilidade civil (para com a sociedade, para com os credores sociais, para com sócios e terceiros)[297].

É neste contexto – do papel basilar desempenhado pela informação no governo das sociedades – que releva, com especial acuidade, a questão ora em análise: a limitação dos benefícios privados de controlo através dos deveres de informação.

IV. Sem prejuízo de quanto foi dito, a imposição de *deveres de informação* não pode simplesmente basear-se nos méritos reconhecidos à *informação* no âmbito das sociedades comerciais e do mercado dos valores mobiliários, nem sequer na verificação histórica de falhas do mercado. Cabe ao legislador/regulador justificar, em cada caso, em que medida a norma proposta – e o seu âmbito de aplicação objectivo e subjectivo – permite obter um *resultado melhor* do que aquele que seria obtido pelas forças do mercado[298], considerando o difícil equilíbrio entre a concretização dos objectivos propostos e a racionalização dos custos decorrentes da mesma para os emitentes, para os investidores e para o próprio Estado.

Não podemos aqui apresentar e muito menos tomar parte no vasto debate sobre a justificação dos deveres de informação, pelo que remetemos para o nosso estudo sobre esta matéria[299].

Aqui limitamo-nos a apresentar a nossa conclusão de que se justificam os deveres de informação em geral e, em especial, os deveres de informação sobre negócios com partes relacionadas. Quanto a estes, para além dos argumentos apresentados na defesa dos deveres de informação em geral[300], valem em especial os argumentos

---

[297] HERTIG e KANDA – "Related Party Transactions...", p. 105.
[298] KRAAKMAN – "Disclosure and Corporate Governance...", p. 101.
[299] GOMES – Os deveres de informação..., § 3.
[300] Ibidem , § 3.1.

especificamente relacionados com o seu papel específico (i) na formação dos preços no mercado e (ii) no governo das sociedades.

Quanto ao primeiro aspecto, concluímos que a informação sobre negócios com partes relacionadas consubstanciava "informação fundamental", a qual, nos termos da teoria de MERRIT B. FOX et alia[301], é essencial à "precisão do preço das acções". Como afirmam aqueles Autores, o preço das acções será tanto mais preciso (i) quanto mais informação fundamental acerca do retorno futuro das acções for disponibilizada e (ii) quanto mais dessa informação fundamental for reflectida no preço[302].

Quanto ao impacto da informação no governo das sociedades, afirmámos antes que, nos mercados desenvolvidos, os negócios com partes relacionadas são o mecanismos mais frequentemente usado na extracção de benefícios privados de controlo em prejuízo da sociedade e, em especial, na medida em que tais benefícios sejam extraídos pelo accionista controlador, em prejuízo dos accionistas minoritários (os quais integram o conceito de "investidores" se estivermos perante uma sociedade cotada). Acresce que o nível dos benefícios privados de controlo em Portugal, identificados nos estudos económicos comparativos de diferentes mercados a nível internacional[303], reafirma a relevância dos negócios com partes relacionadas para o nosso mercado. Neste contexto, parece-nos existirem bases suficientes para afirmar que, tendo o mercado conhecimento da "expropriação" de valor por parte dos *insiders*, tal comportamento terá necessariamente consequências na previsão dos analistas e investidores quanto ao retorno futuro das acções da sociedade envolvida. Se o mercado se aperceber que os insiders estão a abusar da sua posição em prejuízo da sociedade (logo, dos *outsiders*), tenderá a descontar o valor das acções em conformidade. Assim sendo, os deveres de informação sobre este tipo de negócios justificam-se, desde logo, pela necessidade de assegurar uma correcta formação dos preços no mercado dos valores mobiliários.

---

[301] MERRITT B. FOX, et al. – Law, Share Price Accuracy and Economic Performance: The New Evidence, *Michigan Law Review*, 102, 2003, p. 342.

[302] Cfr. Ibidem, p. 346-350.

[303] *Vide* DJANKOV, et al. – *The Law and Economics of Self-Dealing*; DYCK e ZINGALES – Private Benefits of Control.

Acresce que a divulgação pública e imperativa de informação sobre estes negócios tem, como vimos antes, um efeito sancionatório e um efeito dissuasor dos abusos oportunistas dos *insiders*. Resta saber se esta informação não seria voluntariamente divulgada, como pretendem os opositores dos deveres de informação. Fazendo uso dos argumentos apresentados por MICHAEL C. SCHOUTEN noutro contexto[304], mesmo que se admita como válido o principal argumento daqueles que se opõem aos deveres de informação e defendem a divulgação voluntária de informação – que as sociedades tendem a divulgar informação voluntariamente, como sinal da qualidade dos seus produtos – é duvidoso que o mesmo valha para a divulgação de informação sobre negócios com partes relacionadas, dada a divergência entre os incentivos da sociedade e os incentivos das partes relacionadas neste contexto. Enquanto a sociedade internaliza os benefícios da divulgação de informação através do acesso a capital a mais baixo custo, o mesmo não se verifica em princípio com a "parte relacionada".

Veja-se o caso mais óbvio do accionista controlador. Este partilha os benefícios decorrentes da divulgação de informação com os demais accionistas, suportando simultaneamente os custos inerentes a tal divulgação (incluindo os custos associados à limitação da sua capacidade para extrair benefícios privados e à revelação dos seus negócios ao mercado). Ora, se o accionista controlador tem poder de influência suficiente para determinar a conduta da administração na celebração do contrato, podemos assumir que usará essa mesma influência para assegurar que a informação sobre o mesmo não será divulgada.

Por esta razão, parece-nos que o mercado só por si não alcançará um nível socialmente desejável de informação sobre negócios com partes relacionadas[305], justificando-se portanto a instituição de deveres de informação para assegurar este fim.

---

[304] A propósito da divulgação de informação sobre participações qualificadas.

[305] Cfr., a propósito da divulgação de informação sobre participações accionistas, MICHAEL C. SCHOUTEN – *The Case for Mandatory Ownership Disclosure in Europe: Empty Voting, Hidden Ownership and the Failures of the Transparency Directive* (versão de 8/12/2008), 2009, http://ssrn.com/abstract=1327114, p. 7-8, nota 15.

3.4.2 Os deveres de informação sobre negócios com partes relacionadas

3.4.2.1 Os deveres de informação sobre contratos entre a sociedade e os seus administradores (artigo 397.º, n.º 4 CSC)

I. Até à recente publicação do Decreto-Lei n.º 185/2009, de 12 de Agosto, o CSC previa apenas dois deveres de informação sobre negócios com partes relacionadas: nos termos do artigo 397.º, n.º 4 CSC – aplicável apenas às sociedades anónimas[306] – o conselho de administração e o conselho fiscal[307] devem divulgar nos seus relatórios anuais as autorizações concedidas para a celebração de negócios entre a sociedade e os seus administradores, nos termos do artigo 397.º, n.º 2 CSC.

II. Como vimos *supra*, o artigo 397.º, n.º 2 CSC consubstancia um mecanismo procedimental de controlo *ex ante* dos contratos a celebrar entre a sociedade e os seus administradores. Naturalmente, a concreta configuração do mecanismo procedimental previsto no n.º 2 do artigo 397.º CSC determina o alcance do dever de informação previsto no n.º 4 do mesmo preceito. Às limitações impostas pelo teor literal do n.º 2 do artigo 397.º CSC somam-se aquelas que resultam do n.º 5 deste preceito. Remetemos assim para a nossa análise

---

[306] Esta é a posição de RAÚL VENTURA, o qual defende a aplicação do artigo 261.º CC, enquanto princípio geral da representação, directamente às sociedades por quotas (perante a impossibilidade de lhes aplicar o artigo 397.º CSC). VENTURA – *Sociedades por Quotas... Vol. 3*, p. 177-178. Esta posição é sufragada por alguma jurisprudência que aplica directamente o artigo 261.º aos negócios consigo mesmo nas sociedades por quotas, tanto na modalidade de negocio consigo mesmo *stricto sensu*, como de dupla representação. *Vide* neste sentido os Acórdãos do Tribunal da Relação do Porto de 13/12/2005 (Alziro Cardoso) e 05/02/2009 (Pinto de Almeida), disponível em www.dgsi.pt.
COUTINHO DE ABREU, pelo contrário, defende a aplicação analógica do artigo 397.º a sociedades de outro tipo. ABREU – *Responsabilidade civil...* p. 28.

[307] Nas sociedades que adoptem o modelo de administração e fiscalização anglo-saxónico, tal dever cabe ao conselho de administração e à comissão de auditoria (nos termos do artigo 423.º-H CSC); nas que adoptem o modelo germânico tal dever cabe apenas ao conselho geral e de supervisão (de acordo com o artigo 428.º CSC).

anterior sobre estas disposições com uma nota adicional: a solução legalmente consagrada prejudica não apenas os mecanismos de *controlo interno*, mas também os mecanismos de *controlo externo* – controlo pelo mercado e controlo pelos accionistas – dos conflitos de interesses inerentes a este tipo de contratos.

III. A integração sistemática deste dever de informação no CSC poderia induzir à conclusão de que o mesmo visa prosseguir objectivos internos à sociedade, protegendo apenas os *accionistas* face ao eventual oportunismo dos administradores. De facto, em princípio, o dever de o conselho de administração divulgar as autorizações concedidas ao abrigo do n.º 2 do artigo 397.º CSC aproveita apenas aos accionistas, dado que o seu relatório de gestão não está sujeito a registo, nos termos dos artigos 70.º, n.º 1 CSC e 42.º CRCom[308].

No entanto, há duas notas dissonantes que nos levam a questionar se este regime não aproveita também a terceiros (desde logo aos credores da sociedade, mas também aos investidores e ao mercado em geral[309]): em primeiro lugar, na sequência da reforma de 2006, o

---

[308] Note-se que o artigo 2.º, n.º 1, al. f) da 1.ª Directriz de Direito Societário (Directriz 68/151/CEE do Conselho, de 9 de Março de 1968), na sua versão original, impunha apenas a publicidade do balanço e da conta de ganhos e perdas de cada exercício. Com a Directriz 2003/58/CE do Parlamento Europeu e do Conselho, de 15 de Julho de 2003, a referida al. f) passou a exigir a publicidade dos «documentos contabilísticos de cada exercício, que devem ser publicados em conformidade com as Directivas 78/660/CEE (*), 83/349/CEE (**), 86/635/CEE (***) e 91/674/CEE (****) do Conselho».

Ora, apesar de o primeiro parágrafo do n.º 1 do artigo 47.º da Directriz 78/660/CEE (4.ª Directriz de Direito Societário), desde a sua versão original, exigir a publicação não só das contas anuais (tal como definidas no artigo 2.º), mas também do relatório de gestão, o segundo parágrafo desse mesmo preceito prevê a possibilidade de a legislação dos Estados-membros não exigir essa publicidade.

(*) 4.ª Directriz de Direito Societário, relativa às contas anuais de certas formas de sociedades; (**) 7.ª Directriz de Direito Societário, relativa às contas consolidadas; (***) Directriz 86/635/CEE do Conselho, de 8 de Dezembro de 1986, relativa às contas anuais e às contas consolidadas dos bancos e outras instituições financeiras; e (****) Directriz 91/674/CEE do Conselho, de 19 de Dezembro de 1991, relativa às contas anuais e às contas consolidadas das empresas de seguros.

[309] Veja-se a este propósito, SEALY e WORTHINGTON – *Cases and Materials...* p. 585.

artigo 70.º, n.º 2 CSC passou a impor às sociedades a publicação do relatório de gestão, entre outros documentos, no seu sítio da Internet (quando exista). Em segundo lugar, o relatório anual do conselho fiscal – onde o mesmo deve mencionar os pareceres proferidos nos termos do artigo 397.º, n.º 2 CSC – está sujeito a registo e divulgação no sítio da Internet da sociedade (quando exista), nos termos dos artigos 70.º CSC e 42.º, n.º 1 d) CRCom.

3.4.2.2 Os deveres de informação sobre operações com partes relacionadas em anexo às contas anuais (alterações ao CSC pelo Decreto-Lei n.º 185/2009)

I. Foi recentemente publicado o Decreto-Lei n.º 185/2009, de 12 de Agosto, o qual, para o que ora importa, transpôs para o nosso Direito interno algumas disposições em falta da Directriz n.º 2006/46/CE, do Parlamento Europeu e do Conselho[310]. Como se lê no preâmbulo deste diploma, as novas disposições visam «*garantir que a informação financeira de uma sociedade reproduza uma imagem autêntica e verdadeira da respectiva situação económico-financeira e que, ademais, o público tenha a exacta percepção do impacto de quaisquer operações, susceptíveis de expressar riscos ou benefícios relevantes na avaliação financeira das sociedades*».

II. De acordo com a redacção dada pela referida Directriz n.º 2006/46/CE à 4.ª Directriz de Direito Societário, relativa às contas anuais de certas formas de sociedades, os Estados-membros devem impor às *sociedades anónimas, às sociedades em comandita por acções e às sociedades por quotas* que divulguem no anexo às suas contas anuais «[a]s operações realizadas pela sociedade com partes relacionadas, incluindo os montantes dessas operações, a natureza da relação com a parte relacionada e quaisquer outras informações sobre as transacções que se revelem necessárias para efeitos de avaliação

---

[310] A qual altera a Directriz n.º 78/660/CEE, do Conselho, relativa às contas anuais de certas formas de sociedades, a Directriz n.º 83/349/CEE, do Conselho, relativa às contas consolidadas, a Directriz n.º 86/635/CEE, do Conselho, relativa às contas anuais e às contas consolidadas dos bancos e outras instituições financeiras, e a Directriz n.º 91/674/CEE, do Conselho, relativa às contas anuais e às contas consolidadas das empresas de seguros.

da situação financeira da sociedade, desde que essas operações sejam relevantes e não tenham sido realizadas em condições normais de mercado» (cfr. artigo 43.º, n.º 1, ponto 7-B, Quarta Directriz de Direito Societário, tal como alterada em 2006[311]).

III. Note-se que, nos termos do § 2 do mesmo ponto 7-B, os Estados-membros podem autorizar as *sociedades anónimas* "de pequena dimensão"[312] a limitar a informação a prestar a, no mínimo, operações realizadas directa ou indirectamente entre: (i) a sociedade e os seus accionistas controladores e (ii) a sociedade e os membros dos órgãos de administração, de direcção e de fiscalização[313]. Nos termos da mesma disposição, os Estados-membros podem ainda autorizar as *demais sociedades* "de pequena dimensão" a simplesmente omitir estas informações.

Para este efeito, por remissão para os critérios estabelecidos pelo Artigo 27.º da 2.ª Directriz de Direito Societário, consideram-se sociedades de "pequena dimensão" as sociedades que, na data de encerramento do seu balanço, não ultrapassem os limites quantitativos de dois dos três critérios seguintes: (i) total do balanço: € 17.500.000; (ii) montante líquido do volume de negócios: € 35.000.000; e número de membros de pessoal empregue em média durante o exercício: 250.

Como se pode ver, face a estes critérios, o legislador nacional só estava obrigado a aplicar este regime a um restrito número de sociedades em Portugal. Veremos adiante que o mesmo optou por transpor e aplicar este dever de informação acriticamente a todas as sociedades comerciais.

---

[311] Directriz 78/660/CEE relativa às contas anuais de certas formas de sociedades, tal como alterada pela Directriz 2006/46/CE. O termo "parte relacionada" tem o significado dado pelas normas internacionais de contabilidade (*vide* IAS 24).

[312] Ou seja, aquelas não atinjam os critérios de dimensão previstos no artigo 27.º da Quarta Directriz.

[313] Note-se que não é aplicável às sociedades anónimas de pequena dimensão a I parte deste § 2 do ponto 7-B – não podendo os Estados-membros simplesmente isentar tais sociedades da obrigação de prestação da informação – dada a remissão para os tipos de sociedades identificados no n.º 1 do artigo 1.º da Directriz 77/91/CEE (entre os quais se conta a sociedade anónima).

IV. A referida Directriz n.º 2006/46/CE alterou ainda a 7.ª Directriz de Direito Societário, relativa às contas consolidadas, a qual obriga agora os Estados-membros a impor às *sociedades obrigadas à consolidação de contas* a divulgação, no anexo às suas contas anuais, «[da]s operações, com excepção das operações intragrupo, realizadas pela sociedade-mãe ou por outras sociedades incluídas no perímetro de consolidação com partes relacionadas, incluindo os montantes dessas operações, a natureza da relação com a parte relacionada e quaisquer outras informações sobre as operações que se revelem necessárias para efeitos de avaliação da situação financeira das sociedades incluídas no perímetro de consolidação, desde que essas operações sejam relevantes e não tenham sido realizadas em condições normais de mercado» (cfr. artigo 34.º, ponto 7-B da Sétima Directriz de Direito Societário, tal como alterada em 2006[314])

V. Em cumprimento do disposto nestas Directrizes, o n.º 2 do novo artigo 66.º-A CSC, introduzido pelo referido Decreto-Lei n.º 185/2009, obriga as sociedades que não elaboram as suas contas de acordo com as normas internacionais de contabilidade[315] a proceder à divulgação, *no anexo às contas*, de informações sobre as operações realizadas com partes relacionadas, incluindo, nomeadamente, os montantes dessas operações, a natureza da relação com a parte relacionada e outras informações necessárias à avaliação da situação financeira da sociedade, se tais operações forem relevantes e não tiverem sido realizadas em condições normais de mercado.

Nos termos do n.º 3 do mesmo artigo: (a) A expressão "partes relacionadas" tem o significado definido nas normas internacionais de contabilidade adoptadas nos termos de regulamento comunitário; (b) As informações sobre as diferentes operações podem ser agregadas em função da sua natureza, excepto quando sejam necessárias

---

[314] Directriz 83/349/CEE relativa às contas consolidadas, tal como alterada pela Directriz 2006/46/CE. O termo "parte relacionada" tem o significado dado pelas normas internacionais de contabilidade (*vide* IAS 24).

[315] As sociedades que elaboram as suas contas de acordo com as NIC estão sujeitas a deveres de informação mais exigentes que cobrem esta matéria (vide adiante o regime decorrente da IAS 24), pelo que não se justifica a duplicação de encargos.

informações separadas para compreender os efeitos das operações com partes relacionadas sobre a situação financeira da sociedade.

VI. Idêntica obrigação foi estabelecida no novo artigo 508.º-F, n.º 2 CSC para as sociedades obrigadas à consolidação de contas que não elaboram as suas contas de acordo com as normas internacionais de contabilidade. Estas devem proceder à divulgação, *no anexo às contas*, de informações sobre as operações, com excepção das operações intra-grupo, realizadas pela sociedade-mãe, ou por outras sociedades incluídas no perímetro de consolidação, com partes relacionadas, incluindo, nomeadamente, os montantes dessas operações, a natureza da relação com a parte relacionada e outras informações necessárias à avaliação da situação financeira das sociedades incluídas no perímetro de consolidação, se tais operações forem relevantes e não tiverem sido realizadas em condições normais de mercado.

Nos termos do n.º 3 do mesmo preceito: (a) A expressão "partes relacionadas" tem o significado definido nas normas internacionais de contabilidade adoptadas nos termos de regulamento comunitário; (b) As informações sobre as diferentes operações podem ser agregadas em função da sua natureza, excepto quando sejam necessárias informações separadas para compreender os efeitos das operações com partes relacionadas sobre a situação financeira das sociedades incluídas no perímetro de consolidação.

VII. Note-se que, tanto num caso como noutro, as operações com partes relacionadas só estão sujeitas a publicidade se *forem relevantes* e *não tiverem sido realizadas em condições normais de mercado*.

Ora, a interpretação que a administração faça dos conceitos gerais e abstractos aqui reflectidos – *relevância da operação* e *condições normais do mercado* – só poderá ser posta em causa por quem venha a saber da existência dos negócios em causa por outros meios e esteja na disposição de suportar os custos de tal contestação. Com efeito, na medida em que a administração *entenda* que uma determinada operação com uma parte relacionada não é relevante ou obedece a condições normais de mercado, o mesmo não será divulgado, impossibilitando o seu conhecimento pelos *outsiders*.

Perante esta solução, a esperança recai sobre o ROC, ao qual caberá questionar, no exame às contas[316], a avaliação da administração quanto à *relevância da operação* e às *condições da mesma face ao mercado*. Relembramos no entanto a este propósito a discussão sobre o *expectations gap* entre aquilo que na prática acaba por ser esperado da intervenção do ROC e aquilo que desta pode efectivamente resultar[317].

VIII. Impõe-se ainda uma crítica estrutural à forma como foi transposta a Directriz n.º 2006/46/CE pelo Decreto-Lei n.º 185/2009.

Como vimos *supra*, esta Directriz não impunha a aplicação do dever de informação introduzido pelo artigo 66.º-A CSC a todas as sociedades. De facto, como referimos antes no ponto III, o nosso legislador poderia ter:

i) Limitado a informação a prestar pelas *sociedades anónimas* "de pequena dimensão" a operações realizadas directa ou indirectamente entre: (a) a sociedade e os seus accionistas controladores e (b) a sociedade e os membros dos órgãos de administração, de direcção e de fiscalização.

ii) Excluído do âmbito de aplicação deste dever as *demais sociedades* "de pequena dimensão".

Como referimos também, por remissão para os critérios estabelecidos pelo Artigo 27.º da 2.ª Directriz de Direito Societário, consideram-se sociedades de "pequena dimensão" as sociedades que, na data de encerramento do seu balanço, não ultrapassem os limites quantitativos de dois dos três critérios seguintes: (i) total do balanço: € 17.500.000; (ii) montante líquido do volume de negócios:

---

[316] Nos termos dos artigos 451.º, n.º 3 e 453.º, n.º 3 CSC.

[317] Para uma análise aprofundada deste tema remetemos para os nossos trabalhos anteriores JOSÉ FERREIRA GOMES – A fiscalização externa das sociedades comerciais e a independência dos auditores: A reforma europeia, a influência norte-americana e a transposição para o direito português, *Cadernos do Mercado de Valores Mobiliários*, 24, 2006; JOSÉ FERREIRA GOMES – Auditors as Gatekeepers: The European Reform of Auditors' Legal Regime and the American Influence, *The Columbia Journal of European Law*, 11:3, 2005.

€ 35.000.000; e número de membros de pessoal empregue em média durante o exercício: 250.

Ora, o artigo 66.º-A consubstancia uma transposição e aplicação acrítica deste dever de informação a todas as sociedades, independentemente do seu tipo e da sua dimensão.

Como facilmente se constata, a imposição deste dever às sociedades de pequenas dimensões é manifestamente desadequada, em especial se atendermos ao facto de o artigo 66.º-A, n.º 3 remeter a definição do conceito de "parte relacionada" para a exigente IAS 24 (analisada adiante[318]).

Repare-se no seguinte caso absurdo: uma sociedade por quotas que não atinja, durante dois anos consecutivos, dois dos critérios do artigo 262.º, n.º 2 CSC – (a) total do balanço: € 1.500.000; (b) total das vendas líquidas e outros proveitos: € 3.000.000; (c) n.º de trabalhadores empregados em média durante o exercício: 50 – não está obrigada à designação de um ROC para efeitos da certificação das suas contas (o mais básico mecanismo de fiscalização societária), mas está obrigada à divulgação da informação referida com todas as suas "partes relacionadas" no anexo às suas contas anuais.

Para além do peso imposto desnecessariamente – face às considerações apresentadas no § 3.1 a propósito dos custos associados aos deveres de informação – às pequenas sociedades, acresce que a informação divulgada no anexo às contas (como impõe o artigo 66.º-A CSC) será de pouca utilidade para quaisquer destinatários se não for devidamente certificada por um ROC. Este será o cenário que se verificará em todas as sociedades que não estejam obrigadas à designação de um ROC e à certificação das suas contas.

3.4.2.3 O dever de informação das sociedades cotadas no relatório anual de governo societário (artigo 245.º-A CVM e Regulamento CMVM 01/2007)

I. As sociedades com acções admitidas à negociação em mercado regulamentado estão ainda obrigadas a descrever no seu relatório anual sobre estruturas e práticas de governo societário os «elementos

---

[318] Vide nota 324 infra.

principais dos negócios e operações realizados entre, de um lado, a sociedade e, de outro, os membros dos seus órgãos de administração e fiscalização, titulares de participações qualificadas ou sociedades que se encontrem em relação de domínio ou de grupo, desde que sejam significativos em termos económicos para qualquer das partes envolvidas, excepto no que respeita aos negócios ou operações que, cumulativamente, sejam realizados em condições normais de mercado para operações similares e façam parte da actividade corrente da sociedade» (cfr. artigo 245.º-A CVM e Regulamento da CMVM n.º 01/2007[319]).

II. Esta obrigação pode ser facilmente circundada pela estruturação dos negócios entre a sociedade e as partes relacionadas aí referidas de forma a que cada um dos mesmos, isoladamente, não seja significativo em termos económicos para qualquer das partes envolvidas. O facto de ter sido usado um conceito indeterminado – "significância económica" – atribui às partes envolvidas maior espaço de manobra. A sua interpretação desse conceito só poderá ser posta em causa por quem venha a saber da existência de tal negócio por outros meios e esteja na disposição de suportar os custos de tal contestação[320].

III. Até há pouco tempo, tal interpretação nem sequer era questionada pelos órgãos de fiscalização da sociedade, dado que o Relatório sobre o Governo da Sociedade não era por estes fiscalizado.
Face às recentes alterações ao CSC pelo Decreto-Lei n.º 185//2009, de 12 de Agosto – de acordo com o qual, nas sociedades cotadas tanto o órgão de fiscalização interna (conselho fiscal, comis-

---

[319] Cfr. Capítulo III, ponto III.11 do Esquema de Relatório sobre o Governo da Sociedade previsto no Regulamento da CMVM n.º 01/2007, sobre o Governo das Sociedades Cotadas. Note-se que a CMVM se propõe substituir em breve o Regulamento CMVM n.º 01/2007. Vide o Processo de Consulta Pública n.º 2/2009 em www.cmvm.pt.

[320] Teria sido preferível impor a divulgação de todas as transacções com partes relacionadas porque de outra forma ninguém tomará conhecimento das mesmas, não sendo por isso questionada a sua regularidade.

são de auditoria ou conselho geral e de supervisão)[321] como o ROC[322] deverão atestar se o relatório sobre a estrutura e práticas de governo societário divulgado inclui os elementos referidos no artigo 245.º-A CVM – é discutível se o cenário assumirá uma configuração distinta. Com efeito, a obrigação de informação analisada em cima decorre do Regulamento CMVM n.º 01/2007 (previsto no artigo 245.º-A, n.º 2 CVM), mas não é expressamente referida no artigo 245.º-A CVM, pelo que se poderia entender não ser abrangida pelas certificações do órgão interno de fiscalização e do ROC. Não nos parece, porém, ser essa a melhor interpretação face à *ratio* do preceito.

IV. Por fim, chamamos a atenção para o restrito número de "partes relacionadas" referidas neste preceito, restringindo o seu âmbito de aplicação.

3.4.2.4 O dever de informação dos emitentes no relatório semestral (artigo 246.º CVM)

I. Do artigo 246.º do Código dos Valores Mobiliários resulta outro dever para os *emitentes obrigados a elaborar contas consolidadas*. Estes devem incluir no seu relatório semestral «informação sobre as principais transacções relevantes entre partes relacionadas realizadas nos seis primeiros meses do exercício que tenham afectado significativamente a sua situação financeira ou o desempenho bem como quaisquer alterações à informação incluída no relatório anual precedente susceptíveis de ter um efeito significativo na sua posição financeira ou desempenho nos primeiros seis meses do exercício corrente» (cfr. Artigo 246.º, n.º 3, al. c) CVM).

II. Já os *emitentes de acções que não estejam obrigados a elaborar contas consolidadas* «devem incluir, no mínimo, informações sobre as principais transacções relevantes entre partes relacionadas realizadas nos seis primeiros meses do exercício referindo nomeada-

---

[321] Cfr. artigos 420.º, n.º 5, 423.º-F, n.º 2 e 441.º, n.º 2 CSC, na redacção dada pelo Decreto-Lei n.º 185/2009.
[322] Cfr. artigo 451.º, n.º 4 CSC, na redacção dada pelo Decreto-Lei n.º 185/2009.

mente o montante de tais transacções, a natureza da relação relevante e outra informação necessária à compreensão da posição financeira do emitente se tais transacções forem relevantes e não tiverem sido concluídas em condições normais de mercado» (cfr. Artigo 246.º, n.º 5, al. e) CVM).

III. As obrigações decorrentes do artigo 246.º do CVM estão feridas de uma fragilidade já antes referida, na medida em que permitem a sua fácil circundação através da estruturação dos negócios entre uma sociedade e partes relacionadas de forma a que "não seja afectada significativamente a situação financeira ou o desempenho da sociedade" (cfr. al. c) do n.º 3) ou "não sejam relevantes ou sejam realizados em supostas condições normais de mercado" (cfr. al. e) do n.º 5).

As disposições do artigo 246.º CVM abrangem apenas os casos mais graves de negócios com partes relacionadas (ficando de fora a larga maioria de negócios abusivos de extracção de benefícios privados de controlo) e mesmo estes poderão não ser divulgados: uma vez mais estamos perante o uso de conceitos indeterminados cuja interpretação só poderá ser contestada por quem venha a tomar conhecimento do negócio por outros meios e esteja disposto a suportar os custos dessa contestação[323].

Acresce que, neste caso, tal interpretação nem sequer é questionada pelo auditor da sociedade, dado que só a informação anual é auditada pelo mesmo, nos termos do artigo 8.º CVM.

3.4.2.5 Os deveres de informação das sociedades sujeitas à IAS 24 (nos termos do Decreto-Lei n.º 158/2009)

I. Antes de analisarmos os deveres de informação à luz da IAS 24, devemos esclarecer quais as contas de que entidades *devem*, nos termos do Regulamento (CE) n.º 1606/2002[324] e do recente Decreto-

---

[323] Teria sido preferível impor a divulgação de todas as transacções com partes relacionadas porque de outra forma ninguém tomará conhecimento das mesmas, não sendo por isso questionada a sua regularidade.

[324] Regulamento (CE) n.º 1606/2002, de 19 de Julho, relativo à aplicação das normas internacionais de contabilidade. JO L 243-1, de 11.9.2002.

-Lei n.º 158/2009, de 13 de Julho[325], ser preparadas de acordo com as normas internacionais de contabilidade (ou NIC) – as quais incluem os *International Accounting Standards* (ou IAS) e os *International Financing Reporting Standards* (ou IFRS)[326] –, adoptadas na União Europeia nos termos do referido Regulamento (CE) n.º 1606/2002.

Assim, nos termos do artigo 4.º do referido Regulamento e do artigo 4.º, n.º 1 do referido Decreto-Lei, as entidades cujos valores mobiliários estejam admitidos à negociação num mercado regulamentado[327] *devem* preparar as suas *contas consolidadas* de acordo com as NIC.

De acordo com o n.º 3 do mesmo Decreto-Lei, também as *contas individuais* das entidades cujas contas sejam consolidadas nos termos antes referidos deveriam ser preparadas de acordo com as NIC. No entanto, a Declaração de Rectificação n.º 67-B/2009, de 11 de Setembro, veio alterar a redacção deste preceito, substituindo o verbo *dever* pelo verbo *poder*. Assim, trata-se de uma mera possibilidade e já não de um dever imposto a estas entidades.

II. As demais sociedades comerciais[328] cujas demonstrações financeiras sejam objecto de certificação legal de contas *podem* optar por elaborar as respectivas *contas consolidadas* em conformidade com as NIC (cfr. n.º 2 do artigo 4.º do mesmo Decreto-Lei[329]). Nesse

---

[325] Na sequência do que dispunha o Decreto-Lei n.º 35/2005, de 17 de Fevereiro, o qual transpôs a Directriz n.º 2003/51/CE do Parlamento Europeu e do Conselho, de 18 de Junho, relativa a contas anuais e a contas consolidadas de sociedades.

[326] Para uma introdução a este tema, *vide* ANTÓNIO MENEZES CORDEIRO – *Introdução ao Direito da Prestação de Contas*, Coimbra: Almedina, 2008, p. 80-83; HERTIG e KANDA – "Related Party Transactions...", p. 120-121.

[327] Estas sociedades estão ainda sujeitas a outros deveres de informação que, sendo relevantes no que respeita a conflitos de interesses na sociedade – *v.g.* obrigação de divulgação de informação privilegiada (art. 248.º CVM) e de negócios sobre acções da sociedade (art. 248.º-B) –, não dizem directamente respeito a negócios entre a sociedade e partes relacionadas.

[328] E outras entidades obrigadas a aplicar o Sistema de Normalização Contabilística, nos termos do artigo 3.º do referido Decreto-Lei n.º 158/2009.

[329] Esta disposição faz uso da opção concedida aos legisladores dos diferentes Estados-membros pelo artigo 5.º do Regulamento (CE) n.º 1606/2002.

caso, as sociedades cujas contas sejam consolidadas *podem* igualmente optar por elaborar as respectivas *contas individuais* de acordo com as NIC (cfr. n.º 4).

III. Note-se que, nos termos do artigo 5.º do referido Decreto-Lei n.º 158/2009, sem prejuízo da obrigação *supra* referida relativa às *contas consolidadas* das entidades cujos valores mobiliários estejam admitidos à negociação num mercado regulamentado, cabe:

(i) Ao Banco de Portugal (BP) e ao Instituto de Seguros de Portugal (ISP) a definição do âmbito subjectivo de aplicação das NIC, bem como a definição das normas contabilísticas aplicáveis às *contas consolidadas*, relativamente às entidades sujeitas à respectiva supervisão. Assim, cabe ao BP e ao ISP determinar quais das entidades sujeitas à sua supervisão, nos termos do artigo 17.º da Lei Orgânica do BP e do artigo 6.º do Regime Geral das Empresas Seguradoras[330] e do Decreto-Lei n.º 12/2006, de 20 de Janeiro[331] (que não tenham valores mobiliários admitidos à negociação em mercado regulamentado) devem preparar as suas contas de acordo com as NIC e quais destas se aplicam a cada uma daquelas.

(ii) À Comissão do Mercado de Valores Mobiliários (CMVM) a definição do âmbito subjectivo de aplicação das NIC relativamente às entidades sujeitas à respectiva supervisão. De acordo com esta disposição, cabe à CMVM determinar quais das entidades sujeitas às sua supervisão, nos termos do artigo 359.º do CVM (para além das entidades que tenham valores mobiliários admitidos à negociação em mercado regulamentado que, nessa medida, têm necessariamente de cumprir as NIC), devem preparar as suas contas de acordo com as NIC.

---

[330] Aprovado pelo Decreto-Lei n.º 94-B/98, de 17 de Abril, republicado pelo Decreto-Lei n.º 2/2009, de 5 de Janeiro.

[331] Este diploma regula a constituição e o funcionamento dos fundos de pensões e das entidades gestoras de fundos de pensões.

Em todo o caso, o disposto neste Decreto-Lei não prejudica a competência do Banco de Portugal e do Instituto de Seguros de Portugal para definir:

(i) As normas contabilísticas aplicáveis às *contas individuais* das entidades sujeitas à respectiva supervisão;
(ii) Os requisitos prudenciais aplicáveis às entidades sujeitas à respectiva supervisão.

De acordo com este enquadramento, os §§ 1.º e 2.º do Aviso n.º 1/2005 do BP determinam que, sem prejuízo do demais estipulado naquele Aviso e que não podemos aqui desenvolver, as entidades sujeitas à supervisão do BP (com excepção das referidas no artigo 4.º do Regulamento (CE) n.º 1606/2002 e no artigo 4.º, n.º 1 do Decreto-Lei n.º 158/2009, sujeitas às NIC nos termos já referidos) *devem* elaborar as demonstrações financeiras em *base individual* e em *base consolidada* de acordo com as NIC, tal como adoptadas, em cada momento, por regulamento da União Europeia e, bem assim, com a estrutura conceptual para a apresentação e preparação de demonstrações financeiras que enquadra aquelas normas.

Quanto às entidades sujeitas à supervisão do ISP, a Norma Regulamentar n.º 5/2005-R, de 18 de Março, estabeleceu que as mesmas (com excepção das abrangidas pelo artigo 4.º do Regulamento (CE) n.º 1606/2002 e pelo artigo 4.º, n.º 1 do Decreto-Lei n.º 158/2009, sujeitas às NIC nos termos já referidos) *podem optar* por elaborar as *contas consolidadas*, assim como, nos termos definidos nessa norma, as *contas individuais*, de acordo com a normalização contabilística nacional em vigor ou de acordo com as NIC. No entanto, reconhecendo que a existência de modelos contabilísticos diferenciados coloca problemas de comparabilidade das demonstrações financeiras, o ISP estabeleceu um regime contabilístico único baseado nas NIC: o Plano de Contas para as Empresas de Seguros, aprovado pela Norma Regulamentar n.º 4/2007-R, de 27 de Abril. Para efeitos deste estudo, importa realçar o § 29 relativo às "Transacções com partes relacionadas".

Finalmente, quanto às entidades sujeitas à supervisão da CMVM (com exclusão, uma vez mais, das abrangidas pelo artigo 4.º do Regulamento (CE) n.º 1606/2002 e pelo artigo 4.º, n.º 1 do Decreto-

Lei n.º 158/2009, sujeitas às NIC nos termos já referidos) dispõe o Regulamento CMVM n.º 11/2005:

(i) Os emitentes de valores mobiliários admitidos à negociação em mercado regulamentado (que não sejam obrigados a elaborar e apresentar contas consolidadas) *devem* elaborar e apresentar as suas *contas individuais* de acordo com as NIC (artigo 2.º, n.º 1), as quais devem ser aplicadas de forma integral (artigo 4.º, n.º 1). Ficam excluídas desta obrigação as sociedades também sujeitas à supervisão do BP ou do ISP, devendo, nestes casos, ser prestada informação financeira complementar de acordo com as NIC nos termos de regras a estabelecer de forma articulada entre a CMVM, o BP e o ISP (artigo 2.º, n.º 4).

(ii) As demais sociedades sujeitas à supervisão da CMVM que apliquem o Plano Oficial de Contabilidade *podem* elaborar e apresentar as suas *contas individuais* de acordo com as NIC (artigo 3.º, n.º 1). Sendo feito uso desta opção, as NIC devem ser aplicadas de forma integral (artigos 3.º, n.º 3 e 4.º, n.º 1).

IV. No que respcita aos deveres de informação que resultam das NIC, destacamos, para efeitos do presente estudo, o disposto na IAS 24, com epígrafe "divulgações de partes relacionadas"[332], cujo texto

---

[332] De acordo com a definição incluída nesta norma, «Uma parte está relacionada com uma entidade se:

(a) directa, ou indirectamente através de um ou mais intermediários, a parte: (i) controlar, for controlada por ou estiver sob o controlo comum da entidade (isto inclui empresas-mãe, subsidiárias e subsidiárias colegas); (ii) tiver um interesse na entidade que lhe confira influência significativa sobre a entidade; ou (iii) tiver um controlo conjunto sobre a entidade;
(b) a parte for uma associada (tal como definido na IAS 28 Investimentos em Associadas) da entidade;
(c) a parte for um empreendimento conjunto em que a entidade seja um empreendedor (*vide* IAS 31 Interesses em Empreendimentos Conjuntos);
(d) a parte for membro do pessoal chave da gerência da entidade ou da sua empresa-mãe;
(e) a parte for membro íntimo da família de qualquer indivíduo referido nas alíneas (a) ou (d);

actual foi adoptado pelo Regulamento (CE) n.º 2238/2004 da Comissão, de 29 de Dezembro de 2004[333].

Esta norma tem por objectivo «assegurar que as demonstrações financeiras de uma entidade contenham as divulgações necessárias para chamar a atenção para a possibilidade de que a sua posição financeira e resultados possam ter sido afectados pela existência de partes relacionadas e por transacções e saldos pendentes com tais partes».

(f) a parte for uma entidade controlada, controlada conjuntamente ou significativamente influenciada por, ou em que o poder de voto significativo nessa entidade reside em, directa ou indirectamente, qualquer indivíduo referido nas alíneas (d) ou (e); ou

(g) a parte for um plano de benefícios pós-emprego para benefício dos empregados da entidade, ou de qualquer entidade que seja uma parte relacionada dessa entidade.

Uma transacção com partes relacionadas é uma transferência de recursos, serviços ou obrigações entre partes relacionadas, independentemente de haver ou não um débito de preço.

Membros íntimos da família de um indivíduo são aqueles membros da família que se espera que influenciem, ou sejam influenciados por, esse indivíduo nos seus negócios com a entidade. Podem incluir: (a) o parceiro doméstico e filhos do indivíduo; (b) filhos do parceiro doméstico do indivíduo; e (c) dependentes do indivíduo ou do parceiro doméstico do indivíduo. (...)

Controlo é o poder de gerir as políticas financeiras e operacionais de uma entidade de forma a obter benefícios das suas actividades.

Controlo conjunto é a partilha de controlo acordada contratualmente de uma actividade económica.

Pessoal chave de gerência são as pessoas que têm autoridade e responsabilidade pelo planeamento, direcção e controlo das actividades da entidade, directa ou indirectamente, incluindo qualquer administrador (executivo ou outro) dessa entidade.

Influência significativa é o poder de participar nas decisões financeiras e operacionais de uma entidade, mas não é o controlo sobre essas políticas. Influência significativa pode ser obtida por posse de acções, estatuto ou acordo».

[333] A identificação de relacionamentos com partes relacionadas entre empresas-mãe e subsidiárias acresce aos requisitos de divulgação determinados nas IAS 27, IAS 28 e IAS 31, que exigem uma listagem e descrição apropriadas de investimentos significativos em subsidiárias, associadas e entidades conjuntamente controladas.

V. Entre os deveres de informação decorrentes desta norma destacamos as seguintes:

(i) «Os relacionamentos entre empresas-mãe e subsidiárias devem ser divulgados independentemente de ter havido ou não transacções entre essas partes relacionadas. Uma entidade deve divulgar o nome da entidade empresa-mãe e, se for diferente, da parte controladora final. (...)» (§ 12).

(ii) «Se tiver havido transacções entre partes relacionadas, uma entidade deve divulgar a natureza do relacionamento com as partes relacionadas, assim como informação sobre as transacções e saldos pendentes necessária para a compreensão do potencial efeito do relacionamento nas demonstrações financeiras. Estes requisitos de divulgação acrescem aos requisitos do parágrafo 16 para divulgar a remuneração do pessoal chave da gerência». (cfr. § 17)[334].

VI. Os deveres de informação decorrentes da IAS 24 parecem mais adequados à limitação dos benefícios privados de controlo do que os anteriormente analisados, na medida em que facilitam a compreensão da estrutura de controlo da sociedade (cfr. § 12) e permitem um conhecimento detalhado de todos os negócios celebrados com partes relacionadas (cfr. § 17). Face a alguns dos deveres já analisados, beneficia ainda de uma mais ampla e precisa definição do conceito de "parte relacionada".

Acresce que esta informação, sendo parte das contas anuais, está sujeita à fiscalização do órgão interno de fiscalização, do ROC e do auditor externo da sociedade[335].

---

[334] Ainda nos termos desta disposição: «No mínimo, as divulgações devem incluir: (a) a quantia das transacções; (b) a quantia dos saldos pendentes e: (i) os seus termos e condições, incluindo se estão ou não seguros, e a natureza da retribuição a ser proporcionada aquando da liquidação; e (ii) pormenores de quaisquer garantias dadas ou recebidas; (c) provisões para dívidas duvidosas relacionadas com a quantia dos saldos pendentes; e (d) os gastos reconhecidos durante o período a respeito de dívidas incobráveis ou duvidosas devidas por partes relacionadas».

[335] Não cabe neste texto a análise do chamado *expectations gap* relativo ao papel dos auditores, *i.e.*, a diferença entre aquilo que normalmente os investidores e outros *outsiders* esperam da intervenção do auditor e o resultado efectivo da sua intervenção. Para uma análise aprofundada deste tema remetemos para os nossos trabalhos anteriores GOMES – A fiscalização externa das sociedades comerciais...; GOMES - Auditors as Gatekeepers....

§ 4
BALANÇO E CONCLUSÕES

4.1 Balanço sobre o problema e sobre as soluções disponíveis *de iure constituto*

I. Em Portugal, tal como na generalidade dos seus parceiros europeus, as sociedades comerciais apresentam uma elevada concentração accionista e uma elevada extracção de "benefícios privados" pelos accionistas controladores. Dado que nos mercados desenvolvidos a extracção destes benefícios ocorre mais frequentemente através de mecanismos operacionais – *maxime* através da celebração de negócios entre a sociedade e o seu accionista controlador – optámos por centrar o presente estudo sobre este fenómeno e sobre os mecanismos legais para o seu controlo.

II. A existência de um accionista controlador pode implicar benefícios para a sociedade (e, reflexamente, para os demais accionistas), dados os seus incentivos para exercer uma estrita fiscalização da administração da sociedade, reduzindo os inerentes custos de agência. No entanto, a manutenção de uma posição de controlo acarreta custos que acabam por ser compensados com a extracção de benefícios privados pelo accionista controlador. Assim, a sociedade (e, reflexamente, os demais accionistas) só será beneficiada se a redução dos custos de agência relacionados com a administração (*managerial agency costs*) for superior aos custos decorrentes da extracção de benefícios privados de controlo (*controlling shareholder agency costs*).

A afirmação da possibilidade de sociedades com concentração accionista serem tanto ou mais eficientes do que sociedades com dispersão accionista leva-nos a negar a teoria macroeconómica de que os mercados caracterizados por concentração accionista são necessariamente ineficientes. A eficiência de um mercado – ou ordenamento jurídico – deve ser aferida em função do seu controlo ou limitação dos benefícios privados de controlo, reflectindo-se esta limitação na presença, lado a lado, de sociedades com concentração e com dispersão accionista. Ou seja: num mercado onde os benefícios privados de controlo sejam adequadamente limitados, verifica-se uma maior propensão para o desenvolvimento de sociedades com dispersão accionista. Nestes, nenhum accionista sente a necessidade de adquirir uma posição de controlo na sociedade, porque assume que a administração garantirá a distribuição do rendimento societário de forma efectivamente proporcional ao investimento de cada accionista. Confia por isso no conselho de administração para conduzir a actividade social de acordo com os melhores interesses da sociedade, de forma autónoma e independente dos interesses privados de qualquer dos seus accionistas. Mas o desenvolvimento deste tipo de sociedades não implica o desaparecimento das sociedades com concentração accionista, na medida em que a limitação dos benefícios privados de controlo a níveis adequados assegura o seu acesso ao mercado de capitais em termos tais que lhes permitem competir com as sociedades com dispersão accionista (veja-se, por exemplo, o caso da Suécia).

III. De acordo com os mais conhecidos estudos económicos de comparação deste fenómeno a nível internacional, Portugal apresenta elevados níveis de benefícios privados[336]. Esta facto, associado à (quase) inexistência de sociedades com o capital social verdadeiramente disperso entre nós, conduzem-nos inevitavelmente à conclusão de que o nosso mercado é ineficiente.

Esta posição é no entanto contrariada pelas conclusões apresentadas por DJANKOV *et alia* no seu estudo comparativo sobre *self dealing* em 102 ordenamentos[337], depois estendido a 178 ordens jurídicas e apresentado pelo Banco Mundial no seu relatório *Doing Business 2008*[338]. De acordo com este relatório Portugal está na 33.ª posição, bem à frente da Itália (51.ª), França (64.ª), Alemanha (83.ª), Áustria (122.ª) e Grécia (158.ª).

---

[336] Vide DJANKOV, et al. – *The Law and Economics of Self-Dealing*; DYCK e ZINGALES – *Private Benefits of Control*.
[337] DJANKOV, et al. – *The Law and Economics of Self-Dealing*.
[338] THE WORLD BANK – "Doing Business 2008 (Portugal)", Washington, DC: The World Bank, 2007.

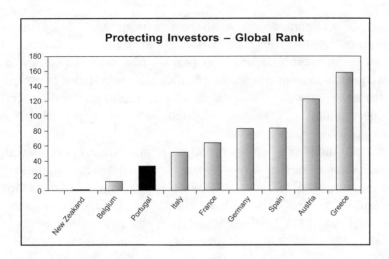

Posição de Portugal na protecção de investidores – Comparação das melhores práticas em determinadas economias (fonte: World Bank[339])

IV. O presente artigo reflecte a investigação desenvolvida com o objectivo de compreender a exacta configuração dos mecanismos legais de limitação dos benefícios privados de controlo em Portugal. Assim, apresenta uma análise crítica dos meios disponíveis *de iure constituto* para fazer face a este problema, divididos em três categorias: (i) os requisitos de aprovação dos negócios celebrados com accionistas controladores; (ii) os padrões de conduta dos accionistas controladores e dos administradores e (dever de lealdade dos accionistas e deveres fundamentais dos administradores); e (iii) os deveres de informação sobre negócios celebrados com partes relacionadas.

V. No que respeita aos requisitos de aprovação dos negócios celebrados com accionistas controladores, concluímos que este mecanismo não foi alvo de devida atenção pelo nosso legislador, ficando aquém das necessidades decorrentes do típico funcionamento das sociedades portuguesas, em que o accionista controlador goza de

---

[339] Ibidem, p. 33.

uma grande margem de oportunismo e expropriação dos accionistas minoritários. De facto, os negócios celebrados entre a sociedade e os seus accionistas controladores (só por si) não estão sujeitos a qualquer requisito de aprovação ou ratificação, seja pelo conselho de administração seja pela assembleia geral, salvo no caso específico das "quase entradas" previstas no artigo 29.º CSC (*aquisição de bens a accionistas*).

Assim, iniciámos a nossa análise pelo regime decorrente desta disposição, antes de passarmos à análise dos requisitos impostos aos negócios com administradores que, de forma indirecta, condicionam a celebração de negócios com accionistas controladores, a saber: os requisitos impostos à celebração de contratos entre a sociedade e os seus administradores pelos artigos 397.º (*negócios com a sociedade*) no contexto dos modelos de administração e fiscalização *monista* e *anglo-saxónico*, e 428.º (*exercício de outras actividades e negócios com a sociedade*) e 443.º (*poderes de representação*) no contexto do modelo *germânico*. Nesta análise não nos limitámos a descrever o regime vigente. Fomos mais além, questionando o teor literal destes preceitos, procurando a interpretação mais adequada para dar resposta às questões suscitadas pelo caso que serviu de base ao presente estudo.

Dos preceitos supra referidos decorre um princípio comum de acordo com o qual os negócios entre a sociedade e um seu administrador – que contrata (i) directamente com a sociedade, (ii) através de uma sociedade por si controlada ou (iii) na qual exerce cargo de administração, independentemente de representar ou não as partes no contrato em causa – devem ser aprovadas por um órgão colectivo que garanta a adequada discussão dos conflitos de interesses eventualmente existentes e assegure a prossecução do interesse da sociedade: o conselho de administração nos modelos ditos *latino* e *anglo-saxónico*; o conselho geral e de supervisão no modelo *germânico*.

Decorre ainda que, quando os *administradores desinteressados* ou os membros do *conselho geral e de supervisão* sejam chamados a pronunciar-se sobre um contrato a celebrar com um administrador, assumindo que existe uma vantagem para a sociedade (ou que pelo menos não se verifica uma desvantagem) em contratar directamente com o administrador (ou interposta pessoa nos termos da interpretação sugerida) fora do mercado, deverão os mesmos[340] assegurar que tal contrato é negociado *at arm's lenght*[341], ou seja, que é negociado com total independência face ao administrador e outros *insiders* interessados, de forma a alcançar um resultado procedimental e substancialmente justo para a sociedade, tal como o deveriam fazer ao negociar com um terceiro no mercado.

Na sequência da nossa análise crítica, concluímos pela insuficiência destas disposições para assegurar uma solução global de carácter procedimental que limite a níveis adequados a extracção de benefícios privados pelos accionistas controladores. Tal como explicaremos adiante a propósito do modelo de *self enforcing law* sugerido, este mecanismo deveria assentar numa regra clara, com termos precisamente definidos, de forma a permitir a sua adequada interiorização e aplicação pelos seus destinatários: os administradores da sociedade. Só assim este mecanismo poderia – *ex ante* – cumprir o seu propósito: prevenir os abusos, eliminando a tentação.

VI. Quanto à imposição de um padrão de conduta aos accionistas e administradores da sociedade, vimos que assume especial relevância o reconhecimento de um dever de lealdade dos accionistas entre si e para com a sociedade, que impõe a cada accionista que não contrarie o interesse social no seu comportamento enquanto accionista (*conteúdo negativo*) e que coopere com os demais accionistas e com a sociedade na prossecução do fim comum (*conteúdo positivo*). Este dever constitui uma cláusula geral que opera na ausência de soluções específicas determinadas pela lei ou pelo pacto social e, simultaneamente, fundamenta diversas disposições legais que o legislador foi consagrando. Na sua base temos diversos tipos de situações que foram reclamando uma intervenção da jurisprudência e, depois, do legislador. Estas situações têm em comum a necessidade de intervenção, *in casu*, dos valores básicos do sistema jurídico e a existência de uma especial proximidade entre dois sujeitos. Na medida em

---

[340] E também o accionista controlador, como veremos em baixo.
[341] Expressão hoje comummente usada até pela doutrina germânica. Cfr, *e.g.*, LUTTER – "Interessenkonflikte...", p. 547.

que as soluções decorrentes do dever de lealdade se sobreponham a regimes técnico-jurídicos mais precisos, deve ceder o dever de lealdade enquanto figura mais geral, de carácter residual.

Concretizando este dever no âmbito do nosso tema, afirmámos que, assumindo que existe uma vantagem (ou pelo menos não se verifica uma desvantagem) para a sociedade em negociar directamente com o seu accionista controlador, deve este assegurar que em todos os momentos a negociação se processa *at arm's lenght*, ou seja, que os representantes da sociedade negoceiam com total independência face aos *insiders* interessados, de forma a alcançar um resultado procedimental e substancialmente justo para a sociedade, tal como o deveriam fazer ao negociar com um terceiro no mercado.

Depois, analisámos criticamente os deveres fundamentais dos administradores, determinando o seu enquadramento dogmático e precisando o seu conteúdo e limites na resolução do problema que ora nos ocupa. Concluímos que tais deveres são essenciais para o desiderato da limitação dos benefícios privados do accionista controlador, os quais só podem ser extraídos com a colaboração da administração: O dever de administrar com cuidado e o dever de lealdade à sociedade proíbem a celebração de um contrato com o accionista controlador em termos mais desfavoráveis para a sociedade do que aqueles que seriam obtidos no mercado com um terceiro.

VII. No que respeita aos deveres de informação sobre negócios celebrados com partes relacionadas, o presente artigo limita-se a apresentar os traços gerais de um estudo um pouco mais vasto que publicámos recentemente e para o qual remetemos[342]. Assim, abordamos brevemente a importância da *informação* no Direito das sociedades comerciais e dos valores mobiliários, as nossas conclusões sobre a justificação dos *deveres de informação* sobre negócios com partes relacionadas e sobre a nossa análise crítica ao uso destes deveres pelo nosso legislador.

Neste último âmbito, debruçamo-nos sobre os deveres de informação estabelecidos (i) pelo artigo 397.º, n.º 4 CSC, relativos às autorizações concedidas pelo conselho de administração para a cele-

---

[342] GOMES – Os deveres de informação....

bração de contratos entre a sociedade e os seus administradores; (ii) pelos artigos 66.º-A, n.º 2 e 508.º-F, n.º 2 CSC, sobre operações com partes relacionadas, em anexo às contas anuais, introduzidos pelo recente Decreto-Lei n.º 185/2009, de 12 de Agosto; (iii) pelo artigo 245.º-A CVM e pelo Regulamento CMVM 01/2007, sobre operações das sociedades cotadas com partes relacionadas, no relatório anual de governo societário; (iv) pelo artigo 246.º CVM, sobre operações de emitentes com partes relacionadas, no relatório semestral; (v) pela IAS 24, sobre operações das sociedades sujeitas às normas internacionais de contabilidade (nos termos do Decreto-Lei n.º 158/2009) com partes relacionadas.

Entre as várias críticas aduzidas a estes deveres de informação destacamos o facto de a configuração da maior parte dos mesmos conferir aos seus sujeitos uma excessiva discricionariedade quanto à determinação da informação a divulgar, prejudicando em grande medida os efeitos pretendidos com os mesmos. Só os deveres impostos pela IAS 24 resistem a esta crítica.

4.2 Reflexões *de iure condendo*

I. Perante este cenário *de iure constituto* e atendendo à nossa conclusão acerca da ineficiência do actual sistema de controlo ou limitação dos benefícios privados dos accionistas controladores – e logo, da protecção dos accionistas minoritários – impõe-se uma reflexão *de iure condendo*.

Esta reflexão deve começar pela consideração do papel do Direito no desenvolvimento económico, sendo fundamental a distinção entre o Direito tal como previsto na lei (na expressão hoje comummente usada na discussão internacional: *"law on the books"*) e o Direito tal como é efectivamente aplicado, *i.e.*, aquele que resulta da combinação da lei com os seus mecanismos de aplicação (*"law in action"*). Esta reflexão é fundamental porque não podemos assumir que basta um movimento de pena do legislador para revolucionar a economia nacional e projectar o desenvolvimento do mercado de capitais, em termos tais que nos permita competir a nível internacional.

Devemos no entanto assumir a necessidade de uma adequada politica legislativa nesta área e, no tema que ora nos ocupa, há uma questão central que não pode ser ignorada: os intervenientes no mercado têm relutância em recorrer aos tribunais portugueses dada a convicção generalizada de que estes são, em geral, ineficientes para resolver assuntos societários, atendendo à sua morosidade e falta de especialização[343].

---

[343] Quanto à morosidade dos tribunais portugueses, merecem destaque os dados que nos foram facultados pela Direcção Geral de Política Legislativa a **26 de Novembro de 2008** e que aqui reproduzimos:
- Duração média de processos findos, na área processual cível, nos tribunais judiciais *de 1.º instância*, no ano de 2006: 30 meses;
- Duração média dos processos findos, no total dos tribunais de comércio no ano de 2006: 12 meses (15 meses em Lisboa, 11 meses em Vila Nova de Gaia);
- Duração por objecto das acções:

Objecto	Meses
Inquéritos judiciais	21
Nomeação/destituição de titulares de órgãos sociais	23
Convocação de assembleias de sócios	4
Exame de escrituração e documentos	11
Investidura em cargos sociais	24
Impugnação de deliberações sociais	25
Contrato sociedade N.E.	9

São também esclarecedores os estudos de JOSÉ ALBUQUERQUE TAVARES, de acordo com o qual Portugal tem um dos mais ineficientes sistemas judiciais da Europa, e de CÉLIA DA COSTA CABRAL, de acordo com o qual a esmagadora maioria das empresas portuguesas tem uma percepção negativa sobre o desempenho geral do sistema judicial (84,4%), em especial sobre a lentidão das acções (92,4%) e dos custos envolvidos (84,2%), e até mesmo sobre o risco de os tribunais concluírem em sentido diferente em processos com idêntica base factual (50,1%, sendo que 34,1% das empresas inquiridas não respondeu). CÉLIA DA COSTA CABRAL e ARMANDO CASTELAR PINHEIRO – *A Justiça Portuguesa e seu Impacte sobre as Empresas Portuguesas*, MINISTÉRIO DA JUSTIÇA – GABINETE DE POLÍTICA LEGISLATIVA E PLANEAMENTO, Coimbra: Coimbra Editora, 2003; JOSÉ ALBUQUERQUE TAVARES – "Firms, Financial Markets and the Law: Institutions and Economic Growth in Portugal", in *Desenvolvimento Económico Português no Espaço Europeu: Determinantes e Políticas*, Banco de Portugal, 2002 CONCEIÇÃO GOMES, por seu turno, começa por relembrar, a propósito da lentidão judicial, que a crise da justiça não é um problema específico do nosso país: trata-se de um fenómeno global, que se verifica em muitos países cultural, social e economicamente distintos, afirmando de seguida que a «lentidão da justiça é, consensualmente, reconhecida como um dos problemas mais graves dos actuais sistemas judiciais, com custos sociais, políticos e económicos muito elevados». CONCEIÇÃO GOMES – *O tempo dos Tribunais: Um estudo sobre a morosidade da Justiça*, PLANEAMENTO, Coimbra: Coimbra Editora, 2003, p. 11-12.

O estudo de CONCEIÇÃO NUNES não apresenta dados mais actuais quanto à duração média dos processos cíveis, concentrando-se apenas nos processos penais. GOMES –

Merecem por isso reflexão duas teorias *de iure condendo*, aparentemente contraditórias, mas que na realidade não o são, como veremos adiante. A análise destas teorias e sua aplicação ao caso português deve no entanto ser precedida de uma introdução.

O tema do governo das sociedades comerciais assumiu-se progressivamente como objecto de discussão jurídico-económica a nível global, gerando fenómenos de convergência formal e funcional a diferentes níveis[344]. Neste contexto, assumiu particular relevância a

---

O tempo dos Tribunais: Um estudo sobre a morosidade da Justiça, p. 16-17. De acordo com os dados de BOAVENTURA DE SOUSA SANTOS, reportados ao período 1984-1993, os processos cíveis (mais especificamente, as acções declarativas) **findos na primeira instância** tinham a seguinte duração média (em meses): 1984: 14; 1985: 16; 1986: 17; 1987: 18; 1988: 18; 1989: 18; 1990: 16; 1991: 15; 1992: 13; 1993: 11. Cfr. BOAVENTURA DE SOUSA SANTOS, *et al.* – *Os Tribunais nas Sociedades Contemporâneas: O Caso Português*, CENTRO DE ESTUDOS SOCIAIS, Porto: Edições Afrontamento, 1996, p. 405. Quando analisada a duração média de todas as acções cíveis (e não apenas as findas em primeira instância), os números são naturalmente maiores. Se descontarmos os valores das acções sumaríssimas, o panorama é ainda mais assustador. Note-se no entanto que, a nível do direito das sociedades, parece haver (algumas) razões para sorrir, porquanto em 1989 40% das acções relativas a sociedades tinham uma duração média inferior a 1 ano; valor que subiu para os 58,9% em 1993. Cfr. SANTOS, *et al.* – *Os Tribunais...* p. 411. Este estudo apresenta muitos outros dados estatísticos sobre a morosidade dos processos judiciais em Portugal no período referido.

Cfr. ainda JOSÉ A. ENGRÁCIA ANTUNES – ""Law & Economics" Perspectives of Portuguese Corporation Law", in VENTORUZZO (ed) – *Nuovo Diritto Societario e Analisi Economica del Diritto*, Milano: EGEA, 2005.

De acordo com os comentários de Maria José Costeira, Juíza-Presidente do Tribunal do Comércio de Lisboa, publicados em 9 de Abril de 2008 no site www.inverbis.pt, este tribunal está em «completa ruptura». A mesma firmava então que só estava a tramitar providências cautelares, processos de insolvência e recursos de contra-ordenação. Todos os demais processos estavam parados. Concluía ainda que perante este cenário, não investiria em Portugal. Disponível em http://www.inverbis.net/tribunais/tribunalcomercio-lisboa-completa-ruptura.html.

[344] *Vide*, por todos, BERKOWITZ, PISTOR e RICHARD – Economic development...; GUIDO FERRARINI, *et al.* – *Reforming Company and Takeover Law in Europe*, Oxford, New York: Oxford University Press, 2004; MERRITT B. FOX e MICHAEL A. HELLER – *Corporate Governance Lessons From Transition Economy Reforms* Princeton, Oxford: Princeton University Press, 2006; JEFFREY N. GORDON e MARK J. ROE – *Convergence and persistence in corporate governance*, Cambridge, UK ; New York, NY: Cambridge University Press, 2004; KLAUS J. HOPT, *et al.* – *Corporate Governance in Context*, Oxford, New York: Oxford University Press, 2005; REINIER KRAAKMAN, *et al.* – "The Anatomy of Corporate Law: A Comparative and Functional Approach", Oxford, New York: Oxford University Press, 2006.

transposição da *"dinâmica"* dos deveres fiduciários anglo-saxónicos (*duties of care and loyalty*) para diferentes ordens jurídicas, entre as quais a portuguesa, com a alteração do artigo 64.º na reforma de 2006. Referimo-nos a uma transposição da *"dinâmica"* porque tais conceitos (ou outros similares do ponto de vista funcional) já existiam em muitos dos ordenamentos de recepção[345]. No entanto, a discussão em torno da aplicação dos mesmos, ampliada pelo papel dos meios de comunicação social em tempos de crises e escândalos financeiros, potenciou o desenvolvimento da sua *dinâmica* na resolução de problemas concretos.

Neste sentido, em 2006, o nosso legislador teve uma preocupação pedagógica de promover o seu conhecimento, entendimento e interiorização pelos intervenientes na vida societária, com o objectivo de promover «uma maior transparência e eficiência das sociedades anónimas portuguesas»[346]. Este fenómeno tem tido paralelo não só em países desenvolvidos nossos vizinhos – veja-se, *e.g.*, o caso espanhol de explicitação e desenvolvimento dos deveres de fidelidade, lealdade e segredo nos artigos 127 bis, ter, e quáter da *Ley de Sociedades Anónimas*, na sequência das recomendações constantes do *Informe Aldama*[347] – mas também em economias em transição, sendo a Rússia (e outros países em transição do modelo socialista para o modelo capitalista) um exemplo paradigmático.

II. É neste âmbito que merecem especial reflexão considerações – como as que, por exemplo, são apresentadas por KATHARINA PISTOR e CHENGGANG XU[348], de acordo com as quais a melhor

---

[345] Entre nós, *vide*, por todos, CORDEIRO – A lealdade...; CORDEIRO – Os deveres fundamentais...

[346] CMVM – Governo das sociedades anónimas: propostas de alteração do Código das Sociedades Comerciais / Processo de consulta pública n.º 1/2006, n.º 11.

[347] ENRIQUE DE ALDAMA Y MIÑÓN, *et al.* – "Informe de la Comisión Especial para el Fomento de la Transparencia y Seguridad en los Mercados y en las Sociedades Cotizadas", 2003. Cfr. RODRIGO URÍA GONZALEZ, AURÉLIO MENÉNDEZ MENÉNDEZ e JAVIER GARCÍA DE ENTERRIA – "La Sociedad Anónima: Órganos Sociales. Los Administradores", in URÍA e MENÉNDEZ (eds) – *Curso de Derecho Mercantil*, Vol. 1, 2 ed., Madrid: Thomson – Civitas, 2006, p. 978-981, com extensas indicações bibliográficas.

[348] KATHARINA PISTOR e CHENGGANG XU – "Fiduciary Duty in Transitional Civil Law Jurisdictions – Lessons from the Incomplete Law Theory", in MILHAUPT (ed) –

solução para a reforma do direito societário passa pelo reforço do poder (e dos meios) dos tribunais para desenvolver e aplicar adequadamente conceitos gerais e abstractos, como os deveres fiduciários, preterindo soluções de *formulação legal casuística* (na terminologia de LARENZ[349]) que prevêem o maior número possível de situações da vida, fazendo corresponder-lhes uma regulamentação extremamente minuciosa[350].

Partindo da análise económica da incompletude da lei (por não prever todos os casos possíveis), estes Autores apelam para a implementação de soluções que promovam a intervenção dos tribunais nos conflitos verificados na vida societária, rejeitando soluções que procurem circundar os tribunais na resolução desses litígios, dado que das mesmas decorre um subdesenvolvimento do direito pela jurisprudência. Ainda de acordo com estes Autores, só uma politica deste cariz permite superar o comummente designado (na análise económica do direito) *transplant effect* que decorre da incompletude da lei. O *transplant effect* consiste no fenómeno de que as ordens jurídicas destinatárias da transposição de uma determinada solução jurídica tendem a apresentar leis e instituições legais muito menos eficientes do que as suas correspondentes na ordem jurídica de origem. Isto deve-se ao facto de que as ordens jurídicas de origem estão em

---

Global Markets, Domestic Institutions: Corporate Law and Governance in a New Era of Cross-Border Deals, New York: Columbia University Press, 2003.

Note-se que esta perspectiva não é inteiramente inovadora, tomando por base a teoria económica da incompletude dos contratos e o papel dos tribunais no seu desenvolvimento. Vide a este propósito, por exemplo, a exposição de JOHN C. COFFEE em 1989, no âmbito do debate entre a natureza "imperativa" (*mandatory*) ou "permissiva" (*enabling*) do Direito das sociedades comerciais e comparando (para efeitos analíticos) a sociedade comercial a um contrato de longo prazo – o papel dos tribunais como complemento necessário da liberdade contratual. Cfr. JOHN C. COFFEE, JR. – The Mandatory/Enabling Balance in Corporate Law: An Essay on Judicial Role, *Columbia Law Review*, 89, 1989, p. 1620-1621.

Entre nós, sobre a incompletude dos contratos, *vide* ARAÚJO – *Teoria Económica...* p. 147-148.

[349] *Vide* PINTO, MONTEIRO e PINTO – *Teoria Geral...* p. 85-87
[350] *Vide* Ibidem.

De acordo com FERNANDO ARAÚJO, esta corresponde à abordagem típica da *Law and Economics* que mais realisticamente aceita que os contratos sejam incompletos e admite que caiba à instância externa, o juiz, completar e definir os termos contratuais. ARAÚJO – *Teoria Económica...* p. 394.

melhores condições para tornar a lei relativamente mais "completa" ao longo do tempo através da sua adaptação aos diferentes casos concretos e do desenvolvimento de instituições legais complementares para aplicação da lei (*enforcement*). Os Autores concluem por isso que a transposição de conceitos gerais e abstractos como os deveres fiduciários – sem qualquer desenvolvimento – é particularmente difícil, dado que sem o seu desenvolvimento jurisprudencial, não asseguram uma orientação clara quanto à conduta devida e não reprimem adequadamente condutas indevidas.

Uma resposta possível para este problema passa pela adopção de regras claras e precisas (*bright-line rules*) – tal como sugerido por BLACK e KRAAKMAN na teoria que analisamos em seguida – mas estas, de acordo com PISTOR e XU, não resolvem o problema da incompletude da lei. Veremos adiante que na medida em que as *bright-line rules* sejam de carácter procedimental e não substantivo, nos termos sugeridos por BLACK e KRAAKMAN, esta crítica perde algum conteúdo.

Assim, de acordo com estes Autores, a conclusão é necessariamente de que a transposição de soluções de direito substantivo (*e.g.*, deveres fiduciários) a partir de fontes exteriores não pode deixar de ser acompanhada das alterações ao direito e práticas processuais que permitam aos tribunais exercer a sua função (de desenvolvimento e concretização dos conceitos gerais e abstractos) de forma eficaz e eficiente (incluindo normas que facilitem o acesso dos accionistas minoritários à via judicial)[351], o que não tem ocorrido a nível europeu[352].

---

[351] Neste contexto, importa ainda destacar a análise de PISTOR e XU sobre a aplicação do dever de lealdade dos sócios no direito alemão – que tanto influencia o nosso próprio sistema – da qual se retira uma ideia fundamental: na Alemanha este dever desempenha um papel diferente daquele que tem sido desenvolvido pelos tribunais em Delaware. Enquanto para estes últimos, o dever de lealdade representa o último bastião dos direitos dos accionistas face a um direito societário não imperativo, na Alemanha o mesmo é usado para equilibrar as soluções que resultam de forma imperativa da lei. Este desenvolvimento jurisprudencial realça a importância dos deveres fiduciários e do papel dos tribunais na resolução dos litígios societários.

[352] Tal como referem GUIDO FERRARINI e PAOLO GIUDICI: «*US securities regulation was transplanted into Continental Europe without sufficient modernisation as to*

No entanto, ainda de acordo com estes Autores, a adopção de normas processuais adequadas pode não ser suficiente. É necessário ainda enfrentar a dificuldade dos tribunais na concretização dos conceitos gerais e abstractos que foram importados de outra ordem jurídica. De acordo com a análise empírica destes Autores em diversas ordens jurídicas que importaram soluções estrangeiras, quanto mais vagos são os conceitos importados, maior é a tendência dos tribunais para evitar a sua aplicação, resolvendo os casos que lhes são submetidos através de subtilezas formais da lei. Assim, a lei não se deve limitar a enunciar tais conceitos, devendo prever casos típicos em que os mesmos sejam concretizados, esclarecendo que tal previsão não é taxativa. A lógica é evitar a tal tentação dos tribunais para resolver os casos segundo questões formais ou processuais, forçando-os a analisar e tomar posição sobre as questões substantivas de fundo.

No caso português, confirma-se a (quase) ausência de jurisprudência sobre os conceitos gerais e abstractos em que se traduzem os referidos deveres dos administradores e dos accionistas. Não temos dados empíricos que nos permitam justificar este facto, mas parece-nos que, em grande medida, as considerações tecidas por PISTOR e XU podem ser no geral aplicadas ao caso português, merecendo reflexão o alerta de que a mera transposição (ou reafirmação com novos contornos) dos deveres fiduciários poderá não ser, só por si, uma solução eficiente, devendo ser consideradas as soluções propos-

---

civil procedure in the area of mass claims and complex litigation». (...) «Continental Europe in general (...) have transplanted US securities regulation, as well as US antitrust, and are now transplanting US-style corporate governance, without any serious attempt to modernize a civil procedure that is ill-suited for investors (or consumers) protection». GUIDO FERRARINI e PAOLO GIUDICI – "Financial Scandals and the Role of Private Enforcement: The Parmalat Case", in ARMOUR e MCCAHERY (eds) – *After Enron*, 2006. BLACK e KRAAKMAN, por seu turno, realçam que: «*the United States relies on expert judges to assess the reasonableness of takeover defenses and the fairness of transactions in which managers have a conflict of interest. When necessary, these judges make decisions literally overnight to ensure that judicial delay does not kill a challenged transaction. A company law that depends on fast and reliable judicial decisions is simply out of the question in many emerging markets*». Infelizmente, as sociedades portuguesas não podem contar com uma tal (atempada) intervenção judicial. BERNARD S. BLACK e REINIER KRAAKMAN – A Self Enforcing Model of Corporate Law, *Harvard Law Review*, 109, 1996, p. 1911.

tas: reforma dos mecanismos processuais adequada às necessidades de desenvolvimento do direito societário e concretização dos deveres fiduciários pelo legislador.

Para além destas considerações, deve recordar-se o ensinamento de MENEZES CORDEIRO a propósito do papel da jurisprudência: «Cristalizando, através das suas decisões, o verdadeiro Direito, enquanto solução de casos concretos, a jurisprudência assume-se como dado fundamental da realização de uma ordem jurídica»[353].

III. Temos consciência, porém, que a reforma dos mecanismos processuais (a concretizar-se em termos adequados) é muito mais complexa e demorada do que qualquer reforma do direito substantivo. Nessa medida, parece-nos que merecem reflexão a teoria de *self enforcing law* – como a defendida por BLACK e KRAAKMAN[354] – que, como a própria designação indica, defende a implementação de soluções que produzam só por si os efeitos pretendidos a nível societário, evitando, na maior medida possível, o recurso a instituições (incluindo os tribunais) que não funcionam de forma eficiente nas ordens jurídicas de destino[355]. Em termos mais desenvolvidos, esta teoria assenta nos seguintes pilares fundamentais:

i) Aplicação da lei (*enforcement*), tanto quanto possível, através das acções daqueles que participam directamente na vida social (accionistas, administradores e demais gestores) e não

---

[353] CORDEIRO – *Tratado... Vol. 1, Tomo 1*, p. 269.
[354] BLACK e KRAAKMAN – A Self Enforcing Model of Corporate Law...
[355] Este mecanismo parece integrar-se na "abordagem relacional" na teoria económica dos contratos que, de acordo com FERNANDO ARAÚJO: «enfatiza a complexidade do jogo de interesses e lhe associa como consequência normal a ineficácia da intervenção externa, apresentado como alternativa a solução contratual como quadro procedimental, uma "estrutura de governo" que permite encontrar soluções adequadas a problemas radicalmente novos». No âmbito contratual, a ênfase "relacional" denota frequentemente a desconfiança das partes face à solução judicial e a clara preferência por soluções baseadas em estruturas de governo, auto-sustentadas e auto-disciplinadas, bloqueando *ex ante* a "tentação de exploração oportunista". Este contexto explica estipulações *adjectivas* que definem os processos de articulação da conduta das partes com formas de adjudicação e disciplina puramente *internas*, evitando o recurso a cláusulas gerais e a conceitos indeterminados, que (empregando critérios de hetero-disciplina), tendem a remeter para a adjudicação *externa* (judicial ou arbitral). Cfr., com extensas referências bibliográficas, ARAÚJO – *Teoria Económica...* p. 393-430, em especial, p. 394 e 403.

tanto através dos participantes indirectos (tribunais, reguladores, advogados, auditores ou analistas)[356].

ii) Maior protecção dos accionistas minoritários (*outsiders*) do que aquilo que é comum em economias mais desenvolvidas, dando resposta à elevada incidência de sociedades com concentração accionista, à fragilidade dos demais limites aos negócios oportunistas dos administradores e accionistas controladores e à necessidade de controlar a extracção de benefícios privados para fortalecer a credibilidade politica da economia de mercado.

iii) Prevalência dos mecanismos de protecção de cariz processual – tais como a aprovação de negócios pelos administradores desinteressados (ou mesmo independentes), pelos accionistas desinteressados, ou por ambos – face aos mecanismos baseados em simples proibições de determinados negócios. O uso de meios processuais equilibra as necessidades de protecção dos accionistas e de flexibilidade na administração da sociedade.

iv) Uso, sempre que possível, de regras claras e precisas (*brightline rules*), em vez de conceitos indeterminados, para definir os comportamentos devidos e indevidos. As regras claras e precisas são mais facilmente compreendidas e interiorizadas pelos seus destinatários e há uma maior probabilidade de serem cumpridas. Os conceitos indeterminados, pelo contrário, dependem de interpretação judicial, a qual nem sempre apresenta o desenvolvimento desejável. O uso destes conceitos presume ainda uma compreensão cultural (comum a todos os destinatários da norma) das políticas de regulação subjacentes, a qual nem sempre se verifica[357].

---

[356] «*Managers may evade a flat ban on self-interested transactions, yet comply with a procedural requirement for shareholder approval because they think that they can obtain approval. Once they decide to obtain shareholder approval, the managers may make the transaction more favorable to shareholders, to ensure approval and avoid embarrassment*». BLACK e KRAAKMAN – A Self Enforcing Model of Corporate Law... p. 1917.

[357] «*Managers can't comply with, and judges can't enforce, rules that they don't understand. Nor will managers respect an unduly complex statute*». Ibidem

v) Previsão legal de pesadas sanções, para compensar a fraca probabilidade de essas sanções serem efectivamente aplicadas.

A aplicação desta teoria ao caso português implicaria, desde logo, uma reformulação do teor do artigo 397.º CSC, estabelecendo claros requisitos de aprovação dos negócios com um accionista controlador, à imagem do que foi feito recentemente noutros países europeus (*e.g.*, Itália). Este é um mecanismo de resolução de conflitos de interesses *ex ante* no seio da própria sociedade que, obedecendo a regras adequadas, permite reduzir em grande medida a litigiosidade *ex post* (sem prejuízo da essencialidade do desenvolvimento jurisprudencial e doutrinário dos deveres fiduciários dos administradores e dos accionistas para garantir os interesses da sociedade e dos accionistas minoritários, bem como o equilíbrio das soluções que resultam da lei de forma imperativa). De facto, dada a fragilidade de outros mecanismos de limitação da extracção de benefícios privados pelo accionista controlador – mecanismos sociais, culturais, institucionais, legais e até de mercado – justifica-se o recurso a um modelo de estruturação do processo de formação da vontade social que proteja, de forma mais adequada, os accionistas minoritários face ao oportunismo dos *insiders*, recorrendo o menos possível às autoridades legais (incluindo os tribunais)[358]. Na ausência de limites de outra natureza, o direito das sociedades comerciais e dos valores mobiliários é o principal mecanismo para motivar os administradores e gestores, bem como os grandes accionistas, para criar valor social, em vez de simplesmente transferir recursos para si mesmo ou outros em prejuízo da sociedade.

IV. Apesar de à primeira vista parecerem contraditórias, parece-nos que as teorias de PISTOR e XU, por um lado, e de BLACK e KRAAKMAN, por outro, podem e devem ser conjugadas na sua aplicação ao caso português. O modelo de *self enforcing law* sugerido por BLACK e KRAAKMAN não se baseia em soluções de direito substantivo e muito menos de *formulação legal casuística*, mas sim em

---

[358] Ibidem, p. 1916.

mecanismos procedimentais destinados a resolver as questões substantivas no seio da sociedade, fazendo intervir aqueles participam directamente na vida social (accionistas, administradores e demais gestores), em vez de recorrer a entidades ou instituições externas. Apesar de reduzir, não exclui a aplicação e desenvolvimento jurisprudencial dos conceitos gerais e abstractos em que se traduzem os deveres fiduciários, não só em todos os casos não abrangidos pelos mecanismos procedimentais que sejam implementados, mas ainda como solução de recurso nos casos abrangidos por tais mecanismos.

***

Abstract

One of the core purposes of company law is to regulate conflicts of interest between shareholders and to limit agency costs arising therefrom, especially in markets characterized by a concentrated shareholding structure. This paper, based on a typical case study of an agreement executed between a company and its controlling shareholder (self dealing), develops a detailed analysis of the Portuguese legal mechanisms available to limit the extraction of private benefits by the controlling shareholder at three different levels: (1) ex ante private control mechanisms, based on procedural requirements for the approval of self dealing transactions with controlling shareholders; (2) ex post private control mechanisms, based mainly on the shareholders' duty of loyalty and the directors' fiduciary duties (duties of care and loyalty); and (3) disclosure requirements. This paper concludes with an overall analysis of the sufficiency of these mechanisms to limit private benefits of control to an efficient level. It argues that they stop short on doing so and thus presents reflections on the path to follow de iure condendo, advocating long-term reforms to increase judicial efficiency and short-term measures of self-enforcing law.

CAPÍTULO III

Conflitos de Interesses entre Administradores e os Accionistas na Sociedade Anónima:

Os Negócios com a Sociedade e a Remuneração dos Administradores

João Sousa Gião

§1.º
ENQUADRAMENTO INICIAL

1. A natureza estruturante dos conflitos de interesses no contexto da sociedade anónima

I. Os conflitos de interesses são um fenómeno de repercussão generalizada. Surgem de forma constante e inevitável em diversos campos da vida actual, em que a multiplicidade de relações económicas e sociais é norma. Não sendo elementar de definir, o conflito de interesses é uma questão antiga e facilmente intuída nos diversos contextos em que se apresenta.[1-2] O conflito de interesses pressupõe

---

[1] Já em 1776, ADAM SMITH referia-se-lhes da seguinte forma: «The trade of a joint stock company is always managed by a court of directors. This court, indeed, is frequently subject, in many respects, to the control of a general court of proprietors. But the greater

dois interesses. Dois interesses divergentes. Tais interesses podem surgir reunidos na mesma pessoa ou respeitar a duas ou mais pessoas que se encontrem em relação. A razão da divergência dos interesses pode igualmente ser diversa.[3] O próprio conceito de "conflito de interesses" assume significados diversos, consoante os contextos em que é utilizado, o que dificulta a sua concretização.

---

part of those proprietors seldom pretend to understand anything of the business of the company, and when the spirit of faction happens not to prevail among them, give themselves no trouble about it, but receive contentedly such half-yearly or yearly dividend as the directors think proper to make to them. This total exemption from trouble and from risk, beyond a limited sum, encourages many people to become adventurers in joint stock companies, who would, upon no account, hazard their fortunes in any private copartnery. Such companies, therefore, commonly draw to themselves much greater stocks than any private copartnery can boast of. (...). The directors of such companies, however, being the managers rather of other people's money than of their own, it cannot well be expected that they should watch over it with the same anxious vigilance with which the partners in a private copartnery frequently watch over their own. Like the stewards of a rich man, they are apt to consider attention to small matters as not for their master's honour, and very easily give themselves a dispensation from having it. Negligence and profusion, therefore, must always prevail, more or less, in the management of the affairs of such a company»; cfr. Capítulo 1 do Livro V do *An Inquiry into the Nature And Causes of the Wealth of Nations* (1776).

[2] «Ninguém pode servir a dois senhores: ou não gostará de um deles e estimará o outro, ou se dedicará a um e desprezará o outro». *São Mateus, 6.24.*.

[3] É impossível analisar uma questão relativa a conflitos de interesses no seio das sociedades anónimas sem assinalar, desde logo, o desconforto encontrado na doutrina acerca da utilização do conceito de interesse, cuja aceitação como «categoria dogmática» é negada. Cfr. MENEZES CORDEIRO, *Os Deveres Fundamentais dos Administradores das Sociedades,* Revista da Ordem dos Advogados (doravante, "ROA") On-line, 66/II (2006). É, ainda assim, usual distinguir-se a acepção subjectiva de interesse da sua acepção objectiva. Esta traduz, simplesmente, a relação entre um sujeito com necessidades e os bens aptos a satisfazê-las. Aquela utiliza-se quando o autor do juízo de apetência é o próprio sujeito com necessidades, isto é, quando é o próprio sujeito com necessidades que selecciona os bens aptos a satisfazê-las. Ao longo da análise que se segue a situações de colisão entre os interesses dos administradores e os interesses dos accionistas, partir-se-á de uma acepção subjectiva dos respectivos interesses, fundada, todavia, na caracterização padronizada da actuação de uns e outros oferecida pela análise económica do Direito. O propósito não será outro que não o de avançar na interpretação dos comandos normativos externos que contribuem para a objectivação dos interesses em presença. Esta menção à disciplina da análise económica do Direito tem presente os valores próprios que enquadram o Direito societário, o respeito pelos quais pode obrigar à negação de leis económicas aceites. Neste sentido, com desenvolvimentos, MENEZES CORDEIRO, *Manual de Direito das Sociedades,* vol. I, 2.ª ed. (2007), p. 240 e ss..

É possível discernir interesses contrapostos em qualquer transacção comercial. Num normal contrato de compra e venda, o interesse do vendedor (conseguir vender o bem pelo maior preço possível) conflitua com o do comprador (conseguir comprar o bem pelo menor preço possível). Numa relação de troca onerosa, os interesses das duas partes, mais do que em conflito, apresentam-se em contraposição. As partes actuam na defesa dos respectivos interesses próprios, apesar da conduta leal que se lhes exige em nome da boa fé.[4] Não é este tipo de conflitos que aqui vão ser abordados. Nas seguintes linhas abordar-se-ão situações de conflitos de interesses enfrentados por pessoas – os administradores de sociedades anónimas – que têm a função e o dever específicos de curar de interesses alheios – o interesse da sociedade por eles administrada. Este tipo de conflito é, consequentemente, designado, por alguns autores, como um «conflito pessoal».[5]

Tipicamente, a intervenção da lei é reclamada para resolver os problemas criados pela existência de um conflito de interesses quando uma das partes envolvidas no negócio tem o dever específico de proteger e promover os interesses da outra parte. É fácil de compreender porquê: se aquele a quem compete promover a realização do interesse de outrem não o faz adequadamente, é o interesse de outrem que fica por satisfazer. Na incisiva expressão de CARNEIRO DA FRADA, estamos perante «*uma especial possibilidade de interferir danosamente nos interesses alheios*»[6]. Os administradores societários encontram-se nessa posição de disponibilidade sobre interesses alheios. Cabendo-lhes, como obrigação típica, o dever de administrar a sociedade[7] – e, portanto, um património alheio – a lealdade que deve

---

[4] Nos termos do disposto no n.º 2 do artigo 762.º do Código Civil (doravante, "CC").

[5] De acordo com a classificação de HOLLANDER/SALZEDO, ao lado dos «personal conflicts» surgem os «existing client conflicts», os «former client conflicts», os «commercial conflicts», os «same matter conflicts», os «non-waivable conflicts» e os »judicial conflicts». Cfr. *Conflicts of Interest*, 3.ª ed. (2008), p. 1 e ss..

[6] Cfr. *A Business Judgement Rule no Quadro dos Deveres Gerais dos Administradores*, ROA On-line, 67/I (2007).

[7] Neste sentido, CARNEIRO DA FRADA, *A Business Judgement Rule no Quadro dos Deveres Gerais dos Administradores*, ROA On-line, 67/1 (2007); RAUL VENTURA/BRITO

caracterizar a sua actuação é uma decorrência imediata da posição em que se encontram investidos.

II. No presente texto, abordar-se-ão alguns dos conflitos de interesses gerados no seio das sociedades anónimas. Mais especificamente, abordar-se-ão alguns dos conflitos identificáveis na relação entre os administradores, a sociedade e os seus accionistas.

A sociedade anónima é a forma de organização empresarial mais eficaz da história do Direito Societário.[8] O seu sucesso é justificado com o facto de combinar cinco factores decisivos: (*i*) a personalidade jurídica; (*ii*) a limitação da responsabilidade do accionista; (*iii*) a divisão interna do trabalho, na qual a responsabilidade pela gestão é atribuída a uma estrutura orgânica de funcionamento colegial; (*iv*) a incorporação da situação jurídica do accionista num valor mobiliário, a acção; e (*v*) a propriedade partilhada pelos accionistas detentores do capital.[9]

III. A personalidade colectiva, enquanto abstracção, é apontada como uma conquista jurídico-científica do racionalismo ou da segunda sistemática, sendo múltiplos os fundamentos de política legislativa que estão na base da personalização das sociedades comerciais. Entre os mais amiúde individualizados destacam-se os seguintes: em pri-

---

CORREIA, *Responsabilidade Civil dos Administradores de Sociedades Anónimas e dos Gerentes de Sociedades por Quotas*, Boletim do Ministério da Justiça (doravante, "BMJ"), 192 (1970); PEDRO MAIA, *Função e Funcionamento do Conselho de Administração da Sociedade Anónima* (2002); LOBO XAVIER, *Anulação de Deliberação Social e Deliberações Conexas*, Reimpressão (1998); e ELISABETE RAMOS, *Responsabilidade Civil dos Administradores e Directores de Sociedades Anónimas perante Credores Sociais* (2002). Salientando a necessidade de distinguir as esferas de actuação (e os respectivos deveres) dos administradores executivos e dos administradores não executivos, cfr. PAULO CÂMARA, *O Governo das Sociedades e a Reforma do Código das Sociedades Comerciais*, Código das Sociedades Comerciais e Governo das Sociedades (2008), p. 27.

[8] Com efeito, como recorda MENEZES CORDEIRO, a sociedade anónima deixou de exprimir a ideia de congregação de esforços humanos, para representar um esquema de organização e uma técnica de gestão. Cfr. *Manual de Direito das Sociedades*, vol. I, 2.ª ed. (2007), p. 246.

[9] A depuração das características nucleares e comuns da sociedade anónima foi recolhida em HANSMANN / KRAAKMAN, *What is Corprate Law?*, The Anatomy of Corporate Law: A Comparative and Functional Approach (2004), p.1.

meiro lugar, procura-se com a personalização das sociedades impedir os credores individuais dos accionistas de atacar os bens sociais e, assim, assegurar preferência aos credores da sociedade; em segundo lugar, trata-se de limitar a possibilidade dos accionistas transferirem a sua quota de bens sociais para terceiros.[10] Ademais, a atribuição de personalidade jurídica à sociedade, ao convertê-la em sujeito de direitos e obrigações, estimulou fortemente a sua participação no tráfego jurídico e económico.

De acordo com a explicação clássica oferecida pela análise económica do Direito, é o critério dos custos de transacção que justifica o facto de grande parte da actividade económica ser desenvolvida por estruturas de organização complexa em detrimento de pessoas singulares.[11] A preferência pelo método empresarial é a conclusão

---

[10] Cfr. MENEZES CORDEIRO, *Manual de Direito das Sociedades*, vol. I, 2.ª ed. (2007), p. 329.

[11] Analiticamente, a organização da actividade produtiva pode alicerçar-se num de dois métodos. Um primeiro assenta na contratação separada e individual de todos os componentes da actividade produtiva. O agente económico tem de contratar, separadamente, eventualmente com pessoas diferentes, o fornecimento da matéria prima, a transformação da mesma e, por fim, a distribuição do produto acabado. No segundo método, o empreendedor contrata as mesmas pessoas para o desempenho das mesmas prestações mas como seus trabalhadores, adquirindo, contra o pagamento de um salário, o poder de dirigir e orientar a execução das mesmas. O método da contratação separada requer a negociação individual de aspectos como o preço, quantidades, qualidade, prazos de execução ou entrega, garantias, etc., antes da celebração do contrato. Além do tempo consumido com a negociação de cada um dos acordos, existe ainda a possibilidade de haver necessidade de renegociação. Todos estes factores contribuem para que os custos de transacção deste método sejam particularmente elevados e para que, historicamente, o segundo método tenha sido privilegiado. Em resultado, a actividade produtiva assenta normalmente em estruturas de organização complexa. O segundo método não é, todavia, isento de custos: apresenta custos de incentivo, de informação e de comunicação. Os custos de incentivo resultam da circunstância de, não sendo a retribuição dos trabalhadores indexada directamente ao resultado do seu trabalho, estes terem um menor incentivo à minimização dos respectivos custos. Os custos de informação reportam-se ao facto de, na medida em que lhes escapa o domínio do processo produtivo, os trabalhadores não possuírem a informação, designadamente em termos de preços, que lhes permitiria a optimização da afectação dos recursos por si utilizados. Por fim, os custos de comunicação reportam-se aos custos de organização da cadeia hierárquica, com vista ao estabelecimento de uma efectiva direcção do processo produtivo. Do ponto de vista do produtor, o principal custo resultante do recurso a estruturas complexas consiste na perda de controlo directo sobre todas as etapas da actividade. Cfr. COASE, *The nature of the firm* (1937), p.390 e ss..

mais relevante da *theory of the firm*. Esta não explica, todavia, a razão pela qual a generalidade das empresas se organiza sob a forma societária.[12-13] A justificação habitualmente utilizada é a de que quando na *empresa* prevalece o trabalho como factor produtivo determinante, a forma societária não é essencial. A forma societária é antes procurada para resolver as questões colocadas quando a organização da actividade económica exige a reunião de avultados capitais. Designadamente, as questões relativas ao financiamento propriamente dito, assim como as relativas à responsabilidade dos diversos intervenientes.[14]

A importância da limitação da responsabilidade resulta do facto de ter permitido a um número elevado de pessoas aceder à qualidade de accionistas sem arriscar, perante as normais incertezas dos negócios, a totalidade do respectivo património. Em simultâneo, o alargamento da base de capitais a uma escala nunca antes vista, facilitou a sua alocação a sectores novos ou de risco superior. Nesta medida, a limitação da responsabilidade estimulou a progressiva expansão dos mercados e favoreceu o desenvolvimento económico.[15]

IV. De sua banda, a divisão interna do trabalho, atribuindo a responsabilidade pela gestão a uma estrutura orgânica de funcionamento colegial, profissionalizou a administração dos negócios sociais, dotando-a de estabilidade e continuidade. O conceito de administração é apontado como sendo polissémico. Por "administração" tanto

---

[12] JENSEN e MECKLING são os responsáveis pela conceptualização da sociedade como um centro de convergência de distintos contratos («nexus of contracts»). Na linguagem da ciência económica que representam, referem caber à sociedade uma função de coordenação de actividades, tanto dos fornecedores de *inputs*, como dos consumidores dos produtos e serviços por ela oferecidos. Cfr. *Theory of the firm: Manegerial Behavior, Agency Costs and Ownership Structure* (1976), p. 8.

[13] Como recorda MENEZES CORDEIRO, a forma societária actual resulta da confluência de três institutos: o contrato romano de *societas*, a personalidade colectiva, e, por fim, as companhias coloniais dos séculos XVII e XVIII. Estas últimas foram determinantes para a face actual das sociedades anónimas, ainda que se reconheça datarem do século XIX os grandes avanços dogmáticos no domínio das grandes sociedades de capital. Cfr. *Manual de Direito das Sociedades*, vol. I, 2.ª ed. (2007), p. 49 e 71.

[14] Cfr. POSNER, *Economic Analysis of Law* (1998), p. 427 e ss..

[15] EASTERBROOK/FISCHEL, *The Economic Structure of Corporate Law* (1991), p.11.

se entende o acto ou efeito de administrar, como o conjunto de pessoas que têm a seu cargo a função de administrar.[16]

Como se vem de ver, a optimização da divisão das tarefas em organizações complexas leva a que as pessoas sejam obrigadas a confiar umas nas outras. Os accionistas, proprietários da sociedade, ganham vantagem em atribuir a gestão da mesma a agentes especializados. Ao fazê-lo não despendem tempo e outros custos em esforços de auto-coordenação ou, noutra formulação, de superação dos normais obstáculos organizativos inerentes à coordenação de grupos.

Em contrapartida, os administradores especialistas passam a saber mais do que os accionistas e a maximização dos interesses da sociedade depende em grande medida da sua actuação. Daqui deriva uma posição de assimetria informativa que privilegia os administradores em relação aos accionistas.

V. A admissão à negociação em mercado regulamentado das acções emitidas por uma sociedade anónima sublima o papel da acção/valor mobiliário e da propriedade partilhada pelos detentores de capital. Enquanto valor mobiliário, a acção apresenta as características determinantes destes: homogeneidade, fungibilidade e susceptibilidade de negociação em massa.[17] A transferibilidade das acções da sociedade anónima assume importância na medida em que permite à sociedade conduzir os seus negócios de forma ininterrupta e independente da identidade dos accionistas. Quando admitidas em mercado regulamentado, a susceptibilidade de negociação em massa das acções concretiza-se. O aumento concreto do volume de negociação ou, noutra terminologia, da liquidez das acções, implicado pela sua admissão à negociação, alarga a base de detentores de capital que partilha a propriedade da sociedade. Por outro lado, esta maior liquidez facilita a composição e gestão de carteiras diversificadas de

---

[16] Cfr. MENEZES CORDEIRO, *Manual de Direito das Sociedades*, vol. I, 2.ª ed. (2007), p. 789.

[17] Cfr. alínea g) do artigo 1.º do Código dos Valores Mobiliários (doravante, "CVM"). O artigo 1.º do CVM não consagra, todavia, um conceito de valor mobiliário. Neste sentido e propondo uma definição própria, PAULO CÂMARA, *Manual de Direito dos Valores Mobiliários* (20089), p. 102 e ss. Sobre o assunto cfr. também PAULA COSTA E SILVA, *Direito dos Valores Mobiliários – Relatório* (2005), p.144 e ss..

investimentos por parte dos accionistas. O facto de os accionistas poderem negociar as suas acções configura os mercados de acções como um estímulo à separação entre propriedade e controlo e, nessa medida, é um elemento delimitador da relação entre os administradores e os accionistas.[18]

A estrutura accionista de uma sociedade – ou, generalizando, de uma determinada jurisdição – é um elemento determinante das feições que o conflito entre os accionistas e os administradores assume em concreto. Por isso é usual apontar-se a jurisdição norte-americana como aquela em que o conflito entre accionistas e administradores é mais agudo. Perante uma maior concentração das posições accionistas – típica em Portugal e na generalidade das jurisdições europeias continentais – não é habitual os accionistas de controlo manifestarem dificuldades em controlar ou disciplinar os seus administradores. O que, de alguma forma, sugere que os instrumentos de tutela de que os accionistas de controlo beneficiam em exclusivo – isto é, que não estão à disposição dos accionistas minoritários – gozam de uma eficácia superior. A jurisdição inglesa acaba por representar um cenário próprio. Apesar da fragmentação da estrutura accionista se aproximar do mercado norte-americano, em Inglaterra verifica-se um fenómeno de cooperação entre os investidores institucionais sem paralelo, do qual deriva a prevalência dos interesses dos accionistas na generalidade das sociedades cotadas.[19]

VI. Os contornos específicos dos conflitos de interesses que irão ser abordados neste texto resultam da confluência dos factores estruturantes da sociedade (anónima) moderna acima apontados. Por outras palavras, os mesmos factores que explicam o êxito histórico da sociedade anónima estão igualmente na origem de problemas no seu funcionamento.

A coesão formal das organizações empresariais não esconde a existência de tensões internas na formação da vontade colectiva.

---

[18] Cfr. HANSMANN / KRAAKMAN, *What is Corprate Law?*, em The Anatomy of Corporate Law: A Comparative and Functional Approach (2004), p.3.

[19] Assim, HANSMANN/KRAAKMAN, *The Basic Governance Structure*, em The Anatomy of Corporate Law: A Comparative and Functional Approach (2004), p.53.

O escopo objectivo da sociedade – a maximização do lucro ou do valor de mercado da sociedade ou outro definido pelos accionistas dentro dos quadros legais – não é necessariamente respeitado por quem efectivamente dirige as sociedades. Os administradores da sociedade têm o poder de desvirtuar a finalidade objectiva da sociedade, subordinando-a a outras finalidades, assentes ou não na racionalidade económica, designadamente, às suas finalidades próprias. Em síntese, esta é a principal conclusão de BERLE e MEANS.[20] Os problemas que de seguida serão analisados constituem, assim, um problema estrutural da sociedade anónima e a sua resolução ou minimização ocupa um lugar central no Direito das Sociedades. Com efeito, a redução do oportunismo societário – nas suas diversas manifestações, não restritas à relação entre os administradores e a sociedade – é, por vezes, apontada como uma das «funções imediatas» do Direito das Sociedades.[21]

2. Os conflitos de interesses entre administradores e accionistas da sociedade anónima como um problema de agência

I. Os conflitos de interesses entre os administradores e os accionistas da sociedade, atrás identificados como estruturais ao próprio conceito de sociedade anónima, configuram aquilo que na terminologia económica – neste aspecto já há muito integrada no discurso jurídico – se designa por um problema de agência. A articulação entre os accionistas e os administradores, no contexto do funcionamento da sociedade, é susceptível de originar problemas de risco moral («*moral hazard*»). Por via da regra, fala-se de risco moral quando, no decurso de uma relação contratual de carácter duradouro,

---

[20] Cfr. BERLE/MEANS, *The Modern Corporation and Private Property*, Reimpressão (2002).

[21] Nas palavras de HANSMANN / KRAAKMAN, *What is Corporate Law?* (2004), p.2, «*agency conflicts* (...) *occupy most of corporate law*». Para os autores, as duas funções fundamentais do Direito das Sociedades são, de um lado e com se disse já, o controlo dos conflitos de interesses que se geram entre os diversos actores societários e, de outro lado, a definição de estruturas jurídicas que permitam a constituição e operação eficiente de organizações complexas sob a forma societária.

uma das partes, abusando da sua vantagem informativa, não cumpre ou cumpre defeituosamente, a sua prestação, confiando que as assimetrias informativas verificadas impeçam ou dificultem a detecção do seu incumprimento.[22] Quando a obrigação assumida pela parte que beneficia da vantagem informativa consista na defesa dos interesses da contraparte, que lhe terá sido confiada, entramos no domínio do problema da relação de agência.[23] É por isso comum entender-se que qualquer relação de natureza fiduciária consubstancia uma relação de agência.[24]

Apesar de a natureza da posição dos administradores ser um problema complexo e ainda não inteiramente resolvido na doutrina, na articulação entre os accionistas e os administradores a que aqui se alude, os accionistas são os comitentes ou «principais» e os administradores são os comissários ou «agentes», devendo agir com base na lealdade. O problema de agência consiste, assim, em assegurar que os administradores, nos diversos campos da sua actuação, curam dos interesses da sociedade e dos accionistas em vez de, no exercício das suas funções, cuidarem dos seus próprios interesses ou de outros.

Ao referirmo-nos aos interesses pessoais dos administradores, importa recordar que a apresentação tradicional da ideia de risco moral pressupõe o predomínio do princípio hedonístico. FERNANDO ARAÚJO menciona, a este propósito, a atitude do «batoteiro racio-

---

[22] Sobre os problemas do risco moral ver, com interesse, HARRIS/RAVIV, *Optimal Incentive Contracts with Imperfect Information*, Journal of Economic Theory, 20/2 (1979), p. 231-259 e HOLMSTROM, *Moral Hazard and Observability*, Bell Journal of Economics, 10/1 (1979), p. 74-91.

[23] Também designada por relação «comitente-comissário» ou *principal-agent*». Por força da similitude terminológica, é usual distinguir-se as questões suscitadas no domínio da relação *principal-agent*» das questões relativas ao contrato de agência, disciplinado pelo Decreto-Lei n.º 178/86.

[24] Cfr. GUERRA MARTÍN, *El Gobierno de Las Sociedades Cotizadas Estadounidenses – Su influencia en el movimiento de reforma del Derecho europeu* (2003), p. 416. Convém, todavia, alertar para o facto de não existir uma coincidência entre os conceitos económico e jurídico de «relação de agência», sendo o primeiro mais amplo. Por esta razão, alguns autores sustentam a designação mais genérica de «custo de intermediação», destinada a agrupar os custos de alinhamento de interesses entre intermediários e beneficiários, sempre que aqueles não sejam juridicamente qualificados como agentes. Cfr. FLANNIGAN, *The fiduciary obligation*, Oxford Journal of Legal Studies, 9 (1989), p. 289.

nal».²⁵ Os administradores, como quaisquer outros agentes económicos, actuam na base da racionalidade económica.²⁶ Considerando que desempenham uma actividade remunerada, racionalmente, os interesses dos administradores consistem na optimização dos rendimentos recebidos pela actividade desempenhada. O princípio da optimização traduz-se na escolha da conduta que, de entre as possíveis, apresenta a máxima diferença entre custos e benefícios, ou seja, da conduta que conduza aos maiores benefícios, suportando os menores custos.

II. O berço da afirmação da natureza fiduciária da relação entre os administradores e os seus accionistas é o Direito anglo-saxónico. Por tal motivo convém precisar o seguinte: o conceito de relação fiduciária naquelas jurisdições é amplo e algo indefinido, abrangendo qualquer tipo de relação em que uma pessoa, o beneficiário, confia na integridade e lealdade de outra, o fiduciário, que se encontra numa posição de domínio ou influência, fruto da confiança nela depositada.²⁷

Verifica-se existir uma aproximação à figura do *trust*. Todavia, os administradores societários, no direito anglo-saxónico, não são *trustees*, no sentido técnico do termo: os administradores não possuem o *legal title* sobre os bens sociais, nem a sociedade surge como (apenas) beneficiária do *equitable title* sobre o património da sociedade.²⁸ Trata-se, de facto, de uma analogia com a figura do *trust*, alicerçada na circunstância de os bens sociais se encontrarem sobre o controlo efectivo (pelo menos, a sua gestão corrente) dos membros do órgão de administração.

Esta analogia é relevante porque importa consequências ao nível do regime. Nas jurisdições de *common-law* o problema do conflito de

---

[25] Cfr. *Introdução à Economia*, vol. I, 2.ª ed. (2004), p. 734.

[26] Cfr. FERNANDO ARAÚJO, *Introdução à Economia*, vol. I, 2.ª ed. (2004), p. 35, sobre a análise económica da racionalidade *procedimental*. A racionalidade que se utiliza para caracterizar a conduta do agente económico evoluiu para um conceito de "racionalidade limitada", a qual atende aos custos implícitos da racionalidade. Esta ideia parte da constatação de que o tempo é limitado, seja para recolher informação completa, seja para tratar e considerar devidamente a informação adquirida.

[27] Sobre a confiança subjacente às relações fiduciárias cfr., por todos, CARNEIRO DA FRADA, *Teoria da Confiança e Responsabilidade Civil* (2004).

[28] Cfr. PETTET, *Company Law*, 2.ª ed. (2005), p. 164.

interesses surge tratado na lei da fidúcia (*law of trusts* ou *fiduciary law*). A lei da fidúcia desenvolveu o dever de lealdade como consequência da atribuição ao *trustee* da defesa dos interesses do beneficiário do *trust*. O dever de lealdade fiduciário (isto é, desenvolvido no contexto da lei da fidúcia) é específico e, como tal, difere do dever de lealdade imposto por outras normas de Direito Privado. A falta da distinção entre o dever de lealdade fiduciário (denominado *fiduciary* ou *equitable duty of loyalty*) e o dever de lealdade fundado na *standard private law* (denominado por *legal duty of loyalty*) é, por vezes, criticada.[29] Sobretudo quando, em consequência dessa falta de distinção, todo e qualquer dever que inclua lealdade no seu conteúdo normativo é apresentado como um dever fiduciário.

A diferença entre o dever de lealdade fiduciário e o dever de lealdade não fiduciário é de dupla natureza. Em primeiro lugar, a lei da fidúcia reconhece deveres de lealdade em situações em que o Direito Privado geral (*standard private law*) não o faz. Em segundo lugar, os próprios contornos particulares do dever de lealdade fundado na lei fiduciária são distintos dos contornos do dever de lealdade fundado em outras normas de Direito Privado. A este propósito, a principal distinção a fazer prende-se com os remédios facultados pela lei em caso de incumprimento do dever pelo agente. Em caso de violação do dever de lealdade não fiduciário, o remédio típico oferecido pela *common-law* consiste na atribuição ao *principal* do direito a compensação integral pelos prejuízos sofridos (*damages*). Por seu lado, em caso de violação do dever de lealdade fiduciário, a *common-law* estabelece a denominada *no profit rule* (ou *disgorgement*), nos termos da qual, o agente é obrigado a transferir para o beneficiário todos os lucros ou ganhos obtidos com a sua actuação desleal. É justamente a analogia atrás referida que permite aplicar o regime fiduciário aos administradores societários.[30]

---

[29] Cfr. KRUITHOF, *Conflicts of Interest in Institutional Asset Management: Is the EU Regulatory Approach Adequate?*, Conflicts of Interest – Corporate Governance & Financial Markets (2007), p. 303 e ss..

[30] Para CARNEIRO DA FRADA a lealdade devida pelos administradores não se funda na tutela da confiança de outrem, antes surgindo como um «corolário de cariz ético-jurídico objectivo» decorrente de um relacionamento específico entre sujeitos (de um lado, o administrador, do outro, a sociedade). O autor distingue, em consequência, entre a lealdade

III. O fulcro dos problemas de agência reside na questão da assimetria informativa: na medida em que o comissário beneficia da vantagem informativa sobre o comitente, este é incapaz de assegurar que aquele cumpre integralmente a prestação a que se obrigou, excepto se decidir suportar os custos adicionais de implementação de mecanismos de controlo. Daqui resulta um incentivo à actuação oportunística do comissário. Por actuação oportunística entendem-se as actuações do comissário que fiquem aquém daquilo a que se encontra legal ou contratualmente obrigado, ainda que o desvio não seja em benefício próprio.

A amplitude do risco incorrido pelos comitentes depende de um conjunto de variáveis. Salientamos aquelas que, em nossa opinião, são mais importantes no contexto da relação entre os administradores e accionistas: (*i*) o fim para o qual as partes estabeleceram a relação de agência; (*ii*) a complexidade das funções a desempenhar pelos comissários; (*iii*) o alcance dos poderes atribuídos aos comissários; (*iv*) as dificuldades de coordenação derivadas de os comitentes actuarem em grupo; e (*v*) a existência de mecanismos de protecção que reduzam a possibilidade de abuso de poder por parte dos comissários.

Detalhando um pouco mais, deve reter-se que, estruturalmente, as faculdades atribuídas aos comissários são sempre mais amplas do que os fins para os quais estes são autorizados a actuar. Esta é razão pela qual os beneficiários correm riscos numa relação de agência. Porém, a manutenção de uma certa margem de risco é essencial: os comissários têm de poder exercer os poderes em que foram investidos com uma certa margem de discricionariedade, aportando a sua experiência própria a qual, afinal, justifica a sua própria contratação. Caso os comitentes dominassem a actividade em causa não sentiriam necessidade de contratar o intermediário. Aos administradores das sociedades anónimas compete a gestão das actividades da sociedade. Nesse contexto apenas se encontram subordinados à intervenção de outros órgãos (colectivo de accionistas e órgãos de fiscalização) nos

---

devida pelos administradores à sociedade e a lealdade devida aos accionistas, com consequências ao nível do regime de reparação das infracções cometidas. cfr., *A Business Judgement Rule no Quadro dos Deveres Gerais dos Administradores*, ROA On-line, 67/1 (2007).

casos específicos determinados na lei ou no contrato da sociedade.[31] Além disso o órgão de administração tem plenos poderes de representação da sociedade.[32]

Por outro lado, quanto maior for a complexidade das funções a desempenhar pelos comissários, maior será a discricionaridade de que estes beneficiarão no seu exercício. Com efeito, é justamente o facto de os comissários possuírem conhecimento e experiência específicos que justifica que os comitentes lhes confiem a defesa dos seus interesses.[33] O exercício de funções complexas e envolvendo juízos discricionários agudiza, como é facilmente perceptível, as assimetrias informativas e, por consequência, os custos de agência. Mas no contexto da sociedade anónima, e mais ainda da sociedade emitente de acções admitidas à negociação em mercado regulamentado, o âmbito dos poderes atribuídos ao órgão de administração não é muito elástico. Sendo certo que são conhecidas diferentes fórmulas de distribuição do poder dentro da estrutura societária,[34] existem limites a essa elasticidade. É impossível conceber a sociedade anónima sem a delegação dos poderes de gestão num órgão social especializado.[35] A administração social dificilmente poderia ser confiada aos accionistas de modo eficiente, seja pelos custos e inconvenientes aí implica-

---

[31] Artigos 405.º, n.º 1 e 431.º, n.º 1 do Código das Sociedades Comerciais (doravante, "CSC"). As normas cuja fonte não sejam expressamente identificadas pertencem ao CSC.

[32] Apesar de a lei continuar a referir os poderes exclusivos de representação da sociedade a cargo do conselho de administração e do conselho de administração executivo, o CSC atribui a outros órgãos sociais, em situações particulares e delimitadas, poderes de representação da sociedade – cfr. artigos 421.º, n.º 5 e artigo 441.º, alínea c) do CSC.

[33] Chega-se a afirmar que as dificuldades envolvidas na actuação colectiva determinam que, na prática, os accionistas de sociedades cotadas, diferentemente dos sócios de sociedades de natureza pessoal, não têm qualquer alternativa senão entregar a administração a um órgão próprio. cfr. HANSMANN/KRAAKMAN, *The Basic Governance Structure*, The Anatomy of Corporate Law: A Comparative and Functional Approach (2004), p.48.

[34] Atente-se na diversificada "oferta" de modelos de governo disponibilizada por várias leis societárias europeias, tendência na qual se filiou a reforma do CSC de 2006. A acrescer, dentro dos próprios modelos de governo, o legislador permite que a autonomia privada intervenha na distribuição interna de competências. Cfr. artigos 405.º, n.º 1 e 442.º n.º 1 do CSC.

[35] PEDRO MAIA, *Função e Funcionamento do Conselho de Administração da Sociedade Anónima* (2002), p. 179 e ss..

dos (em termos organizativos, de celeridade, etc.), seja pela apatia racional que caracteriza o comportamento do accionista/investidor. Os custos de agência englobam todos os custos suportados pelo comitente em resultado da existência do problema de agência, podendo resultar tanto da diminuição directa do valor da prestação do comissário, como, indirectamente, da implementação de mecanismos de controlo da actuação do comissário.[36]

Como é fácil de concluir, no quadro da sociedade anónima, a redução dos riscos de actuação oportunística dos administradores radica, fundamentalmente, na existência e operação eficiente de mecanismos de protecção. A redução dos custos de agência, independentemente da estratégia usada para o conseguir, é benéfica não apenas para os comitentes mas também para os comissários. Os accionistas/comitentes que beneficiem de garantias de bom cumprimento das obrigações assumidas pelos administradores/comissários estarão dispostos a oferecer a estes uma compensação superior.

IV. Aqui chegados, temos por assente que os administradores devem actuar, com base na lealdade, orientados à defesa dos interesses de outrem. Até aqui temos identificado o "outrem", indistintamente, com a sociedade e os accionistas. Significará isto que a lealdade devida pelos administradores tem por referente ambos (a sociedade e os accionistas)? Ou apenas a sociedade? Ou apenas os accionistas? Ou será que a lealdade devida pelos administradores não tem uma ligação directa com a identificação dos interesses que devem ser prosseguidos na sua actuação?

A base fundamental das respostas às perguntas atrás listadas centra-se na alínea b) do n.º 1 do artigo 64.º do CSC. A nova redacção do artigo 64.º do CSC constituiu uma das significativas alterações introduzidas pela reforma de 2006. O preceito, relativo aos «deveres fundamentais» incidentes sobre a administração e fiscalização da sociedade, procura concretizar o regime dos deveres fiduciários dos administradores e dos membros dos órgãos de fiscalização. O n.º 1

---

[36] Neste sentido, cfr. HANSMANN/KRAAKMAN, *Agency Problems and Legal Strategies*, The Anatomy of Corporate Law: A Comparative and Functional Approach (2004), p. 21.

do artigo 64.º do CSC opera uma distinção entre os deveres de cuidado e os deveres de lealdade. Os administradores da sociedade são, em primeiro lugar, sujeitos a deveres de cuidado, devendo revelar a disponibilidade, a competência técnica e o conhecimento da actividade da sociedade adequados às suas funções e empregar nesse âmbito, a diligência de um gestor criterioso e ordenado. Os administradores devem, em segundo lugar, observar deveres de lealdade, no interesse da sociedade, atendendo aos interesses de longo prazo dos sócios e ponderando os interesses dos outros sujeitos relevantes para a sustentabilidade da sociedade, tais como os trabalhadores, clientes e credores.[37]

Após análise à literatura jurídica nacional que se debruçou sobre a nova redacção do artigo 64.º, e no que particularmente respeita à articulação entre os deveres de lealdade que impendem sobre os administradores e a definição do interesse social, é possível divisar duas orientações fundamentais: a que sustenta a *desconexão entre os deveres de lealdade e os interesses a atender pelos administradores* e a que reconhece na alínea b) do n.º 1 do artigo 64.º uma *graduação de interesses*.

De acordo com a linha doutrinária que sustenta a desconexão entre os deveres de lealdade e os interesses a atender pelos administradores, os deveres de lealdade são «puros»[38] já que a «lealdade não realiza por si interesses».[39] Ao exprimir um «valor ético-jurídico», a

---

[37] O dever de lealdade dos administradores – independentemente da sua formulação em concreto – pode ser encontrado em todos os ordenamentos jurídicos que influenciam o português. O dever de lealdade é, quanto ao fundamental, similar nas jurisdições romano-germânicas e nas jurisdições anglo-saxónicas, baseadas na *common law*. A excepção corresponde aos EUA, onde o dever de lealdade conhece, com efeito, um desenvolvimento superior. De acordo com HERTIG/KANDA, *Related Party Transactions*, The Anatomy of Corporate Law: A Comparative and Functional Approach (2004), p. 116, as razões para tanto são as seguintes: os tribunais norte-americanos apresentam uma forte predisposição para rever os negócios celebrados pelos administradores; a lei societária norte americana estimula a litigância dos accionistas; e na Europa o controlo sobre o cumprimento do dever de lealdade é uma atribuição não exclusivamente privada mas antes frequentemente atribuída a entidades públicas.

[38] MENEZES CORDEIRO, *Os Deveres Fundamentais dos Administradores das Sociedades,* ROA On-line, 66/II (2006).

[39] CARNEIRO DA FRADA, *A Business Judgement Rule no Quadro dos Deveres Gerais dos Administradores*, ROA On-line, 67/1 (2007).

lealdade não é graduável ou passível de ponderações de eficiência económica. A associação entre a lealdade e os diversos interesses depois articulados retira efeito prático ao preceito. A lealdade devida a muitos acaba por redundar em deslealdades recíprocas e simultâneas. A superação deste problema deverá ocupar o intérprete. A proposta de solução apresentada por esta corrente consiste em ligar os diversos interesses referidos na alínea b) do n.º 1 do artigo 64.º aos deveres de cuidado referidos na alínea a) do mesmo preceito, o que – tal como é reconhecido – obriga a uma redensificação destes.[40]

Os defensores da tese da graduação de interesses assentam numa concepção da lealdade societária como «cláusula geral a obrigar a uma gestão adequada dos conflitos de interesses» em que esteja envolvido o administrador «em prevalência do interesse social».[41] Daqui decorrem duas consequências principais: em primeiro lugar, a percepção de um conteúdo positivo dos deveres de lealdade, os quais são por vezes entendidos como postulando meros deveres de abstenção; e, em segundo lugar, a necessidade de determinar com precisão os interesses que devem prevalecer em caso de conflito.

Quanto a este aspecto, a graduação de interesses sustentada funda-se, directamente, na letra da alínea b) do n.º 1 do artigo 64.º. Ao ordenar os administradores a *atender* aos interesses de longo prazo dos sócios e a, apenas, *ponderar* os interesses de outros sujeitos relevantes, tais como os trabalhadores, clientes e credores, a lei identifica com precisão quais os interesses primários a que o administrador deve obediência, iluminando, em simultâneo, o preenchimento do conceito de interesse social.[42]

---

[40] Neste sentido ver igualmente, GABRIELA FIGUEIREDO DIAS, *Fiscalização de Sociedades e Responsabilidade Civil (Após a Reforma do Código das Sociedades Comerciais)* (2006), p. 49. e PAULO OLAVO CUNHA, *Direito das Sociedades Comerciais*, 3.ª ed. (2007), p. 104.

[41] PAULO CÂMARA, *O Governo das Sociedades e a Reforma do Código das Sociedades Comerciais*, Código das Sociedades Comerciais e Governo das Sociedades (2008), p. 36.

[42] Neste sentido, ver também ARMANDO TRIUNFANTE, *Código das Sociedades Comerciais Anotado* (2007), p. 63 e SOVERAL MARTINS, *Cláusulas do Contrato de Sociedade que Limitam a Transmissibilidade de Acções. Sobre os Artigos 328.º e 329.º do CSC* (2006), p. 636. Ao sustentarem a correspondência entre o interesse social e o interesse de longo prazo dos sócios, esta orientação vê na nova redacção da alínea b) do

V. Em face do exposto cabe tomar posição. Em função dos pontos certeiros tocados por cada uma das aludidas orientações, parece-nos frutífero explorar o caminho que isola a lealdade societária devida pelos administradores como uma técnica jurídica de recorte específico decorrente de uma área de especialização da lealdade, de conteúdo marcadamente fiduciário, distinguindo-a, da lealdade enquanto valor ético-jurídico.[43]

Sem questionar a «inter-penetração» entre os deveres de lealdade e os deveres de cuidado,[44] a lealdade societária devida pelos administradores tem como escopo específico o alinhamento de interesses potencialmente em conflito. Demonstra-o o percurso histórico

---

n.º 1 do artigo 64.º a confirmação da tese contratualista sobre o interesse social. Sobre a matéria cfr. igualmente MENEZES CORDEIRO, *Da responsabilidade Civil dos Administradores das Sociedades Comerciais* (1997); PEDRO DE ALBUQUERQUE, *Direito de Preferência dos Sócios em Aumento de Capital das Sociedades Anónimas e por Quotas* (1993); RAUL VENTURA/BRITO CORREIA, *Responsabilidade Civil dos Administradores de Sociedades Anónimas e dos Gerentes de Sociedades por Quotas*, BMJ 192 (1970); LOBO XAVIER, *Anulação de Deliberação Social e Deliberações Conexas*, Reimpressão (1998); ELISABETE RAMOS, *Responsabilidade Civil dos Administradores e Directores de Sociedades Anónimas perante Credores Sociais* (2002); CAETANO NUNES, *Responsabilidade Civil dos Administradores Perante os accionistas* (2001); CASSIANO DOS SANTOS, *Estrutura Associativa e Participação Societária Capitalística* (2003), MENEZES LEITÃO, *Pressupostos da Exclusão de Sócio das Sociedades Comerciais* (1989), PAIS DE VASCONCELOS, *A Participação Social nas Sociedades Comerciais* (2006); e, vincando a posição institucionalista, COUTINHO DE ABREU, *Deveres de Cuidado e de Lealdade dos Administradores e Interesse Social*, Reformas do Código das Sociedades (2007); PAULO OLAVO CUNHA, *Direito das Sociedades Comerciais*, 3.ª ed (2007); PEREIRA DE ALMEIDA, *Sociedades Comerciais*, 4.ª ed. (2006); MARQUES ESTACA, *O Interesse Social nas Deliberações Sociais* (2003); e OLIVEIRA ASCENSÃO, *Direito Comercial. Sociedades Comerciais. Parte Geral* (2000).

[43] A respeito desta destrinça, ainda que num outro ângulo, têm muito interesse as explicações de CARNEIRO DA FRADA, *A Business Judgement Rule no Quadro dos Deveres Gerais dos Administradores*, ROA On-line, 67/1 (2007).

[44] PAULO CÂMARA, *O Governo das Sociedades e a Reforma do Código das Sociedades Comerciais*, Código das Sociedades Comerciais e Governo das Sociedades (2008), p. 42; QUIJANO GONZÁLEZ/MAMBRILLA RIVERA, *Los deberes fiduciarios de diligencia y lealtad. En particular, los conflitos de interés y las operaciones vinculadas*, Derecho de Sociedades Anónimas Cotizadas, vol. II (2006), p. 950 e ss.; ALONSO ESPINOSA, *La Responsabilidad Civil del Administrador de Sociedad de Capital en sus elementos configuradores* (2006), p. 67 e ss..

de tal instituto, desde as suas origens até às actuais concretizações em diversas leis societárias.[45] Isto posto, parece inevitável reconhecer que na alínea b) do n.º 1 do artigo 64.º o legislador operou, efectivamente, uma graduação de interesses: sem deixar de reconhecer que o papel dos accionistas não é exclusivo no seio da sociedade, os administradores devem prosseguir apenas os «interesses de longo prazo» dos accionistas. Os interesses dos outros sujeitos relevantes para a sustentabilidade da sociedade devem apenas ser ponderados no curso da sua actuação. Não estão em causa os interesses individuais dos accionistas. Pelo contrário, reforça-se a concepção de sociedade como um modo colectivo de actuação, tutela e protecção.[46]

Daqui resulta uma consequência importante: sempre que estiver em causa uma situação de conflito (actual ou potencial) de interesses

---

[45] Nas jurisdições europeias continentais os deveres de lealdade societários, em geral, surgiram e foram cultivados em torno das referência à boa fé e, posteriormente, das concepções que visaram centrar o Direito comercial no conceito de "empresa". De acordo com estas concepções, haveria um interesse autónomo da empresa que ao Direito caberia proteger e no qual se inscreviam os deveres de lealdade. Cfr., com referências detalhadas, MENEZES CORDEIRO, *Da responsabilidade Civil dos Administradores das Sociedades Comerciais* (1997), p. 501 e ss. e *Manual de Direito das Sociedades*, vol. I, 2.ª ed. (2007), p. 408 e ss.. Por seu lado, os tribunais norte-americanos reconhecem desde os finais do sec. XVIII, em paralelo aos deveres de cuidado, deveres de lealdade *para com a sociedade* – caso *Charitable Corp v. Sutton* (1742). Também aqui o dever de lealdade foi desenvolvido com a finalidade específica de alinhar os interesses da sociedade com os dos administradores, impondo sobre estes uma obrigação de fazer prevalecer o interesse social aos seus interesses pessoais, sempre que tais situações de conflito surjam no horizonte. Partindo desta formulação genérica, a jurisprudência norte-americana elaborou diferentes concretizações, partindo do isolamento e diferenciação de circunstâncias típicas em que os conflitos ocorriam. Salientam-se as doutrinas relativas ao *self-dealing*, à remuneração dos administradores e ao aproveitamento de oportunidades societárias. Numa fase posterior, as leis estaduais começaram a regular directamente os deveres de lealdade ainda que de forma não uniforme. Com efeito, alguns legisladores estaduais não regulavam com carácter geral, centrando-se em algumas constelações de casos. A acrescer, nem todos os legisladores estaduais optaram por acolher os critérios decisórios usados maioritariamente pelos tribunais, adoptando critérios particulares. Cfr., para mais pormenores, GUERRA MARTÍN, *El Gobierno de Las Sociedades Cotizadas Estadounidenses – Su influencia en el movimiento de reforma del Derecho europeu* (2003), p. 433 e ss..

[46] A propósito da reforma italiana, a tutela da eficiência da estrutura societária, como instrumento de organização da actividade empresarial é designada por MONTALENTI, como «neoinstitucionalismo». Cfr. *La reforma del Derecho societario en Italia: aspectos generales*, Revista de Derecho de Sociedades, 22 (2004), p. 53.

envolvendo accionistas no quadro do seu modo colectivo de actuação, os deveres de lealdade que impendem sobre os administradores não são diferentes dos devidos para com a sociedade. Entendimento contrário inclinar-se-ia para uma certa abstracção conceptualista firmada na separação analítica entre a sociedade e os seus accionistas, que se tem por excessiva.

Pense-se no caso do lançamento de uma oferta pública de aquisição sobre a sociedade. Nesse cenário, os accionistas são chamados a aceitar ou rejeitar uma proposta contratual apresentada por um terceiro. Impendem deveres específicos sobre os administradores, em particular, os deveres de neutralidade e de informação aos accionistas.[47] O lançamento de uma oferta pública de aquisição suscita um conjunto específico de conflitos de interesses entre os accionistas e os administradores. A estes preocupa-os a manutenção no cargo. Àqueles interessa-lhes ter a possibilidade de julgar o mérito da oferta de modo informado e decidir sem interferências. A este propósito, já foi referido – e bem – que a alínea b) do n.º 1 do artigo 64.º não pode fundamentar a adopção de medidas defensivas por parte dos administradores, sob pretexto da defesa dos interesses dos accionistas.[48] Todavia, essa impossibilidade radica, não no facto de estarem em causa interesses directos dos accionistas, desligados do interesse social, mas antes na lealdade devida para com os accionistas. Com efeito, a sociedade, enquanto regime jurídico, abrange os aspectos relativos às transições de controlo. Confrontados com uma oferta pública de aquisição (geral), os accionistas destinatários comparam duas propostas de valor: de um lado, a contrapartida oferecida, a qual incorpora a avaliação actual da sociedade feita pelo oferente; do outro, as perspectivas futuras da sociedade sob o jugo de um novo núcleo de controlo, estas calculadas pelos próprios accionistas, com o auxílio dos administradores da sociedade visada. Os accionistas, na qualidade de *residual claimants* que suportam o risco da sociedade, estão na melhor posição para julgar, de forma informada, o mérito da

---

[47] Artigos 181.º, n.os 1 a 4 e 182.º do CVM.
[48] FERNANDES DE OLIVEIRA, *Responsabilidade Civil dos Administradores*, Código das Sociedades Comerciais e Governo das Sociedades (2008), p. 271.

oferta. Assim, a lealdade devida pelos administradores, enquanto gestores de negócios alheios, exige que estes contribuam activamente para que tal juízo informado e não obstruído dos accionistas possa ter lugar.[49]

3. Delimitação

I. Os conflitos de interesses entre os administradores e os accionistas (ou a sociedade) não esgotam os conflitos de interesses reconhecíveis no seio da sociedade anónima. Apenas por exemplo, outros conflitos societários típicos respeitam aos conflitos entre accionistas (maioritário e minoritário)[50] e aos conflitos entre a própria sociedade e terceiros com os quais a sociedade se relaciona, tais como os credores, trabalhadores e clientes.[51]

Dentro dos conflitos de interesses entre os administradores e os accionistas da sociedade é igualmente possível distinguir subgrupos de casos particulares que têm vindo a ser estudados de forma autónoma: (*i*) os negócios entre administradores e a sociedade; (*ii*) os aspectos atinentes à remuneração dos administradores; (*iii*) o aproveitamento das oportunidades societárias; (*iv*) o exercício de actividade concorrente com a sociedade; (*v*) o abuso de informação privilegiada; e (*vi*) o mercado de controlo societário.

O âmbito necessariamente limitado do presente texto impede que todas estas constelações de problemas sejam tratados. Optou-se por abordar de forma mais detalhada as questões relativas aos negócios celebrados entre administradores e a sociedade e à remuneração dos administradores. A justificação prende-se, sobretudo, com a actualidade destes dois assuntos.

---

[49] Pelo que se deve, também neste contexto específico, reconhecer o âmbito positivo do dever de lealdade.

[50] Sobre o mesmo, cfr. JOSÉ FERREIRA GOMES, *Conflitos de interesses entre accionistas nos negócios celebrados entre a sociedade anónima e o seu accionista controlador*, no Capítulo II deste livro, p. 75-213.

[51] HANSMANN/KRAAKMAN, *Agency Problems and Legal Strategies,* The Anatomy of Corporate Law: A Comparative and Functional Approach (2004), p.22.

II. Os negócios celebrados entre a sociedade e os seus administradores integram uma matéria que na literatura assume designações variadas: «*related party transactions* ou transacções com partes relacionadas»; «*self-interested transactions*»; «*self-dealing transactions*»; «*conflict of interest transactions*». Todos os negócios celebrados entre a sociedade e os seus administradores são transacções com partes relacionadas, mas nem todas as transacções com partes relacionadas são negócios celebrados entre a sociedade e os seus administradores. De forma genérica, o conceito de transacções com partes relacionadas integra todos os negócios celebrados entre a sociedade e um conjunto de entidades que são consideradas como estando com ela relacionadas como, por exemplo, os accionistas de controlo. Fulcral é o entendimento de acordo com o qual a divulgação de operações relevantes com partes relacionadas, sobretudo as não realizadas em condições normais de mercado, pode auxiliar os utilizadores das contas anuais na avaliação da situação financeira da sociedade, bem como, quando a sociedade pertence a um grupo, da situação financeira do grupo no seu conjunto.

De resto, a atenção sobre as transacções com partes relacionadas não tem incidido exclusivamente sobre a sua transparência. O controlo sobre a sua realização, em ligação com a tutela dos accionistas, através de outros instrumentos de cariz institucional, está na agenda actual dos reguladores.[52]

III. Por seu lado, a recente crise financeira voltou a colocar a remuneração dos administradores no centro dos debates académicos e políticos. As críticas têm sido essencialmente dirigidas aos incentivos criados com a componente variável da remuneração dos administradores, a qual, ironicamente, surgiu como um mecanismo de alinhamento dos interesses dos accionistas e dos administradores. O diagnóstico agora feito é no sentido de que tais incentivos contribuíram para a assunção excessiva de riscos, em particular no sector financeiro.[53]

---

[52] Cfr. *Final Update – 34th Annual Conference Of the International Organization of Securities Commission (Junho/*2009), p. 5, disponível em www.iosco.org.
[53] EUROPEAN CORPORATE GOVERNANCE FORUM, *Statement of the European Corporate Governance Forum on Director Remuneration* (Março 2009); ORGANIZAÇÃO PARA A COOPERAÇÃO E O DESENVOLVIMENTO ECONÓMICO, *Corporate Governance*

Ainda que caiba imediatamente distinguir os aspectos específicos ligados à remuneração dos administradores de sociedades cotadas da problemática, de âmbito mais genérico e sectorial, dos esquemas remuneratórios praticados nas instituições financeiras, trata-se de uma falha no campo do governo das sociedades, já destinatária de medidas com vista à sua supressão ou atenuação.

A nível europeu, a Comissão Europeia produziu, em 30 de Abril de 2009, duas recomendações relativas à problemática da remuneração: uma, em complemento das Recomendações 2004/913/CE e 2005/162/CE no que respeita ao regime de remuneração dos administradores de sociedades cotadas; outra, relativa às políticas de remuneração no sector dos serviços financeiros.

A nível interno, a Lei n.º 28/2009, de 19 de Junho, veio regular o conteúdo e a divulgação da política de remuneração dos membros de órgãos de administração e fiscalização das entidades de interesse público. Crê-se, assim, justificada a pertinência da escolha.

§2.º
NEGÓCIOS COM A SOCIEDADE

4. Identificação do conflito de interesses

I. A celebração de negócios entre a sociedade e os seus administradores é um campo em que a identificação do conflito de interesses em presença é particularmente fácil. A mesma pessoa – o administrador que pretende contratar com a sociedade – ao mesmo tempo que cuida dos seus interesses pessoais está investido no dever de cuidar dos interesses da sua contraparte negocial. Os administradores, sendo responsáveis pela gestão diária e corrente da sociedade, têm o poder de facto para maximizar os seus interesses[54], apropriando-se de valor que pertence aos accionistas.

Lessons from the Financial Crisis (Fevereiro 2009); LAROSIÈRE/BALCEROWICZ/ISSING/MASERA/MCCARTHY/NYBERG/PÉREZ/RUDING, *Report of the High Level Group on Financial Supervision in the EU* (Fevereiro 2009), conhecido vulgarmente por *Relatório Larosière*.

[54] Na linguagem economicista, "maximizar a sua utilidade".

II. Consideram-se negócios com a sociedade em situação de conflito de interesses, os negócios entre a sociedade e um administrador ou uma terceira pessoa, nos quais o administrador tenha um interesse pessoal relativo aos resultados do negócio. Importa sublinhar que os negócios em situação de conflito de interesses não resultam necessariamente em prejuízo para a sociedade. Para que exista prejuízo é necessário que o negócio seja menos vantajoso para a sociedade do que seria caso tivesse sido concluído com base num juízo independente e não afectado pelo conflito de interesses.[55]

Hoje não se disputa que o propósito da regulação sobre negócios em situação de conflito de interesses deve ser o de eliminar este prejuízo e não o de eliminar, em absoluto, todas as transacções. Tal postura possibilitaria o bloqueio das transacções eficientes, falando-se a propósito do risco de *"overkill"*. Uma consequência importante que daqui deve resultar é a de que os administradores não têm o dever de não transaccionar com a sociedade, com base na lealdade. Não existe fundamento para tanto, desde que os conflitos de interesses resultantes sejam adequadamente tratados.

III. Nem sempre assim foi. Na tradição anglo-saxónica que, desde cedo, no contexto da *trust law* regulava estas matérias, os administradores começaram por ser proibidos de contratar com a sociedade. Considerava-se que, como qualquer outro *common law trustee*, os administradores gozavam de ampla margem de manobra no exercício das suas funções, a qual facilitava comportamentos oportunísticos.[56]

---

[55] Na literatura anglo-saxónica refere-se, habitualmente, que o *self-dealing* dos administradores apenas é prejudicial quando os termos do negócio são *unfair*. A justiça ou *fairness* tida aqui em vista é a justiça do preço da transacção. O prejuízo da sociedade corresponde, assim, à diferença entre o preço justo e o preço pago ou recebido pela sociedade com base num juízo interessado.

[56] HOPT, *Self-Dealing and Use of Corporate Opportunity and Information: Regulating Directors' Conflicts of Interests*, Corporate governance and director's liabilities: legal economic and sociological analyses on corporate social responsibility (1984), p. 285 e ss.; e ENRIQUES, *The Law on Corporate Directors' Self-dealing: a comparative analysis* (1998).

Além do risco de *overkill*, diversos factores contribuíram para que a regra de proibição desse lugar a um princípio permissivo. Em primeiro lugar, um negócio celebrado entre uma sociedade e um seu administrador pode ser o mais vantajoso ou lucrativo para a sociedade. Com efeito, os administradores dispõem de informação sobre a sociedade a que nenhuma outra contraparte pode aceder sem custos relevantes para sociedade. São os administradores quem melhor pode perspectivar o futuro da sociedade e avaliar a capacidade de cumprimento das obrigações desta. Por outro lado, ao negociar com os próprios administradores, a sociedade isenta-se de revelar planos confidenciais ou segredos da vida interna da sociedade, circunstância que não poderia evitar, por exemplo, na obtenção de crédito junto de terceiros. Em sociedades de menor dimensão, os administradores — ou outros *insiders* da sociedade como os accionistas maioritários — podem mesmo, na prática, ser as únicas contrapartes que se dispõem a negociar com a sociedade.

Em segundo lugar, concluiu-se que a proibição de negócios entre a sociedade e os seus administradores, por si só, pode não lograr resultados significativos. A existência de tal norma não representa qualquer mais-valia perante situações de desvio de bens sociais concentrado numa única acção — as designadas «*steal-and-run transactions*» — as quais são já proibidas por regimes específicos de natureza penal. Por outro lado, os ilícitos menos graves que sejam praticados no contexto de negócios entre a sociedade e os seus administradores podem ser mais eficazmente resolvidos com recurso às regras da responsabilidade civil e à ameaça de perda do mandato.

Por fim, é comum apontar-se que a existência de normas proibitivas aumenta o risco de litigiosidade o qual, por sua vez, determina o aumento da aversão à assumpção de riscos por parte dos administradores, circunstância que é vista com desfavor.

Deve, todavia, notar-se que o abandono da proibição absoluta da conclusão de negócios em situação de conflito não foi total. Por exemplo, a concessão de crédito pela sociedade aos seus administradores continua a ser, pura e simplesmente, proibida num número relevante de jurisdições, sendo Portugal um exemplo.

IV. Ainda que geralmente já não sejam proibidos, os negócios entre a sociedade e os seus administradores não são ignorados pelo

Direito. Pelo contrário, reconhecendo-se ser este um campo em que os conflitos de interesses, efectivos ou potenciais, são presença dominante, desenvolveram-se mecanismos de controlo com escopo específico. Nos negócios entre os administradores e a sociedade, a preocupação reside em evitar que o administrador, ao negociar com a sociedade, consiga obter para si condições mais favoráveis do que aquelas que obteria nas normais condições de mercado. Este tipo de situações tanto pode abranger uma compra e venda de bens sociais, como a prestação, pela sociedade, de uma garantia a uma dívida contraída pelo administrador junto de terceiro. Em geral, a lei regula não apenas as situações em que o administrador actua directamente, mas também as situações respeitantes a partes relacionadas com o administrador. Um aspecto que nem sempre é objecto de regulação directa refere-se aos casos em que o administrador não é parte directa ou indirecta no negócio com a sociedade, mas ainda assim é afectado pelo seu resultado final. Numa situação deste tipo, o administrador enfrenta também um conflito de interesses.

5. Relance sobre os mecanismos de prevenção e controlo do conflito de interesses nos negócios com a sociedade

I. Primeiramente, BERLE e MEANS concluíram que apenas a lei poderia eficazmente prevenir os administradores de maximizarem os seus interesses pessoais à custa dos accionistas. Posteriormente, progrediu-se no sentido de considerar outros mecanismos, designadamente, fundados no funcionamento do mercado.

A eficácia das "forças do mercado" no controlo dos poderes dos administradores depende, em cada caso, das características do mercado e da natureza do comportamento dos administradores. Com efeito, os instrumentos de controlo com base no mercado não parecem idóneos para abordar os casos atrás referidos de desvio de bens sociais concentrado numa única acção, na medida em que o agente que pratica o ilícito abandona imediatamente o mercado, já lá não se encontrando para sofrer a "sanção".[57]

---

[57] ENRIQUES, *The Law on Corporate Directors' Self-dealing: a comparative analysis* (1998), p. 6.

II. O estudo da sensibilidade dos mecanismos de correcção das situações de conflito de interesses às características do mercado em concreto, exige a consideração de diversas variáveis.[58] A primeira delas é a estrutura accionista típica do mercado, concentrada ou dispersa. A concentração accionista é um instrumento muito eficiente na prevenção do oportunismo dos administradores.[59] Com efeito, os accionistas de referência (que podem até controlar a sociedade), não só dispõem dos incentivos para supervisionar de perto a actuação dos administradores, como não incorrem em quaisquer custos de coordenação para os remover em caso de comportamentos oportunísticos. A existência de accionistas de referência dá uma face aos proprietários da sociedade, o que pode inibir os administradores de comportamentos desleais. Naturalmente, daqui decorre um conflito de interesses distinto: o que opõe os accionistas de referência, quando maioritários, aos accionistas minoritários.

A segunda variável a considerar é a eficiência do mercado de controlo societário. Os ordenamentos europeus são geralmente apontados como exemplos de ineficiência do mercado de controlo societário, quando comparados com os ordenamentos inglês e norte-americano. O exemplo português não destoa deste quadro geral. Por regra, o funcionamento do mercado de controlo societário implica o lançamento de uma oferta pública de aquisição hostil, não solicitada ou sem o acordo prévio do órgão de administração da sociedade visada. Em geral, tais operações, por envolverem custos de transacção muito elevados, apenas se justificam quando o preço de mercado das acções da sociedade visada decresce de forma acentuada. Essa quebra do valor de mercado pode não suceder – em princípio, não sucederá – perante comportamentos oportunísticos menos graves, os quais, nesta justa medida, escapariam aos mecanismos de controlo fundados no mercado.

A terceira variável conduz-nos à dimensão do mercado de capitais. É uma variável privativa das sociedades admitidas à negociação em mercado regulamentado. Em mercados de capitais de dimensões

---

[58] GOSHEN, *Voting and the Economics of Corporate Self-Dealing: Theory Meets Reality* (2003), p. 29 e ss..
[59] SHLEIFER/VISHNY, *A Survey of Corporate Governance* (1997), p. 754.

reduzidas, como o português, o perigo sistémico derivado da ocorrência de comportamentos oportunísticos por parte dos administradores de sociedades cotadas é superior.[60] Em primeiro lugar, neste tipo de mercados, os administradores, enquanto classe, tendem a ser percepcionados pelos investidores de forma mais uniforme. Em segundo lugar, sendo mais reduzido o número de sociedades cotadas, é igualmente inferior o número de alternativas de investimento. Assim, o risco de uma actuação oportunística poder induzir uma desconfiança generalizada no mercado é, efectivamente, superior. A consequência que daqui resulta é a de que, neste tipo de jurisdições, os mecanismos preventivos das situações de conflito, de base normativa, devem assumir maior destaque do que os mecanismos correctivos assentes no mercado.

As últimas duas variáveis a contemplar são o papel dos investidores institucionais e a eficácia do sistema judicial sobre os quais, em dois breves apontamentos, cumpre recordar o seguinte. Uma das causas apontadas para o sucesso do *Delaware*, como Estado líder no número de constituição de sociedades nos EUA, é o seu sistema de tribunais altamente especializado e eficiente. Noutras jurisdições, o sistema judicial não pode reclamar os mesmos predicados. Por seu lado, o consenso generalizado antes registado em torno da intervenção dos investidores institucionais no contexto do governo das sociedades tem sido ultimamente mitigado. De facto, se antes o activismo dos investidores institucionais era visto, a partir do paradigma inglês, como benéfico para o controlo do poder discricionário dos administradores, actualmente preocupam os perigos do excesso de activismo, particularmente, quando esse activismo é viabilizado por instrumentos diferentes da simples detenção de participações qualificadas.

6. Os sistemas norte-americano e inglês

I. Por se tratar de uma jurisdição onde os mecanismos de controlo dos conflitos de interesses em casos de negócios com a socie-

---

[60] ENRIQUES, *The Law on Corporate Directors' Self-dealing: a comparative analysis* (1998), p. 11.

dade têm sido particularmente aprofundados, dedicam-se as seguintes linhas ao ordenamento jurídico norte-americano. O conceito central é o de *fairness*, o qual é usado pelos tribunais, quando chamados a apreciar a licitude de um negócio em situação de conflito. O conceito de *fairness* tem conhecido diferentes concretizações. É usual distinguir-se três: (i) *fair dealing* ou *procedural fairness*; (ii) *fair price* ou *substantive fairness*; e (iii) *entire fairness*.

Por *fair dealing* entende-se o conjunto de questões relativas ao aspecto processual da transacção: o *timing* do negócio, a forma como foi iniciado e estruturado, a forma e o momento em que a transacção foi apresentada ao órgão de administração ou aos accionistas, e a obtenção de autorização junto do órgão social competente. Por seu lado, o *fair price* respeita aos aspectos económicos e financeiros da transacção. O conceito de *entire fairness* procura, de alguma forma, unificar os dois anteriores. Trata-se de um teste em se sujeitam as transacções suspeitas a uma análise integral, que inclui todos os aspectos processuais e substanciais.[61]

II. A orientação jurisprudencial prevalecente nos EUA quanto ao *self-dealing* não foi constante ao longo dos tempos, sendo possível identificar duas fases principais.[62] A etapa inicial em que vigorava o princípio de proibição absoluta[63] deu lugar, no dealbar do séc. XX, a uma etapa em que se estabeleceu a validade dos contratos celebrados entre a sociedade e os seus administradores, desde que merecessem a aprovação de uma maioria de administradores desinteressados e que, em caso de impugnação, não fossem considerados *unfair* pelo tribunal.[64]

---

[61] *Weineberger v. UOP, Inc.* (Delaware Supreme Court 1983).

[62] Com informação desenvolvida, cfr. GUERRA MARTÍN, *El Gobierno de Las Sociedades Cotizadas Estadounidenses – Su influencia en el movimiento de reforma del Derecho europeu* (2003), p. 446 e ss..

[63] *Wardell v. Union Pacific* (US Supreme Court 1880).

[64] De acordo com MARSH, a explicação encontrada para esta alteração de entendimento na jurisprudência fundou-se no facto de, apesar de o *trustee* estar impedido de celebrar negócios consigo mesmo relativos a bens objecto do *trust*, nada limitar que esse mesmo *trustee* pudesse celebrar o negócio directamente com o *cestui que trust*, devendo apenas para o efeito revelar-lhe toda a informação pertinente e não se aproveitar da sua

Esta segunda etapa não é, todavia, uniforme. Durante todo o séc. XX, discutiram-se as consequências da intervenção da maioria desinteressada de administradores, quanto ao facto de, existindo, inviabilizar ou não a revisão dos aspectos substanciais do negócio. No fundo, trata-se do debate em torno da concretização do conceito de *fairness*.

Para um sector da jurisprudência norte-americana, o facto de um negócio ser aprovado por uma maioria de administradores desinteressados, não impede o tribunal de analisar *a posteriori* a equidade ou *fairness* do mesmo.[65] O critério será de *entire fairness*.

Para a orientação oposta, a aprovação do negócio com a sociedade por parte dos administradores desinteressados, tendo-lhes sido previamente dado conhecimento acerca dos elementos relevantes da transacção e da existência do conflito de interesses, impede o tribunal de rever os seus aspectos substanciais.[66] Aceitar o critério da *procedural fairness* significa beneficiar os administradores com a protecção conferida pela *business judgement rule*. Nos termos da *business judgement rule*, o negócio entre o administrador e a sociedade é tratado como uma qualquer transacção entre a sociedade e um terceiro.[67] Estes diferentes entendimentos jurisprudenciais tiveram reflexo no Direito positivado.[68-69]

---

posição – cfr. *Are directors trustees?, Conflict of interest and corporate morality*, The Business Lawyer 22 (1966), p. 38 *apud* GUERRA MARTÍN, *El Gobierno de Las Sociedades Cotizadas Estadounidenses – Su influencia en el movimiento de reforma del Derecho europeu* (2003), p. 446, nota 79.

[65] *Remillard Brick Co. v Remillard-Dandini Co* (California Appeal Court 1952); *Flieger v. Lawrence* (Delaware 1976); *Scott v. Multi-amp Corp.* (New Jersey 1977).

[66] *Marciano v. Nakash* (Delaware 1987); *Oberly v. Kirby* (Delaware 1991); *In re Wheelabrator Techs* (Delaware 1995).

[67] GOSHEN, *Voting and the Economics of Corporate Self-Dealing: Theory Meets Reality* (2003), p. 4 e 33.

[68] Exemplo disso é a adição da *Subsection F (Sections 8.60-8.63)* ao *Revised Model Business Corporation Act* (RMBCA), com o propósito de substituir as anteriores *Sections 8.31 e 8.32*. Nos termos da nova subsecção limitou-se a possibilidade de os tribunais reverem os aspectos substantivos das transacções entre administradores e a sociedade, caso tenham sido seguidos os aspectos procedimentais aplicáveis.

[69] A postura adoptada pelos *Principles of Corporate Governance* do *American Law Institute* favorece o modelo de revisão baseado na *entire fairness* (§ 5.02). Para uma comparação entre a *Subsection F* do RMBCA e o § 5.02 dos *Principles of Corporate*

III. Nas decisões em que não se abdicou de avaliar os aspectos substantivos dos negócios entre o administrador e a sociedade, desenvolveu-se um modelo de revisão baseado em dois factores: em primeiro lugar, a confrontação do contrato objecto de litígio com outros contratos semelhantes efectivamente celebrados em mercados eficientes; em segundo lugar, a confrontação do contrato objecto de litígio com o contrato hipotético que teria sido concluído por parte de um administrador leal e independente, atendendo às circunstâncias particulares da sociedade no momento considerado.[70]

Relativamente ao aspecto procedimental, o *standard* de revisão desenvolvido exige o cumprimento de diversos requisitos. Caso o contrato tenha sido sujeito à aprovação do órgão de administração, exige-se, em primeiro lugar, que o administrador tenha revelado a todos os membros do conselho a existência do conflito de interesses, com descrição integral dos aspectos materialmente relevantes e, em segundo lugar, que a maioria dos administradores que o aprovaram sejam independentes ou desinteressados. Por vezes atende-se ainda ao momento em que se produz a aprovação. Do ponto de vista processual, considera-se que a aprovação prévia ou autorização é mais garantística do que a aprovação posterior à conclusão do negócio.

IV. As alterações introduzidas pelo *Companies Act* de 2006 justificam alguma atenção dedicada ao ordenamento britânico. No Reino Unido, a regulação material dos conflitos de interesses societários, incluindo os relativos aos negócios celebrados entre a sociedade e os seus administradores, foi desenvolvida em decisões da jurisprudência, fundadas na *common law*. O *Companies Act* de 2006 codificou, pela primeira vez, os deveres fiduciários dos administradores.[71] A codificação operada não visou alterar o conteúdo dos deve-

---

Governance do *American Law Institute* cfr. DOOLEY, *Two Models of Corporate Governance*, The Business Lawyer, 47 (1992). p. 461.

[70] GUERRA MARTÍN, *El Gobierno de Las Sociedades Cotizadas Estadounidenses – Su influencia en el movimiento de reforma del Derecho europeu* (2003), p. 451.

[71] Sobre a codificação dos deveres fiduciários dos administradores no *Companies Act 2006* cfr. MORSE, *Palmer's Company Law: Annotated Guide to the Companies Act 2006* (2007).

res fiduciários de cuidado e lealdade, tal como desenvolvidos no contexto da *common law*, excepto em duas situações, ambas relacionadas com situações de conflito de interesses entre os administradores e os accionistas.[72]

A primeira alteração importante respeita aos conflitos de interesses nos casos em que o administrador contrata com terceiros em lugar da própria sociedade (aproveitamento de oportunidades societárias). O *Companies Act* de 2006 estabelece *ex novo* um dever de transparência a cargo dos administradores interessados (§§ 182 e 187) mas permite que seja o órgão de administração e não os accionistas a autorizar este tipo de negócios.

A segunda alteração relevante introduzida pelo *Companies Act* de 2006 consistiu em atribuir ao conselho de administração a competência exclusiva – anteriormente partilhada com os accionistas – para aprovar previamente os negócios entre a sociedade e os administradores. O conselho de administração não tem sequer o dever de comunicar aos accionistas os fundamentos do conflito de interesses em que se encontra um administrador numa determinada transacção; aos accionistas deve apenas ser divulgada a transacção em si, quando se trate de um caso de *self-dealing*. Relativamente ao «*duty to declare itself interest in proposed transaction or arrangement*» (§ 177) a cargo dos administradores, importa ainda referir que o mesmo substituiu o § 317 do *Companies Act* de 1985, determinando a abolição das «no conflict and no profit rules», tal como fixadas no caso *Aberdeen Railway Co. v. Blaikie Bros.* (1854), mantendo-se, todavia, o dever de declarar o interesse pessoal. O administrador não tem de ser parte no negócio, basta que tenha um interesse directo ou indirecto. Deve divulgar a natureza e o âmbito do seu interesse, excepto se dele não estiver consciente. O cumprimento dos procedimentos previstos no § 177 não permite aos administradores total liberdade para coloca-

---

[72] São sete os deveres gerais dos administradores codificados no *Companies Act de 2006*: «duty to act within powers» (§ 171); «duty to promote the success of the company» (§ 172); «duty to exercise independent judgement» (§ 173); «duty to exercise reasonable care, skill and diligence» (§ 174); «duty to avoid conflicts of interest» (§ 175); «duty not to accept benefits from third parties» (§ 176); e «duty to declare itself interest in proposed transaction or arrangement» (§ 177).

rem os seus interesses pessoais à frente dos interesses da sociedade. Os demais deveres gerais continuam a ter aplicação.[73-74]

7. A experiência e regulação portuguesas

I. Não existem muitos estudos empíricos detalhados com base nos quais se possa concluir sobre a importância, em termos quantitativos e qualitativos, das transacções realizadas, em Portugal, entre sociedades anónimas e os seus administradores. Os escassos dados conhecidos conduzem, porém, a uma posição de princípio de alguma apreensão. De acordo o *Relatório Anual sobre o Governo das Sociedades Cotadas em Portugal 2008*, da CMVM, o «valor global médio dos negócios estabelecidos pela sociedade e pelas sociedades integrantes no perímetro de consolidação com empresas detidas pelos seus administradores ou por seus familiares montou [durante o exercício findo em 31 de Dezembro de 2007] a EUR 13 milhões, sendo superior nas empresas do PSI 20 e nas financeiras. O valor mais elevado (EUR 536,2 milhões) foi apresentado por uma empresa financeira».[75] Trata-se de valores muito significativos.

Nos parágrafos que se seguem abordar-se-á a regulação presente no ordenamento jurídico português relativa aos negócios entre a sociedade e os seus administradores. Num esforço de síntese, pode afirmar-se que a regulação portuguesa assenta em três planos fundamentais – (*i*) regras de proibição total; (*ii*) regras de proibição parcial cumuladas com mecanismos de controlo intra-societário; e (*iii*) regras de transparência – enquadrados pelo regime dos deveres fiduciários dos administradores, em particular o de lealdade, com reflexos transversais em cada um deles.

---

[73] Todavia, será difícil imaginar uma situação em que cumprindo o previsto no § 177, os administradores possam ser atacados por desrespeito aos §§ 171 ou 172. Neste sentido, MORSE, *Palmer's Company Law: Annotated Guide to the Companies Act 2006* (2007), p. 174.

[74] O § 177 do *Companies Act* 2006 aplica-se às transacções projectadas, ao passo que o *chapter* 3 se aplica aos negócios em curso. As regras previstas no *chapter* 4 ocupam-se de um conjunto de transacções que, excepcionalmente, devem ser autorizadas pelos accionistas.

[75] Cfr. p. 97.

Os mecanismos de controlo intra-societários atrás referidos apresentam configurações distintas consoante o modelo de governo adoptado pela sociedade. Cuidaremos de alguns problemas interpretativos que a esse respeito se colocam.

II. As regras de proibição total constam do n.º 1 do artigo 397.º, n.º 1 do CSC. Este preceito proíbe a sociedade de conceder empréstimos ou crédito a administradores, de efectuar pagamentos por conta deles ou prestar garantias a obrigações por eles contraídas. A mesma norma nega ainda a possibilidade de facultar aos administradores adiantamentos de remunerações superiores a um mês. No âmbito da proibição estão incluídas todas as sociedades que estejam em relação de domínio ou grupo com aquela em cujo administrador exerce funções (artigo 397.º, n.º 3).

Trata-se de negócios que têm em comum o facto de neles não existir uma troca de bens simultânea. A sociedade transfere, ou pode ser obrigada a transferir, dinheiro, ocorrendo o seu reembolso num momento futuro. A lei, ao proibi-los, assenta no pressuposto de que os mesmos são desvantajosos, por haver um desvio do património societário.

Se o racional da proibição de operações de crédito entre a sociedade e os seus administradores for a protecção de credores, não deixa de ser curioso que não seja igualmente proibida em absoluto a concessão de crédito a accionistas e não apenas (e com as excepções conhecidas) no contexto do regime de assistência financeira para a aquisição de acções próprias.[76]

A proibição da concessão de crédito a administradores em sociedades cotadas foi retomada com vigor pelo *Sarbanes-Oxley Act*.[77] Na altura, a proibição estabelecida foi justificada por se entender que a concessão de crédito a administradores, permitir-lhes-ia adquirir acções da própria sociedade em termos excessivos, o que funcionaria como um estímulo a práticas fraudulentas perante um cenário de depressão bolsista, como o que se verificou.

---

[76] Assim, ENRIQUES, *The Law on Corporate Directors' Self-dealing: a comparative analysis* (1998), p. 27, nota 207.

Se bem se atentar na relação sociedade-administrador, a conclusão lógica é de que o administrador se situa numa posição ideal para conceder crédito à sociedade e não o inverso. Com efeito, o administrador estará melhor informado sobre a vida da sociedade do que qualquer outro credor, o que, diminuindo o risco (informativo) associado, faria baixar o custo do crédito. Ora, normalmente o inverso não sucederá, pelo que não existem fundamentos para considerar a sociedade melhor informada do que, por exemplo, um banco.

Ao comparar a redacção no n.º 1 e do n.º 2 do artigo 397.º constata-se que quanto às operações de crédito referidas no n.º 1 não se refere expressamente a possibilidade de o administrador surgir na posição de contraparte da sociedade indirectamente, ou por interposta pessoa. Não poderá, todavia, deixar de se entender que tais situações estão também cobertas pela previsão da norma.

III. Fora dos casos previstos no n.º 1 do artigo 397.º, o CSC não proíbe os negócios entre a sociedade e os seus administradores. O n.º 2 do artigo 397.º do CSC prevê um procedimento de legitimação aplicável aos contratos não cobertos pela proibição prevista no n.º 1, celebrados entre a sociedade e os seus administradores, directamente ou por interposta pessoa. Caso o procedimento não seja observado, sanciona-se o negócio celebrado com nulidade.

Tal mecanismo de legitimação assenta em dois elementos: (i) na autorização prévia, por deliberação do conselho de administração, na qual o administrador interessado não pode votar; e (ii) no parecer favorável do conselho fiscal.

IV. A sujeição da celebração de negócios entre administradores e a sociedade a autorização do conselho de administração é uma das medidas mais comuns de serem encontradas.[78] Como se vem de ver, nos EUA, a aprovação pelos membros desinteressados do órgão de administração dos negócios entre a sociedade e administradores é incentivada pelo sistema de responsabilidade civil em vigor. Nas

---

[77] § 402.
[78] Hopt, *Self-Dealing and Use of Corporate Opportunity and Information: Regulating Directors' Conflicts of Interests* (1984), p. 285 e ss..

jurisdições estaduais que seguem o RMBCA, negócios com a sociedade que sejam aprovados por membros não interessados do órgão de administração beneficiam da protecção conferida pela *business judgement rule*, o que significa que o negócio permanece intocado excepto caso se demonstre que a deliberação do conselho não foi ela própria desinteressada ou que não se baseou em critérios mínimos de informação e racionalidade.[79] E mesmo nas jurisdições que não seguem o RMBCA, como o paradigmático Estado do *Delaware*, a aprovação pelos membros desinteressados do órgão de administração opera um inversão do ónus da prova sobre a licitude ou, se preferirmos, sobre a ilicitude do negócio, que passa a recair sobre quem contestar o negócio celebrado.[80]

Em geral, a eficiência deste tipo de mecanismos depende decisivamente da independência real e substantiva do juízo produzido pelos administradores. Se quem for chamado a autorizar uma transacção tiver fundados motivos para crer que a sua posição dentro da sociedade será mais beneficiada, caso defenda os interesses do administrador interessado em detrimento dos interesses dos accionistas, tal eficiência deve ser negada.

Os administradores cuja participação é solicitada no contexto do procedimento de autorização da transacção, normalmente, não desempenham funções executivas.[81] Parte-se do pressuposto de que os administradores executivos se presumem interessados no contexto de uma transacção entre a sociedade e um outro administrador executivo, mesmo que os próprios não apresentem qualquer interesse pessoal (financeiro ou de outra natureza) nessa transacção. O racional subjacente é o seguinte: os administradores executivos, acautelando a manutenção no cargo, não se opõem aos interesses dos outros administradores executivos ou dos accionistas de controlo. Trata-se

---

[79] Cfr. § 8.60 a 8.63 do RMBCA.

[80] Cfr. *Flieger v. Lawrence* (*Delaware Supreme Court* 1976); *Kahn v. Lynch Communications Systems, Incorporated* (*Delaware Supreme Court* 1994); HERTIG/KANDA, *Related Party Transactions* (2004), p. 107.

[81] A situação é geralmente apontada como uma melhor prática, cfr., por exemplo, o considerando (3) e o § 4 da secção II da Recomendação da Comissão Europeia 2005/162/CE.

de um argumento que, tal qual posto, não podemos acompanhar, na medida em que a sua validade parece pressupor a presunção inversa quanto à posição dos administradores não executivos. De facto, quanto a estes, inculca-se frequentemente a ideia de que o interesse em assegurar a manutenção no cargo não é suficiente para os prevenir de confrontar os interesses pessoais dos administradores executivos e/ou dos accionistas maioritários. Entendemos que se trata de uma premissa não demonstrada. Com esta ressalva, podemos, todavia, acompanhar BLACK / CHEFFINS / GELTER / KIM / NOLAN / SIEMS / PRAVA, quando estes afirmam que «the procedural strategy of approval by non-interested directors can only work if a company has a reasonable number of independent directors. It can work well only if these directors are in fact independent of the executives. Otherwise the procedures can become camouflage for a transaction that benefits the insiders at the company's expense».[82] EISENBERG, em defesa do *entire fairness test*, vai mais além, sustentando que os administradores (executivos e não executivos), por princípio e força da teia de relações profissionais, sociais e pessoais que se estabelecem no seio do órgão de administração, não dedicarão a um negócio em que um dos seus pares é parte o mesmo grau de cautela e desconfiança que merece um negócio entre a sociedade e um terceiro. Para o mesmo autor, é extremamente difícil, senão impossível, definir legalmente um critério legal de "desinteresse" que corresponda ao que se passa na realidade.[83]

V. Entrando agora na análise dos contornos específicos do mecanismo autorizativo previsto na lei societária portuguesa, o primeiro ponto que importa fixar prende-se, justamente, com o seu início. O que despoleta o funcionamento do mecanismo previsto no n.º 2 do artigo 397.º? No princípio de tudo está o cumprimento, pelo administrador interessado, do dever de informação aos restantes membros do órgão de administração acerca do proposto negócio em

---

[82] *Comparative Analysis on Legal Regulation of the Liability of Members of the Management organs of Companies*, ECGI Law Working Paper nº 103/2008 (2008), p. 63.
[83] *Obblighi e Responsabilità degli Amministratori e dei Funzionari delle Società nel Diritto Americano*, Giurisprudenza Commerciale, 19/4 (1992), p. 617 e ss..

situação de conflito. A forma de cumprimento deste dever de transparência não é rígida, dependendo, em grande medida, do que se estabeleça no regulamento interno do conselho de administração, caso exista. Porém, para evitar suspeitas de exercício de influência directa sobre os seus pares, o administrador deverá veicular a informação aos restantes membros do órgão de administração por intermédio do responsável pela organização dos trabalhos, o qual, em princípio, será o presidente do conselho de administração.[84]

Este dever de transparência dos administradores interessados (em rigor, toda a tutela conferida pelo n.º 2 do artigo 397.º), filiando-se directamente no dever de lealdade, existe não apenas nos casos em que o administrador é parte no negócio proposto, mas em todos os casos em que o administrador tenha um interesse pessoal, financeiro ou de outra natureza, relativo aos resultados do negócio. Tal conclusão é a única coerente com a concepção de negócio em situação de conflito de interesses atrás defendida – a qual, sublinhe-se, não tem merecido qualquer contestação na literatura – e resulta ainda do disposto no n.º 6 do artigo 410.º do CSC. São manifestos os conflitos de interesses existentes em diversas situações em que o administrador não é contraparte da sociedade. Pense-se, por exemplo, num negócio projectado entre a sociedade e um descendente directo de um administrador. Ou, mais rebuscadamente, na hipótese de a sociedade estudar o lançamento de uma oferta pública de aquisição sobre uma sociedade emitente de acções em relação às quais um seu administrador, no contexto dos respectivos investimentos pessoais, se encontra numa posição curta. Os exemplos podiam-se multiplicar.

Em suma, os administradores, assim que tomem consciência do conflito de interesses que os envolve, devem imediatamente informar os restantes membros do órgão de administração a esse respeito, de forma completa e integral.

VI. Cabe notar que o n.º 2 do artigo 397.º abrange os contratos celebrados entre a sociedade e os administradores actuando não ape-

---

[84] No modelo de governo dualista, de matriz germânica, esta lógica de fluxo informativo resulta expressamente dos n.ºs 2 e 7 do artigo 432.º.

nas directamente, mas também por interposta pessoa. Será que o recurso à figura da actuação por interposta pessoa cobre todos os casos em que o administrador apresenta interesses pessoais quanto aos resultados do negócio?[85] Vejamos.

De acordo com o entendimento tradicional da doutrina, a resposta é negativa. RAÚL VENTURA, a propósito do n.º 3 do artigo 254.º, refere que não existindo critério especial para determinar a interposição de pessoas, têm aplicação os critérios gerais civilísticos, «basicamente, os fornecidos pelo artigo 579.º, n.º 2 do Código Civil».[86] Nos termos do preceito referido pelo ilustre Professor, a propósito da proibição de cessão de créditos litigiosos, entende-se que a cessão é efectuada por interposta pessoa quando é feita aos cônjuge do inibido, ou a pessoa de que o inibido seja herdeiro presumido, ou quando é feita a terceiro, de acordo com o inibido, para o cessionário transmitir a este a coisa ou o direito transmitido. Por força deste critério, considerar-se-á que o administrador actua por interposta pessoa quando a contraparte da sociedade for (*i*) o cônjuge do administrador; (*ii*) qualquer pessoa de quem o administrador seja herdeiro presumido; e (*iii*) qualquer pessoa com quem o administrador tenha um acordo com vista à transmissão posterior da prestação cumprida pela sociedade. Em função do amplo leque de situações de conflitos de

---

[85] A validade dos contratos celebrados entre sociedades representadas pelo mesmo administrador é uma questão diversa mas frequentemente tratada neste contexto, à luz do regime do negócio consigo mesmo, na vertente da dupla representação. Na jurisprudência encontram-se decisões contraditórias quanto à relevância da representação orgânica para efeitos do artigo 261.º do CC: sustentando-a, os Acórdãos do Tribunal da Relação do Porto, de 15/11/2007 (Mário Fernandes) e de 05/02/2009 (Pinto de Almeida) e o Acórdão do Tribunal da Relação de Coimbra, de 12/09/2006 (Hélder Roque); negando-a, o Acórdão do Supremo Tribunal de Justiça, de 15/05/1997 (Figueiredo de Sousa). Orientação distinta destas duas foi a seguida pelo Acórdão do Tribunal da Relação de Lisboa, de 10/10/2006 (Isabel Salgado), onde, aparentemente, se sustenta que a relevância da representação orgânica para efeitos do artigo 261.º do CC exige que os limites dos poderes de representação sejam exorbitados. Sobre o debate doutrinário existente em torno deste problema, remete-se para o texto de JOSÉ FERREIRA GOMES, *Conflitos de interesses entre accionistas nos negócios celebrados entre a sociedade anónima e o seu accionista controlador*, no Capítulo II deste livro, p. 75-213.

[86] Cfr. *Sociedades por Quotas – Comentário ao Código das Sociedades Comerciais*, vol. III, Reimpressão (1996), p. 57.

interesses não cobertas por esta interpretação, os resultados a que conduz não serão os mais desejáveis.

Um entendimento mais abrangente e flexível é proposto por COUTINHO DE ABREU, para quem o n.º 2 do artigo 397.º abarca não só as pessoas mencionadas no n.º 2 do artigo 579.º do Código Civil, mas quaisquer sujeitos, singulares ou colectivos, próximos dos administradores, isto é, que os administradores possam influenciar directamente.[87] Esta posição de alargamento da tutela prevista no n.º 2 do artigo 397.º para situações de conflitos de interesses tem merecido, todavia, alguma oposição na jurisprudência.[88]

A técnica utilizada no n.º 2 do artigo 397.º não é, efectivamente, a mais feliz. O centro de gravidade da norma é a existência de um conflito de interesses entre o administrador e os accionistas (ou, caso se prefira, a sociedade). E, como se viu, para que tal suceda não é necessário que o administrador seja parte no negócio. Sempre que o conflito de interesses exista justifica-se, plenamente, que o órgão de administração, de modo informado, delibere previamente e que o administrador interessado não possa participar nesse processo deliberativo. Atendendo à *ratio* específica da norma, para efeitos do n.º 2 do artigo 397.º, o critério da interposição de pessoas deve bastar-se com a *interposição de interesses dos administradores*. Isto é, considerando que o propósito da norma é, exclusivamente, o de prevenir e controlar os conflitos de interesses, afigura-se correcto que o conceito de "pessoas interpostas" seja interpretado, para este fim específico, de modo a incluir todos os casos em que o conflito de interesses existe. Interpretação contrária é que parece frustrar o propósito normativo da regra.

VII. Relativamente ao momento em que a autorização do conselho de administração se deve produzir a norma é expressa e não admite dúvidas: a autorização do conselho de administração deve ser prévia à celebração do negócio.

---

[87] Cfr. *Responsabilidade Civil dos Administradores de Sociedades* (2007), p. 27, nota 42.

[88] Acórdão do Tribunal da Relação do Porto, de 05/02/2009 (Pinto de Almeida).

Em face do exposto, o conselho de administração está impedido de ratificar a celebração de um contrato celebrado em conflito de interesses. Apesar do prejuízo ao tráfego jurídico e do desaproveitamento de actos implicados por esta solução, a impossibilidade de sanação posterior, tem a virtude de estimular o exercício do controlo *ex ante,* inclusive por parte dos accionistas, sobretudo nos contextos em que a estrutura accionista é mais concentrada e em que os accionistas de controlo estão representados no órgão de administração.

VIII. Os administradores interessados não podem votar na reunião do conselho de administração que delibere sobre a autorização. Poderão, ainda assim, participar na reunião? Poderão integrar o quorum constitutivo?

A presença dos administradores interessados nas reuniões do órgão de administração em que se delibere sobre a autorização de um negócio em situação de conflito pode resultar no exercício de pressão ou influência, sobretudo no caso de se tratar de membros que assumam um papel de maior relevo no conselho (presidente) ou na estrutura accionista. Pode, pelo menos, estimular algumas inibições por parte dos administradores votantes. Por outro lado, pode colocar-se a questão de serem necessários esclarecimentos adicionais à informação inicialmente prestada pelos administradores interessados, sendo conveniente, por uma questão de celeridade, a presença destes na reunião.

Tudo pesado, os argumentos mais fortes estão do lado dos que entendem que os administradores interessados não devem estar presentes nas reuniões que têm por objecto a autorização de negócios em conflito. Até porque, a configuração do dever inicial de transparência de molde a exigir informação completa e integral permitirá prescindir, na generalidade dos casos, da presença dos administradores interessados.

Este dever de abstenção de participação nas reuniões que tenham por objecto a autorização de negócios em conflito por parte dos administradores interessados não consta expressamente da lei mas pode ser situado na esfera do dever de lealdade. Trata-se, em todo o caso, de uma melhor prática, que pode ser acolhida pelas sociedades nos estatutos ou em regulamentos internos.

IX. O mecanismo autorizativo previsto no n.º 2 do artigo 397.º assenta num duplo grau de controlo. Além da deliberação prévia do órgão de administração na qual os administradores interessados não podem participar, exige-se um parecer favorável do conselho fiscal. Trata-se de um parecer vinculativo que não tem de ser prévio à deliberação de autorização do órgão de administração, mas que terá de preceder a conclusão do negócio em conflito de interesses, sob pena da sua nulidade.

Apesar de a lei não o prever expressamente, por força do dever de lealdade a que estão sujeitos, estão igualmente impedidos de participar no processo de emissão do parecer os membros do órgão de fiscalização que tenham algum interesse pessoal em relação ao negócio em causa.[89]

X. Dentro da economia do artigo 397.º, de igual forma ao que se referiu para a proibição prevista no n.º 1, os contratos celebrados entre administradores e sociedades que estejam em relação de domínio ou grupo com aquela em cujo administrador exerce funções encontram-se também sujeitos aos procedimentos de legitimação atrás aludidos (n.º 3).

Por seu lado, o n.º 5 do artigo 397.º delimita negativamente o universo de casos em que a celebração de contratos com a sociedade se sujeita a tais procedimentos de legitimação. Tais regras não se aplicam quando o contrato celebrado, do ponto de vista da sociedade, (i) constitua um acto compreendido no próprio comércio da sociedade e, na perspectiva do administrador contraente, (ii) nenhuma vantagem especial lhe seja concedida. Por "acto compreendido no próprio comércio da sociedade" entendem-se os actos que integram o objecto social prosseguido pela sociedade. A proibição de atribuição de "vantagem especial" ao administrador contraente reclama que o contrato seja concluído nas condições normais de mercado. Importa realçar que este critério não reclama um único valor como o correcto. Dentro das condições normais de mercado existe uma margem de negociação que nesta sede não pode ser erradicada.[90]

---

[89] Sobre os conflitos de interesses no seio da actividade de fiscalização cfr., no Capítulo IV desta obra, RUI OLIVEIRA NEVES, *Conflitos de interesses e fiscalização de sociedades anónimas*, p. 293-313.

[90] Sobre as "vantagens especiais", cfr. Acórdão do Tribunal da Relação do Porto, de 05/12/1995 (Mário Cruz).

Esta delimitação negativa é altamente criticável na medida em que utiliza como critério – a não atribuição de vantagem especial ao administrador interessado – algo que consiste no resultado a que o procedimento de legitimação procura chegar. Com efeito, o que se pretende com os mecanismos de prevenção e controlo de conflitos de interesses é, justamente, evitar que os administradores interessados obtenham para si vantagens especiais. Sem controlo, como se pode garantir esse desiderato?

XI. No contexto do modelo anglo-saxónico de governação, previsto no artigo 278.º, n.º 1, alínea b), pode questionar-se se existe apenas um acto de controlo. Em defesa de um controlo único poderiam aduzir-se os argumentos de que o n.º 2 do artigo 397.º não refere a comissão de auditoria e de que os seus membros, enquanto membros do órgão de administração, já participariam no processo deliberativo de autorização. Este entendimento deve ser rejeitado: também no contexto do modelo anglo-saxónico de governação existem dois níveis de controlo, designadamente, a deliberação do plenário do conselho de administração e o parecer favorável da comissão de auditoria.[91] De facto, o parecer da comissão de auditoria vem expressamente referido no n.º 4 do artigo 397.º e é idóneo a bloquear uma transacção que tenha merecido a aprovação do plenário do órgão de administração.

XII. No que se refere ao modelo de governação dualista, de matriz germânica, previsto no artigo 278.º, n.º 1, alínea c), em particular, no que se refere aos negócios com a sociedade em que são interessados os membros do conselho de administração executivo, rege o artigo 428.º. Nos termos deste preceito, aplica-se aos administradores – membros do conselho de administração executivo – o disposto no artigo 397.º, cabendo ao conselho geral e de supervisão «as autorizações» aí referidas.

Como se acabou de ver, no artigo 397.º referem-se duas autorizações: uma directa – autorização pelo plenário do conselho de

---

[91] Em sentido concordante, ARMANDO TRIUNFANTE, *Código das Sociedades Comerciais Anotado* (2007), p. 388.

administração – e uma indirecta – na forma de parecer favorável do órgão de fiscalização. De uma interpretação literal da remissão contida no artigo 428.º resultaria que as duas autorizações caberiam ao conselho geral e de supervisão, o que não parece fazer muito sentido: o conselho geral e de supervisão só tem de se pronunciar uma vez. Assim não será, caso se considere que o "parecer favorável" não é uma autorização para efeitos da previsão do artigo 428.º. Mas, nesse caso, não se percebe a utilização do plural – "autorizações" e não "autorização" – no texto legal.

A atribuição da competência exclusiva ao conselho geral e de supervisão para a autorização dos negócios em situação de conflito em que participem os membros do conselho de administração executivo retira um nível de controlo ao mecanismo de legitimação. Tal poderia compreender-se na medida em que quem toma a decisão – conselho geral e de supervisão – está inteiramente desligado da decisão original. Ao contrário do que se passa no modelo de governo latino ou clássico, por força da separação orgânica, existirá um menor risco de a primeira deliberação autorizativa ser afectada pela influência exercida pelo administrador interessado.

Desconfiamos, porém, desta independência orgânica entre o conselho de administração executivo e o conselho geral e de supervisão. Parece-nos que não resulta, necessariamente, do desenho legal uma independência substancialmente distinta daquela que existe, por exemplo, entre os administradores não executivos e os membros de uma comissão executiva, no contexto do modelo latino.

Mais problemática é, todavia, a aplicação do regime previsto no artigo 397.º aos próprios membros do conselho geral e de supervisão. Os elementos normativos relevantes são a remissão prevista no n.º 1 do artigo 445.º e o disposto no n.º 4 do artigo 434.º, quanto à composição do conselho geral e de supervisão. De acordo com primeira regra citada, aos negócios celebrados entre os membros do conselho geral e de supervisão e a sociedade aplica-se, «com as necessárias adaptações», o disposto no artigo 397.º. Quanto aos contratos absolutamente proibidos, não se detectam problemas aplicativos relevantes. Já quanto aos negócios cuja validade depende de um procedimento de legitimação levantam-se diversas questões.

Na sua fórmula original, no seio do modelo de governo latino, o procedimento de legitimação compreende uma deliberação do próprio órgão social cujo membro pretende contratar com a sociedade, na qual este se encontra impedido de (participar) e votar; e um parecer favorável do órgão de fiscalização. No modelo de governo germânico, o conselho geral e de supervisão tem atribuições de natureza mista, mas que incluem a fiscalização e supervisão da administração da sociedade, prosseguida pelos administradores executivos. Além do conselho geral e de supervisão, o elemento fiscalizador remanescente consiste no revisor oficial de contas.

Face ao contexto apresentado, importa concretizar quais as adaptações necessárias à correcta aplicação do artigo 397.º aos negócios a celebrar entre os membros do conselho geral e de supervisão e a sociedade. O primeiro passo do procedimento de legitimação não levanta obstáculos. Exige-se uma deliberação autorizativa do conselho geral e de supervisão, na qual não podem votar os conselheiros interessados. Mas, e quanto ao parecer favorável do órgão de fiscalização? Deverá concluir-se que, por não existir outro órgão interno de fiscalização, as «adaptações necessárias» referidas no n.º 1 do artigo 445.º ditam a desnecessidade de um parecer favorável autónomo emitido por uma entidade exterior ao próprio conselho geral e de supervisão?

Entendemos que não. O sistema de controlo de conflitos de interesses envolvendo membros do órgão de administração previsto no CSC não se compadece, por regra, com juízos singulares em matérias conflituais. E menos ainda com juízos singulares produzidos pelo próprio órgão ao qual pertence o administrador interessado.

Como verificámos supra, a admissão de um juízo singular apenas se admite nos casos de negócios envolvendo membros interessados do conselho de administração executivo. O argumento decisivo em favor dessa suficiência assenta no facto de a autorização única ser emitida por um órgão independente do órgão social ao qual pertence o administrador interessado. Diferentemente, uma deliberação única do conselho geral e de supervisão sobre um potencial negócio com a sociedade em que um dos seus membros se encontre em conflito de interesses é, manifestamente, insuficiente. É necessário um controlo adicional, com origem externa ao conselho geral e de supervisão. A «necessária adaptação» mencionada do n.º 1 do artigo 445.º significa antes que, perante a inexistência do conselho fiscal, ter-se-á que identificar quem deve emitir o parecer favorável.

À partida, existem cinco alternativas para a autoria do parecer favorável adicionalmente exigível: (*i*) o conselho de administração executivo; (*ii*) a assembleia geral; (*iii*) a comissão para as matérias financeiras, caso exista; (*iv*) outra comissão constituída no seio do conselho geral e de supervisão; ou (*v*) o ROC.

O concelho de administração executivo tem alguma responsabilidade no que toca a procedimentos de correcção de deficiências de funcionamento do conselho geral e de supervisão. Nos termos do disposto na alínea b) do n.º 2 do artigo 445.º, o conselho de administração executivo pode convocar uma reunião do conselho geral e de supervisão caso o presidente deste não o tenha convocado para reunir dentro dos 15 dias seguintes à recepção de pedido por aquele formulado. Trata-se, porém, de um mero impulso procedimental, sem implicar a atribuição de competências materiais ao conselho de administração executivo. Daqui não pode, pois, decorrer um argumento no sentido de apontar o conselho de administração executivo como órgão responsável pela supervisão dos negócios entre a sociedade e membros do conselho geral e de supervisão. O conselho de administração executivo não é o órgão social idóneo para o efeito. As razões são evidentes: o conselho de administração executivo é um órgão dependente do conselho geral e de supervisão.

A hipótese assembleia geral, apesar de tentadora, não é operativa o suficiente para ser recomendada. O CSC atribui à assembleia geral o papel de árbitro em caso de conflito entre as competências de gestão do conselho de administração executivo e as mesmas competências do conselho geral e de supervisão, quando existentes.[92] Acreditamos que não são comparáveis, de um lado, um bloqueio entre os dois órgãos que partilham poderes de gestão da actividade da sociedade e, de outro, a necessidade de uma autorização de um negócio entre a sociedade de um membro de um órgão social. Não nos parece adequado sujeitar a sociedade e os seus accionistas aos custos da

---

[92] Cfr. artigo 442.º, n.º 2.

organização de uma assembleia geral com o propósito, porventura exclusivo, de emissão de um parecer favorável.

A delimitação de atribuições do revisor oficial de contas ("ROC") no desenho do modelo de governo germânico leva-nos a concluir que também não será este a entidade preferencial para emitir o parecer favorável adicional aos negócios entre a sociedade e membros do conselho geral e de supervisão. Nos termos do disposto no n.º 3 do artigo 446.º, o ROC exerce as funções previstas as alíneas c), d), e) e f) do n.º 1 do artigo 420.º, as quais incluem, respectivamente, a verificação da regularidade dos livros, registo contabilísticos e documentos que lhe servem de suporte; a verificação da extensão da caixa e das existências de qualquer espécie de bens ou valores pertencentes à sociedade ou por ela recebidos em garantia, depósito ou outro título; a verificação da exactidão dos documentos de prestação de contas; e a verificação da correcção das políticas contabilísticas e dos critérios valorimétricos adoptados pela sociedade. De igual forma, o dever de vigilância cometido ao ROC, estabelecido no artigo 420.º-A, apesar de pressupor o acompanhamento da actividade corrente da sociedade, não assume feições de molde a fazer impender sobre o ROC a função de monitorar directamente os conflitos de interesses entre os accionistas e os membros do órgão de administração e/ou fiscalização, excepto quando estes contendam com os resultados esperados do exercício das suas competências.[93] Mas, mesmo nestes casos, a supervisão exercida pelo ROC ocorre, em regra, num momento temporal distinto e posterior.

Restam como opções a comissão para as matérias financeiras ou outra comissão eventualmente constituída no seio do conselho geral e de supervisão. Porventura, tratar-se-á de uma única alternativa, considerando que, fora o caso da comissão para as matérias financeiras nas sociedades emitentes de valores mobiliários admitidos à negociação em mercado regulamentado, a constituição de comissões dentro do conselho geral e de supervisão é uma decisão eventual dos

---

[93] Tal poderá, designadamente, suceder quando a conclusão de negócios com membros de órgãos sociais não for correctamente contabilizada, por violação, por exemplo, das normas relativas a transacções com partes relacionadas.

accionistas, se o fixarem estatutariamente, ou do próprio conselho geral e de supervisão, sempre que o entenda conveniente.[94]

Ainda assim, tomemos como referência a comissão para as matérias financeiras. No âmbito das funções que lhe são legalmente consignadas destacamos duas: (*i*) a fiscalização do sistema de gestão de riscos, do sistema de controlo interno e do sistema de auditoria interna; e (*ii*) a recepção de comunicações de irregularidades apresentadas por accionistas, colaboradores da sociedade ou outros. Nestes termos, é possível identificar na comissão para as matérias financeiras responsabilidades directas quanto à efectividade do controlo interno societário e à detecção de deficiências no funcionamento dos diversos órgãos. Ora parece ser esse, justamente, o propósito essencial do parecer favorável referido na parte final do n.º 2 do artigo 397.º. Adicionalmente, a regulação da comissão para as matérias financeiras, designadamente as normas relativas à sua composição e estrutura, recomenda-a para esta função. Com efeito, além de o n.º 5 do artigo 444.º exigir que a comissão inclua, pelo menos, um membro com curso superior adequado ao exercício das suas funções, assim como conhecimentos em auditoria ou contabilidade e que seja independente, o n.º 6 do mesmo preceito requer que, em sociedades emitentes de acções admitidas à negociação em mercado regulamentado, os membros da comissão para as matérias financeiras sejam, maioritariamente, independentes.[95]

Conclui-se assim que, nas sociedades de matriz germânica, e sob pena de nulidade, os negócios com a sociedade em que os membros do conselho geral e de supervisão se encontrem em situação conflito de interesses devem ser objecto, não apenas de uma deliberação do próprio conselho geral e de supervisão, em que aqueles não podem

---

[94] Cfr. n.º 1 do artigo 444.º.

[95] Poder-se-á, naturalmente, questionar se os critérios de independência aplicáveis – os previstos no n.º 5 do artigo 414.º – são suficientes para assegurar um juízo independente nas situações em apreço, em que surgem em conflito os interesses de membros do conselho geral e de supervisão e os interesses dos accionistas. À partida, atendendo ao critério material de independência fixado no corpo da norma, parece-nos que sim: sempre que os membros da comissão para as matérias financeiras se encontrem relacionados com os seus colegas do conselho geral e de supervisão em termos susceptíveis de afectar a sua isenção de análise ou decisão, não serão independentes.

votar, mas também de um parecer favorável da comissão para as matérias financeiras ou, caso esta não esteja constituída, do ROC.

XIII. Ao avaliar a eficácia da autorização dos membros desinteressados do conselho de administração como instrumento de controlo dos conflitos de interesses a propósito da realização de negócios entre a sociedade e administradores é comum encontrar pontos positivos e negativos.[96] De entre os pontos positivos salientam-se a facilidade e baixo custo de implementação e, sobretudo, o facto de permitir com probabilidade razoável a celebração dos negócios vantajosos para a própria sociedade. No plano oposto, os detractores deste mecanismo argumentam existir a mesma razoável probabilidade de os membros desinteressados do órgão de administração não impedirem a realização de negócios desvantajosos para a sociedade. Neste sentido, alerta-se para o perigo de o «juízo desinteressado» dos restantes membros do órgão de administração poder, afinal, não ser assim tão desinteressado. Entram aqui em jogo as críticas, em grande medida certeiras, à natureza excessivamente processual do regime de independência aplicável aos membros do órgão de administração, sobretudo, desde a entrada em vigor do *Sarbanes-Oxley Act*. Admite-se que um procedimento "limpo" possa servir para camuflar um negócio prejudicial para a sociedade.[97] E ainda o argumento empírico: a investigação que após a insolvência da *Enron* trabalhou no apuramento das responsabilidades dos membros do órgão de administração, concluiu que a celebração de negócios ruinosos entre a sociedade e alguns dos seus administradores, autorizados pelos membros independentes e desinteressados do órgão de administração, em muito contribuiu para a deterioração da situação económica da sociedade.[98]

Isto posto, não deve ser negada a possibilidade de, no ordenamento jurídico português, submeter a apreciação judicial os aspectos

---

[96] Ver HERTIG/KANDA, *Related Party Transactions* (2004), p. 109.

[97] Neste sentido, p. 10. BLACK, *The Core Fiduciary Duties of Outside Directors*, Asia Business Law Review 16/3 (2001), p. 10.

[98] Envolvendo, em particular, o *Chief Financial Officer* Andrew Fastow e o administrador executivo Michael Kopper. Cfr. POWERS/TROUBH/WINOKUR, *Report of Investigation by the Special Investigation Committee of the Board of Directors of Enron Corp* (2002), p. 148 e ss..

substantivos – em termos de *entire fairness* – dos negócios celebrados com a sociedade em situação de conflito de interesses, ainda que estes vençam o teste de validade previsto n.º 2 do artigo 397.º.

XIV. A realização de transacções com *insiders* encontra-se, por regra, sujeita a um complexo regime de transparência informativa. O seu propósito é o de alertar os accionistas, e o mercado em geral, para a sua ocorrência. O que se pretende é, perante transacções suspeitas, despoletar o funcionamento de mecanismos correctivos. Os quais podem ser diversos, consoante as circunstâncias do caso. Podem ter base nos mecanismos de mercado, mediante uma diminuição do valor das acções ou, perante actos ilícitos, atacar a validade do negócio, procurar a responsabilização dos responsáveis ou mesmo o afastamento do cargo.

No que se refere às regras de transparência, cabe distinguir dois núcleos: (*i*) as regras de transparência no contexto dos mecanismos de controlo intra-societário e (*ii*) as regras de transparência *stricto sensu*.

A propósito do primeiro núcleo, sublinham-se os deveres de informação previstos no n.º 4 do artigo 397.º. A lei faz impender sobre o órgão de administração e sobre o órgão de fiscalização deveres de natureza informativa relativos aos resultados da implementação dos procedimentos de gestão dos conflitos de interesses, quando em causa está a celebração de contratos envolvendo administradores interessados. Em primeiro lugar, o n.º 4 do artigo 394.º determina o órgão de administração a incluir, no seu relatório anual, a *especificação* das autorizações concedidas ao abrigo do n.º 2. Por seu lado, o relatório anual do órgão de fiscalização – conselho fiscal ou comissão de auditoria – deve *mencionar* os pareceres proferidos sobre tais autorizações. O conteúdo exigível a estes dois relatórios é distinto, designadamente, ao nível do detalhe requerido.

Relativamente às regras de transparência *stricto sensu* impõe-se uma menção à Directiva 2006/46/CE do Parlamento Europeu e do Conselho, de 14 de Junho de 2006.[99] Na Europa, o sublinhar da

---

[99] A qual alterou a Directiva 78/660/CEE do Conselho relativa às contas anuais de certas formas de sociedades, a Directiva 83/349/CEE do Conselho relativa às contas consolidadas, a Directiva 86/635/CEE do Conselho relativa às contas anuais e às contas

importância das transacções com partes relacionadas, em geral, subiu de tom com a publicação do Relatório *Winter*, em 2002.[100] Visando a melhor protecção dos accionistas minoritários das sociedades europeias, o Relatório recomendava medidas relativas às transacções com partes relacionadas em dois planos: no da transparência e no do reforço dos direitos dos accionistas. Quanto a este último, salientou-se a necessidade de prever nas legislações internas dos Estados-membros direitos de informação ou investigação, em benefício dos accionistas minoritários, que incluíssem de modo inequívoco as transacções entre a sociedade e partes relacionadas.[101] No plano da transparência, a primeira recomendação do Relatório *Winter* respeitava ao relatório anual sobre o governo da sociedade. Este documento, cuja publicação se recomendava exigir às sociedades emitentes de acções admitidas à negociação em mercado regulamentado, deveria incluir todas as «*material related party transactions*», desde que as mesmas não fossem já divulgadas nos documentos de prestação de contas.[102] As críticas sobre a insuficiência do regime de transparência das transacções com partes relacionadas foram estendidas às sociedades em relação de domínio ou grupo. Também a sétima directiva societária – Directiva 83/349/CEE do Conselho relativa às contas consolidadas – deveria ser actualizada.

Na sequência do proposto no Relatório *Winter* foi aprovada a Directiva 2006/46/CE. Um dos propósitos desta directiva consistiu em aproximar as sociedades cotadas e as sociedades não cotadas quanto à transparência devida em matéria de transacções com partes relacionadas. Enquanto as sociedades não cotadas se sujeitavam ape-

---

consolidadas dos bancos e outras instituições financeiras e a Directiva 91/674/CEE do Conselho relativa às contas anuais e às contas consolidadas das empresas de seguros. JO L 224 de 16.08.2006, p. 1.

[100] WINTER/GARCIA/HOPT/RICKFORD/ROSSI/CHRISTENSEN/SIMON, *Report of the High Level Group of Company Law Experts on a Modern Regulatory Framework for Company Law in Europe* (2002).

[101] Cfr. capítulo II, ponto 3.4., p. 57.

[102] Cfr. capítulo II, ponto 2., p. 47. Recorde-se que em 2002, momento da publicação do Relatório, a divulgação de transacções com partes relacionadas era apenas regida pelos artigos 9.º e 10.º da Directiva 78/660/CEE do Conselho relativa às contas anuais de certas formas de sociedades, os quais estabeleciam apenas a obrigação de divulgar as operações concluídas entre a sociedade e as suas filiais.

nas ao regime previsto nas Directivas 78/660/CEE e 83/349/CEE, as sociedades emitentes de acções admitidas à negociação em mercado regulamentado submetiam-se já ao regime mais exigente previsto nas normas internacionais de contabilidade – aplicáveis às suas contas consolidadas.[103] Tal aproximação consubstanciou-se no alargamento do âmbito do dever de divulgação de transacções de partes relacionadas previsto nas Directivas 78/660/CEE e 83/349/CEE, de modo a abranger outros tipos de partes relacionadas que não as filiais societárias, tais como os principais dirigentes e os cônjuges dos administradores. Ainda assim, o dever de divulgação ficou sujeito a dois testes de materialidade: o relato das transacções apenas é devido quando estas operações sejam relevantes e não sejam realizadas em condições normais de mercado.[104]

---

[103] Cfr., em particular, IAS 24 – Divulgações relativas a partes relacionadas.

[104] Em concreto, de acordo com o estabelecido no n.º 6 do artigo 1.º da Directiva 2006/46/CE, ao n.º 1 do artigo 43.º da Directiva 78/660/CEE foi aditado um novo parágrafo 7-B, o qual reclama que o anexo inclua indicações sobre «as operações realizadas pela sociedade com partes relacionadas, incluindo os montantes dessas operações, a natureza da relação com a parte relacionada e quaisquer outras informações sobre as transacções que se revelem necessárias para efeitos de avaliação da situação financeira da sociedade, desde que essas operações sejam relevantes e não tenham sido realizadas em condições normais de mercado. As informações sobre as diferentes operações podem ser agregadas em função da sua natureza, excepto quando sejam necessárias informações distintas para compreender os efeitos das operações com partes relacionadas sobre a situação financeira da sociedade».

Mais se refere que «os Estados-membros podem autorizar as sociedades a que se refere o artigo 27.º a omitir as informações previstas no presente ponto, a não ser que estas sociedades correspondam a um dos tipos referidos no n.º 1 do artigo 1.º da Directiva 77/91/CEE, situação em que os Estados-Membros podem limitar a divulgação a, no mínimo, operações realizadas directa ou indirectamente entre: i) a sociedade e os seus accionistas maioritários; e ii) a sociedade e os membros dos órgãos de administração, de direcção e de fiscalização». Trata-se de uma medida de simplificação dirigida às sociedades de menor dimensão, cujos critérios delimitadores foram igualmente alterados pela Directiva 2006/46/CE (cfr. n.º 3 do artigo 1.º). Mas note-se o seguinte: considerando que a sociedade anónima é um dos tipos referidos no n.º 1 do artigo 1.º da Directiva 77/91/CEE, de acordo com o novo regime comunitário, em relação a estas sociedades nunca poderá haver uma omissão total de divulgação de informação por força da sua menor dimensão. Haverá sempre que divulgar a informação respeitante às transacções efectuadas entre a sociedade e os seus accionistas maioritários e os membros dos órgãos de administração e fiscalização.

O novo ponto parágrafo 7-B do artigo 43.º da Directiva 78/660/CEE estabelece por fim que «os Estados-membros podem isentar as operações realizadas entre dois ou mais

A transposição desta parte da Directiva 2006/46/CE para o ordenamento jurídico português não ocorreu dentro do prazo previsto na Directiva.[105]

As sociedades cotadas portuguesas, independentemente da transposição da Directiva 2006/46/CE, encontram-se sujeitas aos deveres de divulgação anual nos termos previstos na IAS 24.[106] Devem ainda incluir informação relativa a este tipo de transacções no relatório anual sobre o governo da sociedade, a qual, em rigor, não introduz qualquer mais-valia em relação à primeira.[107] Quanto à informação a prestar semestralmente regem a alínea c) do n.º 3 e a alínea e) do n.º 5, ambas do artigo 246.º do CVM.

---

membros de um mesmo grupo, desde que as filiais que participaram na transacção sejam, na íntegra, propriedade desses membros» e que «a expressão "parte relacionada" tem o mesmo significado que nas normas internacionais de contabilidade adoptadas de acordo com o Regulamento (CE) n.º 1606/2002».

A acrescer, o n.º 1 do artigo 2.º da Directiva 2006/46/CE, introduziu o parágrafo 7-B ao artigo 34.º da Directiva 83/349/CEE (igualmente relativo ao conteúdo do anexo das contas consolidadas), com o seguinte conteúdo: «as operações, com excepção das operações intragrupo, realizadas pela sociedade-mãe ou por outras sociedades incluídas no perímetro de consolidação com partes relacionadas, incluindo os montantes dessas operações, a natureza da relação com a parte relacionada e quaisquer outras informações sobre as operações que se revelem necessárias para efeitos de avaliação da situação financeira das sociedades incluídas no perímetro de consolidação, desde que essas operações sejam relevantes e não tenham sido realizadas em condições normais de mercado. As informações sobre as diferentes operações podem ser agregadas em função da sua natureza, excepto quando sejam necessárias informações distintas para compreender os efeitos das operações com partes relacionadas sobre a situação financeira das sociedades incluídas no perímetro de consolidação».

Finalmente, deve igualmente referir-se que o regime comunitário dos prospectos já havia anteriormente regulado deveres de transparência sobre transacções com partes relacionadas, igualmente por referência às normas internacionais de contabilidade – cfr. Ponto 19 do Anexo I (Documento de Registo de Acções) do Regulamento (CE) n.º 809/2004, de 29 de Abril, de implementação da Directiva 2003/71/CE (JO L 149, 30.04.2004, p.1).

[105] 5 de Setembro de 2008.

[106] Artigo 245.º, n.º 3 do CVM e artigo 2.º do Regulamento da CMVM n.º 11/2005, sobre âmbito das normas internacionais de contabilidade.

[107] Cfr. § III.11 do Anexo ao Regulamento da CMVM n.º 1/2007, sobre o Governo das Sociedades.

§4.º
A REMUNERAÇÃO DOS ADMINISTRADORES DAS SOCIEDADES COTADAS

8. A remuneração como fonte de conflitos de interesses

I. A existência de problemas de risco moral na relação entre accionistas e administradores condiciona igualmente o debate em torno da remuneração dos últimos. Todavia, a remuneração dos administradores não é necessária e automaticamente uma fonte de conflito de interesses entre os administradores e os accionistas. Contrariamente, de acordo com os contornos típicos do *agency problem*, a remuneração do agente integra, pelo menos implicitamente, a negociação entre este e o principal. À partida, caberia às próprias partes o dever de contratualmente mitigarem ou eliminarem os problemas de risco moral. Todavia, a autodisciplina do risco moral não é, ela própria, isenta de escolhos. Em primeiro lugar, apontam-se os elevados custos de transacção implicados na celebração de «contratos completos», capazes de cobrir todas as contingências, incluindo os parâmetros de avaliação do desempenho das partes, e, em segundo lugar, refere-se a onerosidade associada à reparação judicial dos danos produzidos.[108]

Existem, porém, situações em que a matéria da remuneração dos administradores conflitua directamente com os interesses dos accionistas: quando os agentes não participam (ou participam apenas formalmente) na definição da remuneração dos administradores. Estão nesta situação todas as jurisdições nas quais a remuneração dos administradores (executivos e não executivos) é fixada pelo próprio órgão de administração.[109]

Existe ainda um terceiro tipo de situações em que a questão da remuneração não conflitua directamente com os interesses dos accio-

---

[108] Cfr. FERNANDO ARAÚJO, *Introdução à Economia*, vol. I, 2.ª ed. (2004), p. 735.

[109] Perante este condicionalismo, típico do ordenamento jurídico norte-americano, BLACK considera a remuneração dos administradores como o único caso de *self-dealing* necessário. *The Core Fiduciary Duties Of Outside Directors*, Asia Business Law Review 16/3 (2001), p. 5.

nistas, mas constitui um incentivo à violação do dever de lealdade que impende sobre os administradores: quando existem incentivos mal direccionados, que fazem com que os agentes não defendam os interesses dos accionistas.

II. Esta é apenas uma das faces da moeda. Não é difícil encontrar referências aos esquemas remuneratórios como instrumentos de alinhamento entre os interesses dos accionistas e os dos administradores. Por exemplo, de acordo com a recomendação II.1.5.1 do Código de Governo das Sociedades da CMVM, «a remuneração dos membros do órgão de administração deve ser estruturada de forma a permitir o alinhamento dos interesses daqueles com os interesses da sociedade». A remuneração dos administradores assume, assim, uma dupla face: de um lado, fonte de conflito de interesses entre administradores e accionistas; de outro lado, remédio para esse conflito.

III. Um dos principais problemas acerca da resolução de conflitos de interesses entre accionistas e administradores a propósito da remuneração prende-se com o facto de a qualidade da prestação desenvolvida pelo administrador não ser perceptível de forma fácil ou directa pelos accionistas. Isto leva-nos à temática do reforço dos deveres de transparência. Da transparência perante os accionistas, mas também perante outras entidades que têm como atribuição específica a tutela dos interesses dos accionistas, como os membros de órgãos de fiscalização e os auditores externos.

9. Medidas de intervenção regulatória: evolução

I. Mais uma vez na sequência do Relatório *Winter*[110], a Comissão Europeia aprovou, em 2004 e 2005, duas recomendações rele-

---

[110] O grupo liderado por JAAP WINTER partiu da premissa de acordo com a qual «the level and form of remuneration of executive directors should be left to the companies and their shareholders». Em consonância, as medidas propostas assentavam em mecanismo de cariz institucional, mormente, «appropriante governance controls, based on adequate information rights» (cfr. capítulo III, parágrafo 4.2.). Em concreto, o Relatório sugeria a

vantes a propósito da remuneração dos administradores de sociedades cotadas: a Recomendação 2004/913/CE, de 14 de Dezembro, sobre o regime apropriado para a remuneração dos administradores e a Recomendação 2005/162/CE, de 15 de Fevereiro, sobre o papel dos administradores não executivos e sobre os comités do órgão de administração.

Em síntese, a Recomendação 2004/913/CE contém quatro propostas fundamentais. Em primeiro lugar, sugere-se a divulgação de informação sobre a política de remuneração das sociedades cotadas em conjunto com os documentos de prestação de contas anuais, designadamente sobre a sua estrutura, conteúdo e critérios de avaliação de desempenho dos administradores. Em segundo lugar, advoga-se a sujeição da política de remuneração dos administradores à apreciação dos accionistas em assembleia geral, através de voto vinculativo ou meramente consultivo, consoante a opção dos Estados-membros. Em terceiro lugar, recomenda-se a divulgação, em termos individuais da remuneração integral (considerando todas as componentes e origens) dos administradores. Em quarto e último lugar, sustenta-se a necessidade de aprovação prévia pelos accionistas de todos os esquemas de remuneração assentes em acções ou opções sobre acções.

A Recomendação 2005/162/CE, sobre o papel dos administradores não executivos, além de propor a separação entre as funções de *Chief Executive Officer* e de presidente do conselho de administração e de aconselhar a presença de um número suficiente de membros independentes no órgão de administração (considerando critérios de independência não apenas em relação aos membros executivos do órgão de administração mas também, atendendo à natureza concentrada da estrutura de capital típica das sociedades europeias, em relação aos accionistas maioritários), inclui recomendações com relevo específico na área da remuneração dos administradores. Com

---

criação de comités de remuneração, integrados por uma maioria de administradores não executivos independentes. De acordo com a visão suportada no Relatório, a União Europeia não deveria adoptar normas imperativas no campo da remuneração dos administradores.

efeito, um dos comités cuja criação no seio do órgão de administração é tida como boa prática é, justamente, o comité de remuneração.

O propósito geral do comité de remuneração, tal como previsto na Recomendação 2005/162/CE, é o de reforçar a eficiência do funcionamento do órgão de administração, assegurando que as decisões tomadas não envolvem conflitos de interesses relevantes[111]. A Recomendação reconhece – e bem – que o papel em concreto destinado ao comité de remuneração depende do enquadramento dado pelas diferentes disposições internas dos Estados-membros. Indicam-se, em todo o caso, as atribuições genéricas deste tipo de estrutura:

  i) Apresentação de propostas relativas à política de remuneração dos administradores executivos e não executivos, incluindo objectivos e critérios de avaliação do desempenho;
  ii) Apresentação de propostas quanto à remuneração individual dos administradores executivos e não executivos, assegurando coerência com a política de remuneração vigente na sociedade. Apesar de o texto da Recomendação não o referir expressamente, parece estar implícita a competência para avaliar o desempenho dos administradores em causa;
  iii) Participação no processo de contratação de novos administradores;
  iv) Colaboração no cumprimento dos deveres de transparência relativos aos aspectos da remuneração dos administradores;[112]
  v) Supervisão e apresentação de propostas respeitantes a incentivos com base em acções ou opções sobre acções da sociedade.

II. Os reflexos que estas duas recomendações produziram nas sociedades cotadas portuguesas acomodaram-se em torno das disposições normativas estabelecidas no Código das Sociedades Comerciais e das recomendações sobre o governo das sociedades cotadas

---

[111] Cfr. § 6.1..
[112] Cfr. § 3.2. do Anexo I.

produzidas pela CMVM, as quais, primeiro por força de regulamento[113] e depois por força lei[114], são objecto de uma declaração de cumprimento, de acordo com o modelo *comply or explain*.

De acordo com o disposto no artigo 399.º do CSC, a fixação da remuneração dos membros do conselho de administração compete à assembleia geral de accionistas ou a uma comissão por aquela nomeada. O mesmo se aplica aos membros do conselho de administração que sejam também membros da comissão de auditoria. Quanto a estes o que difere necessariamente é a estrutura da remuneração.[115]

No modelo de governo de matriz germânica, a competência para a fixação da remuneração dos membros do conselho geral e de supervisão e do conselho de administração executivo pode ou não diferir. A remuneração dos membros do conselho geral e de supervisão compete sempre à assembleia geral de accionistas ou a uma comissão por aquela nomeada.[116] A remuneração dos membros do conselho de administração executivo, caso o contrato de sociedade assim o determine, obedece aos mesmos termos. Na falta de tal estipulação contratual, a remuneração dos membros do conselho de administração executivo é uma responsabilidade do conselho geral e de supervisão ou de uma comissão de remuneração constituída no seu seio.[117]

Nas normas atrás compulsadas são aludidas duas comissões com funções específicas em relação à remuneração dos administradores:

i) A comissão de remuneração nomeada pela assembleia geral; e
ii) A comissão de remuneração nomeada pelo conselho geral e de supervisão.

Existem diferenças óbvias: a comissão de remuneração constituída no seio do conselho geral e de supervisão é uma realidade privativa do modelo de governo de matriz germânica. Os seus mem-

---

[113] Artigo 1.º, n.º 2 do Regulamento da CMVM n.º 1/2007, sobre o Governo das Sociedades Cotadas.

[114] Artigo 245.º-A, n.º 2 do CVM, em transposição (parcial) da Directiva 2006//46/CE.

[115] Artigo 423.º-D do CSC.
[116] Artigo 440.º, n.º 2 do CSC.
[117] Artigo 429.º do CSC.

bros são necessariamente membros do conselho geral e de supervisão.[118] Já quanto aos membros da comissão de remuneração nomeada pela assembleia geral não existem requisitos legais suplementares. Anteriormente à reforma de 2006, exigia-se a qualidade de accionistas aos seus membros, mas tal requisito foi eliminado pelo Decreto-Lei n.º 76-A/2006. O Código das Sociedades Comerciais não contém regras que impeçam, por exemplo, os administradores de serem nomeados para a comissão de remuneração. Apenas a CMVM, nas suas recomendações, agora corporizadas no Código de Governo das Sociedades, aconselha que os membros da comissão de remuneração ou equivalente sejam independentes relativamente aos membros do órgão de administração.[119]

No plano da transparência, o Regulamento da CMVM n.º 1//2007 exige que no relatório anual sobre o governo da sociedade conste informação sobre a remuneração, em termos individuais ou agregados, entendida em sentido amplo – de forma a incluir, designadamente prémios de desempenho, pagamentos extraordinários, benefícios de reforma, compensações pela cessação – auferida pelos membros do órgão de administração. Sempre que excedam o dobro da remuneração mensal recebida, devem, ademais, ser indicados no relatório, em termos individuais, todos os montantes recebidos, independentemente da sua natureza, em caso de cessação das funções durante o exercício.[120]

A CMVM recomenda ainda que a remuneração dos membros do órgão de administração seja divulgada em termos individuais, distinguindo-se, sempre que seja o caso, as diferentes componentes recebidas em termos de remuneração fixa e variável, bem como a remuneração recebida de outras sociedades do grupo ou controladas por accionistas titulares de participações qualificadas.[121]

---

[118] Artigo 441.º, n.º 1 do CSC.
[119] Ponto II.5.2 do Código do Governo das Sociedades da CMVM.
[120] Ponto II.21 do Anexo ao Regulamento da CMVM n.º 1/2007.
[121] Ponto II.1.5.5 do Código do Governo das Sociedades da CMVM. A recomendação relativa à divulgação da remuneração individual dos administradores é a menos seguida pelas sociedades cotadas. De acordo com o *Relatório Anual sobre o Governo das Sociedades Cotadas em Portugal* (2008), p. 73, divulgado pela CMVM, durante o exercício de 2007, o grau de cumprimento desta recomendação foi apenas de 12,8%.

O regime português relativo aos incentivos com base em acções e opções sobre acções apresenta também alguma densidade. Nos termos do estabelecido no artigo 2.º do Regulamento da CMVM n.º 1/2007, as sociedades têm de comunicar à CMVM informação relativa a planos de atribuição de acções e/ou de opções de aquisição de acções a trabalhadores e/ou a membros do órgão de administração e de fiscalização, nos sete dias úteis posteriores à respectiva aprovação. Além disso, têm de publicar no relatório sobre o governo da sociedade uma descrição das principais características dos planos de atribuição de acções e dos planos de atribuição de opções de aquisição de acções adoptados ou vigentes no exercício em causa. A acrescer, a CMVM recomenda a sujeição à assembleia geral da proposta relativa à aprovação de planos de atribuição de acções, e/ou de opções de aquisição de acções ou com base nas variações do preço das acções, a membros dos órgãos de administração, fiscalização e demais dirigentes, na acepção do n.º 3 do artigo 248.º-B do Código dos Valores Mobiliários. A proposta deve conter todos os elementos necessários para uma avaliação correcta do plano e deve ser acompanhada do regulamento do plano ou, caso o mesmo ainda não tenha sido elaborado, das condições gerais a que o mesmo deverá obedecer. De igual forma, a CMVM recomenda a aprovação em assembleia geral das principais características do sistema de benefícios de reforma de que beneficiem essas mesmas pessoas.[122]

III. A crise financeira centrou a atenção de todos na complexidade e alguma opacidade que os esquemas de remuneração dos administradores de sociedades cotadas vinham assumindo, assim como no enfoque excessivo que tais esquemas concentravam nos resultados de curto prazo. A Comissão Europeia depressa agiu e, em 30 de Abril de 2009, aprovou uma nova Recomendação relativa aos regime da remuneração dos administradores das sociedades cotadas, em complemento das Recomendações 2004/913/CE e 2005/162/CE atrás analisadas.[123]

---

[122] Ponto II.1.5.4 do Código do Governo das Sociedades da CMVM.
[123] Nos EUA, registou-se a aprovação do *Emergency Economic Stabilization Act* de 2008, o qual, entre outros aspectos, se debruçou sobre a remuneração dos administradores das sociedades objecto de intervenção governamental.

A atenção da Comissão Europeia incidiu sobre o reforço de dois aspectos: a estrutura da remuneração e as regras relativas ao processo de determinação da remuneração e ao controlo desse processo.

No que se reporta aos aspectos atinentes à estrutura da remuneração dos administradores, a Recomendação de 2009 aditou uma nova secção III à Recomendação 2004/913/CE. São reforçados seis princípios. De notar que se trata apenas de uma (tentativa de) concretização de princípios, de formulação mais genérica, já previstos na Recomendação desde 2004. Esses princípios são:

   i) A adopção de critérios de avaliação do desempenho pré-definidos e mensuráveis, incluindo critérios de natureza não financeira, no âmbito da fixação da remuneração dos administradores;[124]
   ii) A limitação das componentes variáveis da remuneração à luz de uma ideia de proporcionalidade;
   iii) O diferimento da entrega das componentes variáveis, quando significativas, por períodos de 3 a 5 anos, em função das condições de desempenho, com possibilidade da sua recuperação pela sociedade em caso de desempenho insuficiente do administrador revelado *a posteriori*;
   iv) A limitação do valor dos designados "pára-quedas dourados". Pretende-se evitar a recompensa de maus desempenhos – o *pay for failure*. De acordo com o entendimento da Comissão Europeia, as indemnizações em caso de destituição devem ser limitadas e não deve ser paga qualquer indemnização em caso de desempenho deficiente ou caso o administrador se demita por sua iniciativa;
   v) A sujeição da atribuição de incentivos com base em acções e opção sobre acções à avaliação prévia do desempenho dos administradores. Em conformidade, os períodos de subscrição de acções e de exercício das opções devem ser desenha-

---

[124] Como exemplo dos critérios de natureza não financeira relevantes para a criação de valor a longo prazo, a Recomendação menciona «o respeito das regras e procedimentos aplicáveis». Salvo melhor entendimento, trata-se de uma generalidade sem conteúdo preceptivo útil.

dos de forma a acomodar a aludida avaliação de desempenho. A Recomendação refere intervalos de três anos, como o tempo necessário a uma correcta avaliação do desempenho dos administradores, procurando evitar que a avaliação se centre num único exercício;

vi) A obrigatoriedade de conservação pelos administradores das acções adquiridas com base em programas remuneratórios, pelo menos em parte equivalente ao dobro da remuneração anual total.

Os aspectos relativos à organização institucional foram reforçados mediante a introdução de uma nova secção III na Recomendação 2005/162/CE. Na linha do que havia sido contemplado em 2005 a propósito da presença no conselho de administração de pessoas com conhecimentos específicos em matéria de contabilidade e auditoria[125], vem agora recomendar-se que do comité de remuneração faça parte um especialista na área das remunerações. Trata-se, outra vez, de um conceito mais facilmente delimitado pela negativa. Não existirão na ordem jurídica, comunitária ou nacional, critérios objectivos que permitam aferir a suficiência de conhecimentos na área da remuneração dos administradores das sociedades cotadas. Fica identificada uma melhor prática com base na qual mais facilmente se poderá eliminar quem, em relação à matéria, não apresente qualquer tipo de ligação ou experiência.

Pela primeira vez, é abordado o relevante papel desempenhado pelos consultores em matéria de remuneração, reconhecendo-se o elevado potencial para a existência de conflitos de interesses. As situações de conflito são óbvias nos casos em que o consultor contratado pelo comité de remuneração presta, em simultâneo, serviços ao departamento de recurso humanos da sociedade ou, directamente, aos seus administradores. Em conformidade, recomenda-se que os consultores que trabalhem com os responsáveis pela fixação da remuneração dos administradores não aconselhem, directa ou

---

[125] Indicação que teve reflexo, por exemplo, na reforma societária portuguesa de 2006: cfr. artigos 414.º, n.º 4, 423.º-B, n.º 4 e 444.º, n.º 5 do CSC.

indirectamente, os mesmos administradores. Para a recomendação ser eficaz na prevenção das situações de conflitos de interesses, o critério com base no qual se avalia a existência de uma ligação entre o consultor e os administradores deve ser rigoroso. Assim, por exemplo, o comité de remuneração não deverá contratar consultores que, apesar de não terem qualquer relação com o departamento de recursos humanos da sociedade em causa ou directamente com os administradores, sejam consultores de sociedades dominadas pela sociedade em causa.

Ainda a propósito das regras relativas ao processo de determinação da remuneração e ao seu controlo, a Comissão Europeia passou a recomendar que o comité de remuneração informe os accionistas sobre o exercício das suas funções, devendo, para o efeito, estar presente na assembleia geral anual. A título de curiosidade, refira-se a existência de uma recomendação de conteúdo e finalidades semelhantes no ordenamento português, desde 2007, no Código de Governo das Sociedades da CMVM.[126]

A declaração anual sobre a política de remuneração praticada na sociedade foi também objecto de algumas concretizações adicionais, no sentido de enfatizar a necessidade de clareza e simplicidade e no sentido de recomendar a inclusão de informações respeitantes às recomendações agora introduzidas.

IV. Após a divulgação da Recomendação da Comissão Europeia, de 30 de Abril de 2009, verificou-se já uma primeira reacção da ordem jurídica portuguesa. A Lei n.º 28/2009, de 19 de Junho, além de proceder à revisão do regime sancionatório para o sector financeiro em matéria criminal e contra-ordenacional, estabeleceu o regime de aprovação e divulgação da política de remuneração dos membros dos órgãos de administração e de fiscalização das entidades de interesse público.

A qualificação de "entidades de interesse público" surgiu com o Decreto-Lei n.º 225/2008, de 20 de Novembro, o qual procedeu à transposição, para o ordenamento jurídico nacional, da Directiva n.º 2006/43/CE, do Parlamento Europeu e do Conselho, relativa à revi-

---

[126] Recomendação II.1.5.3.

são legal das contas anuais e consolidadas.[127] De acordo com o aludido texto comunitário, seriam necessariamente qualificadas como entidades de interesse público as sociedades emitentes de valores mobiliários admitidos à negociação em mercado regulamentado, as instituições de crédito e as empresas de seguros. Os Estados-membros poderiam depois alargar essa lista a outras entidades de «relevância pública significativa em razão do seu tipo de actividade, da sua dimensão ou do seu número de trabalhadores».[128]

Para o que aqui interessa, a grande novidade introduzida pela Lei n.º 28/2009 consiste no facto de tornar obrigatória a divulgação do montante anual da remuneração auferida pelos administradores de sociedades cotadas, de forma agregada *e* individual. Trata-se de uma novidade bem-vinda mas, há que reconhecê-lo, inesperada. Na proposta de lei apresentada na Assembleia da República, em 20 de Outubro de 2008, a divulgação da remuneração na forma individual surgia como alternativa à divulgação agregada.[129] Em face deste

---

[127] Por força do regime estabelecido no Decreto-Lei n.º 225/2008, regra geral, as entidades qualificadas como de interesse público são obrigadas a adoptar um dos modelos de administração e fiscalização previstos no Código das Sociedades Comerciais em que o revisor oficial de contas, ou a sociedade de revisores oficiais de contas, a quem compete a certificação legal das contas, não integra o respectivo órgão de fiscalização. As excepções estão previstas no n.º 4 do artigo 3.º.

[128] Assim, de acordo com o artigo 2.º do Decreto-Lei n.º 225/2008, além das sociedades emitentes de valores mobiliários – quaisquer valores mobiliários, não apenas acções – admitidos à negociação em mercado regulamentado, são qualificadas como entidades de interesse público: as instituições de crédito que estejam obrigadas à revisão legal de contas, assim como as sociedades gestoras de participações sociais que nestas detenham, directa ou indirectamente, a maioria dos direitos de voto; os fundos de investimento mobiliário; os fundos de investimento imobiliário; as sociedades e os fundos de capital de risco; as sociedades e os fundos de titularização de créditos; as empresas de seguros e resseguros; as sociedades gestoras de participações sociais no sector dos seguros; as sociedades gestoras de participações mistas de seguros; os fundos de pensões; e as empresas públicas que, durante dois anos consecutivos, apresentem um volume de negócios superior a € 50 000 000; ou um activo líquido total superior a € 300 000 000.

A Lei n.º 28/2009, para efeitos do regime de aprovação e divulgação da política de remuneração dos membros dos órgãos de administração e de fiscalização acrescenta a esta lista as sociedades financeiras e as sociedades gestoras de fundos de capital de risco e as sociedades gestoras de fundos de pensões (cfr. artigo 2.º, n.º 2).

[129] Cfr. artigo 3.º da Proposta de Lei n.º 227/X, disponível em http://parlamento.pt/ActividadeParlamentar/Paginas/DetalheInicitaiva.aspx?ID=34139.

contexto, é incontornável voltar, por breves instantes, ao debate sobre a divulgação da remuneração individual dos administradores. Continuam válidos os argumentos nos quais se tem baseado a não divulgação individual da remuneração dos administradores[130] mas, em bom rigor, como se pode avaliar a relação desempenho/remuneração de um administrador, sem conhecer a sua remuneração individual? Ou, como pode haver real comparabilidade da situação dos administradores sem conhecimento da sua remuneração individual?

No demais respeitante às sociedades cotadas, cabe ainda salientar o novo dever de divulgação da política de remuneração dos membros dos órgãos de administração e de fiscalização, nos documentos anuais de prestação de contas. Antes da Lei n.º 28/2009, as sociedades eram apenas aconselhadas a apresentar uma declaração sobre a política de remuneração na assembleia geral anual.

O n.º 3 do artigo 2.º contém os elementos informativos mínimos a constar da declaração sobre a política de remuneração das entidades de interesse público.[131] Os conteúdos contemplados apresentam-se, globalmente, em linha com as novidades introduzidas pela Recomendação da Comissão Europeia de 30 de Abril de 2009. Todavia, cumpre alertar para o facto de a norma sobre o dever de divulgação constante da Lei n.º 28/2009, por si só, não tornar obrigatória ou sequer recomendada no ordenamento jurídico português, as práticas sobre as quais a divulgação deve incidir.

---

[130] Entre outros, (i) as preocupações com a esfera privada dos administradores; (ii) o risco agravado de *benchmarking* (o qual, de qualquer forma, já existe perante o recurso comum a consultores externos de recursos humanos); (iii) o risco agravado de criação de conflitos sociais (com sindicatos, partidos políticos); e a (iv) legitimação de comportamentos oportunísticos dos administradores (quanto maior a transparência, menor o constrangimento sentido).

[131] A saber: informação relativa aos mecanismos que permitam o alinhamento dos interesses dos membros do órgão de administração com os interesses da sociedade; aos critérios de definição da componente variável da remuneração; à existência de planos de atribuição de acções ou de opções sobre acções por parte dos membros dos órgãos de administração e de fiscalização; à possibilidade de o pagamento da componente variável da remuneração, existindo, ter lugar após o termo do mandato; e aos mecanismos de limitação da remuneração variável.

10. Apreciação crítica e balanço preliminar

I. De acordo com a explicação clássica, os problemas de agência seriam melhor resolvidos pelo próprio mercado. Num mercado eficiente os administradores menos leais e diligentes seriam ultrapassados por administradores mais leais e diligentes, capazes de garantir um desempenho superior a custos inferiores. Essa ultrapassagem concretizar-se-ia no mercado de controlo societário: uma sociedade que não controlasse os seus custos de agência tornar-se-ia, invariavelmente, menos competitiva nos mercados em que actue (de produtos e de capitais) e, em consequência, assumir-se-ia como um alvo apetecível para uma transição de controlo. Contudo, a explicação clássica não parece ter aplicação prática a propósito da remuneração dos administradores: a venda de participação apenas fundada em desacordo relativo a matérias remuneratórias não é frequente. Em adição, certos investidores institucionais, por força dos requisitos regulatórios aplicáveis, podem não ter a flexibilidade para realizar tais operações, mesmo que seja essa a sua vontade. Ilustrativamente, em Portugal, não se conhece qualquer caso de oferta pública de aquisição lançada com base nesta motivação.

Outro instrumento que durante a última década foi apontado como uma das chaves para resolução dos conflitos de interesses em matérias remuneratórias foi a autoregulação. A flexibilidade e diversidade de soluções habitualmente permitidas pela autoregulação não ofuscam, todavia, as suas desvantagens, designadamente, a ausência de legitimidade democrática, o superior risco de captura "regulatória", o elevado risco de admissão de práticas anti-concorrenciais, e o elevado risco de privilegiar interesses de classe em detrimento dos interesses dos accionistas.

II. Como se vem de ver, a problemática em torno da remuneração dos administradores abarca três áreas fundamentais: (*i*) a sua estrutura; (*ii*) o seu governo; e (*iii*) a transparência e *enforcement*. A sua importância é confirmada pelo facto de estarem no epicentro de qualquer intervenção legislativa, regulamentar ou recomendatória relevante.

As regras jurídicas fixadas em cada uma destas áreas têm um denominador comum: visam prevenir ou controlar os conflitos de interesses que opõem os administradores aos accionistas. Vejamos, de seguida, alguns obstáculos ainda por ultrapassar.

III. Na área da estrutura da remuneração dos administradores, as orientações predominantes convergem para a questão do risco. A remuneração dos administradores deve ser alinhada com o risco incorrido. Os esquemas remuneratórios actuais são, nesse campo, tidos por desequilibrados. Os ganhos (potenciais) são (praticamente) ilimitados, ao passo que a perdas encontram sempre um limite máximo: o nulo valor da componente variável (que, de qualquer forma, não prejudica a componente fixa). Abaixo deste patamar, quem sofre as perdas em virtude do risco superior incorrido é o património da sociedade e não o património dos administradores. É também usual encontrar-se a seguinte prevenção: qualquer intervenção neste campo deve rodear-se da máxima precaução, havendo que evitar constranger a tomada de riscos por parte dos agentes económicos.

A protecção da tomada de riscos por parte dos administradores não é uma questão nova no Direito das sociedades.[132] Centrar o debate da remuneração dos administradores no alinhamento com os riscos incorridos é apenas uma roupagem nova para uma ideia antiga. Dizer-se que a remuneração dos administradores deve ser alinhada com os riscos incorridos não é substancialmente diferente do que dizer-se que a remuneração deve ser alinhada com os interesses dos accionistas. Os riscos tomados são-no no interesse dos accionistas.

Actualmente, procura-se extrair do "risco" algo de mais palpável. Mais do que uma função de mera indexação da remuneração[133], os riscos incorridos são concebidos como critério da avaliação do desempenho dos administradores. Dentro de uma linha de ponderação e prudência em face dos interesses de longo prazo dos accionistas, os administradores que consigam os melhores resultados supor-

---

[132] Sendo o exemplo mais paradigmático as doutrinas em torno da *business judgement rule*.

[133] A qual teria sempre de ser limitada, caso contrário os comissários/agentes tornar-se-iam comitentes/principais.

tando os menores riscos são os autores do melhor desempenho.[134] Ao nível da estrutura da remuneração, esta concepção baseada no risco está na base das propostas no sentido da limitação da sua componente variável e da extensão do período temporal necessário para a correcta avaliação do desempenho dos administradores.

Há que notar que estes riscos de que se fala não são todos e quaisquer riscos que condicionam a actividade e os resultados de uma sociedade. Para a avaliação do desempenho dos administradores só relevam os riscos integráveis na sua esfera de domínio. Ou seja, apenas interessam os riscos que são originados ou visados directamente pela conduta dos administradores. Outros riscos existem que resultam simplesmente do macro-contexto em que as sociedades se movem. Estes não devem influenciar, negativa ou positivamente, de forma directa, a avaliação do desempenho dos administradores. Apenas relevam quando passam a ser objecto de gestão específica.[135]

A consideração dos riscos incorridos é importante em sede da fixação da remuneração dos administradores, mas apresenta alguns limites. A rigorosa avaliação do desempenho individual e colectivo dos administradores é que me parece ser a pedra angular do problema da remuneração dos administradores. E para esse efeito, é certo que os riscos incorridos em cada acto de gestão devem ser ponderados, mas como e por quem? No contexto do funcionamento colegial do órgão de administração não se afigura fácil proceder à afectação dos diversos riscos pelos vários membros do órgão de administração, com vista à avaliação do desempenho individual. Além disso, os próprios riscos por vezes não são destrinçáveis entre si.[136] Por fim, para que os riscos incorridos possam ser adequadamente ponderados

---

[134] A validade desta asserção não será, naturalmente, universal. Sectores de actividade há em que os riscos elevados são o traço fundamental.

[135] Por exemplo, a volatilidade do preço do petróleo, é um risco suportado pelas sociedades petrolíferas. Os bons resultados que uma sociedade petrolífera obtenha num contexto de escalada do preço do petróleo não controlável pelos administradores não devem relevar para a sua avaliação do desempenho. O mesmo risco já será, todavia, relevante caso os administradores, em sua virtude, implementem uma estratégia de cobertura.

[136] Se a área comercial de uma sociedade recorrer às vendas a crédito, o risco operacional da sociedade transforma-se num risco financeiro.

na avaliação individual e colectiva do desempenho dos administradores é necessário que aqueles responsáveis por essa avaliação os conheçam de forma integral. À luz do enquadramento jurídico actual, apenas os membros do órgão de administração, intrinsecamente, e do órgão de fiscalização, por força das atribuições e poderes atribuídos por lei, dispõem de meios para, de modo autónomo, se inteirarem dos riscos incorridos no âmbito da administração da sociedade. Os accionistas não gozam da mesma prerrogativa. Estes têm de confiar no relato que o órgão de administração faça a este respeito no relatório de gestão, à luz do disposto no n.º 1 e na alínea h) do n.º 5 do artigo 66.º do CSC.[137] O problema aqui, tal como demonstrado na prática, reside no facto de a redacção da norma permitir aos administradores uma larga amplitude quanto ao grau de detalhe de apresentação dos riscos incorridos.

IV. No plano do governo dos sistemas de remuneração, existe, actualmente, um consenso alargado acerca dos benefícios da intervenção dos accionistas no que toca à aprovação, pelo menos, das políticas sobre remuneração dos administradores.[138] Todavia, talvez em virtude dos diferentes modelos de governo que têm de ser considerados, os quais, por sua vez, se integram em jurisdições que apresentam estruturas jurídicas e económicas várias, detecta-se uma certa confusão na articulação dos diversos intervenientes. Esta desarticulação envolve um preço: a confusão conduz à diluição de responsabilidades.

O ponto que mais carece de clarificação e simplificação é o da articulação entre o papel dos accionistas e o dos administradores não executivos.

---

[137] É igualmente relevante a IFRS 7, para as sociedades obrigadas a seguir este normativo contabilístico.

[138] Ponto 6. da Secção II da Recomendação da Comissão Europeia 2004/913/CE, introduzido pela Recomendação de 30 de Abril de 2009. Responsabilizando as estruturas de governo pela falta de indexação entre a remuneração e o desempenho individual dos administradores, BEBCHUK/FRIED, *Pay without Performance – The Unfulfilled Promise of Executive Compensation* (2006), p. 121 e ss..

A constituição de comissões de remuneração, compostas por administradores não executivos e independentes, com competências na definição da política da remuneração dos administradores executivos e na fixação da sua remuneração em concreto, tem sido a medida de organização institucional mais recomendada ou exigida no quadro dos actuais modelos regulatórios do governo das sociedades. O papel destinado a estas estruturas assenta na assistência e aconselhamento ao processo decisório, não lhe cabendo responsabilidades finais a esse respeito.

Existem, contudo, ordenamentos jurídicos em que esse papel é atribuído, no todo ou em parte, aos accionistas. Como se viu supra, é esse o caso português: os accionistas podem deliberar directamente sobre a política de remuneração e a remuneração concreta dos administradores ou delegar essa competência numa comissão de remuneração por si nomeada.

Isto posto, surgem duas interrogações: pode a comissão de remuneração prevista no n.º 1 do artigo 399.º do Código das Sociedades Comerciais ser composta por administradores não executivos independentes? E, no pólo oposto, faz sentido existirem, simultaneamente, duas comissões de remuneração, uma nomeada pela assembleia geral, outra constituída no seio do conselho de administração?

A resposta à primeira delas, à face do direito positivo, é afirmativa. Não existem constrangimentos legais a que a assembleia geral nomeie determinados membros do órgão de administração (mesmo com responsabilidades executivas) para a comissão de remuneração prevista no n.º 1 do artigo 399.º. Todavia, caso assim o façam, os accionistas estão a prescindir do mais eficaz instrumento oferecido pela lei para controlar os conflitos de interesses que caracterizam a situação.

Mesmo que a assembleia geral nomeie para a comissão de remuneração membros não executivos e independentes – à luz dos critérios gerais de independência dos administradores – remanesce o conflito quanto à fixação da remuneração dos administradores não executivos. A este propósito há que sublinhar que, com excepção dos membros do conselho geral e de supervisão e dos membros da comissão de auditoria, os membros não executivos do órgão de administração não são sujeitos às regras nos termos das quais a sua remuneração deve consistir numa quantia fixa. Sendo certo que se recomenda que assim seja[139], sobra o conflito de interesses a propósito da fixação do montante remuneratório em concreto. A acrescer, a excessiva aproximação dos administradores não executivos aos membros do órgão de fiscalização para efeitos do regime remuneratório parece não ser coerente com o facto de, cada vez mais, se reservar para os administradores não executivos um papel activo nas decisões de gestão mais relevantes da sociedade.[140]

Sobre a existência, em simultâneo, de duas comissões de remuneração, uma nomeada pela assembleia geral, outra constituída no seio do conselho de administração, a primeira nota que importa fixar é a de que tal coincidência existe na prática societária portuguesa.[141] A segunda nota que importa reter é que tal coincidência é até apontada como uma boa prática.[142] Independentemente do órgão responsável pela fixação da política de remuneração e dos montantes em concreto, entende-se que o próprio órgão de administração deve colaborar no processo, aportando a sua visão e experiência específicos, os resultados da sua auto-avaliação de desempenho e, em particular, a avaliação do desempenho dos administradores executivos.

Da nossa parte, é com cepticismo que encaramos a duplicação das comissões de remuneração.[143] Como se referiu anteriormente, as

---

[139] Ponto II.1.5.1 do Código de Governo das Sociedades da CMVM.

[140] Veja-se, por exemplo, os pontos II.2.1 e II.4.1 do Código de Governo das Sociedades da CMVM.

[141] No universo das sociedades cotadas portuguesas, e fora os casos de sociedades estruturadas de acordo com o modelo de governo dualista, de matriz germânica, assinala-se o Banco BPI, no qual coincidem uma Comissão de Nomeações, Avaliação e Remunerações – órgão consultivo do conselho de administração, a quem compete dar parecer sobre a avaliação e sobre a retribuição variável anual dos membros da comissão executiva – e uma Comissão de Remunerações, eleita pela assembleia geral, a quem cabe fixar as diferentes componentes da remuneração, dentro de limites estabelecidos pela própria assembleia geral. Cfr. CMVM, *Relatório Anual sobre o Governo das Sociedades Cotadas em Portugal* (2008), p. 70.

[142] Cfr. Ponto V.1 do *Ante-Projecto de Código de Bom Governo das Sociedades*, do INSTITUTO PORTUGUÊS DE CORPORATE GOVERNANCE, de 4 de Fevereiro de 2009.

[143] Sobre a perplexidade originada com o facto de o n.º 1 do artigo 2.º da Lei n.º 28/2009 atribuir a autoria do documento sobre política de remuneração ao órgão de administração (pelo menos, em alternativa) cfr. no capítulo I desta obra, PAULO CÂMARA, *Conflito de interesses no direito financeiro e societário: um retrato anatómico*, p. 53-55.

responsabilidades de muitos diluem as responsabilidades de todos. À partida, deve reconhecer-se que não existe nenhum obstáculo natural a que as funções típicas atribuídas à comissão de remunerações composta por administradores não executivos independentes sejam desempenhadas por uma outra estrutura criada no seio da assembleia geral e que não inclua administradores como seus membros. Para tal, basta assegurar que a comissão de remunerações seja composta por pessoas com conhecimentos específicos bastantes e que estes tenham acesso a toda a informação de que necessitem para a adequada avaliação do desempenho dos membros executivos e não executivos do órgão de administração.

Na perspectiva do controlo dos conflitos de interesses, a separação de funções entre, de um lado, quem avalia o desempenho, e de outro lado, quem fixa a remuneração com base nos resultados daquela avaliação, deve ser vista como positiva, na medida em que adiciona um nível de controlo: os responsáveis pela fixação da remuneração em concreto têm de validar os resultados da avaliação de desempenho.

Porém, no contexto português, esta vantagem teórica corre o risco de se transformar num risco. Desde logo, porque os membros da comissão de remunerações nomeada pela assembleia geral não são, à partida, sujeitos a quaisquer requisitos legais de independência, nem em relação aos membros do órgão de administração, nem em relação aos accionistas maioritários. Em segundo lugar, e pese embora a recomendação existente sobre a independência dos membros da comissão de remuneração face aos administradores, o grau de cumprimento verificado na prática, nas sociedades cotadas portuguesas, é diminuto.[144] Assim, em face da reconhecida proximidade existente entre os membros da comissão de remunerações e os membros do órgão de administração não parece curial que a fixação da remuneração dos administradores por aqueles se baseie numa avaliação de desempenho da autoria do próprio órgão avaliado.

Em suma, a intervenção dos membros do órgão de administração, não executivos e independentes, a ser alguma, deve limitar-se à

---

[144] Apenas 44,4% . O grau de cumprimento médio global das Recomendações em 2007 foi de 62,5%. Cfr. CMVM, *Relatório Anual sobre o Governo das Sociedades Cotadas em Portugal* (2008), p. 9 e 109.

avaliação do desempenho dos membros executivos. A avaliação dos membros não executivos e do conselho de administração como um todo deveria ser uma atribuição de outra estrutura, que pode bem ser a própria comissão de remunerações nomeada pela assembleia geral, se tiver recursos para tanto, ou o órgão de fiscalização. Urge definir legalmente as condições de independência dos membros da comissão de remunerações.

V. Além dos problemas de articulação com as competências de outros órgãos sociais, as comissões de remunerações compostas por administradores não executivos independentes enfrentam outras críticas, intrínsecas à sua natureza e funcionamento. Com efeito, a completa e verdadeira independência dos procedimentos de definição da remuneração dos administradores executivos é ainda um longo caminho a trilhar. Em primeiro lugar, teias de relações pessoais e profissionais ensombram casos em que os critérios formais de independência são cumpridos. Em segundo lugar, é frequente mencionar-se a este propósito o problema de "dissonância cognitiva", ou seja, a tendência que os administradores não executivos têm de ajustar a sua percepção da realidade em favor dos interesses dos administradores executivos. Em terceiro lugar, as medidas de intervenção regulatória sobre o governo do sistema de remuneração dos administradores padecem, normalmente, dos defeitos associados à abordagem regulatória assente no modelo *command and control*, em particular da errada presunção de que *one size fits all*, o que pode acabar por redundar na criação de barreiras à entrada nos mercados de novas entidades. Por fim, critica-se ainda a circunstância de a intervenção de administradores independentes focar exclusivamente a atenção na remuneração dos administradores executivos, deixando de fora a importante questão da remuneração dos administradores não executivos.[145]

VI. Na última década, a resposta regulatória preferencial ao problema dos conflitos de interesses gerados pela remuneração dos

---

[145] Rejeitando que se possa assumir que os administradores não executivos sirvam automaticamente os interesses dos accionistas, BEBCHUK/FRIED, *Pay without Performance – The Unfulfilled Promise of Executive Compensation* (2006), p. 17 e ss..

administradores assentou nos deveres de transparência. A abordagem assente na transparência parte do pressuposto de que se os accionistas tiverem conhecimento pleno das estruturas remuneratórias dos administradores, estarão em posição de a fiscalizar e reagir contra eventuais excessos. Actualmente já se concluiu não se tratar esta de uma solução perfeita. O optimismo do passado foi substituído por cepticismo quanto à possibilidade da resolução dos conflitos de interesses apenas com base na transparência. Haverá necessidade de mais transparência? É evidente que se pode argumentar que demasiada informação não produz resultados eficientes. Mas, de igual forma, seria absurdo sustentar que as decisões em matéria remuneratória seriam mais alinhadas aos interesses dos accionistas se tomadas com base em menos informação.

Em geral, os deveres de transparência beneficiam os accionistas na medida em que, ao permitir de modo simples o acesso a informação relevante, reduzem os custos da supervisão que estes queiram exercer. Como é interessante de notar, os deveres de transparência – designadamente, acerca da ligação entre a remuneração e a avaliação de desempenho – são também no interesse dos próprios administradores, considerando que assim se permite a justificação cabal das quantias pagas, as quais, perante um cenário de menor transparência, são por vezes sujeitas a críticas políticas e sociais ferozes.[146]

Para que a transparência sobre a política e práticas de remuneração, isto é, o seu conhecimento pelos accionistas, possa funcionar como instrumento disciplinador efectivo, tem de haver a possibilidade de comparar a informação relativa às diversas sociedades. Idealmente, a comparabilidade deveria abranger os três passos lógicos: (*i*) a política de remunerações, incluindo os critérios de avaliação de desempenho; (*ii*) os resultados da avaliação de desempenho; e (*iii*) as remunerações em concreto fixadas, em resultado da avaliação de desempenho realizada.

---

[146] Seguramente, nalguns casos, de forma populista e injustificada. Não se entra aqui na discussão da moralidade e da justiça social da remuneração dos administradores. Sobre o assunto BEBCHUK/FRIED, *Pay without Performance – The Unfulfilled Promise of Executive Compensation* (2006), p. 8 e ss.; BAHAR, *Executive Compensation: is Disclosure Enough?*, Conflicts of Interest – Corporate Governance & Financial Markets (2007), p. 87.

Actualmente, esta comparabilidade não é plena, sendo prejudicada por diversos factores. O primeiro dos quais consiste na falta de homogeneidade de requisitos materiais aplicáveis. Daqui resulta que a informação sobre remuneração que as diversas sociedades têm de divulgar não é a mesma, sendo, aliás, muito diversa. Essa mesma conclusão consta do relatório da Comissão Europeia sobre a aplicação pelos Estados-membros da sua recomendação sobre a remuneração dos administradores, de 13 de Julho de 2007.[147] Se a informação não é a mesma não há exercício de comparação possível. Se os accionistas não conhecem os critérios de avaliação de desempenho aplicáveis na sua sociedade, não podem julgá-los mais ou menos estritos do que os critérios adoptados em sociedades concorrentes. Se os accionistas não conhecem a remuneração individual recebida pelo administrador responsável pela área financeira, não vão poder comparar o seu desempenho com os seus congéneres de sociedades concorrentes.

Este estado de coisas não foi melhorado com a Directiva 2006/ /46/CE, antes pelo contrário. A Directiva 2006/46/CE exige que as sociedades cotadas produzam anualmente uma declaração sobre o governo societário, com base no modelo *comply or explain* e tendo por referência um código de governo societário, o qual, à partida, tratará das questões da remuneração dos administradores. Todavia, de acordo com aquele instrumento comunitário, os Estados-membros podem optar por permitir às sociedades cotadas escolherem livremente o código de governo societário que desejem aplicar, ou optar por obrigar as sociedades cotadas a divulgar anualmente apenas as informações relevantes sobre as suas práticas de governação, para além do disposto na lei nacional, sem referência a qualquer código de governo. Daqui decorre que, mesmo que todos os Estados-membros reproduzam internamente, nas suas jurisdições, a Recomendação 2004/913/CE de forma integral, não se garante um mínimo de harmonização quanto à informação a divulgar.[148]

---

[147] *European Commission Working Staff Document SEC (2007) 1022.*

[148] A Directiva 2006/46/CE abre igualmente caminho a diferenças nos diversos Estados-membros quanto ao papel dos reguladores na supervisão da declaração anual sobre o governo societário. O novo n.º 2 do artigo 46.º-A introduzido na Directiva 78/660/CEE,

VII. Além das insuficiências materiais, há ainda as questões formais, ou seja, relativas à forma como as sociedades divulgam a informação sobre remuneração a que estão obrigadas. A este respeito, parece-nos que seria de explorar a possibilidade de uniformizar os formatos de divulgação relativa à remuneração dos administradores.

Em geral, a uniformização dos formatos de divulgação de informação facilita a sua apreensão pelos destinatários, a sua comparabilidade, e a actividade de supervisão pelos reguladores. É essa a lógica que preside à uniformização dos formatos dos documentos de prestação de contas, com base nos IFRS, e que igualmente está presente no regime comunitário dos prospectos. Actualmente, as sociedades têm quase absoluta liberdade quanto à forma como elaboram e divulgam a informação relativa à remuneração dos administradores, retirando-lhe utilidade.

Além da ausência da uniformização dos formatos, outro elemento digno de crítica é a falta de agregação da informação divulgada ao mercado. O melhor exemplo prende-se com os instrumentos financeiros derivados contratados por administradores para fazer *hedging* das acções e/ou opções que recebam a título de remuneração. Trata-se de uma prática corrente que permite aos administradores anular o efeito de alinhamento de interesses conseguido com a atribuição de acções e/ou opções. As recomendações da CE e a generalidade dos códigos de governo não referem este tipo de situações, ainda que tais transacções sejam objecto de divulgação ao abrigo do regime previsto na Directiva do Abuso de Mercado.[149] O mercado, genericamente, não tem disso noção, porque a informação é prestada de forma desconexa.

---

permite que os Estados-membros facultem às sociedades a opção de divulgarem a declaração anual sobre o governo das sociedades como parte do relatório anual ou, separadamente, em relatório autónomo divulgado em simultâneo com o relatório anual. Caso a declaração integre o relatório anual não há dúvida que passa ser qualificado como informação regulamentar, para efeitos do regime da transparência (qualidade da informação, divulgação, etc.). Caso a declaração seja divulgada em separado, a solução depende do Direito nacional de cada Estado-membro.

[149] Em Portugal, o artigo 248.º-B do CVM. Sobre o papel complementar entre a Directiva do Abuso de Mercado e a Directiva da Transparência, cfr. SCHOUTEN, *The Case for Mandatory Ownership Disclosure* (2009), p. 20 e ss..

Neste domínio, a Recomendação da Comissão Europeia de 30 de Abril de 2009 foi uma oportunidade perdida, ainda que a questão tenha ficado sinalizada. No considerando 13 refere-se que «a Comissão tenciona explorar as possibilidades de normalização da divulgação da política de remuneração dos administradores». Teremos, então, de aguardar.

Abstract

This paper adds some thoughts to the debate concerning one of the major agency problems addressed by company law: the conflicts between directors and shareholders. Emphasis is put to two specific sets of problems arising from the relation between shareholders and directors: (i) self-dealing transactions; and (ii) the remuneration of directors.

The Portuguese regulatory framework applicable to self-dealing transactions is examined in order to conclude how it compares to recent developments in other major jurisdictions.

Much attention has been devoted in recent times to the remuneration of directors. This paper analyses recent European and Portuguese Regulatory measures, underlining its shortcomings and, finally, proposing simple additional measures – based on the proper articulation of existing rules rather than on the creation of new layers of regulation – to enhance control of conflicts.

CAPÍTULO IV

O conflito de interesses no exercício de funções de fiscalização nas sociedades anónimas

Rui de Oliveira Neves

1.º
INTRODUÇÃO

I. Os momentos de crise são historicamente contextos propiciadores do desenvolvimento do pensamento humano. O interesse em indagar acerca dos motivos conducentes à situação de crise e a necessidade de encontrar soluções, em certos casos refundadoras, são características associáveis a estas fases da dinâmica social.

A crise financeira e económica que se vive actualmente inscreve-se no tempo histórico dos ciclos de depressão económica, sendo, por esse motivo, natural o surgimento de reflexões, nas mais variadas áreas do saber, em torno das causas e das soluções para os fenómenos da sociedade humana que se têm vindo a experienciar[1].

---

[1] Desde Setembro de 2008 tem surgido a mais variada bibliografia em torno da crise financeira. Na área económica destacam-se dois, entre múltiplos, livros particularmente interessantes sobre as causas da crise financeira: o prémio Nobel da economia de 2008, PAUL KRUGMAN, encontra nas crises financeiras dos países da América Latina e da Ásia (em particular do Japão e da Tailândia), ocorridas na década de 90 do século passado, o "aviso ignorado" da crise mundial que se prefigurava e considera que "a economia da depressão está de volta" – cf. *aut. cit, O regresso da economia da depressão e a crise actual*, pp. 36 e ss. e pp. 181 e ss. Os economistas franceses HENRI BOURGUINAT e ÉRIC

O pensamento jurídico acompanha também esta tendência de observação e ponderação sobre os acontecimentos sociais, resultando normalmente na expressão da adequação (ou desadequação) normativa da organização da sociedade. A conjuntura actual justifica quer pela sua dimensão relativa nos últimos cem anos quer pelas circunstâncias que se crê terem estado na sua origem que se submetam a análise crítica temas jurídicos com relevância científica e prática.

II. O foco de análise do presente artigo incide sobre a matéria do controlo interno das sociedades anónimas, na perspectiva do tratamento do conflito de interesses no seio do órgão de fiscalização.

Na essência, esta análise convoca o problema dos custos de agência, como se usa designar no vocabulário económico, ou seja, as tensões e efeitos advenientes da separação entre capital e respectiva administração², embora colocado num ângulo diferenciado pois aprecia-se a separação entre capital e a fiscalização da administração. Por outro lado, a questão dos custos de agência nas sociedades apresenta um perfil mais complexo do que a lógica de intermediação subjacente ao aparecimento dessa questão, dado que as sociedades comerciais são estruturas organizativas nas quais convivem e com as quais se

---

BRYIS sustentam, por seu turno, que a crise financeira se traduz numa "crise genética" porque afecta o próprio "genoma das finanças" – cf. *aut. cit, L'arrogance de la finance,* pp. 21 e ss. E são igualmente motivo ponderoso de reflexão as considerações do ex-director do *Monde Diplomatique,* IGNACIO RAMONET, sobre a necessidade de refundação económica e geopolítica que surge em consequência da ocorrência do "crash perfeito" – cf. *aut. cit, Le krach parfait – crise du siècle et refondation de Tavenir,* pp. 125 e ss.

² Como explicam JOHN ARMOUR, HENRY HANSMANN e REINIER HANSMANN, «*an 'agency problem' – in the most general sense of the term – arises whenever the welfare pf one party, termed the 'principal', depends upon actions taken by another party, termed the 'agent'. The problem lies in motivating the agent to act in theprincipal's interest rather than simply in the agents own interest (...) The core of the difficulty is that, because the agent commonly has better information than does the principal about the relevant facts, the principal cannot easily assure himself that the agents performance is precisely what was promised. As a consequence, the agent has an incentive to act opportunistically, skimping on the quality of his performance, or even diverting to himself some of what was promised to the principal*» – cf. *aut cit, Agency Problems and Legal Strategies,* in The Anatomy of Corporate Law, p. 35.

relacionam uma pluralidade de interesses e se prosseguem fins que extravasam em muito a mera relação de mandato.

Esta diferença de aproximação ao tema do conflito de interesses toma em consideração a existência de uma separação entre capital e fiscalização, de algum modo comparável à outra dicotomia na medida em que os accionistas designam e confiam aos membros do órgão de fiscalização funções de superintendência da administração, o que só por si acaba já por representar uma forma de reacção aos efeitos advenientes da separação entre capital e administração.

Ao atribuir-se a fiscalização da actividade social a terceiros eleitos em assembleia geral, os accionistas estão, na verdade, a fazer-se substituir no controlo da administração e carecem para isso de meios eficientes para assegurar que os efeitos úteis que pretendem alcançar com a atribuição daquela função são efectivamente alcançados. A ausência de conflito de interesses dos membros do órgão de fiscalização acaba assim por representar uma pedra angular no funcionamento adequado da organização societária.

Com efeito, a supervisão e controlo da actividade societária e, em particular, as funções que devem ser desempenhadas pelos membros dos órgãos de fiscalização, na qualidade de principais *gatekeepers*, na expressão de John Coffee[3], das sociedades comerciais em Portugal constituem aspectos centrais da discussão sobre o funcionamento e organização destas instituições.

Perante uma crise económico-financeira em cuja génese se encontram factos que suscitam dúvidas pertinentes sobre a eficácia dos meios de controlo interno, nomeadamente no plano do controlo dos riscos (em muitos casos associados a investimentos de retorno questionável), cabe à ciência jurídica colocar em debate a existência e a suficiência dos meios que o ordenamento jus-societário coloca à disposição para se efectuar a fiscalização da actividade societária e do regime jurídico que lhe está associado.

III. O ângulo principal da análise expendida no presente artigo consiste na apreciação do tratamento da matéria do conflito de inte-

---

[3] Cf. *aut. cit, Gatekeepers – The professions and corporate governance*, pp. 1-2.

resses em relação ao exercício das funções de fiscalização, aferindo--se o respectivo enquadramento na designação e no exercício daquelas funções pelos membros do órgão de fiscalização.

Conforme iremos demonstrar, o regime da fiscalização dos negócios sociais esteia-se em dois princípios basilares no que à matéria de conflito de interesses respeita e que consistem nos princípios da prevenção do conflito de interesses e da mitigação dos efeitos do conflito de interesses seja no funcionamento do órgão de fiscalização, seja na relação com a administração e com a sociedade seja ainda no relacionamento com os accionistas. Estes princípios são claramente determinantes na configuração do regime de fiscalização da actividade societária, orientando-o para assegurar que o exercício das respectivas funções em benefício da protecção do interesse social possa ser prosseguido em condições de autonomia e isenção.

Assim, começa-se por considerar os modelos de fiscalização que as sociedades anónimas actualmente comportam e as manifestações do princípio da prevenção de conflito de interesses que o respectivo regime perpassa para seguidamente se apreciar a dimensão funcional do órgão de fiscalização e, por essa via, permitir compreender a equivalência funcional das estruturas de fiscalização, culminando com a análise da repressão prévia e subsequente dos conflitos de interesses no órgão de fiscalização e os respectivos meios de reacção.

2.º
OS MODELOS ALTERNATIVOS
DE FISCALIZAÇÃO

I. Após a Reforma do Código das Sociedades Comerciais de 2006, na sequência das alterações introduzidas a essa codificação legislativa pelo Decreto-Lei n.º 76-A/2006, de 29 de Março, passaram a ser adoptáveis três modelos alternativos para o controlo interno da actividade desenvolvida no seio das sociedades anónimas[4]: o

---

[4] Sobre os modelos de fiscalização da actividade social introduzidos ou revisitados na Reforma de 2006 cf., em especial, ANTÓNIO MENEZES CORDEIRO, *Manual de Direito das Sociedades,* II, pp. 773 e ss. e *Código das Sociedades Comerciais Anotado,* pp. 1000 e ss.; GABRIELA FIGUEIREDO DIAS, *Fiscalização de sociedades e responsabilidade civil,*

modelo latino em que as tarefas de fiscalização se encontram atribuídas a um conselho fiscal (ou a um fiscal único, nos casos admitidos pela lei[5]), o modelo anglo-saxónico que comete a fiscalização da actividade social a uma comissão de auditoria e, por fim, o modelo germânico que reconhece a competência de um conselho geral e de supervisão para esse mesmo efeito.

Tanto os modelos de governo societário como os sistemas de fiscalização da actividade societária surgem como alternativos e caracterizados por uma tendencial indiferenciação e equivalência funcional, conferindo aos sócios um espaço de ampla liberdade na

---

pp. 22 e ss.; PAULO CÂMARA, *O governo das sociedades e a reforma do Código das Sociedades Comerciais,* in Código das Sociedades Comerciais e Governo das Sociedades, pp. 66 e ss.; PAULO OLAVO CUNHA, *Direito das Sociedades Comerciais,* pp. 578 e ss., em especial pp. 614 e ss. Considerando a influência inicial que o ordenamento francês assumiu sobre a formulação do Código das Sociedades Comerciais, o estatuto de controlador legal que é conferido ao *"comissariat aux comptes"* e a adaptação do modelo germânico que resultou na criação do *"conseil de surveillance",* é igualmente interessante considerar o tratamento dos modelos de fiscalização no direito francês – cf. DOMINIQUE VIDAL, *Droit des Sociétés,* pp. 317 e ss. e 533 e ss.

[5] A natureza unitária ou colegial do órgão de fiscalização no modelo latino varia em função de critérios relacionados com a negociação em mercado de valores mobiliários e com a dimensão da sociedade. Com efeito, a existência de conselho fiscal apenas é obrigatória nas sociedades com valores mobiliários admitidos à negociação em mercado regulamentado e nas "sociedades de grande dimensão".

No caso das primeiras, a exigência de colegialidade do órgão de fiscalização encontra a sua justificação essencialmente nos princípios da protecção dos investidores e do mercado de capitais, dado que não se estabelece qualquer distinção entre o tipo de valores mobiliários dispersos no mercado como elemento definidor da composição quantitativa do órgão de fiscalização. Nesta medida quer se trate de sociedades com acções admitidas à negociação quer se trate de sociedades que admitiram à negociação valores mobiliários representativos de dívida ou de outra natureza, é necessário dispor de um órgão de fiscalização composto por um mínimo de 3 elementos.

Já as "sociedades de grande dimensão" constituem um novo subtipo das sociedades anónimas que foi instituído em atenção às maiores necessidades de controlo a que devem estar sujeitas as sociedades com maior significado no tecido empresarial nacional, em face de três critérios alternativos, dos quais dois se devem verificar de forma conjugada e durante dois anos consecutivos (e, ainda, desde que a sociedade relevante não esteja submetida a uma relação de domínio total com uma sociedade que disponha do modelo em apreço): (i) balanço no montante total de 100 milhões de euros, (ii) vendas líquidas e outros proveitos no montante total de 150 milhões de euros e (iii) número médio de empregados durante o exercício igual a 150.

selecção, mas também na conformação da forma de organização interna das sociedades[6].

Não obstante, os regimes estabelecidos para a designação e funcionamento do órgão de fiscalização nos diversos modelos apresentam pontos de convergência, mas igualmente elementos divergentes.

Todos os modelos contemplam um sistema de fiscalização baseado num órgão colegial, em que a composição mínima corresponde a três membros, salvo no caso do modelo de influência germânica em que o número de membros do órgão de fiscalização deve ser superior ao dos membros do órgão de administração. Por outro lado e conforme referimos acima, encontramos no sistema latino um modelo simplificado de fiscalização atribuído a um revisor oficial de contas, o qual só não pode ser utilizado por "sociedades de grande dimensão" e sociedades com valores mobiliários admitidos à negociação em mercado regulamentado.

A colegialidade pode assim ser considerada como um elemento associado ao exercício da função fiscalizadora da actividade societária sempre que a dimensão dessa actividade justifica um reforço da estrutura de controlo do desenvolvimento dos negócios sociais. Este elemento constitui, por si mesmo, uma manifestação de um princípio geral de mitigação dos riscos de conflito de interesses no exercício da função de fiscalização pela pluralidade de intervenientes que desenvolvem essa função.

II. Um aspecto central para a compreensão do sentido e posicionamento do órgão de fiscalização no contexto da organização societária consiste na relação a que se encontra sujeito com o colectivo de accionistas. A legitimidade para o exercício das funções de controlo interno reside afinal (à semelhança do que sucede com a administração para a gestão dos negócios sociais) no binómio composto pela eleição do órgão de fiscalização pelos accionistas reunidos em assembleia geral e pelo correspectivo dever de *reporting* perante a assembleia geral.

---

[6] Sobre este tema e em sentido idêntico ao do texto, cf. PAULO CÂMARA, *O governo das sociedades e a reforma do Código das Sociedades Comerciais*, in Código das Sociedades Comerciais e Governo das Sociedades, pp. 119 e ss., em especial pp. 129 e ss.

A designação de um órgão social para fiscalizar os negócios sociais destina-se precisamente a mitigar os efeitos adversos que poderiam decorrer do tendencial afastamento que se verifica entre o accionista e a actividade societária quotidiana. Na impossibilidade de o accionista manter um permanente controlo dessa actividade, a eleição do órgão de fiscalização permite dotar uma estrutura organizativa de competências e meios para controlar a administração e, de um modo geral, a sociedade, cujos resultados devem ser comunicados aos accionistas na assembleia geral anual para aferição da eficácia da actuação fiscalizadora desenvolvida.

Na verdade, os regimes de designação, substituição e destituição dos membros do órgão de administração fornecem um dos indicadores mais importantes para a análise da influência dos princípios relativos aos conflitos de interesses na modelação da função fiscalizadora nas sociedades anónimas.

Entre os traços comuns aos três sistemas em apreço incluem-se a competência exclusiva da assembleia geral para a eleição e destituição dos membros do órgão de fiscalização. A função de controlo que está cometida aos membros do órgão de fiscalização justifica a concentração nos accionistas da competência para eleger os responsáveis pelo desempenho daquela função, afastando assim a influência do órgão fiscalizado e mantendo a relação de agência directamente com o "principal".

Este mesmo princípio manifesta-se na previsão da nomeação judicial de membros do órgão de fiscalização. Na ausência de eleição de todos ou de parte dos membros do conselho fiscal, cabe ao órgão de administração e constitui uma faculdade dos accionistas, requerer a nomeação judicial desses membros (artigo 417.º do CSC).

De igual modo, a falta do número de membros que assegure o quórum para as reuniões do conselho geral e de supervisão pode ser suprida mediante nomeação judicial requerida pelo conselho de administração executivo, por um membro do próprio conselho geral e de supervisão ou por um accionista. Em ambos os casos, não se estabelecem limiares de participação accionista para o exercício do direito de requerer a nomeação judicial de um membro do órgão de fiscalização, o que constitui uma manifestação do relevo funcional atribuído a este órgão na estrutura organizativa das sociedades comerciais.

No modelo anglo-saxónico, contudo, verifica-se existir uma lacuna normativa a este respeito. O regime de nomeação judicial de administrador único não constitui evidentemente resposta para suprir essa lacuna, pois o que está em causa nessa circunstância é a concentração das funções de administração num administrador único, não provendo a norma do destino dos membros da comissão de auditoria[7].

Partindo dos princípios da equivalência funcional e da alternatividade de escolha pelos accionistas dos sistemas de fiscalização das sociedades anónimas e tendo presente a estatuição de um regime de nomeação judicial nos outros sistemas de fiscalização, o regime de nomeação judicial dos membros do conselho fiscal (até por se tratar do órgão colegial de fiscalização cuja composição é idêntica à da comissão de auditoria) deve entender-se aplicável por analogia às situações de ausência de membros da comissão de auditoria, assegurando-se desta forma a efectiva equivalência dos sistemas de fiscalização[8].

A substituição dos membros do órgão fiscalizador reflecte igualmente a sua especial relação com os accionistas, pois na ausência de suplentes – também eles eleitos pelos accionistas – compete à assembleia geral proceder à respectiva eleição.

O princípio agora enunciado só é afastado no caso da comissão de auditoria em virtude da cumulação de funções do "administrador--controlador", cuja dupla qualidade lhe permite ser cooptado pelos

---

[7] A aplicação literal do disposto no n.º 3 do artigo 394.º do CSC redundaria na cessação de funções dos membros da comissão de auditoria, o que contrariaria o princípio de protecção dos interesses dos accionistas pelo controlo da administração que fundamenta a existência de um órgão de fiscalização. Sendo o órgão de fiscalização uma estrutura organizativa destinada a velar pela adequada administração da sociedade deve interpretar--se a referida norma mediante uma redução teleológica da sua factispécie normativa, entendendo-se que, no modelo anglo-saxónico, a nomeação judicial de um administrador único não redunda na cessação das funções dos membros da comissão de auditoria pelo facto de, apesar de serem administradores, pertencerem ao órgão de fiscalização da sociedade anónima.

[8] O aperfeiçoamento do sistema jus-societário reclama que, em sede de revisão do Código das Sociedades Comerciais, se preveja a nomeação judicial de membros da comissão de auditoria, o que se alcança pela mera introdução de uma norma remissiva para o regime do artigo 417.º do CSC.

restantes membros do órgão de administração. O modelo anglo-saxónico introduz, por isso, uma variação em relação ao regime aplicável aos demais modelos, permitindo a cooptação dos membros da comissão de auditoria ao contrário do que sucede nos demais sistemas de fiscalização em que, na ausência de suplentes, apenas o colectivo de accionistas tem competência para promover a substituição de membros do órgão de fiscalização[9].

Este regime heterogéneo de substituição dos suplentes do órgão de fiscalização apresenta-se relativamente arbitrário, pois apesar de assegurar que nos modelos de influência latina e germânica é preservada a necessária autonomia inter-orgânica face ao conselho de administração ou conselho de administração executivo, acaba por permitir que, no modelo de influência anglo-saxónica, o órgão de administração intervenha directamente na escolha dos responsáveis pela fiscalização da sua actividade.

A necessidade de separação funcional e institucional entre o órgão de administração e o órgão de fiscalização em termos que promovam uma adequada estrutura de *corporate governance* justifica a harmonização do regime de substituição dos administradores auditores com o dos restantes modelos de fiscalização.

Finalmente, o regime de destituição dos membros do órgão de fiscalização denota também a directa ligação e dependência orgânica entre o órgão de fiscalização e o colectivo de accionistas, proporcionando simultaneamente a necessária independência dos seus membros em relação aos demais órgãos sociais.

A destituição de membros do órgão de fiscalização encontra-se dependente da verificação de justa causa, ao contrário do que sucede

---

[9] Uma outra nota relevante de divergência entre os sistemas de fiscalização concerne a escolha do presidente do respectivo órgão, a qual constitui sempre competência da assembleia geral, mas apenas no caso do conselho fiscal constitui uma competência exclusiva, pois nos outros sistemas é concorrencial com a competência do próprio órgão para escolher o seu presidente. A distinção no modo de selecção do presidente não encontra, contudo, fundamento em qualquer função ou competência especial reconhecida ao presidente do conselho fiscal, verificando-se uma tendencial similitude de tratamento da figura do presidente do órgão de fiscalização que só encontra algum desvio assinalável no facto de os poderes de representação do conselho geral e de supervisão se encontrarem atribuídos a dois membros.

com os administradores ou administradores executivos cujo mandato pode cessar por razões de conveniência dos accionistas (e, como tal, com sujeição a dever indemnizatório). E só nessa circunstância podem os accionistas promover a extinção da função de fiscalização, mediante deliberação que, na ausência de disposição estatutária em sentido diverso, requer a maioria dos votos emitidos[10].

Em suma e tendo presente os elementos de regime analisados, podemos concluir que a relação directa do órgão de fiscalização com a assembleia geral constitui um elemento determinante para a prevenção de conflitos de interesse no exercício da função de fiscalização no que tange à dimensão inter-orgânica.

III. Outros dois elementos característicos e estruturantes dos sistemas de fiscalização das sociedades anónimas respeitam à *composição qualitativa* do respectivo órgão e consistem na independência e nas incompatibilidades para o exercício do cargo. Com efeito, em todos os sistemas a selecção dos membros do órgão de fiscalização encontra-se sujeita a um apertado escrutínio da compatibilidade dos candidatos para o desempenho de funções de fiscalização, colocando *exante* a aferição de eventuais situações de conflito de interesses.

Neste aspecto concreto vigora, à semelhança do que verificamos já suceder noutras situações, um *princípio de prevenção ou repressão do conflito de interesses* que não permite que o controlo dos negócios sociais possa ser entregue a pessoas que, por circunstâncias próprias, poderiam ser colocadas em situações de suspeição ou de efectivo conflito entre a protecção do interesse social e a satisfação de interesses próprios ou alheios aos quais se encontrem ligadas.

---

[10] Embora as disposições da secção V do capítulo VI do título IV do CSC não contemplem a matéria da destituição dos membros do conselho geral e de supervisão, entendemos analogicamente aplicável a regra da destituição apenas por justa causa, atento o princípio já enunciado da equivalência funcional dos modelos de fiscalização da actividade societária. Afigura-se contudo clarificadora a introdução, em sede de revisão do CSC, de uma remissão para as normas do artigo 419.º do CSC, à semelhança do que sucede no caso da comissão de auditoria (artigo 423.º-E do CSC).

O artigo 414.º-A do CSC constitui a sede principal das restrições que se aplicam, de forma generalizada, à selecção de membros do órgão de fiscalização em todos os modelos de *corporate governance*, contendo, conforme analisaremos adiante, um rol de incompatibilidades – que, em alguns casos, representam apenas manifestações de um risco de falta de independência – baseadas essencialmente em critérios de cumulação de funções, dependência ou antagonia económica, relações familiares e pluriocupação[11].

Já a matéria da independência apenas assume relevo no contexto das "sociedades de grande dimensão" e das sociedades com valores mobiliários admitidos à negociação em mercado regulamentado, uma vez que nas primeiras deve, no mínimo, existir um membro independente no órgão de fiscalização e nas outras a constituição e funcionamento desse órgão carecem de uma maioria de membros qualificáveis como independentes.

A independência dos membros do órgão de fiscalização surge assim num plano de sobreposição em relação ao das incompatibilidades, constituindo um requisito adicional a que se encontram sujeitas as sociedades cotadas pelas especificidades decorrentes da sua relação com os mercados de capitais e os investidores.

Esta conclusão é reforçada pelo facto de a independência ser aferida com base em critérios que se encontram já subjacentes a alguns requisitos de apreciação das incompatibilidades, em particular o critério da ausência de circunstância susceptível de afectar a isenção de análise e decisão[12]. Algumas situações de incompatibilidade acabam, de facto, por se reconduzir a este conceito, como é o caso do exercício de funções de administração em sociedade em relação de domínio ou de grupo com a sociedade fiscalizada.

Em todo o caso, a diferenciação das situações baseia-se numa relação de tipificação normativa: só os casos constantes do elenco do

---

[11] Acerca dos limites interpretativos que devem aplicar-se à consideração da pluriocupação como uma incompatibilidade para o exercício de funções de fiscalização, cf. PEDRO DE ALBUQUERQUE, *A pluriocupação* ..., pp. ... e ss.

[12] Para uma análise mais detalhada sobre o regime da independência nas sociedades anónimas, cf. o nosso *O administrador independente*, in Código das Sociedades Comerciais e Governo das Sociedades, pp. 169 e ss.

artigo 414.º-A do CSC assumem relevo para a determinação de uma situação de incompatibilidade – ainda que representem uma manifestação de falta de independência –, ao passo que os não tipificados e que preencham os requisitos do artigo 414.º, n.º 5 do CSC só relevam para efeitos de aferição da independência dos membros do órgão de fiscalização.

O regime das incompatibilidades e independência dos membros do órgão de fiscalização evidencia não só a *dimensão inter-orgânica* na prevenção dos conflitos de interesse como também a *dimensão extra-orgânica*, ao abranger situações de relacionamento com accionistas e terceiros.

IV. Justifica-se, enfim, uma última observação a respeito da remuneração dos membros do órgão de fiscalização. A matéria da remuneração tem sido encarada do ponto de vista da boa *corporate governance* como um instrumento determinante para promover um adequado alinhamento de interesses entre os membros dos órgãos sociais e os próprios accionistas.

O principal relevo deste instrumento é-lhe atribuído em relação aos administradores, como se pôde constatar no último ano, em que se verificou uma significativa profusão de declarações e recomendações a este respeito[13]. Mas é normal que a tónica incida na remuneração dos administradores, pois encontra-se-lhes confiada a direcção da actividade da sociedade.

No caso do órgão de fiscalização, a opção do legislador nacional, em linha, aliás, com as práticas internacionais em matéria de *corporate governance*, passou pela imposição do princípio da remuneração em quantia fixa. Nos três modelos de governo prevê-se que

---

[13] Em que avulta a Recomendação 2009/385/CE, de 30 de Abril, respeitante ao regime de remuneração dos administradores de sociedades cotadas, com especial incidência sobre a divulgação da política remuneratória e os termos da remuneração variável, com especial relevo para a definição das restrições à remuneração em acções. Entretanto verificou-se ainda a entrada em vigor de legislação especificamente dedicada (ainda que o diploma legal em que as normas surgem inseridas respeite ao reforço regulatório sobre as empresas do sector financeiro) às obrigações de divulgação da política de remunerações e da própria remuneração (em base individualizada) dos membros do órgão de administração das sociedades com valores mobiliários admitidos à negociação e outras entidades de interesse público – Lei n.º 28/2009, de 19 de Junho.

a remuneração dos membros do órgão de fiscalização deve consistir numa quantia fixa (artigos 422.º-A, 423.º-D e 440.º do CSC). No caso concreto do conselho geral e de supervisão reconhece-se mesmo a variabilidade temporal da remuneração, permitindo-se que o colectivo de accionistas ou a comissão de remunerações, consoante aplicável, modifique positiva ou negativamente, em qualquer momento do mandato, o valor da remuneração a auferir pelos membros daquele órgão fiscalizador, tendo em atenção as funções desempenhadas e a situação económica da sociedade.

A lógica da prevenção do conflito de interesses dos membros do órgão de fiscalização subjaz igualmente ao estabelecimento do princípio da remuneração em quantia fixa. Pretende-se, deste modo, evitar que o exercício das funções de fiscalização possa ser determinado por qualquer estímulo económico pessoal do membro do respectivo órgão, embora se procure assegurar a correspectividade entre o exercício das funções e a obtenção de uma vantagem económica daí adveniente.

3.º
AS FUNÇÕES DO ÓRGÃO DE FISCALIZAÇÃO

I. O princípio da equivalência material dos modelos de fiscalização das sociedades anónimas identifica-se e, por conseguinte, reflecte-se sobretudo em face das funções cometidas ao conselho fiscal, à comissão de auditoria ou ao conselho geral e de supervisão. A qualquer um destes órgãos cabe a responsabilidade por quatro categorias principais de funções de fiscalização, cujo conteúdo é idêntico nos diferentes modelos de organização em apreço, a saber: supervisão da actividade social, controlo da informação financeira da sociedade, fiscalização dos sistemas internos de gestão de riscos, controlo e auditoria interna e recepção (e tratamento) de denúncias de irregularidades.

A supervisão da actividade social incide especialmente sobre a actividade desenvolvida pelo órgão de administração e pelo controlo da legalidade e conformidade estatutária das condutas adoptadas no seio da sociedade. A função de supervisão constitui, na verdade, um dos elementos axiais da responsabilidade do órgão de fiscalização, sendo o conselho fiscal, a comissão de auditoria e o conselho geral e de supervisão responsáveis por fiscalizar as actividades do órgão de administração e a licitude ou conformidade estatutária dos actos praticados pelos diversos órgãos sociais.

Com a Reforma do CSC de 2006 assistiu-se a um reforço da competência do órgão de fiscalização no plano do controlo da informação financeira da sociedade, o qual está naturalmente muito ligado à evolução internacional em matéria de bom governo societário, em especial ao tratamento que o Sarbanes Oxley Act veio dispensar a este tema.

A responsabilidade do órgão de fiscalização neste domínio abrange agora a verificação das políticas contabilísticas, a fiscalização do processo de preparação e de divulgação de informação financeira e a fiscalização da revisão de contas aos documentos de prestação de contas da sociedade. Mantém-se na esfera do órgão de fiscalização a responsabilidade pela verificação da regularidade dos registos contabilísticos e respectivos suportes, dos critérios valorimétricos adoptados para a avaliação do património e dos resultados da sociedade e da exactidão dos documentos de prestação de contas.

O órgão de fiscalização assume-se assim como o guardião da informação financeira, devendo os seus membros agir com zelo e cuidado no desempenho das funções de vigilância que se lhes encontram cometidas para procurar assegurar a qualidade do reporte financeiro das sociedades anónimas.

Uma nova função que entronca no domínio do controlo da informação financeira da sociedade consiste na fiscalização da eficácia do sistema de gestão de riscos, do sistema de controlo interno e do sistema de auditoria interna. Trata-se de uma nova responsabilidade que o órgão de fiscalização assume e que se destina a contribuir para melhorar a qualidade dos fluxos de informação a utilizar na preparação dos documentos de prestação de contas da sociedade, revelando-se determinante para o efectivo controlo dos negócios sociais.

A última das quatro categorias elencadas constitui igualmente uma novidade no panorama jus-societário nacional: o órgão de fiscalização passa a ser receptor de denúncias de irregularidades ocorridas no âmbito da sociedade anónima provenientes de accionistas, trabalhadores ou quaisquer outros terceiros (incluindo membros de órgãos sociais). Também neste caso é indelével a influência que o regime estadunidense de *whistleblowing*, consagrado no Sarbanes Oxley Act, e a sua propagação no plano jurídico internacional produziram na modelação das funções do órgão de fiscalização.

II. A sucinta análise expendida em torno do conteúdo funcional do órgão de fiscalização permite-nos concluir que a Reforma do CSC de 2006 gerou uma densificação das responsabilidades atribuídas àquele órgão, especificando, em maior detalhe, as obrigações de fiscalização que impendem sobre os respectivos membros.

Na verdade, o n.º 2 do artigo 420.º do CSC na redacção anterior à Reforma de 2006 impunha já aos membros do órgão de fiscalização o dever de procederem, conjunta ou separadamente e em qualquer época do ano, a todos os actos de verificação e inspecção que considerassem convenientes para cumprimento das suas obrigações de fiscalização. Com a Reforma do CSC esta norma de conduta mantém-se em vigor, mas o espectro das obrigações de fiscalização foi, como vimos, ampliado, pelo que o seu âmbito de aplicação passou a ser mais vasto.

Por outro lado, verifica-se que, à excepção do conselho geral e de supervisão que está encarregado de funções ligadas à administração das sociedades anónimas, as competências funcionais atribuídas aos órgãos de fiscalização de todos os modelos de governo societário são materialmente idênticas, resultando numa verdadeira equivalência funcional das estruturas de fiscalização[14].

---

[14] Releva todavia sublinhar uma diferenciação existente no plano do reporte do órgão de fiscalização perante o colectivo de accionistas e que se verifica no modelo anglo-saxónico em relação às competências dos membros da comissão de auditoria quando cotejados com os do conselho fiscal. Com efeito, estes últimos estão sujeitos, à luz do artigo 422.º, n.º 1, alíneas d) e e) do CSC, aos deveres de dar conhecimento ao órgão de administração das verificações, fiscalizações e diligências que tenham feito no exercício das suas funções e do resultado das mesmas, bem como de informar, na primeira assembleia que se realize, de todas as irregularidades e inexactidões que tenham verificado existirem. Ora, ambos os deveres funcionais se encontram omissos no artigo

4.º
A REPRESSÃO E MITIGAÇÃO DO CONFLITO DE INTERESSES NO ÓRGÃO DE FISCALIZAÇÃO

I. O regime de repressão dos conflitos de interesses a que podem estar sujeitos os membros do órgão de fiscalização assenta, em larga medida, na prevenção dos riscos dessa conflitualidade, mediante a sujeição da validade da respectiva eleição à não verificação das situações de incompatibilidade previstas no artigo 414.º-A do CSC.

Com efeito, o regime dos conflitos de interesses em relação ao órgão de fiscalização é essencialmente preventivo, afastando das funções de controlo as pessoas em relação às quais se verifiquem circunstâncias susceptíveis de afectar a capacidade de decisão autónoma, com base no mero risco de essas circunstâncias virem a colocar o membro do órgão de fiscalização perante um conflito de interesses.

A consagração do que podemos designar por "teoria do risco" na repressão *ex ante* do conflito de interesses tem igualmente na sua base a perspectiva de que o membro do órgão de fiscalização deve ser dotado de uma adequada credibilidade que permita evitar situações de suspeição sobre a sua actuação, as quais seriam susceptíveis de afectar de forma adversa o desempenho das respectivas obrigações de fiscalização.

II. Cotejando o actual elenco de causas impeditivas do exercício de funções fiscalizadoras constante do artigo 414.º-A, n.º 1 do CSC com aquele que constava do anterior artigo 414.º, n.º 3, na redacção do CSC que se encontrava em vigor desde a sua aprovação em 1986

423.º-G que versa sobre a matéria no contexto da comissão de auditoria, pelo que se coloca a questão de saber se os membros deste órgão fiscalizador estão sujeitos a tais deveres informativos. A nosso ver e em linha com a interpretação teleológico dos modelos de fiscalização que temos vindo a sustentar (e que redunda num efeito tendencialmente uniformizador dos modelos, salvo quando razões justificadas fundamentem a distinção), não consideramos existir uma situação diferenciadora da comissão de auditoria que apele à redução dos deveres de reporte perante o colectivo de accionistas, pelo que, pelo menos, nesse caso o dever funcional dever-se-á entender analogamente aplicável aos membros deste tipo de órgão de fiscalização.

até à reforma legislativa de Março de 2006, verifica-se que, na essência, são mantidos os mesmos critérios de incompatibilidade.

Através de um prisma de análise que considere uma interpretação sistemática do artigo 414.º-A do CSC conclui-se que a economia das disposições do citado artigo apontam no sentido de as situações nele previstas se destinarem a assegurar que os membros de um órgão de fiscalização, pela natureza das funções de controlo que desenvolvem, disponham de isenção (e capacidade) de análise e decisão em relação à sociedade ou a outros grupos de interesses específicos (v.g. empresas concorrentes).

Assim, o escopo da norma, considerada no seu todo e à semelhança do que sucede com outras normas sobre incompatibilidades que se encontram no espectro jurídico nacional, consiste em garantir a objectividade e a imparcialidade de análise ou decisão pelos membros do órgão de fiscalização.

III. O conflito de interesses coloca-se num plano jurídico diferenciado em relação ao conflito de deveres. No caso da supervisão societária, o dever que impende sobre os membros do órgão de fiscalização consiste na fiscalização da actividade societária, nas diversas dimensões analisadas no capítulo precedente. Os aspectos de regime que temos vindo a identificar destinam-se a mitigar ou reprimir a influência que interesses distintos podem produzir no cumprimento do dever de fiscalização.

Mas podem existir situações de sobreposição entre os dois planos de conflitos. O estabelecimento de incompatibilidades para o exercício da função de fiscalização constitui, em determinados casos, um verdadeiro obstáculo à ocorrência de conflitos de deveres, como pode suceder no caso da cumulação de funções de administração e fiscalização. Nesta circunstância, estaria verdadeiramente em causa o risco de conflito entre diferentes deveres de conduta a que o membro do órgão de fiscalização pudesse encontrar-se sujeito.

IV. Para além da repressão preventiva que analisámos, o sistema jus-societário oferece, de igual modo, meios de reacção às situações de conflito de interesses que ocorram no seio do órgão de fiscalização. Supervenientemente à fase de eleição dos membros deste órgão continua a vigorar o princípio da repressão preventiva dos conflitos de interesses e dele resulta que a ocorrência, durante o mandato, de alguma das situações geradoras de incompatibilidade produz a caducidade da respectiva designação.

A situação de incompatibilidade opera assim, com efeitos à data da sua verificação, um efeito extintivo sobre o acto de designação, afectando a sua eficácia jurídica de forma semelhante à que ocorre no momento da própria designação. O regime legal assegura, por isso, a unidade de tratamento das situações de conflito de interesses geradoras de impedimento ao desempenho da função de fiscalização.

V. Mas fora dos casos em que o conflito de interesses constitui um vício-obstáculo ao exercício da actividade fiscalizadora podem igualmente surgir situações em que se encontrem em conflito os interesses próprios ou alheios do membro do órgão de fiscalização e os interesses tutelados pela sua vinculação à observância das obrigações de fiscalização.

Nas situações em que a capacidade autónoma e isenta de participar em deliberações do órgão de fiscalização se encontra afectada pela intersecção de interesses conflituantes, existem igualmente "remédios"[15] que podem ser utilizados para (já não prevenir, mas) reprimir, por um lado, a tomada de deliberações por membros do órgão de fiscalização que se encontrem em situação de conflito de interesses e, por outro lado, os efeitos que a existência desse conflito produza sobre a própria deliberação?

A resposta à primeira pergunta é positiva, mas carece de adequada interpretação sistemática do regime deliberativo do órgão de fiscalização nos três modelos de governo societário.

O artigo 423.º do CSC regula alguns aspectos do regime das deliberações do conselho fiscal, embora não aborde a matéria do tratamento do conflito de interesses. Já o regime da comissão de auditoria é omisso quanto às regras aplicáveis às reuniões e deliberações deste órgão. Finalmente, o artigo 445.º, n.º 2 do CSC contém uma proposição normativa remissiva para o artigo 410.º do CSC, determinando a aplicação do regime das reuniões e deliberações do

---

[15] Cf. ALDO STESURI, *Il conflito di interessi*, pp. 101 e ss.

conselho de administração ao funcionamento do conselho geral e de supervisão.

Apenas no regime do conselho geral e de supervisão se encontra norma expressa que rege o tratamento das situações de conflito de interesses, dispensando-lhes o mesmo que é atribuído no caso das deliberações do órgão de administração.

Todavia, entendemos que a equivalência funcional e a indiferenciação do modelo de governo societário que demonstrámos vigorar nas estruturas de fiscalização da actividade societária justifica que o tratamento dos conflitos de interesses nas deliberações do órgão de fiscalização receba um tratamento idêntico mediante a aplicação analógica do disposto no artigo 410.º, n.º 6 do CSC.

VI. A repressão do conflito de interesses nestas circunstâncias manifesta-se numa dupla vertente: uma, de transparência, que consiste na imposição de um dever de declaração do conflito de interesses ao presidente do próprio órgão; outra, de protecção dos interesses da sociedade, que corresponde ao impedimento à participação na formação da deliberação do órgão de fiscalização.

O dever de declaração constitui o elemento determinante para a aferição da existência de uma situação de conflito de interesses, pois permite ao presidente do órgão de fiscalização apreciar ou submeter à apreciação do órgão a efectiva verificação de um conflito de interesses. A exteriorização permite não só evitar a suspeição sobre o membro em relação ao qual se verifique o conflito objecto de declaração como também aferir da incompatibilidade entre o interesse próprio ou alheio representado pelo membro do órgão de fiscalização e o interesse da sociedade.

A omissão da declaração do conflito de interesses constitui, por si mesma, uma violação normativa, mas o seu relevo jurídico acaba por ser consumido pela violação da proibição de exercício do direito de voto em situação de conflito de interesses, pois só haverá lugar à primeira se efectivamente houver um antagonismo de interesses em presença.

Ora, se o interesse que o membro do órgão de fiscalização tem ou representa é contraditório com o interesse da sociedade, construído, neste caso, primordialmente como o interesse dos accionistas e de terceiros que estabeleçam relações com a sociedade, a sua participação na formação de uma deliberação desse órgão, quando determinante, é susceptível de fundamentar a sua anulabilidade.

A repressão das situações de conflito de interesses opera, portanto, também, num plano reactivo em face de deliberações adoptadas com violação do dever de abstenção de exercício do direito de voto. A reacção à deliberação do órgão de fiscalização viciada depende contudo da sua oportuna arguição, nos termos do n.º 1 do artigo 412.º do CSC, sob cominação da oponibilidade interna e externa dos actos praticados em conflito de interesses.

VII. A importância dos "remédios" no tratamento do conflito de interesses é transversal ao direito privado[16] e encontra o seu último reduto no ressarcimento dos danos gerados com a prática do acto determinado por uma situação de conflito de interesses.

Efectivamente, a deliberação ferida de anulabilidade por uma situação de conflito de interesses encerra em si mesma a susceptibilidade de gerar um dano indemnizável a terceiro. Neste aspecto particular deve convocar-se o regime de responsabilidade a que se encontram sujeitos os membros do órgão de fiscalização ao abrigo do disposto no artigo 81.º do CSC.

Esta disposição determina a aplicação aos membros do órgão de fiscalização do regime de responsabilidade civil perante a sociedade, os accionistas, os credores sociais e outros terceiros, o qual se esteia nos deveres fiduciários aplicáveis aos membros do órgão de administração.

Ora, também os membros do órgão de fiscalização devem observar elevados padrões de diligência profissional, considerando-se com GABRIELA FIGUEIREDO DIAS que «*a sua conduta deverá, pois, ser considerada lícita quando actuem com desrespeito pelos deveres de cuidado, nomeadamente pela inobservância de um padrão de diligência aferido pelo cumprimento dos especiais deveres e funções consagrados para cada um dos órgãos de fiscalização ou pelo exer-*

---

[16] Cf. DANIELE MAFFEIS, *Conflitto di interessi nel contrato i remedi*, pp. 397 e ss.

cício da fiscalização com outro sentido que não o de servir o interesse da sociedade»[17]. A intervenção em processos decisórios ou de controlo sobre a actividade societária coloca, por isso, o administrador auditor que esteja em situação de conflito de interesses em violação dos deveres de cuidado que lhe são aplicáveis – o mesmo sucedendo no caso de omissão declarativa quanto à existência de uma situação de conflito de interesses – e consequentemente em posição de poder ter de indemnizar as entidades afectadas pela respectiva conduta ou omissão[18].

Abstract

In these current times of recession and crisis, the legal analysis of corporate matters can provide an important contribute for the development and reinforcement of corporate governance rules. Bearing this context in mind, this article provides critical and pragmatic assessment of conflict of interests in the supervisory body of limited liability companies, especially of listed and "large" companies.

The main tension of corporate law – the agency costs problems – is also of relevance when addressing the regulation and relations of the supervisory body. The function granted by shareholders to supervising members of the company reflects the fact that in large corporations shareholders required the mediation of "agents" to ensure the control of the company's actions.

The repression of conflict of interests is the main principle orienting the Portuguese corporate governance regime in respect of company internal supervision. This principle dictates several solutions adopted in the Portuguese companies code, such as the regime of appointment, suspension and replacement of supervisory body's members and the independence of controllers and restrictions to the exercise of said functions. But should repression fail, the companies code also provides for remedies to be implemented in reaction to non-fulfilment circumstances.

---

[17] Cf. *aut. cit., Fiscalização de sociedades e responsabilidade civil*, p. 54.
[18] Para uma análise aprofundada do regime de responsabilidade civil dos membros do órgão de fiscalização, cf. GABRIELA FIGUEIREDO DIAS, *ob. cit*, pp. 58 e ss.

CAPÍTULO V

O Conflito de Interesses na Intermediação Financeira

Sofia Leite Borges

ÍNDICE

§ 1 O CONFLITO DE INTERESSES NO SECTOR FINANCEIRO 316
   1.1. A noção de conflito de interesses 316
   1.2. Panorama geral dos interesses em presença 320
      1.2.1. Os interesses do cliente investidor, teoria da adequação e categorização de clientes 322
      1.2.2. Os interesses do cliente emitente 325
   1.3. Factores que propiciam o conflito de interesses no sector financeiro 326
      1.3.1. Polifuncionalidade 326
      1.3.2. Discricionaridade e assimetria informativa 327

§ 2 MODALIDADES DE CONFLITOS DE INTERESSES 328
   2.1. Conflitos internos e externos, estáticos e dinâmicos 328
   2.2. Conflitos intrínsecos e extrínsecos 329
   2.3. Conflitos pessoais e entre clientes 330
      2.3.1. Conflitos entre clientes com interesses concorrentes ou contrapostos 331
      2.3.2. Conflitos pessoais envolvendo interesses concorrentes ou contrapostos 332

§ 3 A DISCIPLINA DO CONFLITO DE INTERESSES NO CÓDIGO DOS VALORES MOBILIÁRIOS 334
   3.1. Antecedentes 334
      3.1.1. A Recomendação n.º 77/534, de 27 de Julho, relativa a um Código de Conduta Europeu a Observar nas Transacções Sobre Valores Mobiliários 338

3.1.2. Os Princípios da Organização Internacional das Comissões de Valores 339
3.1.3. A Directiva dos Serviços de Investimento 342
3.1.4. A Directiva dos Mercados de Instrumentos Financeiros 344
3.1.5. O Código do Mercado de Valores Mobiliários 348
3.2. O Regime Geral do Código dos Valores Mobiliários 351
    3.2.1. Âmbito de aplicação 351
    3.2.2. Artigo 304.º-1 do Cód. VM: O princípio da protecção dos interesses legítimos dos clientes 353
    3.2.3. Deveres de actuação: As regras de boa gestão do conflito de interesses 354
        3.2.3.1. Artigo 309.º-1 do Cód. VM: O dever de actuar de modo a evitar ou a reduzir ao mínimo o risco da ocorrência de conflitos de interesse 354
        3.2.3.2. Artigo 309.º-2 e 3 do Cód. VM: O dever de assegurar aos clientes um tratamento transparente e equitativo ... 355
        3.2.3.3. Afectação "interessada" de instrumentos financeiros a carteiras geridas e aconselhamento "interessado" de instrumentos financeiros 369
    3.2.4. Deveres de organização 373
        3.2.4.1. Aspectos gerais 373
        3.2.4.2. Artigos 309.º A e B do Cód. VM: O dever de adoptar e actualizar uma política escrita em matéria de conflitos de interesses 377
        3.2.4.3. Artigos 309.º E e F do Cód. VM: Operações pessoais ... 390
    3.2.5. Consequências gerais da actuação em conflito de interesses 393
3.3. Regimes especiais 394
    3.3.1. Actuação como contraparte 396
    3.3.2. Agregação e afectação de ordens 407
    3.3.3. Intermediação excessiva (*churning*) 410
    3.3.4. Antecipação na negociação (*frontrunning*) 418

§ 1
O CONFLITO DE INTERESSES
NO SECTOR FINANCEIRO

1.1. A noção de conflito de interesses

A noção de conflito de interesses tem origem extra-jurídica e pressupõe, na linguagem comum, a existência de dois (ou mais) cursos de acção possíveis que, de forma mais ou menos intensa, puxam em direcções diferentes ou opostas[1]. Nesta acepção natural ou fáctica[2], o conflito de interesses pode verificar-se relativamente a um só sujeito ou relativamente a dois ou mais sujeitos em relação. Neste sentido, há conflito de interesses quando uma pessoa quer uma coisa e, simultaneamente, quer outra (conflito interno), ou quando duas ou mais pessoas em relação, querem coisas opostas, incompatíveis e inconciliáveis (conflito externo).

Enquanto situação de facto, o conflito deve ser entendido como uma mera oposição de interesses, prévia a qualquer valoração jurídica[3]. A valoração que o direito faz do conflito fáctico e a intervenção que sobre ele realiza, a fim de o dirimir, dão-nos a medida da relevância jurídica do conflito de interesses em cada caso concreto ou conjunto de situações.

O conflito de interesses assume importância no mundo jurídico quando o direito associa à situação fáctica de conflito, determinadas regras de comportamento que os sujeitos em relação devem acatar. Neste sentido o conflito interno, aquele que é vivido no íntimo de uma só pessoa, não assume grande relevância porque, por norma, o direito não impõe regras de comportamento de uma pessoa em rela-

---

[1] BARRY A.K. RIDER, *Conflicts of Interest: An English Problem?*, em AAVV, European Securities markets: The Investment Services Directive and Beyond, Kluwer Law International, London, The Hague, Boston, (1998), p. 149-ss (150).

[2] Numa perspectiva que qualificaremos de filosófica, de conflito de interesses se fala também como o "elemento económico do Direito" ou para dizer que onde não há conflito de interesses não há Direito, na medida em que não existirá fenómeno jurídico na raíz do qual não se descortine tal conflito, cfr. ALDO STESURI, *Il Conflitto di Interessi*, Giuffrè Editore, Milão, (1999), p. 6. O Autor refere mais adiante, na p. 7 que: "*La funzione precipua del diritto è dunque quella di prevenire I possibili contrasti tra I differenti interessi e quindi il sorgere di liti, specialmente quando I due interessi em gioco siano tali da porre em essere un vantaggio per il titolare di uno di essi ed un corrispettivo svantaggio per il titolare dell'altro, cosa che nella realtà si verifica em un numero infinito di casi*".

[3] MARC EKELMANS, *Conflits d'intérêts – Contrats d'intermédiaires*, em Les Conflits D'Intérêts, Les Conférences du Centre de Droit Privé, volume III, (1997), p. 7, refere que, no que respeita ao conflito de interesses, a noção de interesse deve ser entendida "(...) *à l'état brut, avant toute qualification et vise la considération d'ordre moral ou économique qui, dans une affaire, concerne, attire ou préoccupe une personne, ce que lui importe*".

ção a si própria, antes se preocupando com a ordenação das relações inter-subjectivas[4].

A criação de regras jurídicas destinadas a dirimir o conflito de interesses fáctico resulta do facto de um dos interesses em presença ser reputado como sendo mais valioso ou merecedor de tutela do que o outro. Neste sentido, o direito pode ordenar a um dos sujeitos que assuma um determinado comportamento ou que se abstenha de uma dada actuação que considera censurável.

Por regra, só será imposto a alguém o dever de actuar no interesse de outrem, e de proteger esse interesse, quando a pessoa onerada com o dever foi, de alguma forma, encarregada de gerir ou de prosseguir um interesse alheio. A incumbência de gerir um interesse alheio é característica dos contratos de cooperação, como seja a mera prestação de serviços ou o mandato com ou sem representação[5]. O dever de agir no interesse de outrem pode também ser cominado ainda na fase pré-contratual, atenta a tutela da confiança da pessoa que busca a cooperação de outrem para melhor prosseguir interesses próprios. Em estados mais avançados, a própria situação ou qualidade em que se encontram investidas determinadas pessoas pode justificar a imposição legal do dever de prosseguir o interesse alheio. É o que sucede com os administradores de sociedades, com os advogados e com os intermediários financeiros, a título de exemplo.

Neste contexto, o direito valora como desvalioso o abuso perpetrado por alguém que, podendo, decide um conflito de interesses fáctico em seu favor ou de um terceiro e em detrimento da pessoa cujo interesse deveria prosseguir[6].

Só assim se perfila devidamente a fattispecie do conflito de interesses face a outras modalidades de actuação ilícita, como seja a

---

[4] "*O Direito visa assegurar uma determinada ordem da sociedade: através dele é garantida a distribuição e aproveitamento de bens valiosos; por sua via é assegurada uma certa relacionação entre as pessoas; mediante os seus esquemas é promovida a perpetuação do tipo de sociedade de que ele emana*", ANTÓNIO MENEZES CORDEIRO, *Das Obrigações*, 1.º volume, A.A.F.D.L. (1994), p. 141.

[5] FERNANDO PESSOA JORGE, *O Mandato Sem Representação*, Coimbra, (2001), p. 228.

[6] GIOVANNA VISINTINI, *Rappresentanza e gestione*, em Rappresentanza e gestione, (1992), p. 11.

actuação negligente. No conflito de interesses não é especialmente reprovada a falta de perícia ou de empenho na prossecução do encargo que foi confiado ao sujeito, mas antes o comportamento desleal, a violação da confiança depositada pela pessoa cujo interesse deveria ter sido prosseguido, que inflinge um prejuízo ao primeiro com vista a obter uma vantagem pessoal ou de terceiro[7].

A forma como o direito se posiciona relativamente a esta possibilidade de violação do dever de agir no interesse de outrem pode variar, embora seja sempre este risco que justifica a imposição de mecanismos que visam prevenir ou permitir a gestão do conflito de interesses.

A oposição de interesses fácticos apurada objectivamente pode determinar a intervenção do direito, através de técnicas preventivas que se antecipam a um eventual incumprimento do dever e evitam a sua ocorrência. Nestes casos sobre o agente recai a suspeição de que, podendo escolher, aquele actuará para satisfazer o seu interesse em detrimento do interesse de outrem, pelo que o direito presume o sentido da escolha e previne a tentação, eliminando a oportunidade, ou seja, eliminando a própria emergência do conflito ou a possibilidade de abuso[8].

As técnicas de prevenção do conflito de interesses baseadas na imposição de regras de proibição assentam numa noção estática de conflito de interesses – entendido este como uma mera contraposição de interesses conflituantes, preexistente à conclusão de uma operação relevante (conflito de interesses estático) – e não de uma noção dinâmica de conflito de interesses, entendido este como incumprimento do dever de prossecução dos interesses de outrem (conflito de interesses dinâmico).

Diferentemente, quando seja permitido ao agente a gestão do conflito e aquele não esteja proibido de actuar, desde que não o faça

---

[7] Caracterizando a situação como um incumprimento qualificado, cfr., ANTONIO FICI, *Il conflito de interessi nelle gestioni individuali di patrimoni mobiliari*, Rivista Critica Delle Diritto Privato, (1997), p. 303.

[8] RAÚL VENTURA, *Estudos Vários Sobre Sociedades Anónimas – Comentário ao Código das Sociedades Comerciais*, Almedina, Coimbra, (1992).

em sentido contrário ao interesse que deveria prosseguir ou gerir, os requisitos da verificação de um incumprimento do dever de actuar no interesse de outrem ganham acuidade e devem verificar-se, para que possa ser afirmada uma actuação em conflito de interesses, ou seja uma actuação abusiva.

A relevância jurídica do conflito de interesses apreende-se, assim, atentando em concreto às regras de prevenção e de gestão do conflito consagradas para cada caso, seja no âmbito do direito comercial e dos valores mobiliários, seja no âmbito de outros ramos do direito. Apesar da sua dispersão e disparidade, todas as regras sobre prevenção e gestão de conflitos de interesses visam, em termos finalísticos, evitar aquele incumprimento ou abuso.

1.2. Panorama geral dos interesses em presença

Sobre a noção de interesse se tem dito que é uma noção imprecisa, ubíqua, flexível e potencialmente subversiva *"que introduz na fortaleza jurídica, qual cavalo de Tróia, qualquer coisa de facto e de desejo"*[9]. Paradoxalmente, trata-se também de uma noção que se encontra no centro nevrálgico não só da própria concepção do direito, como de vários dos seus institutos, como seja o da legitimidade processual, do contrato, do cumprimento e incumprimento das obrigações, da gestão de negócios e da noção de interesse social, entre outros.

Tradicionalmente têm sido individualizadas uma noção objectiva e uma noção subjectiva de interesse[10]. Em sentido objectivo, o interesse traduz a virtualidade (abstracta) que determinados bens têm

---

[9] F. OST, *Entre droit et non-droit: l'intérêt*, Collections Droit et Intérêt, Volume 2, Bruxelas, (1990), p. 185, citado por ANNE MEINERTZHAGEN-LIMPENS, *La représentation et les conflits d'intérêts en droit comparé*, em Les Conflits D'Intérêts, Les Conférences du Centre de Droit Privé, Vol. III, (1997), p. 263.

[10] FERNANDO PESSOA JORGE, *O Mandato Sem Representação*, ob. cit., p. 175, segundo o autor, o interesse é um ponto de vista da relação entre a situação de necessidade ou carência de determinada pessoa e o bem *lato sensu* capaz de preencher essa carência; ANTÓNIO MENEZES CORDEIRO, *Teoria Geral do Direito Civil*, 1.º Volume, A.A.F.D.L.,

para a satisfação de certas necessidades[11]. Em sentido subjectivo, o interesse exprime a relação de apetência que se estabelece entre um sujeito carente e certos bens ou realidades em concreto aptos a satisfazê-lo[12].

A panóplia de actividades a que os intermediários financeiros se podem dedicar é muito vasta, dependendo a determinação em concreto dos serviços que cada intermediário efectivamente presta do seu estatuto ou capacidade – vertido no respectivo objecto social e fixado dentro dos limites estabelecidos na lei – e das actividades e serviços que, em concreto, esteja autorizado a, e registado para, prestar.

Os mercados de instrumentos financeiros são espaços ou organizações em que se admite a negociação de instrumentos financeiros por um conjunto indeterminado de pessoas actuando por conta própria ou através de mandatário. São formas alternativas de colocação da poupança, funcionando como "ponte" entre os aforradores e as

---

Lisboa, (1992), p. 189; PEDRO PAIS DE VASCONCELOS, *Teoria Geral do Direito Civil*, volume II, Almedina, (2002), p. 149. Também, ALDO STESURI, *Il Conflitto di Interessi*, ob.cit., p. 6: "(...) *l'interesse puó essere inteso come un rapporto di tensione tra un soggetto ed un bene*".

[11] A noção objectiva de interesse tem sido alvo de críticas. Neste sentido, refere ANTÓNIO MENEZES CORDEIRO que "*a noção de interesse (...) só terá relevo quando se defira, ao próprio sujeito, a função de definir quais os interesses e como os prosseguir. Doutra forma, a lei mandaria, ad nutum, adoptar certa actuação: seria uma mera norma de conduta*". Quando não seja concedida ao próprio sujeito a função de definir quais os seus interesses e como os prosseguir, entende o Autor que "*a noção de interesse não é dogmaticamente, aproveitável, no estado actual da Ciência do Direito.*" Faltando "(...) *a instrumentação necessária para, dele fazer um conceito actuante e útil.*"; cfr. ANTÓNIO MENEZES CORDEIRO, *Da Responsabilidade Civil dos Administradores das Sociedades Comerciais*, Lex, Lisboa, (1997), pp. 516-517. O Autor retoma esta ideia na p. 520 ao referir: "(...) *admitindo, o que não parece possível, que, de 'interesse', se pudesse fazer um conceito operativo (...)*". Em sentido contrário, embora em sentido mais amplo, cfr. PEDRO PAIS DE VASCONCELOS, *Teoria Geral do Direito Civil*, ob.cit., p. 149.

[12] ANTÓNIO MENEZES CORDEIRO, *Teoria Geral do Direito Civil*, 1.º Volume, A.A.F.D.L., Lisboa, 1992, p. 189; *Da Responsabilidade Civil dos Administradores das Sociedades Comerciais*, ob. cit., pp. 516-517. Cfr. ainda, PEDRO PAIS DE VASCONCELOS, *Teoria Geral do Direito Civil*, ob. cit., pp. 148-149. Segundo o Autor, "*O interesse interliga a pessoa com os meios que sejam hábeis para a realização dos seus fins e traduz-se na tensão entre a pessoa que quer realizar um fim, ou que tem um fim a realizar, e o meio de que carece ou que é hábil para o alcançar. O interesse liga a pessoa com o meio (bem) de que esta necessita para realizar um seu fim*".

empresas e o Estado, que se desejam financiar de forma porventura menos onerosa, por comparação com a tradicional concessão de crédito bancário. Os mercados são, assim, espaços físicos – como o *floor* da Bolsa de Nova Iorque – ou organizações – sistemas informáticos ou electrónicos, por exemplo – onde se relacionam a oferta e a procura de determinados bens[13]. Os seus protagonistas são as entidades emitentes de valores mobiliários, os investidores e os intermediários financeiros. No exercício das suas várias actividades, os intermediários financeiros prosseguem interesses alheios, ou seja, gerem os interesses dos seus clientes, sejam estes investidores ou entidades emitentes. Os interesses de uns e de outras não são, naturalmente, os mesmos, como veremos com maior detalhe.

1.2.1. *Os interesses do cliente investidor; teoria da adequação e categorização de clientes*

Os clientes investidores, pequenos ou grandes, sofisticados ou amadores, recorrem aos mercados de valores mobiliários a fim de rentabilizarem as suas poupanças[14]. Consequentemente, podemos afirmar, embora ainda com um certo grau de abstracção, que no investimento em valores mobiliários o interesse do cliente será, por regra, o de obter o máximo lucro com o mínimo risco[15]. Com vista à prossecução eficiente do seu interesse e na medida em que existe

---

[13] Atendendo às respectivas funções, é usual distinguir entre *mercado primário* e *mercado secundário de instrumentos financeiros*. O primeiro é o mercado de distribuição, o espaço ou organização que põe em contacto as entidades emitentes e os investidores, permitindo aos primeiros financiarem-se ou lucrarem com o aforro dos segundos. O segundo – mercado secundário, ou de negociação – visa facilitar a circulação da riqueza mobiliária, oferecendo liquidez aos titulares dos valores mobiliários que os pretendam trocar por dinheiro mediante uma operação de desinvestimento. No mercado primário ocorrem as ofertas públicas e dá-se a aquisição originária de valores mobiliários e instrumentos financeiros. Nos mercados secundários ocorre a aquisição derivada de valores mobiliários e instrumentos financeiros.

[14] Investir significa comprar um determinado activo, com algum sacrifício inicial, com vista à obtenção de lucros posteriores, cfr., GRAHAM BANNOK, R.E. BAXTER E RAY REES, *Dicionário de Economia*, Verbo, (1987), p. 223.

[15] GIAN LUCA RABITTI, *Il conflitto di interessi tra investitore e brokers-dealers nell' esperienza anglo-americana*, Rivista Delle Società, anno 34, (1989), p. 453.

um quase monopólio dos intermediários financeiros no que respeita à compra e venda de valores mobiliários em mercado, o investidor recorre aos respectivos serviços, neles depositando a sua confiança.

Apesar de expressiva, a referência à obtenção do máximo lucro com o mínimo de risco apenas nos fornece uma indicação geral, que cumpre concretizar com base na vontade do cliente e tomando em consideração os seus conhecimentos e experiência em matéria de investimento, a sua situação financeira e o respectivo perfil de risco, aspectos que o intermediário tem o dever de conhecer e de promover de forma adequada[16]. Neste contexto, assumem particular relevância as regras "conheça o seu cliente" (*"know your customer"*) e "conheça a sua mercadoria" (*"know your merchandise"*), as quais revestindo inatacável lógica no âmbito de qualquer actividade comercial, se aplicam com especial acuidade no sector financeiro, constituindo corolários da teoria de origem norte-americana conhecida como *suitability doctrine*[17] (ou doutrina da adequação)[18]. Por força da *suitability doctrine*, os *brokers-dealers* têm o dever de indagar das necessidades financeiras, dos objectivos e da capacidade de suportar o risco, dos seus clientes, de forma a recomendar e a alocar apenas instrumentos financeiros e serviços adequados às necessidades de cada cliente em particular.

A referência à vontade do cliente remete-nos para as indicações que este foi comunicando ao intermediário, seja no contexto dos contratos de intermediação celebrados, seja por via dos termos em que os mesmos foram sendo executados.

A menção à situação financeira do cliente impõe que seja tomada em consideração a sua situação patrimonial, ou seja a respectiva solvabilidade e liquidez, bem como a sua capacidade para suportar perdas[19].

---

[16] RICHARD STONE, *It all depends on what you mean by "client"*, International Financial Law Review, August (2006), pp. 24-25.

[17] Cfr. sobre a matéria VITTORIO AFFERNI, *Rappresentanza e conflitti di interessi nell' ambito dell' imprese*, ob. cit., p. 209.

[18] A teoria da adequação foi também acolhida na DSI, na DMIF e, consequentemente, em Portugal por força dos artigos 304.º-3, 314.º e 314.º-A a 314.º-D do Cód. VM.

[19] ALEJANDRO GÓMEZ-ACEBO, *Las Normas de Conducta en el Derecho del Mercado de Valores*, ob. cit., p. 233.

Quanto ao perfil de risco do cliente, ou mais genericamente, quanto aos objectivos que prossegue com o investimento, estes devem ser equacionados numa dupla perspectiva, que alia a rentabilidade que o cliente espera obter ao risco que está disposto a correr[20]. Assim, caberá aferir, a título de exemplo, se o cliente prossegue uma estratégia conservadora, investindo numa conta de capitalização com fluxos constantes e moderados, mas seguros ou se, inversamente, tem objectivos especulativos e pretende obter fortes rendimentos num curto espaço de tempo, investindo em valores ou instrumentos que apresentam níveis de risco elevados. Entre um e outro dos extremos, anteriormente referidos, são possíveis múltiplas combinações, que o intermediário terá o dever de conhecer[21].

Igualmente relevantes na determinação do perfil do cliente investidor são as classificações de investidores que se encontram vertidas na lei ou na doutrina[22].

Assume relevância, na primeira das perspectivas indicadas, a distinção entre investidores qualificados (e equiparados) e não qualificados[23]. Os investidores não qualificados (e não equiparados) beneficiam de uma especial protecção, o que se explica atenta a assimetria informativa e a posição mais débil em que presumivel-

---

[20] ALEJANDRO GÓMEZ-ACEBO, *Las Normas de Conducta en el Derecho del Mercado de Valores*, ob. cit., p. 236. Cfr. também GIAN LUCA RABITTI, *Il conflitto di interessi*, ob. cit., p. 464, segundo o qual a *suitability doctrine* impõe ao intermediário financeiro o conhecimento do perfil de risco do seu cliente, tornando claro que o interesse concreto do investidor – máximo lucro com mínimo risco – é composto por dois elementos estreitamente relacionados entre si e que assumem um peso diferente de investidor para investidor, consoante a sua concreta situação financeira e patrimonial.

[21] Sobre a matéria, distinguindo entre carteiras conservadoras, de rendimento, diversificadas, dinâmicas e agressivas, cfr. ALEJANDRO GÓMEZ-ACEBO, *Las Normas de Conducta en el Derecho del Mercado de Valores*, ob. cit., pp. 236-237.

[22] Sobre a matéria, cfr. SOFIA NASCIMENTO RODRIGUES, *A Protecção dos Investidores em Valores Mobiliários*, Almedina, (2001), pp. 17-18, nota 12 e pp. 29-32. A obra foi escrita antes da transposição em Portugal da DMIF, pelo que há há que atentar na evolução legislativa (e terminológica) sofrida por força daquela transposição.

[23] Em Portugal esta distinção encontra-se consagrada no artigo 30.º do Cód. VM. Este preceito contém uma lista de entidades que a lei considera merecerem a categorização de "investidores qualificados" ou que, pelo menos, equipara a estes para determinados efeitos.

mente se encontram face aos intermediários financeiros[24]. Inversamente os investidores qualificados, bem como os equiparados em determinadas circunstâncias, não são especialmente protegidos, sendo assumido que devido ao seu conhecimento, experiência e profissionalismo, aqueles não se encontram numa posição débil face ao intermediário financeiro a quem eventualmente recorram para efectuar os seus investimentos.

Outra classificação relevante é a que distingue entre investidores profissionais e não profissionais[25], com base num critério semelhante que atende ao maior ou menor conhecimento, experiência e profissionalimo dos investidores envolvidos e à capacidade que estes têm de avaliar com correcção os seus investimentos. Trata-se de uma distinção material que não assenta numa categorização de entidades rígida e legalmente pré-determinada, pelo que apresenta maior flexibilidade.

As várias classificações acima referidas relevam na determinação do perfil de investimento de um cliente e são assim coadjuvantes na determinação do interesse em concreto que o intermediário financeiro deve prosseguir. Sem prejuízo disto, cabe fazer a ressalva de que as várias regras comunitárias e consequentemente nacionais, vigentes em matéria de conflito de interesses têm que ser observadas qualquer que seja a natureza ou classificação do cliente a quem os serviços de intermediação financeira são prestados, ou seja, independentemente de este revestir a natureza de investidor qualificado, não qualificado ou contraparte elegível.

1.2.2. *Os interesses do cliente emitente*

Os motivos pelos quais os clientes que revestem a qualidade de entidades emitentes, recorrem aos mercados de instrumentos finan-

---

[24] Por esse motivo a legislação portuguesa os classifica como consumidores de bens e serviços financeiros, nos termos do artigo 321.º, n.º 3 do Cód. VM e para efeitos do disposto na legislação de defesa do consumidor.

[25] Sobre a distinção entre investidores profissionais e não profissionais, cfr., SOFIA NASCIMENTO RODRIGUES, *A Protecção dos Investidores em Valores Mobiliários*, ob. cit., p. 16, nota 11.

ceiros são, por regra, o de obterem financiamento para a prossecução das suas actividades produtivas e o de repartirem os riscos decorrentes do exercício dessas actividades. Nesta perspectiva, podemos afirmar que o interesse das entidades emitentes ao distribuirem valores mobiliários ou outros instrumentos financeiros junto do público ou, particularmente, ao assegurarem adequadas condições para a sua negociação, é o de atingirem, da forma mais eficiente possível, aquele duplo objectivo de financiamento e de repartição de riscos.

Com vista ao cumprimento dos seus objectivos, as entidades emitentes recorrem aos serviços dos intermediários financeiros, buscando o seu auxílio, assessoria e cooperação. Para o efeito, com eles celebram os contratos de estruturação de operações, de assistência, colocação, fomento e estabilização e solicitam o seu conselho sobre a respectiva estrutura de capital, estratégia industrial e questões conexas, bem como sobre a fusão e aquisição de empresas. A entidade emitente deposita a sua confiança no intermediário quando o encarrega de prosseguir qualquer uma daquelas actividades e tem a legítima expectativa de que este prosseguirá da melhor forma os seus interesses.

Também em relação às entidades emitentes está o intermediário financeiro obrigado a observar, *mutatis mutandi*, as regras vigentes em matéria de adequação e de classificação de clientes, tendo a obrigação de respeitar a vontade do cliente e de se inteirar dos seus conhecimentos, experiência e situação.

1.3. Factores que propiciam o conflito de interesses no sector financeiro

1.3.1. *Polifuncionalidade*

Atendendo ao carácter polifuncional do intermediário em causa, ou do grupo financeiro em que se integra, podemos observar que as hipóteses de conflito de interesses são tanto mais frequentes quanto maior for o número de actividades exercido pelo intermediário financeiro. Assim, se o intermediário for um banco e puder emprestar dinheiro, pode suceder que aconselhe uma sociedade que está em dívida para consigo, a emitir valores mobiliários que são colocados pelo próprio banco ou por um outro intermediário pertencente ao mesmo grupo, a troco de uma comissão, enquanto simultaneamente o próprio banco (ou outro intermediário do grupo) recomenda aos seus clientes que adquiram esses valores, assim transferindo para estes o risco de um incumprimento e permitindo à sociedade os meios necessários para liquidar o empréstimo. Desenvolveremos a matéria da polifuncionalidade na parte deste trabalho dedicada aos deveres de organização.

1.3.2. Discricionaridade e assimetria informativa

Tomando em consideração as várias situações que vimos referindo, afigura-se-nos claro que, relativamente a algumas delas, a possibilidade de ocorrência de um abuso é tanto maior quanto maior for a discricionariedade conferida ao intermediário financeiro pelo cliente investidor. Tal é o caso da intermediação excessiva, da actuação como contraparte, da agregação de ordens, da distribuição de valores mobiliários a carteiras geridas e de recomendação "interessada" de valores mobiliários.

Do mesmo modo, quanto mais acentuada for a assimetria informativa entre o cliente investidor e o intermediário e quanto menor for o controlo que o primeiro exerce sobre a actuação do segundo, maiores serão as probabilidades do conflito degenerar em abuso, ou seja, de uma situação de conflito de interesses estático evoluir para uma situação de conflito de interesses dinâmico.

Nesta sede cumpre referir sinteticamente que os indicadores decisivos do grau de discricionariedade conferido ao intermediário financeiro são, por um lado, a existência de um contrato de gestão de carteira e, por outro, a actividade de consultoria desenvolvida pelo intermediário junto do cliente, quando associada à receptividade e à confiança que este demonstra relativamente aos conselhos prestados. Especialmente no que respeita às situações de distribuição de valores mobiliários a carteiras geridas e de recomendação "interessada" de valores mobiliários, constatamos que uma ordem de compra de determinados valores mobiliários, transmitida por um investidor a um intermediário financeiro, fixando um dado preço e o momento da respectiva execução (também chamada "ordem seca"[26] ou taxativa) não deixa praticamente margem à ocorrência daquelas situações-tipo de conflito de interesses. Nestes casos, o intermediário poderá, quanto muito, tentar dissuadir o cliente de realizar o investimento proposto ou poderá tentar instá-lo a modificar a ordem, nos exactos termos em que foi transmitida. Cumpre, no entanto, não esquecer que quem transmite ordens taxativas são, por regra, os investidores de maior experiência e conhecimento. Quanto menor for a experiência e a sofisticação do investidor, maior será, em princípio, o margem deixada à consultoria incidental e maior será a discricionariedade do intermediário financeiro e a possibilidade de abuso.

Apesar do que referimos, a hipótese de conflito de interesses não se encontra excluída pelo simples facto de o cliente transmitir ordens taxativas e de ao intermediário não ser deixada qualquer margem de discricionariedade. A título de exemplo, o conflito poderá ocorrer, caso a ordem do investidor seja objectivamente desconforme ao seu interesse e o intermediário financeiro, ciente embora deste facto, dela se aproveitar com vantagem própria, vendendo-lhe, por exemplo, valores desadequados emitidos por uma entidade do grupo, ou valores da sua carteira própria a um preço muito elevado ou comprando ao investidor os valores que este pretende vender por um preço inferior ao preço de mercado. Da mesma forma, numa hipótese de antecipação na negociação, a transmissão de uma ordem taxativa constitui, como veremos, o contexto ideal para a actuação em conflito de interesses pelo intermediário financeiro.

§ 2
MODALIDADES DE CONFLITO DE INTERESSES

2.1. Conflitos internos e externos, estáticos e dinâmicos

O conflito de interesses pode revestir várias modalidades, cujo conhecimento tem utilidade na boa compreensão dos regimes jurídicos positivos vigentes em cada ordenamento. Referimos já, na parte

---

[26] GIAN LUCA RABITTI, *Il conflitto di interessi...*, ob. cit., p. 453.

introdutória, a distinção entre conflitos internos e externos e entre conflitos estáticos e dinâmicos.

Retomando noções, avançámos então que o conflito interno exprime um paradoxo íntimo, de alguém que quer uma coisa e, simultaneamente, quer outra incompatível com a primeira. O conflito externo, por seu turno, aponta para a situação, habitual na vida, de duas ou mais pessoas em relação quererem coisas opostas, incompatíveis e inconciliáveis.

A noção de conflito de interesses estático remete-nos para uma mera contraposição fáctica de interesses conflituantes, preexistente à conclusão de uma operação, negócio, decisão ou processo, relevantes; enquanto a noção dinâmica de conflito de interesses, pressupõe já a intervenção do direito e a configuração da situação como um abuso, ou seja, como um incumprimento de um dever de prossecução dos interesses de outrem.

2.2. Conflitos intrínsecos e extrínsecos

Outra classificação com relevância é a que distingue os conflitos de interesses em intrínsecos e extrínsecos[27]. Trata-se de uma distinção que atenta, essencialmente, na motivação que levou o sujeito do dever a adoptar um comportamento contrário ao interesse que deveria prosseguir.

O conflito de interesses intrínseco diz respeito à hipótese normal de contraposição de interesses entre duas partes num contrato, que obriga uma parte a desenvolver uma actividade no interesse de outra. O contrato surge como instrumento de conciliação de interesses contrapostos das partes. No entanto, na execução da prestação contratual, cada contraente procurará satisfazer da forma mais conveniente o seu próprio interesse[28].

---

[27] MARIA CRISTINA MERANI, *Il problema del conflitto di interessi nell'intermediazione mobiliare*, em I Valori Mobiliari, AAVV, Cedam, (1991), pp. 326--327; ANTONIO FICI, *Il conflito de interessi nelle gestioni individuali di patrimoni mobiliari*, ob. cit., p. 321.
[28] MARIA CRISTINA MERANI, *Il problema del conflitto di interessi nell'intermediazione mobiliare*, ob.cit., p. 326.

O conflito de interesses extrínseco é aquele que se verifica quando o sujeito onerado com o dever de prosseguir o interesse de outrem, pelo facto de se dedicar a uma pluralidade de funções, actua prosseguindo um interesse diverso daquele que deveria observar, caso se dedicasse exclusivamente a uma só função[29]. Trata-se de uma qualificação que atende ao facto de o sujeito onerado poder ser portador, no desenvolvimento da sua actividade, de um interesse extranei que decorre da prossecução simultânea de diversas actividades conflituantes ou do facto de o sujeito se encontrar inserido numa estrutura de grupo, parentesco, ou outra.

2.3. Conflitos pessoais e entre clientes

Com base num critério de titularidade dos interesses conflituantes é possível ainda proceder a uma tipologia bipartida que distingue entre conflitos pessoais e conflitos entre clientes[30]. Trata-se porventura da tipologia com maiores virtualidades no âmbito deste trabalho.

O conflito entre clientes caracteriza-se pelo facto de serem titulares dos interesses contrapostos em presença determinadas pessoas (investidores ou emitentes) que revestem a qualidade de clientes de um mesmo intermediário financeiro ou, em determinadas situações, revestem essa qualidade face a diferentes intermediários financeiros integrados num grupo.

O conflito pessoal autonomiza-se com base numa dupla delimitação, positiva e negativa. Pela positiva, o conflito pessoal é aquele que contrapõe o interesse de um cliente (investidor ou emitente) a um interesse próprio do intermediário financeiro. Pela negativa, deverão ainda ser reconduzidas à categoria dos conflitos pessoais todas as

---

[29] ANTONIO FICI, *Il conflito de interessi nelle gestioni individuali di patrimoni mobiliari*, ob. cit., p. 321; MARIA CRISTINA MERANI, *Il problema del conflitto di interessi nell'intermediazione mobiliare*, ob. cit., p. 326.

[30] A distinção supra referida surge como próxima daquela que a doutrina anglo-saxónica estabelece entre *personal conflicts* (conflitos pessoais) e *double employment conflicts* (conflitos entre principais ou entre mandantes), cfr. CHARLES HOLLANDER – SIMON SALZEDO, *Conflicts of Interest and Chinese Walls*, Sweet & Maxwell, Londres, (2000), p. 13; BARRY RIDER, *Conflicts of interest: an english problem?*, pp. 151-152.

situações de contraposição de interesses em que o titular do interesse contraposto ao do cliente investidor não seja, ele próprio, cliente do intermediário financeiro. Nesta última situação, o intermediário actua não para se beneficiar a si próprio mas para proporcionar vantagens a outrem, designadamente a sociedades com as quais se encontra em relação de domínio ou de grupo, a titulares de participações qualificadas ou a sociedades em que o intermediário detém participações, entre outras. Na hipótese, porventura remota, de estas pessoas não serem também clientes do intermediário, a situação deverá ser configurada como uma hipótese de conflito pessoal.

2.3.1. *Conflitos entre clientes com interesses concorrentes ou contrapostos*

No conflito entre clientes, os interesses conflituantes dos mandantes podem ser paralelos ou concorrentes – caso em que vários clientes pretendem obter um mesmo bem ou tipo de bens, sendo que estes são escassos, cabendo ao mandatário decidir quem fica com o quê – ou opostos – caso em que um cliente quer comprar um determinado bem que outro pretende vender, ambos tendo interesse em realizar o melhor negócio possível em termos de preço, por exemplo.

Atendendo aos diferentes interesses que o intermediário financeiro se encontra obrigado a prosseguir quando presta serviços aos clientes investidores e emitentes, é possível configurar, numa perspectiva subjectiva, diferentes modalidades de conflito entre clientes, consoante os titulares dos interesses contrapostos revistam uma ou outra qualidade. Podem, em conformidade, equacionar-se conflitos entre clientes investidores, conflitos entre um cliente investidor e uma entidade emitente e conflitos entre entidades emitentes.

Com base nas várias distinções efectuadas torna-se possível individualizar as seguintes modalidades de conflito de interesses entre clientes:

    i) Conflitos entre clientes investidores com interesses concorrentes – de que são exemplo as situações que podem ocorrer no contexto da agregação de ordens de clientes e da antecipação na negociação em favor de um cliente investidor;

ii) Conflitos entre clientes investidores com interesses contrapostos – de que é exemplo a venda por aplicação (ou seja, a execução, mediante cruzamento, de ordens de clientes fora de mercado) e a antecipação em favor de um cliente investidor a uma recomendação de actuação em mercado emitida pelo intermediário;

iii) Conflitos entre um cliente investidor e um cliente emitente com interesses contrapostos – de que são exemplo as hipóteses de distribuição de valores a carteiras geridas e de recomendação "interessada" de valores mobiliários, situações em que o intermediário poderá recomendar a clientes ou escoar para as carteiras dos clientes que administra, valores emitidos por uma sociedade sua cliente, não porque a aquisição daqueles valores corresponda aos objectivos de investimento dos clientes investidores em questão, mas porque pretende beneficiar a sociedade emitente sua cliente.

2.3.2. *Conflitos pessoais envolvendo interesses concorrentes ou contrapostos*

Cabe também referir algumas modalidades de conflitos pessoais. Enquanto os interesses dos investidores, apesar de susceptíveis de múltiplas concretizações, são relativamente homogéneos, os interesses potencialmente conflituantes dos intermediários financeiros apresentam maior heterogeneidade.

Por vezes, o intermediário poderá ter interesse em realizar operações sobre valores mobiliários por conta do cliente cujas carteiras administra ou em persuadir os clientes investidores a realizar essas mesmas operações, numa das seguintes situações:

i) quando os valores a vender ao cliente já estejam na sua titularidade e ele se pretenda desfazer deles;

ii) quando os valores sejam objecto de uma oferta pública que o intermediário tomou firme ou cuja colocação garantiu;

iii) quando os valores a vender ao cliente sejam por si emitidos;

iv) quando receba contrapartidas (pecuniárias ou outras) por parte das entidades emitentes dos referidos valores (*soft* e *hard commissions* ou *inducements*).

Noutras situações, o interesse potencialmente conflituante do intermediário poderá ser o de efectuar o maior número possível de transacções por conta do cliente, para assim cobrar um número elevado de comissões, independentemente de tais operações corresponderem, ou não, ao interesse do cliente investidor.

Em outros casos ainda, o intermediário apenas estará interessado em obter mais valias, decorrentes da sua actuação, por conta própria, em mercado, ainda que tais proventos sejam percebidos a expensas do cliente.

Os vários interesses que individualizámos podem agrupar-se, à semelhança do que vimos suceder com os interesses dos clientes, consoante mereçam o qualificativo de concorrentes ou contrapostos. Em consequência, os conflitos de interesse pessoais podem revestir as seguintes modalidades:

(i) Conflitos pessoais em que são contrapostos os interesses do cliente investidor e do intermediário financeiro – a esta hipótese se reconduzem as situações de actuação como contraparte, de intermediação excessiva, de distribuição de valores a carteiras geridas, de recomendação "interessada" de valores mobiliários, de afectação de valores a carteiras sob gestão ou seu aconselhamento a um cliente com vista ao recebimento de contrapartidas e de antecipação a uma recomendação de actuação em mercado, quando esta ocorra em favor da carteira própria do intermediário;

(ii) Conflitos pessoais em que os interesses do cliente investidor e do intermediário financeiro são concorrentes – incluem-se nesta modalidade as situações de agregação de ordens de um cliente com ordens para a carteira própria do intermediário financeiro e de antecipação na negociação para benefício do próprio intermediário.

§ 3
A DISCIPLINA DO CONFLITO DE INTERESSES NO CÓDIGO DOS VALORES MOBILIÁRIOS

3.1. Antecedentes

O regime do conflito de interesses previsto Cód. VM resulta em grande medida, embora não exclusivamente[31], da transposição da DSI[32], agora revogada, e da transposição em 2007 da DMIF[33] e da respectiva directiva de execução ou de nível dois[34], a qual desenvolveu a matéria dos requisitos de organização e das condições de exercício das actividades das empresas de investimento, segundo o método de comitologia preconizado no Relatório Lamfalussy.

O tratamento comunitário do conflito de interesses insere-se, por seu turno, no fenómeno mais amplo de alteração da filosofia de regulamentação que, nos finais do século XX, atingiu um grande número de sectores caracterizados por uma elevada intervenção legislativa por parte dos poderes públicos[35]. A regulamentação de estrutura até então vigente e que impunha um modelo fechado de mercado foi, neste contexto, substituída por uma neo-regulação, ou regulação de comportamentos mediante a qual o mercado é ordenado

---

[31] O regime do conflito de interesses constante do Cód. VM é ainda tributário, em parte significativa, da minuciosa disciplina do conflito de interesses prevista no Código do Mercado dos Valores Mobiliários (doravante "Cód. MVM"), aprovado pelo Decreto-Lei n.º 142-A/91, de 10 de Abril e objecto de diversas alterações no decurso da sua vigência.

[32] Directiva 93/22/CEE, de 10 de Maio de 1993, relativa aos serviços de investimento no domínio dos valores mobiliários.

[33] Directiva 2004/39/CE do Parlamento Europeu e do Conselho, de 21 de Abril de 2004, relativa aos mercados de instrumentos financeiros.

[34] Directiva 2006/73/CE do Parlamento Europeu e do Conselho, de 10 de Agosto de 2006.

[35] Sobre a intervenção do Estado na regulação da economia, cfr. ANTÓNIO CARLOS SANTOS, MARIA EDUARDA GONÇALVES e MARIA MANUEL LEITÃO MARQUES, Direito Económico, 3.ª edição (2.ª reimpressão), Almedina, Coimbra, (1999), pp. 225 e ss, também p. 468.

a partir da imposição de deveres ou normas de conduta a observar pelos seus vários intervenientes[36].

Os mercados de instrumentos financeiros europeus não permaneceram alheios a este fenómeno, o qual se veio afirmando de forma paulatina a partir da década de 80 do século XX, tendo atingido um dos seus pontos altos com a aprovação da DSI e, mais recentemente, com a aprovação da DMIF.

O direito dos mercados de instrumentos financeiros nos vários Estados-membros da União Europeia, fruto da orientação neo-reguladora que referimos, caracteriza-se pela eliminação das regras que limitavam o acesso ao mercado a determinados sujeitos (princípio do *numerus clausus*) e que impunham restrições ao tipo de actividades desenvolvidas pelos membros desses mercados, de que é exemplo máximo o Glass-Steagall Act de 1933, que separou as actividades bancárias de retalho das actividades bancárias de investimento, proibindo a sua prossecução simultânea por uma mesma entidade, assim limitando a polifuncionalidade.

A nova regulação determinou ainda o desaparecimento das regras que permitiam a fixação pelos poderes públicos das comissões cobradas pelos intermediários financeiros. Com a neo-regulação admitiu-se a abertura do mercado a entidades tradicionalmente excluídas do mesmo, como as instituições de crédito, desenvolveram-se as linhas mestras de funcionamento e comportamento dos intervenientes nos mercados, a fim de garantir a observância de regras de transpa-

---

[36] Sobre o fenómeno, ANNA MARIA SALA I ANDRÉS, *La regulación de las 'murallas chinas': una técnica de prevención de conflictos de interés en el mercado de valores español*, Revista de Derecho Bancario y Bursatil, Ano XX, Janeiro-Março (2001), pp. 50 e ss.; ANÍBAL SÁNCHEZ, *Conflicts of interest: the spanish experience*, em AAVV, European Securities Markets, The Investment Services Directive and Beyond, Kluwer Law International, Londres, Haia, Boston, (1998), pp. 165 e ss., HARRY MCVEA, *Financial Conglomerates and the Chinese Wall – Regulating Conflicts of Interest*, Clarendon Press, Oxford, (1993), pp. 6, 18-21 e 23; CHARLES HOLLANDER – SIMON SALZEDO, *Conflicts of Interest & Chinese Walls*, ob. cit., p. 146; FILIPPO ANNUNZIATA, *Intermediazione mobiliare e agire disinteressato: I profili organizzativo interni*, em Banca, Borsa y Titolo de Credito, (1994), pp. 636-637; NICOLE LADOUCEUR, *Le Contrôle des Conflits d'Intérêts: mesures législatives et murailles de chine*, Les èditions Yvon Blais Inc., (1993), pp. 1-11.

rência e de assegurar a actuação leal e honesta dos intermediários financeiros e instaurou-se um sistema de supervisão e controlo a cargo de entidades especializadas, próprias de cada pilar dentro do sector financeiro (banca, seguros e mercados de capitais)[37].

A alteração da filosofia de regulação dos mercados de valores mobiliários potenciou as situações de conflito de interesses, decorrentes do facto de um intermediário financeiro poder prosseguir várias actividades entre si potencialmente conflituantes, individualmente ou quando inserido numa estrutura de grupo[38]. As autoridades reguladoras do sector, especialmente na área dos mercados de instrumentos financeiros, recusaram-se, no entanto, a aceitá-los pacificamente como um facto da vida[39] insusceptível de prevenção, de gestão e, em caso de abuso, de sanção[40].

No direito Português é possível distinguir três fases na evolução da disciplina do conflito de interesses. Atento o âmbito deste trabalho não será possível determo-nos detalhadamente em cada uma delas, pelo que apenas as enunciaremos. A primeira fase, tem início com o Código Comercial de 1833 e prolonga-se até 1988[41] com o aparecimento de diplomas avulsos que fixam o estatuto dos diversos inter-

---

[37] Em Portugal a Comissão do Mercado de Valores Mobiliários foi criada em 1991 e o Instituto de Seguros de Portugal em 1989. O Banco de Portugal fora criado muito antes, em 1846, resultando da fusão do Banco de Lisboa e da Companhia Confiança Nacional, as suas funções foram, no entanto, evoluindo também progressivamente no sentido acima apontado, vede ANTÓNIO MENEZES CORDEIRO, *Manual de Direito Bancário*, 2ª edição, Almedina, (2001), pp. 98 e ss e 105 e ss.

[38] No mesmo sentido R. CRANSTON, *Banking and investment services: implications of the new financial landscape*, em European Securities Markets, The Investment services Directive and Beyond, Kluwer Law International, Londres, (1998), p. 46.

[39] MICHEL PRADA, *Conflicts of interest in financial services*, discurso proferido em Fevereiro de 2007, disponível em http://www.amf-france.org/documents/general/7638_1.pdf.

[40] SOFIA LEITE BORGES, *A Regulação Geral do Conflito de Interesses na DMIF*, in Cadernos do Mercado de Valores Mobiliários, n.º 28, Dezembro de 2007, disponível em http://www.cmvm.pt.

[41] Altura em que entram em vigor o Decretos-lei n.º 229-I/88 (alterado pelo Decreto-lei n.º 39/91, de 21 de Janeiro, pelo Decreto-lei n.º 142-A/91, de 10 de Abril e pelo Decreto-lei n.º 417/91, de 26 de Outubro e o Decreto-lei n.º 229-E/88, de 4 de Julho. Os diplomas referidos encontram-se hoje substituídos, respectivamente, pelos Decretos-lei n.º 262/2001, de 28 de Setembro e n.º 163/94, de 4 de Junho.

mediários financeiros típicos dos mercados de capitais: sociedades financeiras de corretagem, sociedades corretoras e sociedades gestoras de patrimónios; a segunda fase, de curta duração, ocorre entre 1988 e a entrada em vigor do Cód. MVM em 1991 e a terceira fase, iniciada com o Cód. MVM, mantém-se até aos dias de hoje.

A primeira das fases indicadas, caracteriza-se, em traços gerais, pela proibição da polifuncionalidade e pela imposição de restrições à actuação dos intermediários financeiros actuando nos mercados de capitais (corretores, que eram necessariamente pessoas singulares), o que redundava na quase eliminação das hipóteses de conflito de interesses. Na segunda fase regista-se uma evolução no sentido da admissibilidade da polifuncionalidade, embora sejam mantidas restrições de natureza institucional no que respeita à veiculação, pelos intermediários financeiros, de interesses estranhos à sua actividade. A terceira fase singulariza-se pelo aligeirar das limitações institucionais, pela instituição do princípio da banca universal e pela opção clara por uma regulamentação de comportamentos, desenhada para contrariar os potenciais efeitos perniciosos decorrentes da polifuncionalidade e da assimetria informativa. O Cód. VM, tal como sucede com o seu antecessor, o Cód. MVM, insere-se nesta última tendência.

Neste contexto, o Cód. VM, no ponto 17 do preâmbulo, a propósito do regime geral aplicável ao exercício das actividades de intermediação, reconhece expressamente que, em matéria de conflito de interesses, se inspirou na Recomendação n.º 77/534, de 25 de Julho, relativa a um Código de Conduta Europeu a Observar nas Transacções Sobre Valores Mobiliários, nas recomendações sobre a matéria emitidas, em 1990, pela Organização Internacional de Comissões de Valores ("OICV") e ainda, a título principal, no disposto na DSI.

Constatamos assim que a figura do conflito de interesses surge contemplada no direito dos valores mobiliários português não por força de uma herança dogmática nacional[42], mas por importação de

---

[42] O conflito de interesses não tem sido alvo de particular atenção no direito português, talvez até por força da inexistência de normas positivas que lhe concedam relevância autónoma. A figura do conflito de interesses encontra-se, no entanto, subjacente a determinados preceitos, designadamente os artigos 261º e 269º do Código Civil e os artigos 268º e 274º do Código Comercial.

sistemas estrangeiros, tendo sido acolhida entre nós por via da inspiração declarada que o Cód. MVM teve no direito inglês[43] e, mais recentemente, já na vigência do Cód. VM, por força da transposição da DSI e da DMIF e do acolhimento de normas de *soft law*, como é o caso da Recomendação n.º 77/534, de 25 de Julho, e dos Princípios sobre a matéria emitidos pela OICV.

3.1.1. *A Recomendação n.º 77/534, de 27 de Julho, relativa a um Código de Conduta Europeu a Observar nas Transacções Sobre Valores Mobiliários*

A Recomendação n.º 77/534, de 25 de Julho, relativa a um Código de Conduta Europeu a Observar nas Transacções Sobre Valores Mobiliários, teve como objectivo[44] a criação de um padrão geral de conduta nos mercados comunitários de valores mobiliários que possibilitasse uma base comum que servisse o propósito de um futuro processo de harmonização fundado na emissão de directivas sobre a matéria, o que veio efectivamente a suceder[45].

Tratando-se de uma recomendação de carácter não vinculativo, decorreram vários anos até que os países membros da então Comunidade Económica Europeia a fossem adoptando em vários textos legais, constituindo excepção, neste panorama, a pronta adopção pelo Reino Unido dos princípios vertidos na Recomendação n.º 77/534.

A Recomendação enuncia seis princípios gerais, dos quais destacamos, por serem relevantes para a matéria que nos ocupa, aqueles que obrigam "*as pessoas que actuem com habitualidade nos mercados de valores mobiliários*" a actuar de forma justa e equitativa (Prin-

---

[43] Mais concretamente no *Financial Services Act 1986*, cfr. ponto 23 do preâmbulo ao Decreto-lei n.º 142-A/91, de 10 de Abril.

[44] O objectivo fundamental do Código consiste em "(…) *formular, no espaço europeu, as normas de um comportamento leal que contribuam para o funcionamento eficaz dos mercados de valores mobiliários* (…) *e que assegurem uma protecção adequada dos interesses do público*" e "(…) *o desenvolvimento e integração dos mercados de valores mobiliários na Comunidade Europeia*".

[45] ALEJANDRO GÓMEZ-ACEBO, *Las Normas de Conducta en el Derecho del Mercado de Valores*, ob. cit., p. 111.

cípio geral 5) e a evitar, na medida do possível, a ocorrência de conflitos de interesses entre diferentes clientes, assim como entre o interesse de um cliente e os seus próprios interesses (Princípio geral 6).

A Recomendação contém ainda dezoito princípios complementares, sendo de referir, de entre eles, o dever geral a que se encontram sujeitos todos os intervenientes nos mercados e em especial os intermediários financeiros, de promover a confiança nos mercados de valores mobiliários mediante a observância dos máximos padrões de honestidade comercial e de profissionalidade (Princípio complementar 2); os deveres especiais de execução de ordens dos clientes nos melhores termos, devendo ser rodeadas de especiais cautelas as situações em que o intermediário actue como contraparte do cliente (Princípio complementar 4) e o dever de proceder à separação funcional dos vários departamentos de um mesmo intermediário financeiro.

O Princípio complementar 6 impõe ainda a proibição de indução dos cliente à realização de operações com a única finalidade de gerar comissões (intermediação excessiva).

3.1.2. Os Princípios da Organização Internacional das Comissões de Valores

Os Princípios da OICV[46], baseiam-se nos *Principles and Core Rules for the Conduct of Investment Business* fixados no Reino Unidos pelo *Securities and Investment Board* ("SIB") em Abril de 1990 e que inspiraram, em grande medida, as regras sobre normas de conduta vertidas posteriormente na DSI[47-48]. Os *Principles and Core Rules for the Conduct of Investment Business* foram aprovados ao

---

[46] *International Conduct of Business Principles*, disponíveis em http://www.iosco.org/docs-public/1990-international-conduct-document02.html.

[47] MARGARIDA PALMA, *O Passaporte Europeu para as Empresas de Investimento – Um Passo Decisivo Rumo à Integração dos Mercados de Capitais Europeus*, APDMC, (1998), p. 39.

[48] *Principles and Core Rules of Investment Business*, consultados em BARRY RIDER, CHARLES ABRAMS e MICHAEL ASHE, *Guide to Financial Services Regulation*, 3ª edição, CCH Editions Limited, (1989).

abrigo do *Financial Services Act* de 1986[49]. Estas disposições encontram-se hoje revogadas tendo sido substituídas pelo *Financial Services and Markets Act* de 2000 (FISMA) e pelas *Conduct of Business Rules* de 2001.

Os Princípios da OICV nasceram de estudos desenvolvidos por um grupo de trabalho[50] cujo mandato incidia sobre princípios de conduta ética aplicáveis aos intermediários financeiros que desenvolvessem a sua actividade nos mercados de valores. A expressão "*conduta ética*" foi posteriormente subsbtituída pelo termo "*conduta nos negócios*", assim se despojando de conotações de ordem moral ou outras[51].

Entre as principais questões abordadas pelo grupo de trabalho, encontravam-se as da necessidade de tratar os clientes com equidade/lealdade e diligência[52], as da necessidade de prevenir e, caso surgissem, resolver de forma justa e adequada, os conflitos de interesses[53] e as de impor aos intermediários a necessidade de fixar regras sobre negociação de valores pelos seus empregados e de estabelecer siste-

---

[49] Neste sentido, ANTONIO FICI, *Il conflito de interessi nelle gestioni individuali di patrimoni mobiliari*, ob. cit., p. 308; também JEAN-FRANÇOIS ROMAIN, *Contrat avec soi-même et conflits d'intérêt*, em Les Conflits d'Intérêts, Conférences du centre de droit privé, volume III, (1997), p. 160 e MARGARIDA PALMA, *O Passaporte Europeu Para as Empresas e Investimento – Um Passo Decisivo Rumo à Integração dos Mercados de Capitais Europeus*, ob.cit., p. 39.

[50] Composto por representantes das comissões de valores dos seguintes países: Hong-Kong, Itália, Japão, Quebéque, Suécia, Suiça, Reino Unido, Alemanha (Federal, à data), Estados Unidos e Austrália.

[51] Ponto 16 da Parte I do documento da OICV: "*The working party adopted the term conduct of business, rather than ethical conduct, as originally proposed by the Technical Committee. The change of terminology reflects the working party's conclusion that its objective is to prepare principles which set high standards of behaviour em financial markets. The working party considered that the concept of ethics involved moral standards which might go beyond this pragmatic objective*". Cfr. também, ALEJANDRO GÓMEZ-ACEBO, *Las Normas de Conducta en el Derecho del Mercado de Valores*, ob. cit., p. 116; MARGARIDA PALMA, *O Passaporte Europeu para as Empresas de Investimento – Um Passo Decisivo Rumo à Integração dos Mercados de Capitais Europeus*, ob.cit., p. 39, nota 67.

[52] "*The need to treat clients with fairness and diligence*".

[53] "*The need to prevent and, should they arise, to treat em a fair manner any conflict of interest*".

mas de controlo interno que garantissem a sua efectiva aplicação⁵⁴. Estavam, também, na ordem do dia as mutações estruturais ocorridas em vários países e que haviam conduzido ao aparecimento de intermediários multifuncionais, desenvolvendo simultaneamente diferentes actividades entre as quais se colocavam problemas de conflitos de interesses, bem como o desaparecimento dos sistemas de remuneração tabelados⁵⁵.

A preocupação evidenciada nos pontos 7 e 8 da Parte I do documento da OICV era a de manter a confiança dos "pequenos investidores" e a de criar um conjunto de princípios que pudessem ser aplicáveis, de forma flexível, consoante a natureza profissional ou não profissional dos investidores em causa.

A Resolução de adopção dos *International Conduct of Business Principles* foi votada na XV Conferência Anual da OICV, que teve lugar em Santiago do Chile em Novembro de 1990⁵⁶, ficando depois a cargo das várias autoridades participantes a adopção dos princípios gizados, no respectivo plano interno.

Quanto ao seu teor – e no que respeita à problemática do conflito de interesses que aqui nos ocupa – são de realçar os seguintes princípios:

i) Princípio 1 – honestidade e equidade/lealdade (*honesty and fairness*) – no exercício das suas actividades, os intermediários devem actuar com honestidade e justiça/equidade, no melhor interesses dos seus clientes e da integridade do mercado, designadamente evitando atitudes que possam induzir em erro os seus clientes.

---

⁵⁴ "*The need to establish staff dealing rules and procedures and to enforce them*".
⁵⁵ Ponto 9 da Parte I do documento da OICV: "*Em addition, a further reason for considering the development of conduct of business principles has been the structural changes which have occurred em many countries. Em particular, there has been a move away from single capacity and fixed commissions. Stockbroking is now carried out by multi-functional institutions, which may undertake market making, portfolio management and em many countries banking activities. This situation risks conflicts of interest among the various activities. Finding a solution to the challenges of these changes is a further reason for the introduction of conduct of business principles*".
⁵⁶ International Organization of Securities Commissions – Technical Committee, *International Conduct of Business Principles*, XV Conferência Anual, Santiago do Chile, 1990, também disponível em em http://www.iosco.org/docs-public/1990-international-conduct-document02.html.

ii) Princípio 6 – conflitos de interesses (*conflicts of interest*) – o intermediário deve evitar os conflitos de interesses e quando estes não possam ser evitados deve assegurar que os seus clientes são tratados de forma justa/equitativa. A gestão do conflito de interesses pode passar pela imposição de deveres de transparência, pela implementação de regras internas de confidencialidade ou por outras medidas.

3.1.3. *A Directiva dos Serviços de Investimento*

A DSI constituiu durante largos anos, até ao aparecimento da DMIF, o diploma comunitário fundamental na concretização do objectivo supranacional de criação de um mercado interno no âmbito dos mercados de capitais europeus. Com vista a assegurar a mobilidade geográfica no espaço comunitário das empresas de investimento, à semelhança do que já sucedia com os bancos por força das Directivas de Coordenação Bancária, a DSI veio fixar, relativamente à prestação dos serviços de investimento e às respectivas entidades prestadoras, os princípios do reconhecimento mútuo, da harmonização mínima e do controlo pelo país de origem[57].

A DSI contemplava a disciplina do conflito de interesses nos artigos 10.º e 11.º, respectivamente dedicados às normas prudenciais e às normas de conduta. Os princípios vertidos na DSI em matéria de deveres dos intermediários financeiros apresentavam-se muito próximos dos adoptados pela OICV em Dezembro de 1990[58].

---

[57] Sobre a DSI, cfr. a obra colectiva *European Securities Markets. The Investment Services Directive and Beyond*, Kluwer Law International, Londres/Haia/Boston, (1998) e ainda MARGARIDA PALMA, *O Passaporte Europeu para as Empresas de Investimento – Um Passo Decisivo Rumo à Integração dos Mercados de Capitais Europeus*, APDMC, (1998).

[58] CRISTOPHER CRUICKSHANK, *Is there a need to harmonise conduct of business rules?*, em AAVV, European Securities Markets. The Investment Services Directive and Beyond, Londres/Haia/Boston, pp. 131-134, p. 131, refere, como participante na elaboração do texto final da DSI, que *"the addition of an article dealing with conduct of business rules reflected the fact that the initial draft of the directive lacked a sufficient degree of investor protection."* e acrescenta que *"As we did not want to lose time over the question of the content of the rules of conduct, which we felt could give rise to endless discussion, we suggested that we should simply reproduce the list of conduct of business principles*

O artigo 11.º da DSI impunha aos Estados-membros a definição das normas de conduta[59] que as empresas de investimento e as instituições de crédito (*ex vi*, artigo 2.º-1 da DSI) seriam obrigadas a cumprir em qualquer momento na prestação de serviços de investimento, devendo tais normas acolher, pelo menos, os princípios genericamente enunciados nesse preceito.

O artigo 11.º-1 da DSI, tal como a Resolução da OICV, enumerava sete princípios a que deveriam obedecer, no exercício das respectivas actividades, as empresas de investimento e as instuições de crédito, estas últimas quando prestassem serviços de investimento ou auxiliares.

Na óptica da temática do conflito de interesses que aqui nos ocupa, os princípios relevantes vertidos no artigo 11.º-1 da DSI determinavam que, no exercício da sua actividade, o intermediário deveria actuar com lealdade e equidade, na defesa dos interesses dos seus clientes e da integridade do mercado (1.º travessão) e esforçar-se por suprimir os conflitos de interesses e, quando estes não pudessem ser evitados, assegurar que os clientes fossem tratados equitativamente (6.º travessão).

Também o artigo 10.º da DSI, relativo às normas prudenciais, continha regras relevantes na óptica da problemática do conflito de interesses, contemplando cinco princípios de organização e funcionamento internos. Entre estes estabelecia-se que as empresas de investimento deveriam dispor de uma boa organização administrativa e contabilística, de mecanismos de controlo e de segurança no domínio informático, bem como de processos de controlo interno adequados, incluindo, nomeadamente, um regime de operações pessoais dos assalariados da empresa (1.º travessão) e ainda que as empresas de

---

that had been recommended by the International Organisation of Securities Commissions (IOSCO), which themselves had been based on common standards agreed bilaterally by the UK Securities and Investments Board and the French Commission des Opérations de Bourse".

[59] Como refere CRISTOPHER CRUICKSHANK, *Is there a need to harmonise conduct of business rules?*, ob. cit., p. 132, "conduct of business rules generally regulate the relationship between the investment firm and its clients. Such rules can be distinguished from rules relating to the structure and organisation of investment firms and banks (...)".

investimento deveriam estar estruturadas e organizadas de modo a reduzir ao mínimo o risco dos interesses dos clientes serem lesados por conflitos de interesses entre a empresa e os seus clientes ou entre os próprios clientes (5.º travessão).

3.1.4. *A Directiva dos Mercados de Instrumentos Financeiros*

A DMIF[60] prevê a matéria da regulação geral do conflito de interesses nos artigos 13.º, n.º 3 e 18.º. Segundo o método da comitologia preconizado no Relatório Lamfalussy, estas disposições de nível 1 foram posteriormente complementadas por normas de nível 2, designadamente as constantes dos artigos 21.º a 23.º da DN2[61].

As disposições que referimos – artigos 13.º, n.º 3 e 18.º da DMIF e artigos 21.º a 23.º da DN2 – constituem o núcleo duro da regulação do conflito de interesses no pacote DMIF. Outras disposições regulam, naqueles diplomas, com grande pormenor, algumas situações particulares de conflito de interesses, como seja o conflito de interesses na actividade de *research* (estudos de investimento, artigos 24.º e 25.º da DN2), os incentivos ou benefícios ilegítimos (artigo 26.º da DN2[62]) e a agregação de ordens de clientes, entre si e com ordens dadas para carteira própria do intermediário em causa (artigos 48.º e 49.º da DN2).

As várias regras em matéria de conflito de interesses previstas na DMIF e na DN2 têm que ser observadas pelas empresas de investimento (e instituições de crédito quando prestem serviços de investimento, ex vi artigo 1.º, n.º 2) qualquer que seja a natureza ou

---

[60] Sobre a DMIF em geral, cfr. AAVV, *Le marché financier aprés la directive mif: les questions qui restent poseés*, Banque & Droit, n.º 102 (01.07.05), AAVV, *Dossier: DMIF – Directiva dos Mercados de Instrumentos Financeiros*, Cadernos do Mercado de Valores Mobiliários, n.º 27 (Agosto de 2007).

[61] Sobre a regulação do conflito de interesses na DMIF cfr. LUCA ENRIQUES, *Conflicts of Interest in Investment Services: The Price and Uncertain Impact of MIFID's Regulatory Framework* e também SOFIA LEITE BORGES, *A Regulação Geral do Conflito de Interesses na DMIF*, ob.cit.

[62] Implementado já em nível 3 pelo documento do *Committee of European Securities Regulators*, "*Inducements under the MiFID*", Ref. CESR/06-687), disponível em http://www.cesr-eu.org/index.php?page=groups&id=53.

classificação do cliente a quem prestam serviços (institucional, profissional ou contraparte elegível).

Tais regras deverão, em concreto, ser definidas e supervisionadas pelos Estados membros de origem das referidas empresas de investimento e instituições de crédito, ainda que estas actuem no território de outro Estado membro ao abrigo da liberdade de prestação de serviços ou do direito de estabelecimento de uma sucursal. A única excepção a esta regra prende-se com a supervisão dos incentivos ou benefícios ilegítimos que compete ao Estado membro de acolhimento quando o serviço seja prestado no território deste por uma sucursal.

A DMIF obriga os Estados membros a imporem às respectivas empresas de investimento (e instituições de crédito, quando estas prestem serviços de investimento), o dever geral de, na prestação de serviços de investimento e auxiliares, actuarem de forma honesta, equitativa e profissional, em função dos interesses dos clientes (artigo 19.º, n.º 1 DMIF).

Em conformidade, no contexto da DMIF (medidas de nível 1) uma empresa de investimento ou instituição de crédito deverá manter e operar mecanismos (organizativos ou administrativos) que sejam eficazes por forma a tomar todas as medidas que sejam razoáveis com vista a evitar conflitos de interesse prejudiciais para os seus clientes (dever de adopção de medidas de organização preventivas previsto no artigo 13.º, n.º 3), devendo ainda, nos termos do artigo 18.º, tomar todas as medidas razoáveis para identificar possíveis conflitos de interesse (a) entre a empresa de investimento/instituição de crédito (incluindo os respectivos dirigentes, empregados e agentes vinculados ou quaisquer pessoas com aquelas empresas ou instituições directa ou indirectamente ligadas através de controlo e (b) entre os seus clientes e entre os próprios clientes (dever de identificação de conflitos de interesse pessoais ou entre clientes).

Ao abrigo do artigo 18.º, n.º 2 da DMIF as empresas de investimento devem ainda informar o cliente, antes de efectuar uma operação em seu nome, da natureza genérica e/ou das fontes de conflito de interesses, sempre que as medidas organizacionais ou administrativas, sejam insuficientes para assegurar, com um grau de certeza razoável, que será evitado o risco de os interesses dos clientes serem prejudicados (dever de transparência ou de divulgação a clientes). Nos termos do artigo 22.º, n.º 4 da DN2, a divulgação a clientes terá de ser efectuada com base num suporte duradouro e deverá incluir informação suficiente, tendo em consideração a natureza do cliente, para permitir a este a tomada de uma decisão informada relativamente ao serviços de investimento ou auxiliares em cujo contexto surge o conflito de interesses.

Em matéria de adopção de medidas de execução (ou de nível 2), a DN2 vem estabelecer um conjunto de normas concretizadoras do disposto na DMIF, nomeadamente no que respeita à definição das diligências que é razoável esperar que as empresas de investimento e instituições de crédito empreendam para identificar, impedir, gerir e/ou divulgar eventuais conflitos de interesse na prestação dos diferentes serviços de investimento ou auxiliares, ou de combinações desses serviços e ao estabelecimento de critérios apropriados para determinar os tipos de conflitos de interesse cuja existência possa prejudicar os interesses dos clientes, existentes ou potenciais (artigo 21.º da DN2).

Para alem dos deveres de (i) identificar de conflitos de interesse, (ii) adoptar medidas de prevenção dos referidos conflitos e (iii) informar o cliente, de forma casuística, quando tais medidas não sejam suficientes para garantir, com um grau razoável de certeza, que será evitado o risco dos interesses dos clientes serem prejudicados, recaem ainda sobre as empresas de investimento/instituições de crédito dois importantes deveres em matéria de conflitos de interesse que são os deveres de definir e reduzir a escrito uma política individual em matéria de conflito de interesses (artigo 22.º DN2) e o dever de manter registos dos serviços ou actividades que originam conflitos de interesse prejudiciais ou que podem originá-los (artigo 23.º DN2).

No que respeita ao dever de estabelecer, aplicar e prosseguir uma política escrita em matéria de conflitos de interesse, esclarece o artigo 22.º, n.º 1 da DN2 que competirá a cada empresas de investimento ou instituição de crédito conceber tal política de forma apropriada à dimensão e organização da empresa de investimento//instituição de crédito e à natureza, dimensão e complexidade das actividades que prossegue.

A DN2 impõe ainda que sempre que a empresa de investimento/
/instituição de crédito seja membro de um grupo, a política terá igualmente que ter em conta quaisquer circunstâncias que sejam ou devam ser do conhecimento da empresa de investimento/instituições de crédito e que sejam susceptíveis de originar um conflito de interesse, em resultado da estrutura e actividades comerciais de outros membros do grupo.

Relativamente à adopção de medidas e procedimentos, a DN2 afasta-se da sua matriz de harmonização máxima e permite aos Estados membros requererem, caso a adopção ou aplicação prática de uma ou mais dessas medidas não assegure o grau necessário de independência, que as empresas de investimento e instituições de crédito nacionais adoptem as medidas alternativas ou suplementares que se revelem necessárias e adequadas para o efeito.

Por último, a DN2 exige aos Estados membros que imponham às empresas de investimento/instituições de crédito o dever de manter e actualizar regularmente os registos de todas as actividades e serviços de investimento ou auxiliares realizados em seu nome ou pela empresa de investimento/instituição de crédito, no qual teve origem um conflito de interesses que implicou um risco significativo de que os interesses de um ou mais clientes fossem afectados ou, no caso de uma actividade ou serviços em curso, em que tal seja susceptível de ocorrer.

A boa interpretação das regras fixadas na DMIF e na DN2 em matéria de conflito de interesses, tal como a boa interpretação das regras fixadas no Cód. VM, impõem, como veremos, que sejam também tomados em consideração os documentos sobre a matéria produzidos pelo *Committee of European Securities Regulators* (CESR)[63]. Dado o âmbito limitado deste trabalho e o nível de detalhe dos refe-

---

[63] *CESR's Advice on Possible Implementing Measures of the Directive 2004/39/EC on Markets in Financial Instruments*, Consultation Paper, June 2004; *CESR's Draft Technical Advice on Possible Implementing Measures of the Directive 2004/39/EC on Markets in Financial Instruments, 1.st Set of Mandates*, Second Consultation Paper, 5 November 2004 e *CESR's Technical Advice on Possible Implementing Measures of the Directive 2004/39/EC on Markets in Financial Instruments, 1.st Set of Mandates*, January 2005. Disponíveis em http://www.cesr-eu.org/index.php?page=groups&id=53.

ridos documentos, o conteúdo dos mesmos não será, no entanto, objecto de apreciação autónoma.

3.1.5. *O Código do Mercado de Valores Mobiliários*

O Cód.MVM[64], veio disciplinar o exercício da actividade de intermediação financeira com base numa lógica de regulação de comportamentos, mais concretamente pela imposição de um conjunto de deveres ou normas de conduta a observar pelos operadores no mercado, pessoas colectivas, às quais era permitido agir por conta própria e alheia e em regime multifuncional[65].

As regras sobre conflitos de interesses vertidas no Cód. MVM – e alegadamente inspiradas no direito inglês[66] – não foram alteradas pelas sucessivas modificações sofridas por aquele diploma[67] e encontravam-se dispersas pelo Título III (dos Mercados Secundários), Capítulo I (disposições gerais)[68] e pelo Título V (dos Intermediários Financeiros), nos Capítulos III (das condições de exercício da actividade)[69] e IV (das normas de conduta)[70-71].

O Cód. MVM estabeleceu um dever geral de prevalência dos interesses dos clientes, relativamente aos interesses do intermediário financeiro[72], bem como uma regra de não privilegiamento de um cliente em detrimento de outro[73].

---

[64] Este Código vigorou até 1 de Março de 2000, data da entrada em vigor do Cód. VM, cfr. artigo 2.º do Decreto-lei n.º 486/99, de 13 de Novembro.

[65] Cfr. artigo 608.º do Cód. VM

[66] Mais concretamente no *Financial Services Act 1986*, cfr. ponto 23 do Preâmbulo ao decreto-lei n.º 142-A/91, de 10 de Abril.

[67] Decretos-lei n.º 89/94, de 2 de Abril, n.º 186/94, de 5 de Julho, n.º 204/94, de 2 de Agosto, n.º 196/95, de 29 de Julho e 261/95, de 3 de Outubro.

[68] Artigos 182.º e 184.º-1d do Cód. MVM

[69] Artigos 645.º e 648.º do Cód. MVM.

[70] Artigos 659.º a 664.º do Cód. MVM.

[71] A CMVM aprovou também um Código de conduta das sociedades corretoras e das sociedades financeiras de corretagem que densificava algumas daquelas regras – Regulamento da CMVM n.º 93/8, de 3 de Novembro.

[72] Tal princípio encontrava-se vertido no artigo 184.º (obrigações gerais dos intermediários financeiros).

[73] Regra esta que foi consagrada no artigo 659.º do Cód. MVM, sob a epígrafe "igualdade de tratamento".

Na sequência do dever geral supra referido, o artigo 660.º do Cód. MVM, que tinha por epígrafe "prevalência dos interesses dos clientes", gizava a regra de resolução dos conflitos pessoais, obrigando os intermediários financeiros a dar absoluta prioridade aos interesses dos seus clientes em relação aos seus próprios interesses, independentemente da sua natureza. Aos interesses próprios do intermediário financeiro equiparava o Cód. MVM, para estes efeitos, os interesses dos membros dos seus órgãos sociais, do seu pessoal e demais colaboradores ou de terceiros.

Relativamente aos conflitos entre clientes, regia o artigo 661.º do mesmo diploma, no qual se estabelecia deverem os intermediários financeiros "esforçar-se" por evitar a emergência de conflitos de interesses entre os seus clientes, quer no âmbito da mesma actividade, quer no de diferentes actividades de intermediação em valores mobiliários que exercessem. Impunha o mesmo preceito que, quando tais conflitos, apesar de tudo, se verificassem, deveria o intermediário resolvê-los de maneira equitativa, sem privilegiar indevidamente qualquer dos clientes em particular[74].

O Cód. MVM regulava também, com algum detalhe, a intermediação excessiva[75], a actuação como contraparte[76] e a antecipação na negociação[77], nos artigos 664.º/e), 182.º e 645.º/b) e 664.º/c) e d), respectivamente.

Ao contrário do que sucede, actualmente no Cód. VM, o Cód. MVM continha ainda algumas regras específicas, aplicáveis ao conflito de interesses na actividade de gestão de carteiras e que se encontravam consagradas no artigo 645.º, o qual, mais uma vez sob a epígrafe "conflitos de interesses", proibia os intermediários financeiros de, sem conhecimento prévio e autorização escrita dos seus clientes, subscreverem em nome destes, para carteiras de valores mobiliários de cuja gestão estivessem encarregados, valores mobi-

---

[74] A disciplina do conflito entre clientes era também regulada pelo disposto no artigo 659.º do Cód. VM, como já referimos.

[75] A proibição da intermediação excessiva encontrava-se vertida no artigo 664.º do Cód. MVM (deveres gerais).

[76] Artigo 645.º e 182.º do Cód. MVM.

[77] A figura da antecipação na negociação encontrava-se prevista no artigo 664.º do Cód. MVM.

liários por si emitidos ou que fossem objecto de oferta pública de venda ou troca por eles próprios lançada e ainda valores cuja colocação tivessem garantido ou tomado firme. Aos intermediários financeiros era ainda proibida a realização, por conta de clientes, de quaisquer outras operações de natureza semelhante, geradoras de um conflito de interesses com aqueles.

Para além das regras de conduta acima referidas, o Cód. MVM impunha ainda determinados deveres de organização e funcionamento interno, aos intermediários financeiros, deveres esses que se encontravam previstos nos artigos 634.º e 662.º daquele diploma.

O artigo 634.º do Cód. MVM, sob a epígrafe "Exercício simultâneo de actividades de intermediação", autorizava a CMVM a impor, mediante regulamento, aos intermediários financeiros que exercessem simultaneamente diversas actividades de intermediação em valores mobiliários, a observância de quaisquer normas ou condições especiais de organização e funcionamento das mesmas, sempre que o reputasse necessário para prevenir, entre outros aspectos, os eventuais conflitos de interesses que essa acumulação de actividades fosse susceptível de originar. Os deveres previstos no artigo 662.º do Cód. MVM obrigavam os intermediários financeiros a organizar e gerir as diferentes actividades de intermediação de maneira autónoma, por pessoal exclusivamente afecto a cada uma delas, sem interferência em qualquer outra ou de qualquer outra de que pudessem decorrer conflito de interesses pessoais ou entre clientes.

O Cód. MVM consagrava ainda determinados deveres de informação, que visavam tornar transparentes as situações de conflito de interesses e que obrigavam os intermediários financeiros relativamente aos seus clientes[78] e relativamente às autoridades de supervisão (CMVM e Banco de Portugal)[79].

---

[78] Artigo 663.º do Cód. MVM (dever de informação).

[79] Nos termos do artigo 182.º, n.ºs 3 e 4 do Cód. MVM. os intermediários financeiros encontravam-se obrigados a declarar à CMVM as ligações e vinculações económicas ou relações contratuais que tivessem com terceiros e que, no desenvolvimento da sua actividade específica, de conta própria ou de conta alheia, pudessem suscitar conflitos de interesses com quaisquer clientes. Recebida a comunicação, a CMVM tinha o dever de definir as limitações a que ficaria sujeita a actividade do intermediário financeiro e a forma de tornar públicas tanto essas limitações como, sendo esse o caso, as ligações

3.2. A regulação geral do conflito de interesses no Código dos Valores Mobiliários

3.2.1. Âmbito de aplicação

Na senda do Cód. MVM, o Cód. VM disciplina o conflito de interesses com base numa regulamentação de comportamentos, ou seja, mediante a imposição de deveres de conduta e de organização, os quais se encontram previstos ao longo do respectivo Título VI dedicado ao tema da intermediação, mais precisamente nos artigos 309.º, 309.º-A a 309.º-F, 310.º, 312.º-1/c, 312.º-C-1/h, 313.º, 328.º-A e 328.º-B, 346.º e 347.º[80-81].

As disposições supra mencionadas aplicam-se a todos os intermediários financeiros referidos no artigo 293.º do Cód. VM, no contexto da prestação em Portugal de quaisquer serviços de investimento ou auxiliares[82] e qualquer que seja a classificação do cliente a quem os serviços sejam prestados[83].

A disciplina vigente em matéria de conflito de interesses aplica-se ainda aos intermediários financeiros nacionais quando actuem no estrangeiro, bem como aos intermediários financeiros estrangeiros que actuem em Portugal através de uma filial. Em virtude do princípio do controlo pelo Estado-membro de origem, tais normas não se

---

e vinculações económicas ou relações contratuais que as determinavam. As regras sobre participações qualificadas em intermediário financeiro visavam tornar transparentes eventuais interesses *extranei* que estes pudessem veícular. O artigo 648.º do Cód. MVM obrigava, em conformidade, a participação à CMVM e ao Banco de Portugal, de determinadas "participações qualificadas" em intermediário financeiro.

[80] Referências ao conflito de interesses surgem ainda no ponto 17 do preâmbulo e nos artigos 12.º-D-2, 21.º-A-1/b, 314.º-D-1/d, 321.º-5, 389.º-3/e e 397.º-2/b, todos do Cód. VM.

[81] Sobre o regime do conflito de interesses no Cód. VM cfr. PAULO CÂMARA, *Manual do Direito dos Valores Mobiliários*, Almedina, 2009, p. 371 e ss e ainda PAULO CÂMARA, *Conflito de Interesses no Direito Financeiro e Societário: Um Retrato Anatómico*, in AAVV *Conflito de Interesses no Direito Societário e Financeiro: um Balanço a partir da Crise Financeira*, p. 10 e ss.

[82] Tais serviços encontram-se elencados nos artigos 290.º e 291.º do Cód. VM.

[83] Investidor qualificado, não qualificado ou contraparte elegível, cfr. artigo 317.º e seguintes do Cód. VM.

aplicam às entidades comunitárias que actuem em Portugal ao abrigo da liberdade de prestação de serviços ou do direito de estabelecimento de uma sucursal, as quais deverão observar as regras semelhantes vigentes no seu próprio Estado-membro de origem. A única excepção a esta regra prende-se, nos termos da DMIF, com a supervisão dos incentivos ou benefícios ilegítimos (artigo 313.º do Cód. VM), a qual compete aos Estados-membros de acolhimento quando o serviço seja prestado no território destes por uma sucursal.

Os princípios e deveres constantes do código em matéria de conflito de interesses são também aplicáveis, nos termos do artigo 304.º-5 do Cód. VM, aos titulares do órgão de administração, às pessoas que dirigem efectivamente a actividade do intermediário financeiro e aos colaboradores do intermediário financeiro envolvidos no exercício de actividades de intermediação financeira e / ou na sua fiscalização e ainda aos colaboradores do intermediário financeiro que estejam envolvidos no exercício e / ou na fiscalização de funções operacionais que sejam essenciais à prestação de serviços de forma contínua e em condições de qualidade e eficiência.

A expressão *"colaboradores do intermediário financeiro"* deve ser entendida como abrangendo os respectivos funcionários, trabalhadores, mandatários e outros representantes que não os titulares do órgão de administração os quais mereceram referência autónoma no preceito (cfr. o artigo 401º-2 do Cód. VM). As pessoas referidas no artigo 304.º-5 o Cód. VM encontram-se assim pessoalmente obrigadas à observância dos referidos princípios e deveres, devendo assegurar o seu cumprimento tanto quando actuem no exercício das respectivas funções ou por conta ou em nome do intermediário financeiro, como quando o façam a título meramente pessoal, com todas as consequências daí advenientes.

Em virtude do princípio da homogeneidade funcional, as regras sobre conflito de interesses aplicam-se também às instituições de crédito quando estas desenvolvam actividades de intermediação financeira. Nestes casos, no entanto, com uma especialidade, pois tais regras deverão ser cumpridas pelos bancos tomando também em consideração as actividades propriamente bancárias, como seja a concessão de crédito, não podendo circunscrever-se apenas às actividades de intermediação financeira *stricto sensu*.

3.2.2. Artigo 304.º-1 do Cód.VM: O princípio da protecção dos interesses legítimos dos clientes

Os deveres que compõem a disciplina do conflito de interesses no Cód. VM alicerçam-se no princípio geral, previsto no artigo 304º-1 do Cód. VM, de protecção dos interesses legítimos dos clientes e podem subdividir-se em deveres de conduta e deveres de organização.

Os primeiros são deveres dos intermediários financeiros para com os seus clientes[84], enquanto os segundos são deveres de estruturação interna, instrumentais ou adjectivos ao cumprimento dos deveres de actuação pelos intermediários financeiros[85].

Em qualquer dos casos, o cumprimento destes deveres de actuação e de organização deve ser aferido pelo crivos dos elevados padrões de diligência, lealdade e transparência a que os intermediários financeiros estão obrigados e pelos ditames da boa-fé (artigo 304º-2 do Cód. VM)[86].

Numa perspectiva metodológica, começaremos por analisar os deveres de conduta que traçam as regras legais vigentes em matéria de gestão do conflito de interesses, prosseguindo em seguida com a concretização dos deveres de organização que se perfilam com coadjuvantes na prevenção e na adequada e atempada gestão das situações conflituais.

---

[84] JOSÉ PEDRO FAZENDA MARTINS, *Deveres dos intermediários financeiros, em especial os deveres para com os clientes e o mercado*, Cadernos dos Valores Mobiliários, N.º 7, (2000), p. 339, que distingue, no que respeita aos deveres dos intermediários financeiros, entre deveres para com os clientes, deveres para com todos os intervenientes no mercado, deveres para com o mercado e deveres organizacionais.

[85] Os deveres de organização não abrangem apenas os deveres de segregação de actividades e funções que abordaremos a propósito do conflito de interesses, mas incluem também, entre outros, os deveres de segregação patrimonial (artigo 306º-2 e 5 do Cód. VM), os deveres de contabilidade e registo de operações (artigo 307º-2 do Cód. VM) e os deveres de conservação de documentos (artigo 308º do Cód. VM).

[86] LUÍS MENEZES LEITÃO, *Actividades de intermediação e responsabilidade dos intermediários financeiros*, em AAVV, Direito dos Valores Mobiliários, volume II, Coimbra Editora, (2000), p. 147.

3.2.3. Deveres de actuação: As regras de boa gestão do conflito de interesses

A directrizes de comportamento fundamentais impostas pelo Cód. VM em matéria de gestão do conflito de interesses constam do respectivo artigo 309.º, o qual estabelece sob a epígrafe "*princípios gerais*", ser dever do intermediário financeiro:

i) o de actuar de modo a evitar ou a reduzir ao mínimo o risco da ocorrência de conflitos de interesse;

ii) o de gerir o conflito, quando este seja inevitável, por forma a assegurar aos seus clientes um tratamento transparente e equitativo;

iii) o de gerir o conflito, quando este seja inevitável, dando prevalência aos interesses do cliente, tanto em relação aos seus próprios interesses ou de sociedades com as quais se encontra em relação de domínio ou de grupo, como em relação aos interesses dos titulares dos seus órgãos sociais ou dos de agente vinculado e dos colaboradores de ambos.

3.2.3.1. *Artigo 309.º-1 do Cód. VM: O dever de actuar de modo a evitar ou a reduzir ao mínimo o risco da ocorrência de conflitos de interesse*

A primeira regra de actuação em matéria de conflito de interesses acima referida impõe ao intermediário financeiro que, na sua actuação, este procure evitar ou reduzir ao mínimo a ocorrência de situações conflituais.

O Cód. VM consagra assim um dever de prevenção mitigado, o qual, reconhecendo embora a inevitabilidade do fenómeno, traça a directriz no sentido de uma actuação responsável e não lachista no que se refere à sua verificação em concreto.

Tal directriz assume relevância concreta, tanto em matéria de actuação individual dos vários colaboradores do intermediário, como, no plano institucional, na fixação de directrizes e políticas de actuação. Em particular, atento este dever de actuação, não deve o intermediário financeiro instituir políticas internas de remuneração, promoção ou outras que incentivem os colaboradores a descurarem o interesse dos clientes e a procurarem unicamente e sem olhar a meios, atingir objectivos e metas de colocação de produtos ou de contratação de serviços.

3.2.3.2. Artigos 309.º-2 e 3 e 312.º-1/c do Cód. VM: O dever de assegurar aos clientes um tratamento transparente e equitativo

Em situação de conflito de interesses – seja este um conflito pessoal ou entre clientes, estático ou dinâmico, intrínseco ou extrínseco – o intermediário financeiro deve assegurar aos seus clientes um tratamento transparente e equitativo[87].

Esta regra encontra a sua inspiração nos Princípios Gerais 5 e 6 da Recomendação n.º 77/534, no Princípio 6 da OICV e no artigo 11.º-1, sexto travessão da DSI, no qual se estabelece, entre os princípios que obrigam as empresas de investimentos e as instituições de crédito (*ex vi* artigo 2.º, número 1 da DSI), o dever de estas se esforçarem por suprimir os conflitos de interesses e, quando estes não possam ser evitados, assegurar que os clientes sejam tratados equitativamente.

Atendendo ao disposto no artigo 309.º-2 do Cód. VM, cumpre distinguir entre o dever de transparência e o dever de actuação equitativa.

(a) O dever de assegurar aos clientes um tratamento transparente

O dever de assegurar aos clientes um tratamento transparente deve ser entendido como um dever geral de informação. Perante uma situação de conflito de interesses, o intermediário financeiro encontra-se assim obrigado a informar o cliente (ou clientes, quando o conflito não seja pessoal), da existência da situação de conflito.

A informação prestada deve permitir ao cliente identificar os interesses contrapostos, apreender o sentido da actuação do intermediário, futura ou pretérita, e determinar em que medida aquela actuação é condicionada por interesses estranhos aos seus interesses.

---

[87] ANTÓNIO MENEZES CORDEIRO, *A decisão segundo a equidade*, in O Direito, Ano 122.º, (1990), II (Abril-Junho), pp. 261-280; ANTONIO FICI, *Il conflitto di interessi nelle gestioni individuali di patrimoni mobiliari*, ob. cit., p. 317.

Sempre que possível, deve ainda o cliente ser informado das consequências que a actuação do intermediário financeiro possa ter sobre o respectivo património.

O sentido da imposição do dever de transparência é o de assegurar a actuação esclarecida do cliente, garantindo que este esteja na posse de todos os dados necessários para avaliar a situação de conflito existente bem como o perigo que esta representa em termos de lesão dos seus interesses. Se a informação em concreto prestada não permitir ao cliente avaliar de forma esclarecida a situação, não se poderá entender que tenha sido cumprido o dever de assegurar um tratamento transparente ao cliente.

Apesar de, numa situação de conflito entre clientes, o dever de informação previsto no artigo 309.º-2 do Cód. VM, se encontrar limitado pelo dever de segredo profissional a que se encontram sujeitos os intermediários financeiros (artigo 304.º-4 do Cód. VM), afigura-se-nos não poder, no entanto, ser invocado este dever como justificação para ocultar aos clientes envolvidos elementos essenciais necessários à apreensão dos contornos da situação de conflito de interesses ou da repercussão desta no património daqueles.

Em qualquer caso a informação prestada ao abrigo do disposto no preceito em análise, tem que obedecer às características da completude, da verdade, da actualidade, da clareza, da objectividade e da licitude, previstas no artigo 7.º do Cód. VM[88]. A informação deve ainda ser suficiente para permitir uma tomada de decisão esclarecida e fundamentada por parte do cliente, cabendo ao intermediário financeiro assegurar-se de que a informação é veículada de forma adequada ao respectivo grau de experiência e de conhecimento[89] (artigo 312.º-2 do Cód. VM).

---

[88] Sobre as características a que deve obedecer a informação nos mercados de valores mobiliários, cfr. GONÇALO CASTILHO DOS SANTOS, *O Dever de Informação Sobre Factos Relevantes Pela Sociedade Cotada*, A.A.F.D.L., Lisboa, (1998). Embora raciocinando no contexto do Cód. MVM, os comentários do autor permanecem actuais, dado que as características da informação, então previstas no artigo 97º do Cód. MVM, são, no essencial, as mesmas hoje consagradas no artigo 7º do Cód. VM

[89] Trata-se da regra da proporcionalidade inversa, segundo a qual a extensão e a profundidade da informação a prestar pelos intermediários financeiros devem ser tanto maiores quanto menor for o seu grau de conhecimento e experiência, cfr. SOFIA NASCIMENTO RODRIGUES, *A Protecção dos Investidores em Valores Mobiliários*, ob.cit., p. 46.

Por regra, o cumprimento do dever de transparência será prévio ao conselho ou actuação do intermediário, para que o cliente, uma vez informado da situação, possa optar, conforme os casos, entre seguir ou não o conselho dado ou entre impedir ou não a conclusão da operação em causa. Nestas situações, caso opte por seguir o conselho ou por permitir a operação, o cliente poderá ainda utilizar a informação preventiva para avaliar com maior atenção a operação realizada, os respectivos efeitos sobre o próprio património e a correcção do tratamento que lhe foi dispensado.

A referência a um tratamento transparente não deve, na acepção acima referida, ser entendida no sentido de ser necessário obter o consentimento prévio do cliente para realizar a operação[90]. O cliente, uma vez informado da situação de conflito pode optar por impedir ou não a operação e, neste último caso, não impedir não significa consentir, precludindo a futura avaliação do serviço prestado. Nestes casos, a informação não visa a autorização preventiva do cliente mas o seu eventual dissenso e um mais atento controlo *ex post* sobre a actuação do intermediário financeiro.

Em algumas situações, como veremos, admite-se também que o dever de transparência possa ser cumprido também *a posteriori*. Estão nesse caso as situações de actuação como contraparte e de antecipação na negociação, previstas respectivamente nos artigos 346.º e 347.º do Cód. VM e que abordaremos mais adiante.

---

[90] É o que sucede, a título de exemplo, no Direito Italiano, estipulando o artigo 27.º-2 do "Regolamento di attuazione del decreto legislativo 24 febbraio 1998, n.º 58, concernente la disciplina degli intermediari" (adoptado pela Consob, delibera n. 1152, de 1 de Julho de 1998 e modificado pelas delibere n. 11745 de 9 de Dezembro de 1998, n. 12409 de 1 de Março de 2000, n. 12498 de 20 de Abril de 2000 e n. 13082 de 18 de Abril de 2001) que: *"Gli intermediari autorizzati non possono effettuare operazioni con o per conto della propria clientela se hanno direttamente o indirettamente un interesse in conflitto, anche derivante da rapporti di gruppo, dalla prestazione congiunta di più servizi o da altri rapporti di affari propri o di società del gruppo, a meno che non abbiano preventivamente informato per iscritto l'investitore sulla natura e l'estensione del loro interesse nell'operazione e l'investitore non abbia acconsentito espressamente per iscritto all'effetuazione dell'operazione. Ove l'operazione sia conclusa telefonicamente, l'assolvimento dei citati obblighi informativi e l rilascio della relativa autorizzazione da parte dell'investitore devono resultare da registrazione su nastro magnetico o su altro supporte equivalente".*

Fora daquelas situações, deve entender-se que o cumprimento do dever de transparência deve ser prévio à prestação de qualquer conselho ou informação ou à realização de uma operação por conta do cliente.

Configurado o dever de assegurar um tratamento transparente ao cliente, em situação de conflito de interesses, como um dever de informação, cumpre aferir qual a relação que se estabelece entre o artigo 309.º-2 e o artigo 312.º-1/c, preceito que obriga o intermediário financeiro a prestar, *"relativamente aos serviços que ofereça, que lhe sejam solicitados, ou que efectivamente preste"*, todas as informações necessárias para uma tomada de decisão esclarecida e fundamentada por parte do cliente investidor, incluindo, nomeadamente, as respeitantes *"à origem e à natureza de qualquer interesse que o intermediário financeiro ou as pessoas que em nome dele agem tenham no serviço a prestar, sempre que as medidas organizativas adoptadas pelo intermediário nos termos dos artigos 309.º e seguintes não sejam suficientes para garantir, com um grau de certeza razoável, que serão evitados o risco de os interesses dos clientes serem prejudicados"*.

O artigo 309.º-2 e o artigo 312.º-1/c têm uma previsão parcialmente coincidente. Subsistem, no entanto, algumas diferenças entre os dois preceitos.

Assim, quanto ao objecto da informação, constatamos que o artigo 312.º-1/c do Cód. VM apenas obriga o intermediário financeiro a revelar ao cliente a origem e a natureza de quaisquer interesses próprios ou das pessoas que em nome dele agem, cabendo ao cliente equacionar em que medida aqueles interesses se contrapõem aos seus. A expressão *interesse que o intermediário financeiro ou as pessoas que em nome dele agem tenham no serviço a prestar* deve aqui ser entendida como abrangendo todos os interesses, qualquer que seja a sua natureza ou origem, que possam condicionar a actuação do intermediário financeiro relativamente ao cliente destinatário da informação[91]. Excluídos parecem estar os *interesses de outros*

---

[91] Neste sentido, no Direito Espanhol, ALEJANDRO GÓMEZ-ACEBO, *Las Normas de Conducta*, ob. cit. p. 202.

clientes, a menos que o intermediário financeiro se posicione relativamente a eles de forma parcial e seja possível defender que não age, em face deles, de forma desinteressada.

A diferença face ao disposto no artigo 309.º-2 do Cód. VM cinje-se às situações de conflito entre clientes, relativamente aos quais o intermediário se posicione com indiferença ou neutralidade. Nestas situações não existe o dever de informação ao abrigo do artigo 312.º-1/c, embora o artigo 309.º-2 possa ainda ser aplicável, caso o intermediário interprete, correctamente, a situação como configurando um conflito de interesses (comportamento que será expectável atenta a especial diligência e lealdade a que está adstrito).

Relativamente à menção contida no artigo 312.º-1/c do Cód. VM, ao dever de informação relativo aos interesses das pessoas *que agem em nome do intermediário*, este afigura-se-nos algo obscuro. Agem "em nome" do intermediário financeiro os seus *representantes*, ou seja, os titulares dos órgãos sociais do intermediário (representação orgânica) e os respectivos trabalhadores, mandatários ou prestadores de serviços (representação voluntária). O artigo 312.º-1/c obriga o intermediário a averiguar dos interesses em concreto das pessoas atrás referidas e a comunicá-los aos clientes, sempre que tal seja necessário para uma tomada de decisão esclarecida e fundamentada por parte destes e relativamente a todos serviços que o intermediário ofereça, que lhe sejam solicitados ou que efectivamente preste. Tal significa que o artigo 312.º-1/c do Cód. VM tem implícito um dever de índole organizacional que consiste na imposição ao intermediário financeiro da criação de mecanismos de vigilância e controle sobre os seus representantes no que se refere ao advento de interesses contrastantes com os interesses dos clientes. O regime fixado internamente em matéria de operações pessoais enquadra-se neste âmbito.

Em termos finais, será importante referir que o Cód. VM apenas de forma imperfeita acolheu o comando da DMIF em matéria de transparência. O artigo 18.º-2 da DMIF estabelece que caso as medidas a nível organizativo ou administrativo, adoptadas por um intermediário financeiro para gerir conflitos de interesses, não sejam suficientes para garantir, com um grau de certeza razoável, que serão evitados os riscos de os interesses dos clientes serem prejudicados, o intermediário financeiro deve informar claramente o cliente, *antes de efectuar uma operação em seu nome*[92], da natureza *genérica* e/ou das *fontes* destes conflitos de interesses.

(*b*) *O dever de assegurar aos clientes um tratamento equitativo*

Concretizado o dever de assegurar um tratamento transparente ao cliente em caso de conflito de interesses, cumpre agora analisar o *dever de assegurar aos clientes um tratamento equitativo*. Se a expressão "tratamento transparente" tem o mesmo sentido relativamente à manifestação de conflitos pessoais ou de conflitos entre clientes, como vimos, o mesmo não se aplica, no entanto, no que respeita à referência a um "tratamento equitativo".

Como veremos, o dever de assegurar aos clientes um tratamento equitativo significa, no contexto de um *conflito pessoal*, que o intermediário financeiro deve agir de forma parcial, privilegiando os interesses dos clientes acima dos seus. No que respeita aos *conflitos entre clientes*, rege um princípio de imparcialidade e de não privilegiamento ou de não discriminação, que só atendendo às circunstâncias concretas da operação realizada poderá ser devidamente equacionado. Quando as pessoas referidas no artigo 309.º-3 do Cód. VM sejam simultaneamente clientes do intermediário, a regra que se lhes aplica é, no entanto, a do conflito pessoal, como vimos.

---

[92] A versão inglesa da DMIF acaba por ter uma redacção mais feliz, ao estabelecer (negrito nosso): *"where organisational or admnistrative arrangements made by the investment firm in accordance with Article 13(3) to manage conflicts of interest are not sufficient to ensure, with reasonable confidence, that risks of damage to client interests will be prevented, the investment firm shall* **clearly** *disclose the* **general nature** *and/or sources of conflicts of interest to the client* **before undertaking business on its behalf**". A referência a "business" ou a "operação" não é equivalente, constituindo, ao invés, argumento essencial para a defesa de uma tese que permita uma divulgação geral do conflito (sem prejuízo do necessário nível de detalhe) ou para a defesa da tese oposta, que obriga à divulgação casuística do conflito operação a operação. Tomando posição sobre esta matéria, mas utilizando a versão inglesa LUCA ENRIQUES, *Conflicts of Interest in Investment Services*, ob.cit., p. 11 e também *CESR's Technical Advice on Possible Implementing Measures of the Directive 2004/39/EC on Markets in Financial Instruments*, 1st Set of Mandates, January 2005, disponível em http://www.cesr-eu.org/index.php?page=groups&id=53.

Como refere MENEZES CORDEIRO[93], o termo latino *aequitas* (equidade) deriva de *aequus*, que por sua vez remontaria ao indo-europeu *ékah-uno*, igual. Existem palavras paralelas no grego clássico, como *eikos* – conveniente, verdadeiro, exacto e justo – e no sânscrito, *aika*, ligada às ideias de igualdade e de proporção.

A *aequitas*, no seu sentido rigoroso, pode revestir três particulares acepções[94]:

> *i)* a *aequitas* como "bitola de crítica ao direito e como princípio do seu aperfeiçoamento" e actualização;
>
> *ii)* a *aequitas* como princípio casuista de interpretação do direito;
>
> *iii)* a *aequitas* como um modo de decisão diferente do direito: "a decisão do caso concreto seria encontrada, não segundo uma ordem firme, mas de acordo com o sentir do juiz".

Porventura sem grande precisão de linguagem[95], os textos legais poderão reportar-se à equidade, como sucede no artigo 309.º-2 do Cód. VM, que impõe aos intermediários financeiros que, em caso de conflito de interesses, assegurem aos seus clientes um tratamento equitativo.

Com as devidas distâncias, poderão importar-se como linhas norteadoras da actuação dos intermediários financeiros, as seguintes regras relativas à decisão segundo a equidade:

> *i)* A decisão equitativa não é uma decisão arbitrária, mas antes uma decisão tomada à luz do direito e de acordo com as directrizes jurídicas dimanadas pelas normas positivas estritas[96];

---

[93] ANTÓNIO MENEZES CORDEIRO, *A decisão segundo a equidade*, ob. cit., p. 262.

[94] Trata-se de uma tripartição sistematizada por Kipp e aprofundada por Pringsheim, referida por ANTÓNIO MENEZES CORDEIRO, *A decisão segundo a equidade*, ob. cit., p. 263.

[95] ANTÓNIO MENEZES CORDEIRO, *A decisão segundo a equidade*, ob. cit., p. 266.

[96] ANTÓNIO MENEZES CORDEIRO, *A decisão segundo a equidade*, ob. cit., pp. 271-272.

ii) A decisão equitativa aproxima-se da justiça relativa e busca a conciliação dos interesses em harmonia com as circunstâncias particulares em que se apresentam[97].

À luz do que foi dito, importa distinguir, como já haviamos referido, os conflitos pessoais dos conflitos entre clientes.

(b.1) Conflitos pessoais

No que respeita aos conflitos pessoais a directriz dimanada pelas normas positivas estritas é clara: nos termos do disposto no artigo 309.º-3 do Cód. VM, o tratamento equitativo do cliente pressupõe que ao interesse deste seja dada absoluta prioridade ou prevalência, em face dos interesses próprios do intermediário financeiro. Compreende-se a razão de ser de tão peremptória directriz, visto que o intermediário financeiro é, nas situações de conflito pessoal, "juiz em causa própria".

Face à redacção do artigo 309.º-3 do Cód. VM está assim afastada a consideração de que a referência a um tratamento equitativo possa ser uma indicação de que o intermediário poderia contrabalançar os interesses conflituantes em presença e que lhe fosse permitido fazer prevalecer o seu interesse, obrigando-o, todavia, a não prejudicar excessivamente o cliente.

O artigo 309.º-3 do Cód. VM obriga o intermediário a dar prevalência aos interesses do cliente relativamente aos seus interesses próprios e ainda relativamente aos interesses das seguintes pessoas:

i) Sociedades com as quais o intermediário financeiro se encontre em relação de domínio ou de grupo;

ii) Titulares dos órgãos sociais do intermediário financeiro (mas não os titulares dos órgãos sociais das empresas em relação de domínio ou de grupo);

iii) Agentes vinculados (mas não os agentes vinculados das empresas em relação de domínio ou de grupo);

---

[97] JOSÉ TAVARES, *Os Princípios Fundamentais do Direito Civil*, volume I, 2.ª edição, (1929), p. 176, citado por ANTÓNIO MENEZES CORDEIRO, *A decisão segundo a equidade*, ob. cit., p. 274, ver também, pp. 278-279.

iv) Respectivos colaboradores (mas não incluindo os trabalhadores ou prestadores de serviços das empresas em relação de domínio ou de grupo).

A equiparação, para efeitos de regime, que a lei estabelece relativamente aos interesses das pessoas *supra* referidas, significa que, mesmo que estas assumam concomitantemente a qualidade de clientes do intermediário, elas não beneficiarão das regras previstas para assegurar o tratamento equitativo nas situações de conflito entre clientes, regras estas que, como veremos, são diferentes das aplicáveis ao conflito pessoal.

A expressão *"interesses próprios"* deve aqui ser entendida como abrangendo todos os interesses, qualquer que seja a sua natureza ou origem, que possam condicionar a actuação do intermediário financeiro relativamente ao cliente destinatário da informação[98].

Relativamente aos *interesses titulares dos órgãos sociais*, aos *agentes vinculados* e aos *colaboradores*, compete ao intermediário financeiro fixar as condições em que aqueles poderão realizar operações de conta própria sobre instrumentos financeiros e a informação que, quando as realizem, devem prestar sobre elas. Vimos também que a imposição ao intermediário financeiro de deveres de informação que têm por objecto os interesses daqueles que agem *"em seu nome"*, obriga aquele a organizar-se de forma a assegurar uma efectiva fiscalização da actuação por conta própria daqueles representantes. Só à luz deste dever efectivo de fiscalização se compreende que seja cominado ao intermediário o dever de dar prevalência aos interesses dos clientes face aos interesses dos titulares dos órgãos sociais e dos colaboradores. Mais uma vez, o intermediário deverá ser capaz de demonstrar que tinha instituído mecanismos que lhe permitiam certificar-se de que os interesses dos clientes não são preteridos em benefício dos interesses daqueles, sob pena de responder pelos danos eventualmente causados aos seus clientes. Não há, nesta situação, directamente, um conflito entre os interesses do intermediário e os interesses dos clientes. O conflito dá-se, a título de exemplo, entre os

---

[98] Neste sentido, no Direito Espanhol, ALEJANDRO GÓMEZ-ACEBO, *Las Normas de Conducta*, ob. cit. p. 202.

interesses de um titular do órgão de administração ou da pessoa encarregada de executar a ordem e os interesses de um cliente investidor. O intermediário é, no entanto, responsável por evitar a ocorrência deste conflito ou por assegurar a sua correcta gestão. Caso não consiga demonstrar que dispunha de mecanismos organizativos que lhe permitissem efectuar este controlo, deve ser responsabilizado. Deverá ser também responsabilizado se promover activamente o conflito em virtude das políticas remuneratórias ou outras que estabeleça, atento o dever preventivo previsto no artigo 309.º-1 do Cód. VM.

No que respeita aos *interesses das empresas com as quais o intermediário financeiro se encontre em relação de domínio ou de grupo*, a questão coloca-se na perspectiva da eventual veículação de interesses *extranei*, por parte do próprio intermediário financeiro. Assim, caso o intermediário financeiro detenha participações em determinadas sociedades, ou caso seja detido por outras, poderá sentir-se tentado a privilegiar os interesses destas em detrimento dos interesses dos seus clientes, especialmente quando tais sociedades sejam sociedades com valores mobiliários dispersos pelo público. A imposição de um dever de prevalência dos interesses dos clientes face aos interesses de pessoas que com o intermediário se encontrem em relação de domínio ou de grupo justifica-se face ao aligeirar das limitações institucionais às participações sociais e às uniões pessoais.

Cumpre, a este respeito, referir que o Cód. VM[99] contém uma série de noções próprias em termos de relações de domínio ou de grupo, não se limitando a acolher, nesta medida, os conceitos previstos no CSC. Tais noções surgem consagradas, essencialmente, na Secção II do Capítulo IV do Código, dedicado às sociedades abertas e valem, "para efeitos" do referido diploma (artigo 21.º-1 e 3). A noção de relação de domínio prevista no artigo 21.º do Cód.VM aproxima-se da prevista no artigo 486.º do CSC, na medida em que estipula uma cláusula geral de influência dominante, mas afasta-se daquela em três aspectos essenciais:

    i) Quanto ao respectivo âmbito pessoal, na medida em que abarca as relações de domínio existentes entre uma pessoa

---

[99] Tal como sucede no Regime Geral das Instituições de Crédito e Sociedades Financeiras.

singular ou colectiva e uma sociedade e não apenas aquelas que se estabeleçam entre as sociedades previstas no artigo 481.º-1 do CSC[100].
ii) Quanto ao âmbito de aplicação espacial, uma vez que se aplica independentemente do domicílio ou da sede das entidades envolvidas se situar em Portugal ou no estrangeiro.
iii) Na medida em que estabelece verdadeiras ficções legais de domínio onde o CSC estabelece meras presunções[101].

A noção de *"relação de grupo"* constante do Cód.VM faz-se por remissão para o disposto no CSC, com a singular excepção do âmbito espacial, na medida em que considera em relação de grupo as sociedades como tal qualificadas no CSC, *"independentemente de as respectivas sedes se situarem em Portugal ou no estrangeiro"* (artigo 21.º-3 do Cód.VM).

(b.2) Conflitos entre clientes; em especial a venda por aplicação

Visto o sentido a dar à expressão *"tratamento equitiativo"* no que respeita aos conflitos pessoais, cumpre agora indagar desse mesmo sentido no que respeita ao *conflito entre clientes*. Relativamente a estes constatamos que as normas positivas estritas consagradas no Cód. VM são pouco esclarecedoras.

Na lógica do disposto no artigo 309.º-2 do Cód. VM, a expressão *"tratamento equitativo"*, quando aplicada aos conflitos entre clientes, pareceria dever ser auto-suficiente, aspecto que, como vimos, não corresponde à natureza da remissão para uma decisão segundo a equidade. Carecendo tal norma de ulterior concretização, consi-

---

[100] Esta perspectiva afigura-se-nos correcta no que respeita a uma abordagem material dos problemas colocados pelos grupos. Nestes, cumpre não esquecer que titular do poder de direcção pode ser uma pessoa singular ou colectiva que não uma sociedade, podendo também reconduzir-se a uma pluralidade de pessoas colectivas ou singulares que actuem concertadamente, exercendo de forma conjunta o poder directivo.

[101] Estabelece o artigo 21º-2 do Cód.VM: *"Existe, em qualquer caso, relação de domínio quando uma pessoa singular ou colectiva: a) Disponha da maioria dos Direitos de voto; b) Possa exercer a maioria dos Direitos de voto, nos termos de acordo parassocial; c) Possa nomear ou destituir a maioria dos titulares dos órgãos de administração ou de fiscalização".*

deramos que o dever de assegurar aos clientes um tratamento equitativo, obriga o intermediário financeiro a *actuar com imparcialidade perante uma situação de conflito de interesses entre clientes, não privilegiando ou prejudicando indevidamente quaisquer dos titulares dos interesses conflituantes em presença*. O intermediário deverá, assim, abster-se de tratar de forma desigual os seus clientes, *só sendo admitido um tratamento diferenciado que resulte de factos objectivos, como por exemplo a natureza ou a prioridade das ordens transmitidas ou quaisquer outras circunstâncias previstas na lei.*

Cumpre referir que neste sentido dispunham, de forma expressa, os artigos 659.º e 661.º do Cód. MVM, que versavam, respectivamente, sobre a igualdade de tratamento e sobre os conflitos de interesses, entre clientes. Quanto aos sentido a dar à expressão "privilegiamento indevido" funcionava como elemento auxiliar de interpretação, o disposto no artigo 659.º, no qual se dispunha: *"os intermediários financeiros devem assegurar a todos os seus clientes igualdade de tratamento, não estabelecendo entre eles qualquer discriminação que não resulte de direitos que lhe assistam em consequência da natureza ou da prioridade das suas ordens ou de qualquer outra circunstância prevista nas disposições legais e regulamentares aplicáveis".*

Apesar do tom lacónico do Cód. VM, afigura-se-nos que esta é a interpretação que melhor serve o propósito de uma adequada gestão dos conflitos de interesses entre clientes.

Atentemos, para o efeito, na hipótese típica do conflito entre clientes investidores que é a venda por aplicação[102]. Também referida como duplo mandato ou da dupla comissão, aproxima-se do duplo mandato (representativo) que constitui uma manifestação da figura do negócio consigo mesmo, prevista no artigo 261.º do Código Civil[103]. Nestas situações, o perigo de conflito de interesses decorre

---

[102] RUY ULRICH, *Da Bolsa e Suas Operações*, Coimbra, Imprensa da Universidade, (1906), p. 270.

[103] Na venda por aplicação, o intermediário actuará, por regra, como mandatário não representativo dos vários clientes, pelo que a aproximação ao negócio consigo mesmo, característico da representação e do mandato representativo, deve ser entendida em termos materiais: a venda por aplicação ou dupla comissão coloca *o mesmo dilema* que a dupla representação, abrangida pela figura do contrato consigo mesmo. Cfr. FERNANDO PESSOA JORGE, *O Mandato Sem Representação*, ob. cit., p. 235.

das ordens de sentido paramétrico transmitidas pelos clientes poderem ser cruzadas fora de mercado, com eventual benefício de um dos clientes e em detrimento de outro. A configuração deste conflito implica que o intermediário actue por conta de vários clientes com interesses contrapostos, recebendo e executando as ordens por aqueles transmitidas ou gerindo as respectivas carteiras.

Na óptica do conflito de interesses, o perigo que representa um intermediário financeiro actuar por conta dos dois clientes, sem passar pelo crivo do mercado e do seu sistema de formação de preços, é o de que aquele pode sentir-se tentado a privilegiar um cliente em detrimento do outro.

Ao contrário do que sucede com a actuação como contraparte que foi proibida até à entrada em vigor do Cód. MVM, a venda por aplicação foi sempre genericamente admitida[104] sendo que a única e breve referência que encontrámos à limitação da compensação de ordens de clientes fora de mercado, consta do artigo 74.º do Decreto--lei n.º 8/74, de 14 de Janeiro (alterado pelo Decreto-lei n.º 696/75, de 12 de Dezembro), o qual estabelecia, de forma algo obscura, que *"Um corretor que tenha simultaneamente ordens de compra e de venda sobre um mesmo valor mobiliário só pode proceder à sua compensação incluindo-as totalmente no conjunto de ordens de compra e de venda que sirvam, segundo as regras fixadas, para estabelecer a cotação e o volume global das transacções sobre aquele valor"*.

No direito dos valores mobiliários não opera, nem nunca operou, pois, a equiparação que o artigo 261.º do Código Civil estabelece entre o negócio consigo mesmo e o duplo mandato[105].

À luz do Cód. VM, as situações de venda por aplicação, devem ser resolvidas nos termos previstos no artigo 309.º-2 do Cód. VM, ou seja, o intermediário deverá assegurar aos clientes um tratamento

---

[104] RUY ULRICH, *Da Bolsa e Suas Operações*, ob. cit., p. 270.
[105] ADRIANO VAZ SERRA, *Contrato consigo mesmo*, em RLJ, n.º 3129, p. 198, referia a este propósito que *"na medida em que a execução de uma ordem por aplicação não é proibida ou regulamentada por disposições especiais, a jurisprudência decide que o mandatário ou comissário pode agir, ao mesmo tempo, por dois contraentes com interesses da mesma natureza (.) mas também por duas pessoas (.) que o encarregaram de encontrar uma contraparte"*.

transparente e equitativo, não privilegiando nenhum dos clientes em detrimento do outro e procurando sempre obter em seu proveito o melhor negócio possível. Esta regra aplica-se independentemente de os clientes terem fixado um preço, pois o mandatário deve, podendo, vender mais caro ou comprar mais barato, na prossecução dos melhores interesses dos seus clientes (artigo 304.º-1 do Cód. VM).

Quando a contraparte do cliente na operação realizada fora de mercado seja uma das pessoas indicadas no artigo 309.º-3, a regra aplicável será, porém, como vimos, a da prioridade do interesse do cliente.

Caso o intermediário financeiro realize a venda por aplicação em violação do disposto no artigo 309.º-3 do Cód.VM, privilegiando indevidamente o interesse de um cliente em detrimento de outro, a situação deve ser equacionada como um conflito dinâmico, ou seja, como uma situação de violação do dever de prosseguir o interesse de um cliente, com vista à obtenção de uma vantagem ou benefício injustificados para outro, com as implicações em termos de responsabilidade civil daí advenientes.

Ocorrendo a venda por aplicação fora de mercado ou de sistema alternativo de negociação, pode ainda colocar-se a questão da eventual invalidade ou ineficácia do negócio celebrado. Apesar da venda por aplicação caber na previsão[106] do artigo 261.º do Código Civil (Negócio consigo mesmo), pensamos que a estatutição do mesmo preceito não se adequa à situação, atenta a função de circulação dos valores mobiliários. A nossa opção dirigir-se-ia para a estatuição do artigo 269.º[107] do mesmo diploma (abuso de representação), cuja previsão, aliás, é suficientemente elástica para abarcar a venda por aplicação. Assim, caso a caso, seria necessário demonstrar a má-fé da contraparte no negócio (ou seja, demonstrar que a contraparte conhecia ou devia conhecer o abuso). Não sendo possível fazer prova deste conhecimento, o ressarcimento do cliente objectivamente prejudicado só poderá resultar do recurso às regras gerais da responsabilidade civil.

---

[106] Analogicamente em caso de mandato não representativo, como é regra.

[107] Aplicação analógica, quando o intermediário actue ao abrigo de um mandato não representativo, como é a regra.

3.2.3.3. Em particular, a afectação "interessada" de instrumentos financeiros a carteiras geridas e aconselhamento "interessado" de instrumentos financeiros

Nas situações de distribuição "interessada" de valores mobiliários a carteiras geridas e de recomendação "interessada" de valores mobiliários, o intermediário financeiro compra e vende valores que imputa às carteiras que gere, ou aconselha a compra e/ou venda desses valores, tendo em vista não a prossecução do melhor interesse do cliente, mas antes a obtenção de uma vantagem própria ou de um outro cliente, investidor ou emitente[108].

Assim, numa hipótese de conflito pessoal, pode suceder que o intermediário tenha emitido os valores ou que tenha tomado firme uma determinada emissão e que agora pretenda distribuir os valores em causa, através de uma actividade de consultoria incidental individual ou simplesmente imputando-os a carteiras geridas, sem se preocupar com as consequências que tal investimento comporta, em termos de rentabilidade e risco, para os seus clientes.

A mesma situação pode colocar-se quando o intermediário financeiro seja titular de uma grande quantidade de valores mobiliários que, devido a factores como a degradação da situação económica do emitente ou outra, se encontram em processo de desvalorização ou quando os valores a distribuir sejam emitidos por sociedades com as quais o investidor se encontra em relação de domínio ou de grupo. Mais uma vez, a tentação de recomendar a compra dos valores aos seus clientes ou de os distribuir a carteiras geridas, poderá ser elevada.

As situações referidas podem equacionar-se, mutatis mutandis, como situações de conflito entre clientes, emitentes ou investidores. Na primeira das situações referidas o intermediário recomendará ou imputará a carteiras geridas, valores emitidos por entidades que são, também, suas clientes. No segundo caso, o intermediário adoptará os mesmos comportamentos, desta feita para permitir a um cliente inves-

---

[108] MARIA CRISTINA MERANI, *Il Problema del Conflitto di Interessi nell' Intermediazione Mobiliare*, ob. cit., p. 326 e ss.

tidor (por exemplo, um investidor qualificado) desfazer-se de valores que se encontram em processo de desvalorização.

O Cód. VM não contempla expressamente as situações-tipo que vimos referindo. Em causa estão, como já mencionámos, situações em que o intermediário financeiro compra e vende valores que imputa às carteiras que gere, ou recomenda a compra e venda desses valores, tendo em vista não a prossecução do melhor interesse do cliente, mas antes a obtenção de uma vantagem própria ou de um outro cliente, investidor ou emitente[109].

Nestas situações, as hipóteses de conflito pessoal configuram-se quando intermediário financeiro pretende colocar junto dos clientes valores que emitiu, cuja colocação garantiu ou tomou firme ou, simplesmente, valores que detém em carteira mas que se encontram em processo de depreciação[110]. As situações referidas podem também equacionar-se como hipóteses de conflito entre clientes, emitentes ou investidores, caso em que o intermediário recomendará ou imputará às carteiras geridas, a título de exemplo, valores emitidos por entidades que são, também, suas clientes ou valores mobiliários que se encontram em processo de desvalorização e que são detidos por clientes privilegiados.

Na ausência de expressa disposição legal que preveja este tipo de situações[111], devem as mesmas ser resolvidas por aplicação das regras gerais vertidas no artigo 309.º-2 e 3 do Cód. VM. Assim, quando o intermediário realize ou recomende a realização de opera-

---

[109] MARIA CRISTINA MERANI, *Il Problema del Conflitto di Interessi nell' Intermediazione Mobiliare*, ob.cit., p. 326 e ss.

[110] Quanto a esta última situação, a hipótese inversa também pode ser equacionada. Assim, o intermediário financeiro pode adquirir, por preços favoráveis, valores de que são titulares os clientes cuja carteira gere, quando aqueles valores se encontrem em fase de apreciação.

[111] No âmbito do Cód. MVM, o artigo 645.º, sob a epígrafe "conflitos de interesses", proibia os intermediários financeiros de, sem conhecimento prévio e autorização escrita dos seus clientes, subscreverem em nome destes, para carteiras de valores mobiliários de cuja gestão estivessem encarregados, valores mobiliários por si emitidos ou que fossem objecto de oferta pública de venda ou troca por eles próprios lançada e ainda valores cuja colocação tivessem garantido ou tomado firme. Aos intermediários financeiros era ainda proibida a realização, por conta de clientes, de quaisquer outras operações de natureza semelhante, geradoras de um conflito de interesses com aqueles.

ções numa daquelas circunstâncias, valem as considerações tecidas a propósito do tratamento transparente e equitativo do cliente em situação de conflito de interesses (estático). Em conformidade, deve o intermediário informar o cliente da existência do conflito, com carácter prévio à realização da operação ou à emissão do conselho, e assegurar-lhe, nos termos das directrizes já referidas, um tratamento equitativo.

Quanto ao cumprimento dos deveres de transparência e de equidade, cumpre, no entanto, fazer algumas precisões.

No que respeita ao cumprimento do dever de assegurar ao cliente um tratamento transparente, constatamos que, em algumas situações, o interesse contraposto do intermediário será evidente ou terá mesmo sido tornado público. Reconduzem-se a estas hipóteses as situações em que o intermediário financeiro reveste simultaneamente a qualidade de emitente dos valores ou as situações em que aquele toma firme ou garante a colocação de determinados valores, aspecto que tem que ser expressamente referido no anúncio de lançamento e no prospecto da oferta em questão (artigos 123.º-1/d e 136.º do Cód. VM). Nestas circunstâncias, afigura-se-nos, no entanto, que o intermediário não se encontra eximido de informar o cliente da situação de conflito, devendo prestar-lhe todos os esclarecimentos adicionais necessários, especialmente quando sejam diminuto o grau de conhecimento e de experiência do cliente em matéria de investimento nos mercados de valores mobiliários (artigo 312.º-1/b do Cód. VM).

As circunstâncias em que um intermediário imputa às carteiras que administra por conta dos clientes valores em processo de depreciação ou que lhes adquire, por preço mais baixo, valores cuja cotação está em alta ou relativamente aos quais foi divulgada ao mercado informação que justificará, com probabilidade, um aumento do preço dos valores, configuram, com maior clareza, conflitos de interesses dinâmicos. E o mesmo vale, *mutatis mutandis*, quando as operações sejam realizadas para privilegiar um cliente ou um conjunto de clientes.

Caso o intermediário impute valores às carteiras geridas, utilizando a sua própria carteira e realizando uma operação fora de mercado, poderão ainda ter aplicação as regras fixadas no artigo 346.º do Cód. VM, quanto à actuação como contraparte.

À luz do disposto no artigo 309.º-2 e 3 do Cód. VM resulta claro que as duas situações que vimos referindo se encontram vedadas, quando o interesse de um cliente seja prejudicado com vista à obtenção de uma vantagem do intermediário ou de um outro cliente.

As situações *supra* mencionadas só relevam quando seja possível afirmar, em face da operação em concreto realizada, que a mesma é objectivamente desconforme ao interesse do cliente investidor e que a decisão de imputar os valores às carteiras geridas ou a recomendação da sua aquisição, foram realizadas com vista à obtenção de uma vantagem própria ou de um outro cliente. No caso das recomendações, acresce ainda a prova adicional de que a recomendação foi causa adequada da realização da operação pelo cliente investidor.

Cumpre não esquecer, nesta sede, e no que respeita à situação--tipo da distribuição de valores a carteiras geridas, que relativamente às sociedades gestoras de patrimónios, se encontram previstas, no Decreto-lei n.º 163/94, de 4 de Junho, algumas regras especiais em matéria de aquisição de valores por conta de clientes.

Nos termos do artigo 7.º-2/a do diploma supracitado, as sociedades gestoras de patrimónios não podem adquirir para os seus clientes valores emitidos ou detidos por entidades que pertençam aos seus órgãos sociais ou que, em qualquer caso, possuam mais de 10% do capital social desta. Da mesma forma, encontra-se vedada às sociedades gestoras a aquisição, por conta dos seus clientes, de valores emitidos ou detidos por entidades em cujo capital aquelas participem em percentagem superior a 10%, ou de cujos órgãos sociais façam parte um ou vários membros dos seus órgãos de administração, em nome próprio ou em representação de outrem, ou ainda os seus cônjuges e parentes ou afins no 1.º grau (artigo 7.º-2/b).

As proibições vertidas no preceito acima mencionado visam evitar que, na tomada de decisões de investimento por conta dos seus clientes, as sociedades gestoras de património prossigam os interesses de sociedades com as quais se encontram relacionadas por participações accionistas ou por via de participação nos órgãos sociais.

Estas proibições admitem excepção, mediante autorização escrita dos clientes, nos termos do n.º 3 do referido preceito. A redacção do n.º 3 do artigo 7.º, não permite retirar conclusões quanto à necessidade de uma autorização casuística ou quanto à admissibilidade de uma cláusula geral que, constando do contrato de mandato celebrado, autorize genericamente a compra daqueles valores. De qualquer forma, afigura-se-nos que mesmo sendo autorizada, específica ou genericamente, uma aquisição do tipo previsto no artigo 7.º-2 do Decreto-lei n.º 163/94, tal não precludirá o cliente investidor de actuar contra a sociedade gestora de património, quando se verifique que esta actuou em conflito de interesses, nos termos gerais do disposto no artigo 309.º-3 do Cód. VM. Milita nesse sentido, a assimetria informativa existente entre o cliente e o intermediário, a qual é incompatível com a assunção pelo primeiro, do papel de árbitro dos seus interesses e do seu destino – efectivamente, caso o cliente possuísse o conhecimento e a experiência necessárias para tomar as suas próprias decisões de investimento não precisaria de mandatar alguém para gerir a sua carteira de valores mobiliários[112].

A título final, cumpre referir que o artigo 7.º-2 do Decreto-lei n.º 163/94 apenas estabelece limitações à aquisição, por conta dos clientes, de determinados valores, nada referindo quanto às hipóteses de venda pelo cliente, não à sociedade gestora, que como vimos não pode actuar por conta própria, mas a outros clientes, titulares de órgãos sociais, trabalhadores ou ainda outras pessoas que a sociedade gestora pretenda beneficiar. Nestas hipóteses regem as regras gerais previstas no artigo 309.º-2 e 3 do Cód. VM.

3.2.4. Deveres de organização: medidas e procedimentos organizativos

3.2.4.1. Aspectos gerais

Referidos os deveres de comportamento no que respeita à prevenção e à gestão do conflito de interesses, cumpre agora abordar os deveres de organização indagando da sua repercussão na regulação do conflito de interesses, seja este pessoal, seja entre clientes, estático ou dinâmico, intrínseco ou extrínseco.

---

[112] A autorização do cliente pressupõe que este, depois de ter avaliado, presumivelmente de forma racional, as consequências, no que respeita ao seu património, da actividade desenvolvida pelo intermediário financeiro em conflito de interesses, preste o seu consen-

Os deveres de organização e funcionamento interno do intermediário servem diferentes propósitos, como seja o de facilitar o exercício da supervisão, o de impedir a circulação de informação privilegiada, o de evitar erros de difícil detecção ou que possam expor a risco excessivo o intermediário financeiro ou os seus clientes e, por último e na óptica que aqui nos ocupa, *o propósito de prevenir a ocorrência de conflitos de interesses.*

As medidas de organização implicam, por regra, a instituição de procedimentos de segregação de actividades e de funções, que visam evitar, no que respeita à prevenção do conflito de interesses, quer a *circulação de informação*[113], quer a *promiscuidade ao nível decisó-*

---

timento considerando que a actividade lhe é conveniente com base na informação prestada pelo intermediário. A autorização prestada só resolverá satisfatoriamente as situações de conflito de interesses, quando estejam em causa relações em que não exista assimetria informativa, o que não será, por regra, o caso, na hipótese da gestão de carteiras. Neste sentido, VITTORIO AFFERNI, *Rappresentanza e conflitto di interessi nell' ambito dell' impresa*, ob. cit., p. 209, o qual refere que esta medida "(...) *presuppone che si tratti di un cliente avveduto e em grado di valutare le proprie scelte*".

[113] Cumpre clarificar que quando referimos que as medidas de organização e funcionamento interno visam evitar a circulação de informação entre as várias estruturas ou departamentos do intermediário financeiro, não queremos com isto significar que a informação cuja circulação se pretende evitar seja ncessariamente *privilegiada*, nos termos e para os efeitos do disposto no artigo 378.º-4 do Cód. VM. Evitar a circulação de informação privilegiada é, *também*, uma das funções dos deveres de organização. Não é, no entanto, a única. A prevenção do conflito de interesses não deve ser confundida com a prevenção do abuso de informação. Nas hipóteses de conflito de interesses a informação cuja circulação se pretende evitar pode ser mera informação confidencial ou simplesmente informação própria de um dado departamento. Afigura-se-nos que, muitas vezes, os diferentes desideratos prosseguidos mediante a imposição de procedimentos de organização e funcionamento internos, se encontram confundidos, com prejuízo para a clara delimitação da sua função e eficácia em cada caso concreto. Cumpre, assim ter presente que, embora na sua origem, os mecanismos de separação interna tenham pretendido dar resposta à exigência de evitar a utilização abusiva de informação no seio de um determinado intermediário financeiro, a função ou propósito que tais mecanismos hoje desempenham, designadamente ao nível da prevenção do confito de interesses, é fruto de uma evolução que permite distinguir claramente as duas situações. Em consequência, o tema da "muralha" ou "muralhas chinesas" – metáfora utilizada para referir a criação de barreiras que impedem o fluxo de informação não pública entre os diferentes departamentos ou actividades de um intermediário financeiro – deve ser equacionado naquela perspectiva e não ser alvo de generalização indiscriminada e assistemática no que respeita às situações de conflito de interesses.

rio, entre as várias estruturas ou departamentos de um intermediário financeiro, assegurando que as decisões são tomadas dentro da estrutura segregada e de acordo com a informação nessa sede disponível. A tais medidas assiste ainda o propósito, pela positiva, da *instituição de instâncias de controlo* que tornem remota a ocorrência de situações conflituais, dando sequência ao comando legal de evitar ou reduzir ao mínimo o risco de conflitos de interesse.

No que respeita aos conflitos extrínsecos, que são aqueles que decorrem da natureza multifuncional do intermediário financeiro, sejam estes pessoais ou entre clientes, constatamos que a medida de organização interna que consiste na *segregação de actividades* tem como objectivo, à luz do processo neo-regulador que referimos, restabelecer um equilíbrio entre o desenvolvimento de actividades potencialmente conflituantes e uma adequada tutela do investidor.

Neste contexto, a *ratio* subjacente à utilização de medidas de segregação de actividades no contexto da regulação do conflito de interesses, prende-se com a consideração de que a neutralidade do intermediário financeiro pode ser assegurada quando este se encontre, de alguma forma, impedido de conhecer e desfrutar, no âmbito de uma determinada actividade, da informação de que dispõe no exercício de uma outra actividade, potencialmente conflituante com a primeira[114].

Muitas das hipóteses de conflito de interesses que referimos ao longo deste trabalho pressupõem que o intermediário *conheça* e *aproveite o conhecimento*[115] que lhe advém do exercício simultâneo de várias actividades. Tal é claramente o caso na antecipação na negociação, no *scalping* e ainda nas situações de actuação como contraparte do cliente ou de agregação de ordens próprias e de clientes.

---

[114] Em sentido parcialmente coincidente, cfr., ANTONIO FICI, *Il conflito de interessi nelle gestioni individuali di patrimoni mobiliari*, ob. cit., p. 323, o qual refere: "*A ideia base por detrás da imposição de uma barreira entre as várias actividades, prende-se com a consequente redução da possibilidade de conhecimento de informações relevantes respeitantes a cada uma das actividades e, consequentemente, a possibilidade de o intermediário de se poder aproveitar da polifuncionalidade com prejuízo para o cliente*".

[115] Não pressupõem, no entanto, este conhecimento as hipóteses de intermediação excessiva, de privilegiamento de clientes e de agregação de ordens de clientes.

Alguns exemplos permitirão clarificar esta ideia.

Assim, se o departamento que gere a carteira própria do intermediário financeiro se encontra completamente autonomizado do departamento que gere a execução de ordens por conta de clientes e se, um e outro, se encontram ainda segregados do departamento de gestão de carteiras, a probabilidade do intermediário se antecipar a uma ordem de um cliente, porque tem conhecimento dessa ordem ou da decisão de investimento do gestor, é diminuta e por regra só ocorrerá se for cometida uma inconfidência ou se houver uma actuação intencional por parte dos envolvidos.

Da mesma forma, se o departamento que gere a negociação para carteira própria do intermediário desconhece que o departamento de análise está a efectuar um estudo sobre uma determinada sociedade ou instrumento financeiro, tencionando recomendar aos respectivos clientes ou ao público em geral, a compra do referido instrumento financeiro ou de acções da sociedade, não pode o departamento que gere a carteira própria do intermediário antecipar-se à divulgação do relatório de *research* adquirindo uma grande quantidade dos valores objecto da análise com vista a vendê-los posteriormente, uma vez divulgada a recomendação.

O pressuposto da eficácia preventiva das medidas de segregação de actividades é o de que muitas das situações de conflito de interesses têm na base o conhecimento de determinados factos – como seja a ordem de um cliente – ou a possibilidade que o intermediário tem de induzir ou tomar decisões por conta de um cliente, movido por interesses *extranei*, isto é, interesses que decorrem da prossecução de outras actividades de intermediação por conta própria ou alheia. As medidas de organização e funcionamento actuam, assim, quer ao nível da circulação da informação, quer da ao nível da autonomia decisória entre actividades, procurando evitar o contágio por interesses *extranei*.

Assumindo que o intermediário financeiro, ao exercer as suas várias actividades – de execução de ordens por conta de clientes, de gestão discricionária de carteiras ou de consultoria, entre outras –, deve escolher entre várias opções, o facto de não ter conhecimento de uma situação conflitual deverá assegurar a sua actuação desinteressada e, por essa via, tutelar o cliente investidor[116]. Esta tutela é actuante tanto no que respeita aos *conflitos extrínsecos pessoais* como no que respeita aos *conflitos extrínsecos entre clientes*.

As medidas de segregação de actividades podem ainda desempenhar um papel na prevenção do conflito intrínseco. Nesta sede, a medida de segregação que pode assumir maior relevância é a *separação de funções de decisão, execução, registo e controlo*[117], uma vez que permite a criação de instâncias de controlo no seio de uma mesma actividade[118], instâncias essas que dificultam a ocorrência de determinados conflitos, como seja, a título de exemplo, a venda por aplicação em prejuízo de um dos clientes ou a agregação de ordens de clientes, também em detrimento de um deles.

3.2.4.2. Artigos 309.º-A e B do Cód. VM: O dever de adoptar e actualizar uma política escrita em matéria de conflitos de interesses

O Cód. VM impunha expressamente, antes da transposição da DMIF, o dever do intermediário financeiro se organizar de modo a evitar ou a reduzir ao mínimo o risco de conflitos de interesses (artigo 309.º-1 do Cód. VM, na sua anterior redacção), dever este que, apesar de previsto no artigo 13.º-3 da DMIF, não consta na versão actual do código, o qual faz menção apenas ao dever mais restrito, previsto no artigo 18.º da DN2, do intermediário financeiro se organizar por foma a identificar conflitos de interesses (artigo 309.º-1 do Cód. VM, na sua redacção actual) devendo *actuar* de modo a evitar ou a reduzir ao mínimo o risco da sua ocorrência. O dever do intermediário financeiro se organizar de modo a evitar ou a reduzir ao mínimo o risco de conflitos de interesses tem como antecedentes normativos,

---

[116] FILIPPO ANNUNZIATA, *Intermediazione mobiliare e agire disinteressato: I profili organizzativi interni*, ob. cit., p. 641.

[117] Prevista no artigo 34.º-1/c do Regulamento da CMVM n.º 12/2000, na redacção em vigor antes da transposição da DMIF.

[118] Nos termos do artigo 32.º/c do Regulamento da CMVM n.º 12/2000, o intermediário financeiro adopta na sua organização e funcionamento internos os procedimentos necessários para prevenir a ocorrência de conflitos de interesses quer *no âmbito da mesma actividade* quer de *diferentes actividades* de intermediação que exerça.

no plano internacional, os artigos 3.º, parágrafo 4, 10.º e 11.º da DSI e, no plano interno, o artigo 662.º-1 e 2/a do Cód. MVM, o qual regulava directamente a matéria da organização e funcionamento internos dos intermediários financeiros. Dada a função deste dever organizativo, a sua não inclusão no código só pode resultar de um lapso facilmente susceptível de correcção até por força de uma interpretação conforme à DMIF[119].

Com vista à adequada prevenção e gestão dos conflitos de interesses intrínsecos e extrínsecos, pessoais ou entre clientes, estáticos ou dinâmicos, o Cód. VM obriga os intermediários financeiros, nos termos do respectivo artigo 309.º-A e na sequência da transposição da DMIF, a adoptar uma política escrita em matéria de conflitos de interesses, que seja adequada à respectiva dimensão e organização e à natureza, à dimensão e à complexidade das suas actividades.

Nos termos do artigo 312.º-C/h do Cód. VM, os intermediários financeiros são obrigados a informar, ainda que sinteticamente, os seus clientes não qualificados[120], da política em matéria de conflito de interesses que adoptaram e, se o cliente a solicitar, têm o dever de prestar informação adicional sobre essa política.

A política escrita em matéria de conflitos de interesse deve conter as directrizes de conduta e organização aplicáveis ao intermediário financeiro em causa, devendo também fazer um levantamento dos tipos de conflitos que tipicamente poderão manifestar-se no exercício da respectiva actividade. A regra prevista no Cód. VM torna óbvio que, nesta matéria, não é possível impor um figurino legal único que aprisione a realidade, pelo que a opção foi a de devolver aos principais actores a definição da política acertada e adequada para cada caso concreto, num dado momento no tempo, o que obriga o inter-

---

[119] Neste sentido LUCA ENRIQUES, *Conflicts of Interest in Investment Services: The Price of Uncertain Impact of MiFID's Regulatory Framework*, ob.cit., p. 5. O Autor esclarece que a regulação do conflito de interesses na DMIF assenta em quatro pilares (1) deveres de organização (artigo 13.º-3); (2) dever de identinficar conflitos (artigo 18.º-1); (3) dever de transparência quando os deveres organizativos não sejam suficientes para prevenir o prejuízo para os interesses dos clientes (artigo 18.º-2); (4) dever geral de honestidade e justiça.

[120] Artigo 30.º do Cód. VM, *a contrario*.

mediário financeiro a posicionar-se de forma crítica e analítica face às actividades que efectivamente desenvolve.

(a) *O dever de identificar e registar os conflitos de interesses*

A política escrita em matéria de conflitos de interesses tem, em primeira linha, que identificar, relativamente às actividades de intermediação financeira específicas prestadas por ou em nome do intermediário financeiro (ou no contexto do grupo societário em que se insira, como veremos *infra*), as circunstâncias que constituem ou podem dar origem a um conflito de interesses pessoal ou entre clientes, intrínseco ou extrínseco, estático ou dinâmico, e especificar os procedimentos a seguir e as medidas a tomar, a fim de gerir esses conflitos (artigo 309.º-A-3 do Cód. VM).

O dever mencionado constitui uma decorrência do dever geral previsto no artigo 309.º-1 do Cód. VM, o qual obriga o intermediário financeiro a organizar-se "*por forma a identificar possíveis conflitos de interesses*" e é complementado pelo disposto no artigo 309.º-B do mesmo código, o qual concede particular relevância aos designados "*Conflitos de interesses potencialmente prejudiciais para um cliente*".

Neste contexto, o artigo 309.º-B do Cód. VM estabelece que a identificação dos conflitos, designadamente para efeitos da política escrita em matéria de conflitos de interesses, deve contemplar obrigatoriamente (embora não exclusivamente, como é evidente) as situações de conflitos de interesses "potencialmente prejudiciais para um cliente", designadamente aquelas em que, em resultado da prestação de actividades de intermediação financeira ou por outra circunstância, o intermediário financeiro, uma pessoa em relação de domínio com este ou uma pessoa referida no n.º 5 do artigo 304.º:

> *i)* Seja susceptível de obter um ganho financeiro (que não a remuneração normal e aceitável decorrente da prestação dos referidos serviços de intermediação) ou evitar uma perda financeira, em detrimento do cliente (hipótese de conflito pessoal e dinâmico que inclui as situações em que um colaborador é promovido ou recebe "prémios" relacionados com a prossecução de "objectivos" resultantes, por exemplo, da colocação de produtos ou da promoção de serviços junto de clientes);

ii) Tenha interesse nos resultados decorrentes de um serviço prestado ao cliente ou de uma operação realizada por conta do cliente, que seja conflituante com o interesse do cliente nesses resultados (hipótese de conflito pessoal e estático mas que pode converter-se em dinâmico, por exemplo, quando são recomendados ou colocados em carteiras de clientes certos produtos emitidos pelo intermediário ou por entidades que pertencem ao grupo do intermediário financeiro, sendo que tais produtos são completamente desadequados aos clientes em questão, atenta a sua complexidade ou por qualquer outra razão);

iii) Receba um benefício financeiro ou de outra natureza para privilegiar os interesses de outro cliente face aos interesses do cliente em causa (hipótese de conflito entre clientes em que o intermediário adopta postura parcial, pelo que o mesmo se metamorfoseia em conflito pessoal desde logo para efeitos da respectiva gestão);

iv) Desenvolva as mesmas actividades que o cliente (hipótese de conflito pessoal concorrente, que pode apresentar-se como estático ou dinâmico dependendo das circunstâncias concretas do caso);

v) Receba ou venha a receber, de uma pessoa que não o cliente, um benefício relativo a um serviço prestado ao cliente, sob forma de dinheiro, bens ou serviços, que não a comissão ou os honorários normais desse serviço (hipótese de conflito pessoal, que pode apresentar-se como estático ou dinâmico atentas as circunstâncias concretas do caso e que se aproxima da hipótese prevista na alínea (i) embora, pela sua redacção, pareça remeter de forma mais consistente para o universo dos benefícios ilegítimos, ou seja, recebimento de retrocessões, *soft* e *hard commisions*, entre outros)[121].

---

[121] O artigo 313.º do Cód. VM sobrepõe-se, de algum modo, ao artigo 309.º-B, alínea e) do mesmo diploma, no entanto, ao contrário do que sucede com este último, o artigo 313.º aplica-se a todos os pagamentos ou benefícios que sejam recebidos de terceiros, independentemente dos mesmos serem ou não susceptíveis de gerar um conflito de interesses e impõe que para além de terem de respeitar os interesses dos clientes (consequentemente não consubstanciando uma actuação em conflito dinâmico), tais pagamentos ou benefícios têm ainda de superar o teste de qualidade, ou seja, têm que reforçar

Dependendo da estrutura concreta de cada intermediário financeiro, a lista de operações e circunstâncias que previsivelmente estarão na origem de situações de conflito de interesses poderá ser feita por actividade, por departamento, por unidade de negócio ou por uma combinação destes diversos critérios.

A política escrita em matéria de conflitos de interesse poderá ainda prever mecanismos de reporte em dados momentos chave para permitir a detecção precoce e preventiva das situações conflituais, podendo também ser previstas as regras operacionais que permitam a respectiva gestão de acordo com as directrizes legais vigentes.

Estando o intermediário inserido numa estrutura de grupo poderá fazer sentido que a detecção e o reporte de conflitos sejam feitos em termos globais, atendendo às diversas entidades do grupo. A detecção e o reporte das situações conflituais poderão, quando tal se justifique, ser feitas com base em sistemas informáticos. Em estruturas mais pequenas, outras soluções poderão ser mais adequadas e menos onerosas (por exemplo, circulação de emails, ficheiros partilhados, etc.).

Para além de proceder à identificação de potenciais conflitos de interesses, os intermediários financeiros devem ainda manter e actualizar regularmente registos de todos os tipos de actividades de intermediação financeira, realizadas directamente por si ou em seu nome, que originaram efectivamente um conflito de interesses com risco relevante de afectação dos interesses de um ou mais clientes ou, no caso de actividades em curso, susceptíveis de o originar (artigo 309.º-C do Cód. VM).

(b) *Política escrita em matéria de conflito de interesses e gestão do conflito*

A política escrita em matéria de conflito de interesses deve ainda especificar os procedimentos a seguir e as medidas a tomar a fim de gerir tais conflitos (artigo 309.º-A-3/b do Cód. VM).

Tais procedimentos e medidas devem, por força do código, ser concebidos de forma a assegurar que as pessoas referidas no n.º 5 do

---

a qualidade do serviço prestado. Quanto à distinção entre o regime dos conflitos de interesse e o regime dos incentivos ou benefícios ilegítimos, cfr. o documento do CESR *Inducements under MiFID* (Ref: CESR/07-228b), p. 8, ponto 17, disponível em http://www.cesr-eu.org.

artigo 304.º do Cód. VM envolvidas em diferentes actividades, implicando uma situação de conflito de interesses, desenvolvam as referidas actividades com um grau adequado de independência face à dimensão e às actividades do intermediário financeiro e do grupo a que pertence e a importância do risco de prejuízo para os interesses dos clientes (artigo 309.º-A-4 do Cód. VM).

O objectivo da instituição de um adequado grau de independência no desenvolvimento das diferentes actividades de intermediação não é novo. Antes da transposição da DMIF, já o artigo 33.º-2 do Regulamento da CMVM n.º 12/2000, estabelecia dever "*Cada uma das actividades de intermedição financeira (...) [ser] organizada e gerida de maneira autónoma, por pessoal afecto a cada uma delas, sem interferências e, qualquer outra ou de qualquer outra com que possam ocorrer conflitos de interesses*". A redacção deste preceito regulamentar correspondia, por seu turno, à que se encontrava vertida no artigo 662.º-1 do Cód. MVM.

O Cód. VM estabelece, na sua redacção actual, que, na medida do necessário para assegurar o nível de independência requerido, a política escrita em matéria de conflito de interesses deve contemplar, pelo menos:

> *i)* Procedimentos eficazes para impedir ou controlar a troca de informação entre pessoas referidas no n.º 5 do artigo 304.º envolvidas em actividades que impliquem um risco de conflito de interesses, sempre que aquela possa prejudicar os interesses de um ou mais clientes. Inserem-se neste âmbito a previsão de regras em matéria de confidencialidade, de segurança (incluindo medidas de "secretária limpa" ou "*clean desk policies*") e de troca e circulação de informação, como seja a instituição de "*need to know policies*", a criação de "muralhas chinesas"[122] ou "*chinese walls*" (barreiras infor-

---

[122] Subsistem algumas dúvidas quanto à fonte inspiradora desta metáfora utilizada para designar o conjunto de medidas e procedimentos que evitam a circulação de informação no seio de uma determinada entidade. Tal fonte inspiradora poderá ter sido a Grande Muralha da China, que se estende ao longo de cerca de 3.000 km e foi construída por ordem do Imperador Chin Shih Hang Ti, por volta do ano 228 A.C. para defender a fronteira setentrional da China das invasões dos povos mongóis. Seria nessa medida um tributo à inexpugnabilidade dessa muralha, sendo que, no entanto, mesmo esta acabou por

mativas e físicas de índole permanente estrutural) e de "caixas chinesas" ou *"chinese boxes"* (barreiras informativas e físicas de índole esporádica, pontual ou conjuntural que são criadas e implementadas para fazer face a situações concretas mas que não permanecem sempre activas no seio do intermediário financeiro).

ii) Uma fiscalização distinta das pessoas referidas no n.º 5 do artigo 304.º cujas principais funções envolvam a realização de actividades por conta de clientes, ou a prestação de serviços a estes, quando os seus interesses possam estar em conflito ou quando representem interesses diferentes, susceptíveis de estar em conflito, inclusive com os do intermediário financeiro;

iii) A eliminação de qualquer relação directa entre a remuneração de pessoas referidas no n.º 5 do artigo 304.º envolvidas numa actividade e a remuneração ou as receitas geradas por outras pessoas referidas no n.º 5 do artigo 304.º, envolvidas numa outra actividade, na medida em que possa surgir um conflito de interesses entre essas actividades;

iv) A adopção de medidas destinadas a impedir ou a limitar qualquer pessoa de exercer uma influência inadequada sobre o modo como uma pessoa referida no n.º 5 do artigo 304.º presta actividades de intermediação financeira;

v) A adopção de medidas destinadas a impedir ou controlar o envolvimento simultâneo ou sequencial de uma pessoa referida no n.º 5 do artigo 304.º em diferentes actividades de intermediação financeira, quando esse envolvimento possa entravar a gestão adequada dos conflitos de interesses.

Nos termos do artigo 309.ºA, n.º 6 do Cód. VM, caso a adopção de algum dos procedimentos e medidas adoptados não assegure o

---

ceder à invasão Mongol. Outros consideram que a expressão "chinese walls" é uma alusão aos biombos chineses, feitos de papel assente em estrutura de madeira e que, contrariamente ao que sucede com a grande muralha da China se afiguram tudo menos intransponíveis. HARRY MCVEA, *Financial Conglomerates and The Chinese Wall*, ob. cit. p. 122 e ss, MICHAEL WALLS e LORREINE TALBOT, *Chinese Walls*, p. 336; CHIZU NAKAJIMA, *Conflicts of Interest and Duty, A Comparative Analysis em Anglo-Japanese Law*, p. 247 e ss.

nível requerido de independência, a CMVM pode exigir que o intermediário financeiro adopte as medidas alternativas ou adicionais que se revelem necessárias e adequadas para o efeito.

Por regra, a estruturação de uma política eficaz em matéria de prevenção e gestão de conflitos de interesse implicará a criação de uma estrutura interna dedicada ao acompanhamento e à gestão de situações conflituais e a quem será por regra feito o reporte dos confltos reais ou potenciais. Tal estrutura poderá implicar a constituição de um departamento autónomo de gestão de conflitos, no caso de intermediários de grande dimensão ou inseridos em grupos económicos, podendo, alternativamente, em intermediários de menor dimensão, bastar-se com a nomeação de um responsável pelo controle de cumprimento (*"compliance officer"*) ou com a assunção dessas funções pelo conselho de administração ou por um dos seus membros. A medida adequada a cada intermediário deverá ser assim definida pelo próprio atenta a sua situação concreta e o interesse que tenha em gerir de forma satisfatória os riscos regulatórios, reputacional e comercial que sempre estarão associados a uma gestão inepta dos conflitos de interesse.

A política escrita em matéria de conflito de interesses poderá ainda prever o dever genérico de escalar situações conflituais ao conhecimento superior, podendo também contemplar a possibilidade de ser feita a gestão contratual de um potencial conflito, designadamente pela celebração de acordos de exclusividade, indicando quais as instâncias próprias competentes para aprovar este tipo de acordos e esclarecendo como é que tais acordos se aplicam no contexto do grupo em que o intermediário eventualmente se insira.

(c) Segregação de actividades

Quanto ao tipo de actividades que deverão ser segregadas afigura-se-nos, atentas as várias situações que fomos estudando ao longo deste trabalho, que deverão encontrar-se completamente autonomizadas, as actividades de gestão de carteiras e de análise financeira (consultoria prestada em base colectiva e não solicitada).

Quanto à gestão de carteiras, a total autonomização do departamento respectivo justifica-se pelo facto de o gestor tomar decisões por conta do cliente investidor, estando em condições de canalizar para a carteira do cliente valores da carteira própria do intermediário de que este se pretenda desfazer ou que este tenha tomado firme, cuja colocação tenha garantido ou que tenha emitido. A gestão de carteiras é também das actividades de intermediação a que mais vulnerável se encontra a práticas de intermediação excessiva, de actuação oculta como contraparte, de antecipação na negociação e mesmo de *scalping*. Esta vulnerabilidade a uma prevalência de interesses alheios ao interesse do cliente, teve como consequência que, em Itália[123], se tenha proibido os departamentos de negociação e de colocação de valores mobiliários de proporem negócios ao departamento de gestão de carteiras. Pretende-se com esta medida que a autonomia do departamento de gestão de carteiras seja a maior possível, pelo que o a única pessoa que pode desencadear movimentações no sentido de serem concluídos negócios com outros departamentos do intermediário, é o responsável pelo departamento de gestão de carteiras.

Também o departamento de análise financeira deverá estar segregado das demais actividades, de forma a evitar, seja a tentação do *scalping*, a favor da carteira própria do intermediário ou em benefício de clientes cujas carteiras são geridas pelo intermediário financeiro, seja a emissão recomendações inidóneas justificadas pelo desejo de agradar às sociedades emitentes a quem o intermediário presta serviços através do departamento de colocações, de criação de mercado ou de assessoria às empresas, ou com as quais se encontrar em relação de domínio ou de grupo.

Deverão ainda estar segregadas as actividades de negociação por conta própria e de negociação por conta de outrem, de forma a garantir que se encontram em funcionamento instâncias de controlo que evitem abusos na actuação como contraparte e que previnam a antecipação na negociação e a agregação de ordens de clientes com ordens para carteira própria do intermediário.

As actividades de assistência e colocação em oferta pública e de assessoria a empresas deverão também estar separadas das demais.

Inversamente, não carecerão de ser separadas, até porque não podem ser consideradas actividades de intermediação, determinadas

---

[123] FILIPPO ANNUNZIATA, *Intermediazione mobiliare e agire disinteressato: I profili organizzativi interni*, ob. cit., p. 650.

actividades neutras, como a contabilidade geral, os recursos humanos ou o departamento jurídico[124]. Naturalmente, o pessoal afecto a estas funções estará sujeito a um dever de confidencialidade e não deverá transmitir informações entre as actividades segregadas.

A impermeabilidade de uma estrutura separada face às demais não impede essa estrutura de dar execução a ordens transmitidas por uma outra estrutura. A operação deverá, no entanto, receber idêntico tratamento ao prestado a qualquer cliente do intermediário e deverá, em particular, respeitar o princípio da prioridade cronológica das ordens transmitidas[125]. Análoga consideração vale para as operações realizadas, por conta própria, pelos titulares dos órgãos sociais do intermediário ou pelo seus pessoal, quando tais operações sejam admitidas.

Relativamente ao tipo de barreiras a implementar com vista a evitar a circulação de informação entre os vários departamentos, cumpre referir que estas barreiras poderão ser físicas ou tangíveis, incluindo a separação ou compartimentação física de instalações com colocação dos departamentos segregados em diferentes espaços ou edifícios, a restrição de acesso de determinadas pessoas a certas instalações e com separação ao nível dos sistemas informáticos, mediante a criação áreas de acesso restrito que imponham a utilização de palavras-chave. Poderá também ser admissível, ainda que a título complementar, a assunção de compromissos de sigilo por parte de determinadas pessoas, que se movimentem entre as entidades separadas.

A imposição de que cada actividade seja desenvolvida com um grau adequado de independência, parece sugerir que por cada estrutura separada deverá existir um responsável diferente, cujo estatuto deverá ser suficientemente autónomo para lhe permitir desenvolver de forma independente as funções próprias da actividade que tem a seu cargo. A autonomia do responsável por cada departamento será aferida atentando à detenção de efectivos poderes decisórios e de

---

[124] Também o departamento de *back-office* poderá ser comum, na medida em que traduz o cumprimento administrativo, automático e sucessivo de operações que foram já decididas e executadas.

[125] FILIPPO ANNUNZIATA, *Intermediazione mobiliare e agire disinteressato: I profili organizzativi interni*, ob. cit., p. 649.

representação/vinculação do intermediário no que respeita à respectiva área de negócio. Da mesma forma, no seio de cada actividade separada, deverão tendencialmente trabalhar apenas pessoas que se encontrem exclusivamente dedicadas àquela actividade.

Assim, relativamente às actividades segregadas não deveria, no rigor dos princípios, haver qualquer acumulação de funções, seja ao nível directivo seja ao nível do pessoal técnico.

Com base na configuração que assume o dever de organização interna do intermediário, é possível concluir que a separação organizativa interna não prejudica o carácter unitário do intermediário financeiro, mas incide essencialmente ao nível da tomada das decisões próprias de cada actividade, que devem ser autónomas. Assim, deverão estar segregados e actuar autonomamente os sujeitos responsáveis pela tomada de decisões de mérito e oportunidade quanto à realização de determinada operação, pelo que apenas ficarão, em princípio, "acima" das medidas de segregação organizativa, os membros do conselho de administração do intermediário e o responsável pelo cumprimento e, à margem de tais medidas, os serviços neutros.

Relativamente às pessoas que não são abrangidas pela segregação hierárquica de actividades impõe-se que estas estejam impedidas de interferir nas decisões em concreto adoptadas pelos vários departamentos separados, devendo ser tomadas de forma autónoma, entre outras, as decisões de investimento para carteira própria, as decisões de investimento para carteiras geridas por conta de clientes e ainda as decisões sobre a emissão de relatórios de *research* que tenham por objecto determinadas entidades emitentes e respectivos valores mobiliários. Na prática, no entanto, não é certo que seja possível alcançar tão extensa garantia de autonomia, que implicaria a instituição ao nível dos órgãos sociais de verdadeiras medidas de segregação "*no interior da cabeça de cada titular*"[126], o que é evidentemente inexequível[127].

---

[126] ALEJANDRO GÓMEZ-ACEBO, *Las Normas de Conducta*, ob. cit., p. 412.

[127] A este propósito se recorre, por vezes, à figura dos chamados "protocolos de autonomia na gestão", os quais sendo na sua génese utilizados para garantir a autonomia

(d) *Sistema de controlo interno*

A criação de um sistema de controlo interno eficaz implica a criação de um departamento ou a nomeação de uma pessoa responsável por assegurar que as regras e procedimentos internos estipulados são conhecidos[128] e cumpridos por todos os trabalhadores, colaboradores, directores e titulares de órgãos sociais. O sistema de controlo interno permite fiscalizar a eficácia das medidas de segregação instituídas, não só no que respeita à circulação da informação, à ausência de promiscuidade decisória e à existência de instâncias de controlo efectivas dentro de cada actividade, permitindo também assegurar que não há interferências nas várias estruturas separadas de pessoas que, estando *"acima"* das medidas de segregação organizativas e funcionais, possam assim pôr em causa a inexpugnabilidade dos procedimentos instituidos.

O sistema de controlo interno serve ainda para garantir o cumprimento das regras estabelecidas pelo intermediário financeiro quanto à realização de operações pessoais por parte dos titulares dos órgãos sociais e restante pessoal directivo ou técnico, bem como para centralizar a informação prestada por aquelas pessoas quanto à realização de tais operações, assim se prevenindo conflitos de interesses que oponham estas pessoas aos clientes do intermediário financeiro.

(i) Política escrita em matéria de conflito de interesses e integregação num grupo societário

Nos termos do artigo 309.º-A-2 do Cód. VM, o intermediário financeiro está obrigado a tomar em consideração, na sua política escrita em matéria de conflitos de interesse, quaisquer circunstâncias

---

decisória ao nível das várias entidades que compõem um grupo, podem também ser utilizados no seio de um intermediário financeiro multifuncional. Tais protocolos de autonomia na gestão consistem, no âmbito societário, numa declaração escrita a subscrever por todos os titulares de participações qualificadas de um intermediário financeiro ou que com este estejam em relação de domínio ou de grupo, bem como pelos respectivos membros do conselho de admnistração, pelo qual aqueles se comprometem a não adoptar decisões ou condutas contrárias à autonomia de gestão de um departamento ou entidade em relação de grupo. Cfr., PISANI, *Protocolli di autonomia gestionale e gruppi finanziari*, em BBTC, I, (1995), pp. 184 e ss.

que sejam, ou devessem ser, do seu conhecimento susceptíveis de originar um conflito de interesses decorrente da estrutura de outras sociedades do grupo em que eventualmente se insira ou das respectivas actividades comerciais desenvolvidas, sendo esse o caso.

A referência à integração do intermediário financeiro numa estrutura de grupo é recorrente em matéria de disciplina do conflito de interesses, o que é acertado dado que tal integração pode colocar problemas especiais tanto em matéria de veículação de interesses *extranei* como em matéria de deveres de organização, especialmente se as demais entidades desenvolverem actividades de intermediação ou revestirem a qualidade de sociedades emitentes.

Por regra, a diferente personalidade jurídica das várias sociedades componentes do grupo indicia uma separação entre elas. No entanto, caso haja partilha de instalações, de pessoal ou de meios operacionais (incluindo informáticos) as medidas de organização interna deverão ser aplicáveis à estrutura de grupo na concreta medida da partilha existente, por forma a assegurar uma prevenção e gestão eficazes de eventuais situações conflituais.

Tal extensão dos deveres de organização justifica-se na medida em que a existência de um grupo não deverá poder servir para contornar as normas sobre prevenção e gestão de conflitos de interesse, organização interna e segregação de actividades e funções, permitindo a veiculação de interesses *extranei*, a circulação de informação, a promiscuidade decisória e a ausência de instâncias de controlo, entre as várias pessoas colectivas que compõem o grupo.

Assim, se for o grupo – e não o intermediário financeiro individualmente considerado – a ser entendido como "multifuncional", a separação jurídica deverá ser acompanhada de separação organizativa e funcional, de forma a produzir efeitos semelhantes aos previstos para o intermediário singular, nas mesmas circunstâncias.

Perante uma situação em que várias entidades que se encontrem numa situação de partilha objectiva de recursos humanos, materiais, técnicos ou outros e mesmo quando não seja possível individualizar uma relação de grupo ou de domínio em sentido técnico-jurídico, afigura-se-nos que a solução só poderá ser a seguinte:

    i) Quando os vários sujeitos tenham estruturas autónomas – física, jurídica e operativamente – haverá, por definição, separação organizativa e funcional;

ii) Quando haja "confusão" ou "partilha" – física, jurídica ou de meios informáticos ou outros – entre diferentes entidades, as regras sobre prevenção e gestão de conflitos de interesse e sobre separação organizativa e funcional deverão ser respeitadas, na medida da "confusão" ou da "partilha", como se de um só intermediário financeiro se tratasse.

j) Eficácia das medidas e procedimentos organizacionais

As várias medidas e procedimentos organizacionais que vimos referindo apresentam várias fragilidades[129] em virtude de dependerem em grande parte da ética das pessoas envolvidas, admitirem a existência de pessoas não abrangidas pela segregação hierárquica e não serem talhadas para impedir eficazmente a circulação de informação que ocorra, a nível social ou "extra-laboral", entre os trabalhadores do intermediário.

Tais fragilidades justificam que tanto no ordenamento jurídico inglês como no ordenamento jurídico norte-americano, onde tais medidas surgiram e têm sido alvo de maior reflexão, a eficácia concreta das medidas de separação interna tenha vindo a ser questionada.

Apesar do cepticismo generalizado reinante em torno da eficácia das medidas organizativas em geral e das "muralhas chinesas" em particular, generalizada tem sido também a sua aceitação e implementação no estádio actual de desenvolvimento regulatório.

3.2.4.3. *Artigos 309.º E e F do Cód. VM: Operações pessoais*

Nos termos do artigo 309.º-F do Cód. VM entende-se por operação pessoal, uma operação sobre um instrumento financeiro concluída por uma pessoa referida no n.º 5 do artigo 304.º ou em seu nome, desde que:

i) A referida pessoa actue fora do âmbito das funções que realiza nessa qualidade, a título de exemplo, comprando e/ou vendendo instrumentos financeiros no quadro da sua carteira pessoal; ou

ii) A operação seja realizada por outrem, mas por conta da pessoa referida no n.º 5 do artigo 304.º, ou por conta de pessoas que, de alguma forma, possam protagonizar uma situação de interposição real.

Por regra, as várias hipóteses de conflito pessoal pressupõem que o intermediário ou, no caso que agora nos ocupa, os respectivos dirigentes e colaboradores, possam negociar por conta própria. Tal não significa, porém, que as hipóteses de conflito pessoal não possam manifestar-se relativamente a um intermediário que apenas se encontre autorizado a actuar por conta de outrem. Para o efeito, bastará que este actue por interposta pessoa, visto que se encontra desprovido de carteira própria. O mesmo se aplica aos colaboradores do intermediário financeiro que podem recorrer a outras pessoas com vista à conclusão de negócios em conflito, presumindo a lei que assim sucede quando as operações sejam realizadas por conta de pessoas estreitamente relacionadas, como por exemplo o cônjuge, o unido de facto, descendentes, familiares e outras entidades numa relação de domínio (n.º 4 do artigo 248.º-B do Cód. VM); sociedades directa ou indirectamente detidas, em pelo menos 20% dos direitos de voto ou do capital social; sociedades em relação de grupo com sociedade dominada pela pessoa referida no n.º 5 do artigo 304.º; ou pessoas cuja relação com a pessoa referida no n.º 5 do artigo 304.º seja tal que esta tenha um interesse material, directo ou indirecto, no resultado da operação, além da remuneração ou comissão cobrada pela execução da mesma.

Nestas últimas situações, assume-se como provável a ocorrência de um fenómeno de interposição real e não fictícia[130], na medida em

---

[128] Por exemplo, através de programas de formação interna.

[129] FILIPPO ANNUNZIATA, *Intermediazione mobiliare e agire disinteressato: I profili organizzativi interni*, ob. cit., p. 654; ALEJANDRO GÓMEZ-ACEBO, *Las Normas de Conducta*, ob. cit., pp. 429 e ss.

[130] A interposição fictícia verifica-se quando um negócio jurídico é realizado simuladamente com uma pessoa, dissimulando-se nele um outro negócio (real), de conteúdo idêntico ao primeiro, mas celebrado com outra pessoa. Assim, a título de exemplo, A declara vender determinada coisa a B, que manifesta a sua vontade de a compra; mas sob esta aparência, esconde-se o verdadeiro contrato celebrado, não entre A e B, mas entre A e C. Os três intervenientes nesta operação estão de acordo quanto ao acto simulado e quanto à operação real: A quer vender a C, o qual quer comprar, ao passo que B não quer comprar; mas todos estão de acordo em criar a aparência de o contrato ser feito entre

que a interposta pessoa deverá participar efectivamente no negócio, como parte real e não aparente, embora economicamente o negócio pertença a outra pessoa, o intermediário ou o colaborador, sobre a qual se deverão projectar os respectivos efeitos jurídicos ou, pelo menos, os benefícios económicos correspondentes. A interposta pessoa não é, neste sentido, titular dos interesses que se regulamentam com o negócio celebrado, nem o verdadeiro destinatário dos seus efeitos, ela contrata para outrem, no interesse de outra pessoa, para a qual, por via de uma relação preliminar e interna, está obrigada a transferir os respectivos efeitos[131]. Esta relação preliminar e interna nasce, por regra, de um contrato de mandato sem representação, contrato este que não está sujeitos a especiais requisitos de forma, podendo resultar de mero acordo verbal entre as partes, o que dificulta a prova da sua existência, devendo ser, por regra, demonstrada ou presumida a existência de concertação entre as partes envolvidas[132].

Nos termos do artigo 309.º-E do Cód. VM o intermediário financeiro deve adoptar procedimentos destinados a evitar que qualquer pessoa referida no n.º 5 do artigo 304.º envolvida em actividades susceptíveis de originar um conflito de interesses ou que tenha acesso a informação privilegiada ou a outras informações confidenciais realize uma operação pessoal ou aconselhe ou solicite a outrem a realização de uma operação em instrumentos financeiros:

> i) Em violação do n.º 4 do artigo 248.º (dever de não utilização e transmissão de informação privilegiada relativa a emitentes) e do artigo 378.º (abuso de informação);

A e B. Não é esta a hipótese que se configura entre o intermediário financeiro, o seu cliente e a interposta pessoa (real) com quem o cliente celebra o contrato, cfr. FERNANDO PESSOA JORGE, *O Mandato Sem Representação*, ob. cit., pp. 16-17 e 214 e ss.

[131] FERNANDO PESSOA JORGE, *O Mandato Sem Representação*, ob. cit., pp. 16-17.

[132] A noção de prática concertada é difícil de precisar, embora de um modo geral a sua verificação imponha a coexistência de dois elementos essenciais: um elemento material que se traduz na existência de um comportamento paralelo (actuação uniforme dos sujeitos) a que se soma um elemento intelectual ou subjectivo, que consiste na vontade comum de agir em conjunto. Dada a natureza deste último elemento a sua existência é, por regra, inferida a partir de certos indícios, com base em regras de experiência comum. Assim, ANTÓNIO CARLOS SANTOS, MARIA EDUARDA GONÇALVES e MARIA MANUEL LEITÃO MARQUES, ob. cit., pp. 373-374.

ii) Que implique a utilização ilícita ou a divulgação indevida das informações confidenciais;

iii) Em violação de qualquer dever do intermediário financeiro previsto no Cód. VM.

Os procedimentos adoptados pelo intermediário financeiro devem assegurar, em especial, que todas as pessoas referidas no n.º 5 do artigo 304.º estejam informadas das restrições e dos procedimentos relativos a operações pessoais, notificando imediatamente o intermediário financeiro de todas as operações pessoais realizadas. O intermediário, por seu turno, é obrigado a manter um registo de cada operação pessoal, incluindo indicação de qualquer autorização ou proibição relativa à mesma.

3.2.5. Consequências gerais da actuação em conflito de interesses

Atento o âmbito limitado deste trabalho apenas poderemos aflorar a questão das consequências gerais da actuação em conflito de interesses, enunciando de forma sintética e tópica as principais conclusões alcançadas nesta matéria[133].

---

[133] Não poderemos igualmente, neste contexto, desenvolver a questão de saber se as medidas e procedimentos organizacionais podem de alguma forma influir na imputação de conhecimento e, consequentemente, de responsabilidade ao intermediário financeiro, cfr. ALEJANDRO GÓMEZ-ACEBO, *Las Normas de Conducta*, ob. cit., pp. 429 e também FILIPPO ANNUNZIATA, *Intermediazione mobiliare e agire disinteressato: I profili organizzativi interni*, ob. cit., p. 642. Qualificado o delito como o acto subjectivamente ilícito, ou seja, como a violação voluntária de estatuições normativas (permissivas ou de obrigação), quando a inobservância de um dever de transparência, de obter ratificação, ou outro, resulte do funcionamento de medidas de segregação organizativa e do consequente desconhecimento, que estas pressupõem, do que se passa para lá da barreira organizativa, mesmo havendo danos poderá não ser possível responsabilizar o intermediário financeiro por não se poder considerar que aquele agiu voluntariamente, ou seja, com culpa. Assim, apesar da desconformidade entre o comportamento exterior do agente e a factualidade pretendida pelo direito, faltaria a voluntariedade na violação da estatuição normativa de obrigação a que o intermediário se encontra adstrito porque este desconheceria a constituição do dever, em concreto, na sua esfera, cfr. ANTÓNIO MENEZES CORDEIRO, *Direito das Obrigações*, 2.º volume, ob. cit., p. 304. Na terminologia de PIRES DE LIMA e ANTUNES VARELA, Código Civil Anotado, volume I, 4.ª edição, Coimbra Editora, (1987),

Assim, em primeira linha, a violação dos deveres e princípios constantes do Cód. VM em matéria de conflito de interesses tem como consequência a responsabilidade civil[134] e contra-ordenacional[135] dos implicados (respectivamente, artigos 304.º-A e 305.º-D do Cód. VM e artigo 483.º do Código Civil e artigos 397.º-2/b, 388.º-1/a e 404.º do Cód. VM).

Nos termos do artigo 304.º-A-2 do Cód. VM, a actuação culposa do intermediário presume-se quando o dano seja causado no âmbito de relações contratuais ou pré-contratuais e, em qualquer caso, quando seja originado pela violação de deveres de informação, o que assume relevância em matéria de conflito de interesses, atentos os deveres de transparência vigentes nesta matéria e que já referimos.

Por força do disposto no artigo 305.º-D do Cód. VM, os titulares do órgão de administração do intermediário financeiro são ainda directamente responsáveis por garantir o cumprimento dos deveres previstos no referido código, entre outros, em matéria de conflito de interesses.

As demais pessoas referidas no artigo 304.º-5 do Cód. VM serão responsabilizadas, na ausência de disposição especial, directamente por força do disposto no artigo 483.º do Código Civil.

---

pp. 474-475, faltaria o nexo de imputação do facto ao agente, pois sendo embora o sujeito imputável – no sentido de susceptível do juízo de reprovação ou censura – não poderá ser defendido que a pessoa imputável agiu , no caso concreto, em termos que justifiquem censura. Como em qualquer outra situação de responsabilidade civil não basta demonstrar que o agente agiu objectivamente mal – incumprindo um dever que sobre ele impendia – sendo ainda necessário que a violação tenha sido praticada com dolo ou negligência ou que, no caso vertente, não terá sucedido. Em bom rigor, poderia porventura sustentar-se ainda a delimitação negativa do delito – em termos de ilicitude – em virtude deste resultar, ele próprio, do acatamento de uma outra norma de obrigação: a que lhe impõe a segregação de actividades e sua gestão com um grau adequado de independência. Naturalmente, esta delimitação negativa só resultaria operativa na medida em que a segregação de actividades fosse efectiva e eficaz: apenas o cumprimento escrupuloso de um dos deveres poderia "justificar" o incumprimento do outro.

[134] Sobre a responsabilidade civil dos intermediários financeiros, GONÇALO CASTILHO DOS SANTOS, *A Responsabilidade Civil do Intermediário Financeiro Perante o Cliente*, Almedina, Coimbra, (2008).

[135] Sobre o regime das contra-ordenações no Cód. VM, FREDERICO COSTA PINTO, *O Novo Regime dos Crimes e Contra-ordenações no Código dos Valores Mobiliários*, Almedina, Coimbra, (2000).

A violação por entidades autorizadas a exercer actividades de intermediação financeira do dever de respeitar as regras sobre conflitos de interesses constitui ainda, nos termos do artigo 397.º-2 do Cód. VM, contra-ordenação muito grave, punível com coima entre Euro 25 000 e Euro 2 500 000. Cumulativamente com as coimas, podem ser aplicadas aos responsáveis por qualquer contra-ordenação, além das previstas no regime geral dos ilícitos de mera ordenação social, as sanções acessórias previstas no artigo 404.º do Cód. VM, entre elas, a apreensão e perda do objecto da infracção, incluindo o produto do benefício obtido pelo infractor através da prática da contra--ordenação e a inibição do exercício de funções de administração, direcção, chefia ou fiscalização e, em geral, de representação de quaisquer intermediários financeiros no âmbito de alguma ou de todas as actividades de intermediação em valores mobiliários ou outros instrumentos financeiros.

No que respeita à possibilidade de recurso às figuras da invalidade ou da ineficácia dos negócios concluídos em conflito de interesses, remetemos para o que já referimos a propósito da venda por aplicação e para o que referiremos a propósito da actuação como contraparte e da antecipação na negociação.

3.3. Regimes especiais aplicaveis às situações-tipo de conflito de interesses

Como já referimos, o conflito de interesses manifesta-se nas mais diversas formas e no exercício de diferentes actividades de intermediação, sendo tanto maior o risco de conflito quanto maior seja o número de actividades a que o intermediário se pode dedicar[136]. A prolixidade dos interesses em presença e a complexidade das situações potencialmente envolvidas tornam impossível a tarefa de estabelecer uma tipologia exaustiva das situações de conflito. Tal não significa, no entanto, que o legislador nacional não tenha pro-

---

[136] Efectuando uma tipologia do conflito de interesses com base no tipo de actividades prosseguidas, cfr. MARIA CRISTINA MERANI, *Il Problema del Conflitto di Interessi nell' Intermediazione Mobiliare*, ob.cit., p. 326 e ss.

curado ordenar e regular aquelas situações que, historicamente, têm vindo a merecer uma atenção específica e, consequentemente, um tratamento autónomo.

No Cód. VM encontramos assim, para além das regras gerais aplicáveis em matéria de prevenção e gestão do conflito de interesses que já referimos, também um conjunto de disposições específicas que regulam as situações especiais da intermediação excessiva, da actuação como contraparte, da antecipação na negociação, da agregação de ordens e da actuação em conflito de interesses que ocorre no contexto da análise financeira[137].

Atenta a dimensão do presente artigo, as referências às situações especiais de conflito de interesse previstas no Cód. VM e ao respectivo regime não poderão representar mais do que um mero afloramento necessariamente tópico. Individualmente cada uma destas situações, bem como o respectivo regime, mereceriam largas páginas explicativas, as quais terão de ficar para uma futura oportunidade.

3.3.1. *Actuação como contraparte*

A actuação como contraparte ocorre quando um intermediário financeiro que se encontra simultaneamente autorizado para actuar por conta própria e por conta de outrem, toma a decisão de negociar directamente com o cliente, fora de mercado, comprando-lhe os valores que ele pretende vender ou alienando-lhe os valores que ele pretende adquirir.

A actuação como contraparte coloca o intermediário num dilema semelhante ao que ocorre no negócio consigo mesmo (artigo 261.º do Código Civil) e na actuação como contraparte no âmbito da comissão mercantil (artigo 274.º do Código Comercial). Sendo-lhe permitido actuar como contraparte, o intermediário hesitará entre prosseguir o interesse do cliente ou um benefício ou vantagem próprios. Assim, o intermediário financeiro poderá considerar que a ordem, nos termos

---

[137] Sobre o conflito de interesses na análise financeira, cfr. GONÇALO CASTILHO DOS SANTOS, *A Análise Financeira e o Conflito de Interesses*, in AAVV, *Conflito de Interesses no Direito Societário e Financeiro: um Balanço a partir da Crise Financeira*, p. 417 e ss.

em que foi transmitida pelo cliente representa, para si, um bom negócio, sem que concomitantemente, seja a que mais conforme se apresenta aos interesses do cliente[138]. À semelhança do que sucede com a intermediação excessiva, a actuação como contraparte configura uma hipótese de conflito pessoal de interesses contrapostos.

Nem sempre aos intermediários financeiro, ou, melhor dizendo, aos corretores, foi permitida a actuação como contraparte[139]. O Código Ferreira Borges – nos artigos 127.º e 132.º – tal como o Código Veiga Beirão – no artigo 80 § 1.º e 3.º – e o Decreto de 10 de Outubro de 1901[140] – artigo 50.º – proibiam aos corretores o exercício do comércio por conta própria e a aquisição, para si, dos valores ou títulos de cuja negociação estivessem incumbidos (o chamado "contrato directo"[141]), salvo tendo de responder por faltas do comprador para com o vendedor e vice-versa[142-143]. A razão de ser desta

---

[138] ALEJANDRO GÓMEZ-ACEBO, *Las Normas de Conducta*, ob. cit., p. 187.

[139] Segundo RUY ULRICH, *Da Bolsa e Suas Operações*, ob.cit., pp. 58-59, data da Idade Média (séculos XIV-XV) a proibição feita aos corretores de se interessarem nas operações que os seus clientes lhes confiam, o que, segundo o Autor, "(...) *constitui uma das principais garantias de seriedade nas transacções de bolsa, pois doutro modo fácil seria aos corretores influirem nas cotações em seu proveito e, em vez de auxiliares dos seus clientes, tornarem-se seus adversários*".

[140] Que aprovou o regimento do ofício de corretor e o Regulamento do serviço e operações das Bolsas dos fundos públicos e particulares e outros papéis de crédito.

[141] Assim, RUY ULRICH, *Da Bolsa e Suas Operações*, ob.cit., p. 309. Os vários preceitos citados estabeleciam a proibição aos corretores de adquirirem para si valores ou títulos de cuja negociação estivessem incumbidos, salvo tendo de responder por faltas do comprador para com o vendedor.

[142] A actuação como contraparte era, no entanto, permitida aos comissários, nos termos do artigo 274.º do Código Comercial de 1888, ainda hoje vigente. LUIZ DA CUNHA GONÇALVES, *Comentário ao Código Comercial Português*, Volume I, Empreza Editora J.B, (1914), p. 152, esclarecia que a proibição de actuação como contraparte "*Mostra* (...) *que, embora o art. 77.º equipare o corretor a um comissário, não pode aquele exercer o Direito que a este claramente concede o artigo 274.º. Neste ponto o corretor foi equiparado aos gerentes de comércio (artigo 253.º), excepto no caso de o corretor ser mandatário do comprador e este não ter vindo a tempo de pagar o preço e levantar a mercadoria. O Cód. De 1833, art. 132.º, proibia também a aquisição de mercadorias cuja venda fosse confiada a outro corretor, ainda que a pretexto de consumo particular, o que tinha por fim evitar conluios entre colegas e deveria ser mantido*".

[143] As supracitadas disposições não referiam a venda de valores feita pelos corretores aos seus clientes porque, ao não poderem adquirir títulos para si, os corretores

proibição era a de assegurar que os corretores não se interessassem directamente nos negócios que intermediavam[144].

O Decreto-lei n.º 8/74, de 14 de Janeiro (alterado pelo Decreto--lei n.º 696/75, de 12 de Dezembro), no seu artigo 107.º, continuou a proibir aos corretores a realização de operações de bolsa por conta própria e a prática de quaisquer actos contrários aos interesses dos seus comitentes. Em 1988, porém, as sociedades financeiras de corretagem foram autorizadas a agir por conta própria, nos termos do disposto no artigo 3.º-1 do Decreto-lei n.º 229-I/88, de 4 de Julho.

Na sequência do disposto naquele diploma[145], o Cód. MVM veio regular a possibilidade de actuação como contraparte pelos intermediários financeiros, no artigo 645.º/a, subordinando-a ao conhecimento e autorização escrita dos clientes. O artigo 182.º-1 do Código, para o qual o artigo 645.º/a remetia, estabelecia, sob a epígrafe *"conflitos de interesses"*, que os intermediários financeiros autorizados a operar num mercado secundário não poderiam negociar de conta

---

também não os poderiam vender, porque deles não dispunham. Tratava-se assim de uma questão lógica que não deixou contudo de estar isenta de reparos, RUY ULRICH, *Da Bolsa e Suas Operações*, ob. cit., p. 314.

[144] Porém, também já à época, RUY ULRICH dava conta de que a actuação do corretor como contraparte do cliente era questão bastante discutida. Os defensores do "sistema do contrato directo" entendiam que, quando sujeito a determinadas garantias – como a realização da operação pelo preço constante da cotação oficial e a obtenção do consentimento do cliente antes da execução da transacção, entre outras – o contrato directo apresentava grandes vantagens, sobretudo relativamente a valores pouco líquidos e em épocas de crise, em que os corretores, ponderados e conhecedores, poderiam lutar contra os "caprichos do mercado", evitando grandes oscilações nas cotações. Em sentido contrário era afirmado, no entanto, que o contrato directo desnaturava a função do corretor, "(...) *tornando-o antagonista do seu cliente, de quem deve ser auxiliar*" e o colocava numa situação em que os seus próprios interesses de parte estariam em oposição absoluta, criando ocasiões de conflito entre a execução do seu dever como corretor e o seu próprio interesse como comprador ou vendedor. Argumentava-se ainda que a actuação como contraparte destruiria a sinceridade e a representatividade das cotações e falsearia as forças da oferta e da procura em mercado e que, ainda que se obrigasse o corretor a celebrar o negócio ao preço do mercado, sempre este poderia escolher o preço que, durante a sessão, lhe fosse mais favorável o que multiplicado pelo número de valores transaccionados poderia ascender a somas importantes. RUY ULRICH, *Da Bolsa e Suas Operações*, ob. cit., pp. 306 e 307 a 313.

[145] Hoje revogado pelo Decreto-lei n.º 262/2001, de 28 de Setembro.

própria directamente com pessoas ou entidades que não tivessem essa qualidade (os seus clientes), a não ser que mediante documento por elas assinado e que deveriam arquivar para comprovação do facto, previamente as informassem de que seriam contraparte nas transacções em causa[146].

O Cód. VM regula a actuação como contraparte no artigo 346.º. Nos termos deste preceito, o intermediário financeiro autorizado a actuar por conta própria só pode celebrar contratos como contraparte do cliente, comprando os valores que o cliente pretende vender ou alienando-lhe os valores que aquele pretende adquirir, nas seguintes situações:

i) Quando o cliente (investidor não qualificado) tenha autorizado ou confirmado o negócio, por escrito (artigo 346.º-1, *in fine*);

ii) Quando as operações sejam executadas em mercado regulamentado, através de sistemas centralizados de negociação (artigo 346.º-2, *in fine*);

iii) Quando o cliente seja um investidor qualificado (artigo 346.º-2, primeira parte).

A proibição vertida no artigo 346.º é uma proibição relativa, que admite as excepções atrás especificadas, as quais mais não são, na verdade, do que um reflexo das excepções gerais à proibição do contrato consigo mesmo[147], abrangendo, em primeiro lugar, a autorização pelo titular dos interesses ou pela lei e, em segundo lugar, situações ou negócios em que a lei presume a inexistência de ofensa dos interesses do respectivo titular[148]. Vejamos cada uma destas excepções.

---

[146] Quanto à articulação, algo obscura, do disposto nos artigo 645.º/a e 182.º do Cód. MVM, vd. JOSÉ PEDRO FAZENDA MARTINS, *Deveres dos intermediários financeiros, em especial os deveres para com os clientes e o mercado*, ob.cit., pp. 338 e 339.

[147] Previsto no artigo 261.º do Código Civil e de que o artigo 346.º do Cód. VM não é uma mera manifestação na medida em que pressuporá, por regra, a actuação do intermediário ao abrigo de um mandato não representativo.

[148] ADRIANO VAZ SERRA, *Contrato consigo mesmo*, n.º 3132, ob.cit., pp. 227-231

(a) *Autorização ou confirmação do negócio pelo cliente*

O artigo 346.º-1 do Cód. VM tem implícito um dever de informação – corolário do dever de transparência previsto no artigo 309.º-3 do Cód. VM – que impende sobre o intermediário financeiro e que pode ser cumprido antes ou depois de realizada a operação.

Assim, quando pretenda obter a autorização prévia do cliente, o intermediário financeiro deve informá-lo de que pretende agir como sua contraparte no negócio fora de mercado, indicando o preço pelo qual está disposto a comprar ou a vender os valores, bem como o preço de mercado dos mesmos, caso este seja, respectivamente, superior ou inferior àquele. O cliente deve ficar perfeitamente esclarecido quanto aos termos da operação e suas implicações, designadamente patrimoniais[149].

Consubstanciando a actuação como contraparte uma hipótese de conflito de interesses pessoal, a sua gestão deverá também passar pelo crivo do artigo 309.º-2 e 3 do Cód. VM, o qual determina que em situação de conflito pessoal o intermediário financeiro deverá actuar dando prevalência ao interesse do cliente. Em conformidade, o preço de compra ou venda dos valores – ou, em geral, as condições de transacção – deverão ser, pelo menos, iguais às do negócio análogo concluído no mercado em que se encontram admitidos os valores, sendo este o caso, ou ao último valor divulgado por entidade com credibilidade para o efeito, se aplicável, como sucede com certos fundos. A desconformidade objectiva ao interesse do cliente – e consequente prossecução de uma vantagem própria – só deverão ser afirmadas quando o requisito supra-mencionado não se encontre preenchido e o conflito possa ser, nessa perspectiva, qualificado de dinâmico.

A autorização escrita[150] do cliente pressupõe que este, depois de ter avaliado, presumivelmente de forma racional, as consequências

---

[149] Como refere ADRIANO VAZ SERRA, *Contrato consigo mesmo*, n.º 3132, ob.cit., p. 227, a propósito do negócio consigo mesmo celebrado pelo representante: "*Afigura-se conveniente exigir uma autorização clara e específica do representado, pois qualquer outra não mostra suficientemente que este quis autorizar o contrato do representante consigo mesmo e teve consciência do risco que corria*".

[150] Existindo autorização ou confirmação fica consumida a regra prevista no artigo 330.º-4 do Cód. VM, a qual prevê que "*as ordens relativas a valores mobiliários*

no que respeita ao seu património da actividade desenvolvida pelo intermediário financeiro em conflito de interesses (estático), preste o seu consentimento considerando que a actividade lhe é conveniente com base na informação lhe foi prestada[151].

Concedida a autorização nos termos atrás referidos, o intermediário pode consumar o negócio, o que não significa que caso este venha a manifestar-se objectivamente lesivo dos interesses do cliente e vantajoso para o intermediário – porque, por exemplo, o preço pago ou cobrado era efectivamente superior ou inferior, respectivamente, ao preço de mercado[152] – o primeiro não possa recorrer à responsabilidade civil para ver ressarcido o seu dano.

Apesar de se poder invocar um eventual consentimento do lesado – caso o cliente tivesse sido efectivamente informado da lesão e não apenas da actuação como contraparte – (artigo 340.º-1 do Código Civil), a ilicitude do acto não deve ter-se por excluída porque contrária a uma proibição legal: a do intermediário fazer prevalecer os seus interesses sobre os interesses do cliente (artigo 309.º-3 do Cód. VM).

No que respeita à possibilidade de confirmação do negócio, também esta deverá ser solicitada depois de informado o cliente de todos os elementos essenciais da operação, devendo o intermediário revelar ao cliente de que agiu como sua contraparte, o preço por que foi efectuada a operação e o correspondente preço de mercado, se relevante. Também quanto a esta situação se aplicam, *mutatis mutandi*, as considerações acima tecidas a propósito de um eventual recurso à responsabilidade civil.

Quid juris, porém, se o cliente não autorizar ou confirmar o negócio?

Em tese, várias hipóteses se perfilam.

---

admitidos à negociação num dado mercado devem ser executadas nesse mercado, salvo indicação expressa e por escrito do ordenador".

[151] No mesmo sentido, VITTORIO AFFERNI, *Rappresentanza e conflitto di interessi nell' ambito dell' impresa*, ob. cit., p. 209, o qual refere que esta medida "(…) presuppone che si tratti di un cliente avveduto e em grado di valutare le proprie scelte".

[152] Descontando o não pagamento das comissões e taxas cobradas pela realização da operação em mercado.

Assim, em primeiro lugar, o negócio poderia ser considerado *nulo por violação de disposição legal imperativa*, nos termos do disposto no artigo 294.º do Código Civil. Esta hipótese parece-nos, porém, de afastar, na medida em que as regras de autorização ou confirmação do contrato directo não parecem implicar interesses de ordem pública, atenta a evolução sofrida na forma como a actuação por conta própria e como contraparte têm sido encaradas e de que demos breve nota acima. Acresce que uma consequência de tal gravidade poderia pôr em causa os interesses do mandante, que são afinal aqueles que a lei pretende tutelar, dado que o negócio poderá ser vantajoso para o cliente, apesar do intermediário ter actuado como contraparte.

Em segundo lugar, poderia equacionar-se a aplicação analógica do artigo 261.º do Código Civil (negócio consigo mesmo) – dado que por regra o mandato conferido ao intermediário será não representativo[153] – e admitir a *anulabilidade da operação face à ausência*

---

[153] É discutida a natureza do contrato celebrado entre o mandatário sem representação e o seu mandante. Ao contrário do que sucede no mandato representativo em que a admissibilidade ôntica do negócio consigo mesmo assenta no facto de, apesar de haver apenas um declarante, continuarem a existir tantas declarações de vontade quanto as partes no contrato – o representante age simultaneamente na qualidade de parte e na qualidade de representante da outra parte ou na qualidade de representante de todas as partes – na chamada auto-entrada do mandatário não representativo, a celebração formal do negócio dá-se agindo o mandatário sempre e só em seu próprio nome – a constatação de que o mandatário actua por conta de outrem não parece suficiente para afastar a incongruidade de um negócio celebrado nestes termos. Quanto à natureza jurídica da actuação como contraparte do mandatário não representativo, perfilam-se as seguintes soluções: (i) tratar--se de um contrato formado pela sucessão de dois actos: o contrato de mandato e a declaração dirigida pelo mandatário ao mandante, comunicando a conclusão do contrato; (ii) haver uma substituição do contrato de mandato não representativo pelo contrato de compra e venda e (iii) tratar-se de um acto unilateral potestativo. Sobre o assunto, vede CARLOS FERREIRA DE ALMEIDA, *As transacções de conta alheia no âmbito da intermediação no mercado de valores mobiliários*, Direito dos Valores Mobiliários, Lex, Lisboa, (1997), p. 299 e, do mesmo Autor, *Contratos – Conceito, Fontes, Formação*, I, Almedina, (2000), pp. 107-109. Veja-se também JEAN-FRANÇOIS ROMAIN, *Contrat avec soi-même et conflits d'intérêt*, ob.cit., p. 139, que refere a solução defendida por Planiol e Ripert de que o contrato combina "(…) l'existence d'une option d'achat [ou de venda] et d'un contrat de représentation imparfaite sous condition résolutoire, qui s'effacerait simultanément avec la levée de l'option".

de consentimento do cliente e desde que o negócio não excluísse, por sua natureza, a possibilidade de um conflito de interesses[154]. Esta solução assumiria que o dilema que em que se encontra o mandatário, com ou sem representação, quando actua como contraparte é o mesmo: ele exprime simultaneamente o interesse do mandante – que tem o dever de prosseguir, independentemente de agir em seu nome ou apenas por sua conta – e o seu interesse pessoal, na medida em que actua como contraparte no negócio[155]. Esta solução teria também a vantagem de assegurar alguma coerência entre o direito comum e o direito financeiro e a de permitir ao cliente anular o negócio quando este fosse lesivo dos seus interesses. A anulabilidade do negócio seria também mais adequada face aos interesses protegidos pelo artigo 346.º do Cód. VM, que são os interesses privados dos clientes[156].

Atentando no teor literal do artigo 346.º-1 e apesar da opção, que se nos afigura criticável, de não ter sido expressamente cominada a anulabilidade do negócio, parece-nos que a boa solução deverá ser a que apontámos acima. Refere o preceito que o cliente deverá autorizar ou confirmar o negócio. A confirmação é um negócio unilateral pelo qual uma pessoa com legitimidade para arguir a anulabilidade declara aprovar o negócio viciado[157]. Os negócios anuláveis, ao contrário do que sucede com os negócios nulos, são sanáveis mediante confirmação, nos termos do disposto no artigo 288.º do Código Civil. A confirmação exige a existência de uma intenção confirmatória, intenção esta que depende do conhecimento, por parte

---

[154] Contra, raciocinando embora no âmbito do Cód. MVM, CARLOS FERREIRA DE ALMEIDA, *As transacções de conta alheia no âmbito da intermediação no mercado de valores mobiliários*, ob. cit., p. 299.

[155] JEAN-FRANÇOIS ROMAIN, *Contrat avec soi-même et conflits d'intérêt*, ob.cit., 1997, p. 108.

[156] Como esclarece PEDRO PAIS DE VASCONCELOS, *Teoria Geral do Direito Civil*, volume II, Almedina, (2002), pp. 91 e 92, em casos em que "(...) *o Direito não tem a certeza de que o negócio seja desvalioso mas receia que o seja, adopta uma atitude cautelosa. Sem impor a invalidade, concede à vítima ou à pessoa que considera especialmente em perigo e carecida de protecção a possibilidade de se livrar do negócio, se assim o desejar.* (...)".

[157] CARLOS ALBERTO DA MOTA PINTO, *Teoria Geral do Direito Civil*, 3ª edição actualizada, Coimbra Editora, (1992), p. 614.

do confirmante, do vício e do direito à anulação (artigo 288.º-2 do Código Civil).

Quando tendo sido informado do negócio, o cliente opte por não o confirmar, deverá invocar a anulabilidade do negócio, nos termos do disposto no artigo 287.º-1 do Código Civil. O prazo de um ano previsto para a arguição da anulabilidade começa a correr a partir do momento em que o cliente toma conhecimento da actuação como contraparte. Até lá o negócio anulável produz os seus efeitos e é tratado como válido, enquanto não for julgada procedente uma acção de anulação. Uma vez exercido o direito potestativo de anular e tendo este sido considerado procedente, os efeitos do negócio são retroactivamente destruídos, devendo ser restituído tudo o que tiver sido prestado ou, se a restituição em espécie não for possível, o valor correspondente (artigo 288.º do Código Civil).

A hipótese da mera ineficácia do negócio parece de afastar, não apenas face ao *supra* referido, mas ainta tendo em consideração que no preceito imediatamente subsequente, o artigo 347.º-2 do Cód. VM faz expressa menção à "ratificação" das operações realizadas em violação da proibição de anteposição na negociação, sendo de presumir que se o legislador utilizou palavras distintas é porque a tais palavras devem corresponder sentidos também distintos[158].

A cominação da anulabilidade do negócio não deixa de apresentar inconvenientes. Assim, VAZ SERRA, ainda antes da feitura do Código Civil de 1966, defendia, a propósito do negócio consigo mesmo (hoje previsto no artigo 261.º do Código Civil) que seria a ineficácia o desvalor do negócio jurídico que melhor se adequava a estas situações. Na altura, referia o Autor que a anulação do negócio pelo representado constituiria "(..) *um incómodo para o representado, que se verá muitas vezes levado a abster-se de fazer anular o contrato*"[159].

---

[158] Artigo 9.º n.º 3 do Código Civil

[159] O Autor acrescentava ainda: "*Por outro lado, a proibição do autocontrato vem de que se não considera incluído nos poderes de representação o de contratar consigo mesmo e, por isso, a consequência parece dever ser a de que o contrato fica sujeito ao regime dos realizados por um representante destituído dos poderes de representação. Resulta daqui que o negócio não é, nem mesmo provisoriamente, eficaz para com o representado, que não precisa de o anular ou fazer anular. É um negócio a este estranho,*

Face ao acima referido, cumpre indagar se a autorização ou a confirmação do cliente são absolutamente livres, podendo ser recusadas mesmo perante um mero conflito de interesses estático, ou seja, mesmo quando não seja, em concreto, perpetrado qualquer abuso por parte do intermediário financeiro, ou se, inversamente, deverá ser obrigado a autorizar ou confirmar o negócio, quando nenhum conflito dinâmico subsista, por força do princípio da boa-fé.

Afigura-se-nos razoável que o cliente seja obrigado a confirmar a operação quando a boa-fé o exija. Se o não fizer responde por indemnização para com o intermediário (esta indemnização pode o tribunal determiná-la com conteúdo idêntico ao do contrato que deveria ser ratificado)[160].

A possibilidade de confirmação do negócio permite ao cliente avaliar da bondade do negócio celebrado, o que significa que, em princípio, o cliente avaliará o perigo de dano ou o dano que o contrato representa para si. Não merece, consequentemente, tutela um comportamento do cliente que possa ser qualificado de irracional ou de intencionalmente lesivo dos interesses do intermediário que agiu correctamente, isto é, de forma leal, situação que este último deverá ser capaz de demonstrar.

Posto isto, cumpre referir que se nos afigura admissível uma cláusula contratual que consubstancie uma autorização genérica de actuação como contraparte, naturalmente configurada atendendo ao concreto perfil, conhecimento e experiência do investidor em causa. Sem prejuízo dessa autorização genérica, o intermediário financeiro será ainda obrigado a dar cumprimento aos comandos de actuação transparente vertidos nos artigos 309.º e 312.º o que significa que o cliente, uma vez informado previamente da situação de conflito decorrente da actuação como contraparte pode optar por impedir ou não a operação (revogando a autorização genérica, no primeiro caso) sendo que, no último caso, não impedir não significa consentir, precludindo a futura avaliação do serviço prestado. Nestes casos, a informação não visará a autorização preventiva do cliente mas o seu

---

que só se tornará eficaz para com ele, se for ratificado"; cfr. ADRIANO VAZ SERRA, *Contrato consigo mesmo*, n.º 3133, ob.cit., p. 246.

[160] ADRIANO VAZ SERRA, *Contrato consigo mesmo*, n.º 3133, ob.cit., p. 246.

eventual dissenso e um mais atento controlo *ex post* sobre a actuação do intermediário financeiro.

(*b*) *Demais excepções à proibição de actuação como contraparte*

Quanto às demais excepções à proibição de actuação como contraparte previstas no artigo 346.º-2 do Cód. VM, cumpre referir que o facto da "actuação como contraparte" ser autorizada em mercado regulamentado, através de sistema centralizado de negociação[161] assenta em dois pressupostos diferentes.

Em primeiro lugar, aceita-se que o mercado assegura a transparência e a integridade das cotações, sendo o conflito de interesses, em princípio, neutralizado pela objectividade da cotação fixada em função da oferta e da procura, pelo que o interesse do cliente não será normalmente prejudicado[162].

Ao pressuposto anteriormente referido acresce um outro que se prende com o modo como se formam contratos em mercado de valores mobiliários, num contexto de contratação anónima e massificada que prescinde da determinação da identidade das partes, atendendo apenas à compatibilidade, ainda que parcial, entre pares de propostas simétricas que revestem relativamente umas às outras as características cumulativas da proposta e da aceitação, isto é, completude, precisão, conformidade, tempestividade e adequação formal[163]. Em mercado, as partes não sabem com quem contratam pelo que obrigar a uma autorização ou ratificação seria impossível.

Quanto à actuação como contraparte do intermediário financeiro que actua por conta de um investidor qualificado (artigo 30.º do Cód. VM), afigura-se-nos que não estamos perante uma presunção inilidível de boa execução, mas simplesmente ante a mera constatação de

---

[161] Nos termos do artigo 213.º do Cód. VM são havidos como mercados de bolsa os mercados regulamentados em que a emissão de ofertas e a conclusão das operações são centralizadas num só espaço ou sistema de negociação, encontrando-se estes previstos no artigo 220.º do mesmo diploma.

[162] JEAN-FRANÇOIS ROMAIN, *Contrat avec soi-même et conflits d'intérêt*, ob. cit., p. 180, JOSÉ PEDRO FAZENDA MARTINS, *Deveres dos intermediários financeiros*, ob. cit., p. 339.

[163] Sobre a contratação em mercado, através de propostas cruzadas, vede CARLOS FERREIRA DE ALMEIDA, *Contratos – Conceito, Fontes, Formação*, ob.cit., pp. 103-104.

que o investidor institucional, mais experiente e sabedor, saberá distinguir o bom do mau negócio. Havendo prejuízo do investidor – porque, por exemplo, efectuou a compra a preço mais alto do que o vigente no mercado ou a preço mais baixo do que aquele – pode este demandar o intermediário, nos termos gerais da responsabilidade civil (artigos 483.º do Código Civil e 304.º-A, 314.º e 309.º-3 do Cód. VM). Poderá também haver lugar a responsabilidade contratual, nos termos do disposto no artigo 324.º do Cód.VM, caso o contrato celebrado entre o investidor e o intermediário contemplasse expressamente a necessidade de obtenção da autorização ou confirmação.

3.3.2. Agregação e afectação de ordens

A agregação de ordens ocorre quando o intermediário financeiro, tendo recebido uma ordem de um cliente, decide juntá-la com uma ordem de sentido idêntico relativa aos mesmos instrumentos financeiros, que vai executar para carteira própria ou para a carteira de um outro cliente, mediante a introdução de uma única oferta num sistema de negociação, seja em mercado, seja em sistema multilateral de negociação.

O conflito de interesses configura-se, assim, como a possibilidade de privilegiamento dos interesses do próprio intermediário financeiro face ao interesse de clientes ou dos interesses de um dos respectivos clientes, com prejuízo para os interesses do outro ou outros.

A probabilidade de lesão dos interesses do cliente investidor decorre do facto do volume das ordens agregadas poder ser tal que o mercado ou a plataforma de negociação não consiga absorver toda a oferta de imediato e ao mesmo preço, o que poderá dar lugar a execuções parciais da oferta introduzida no sistema de negociação ou a uma execução completa mas a diferentes preços. Nestes casos coloca-se o problema de saber quem será beneficiado e quem será prejudicado quando finalmente os valores mobiliários forem distribuídos pelas diversas carteiras.

A situação de conflito de interesses que vimos descrevendo pressupõe que o intermediário possa actuar por conta própria e por conta de outrem (recepção e transmissão de ordens e/ou gestão de carteiras) e deve configurar-se como um conflito de interesses concorrentes, pessoal ou entre clientes.

O Cód. VM admite a possibilidade de serem agregadas ordens, fixando, no entanto, as circunstâncias em que tal pode suceder. Nesta óptica, o artigo 328.º-A do Cód. VM estabelece que o intermediário financeiro que pretenda proceder à agregação, numa única ordem, de ordens de vários clientes ou de ordens de clientes e de decisões de negociar por conta própria, deve assegurar que a agregação não seja, em termos globais, prejudicial a qualquer ordenador, devendo ainda informar previamente os clientes cujas ordens vão ser agregadas da eventualidade do efeito da agregação poder ser prejudicial relativamente a uma sua ordem específica.

A condição de que a agregação não cause prejuízo, em termos globais, aos ordenadores, bem como o dever de transparência prévia, obrigam a que o intermediário financeiro faça um juízo de prognóse quanto à possibilidade de verificação de danos, atentos os conhecimentos e experiência que tem do funcionamento do mercado ou do sistema utilizado. Assim, a título de exemplo, uma oferta de compra ou de venda de uma grande quantidade de valores (resultante da agregação de várias ordens mais pequenas) poderá ter um impacto positivo ou negativo, respectivamente, no que respeita ao preço dos valores em causa, causando a sua apreciação ou depreciação, oscilações essas que poderão ser contrárias ao interesse dos ordenantes e que poderiam ter sido evitadas caso não tivesse havido agregação. Da mesma forma, o intermediário deverá evitar a agregação de ordens quando a procura no mercado for manifestamente insuficiente para a dimensão da oferta e vice-versa.

Resulta claro da utilização da expressão *"prejuízos, em termos globais"* ser admissível que a referida agregação possa causar prejuízos a certos clientes em concreto, desde que, no cômputo geral, os clientes ordenadores não sejam prejudicado (artigo 328.º-A, n.º 1/a) do Cód. VM).

O dever de transparência ou informação que impõe ao intermediário que comunique aos clientes potencialmente lesados a eventualidade do prejuízo que em concreto podem sofrer permite-lhes uma instância de controlo, conferindo-lhes ainda a possibilidade material de se oporem à agregação das suas ordens (artigo 328.º-A, n.º 1/b) do Cód. VM).

Neste caso, afigura-se-nos que o referido dever de transparência não poderá ser cumprido pela mera inclusão de uma cláusula contratual geral no contrato de prestação de serviços de corretagem, de gestão de carteiras ou mesmo de registo e depósito, quando neste se preveja a recepção e execução de ordens, dado que o preceito em apreço refere expressamente a uma "ordem específica".

Em termos organizativos, os intermediários financeiros estão obrigados a adoptar uma política de afectação de ordens de clientes e de decisões de negociar por conta própria que proporcione uma afectação equitativa e indique, em especial a forma como o volume e o preço das ordens e decisões de negociar por conta própria se relacionam com a forma de afectação e os procedimentos destinados a evitar a reafectação, de modo prejudicial para os clientes, de decisões de negociar por conta própria, executadas em combinação com ordens dos clientes. A política de afectação de ordens será aplicável ainda que a ordem agregada seja executada apenas parcialmente.

O intermediário financeiro que tenha procedido à agregação de decisões de negociar por conta própria com uma ou mais ordens de clientes, não pode afectar as operações correspondentes de modo prejudicial para os clientes, o que constitui uma decorrência lógica do disposto no artigo 309.º-3 do Cód. VM. Por regra, sempre que o intermediário financeiro proceda à agregação de uma ordem de um cliente com uma decisão de negociar por conta própria e a ordem agregada seja executada parcialmente, deve afectar as operações correspondentes prioritariamente ao cliente. O intermediário financeiro poderá, no entanto, afectar a operação de modo proporcional se demonstrar fundamentadamente que, sem a agregação, não teria podido executar a ordem do cliente ou não a teria podido executar em condições tão vantajosas (teste de qualidade).

Relativamente à exigência de que o intermediário disponha de procedimentos transparentes para imputar a cada ordenador as operações efectuadas, estes deverão passar pela existência de estruturas informáticas e contabilísticas que assegurem o tratamento diferenciado das ordens e por uma correcta divulgação do processado aos clientes[164].

---

[164] JOSÉ PEDRO FAZENDA MARTINS, *Deveres dos intermediários financeiros*, ob. cit., p. 339.

Admitindo-se a agregação apenas relativamente a ordens que devam ser executadas em mercado ou sistema de negociação não se configura nenhuma hipótese invalidade ou ineficácia dos negócios celebrados atento o carácter massificado e anónimo da contratação neste tipo de estruturas.

Cumpre, por último, referir que caso a agregação seja efectuada pelo intermediário financeiro que transmitiu a ordem a um outro que a executou, o responsável por eventuais prejuízos é só o primeiro, o qual terá, por regra, actuado ao abrigo de um mandato não representativo sucessivo, sem indicar ao segundo intermediário na cadeia que realizou a agregação.

3.3.3. Intermediação excessiva (churning)

A intermediação excessiva – ou *churning*[165] – encontra-se prevista no artigo 310.º-1 do Cód. VM e ocorre tipicamente quando um intermediário financeiro compra e vende valores mobiliários por conta de um cliente, sem atender ao interesse deste, mas antes para gerar um nível elevado de comissões[166] ou para prosseguir, na terminologia da lei, um *"outro objectivo estranho aos interesses do cliente"*[167].

O interesse potencialmente conflituante do intermediário será, na generalidade destas hipóteses, o de efectuar o maior número possível

---

[165] Do verbo *to churn*, que significa bater, sacolejar, agitar fortemente um líquido. Na jurisprudência e doutrina norte-americana fala-se ainda de *overtrading* e de *excessive trading* para designar a figura que agora vamos referir. Cfr. JOSÉ ANTÓNIO VELOSO, *Churning: alguns apontamentos com uma proposta legislativa*, ob. cit., p. 350.

[166] GIAN LUCA RABITTI, *Il conflitto di interessi*, ob. cit., p. 459.

[167] Por exemplo, um intermediário pode pretender privilegiar um outro cliente, negociando de forma excessiva em benefício deste. Outro exemplo possível seria o de um intermediário financeiro ser contratado por uma sociedade emitente com vista a colocar, tomando firme, determinados valores mobiliários, numa situação em que a conjuntura era desfavorável, não tendo a colocação sido considerada atractiva no mercado, pelo que o intermediário financeiro acabou por ficar titular de um conjunto importante de acções da sociedade. O intermediário pode ter interesse em que se realizem múltiplas operações sobre as acções da sociedade, designadamente com vista a provocar um aumento no preço das acções que lhes permita negociar a venda das acções que detém em melhores condições ou com vista a provocar um aumento no preço das acções que lhes facilite o cumprimento das regras sobre recursos próprios, cfr. ALEJANDRO F. A. GÓMEZ-ACEBO, *Las Normas de Conducta en el Derecho del Mercado de Valores*, (2000), p. 335.

de transacções por conta do cliente, para assim cobrar um número elevado de comissões, muitas vezes devidas por cada negócio celebrado e proporcionais à quantidade de valores mobiliários negociados. Situamo-nos, assim, numa hipótese de conflito de interesses contrapostos, pessoal e dinâmico.

O *churning* ou centrifugação de uma conta, exige que o intermediário financeiro se possa dedicar às actividades de negociação por conta de outrem (recepção e execução de ordens e gestão de carteira), podendo tanto ocorrer por força de uma actividade de consultoria incidental, como no contexto de uma situação de gestão discricionária de carteiras.

Tal como concebida originariamente no direito norte-americano[168], a figura da intermediação excessiva verifica-se relativamente a um cliente, quando o intermediário financeiro encarregado de executar por conta deste ou de o aconselhar a realizar operações no mercado de capitais, aproveitando o domínio ou controle que tem da carteira de investimentos do cliente e abusando da confiança nele depositada, realiza ou incita o cliente a realizar operações excessivas no volume ou na frequência, com o propósito de multiplicar as suas comissões ou de realizar outros proventos em vantagem ou no interesse próprio, descurando a prossecução dos objectivos de investimento (ou dos interesses) do seu cliente. Neste contexto, a verificação de uma situação de intermediação excessiva impõe a verificação cumulativa de três requisitos[169]. Em primeiro lugar, exige-se que o

---

[168] Sobre a intermediação excessiva no Direito norte-americano deve ser consultada, em português, a obra fundamental já citada de JOSÉ ANTÓNIO VELOSO e a vasta bibliografia e jurisprudência referidas; cfr. também sobre a matéria THOMAS LEE HAZEN, *Treatise on the Law of Securities Regulation*, 3.ª edição, volume II, West Publishing Co., St. Paul, Minesota, (1995), p. 114; LOUIS LOSS – JOEL SELIGMAN, *Fundamentals of Securities Regulation*, 4.ª edição, Aspen Law & Business, Gaithersburg, Nova Iorque, (1990), pp. 1024 e 1025.

[169] GIAN LUCA RABITTI, *Il conflitto di interessi tra investitore e brokers-dealers nell' esperienza anglo-americana*, ob. cit., p. 459; JOSÉ ANTÓNIO VELOSO, *Churning: alguns apontamentos com uma proposta legislativa*, ob. cit., pp. 352-353 e p. 362; ALEJANDRO F. A. GÓMEZ-ACEBO, *Las Normas de Conducta en el Derecho del Mercado de Valores*, (2000), p. 331 e p. 338.

intermediário financeiro tenha controlo ou domínio sobre a conta ou sobre as decisões do investidor. Em segundo lugar, exige-se a verificação de uma situação de excesso de negociação, excesso esse que é aferido tendo em consideração os objectivos e a estratégia de investimento do cliente. Por fim, exige-se uma certa intenção ou finalidade, devendo a realização excessiva de operações ter como objectivo principal a cobrança de comissões, a obtenção de outros proventos por parte do intermediário financeiro ou outro objectivo estranho aos interesses do cliente.

A aplicação do artigo 310.º do Cód. VM coloca alguns desafios. Na impossibilidade de os referirmos todos, procuraremos ordenar os que reputámos mais significativos.

(i) *Critérios de aferição do carácter excessivo da intermediação*

Em primeiro lugar, não esclarece a lei – e porventura não deveria fazê-lo – qual o critério com base no qual se deverá aferir do carácter "repetido" ou "excessivo" das operações. Sem prejuízo, a referência final feita no preceito aos interesses dos clientes constitui um indício válido quanto ao crivo pelo qual deverão passar as operações cuja realização o intermediário promoveu ou realizou. Como referimos supra, na lógica própria da figura do conflito de interesses, a natureza excessiva das operações afere-se à luz dos interesses do cliente, ou seja, atendendo à sua estratégia e objectivos de investimento, estratégia e objectivos esses que o intermediário tem o dever de conhecer (artigos 304.º, n.º 3 e 314.º e seguintes do Cód. VM). Da mesma forma, será relevante determinar em que medida o cliente era informado e efectivamente conhecia a actividade exercida por sua conta, enquanto indício da harmonia ou desarmonia entre os objectivos daquele e o volume/ frequência das transacções.

Para além da determinação do perfil do cliente, será importante atentar também no próprio volume e padrão de negociação. Nesta perspectiva, a referência à realização de operações "repetidas", ou seja à multiplicação de operações, só é relevante porque e na medida em que um número anormal de transacções constitua indício de que o intermediário não está a prosseguir, em primeiro lugar, os interesses que lhe estavam confiados.

Atentando na experiência norte-americana, onde foi produzida extensa jurisprudência sobre a matéria[170], é possível concluir que não há um critério simples e único para determinar o carácter excessivo da negociação. Em cada caso concreto será necessário atender a diversos factores, ponderando a sua lógica relativa face à lógica global dos interesses do cliente e dos compromissos do intermediário, uns e outros no enquadramento dos usos aceites no mercado e da evolução dos preços no período em que a conta esteve sob o domínio da acção daquele.

Embora transposições mecânicas devam ser evitadas, continuam a constituir padrão de referência as circunstâncias e as práticas identificadas e tipificadas pelos tribunais norte-americanos com recurso a peritos financeiros, como constituindo indício da intermediação excessiva de uma conta. O critério quantitativo ao qual a jurisprudência norte-americana com mais frequência recorre é o do rácio ou taxa de rotação da carteira, a qual indica a frequência, anualizada, com que o investimento do cliente é liquidado e o capital reinvestido. Os modelos de decisão utilizados para determinar quando é que esse rácio é excessivo são muito variados, assentando em fórmulas de cálculo pré-estabelecidas (caso da fórmula "Looper")[171] ou em comparações com as taxas de rotação anual dos fundos de investimento, o que permite introduzir uma abordagem qualitativa da questão, visto que os fundos, à imagem dos clientes investidores não qualificados, também apresentam diferentes perfis de investimento e risco (caso dos estudos avançados por Winslow e Anderson[172]). Naturalmente, a determinação do que seja um rácio excessivo de rotação de uma carteira encontra-se estreitamente relacionada com as condições

---

[170] JOSÉ ANTÓNIO VELOSO, *Churning: alguns apontamentos com uma proposta legislativa*, ob. cit.; ALEJANDRO F. A. GÓMEZ-ACEBO, *Las Normas de Conducta en el Derecho del Mercado de Valores*, (2000).

[171] ALEJANDRO GÓMEZ-ACEBO, *Las Normas de Conducta en el Derecho del Mercado de Valores*, ob. cit., pp. 344 e ss., especialmente, pp. 346-348.

[172] Trata-se da obra de referência nesta matéria. Cfr. JOSÉ ANTÓNIO VELOSO, *Churning: alguns apontamentos com uma proposta legislativa*, ob. cit., p. 364 e ALEJANDRO GÓMEZ-ACEBO, *Las Normas de Conducta en el Derecho del Mercado de Valores*, ob. cit., pp. 351-352. As razões apontadas para considerar que os rácios de rotação dos fundos fornecem boas aproximações às taxas óptimas para as contas de investimento geridas por intermediários, prendem-se com a constatação que os fundos

próprias do mercado em que são realizados os investimentos[173]. José António Veloso[174] referiu e elencou estas circunstâncias e práticas, as quais foram também objecto de tratamento específico na obra de Alejandro Gómez-Acebo[175], pelo que nos dispensaremos de aqui as reproduzir, remetendo para estas obras fundamentais o tratamento mais aprofundado deste tema.

(*ii*) *O domínio da acção na intermediação excessiva*

O segundo aspecto que decidimos aflorar em matéria de intermediação excessiva prende-se com a questão do domínio da acção, o qual não se manifesta da mesma forma consoante o intermediário incite o cliente à realização de operações – o que implicará controlo sobre as suas decisões de investimento – ou realize, ele mesmo, essas operações por conta do cliente – o que implicará controlo sobre a conta do cliente.

As situações em que o intermediário financeiro controla a conta do cliente são relativamente fáceis de individualizar situando-se, por regra, no âmbito da gestão discricionária de carteiras. Relevante na determinação desta situação será a análise do contrato celebrado e dos termos da respectiva execução, cabendo aferir, designadamente, se o cliente recebia extractos com informação suficiente sobre as operações realizadas e se tinha a capacidade e o discernimento suficientes para

---

reflectem uma gama vasta de objectivos de investimento e que os gestores dos fundos são profissionais e têm por regra a sua remuneração associada à performance dos fundos e não tanto à actividade de negociação, pelo que haveria um incentivo no sentido da valorização da carteira e da prossecução do interesse dos respectivos participantes. Em sentido contrário tem sido afirmado que a rotação dos fundos é menor do que a das contas de investimento individuais, com pequenas quantias investidas. Não sendo possível uma diversificação da carteira tornar-se-ia necessária uma maior rotação dos valores, pelo que a comparação não seria viável. Foi também referido que os custos de transacção são inferiores nos fundos, pois estes pagariam comissões mais baixas aos intermediários, dado o volume de transacções que habitualmente asseguram.

[173] JOSÉ ANTÓNIO VELOSO, *Churning: alguns apontamentos com uma proposta legislativa*, AAVV, Direito dos Valores Mobiliários, (1997), p. 390.

[174] JOSÉ ANTÓNIO VELOSO, *Churning: alguns apontamentos com uma proposta legislativa*, ob. cit., pp. 381-382.

[175] ALEJANDRO GÓMEZ-ACEBO, *Las Normas de Conducta en el Derecho del Mercado de Valores*, ob. cit., pp. 348-349.

que a sua atitude posterior de inércia ou aquiescência pudessem ser entendidas como de aprovação da actuação do intermediário.

Não movimentando o intermediário directamente a conta do cliente, saímos do âmbito da "realização de operações por conta do cliente" (artigo 310.º, n.º 1, 2.ª parte do Cód VM) e entramos no âmbito do "incitamento" à realização de operações (artigo 310.º, n.º 1, 2.ª parte do Cod. VM) ou seja, movemo-nos, no que respeita à eventual responsabilidade civil do intermediário financeiro, numa situação em que será necessário demonstrar a existência de um nexo de causalidade adequada entre o facto ilícito – o incitamento, desde que verificados os demais pressuposto do artigo 310.º, n.º 1 do Cód. VM – e o dano, ou seja, as disposições patrimoniais desvantajosas efectuadas pelo investidor (artigo 562.º do Código Civil). A interposição, entre o incitamento e a realização da operação, da vontade do incitado, ou seja de factores internos da pessoa que de facto actua, sempre colocará problemas da determinação da existência desse nexo de causalidade adequada.

No entanto, à semelhança do que sucede na responsabilidade por conselhos, recomendações ou informações – de que o incitamento é apenas uma forma porventura mais intensa – não se poderá exigir que o incitamento tenha sido o factor único determinante para a decisão[176], sendo necessário recorrer a factores externos, objectivos para determinar a existência do nexo de causalidade, a valorar de acordo com a experiência da vida[177].

Assim, nesta sede, será importante reter que o intermediário financeiro que não tenha o controlo discricionário de uma conta, só poderá ser responsabilizado pelas perdas que inflingiu ao cliente,

---

[176] Sendo embora certo que não será possível afirmar a existência de um nexo causal se o cliente teria actuado da mesma forma sem o incitamento do intermediário, cfr. JORGE FERREIRA SINDE MONTEIRO, *Responsabilidade por Conselhos, Recomendações ou Informações*, Almedina, Coimbra, (1989), p. 637.

[177] Os conselhos, recomendações e informações só podem dar origem a um dano quando o destinatário neles confiou, agindo em conformidade, o que significa que que na cadeia causal que conduz ao dano se encontra sempre, como causa intermédia, a vontade do próprio lesado, já que ninguém é obrigado a seguir um conselho, assim JORGE FERREIRA SINDE MONTEIRO, *Responsabilidade por Conselhos, Recomendações ou Informações*, ob. cit., p. 24.

quando se demonstre que se encontrava em posição de determinar o volume e a frequência das transacções, devido à receptividade do cliente à actividade de incitamento desenvolvida pelo intermediário e devido à incapacidade do cliente para avaliar com propriedade os estímulos recebidos e suas implicações em termos patrimoniais. A receptividade do cliente e a capacidade para avaliar os incitamentos do intermediário, são critérios utilizados pela jurisprudência norte-americana na determinação da existência de uma situação que apelidam de "controlo de facto" da conta do cliente e que se nos afigura poderem ser transpostos, com proveito, nesta sede[178].

A receptividade do cliente ao incitamento do intermediário financeiro prende-se com a confiança que o primeiro deposita no segundo[179] e deve ser apurada tendo por base os contornos da relação existente entre o cliente e o intermediário, designadamente aferindo se se tratava de uma relação puramente profissional ou de uma relação que se poderia também classificar de social e de confiança. Igualmente importante será tomar em consideração a personalidade do investidor a fim de aferir da sua "vulnerabilidade" face à actuação do intermediário financeiro. Da mesma forma, deverá ser apreciado o tipo de relação estabelecida com o intermediário, agora numa óptica mais objectiva, apurando, designadamente, quem dava o impulso inicial para as transacções, qual a regularidade dos contactos estabelecidos entre o cliente e o intermediário e, designadamente, se se contactavam antes de cada negócio e qual o nível das consultas efectuadas, entre outros[180].

No que se refere à capacidade ou discernimento do cliente, para avaliar em concreto os estímulos recebidos esta deverá ser aferida tendo por base factores como a idade, a educação, a inteligência, a

---

[178] THOMAS LEE HAZEN, *Treatise on the Law of Securities Regulation*, 3.ª edição, volume II, West Publishing Co., St. Paul, Minesota, (1995), p. 114; LOUIS LOSS – JOEL SELIGMAN, *Fundamentals of Securities Regulation*, 4ª edição, Aspen Law & Business, Gaithersburg, Nova Iorque, (1990), pp. 1024 e 1025; ALEJANDRO GÓMEZ-ACEBO, *Las Normas de Conducta en el Derecho del Mercado de Valores*, ob. cit., pp. 339-344, especialmente pp. 340 e ss.

[179] A doutrina e a jurisprudência norte-americana chamam-lhe *reliance*.

[180] A jurisprudência norte-americana individualiza também, como indiciando o controlo de facto de uma conta por um intermediário, o facto de, na maioria dos casos ou situações, o cliente ter seguido a recomendação do intermediário.

experiência do cliente e o seu conhecimento quanto aos mercados de capitais e seus produtos.

Um investidor pouco conhecedor e pouco sofisticado pode participar ao nível decisório em todos os negócios, pode até, como refere José António Veloso[181], "(...) *ter uma actividade frenética, perguntar, criticar, sugerir transacções, iniciá-las, aprovar inequivocamente as transacções feitas, etc.*" e todavia pode não ter a capacidade para avaliar com propriedade os estímulos recebidos e suas implicações em termos patrimoniais. Assim, o critério determinante deverá ser o critério da capacidade[182], o qual permitirá, apesar de tudo, desqualificar a "actividade frenética" do cliente e afirmar o domínio da acção pelo intermediário financeiro. Do mesmo modo, só o critério da capacidade permitirá afastar as situações em que o intermediário venha demonstrar que o cliente de alguma forma ratificou[183] ou aprovou[184] as operações efectuadas depois de devidamente informado da sua realização[185].

---

[181] JOSÉ ANTÓNIO VELOSO, *Churning: alguns apontamentos com uma proposta legislativa*, ob. cit., p. 376.

[182] Como esclarece JOSÉ ANTÓNIO VELOSO, *Churning: alguns apontamentos com uma proposta legislativa*, ob. cit., p. 377, o critério da capacidade mínima é susceptível de uma exacerbação. Consistiria esta em estabelecer uma equivalência entre controlo de facto pelo intermediário e falta de capacidade do cliente, de modo que, afirmada esta falta de capacidade, ficasse necessariamente reconhecido o requisito do controlo e, inversamente, afirmada a suficiência de conhecimento, experiência e vontade do investidor, necessariamente se negasse o controlo do intermediário. Deve ser entendido que o critério da capacidade é suficiente para afirmar o domínio da acção pelo intermediário, uma vez demonstrados os demais elementos da intermediação excessiva, mas não para o negar. Assim, quando o cliente possa ser considerado capaz, na acepção referida, terá ainda de ser averiguado se, à luz de outros factores de apreciação, como seja a confiança que o cliente depositava no intermediário, não poderá ainda afirmar-se a existência de um nexo de causalidade entre o incitamento e o dano.

[183] A ratificação é o acto pelo qual o cliente chama a si, à sua esfera jurídica, os efeitos do acto praticado pelo intermediário, vede PIRES DE LIMA – ANTUNES VARELA, *Código Civil Anotado*, Volume I, ob. cit., p. 451.

[184] A aprovação é o juízo global, genérico, indiscriminado de concordância com a actuação do intermediário, emitida pelo cliente – na gestão de negócios equivale à declaração de que o dono do negócio considera a gestão conforme ao seu interesse e à sua vontade. Cfr. PIRES DE LIMA – ANTUNES VARELA, *Código Civil Anotado*, Volume I, ob. cit., p. 451.

[185] JOSÉ ANTÓNIO VELOSO, *Churning: alguns apontamentos com uma proposta legislativa*, ob. cit., p. 376, nota 32.

3.3.4. *Antecipação na negociação* (frontrunning)

A antecipação na negociação ocorre quando um intermediário financeiro, tendo recebido uma ordem de um cliente – a contado ou a prazo – antecipa à execução desta ordem uma outra operação prévia para carteira própria ou de um outro cliente[186], com a qual, descontando o possível efeito da operação solicitada pelo primeiro cliente sobre o preço dos valores mobiliários, prevê obter um benefício económico.

A antecipação na negociação pode qualificar-se de sistemática ou de pontual. Uma fattispecie de antecipação sistemática típica é a da abertura de uma conta-sombra, que consiste numa situação em que o intermediário financeiro faz prevalecer o seu interesse ou o interesse de um cliente beneficiado, relativamente ao interesse de um outro cliente, investidor profissional (ou com um "toque feliz"), habituado a transmitir ordens taxativas. O exemplo clássico é o seguinte: um investidor transmite um conjunto de ordens a um intermediário financeiro, sendo que, no cômputo geral, a estratégia que vai seguindo se revela muito lucrativa. O intermediário abre, então, uma conta, seja em nome próprio, seja em nome de um cliente que deseja favorecer, na qual reproduz fielmente as ordens transmitidas pelo cliente. O conflito de interesses surge no momento em que o intermediário financeiro executa as ordens dando prioridade à "conta sombra" em detrimento da conta do cliente. Caso a quantidade de valores mobiliários negociados na conta sombra seja considerável, as transacções podem provocar oscilações no preço dos valores mobiliários em causa, não previstas e antecipadas pelo cliente, com consequente diminuição do rendimento por este esperado.

A segunda das situações de antecipação referidas, a antecipação pontual, pode ocorrer, a título de exemplo, quando um investidor qualificado transmita a um intermediário uma ordem importante, que de acordo com a situação do mercado, terá um impacto provável no

---

[186] Assim, a título de exemplo, o intermediário financeiro que se antecipa na negociação poderá fazê-lo em benefício dos clientes cujas carteiras gere, até para obter, reflexamente, proventos, caso faça depender as comissões que cobra do desempenho da carteira gerida.

preço do valor em causa. Atenta a ordem, o intermediário em questão decide efectuar uma operação por conta própria ou de um outro cliente, com carácter prévio à operação a realizar por conta do cliente investidor qualificado, pois reputa que tal antecipação, naquela situação concreta, lhe pode trazer vantagens. Decorre do acima exposto, que a antecipação na negociação pressupõe que o intermediário esteja habilitado a actuar por conta de outrem e por conta própria, podendo o conflito configurar-se como um conflito pessoal ou entre clientes.

A razão de ser da proibição da antecipação na negociação, prende-se com o facto de se considerar que o intermediário financeiro que recebe ordens de um cliente está numa situação privilegiada para aferir o impacto que tais ordens terão no mercado e que, se usar essa informação, antecipando-se ao cliente para obter um benefício económico – com eventual prejuízo do interesse do cliente – se posiciona numa situação de conflito de interesses (pelo menos estático) relativamente ao seu cliente. Assim se compreende a expressão *frontrunning*: o intermediário financeiro *corre à frente do cliente* para lucrar (ou não perder dinheiro) com a futura incidência da ordem do cliente no preço dos valores[187].

Os antecedentes internacionais da proibição do *frontrunning* encontramo-los no direito norte-americano, embora não nas disposições gerais que regem os valores mobiliários e respectivos mercados[188]. Na verdade, devido às diferentes manifestações que a conduta antecipatória pode assumir, foram os próprios mercados que criaram as regras tendentes a resolver este tipo de situações[189]. Disposições semelhantes podem ainda ser compulsadas nas regras de outros mercados americanos[190]. Também nos mercados de futuros[191] e de

---

[187] ALEJANDRO F. A. GÓMEZ-ACEBO, *Las Normas de Conducta en el Derecho del Mercado de Valores*, 2000, p. 367.

[188] O *Securities Act* de 1933 e o *Securities and Exchange Act* de 1934.

[189] ALEJANDRO F. A. GÓMEZ-ACEBO, *Las Normas de Conducta en el Derecho del Mercado de Valores*, (2000), p. 370. Sobre a regulação dos *brokers* e *dealers* americanos e sua supervisão, entre outros, pela SEC e pelas Bolsas Nacionais, vede THOMAS LEE HAZEN, *Treatise On The Law Of Securities Regulation*, ob. cit., Volume II, pp. 3-27.

[190] AMEX Rule 345(a)(4); Midwest Stock Exchange, art. VIII, rule 7.

[191] *Chicago Board of Trade Rules* 350.05, 500.00 e 504.00.

opções[192], a antecipação na negociação praticada com recurso a diferentes mercados – o chamado *intermarket frontrunning* – é expressamente condenada[193].

O direito anglo-saxónico, especialmente ao nível da *fiduciary law*, condena a obtenção de lucro oculto a "expensas" do cliente[194], pelo que a verificação em concreto de um prejuízo deste é dispensada e a proibição é absoluta.

O Cód. VM rege a antecipação na negociação no respectivo artigo 347.º-1[195], nos termos do qual o intermediário financeiro deve abs-ter-se de:

a) adquirir para si mesmo quaisquer instrumentos financeiros quando haja clientes que os tenham solicitado ao mesmo preço ou a preço mais alto (alínea a);

b) vender instrumentos financeiros de que seja titular em vez de instrumentos financeiros cuja venda lhes tenha sido ordenada pelos seus clientes a preço igual ou mais baixo (alínea b).

---

[192] *Chicago Board Options Exchange Rule* 4.1.

[193] O *intermarket frontrunning* consubstancia uma forma de antecipação que implica a realização de operações entre o mercado a contado e o mercado a prazo. Nestas situações, estarão em causa operações de grande volume e de importantes quantidades, sendo que as vítimas da actuação do intermediário serão, por regra, os investidores institucionais. O processo é desencadeado com a recepção de uma ordem transmitida por um cliente importante de compra de um conjunto de valores mobiliários que fazem parte integrante de um índice e que se encontram admitidos à negociação em mercado. Antes de executar a ordem do cliente, o intermediário financeiro compra no mercado a prazo um contrato de futuros sobre o índice em questão. Se o volume for suficientemente importante, a entidade conseguirá aumentar o preço tanto dos activos subjacentes como do contrato de futuros. O mesmo poderá ser feito no mercado de opções, neste caso, após receber a ordem do cliente, o intermediário compra opções *call* sobre um determinado activo subjacente (que corresponde aos valores objecto da ordem do cliente). Em função da sua quantidade, a compra das opções poderá provocar uma subida de preço tanto da opção como do preço do activo subjacente. Em seguida, o intermediário executa a ordem do cliente a um preço superior. Depois do mercado reagir à compra, pelo cliente, dos valores mobiliários em questão, o intermediário venderá as suas opções *call* a um preço mais elevado. cfr. ALEJANDRO GÓMEZ-ACEBO, *Las Normas de Conducta en el Derecho del Mercado de Valores*, 2000, p. 375.

[194] Está em causa a *no profit rule*.

[195] No direito nacional as proibições previstas nas alíneas a) e b) do número 1 do artigo 347.º do Cód. VM encontram os seus antecedente nas alíneas d) e e) do artigo 664.º do Cód. MVM.

Atenta a leitura do preceito, constatamos, em primeira linha, que apesar da antecipação na negociação se poder configurar como uma situação de conflito de interesses pessoal ou entre clientes, o Cód.VM veio regulá-la expressamente na óptica do conflito pessoal.

Assim, quando uma hipótese de antecipação na negociação merecer a qualificação de conflito entre clientes, a disciplina respectiva decorre das regras gerais previstas nos artigos 309.º do Cód.VM.

Nos termos do artigo 347.º do Cód. VM o intermediário financeiro não deve comprar para si quaisquer valores mobiliários quando haja clientes que os tenham solicitado ao mesmo preço ou a preço mais alto, sob pena de pôr em causa, com vista à obtenção de vantagens próprias, seja a execução integral da ordem do cliente[196] seja a sua execução nos melhores termos[197], designadamente no que respeita ao preço dos valores[198]. O mesmo vale, *mutatis mutandi*, relativamente à proibição das operações de venda.

A proibição prevista no preceito supracitado não é, assim, contrariamente ao que sucede no direito norte-americano, uma proibição absoluta. Do teor literal do disposto no artigo 347.º/b) e c) do Cód. VM[199] decorre que só é proibida a conduta antecipatória quando o intermediário financeiro realize a operação prévia por preço igual ou mais baixo/mais alto, do que o cliente.

Assim sendo, afigura-se-nos que nada impede a anteposição sempre que esta seja feita em piores condições de preço do que a do cliente, a menos seja possível demonstrar a lesão dos interesses do cliente, caso em que, apesar de tudo, reputamos dever ter aplicação a regra geral prevista no artigo 309.º-3 do Cód. VM, a qual postula uma prioridade absoluta dos interesses do cliente face aos interesses do intermediário e demais pessoas nessa sede referidas. Estranho seria se o artigo 347.º/b) e c) pudesse ser lido, *a contrario*, como uma

---

[196] Por insuficiência dos valores, após a realização da operação de antecipação.

[197] Em virtude de um impacto negativo da operação previamente realizada sobre o preço dos valores, por exemplo.

[198] JOSÉ PEDRO FAZENDA MARTINS, *Deveres dos intermediários financeiros*, ob. cit., p. 339.

[199] Trata-se de uma redacção menos abrangente do que a do artigo 80/c e d, da Ley de Mercado de Valores espanhola, que fala em "*idénticas o mejores condiciones*".

excepção à regra geral que pauta a gestão de conflitos de interesses entre clientes e intermediário financeiro.

Quanto à conduta típica, a proibição da antecipação na negociação prevista no artigo 347.º do Cód. VM, abrange apenas, literalmente, a actuação por conta própria[200]. Ora, como já tivemos ocasião de referir, a antecipação na negociação pode ser feita a favor de clientes do intermediário financeiro, com vista ao privilegiamento destes ou até, concomitantemente, com vista à obtenção de um benefício mediato ou reflexo, a favor do intermediário. Assim, caso este último se antecipe favorecendo as carteiras que gere por conta de determinados clientes, poderá obter benefícios reflexos, por via das comissões que cobra e que tomam por base o desempenho das carteiras geridas. Relativamente a estas situações, têm aplicação, como já referimos, as regras gerais constantes do artigo 309.º-2 do Cód.VM, não podendo o intermediário financeiro antecipar-se na negociação em benefício de um cliente em prejuízo de outro.

Outra restrição que reputamos de excessiva prende-se com o facto de, nos termos do artigo 347.º do Cód. VM, apenas ser proibida a actuação do intermediário financeiro quando esta tenha por objecto os mesmos instrumentos financeiros. Com o desenvolvimento dos mercados a prazo, pode ser violado o princípio da prevalência dos interesses do cliente mesmo quando a conduta recaia sobre operações naqueles mercados, desde que estas tenham os instrumentos financeiros objecto da ordem do cliente como activo subjacente. Tal será o exemplo de uma operação de antecipação executada mediante a compra de opções ou futuros que poderão ter impacto sobre o preço do activo subjacente. Por este motivo, a antecipação deveria ser considerada ilegítima não só quando tenha por objecto os mesmos instrumentos financeiros, mas também quando seja executada mediante a utilização de instrumentos financeiros que tenham como activo subjacente valores mobiliários da mesma categoria[201].

---

[200] A prova desta antecipação poderá ser obtida pelo exame do arquivo/registo diário das operações por ele realizadas por conta própria ou de clientes (307.º-2 Cód. VM) e pelo registo das ordens recebidas (325.º/b e 327.º) que deverão estabelecer, sem qualquer dúvida, o momento da recepção da ordem.

[201] Artigo 45.º Cód. VM. ALEJANDRO F. A. GÓMEZ-ACEBO, *Las Normas de Conducta en el Derecho del Mercado de Valores*, (2000), p. 381.

Apesar do artigo fazer sempre menção a uma ordem do cliente, cumpre no entanto referir ser nosso entendimento dever o preceito ter aplicação ainda quando a ordem seja transmitida pelo próprio intermediário financeiro em execução de um contrato de gestão discricionária de carteiras. Na verdade, quando o intermediário financeiro controla ou gere a conta de um cliente, a conduta antecipatória será especialmente grave, dada a confiança que nele depositou o cliente e o facto da informação ter origem no próprio intermediário financeiro, sendo que é este que inicia e conclui o ciclo.

No que respeita, ao conflito entre clientes, a aferição das regras gerais do artigo 309.º-2 do Cód. VM determina, em caso de violação do dever de prossecução do interesse de um outro cliente, a responsabilidade civil do intermediário financeiro, e a sua responsabilidade contra-ordenacional.

No que respeita ao conflito pessoal, rege o disposto no artigo 347.º-2 do Cód. VM, nos termos do qual, as operações realizadas em violação das proibições relativas instituídas são ineficazes em relação ao cliente se não forem por estas ratificadas nos oito dias posteriores à notificação pelo intermediário financeiro. A regra atrás referida, de que não encontrámos reflexo em nenhum ordenamento estrangeiro, não deixa de suscitar perplexidades. As operações ineficazes são aquelas que sejam, *a posteriori*, efectuadas por conta dos clientes em termos porventura menos favoráveis para estes. Repare-se, no entanto, que esta cominação não terá aplicação nos casos em que a operação do cliente não chegue a ser efectuada por ter sido prejudicada pela realização de operações para a conta própria do intermediário financeiro[202]. Havendo danos, a não execução da ordem será sancionada nos termos gerais da responsabilidade civil.

O artigo 347.º do Cód. MV prevê um dever de notificação da realização das operações por conta própria em antecipação à execução da ordem do cliente, a cargo do intermediário financeiro prevaricador, o que desde logo suscita muitas dúvidas quanto à sua aplicação prática. Caso o intermediário não cumpra o seu dever de notificar o cliente, ocultando a actuação contrária ao dever, a opera-

---

[202] JOSÉ PEDRO FAZENDA MARTINS, *Deveres dos intermediários financeiros*, ob. cit., p. 340.

ção permanecerá ineficaz *ad infinitum*, podendo ser sindicada a qualquer momento, uma vez descoberta, sendo certo que atento o carácter massificado e anónimo dos mercados de instrumentos financeiros se nos afigura que tal descoberta será, por regra, de probabilidade muito remota.

Se uma vez notificado, o cliente optar por não ratificar o negócio, tudo se passa como se, perante o cliente, a operação não se tivesse realizado. Neste caso, o cliente pode concluir que sofreu um prejuízo, atenta, por exemplo, a evolução das cotações, que só lhe permite agora realizar a operação por um preço mais desfavorável. O intermediário financeiro será responsabilizado nos termos gerais da responsabilidade civil (artigos 483.º do Código Civil e 314.º, 347.º e 309.º-3 do Cód. VM).

Quid juris, porém, se o cliente, uma vez notificado, nada disser no prazo de oito dias após a notificação? Atendendo ao disposto no artigo 347.º-2 do Cód. VM, afigura-se-nos que o silêncio do cliente equivalerá à não ratificação da operação. Esta é, aliás, também a solução prevista no artigo 268.º-3 do Código Civil, a propósito da figura da representação sem poderes: considera-se negada a ratificação, se a mesma não for feita dentro do prazo que a outra parte fixar para o efeito. A diferença, relativamente à hipótese prevista no artigo 347.º-2 do Cód. VM é que, nesta sede, o prazo de ratificação não é imposto por uma qualquer contraparte (dificilmente individualizável no contexto da negociação em mercado) mas pela própria lei.

Não sendo ratificada a operação e não sendo possível, no contexto da negociação em mercado, reverter ao *status quo ante*, será o intermediário financeiro a assumir, em termos finais, as consequências nefastas da sua actuação.

A liquidação de operações de bolsa a contado[203] ocorre no terceiro dia útil posterior ao dia em que foi celebrado o negócio, devendo o intermediário financeiro que realizou a operação especificar junto do sistema de liquidação entre o dia do negócio e o dia seguinte a conta global do próprio intermediário junto da Central de Valores

---

[203] São operações a contado aquelas cuja liquidação ocorra imediatamente após a sua realização ou em prazo muito curto, que não exceda o exigido pelo sistema de liquidação adoptado – artigo 224.º do Cód. VM.

Mobiliários, onde deverão ser creditado/debitados os valores e, junto do Banco de Portugal, a conta global onde deverá ser debitado/creditado o preço. Efectuadas estas operações não poderá, no entanto, o intermediário financeiro efectuar os lançamentos a crédito e a débito das quantidades de valores mobiliários adquiridas ou alienadas nas contas de registo individualizado dos clientes (artigos 68.º-1/a e 105.º do Cód. VM), nem poderá movimentar as correspondentes contas de depósito do cliente, sob pena de abuso de confiança. Caso o cliente não ratifique a operação esta cristaliza-se na sua esfera, devendo ser atribuída às respectivas contas próprias individuais, de dinheiro ou valores.

Abstract

Although conflicts of interest are an unavoidable fact of life in the securities business, legislators throughout the world have addressed the issue by creating sets of rules designed to prevent and manage those conflicts. This paper deals with the conflicts of interest arising in the performance of investment and ancillary services and addresses, broadly, the European MiFID rules on the matter and, on a more detailed level, the rules on prevention and management of conflicts of interest set out in the Portuguese Securities Code, including organisational duties. The concept of conflicts of interest is analysed, together with an overview of the historical background of the corresponding legal framework. Also covered are the rules governing specific types of conflicts of interest, such as front-running (or dealing ahead), self-dealing and churning (excessive dealing).

CAPÍTULO VI

A análise financeira e o conflito de interesses

Gonçalo Castilho dos Santos

Plano:
1. A actividade de análise financeira; 1.1. A recomendação de investimento; 1.2. O analista financeiro; 2. O conflito de interesses na actividade do analista financeiro; 2.1. Enquadramento; 2.2. Envolvimento em ofertas públicas de instrumentos financeiros; 2.3. Remuneração do analista financeiro; 2.4. Titularidade de instrumentos financeiros; 3. Deveres de boa conduta na prevenção ou resolução do conflito de interesses na actividade do analista financeiro; 3.1. Transparência e prevalência de interesses; 3.2. Em particular: o regime jurídico português; 3.2.1. A apresentação das recomendações de investimento; 3.2.2. A divulgação de interesses

1. A actividade de análise financeira

1.1. *A recomendação de investimento*

I. A recomendação, entendida como "sub-espécie" do conselho, traduz-se na comunicação de características de pessoa ou coisa, com a intenção de, desse modo, determinar a vontade de quem aquela é dirigida. A recomendação distingue-se do conselho pela respectiva intensidade, ou seja, a exortação para prosseguir determinada conduta, inerente quer à recomendação, quer ao conselho, é mais forte neste do que naquela.

No contexto do regular funcionamento dos mercados de valores mobiliários, importa, igualmente, convocar o conceito de "informação" no cotejo com o conceito de "recomendação". A informação é a exposição de uma dada situação de facto, reconduzindo-se à comunicação de factos objectivos, mas é certo que quer os conselhos, quer as recomendações, na respectiva fundamentação, pressupõem a prestação de informações relevantes para o juízo de vontade e, muitas vezes, a própria informação pode ser prestada com o sentido de um conselho ou recomendação.

II. Ainda que com interesse para explicitarmos o conceito de recomendação de investimento mobiliário, as considerações gerais que acabámos de enunciar no quadro da tradicional dogmática civilística não permitem acompanhar, só por si, a solução que veio, por exemplo, a ser acolhida pelo legislador nacional, quando precisamente vem definir "recomendação de investimento", na transposição da Directiva n.º 2003/125/CE da Comissão, de 22 de Dezembro de 2003.

A noção de recomendação de investimento constante do Código dos Valores Mobiliários, com efeito, pressupõe elementos objectivos e subjectivos para a caracterização de determinado juízo de valor associado à prestação de certa informação como recomendação de investimento.

Em primeiro lugar, a recomendação reconduz-se, nos termos do n.º 1 do artigo 12.º-A, à informação – com destaque *ex lege* para os relatórios de análise financeira – que seja dirigida aos canais de ampla divulgação ou ao público e que inclua uma fórmula com sugestão de investimento ou desinvestimento sobre um emitente de valores mobiliários, valores mobiliários ou outros instrumentos financeiros. Procuramos, entretanto, neste enunciado, evitar o "círculo conceptualista" que acabou por ficar vertido na definição legal ao se afirmar que "constituem recomendações de investimento (...) uma recomendação", beneficiando das considerações gerais que anteriormente recuperámos da há muito consagrada doutrina privatística, especialmente, entre nós, em torno do artigo 485.º do Código Civil.

Em segundo lugar, faz-se depender a atribuição da denominação legal de "recomendação de investimento" de quem recomenda o investimento ou o desinvestimento e, por essa via, se o faz directa ou indirectamente. Assim, à luz dos elementos subjectivos estipulados na lei, importa confirmar se a informação que está na base da recomendação é divulgada por analista independente, empresa de investimento, instituição de crédito, entidade cuja actividade principal seja formular recomendações ou ainda pessoas que exerçam a sua actividade profissional na dependência das entidades indicadas. Se o emitente da informação, com sugestão de investimento ou desinvestimento, for um destes, é indiferente se a respectiva formulação é concretizada de forma directa ou indirecta. Já se for uma informação elaborada por outras pessoas singulares que não os analistas independentes ou dependentes ou outras pessoas colectivas referidas no n.º 1 do artigo 12.º-A, mas ainda assim no contexto das respectivas profissões ou actividade, apenas releva para a qualificação como recomendação de investimento se, nos termos do n.º 2 do artigo 12.º-A, tal seja formulado de forma directa e apenas relativamente a instrumentos financeiros.

III. A delimitação do conceito de recomendação de investimento, no artigo 12.º-A, através da convocação do modo de a apresentar – directa ou indirectamente – é uma primeira, mas expressiva, ilustração do que é pretendido na referida Directiva 2003/125/CE e transposto pelo legislador nacional com a consagração de um regime específico regulador da actividade de divulgação de recomendações de investimento, em aditamento à disciplina da prestação da informação relevante ao mercado[1]. Atente-se pois na definição de "recomendação" vertida no artigo 1.º, n.º 3, da Directiva[2], bem como nos conceitos de "trabalhos de investigação ou outras informações que

---

[1] Para efeitos da Directiva dos Mercados de Instrumentos Financeiros (Directiva n.º 2004/39/CE do Parlamento Europeu e do Conselho, de 21 de Abril de 2004), os estudos de investimento são uma subcategoria das recomendações, tal como definidas pela Directiva de Abuso do Mercado (Directiva n.º 2003/6/CE, do Parlamento Europeu e do Conselho, de 28 de Janeiro), não devendo constituir um aconselhamento personalizado ou terem a natureza de comunicação comercial.

[2] A recomendação é descrita como a investigação ou qualquer outra informação que recomende ou sugira uma estratégia de investimento, de forma explícita ou implícita, em relação a um ou vários instrumentos financeiros ou aos seus emitentes, incluindo qualquer parecer sobre o valor actual ou futuro ou sobre o preço desses instrumentos, e que se destine aos canais de distribuição.

recomendem ou sugiram uma estratégia de investimento" – n.º 4 do mesmo preceito – ou ainda de "canais de distribuição" – n.º 7 também do artigo 1.º.

Ainda assim, o princípio da protecção do investidor, destinatário de determinada recomendação, impõe que um especial grau de determinação da sua vontade de investimento colocado na formulação da recomendação – o modo directo de a divulgar – e do respectivo objecto, como o sejam os "instrumentos financeiros", levem à equiparação de regimes entre autores profissionais de recomendações e outros autores.

IV. Aqui chegados, retenhamos, no plano dos elementos objectivos ínsitos no conceito, a base informativa da recomendação, por sua vez dirigida – pela sugestão e proposta de conduta – à conformação da vontade do destinatário do juízo de valor acerca de determinado investimento ou desinvestimento. Por seu turno, à luz dos elementos subjectivos, releva também o carácter profissional da emissão da recomendação[3].

A assunção da matriz de informação a prestar ao mercado, por um lado, e os deveres de boa conduta e de boa fé que impendem sobre os profissionais e, em geral, sobre quem actua nos mercados de valores mobiliários, por outro lado, ser-nos-ão úteis na explicitação do regime jurídico a que está sujeita a divulgação de recomendações de investimento e a prevenção do conflito de interesses.

V. Em termos genéricos, podemos sistematizar a classificação do sentido das recomendações habitualmente constantes dos relatórios de análise financeira da seguinte forma:

– Vender (*reduce/sell/underperformer*);
– Manter (*hold/market performer*);
– Comprar (*accummulate/buy/outperformer/strong buy/strong outperformer*)[4].

---

[3] Em sentido estrito no n.º 1 do artigo 12.º-A ou por conexão no n.º 2 desse preceito.
[4] Por vezes, o analista prefere ainda não emitir opinião (*neutral*).

Além de recomendações para "vender", "manter", "comprar", atenda-se igualmente às designadas "notícias importantes", que, embora não sejam formuladas sob a forma explícita de recomendações, tendem a encorajar os investidores a comprar os instrumentos financeiros.

1.2. O analista financeiro

I. A disponibilização atempada ao mercado de informação adequada sobre emitentes e valores mobiliários é fundamental para que seja garantido um nível adequado de protecção dos investidores e, por essa via, o desenvolvimento sustentado dos mercados de valores mobiliários, alicerçado na eficiência e integridade do respectivo funcionamento.

Todavia, a multiplicidade de fontes de informação e a variedade e complexidade da informação propriamente dita podem traduzir-se, sobretudo para o investidor não profissional, em barreiras para a correcta e esclarecida formação da vontade de (des)investir em instrumentos financeiros.

Assim, desde cedo que surgem profissionais – pessoas singulares ou colectivas – na recolha e processamento de informação relevante sobre emitentes e respectivos valores mobiliários, prestando, em sentido amplo, serviços de consultoria ao investimento, particularmente através de análises financeiras e recomendações de investimento[5]. O tratamento da informação disponível, de forma sistemática e metódica, materializa-se em previsões, padronização de tendências ou muitas vezes em recomendações aos investidores conducentes à aquisição, manutenção ou alienação de instrumentos financeiros. No contexto de fluxos de informação crescentemente sofisticados e globalizantes, estamos, assim, perante uma valência preciosa no contexto do regular funcionamento dos mercados mobiliários modernos, ao dispor dos investidores e, por essa via, da desejável formação correcta dos preços em mercado enquanto incorporação na cotação da informação relevante disponível.

---

[5] Cf, a propósito, PAULO CÂMARA, ob. cit., pp. 308-310.

É comummente reconhecido que, sendo a informação um elemento fundamental para o desenvolvimento dos mercados de capitais e atendendo ao fluxo de informação, de diversas origens, que é acedido pelos investidores e que releva para a suas decisões de investimento, o analista financeiro desempenha um papel significativo na promoção da eficiência dos mercados, desde logo, contribuindo para a ultrapassagem dos fenómenos de assimetria de informação.

Com efeito, a actividade do analista financeiro, favorecendo a sistematização dos referidos fluxos de informação num conjunto de relatórios de análise financeira e de recomendações de investimento, facilita a ligação entre o emitente e o investidor.

II. Assumimos a definição de actividade de análise financeira como a actividade que, a título profissional, envolva a produção, avaliação ou utilização de informação económica, financeira, estatística ou outra, tendo em vista a gestão de investimentos ou patrimónios, a gestão de carteiras, o aconselhamento financeiro ou o exercício de outras actividades afins[6].

Importa anotar ainda a definição assumida pela CMVM nas *Recomendações sobre Relatórios de Análise Financeira sobre Instrumentos Financeiros*, em que se entende que "*research* é a actividade de pesquisa e análise de determinado emitente ou instrumentos financeiros com vista à elaboração de um relatório onde se formula uma opinião sobre o emitente e/ou os instrumentos financeiros, bem como à elaboração de uma previsão quanto ao respectivo desempenho ou evolução ou ainda a uma recomendação genérica, directa ou indirecta, de investimento ou desinvestimento sobre um emitente, valores mobiliários por ele emitidos ou outros instrumentos financeiros".

De igual modo, o relatório de análise financeira é habitualmente definido como um conjunto de informações com recomendações ou sugestões de estratégias de investimento, destinadas a canais de distribuição mais ou menos restritos ou ao público em geral[7].

---

[6] Cf ALVES MONTEIRO, *Análise financeira...*, cit., pp. 43-45, sobre precisamente o Código de Conduta da Associação Portuguesa de Analistas Financeiros (APAF) que acolhe a referida definição de "actividade de análise financeira".

[7] O artigo 1.º, n.º 7, da Directiva 2003/125/CE da Comissão, de 22 de Dezembro de 2003, define "canais de distribuição" como qualquer canal através do qual a informação

III. Os analistas financeiros são, por seu turno, habitualmente classificados atendendo ao facto de estarem ou não integrados na estrutura de um intermediário financeiro, enquanto entidade empregadora. A este propósito, o perfil mais comum dos analistas financeiros, quer no mercado nacional, quer noutros mercados, reconduz-se, ainda assim, ao de colaboradores de intermediários financeiros, surgindo com expressão minoritária aqueles analistas financeiros que desenvolvem a sua actividade, quer em nome individual, quer através de sociedade de *research*, independentemente da respectiva integração num intermediário financeiro.

Os analistas vinculados a determinado intermediário financeiro podem ainda ser classificados conforme desenvolvam a sua actividade de análise financeira ao serviço de uma estratégia de venda e/ou colocação de instrumentos financeiros ou, em alternativa, de uma estratégia de investimento próprio ou de gestão de património.

Importa, neste contexto, explicitar esta última classificação, já que, em articulação com a referida distinção entre "analistas independentes" e "analistas com vínculo a intermediário financeiro", a mesma assume relevância na tipificação dos riscos de conflito de interesses que surgem na actividade de análise financeira, bem como no levantamento das boas práticas para prevenção ou resolução dos casos de conflito de interesses.

(i) O analista pode ser contratado por um intermediário financeiro que disponibiliza as suas recomendações de investimento e relatórios de análise junto de clientes desse intermediário financeiro ou, em certas circunstâncias e jurisdições, junto do público em geral.

O analista pode, assim, trabalhar para uma sociedade financeira de corretagem e emite recomendações sobre instrumentos financeiros que eles transaccionem em nome de outrem. Muitos destes analistas trabalham para intermediários financeiros que prestam serviços para emitentes, incluindo aquelas cujos instrumentos financeiros são analisados pelo analista. Neste caso, podemos afirmar que os analistas pertencem ao "lado vendedor" do mercado (*sell-side*).

é divulgada ou susceptível de ser tornada pública, esclarecendo ainda que a "susceptibilidade de ser tornada pública" depende de um elevado número de pessoas poder ter acesso à informação.

(ii) O analista pode, em alternativa, ser contratado por um investidor qualificado, designadamente uma entidade gestora de organismo de investimento colectivo ou uma sociedade gestora de património[8], que adquirem instrumentos financeiros por conta própria, aconselhando-os o analista quanto ao sentido a dar aos investimentos. Nestes casos, é comum qualificar-se estes analistas como estando do "lado comprador" do mercado (*buy-side*).

Contrariamente ao analista "do lado vendedor", os relatórios de análise financeira do analista "do lado comprador" não são divulgados junto de clientes ou do público, mas antes são elaborados para o investidor qualificado ou intermediário financeiro de modo a habilitar com informação relevante na avaliação de determinado investimento como adequado ou não no contexto da estratégia de investimento ou de gestão de activos.

Por sua vez, os analistas "do lado comprador" atendem muitas vezes aos relatórios e recomendações elaborados pelos analistas "do lado vendedor", utilizando a informação que lhes subjaz para completarem e consolidarem os seus próprios relatórios e recomendações.

2. O conflito de interesses na actividade do analista financeiro

Enquadramento

I. A recomendação de investimento pode ser emitida no contexto de uma situação de conflito de interesses da parte de quem recomenda ou recolhe e processa a informação conducente à emissão da recomendação, quer directamente, ou seja, no quadro do universo dos seus interesses individualmente considerados, quer indirectamente, por exemplo, à luz do interesse da respectiva entidade empre-

---

[8] Encontram-se igualmente analistas *buy-side* nas sociedades de notação de risco. Atente-se ainda que, por vezes, no âmbito da actividade de *corporate finance*, profissionais que não analistas financeiros asseguram funções de "análise financeira" de apoio aos departamentos da banca de investimento, por exemplo. Entretanto, para uma visão mais ampla dos problemas que se colocam com a delimitação da actividade do analista financeiro, cf SOFIA NASCIMENTO RODRIGUES, ob cit, pp. 99 e ss..

gadora[9]. Com efeito, sendo a recomendação susceptível de influenciar a evolução da cotação de determinado valor mobiliário, pelo impacto que provavelmente terá sobre a decisão de investimento dos investidores, pode aquela assumir-se como meio privilegiado para fomentar as condições de mercado que sirvam determinado fim ou interesse alheio ao do destinatário da recomendação propriamente dita[10].

A legislação mobiliária, bem como, por exemplo, códigos de conduta dos intermediários financeiros e de entidades especializadas na prestação do serviço de recomendações de investimento[11], têm desde cedo regulado a prevenção e resolução dos conflitos de interesses, precavendo o seu efeito nocivo sobre o funcionamento equitativo, eficiente e transparente dos mercados. Em Portugal, a alteração ao Código dos Valores Mobiliários por via do diploma que transpõe as Directivas n.º 2003/6/CE e 2003/125/CE desenvolve o regime preventivo e sucessivo sobre casos de conflito de interesses no contexto da análise financeira e, em particular, da divulgação de recomendações de investimento.

A situação de conflito de interesses pode, com efeito, comprometer a pretendida imparcialidade e transparência subjacentes à recomendação de investimento, induzindo-se um comportamento no investidor não porque este seja o mais adequado e racionalmente atendível, mas antes porque serve a prossecução do interesse de quem emite a recomendação ou do interesse de terceiro[12]. Soluciona-

---

[9] Ao longo das últimas décadas, a proliferação de conglomerados financeiros e de instituições financeiras com vocação para exercer simultaneamente múltiplas actividades financeiras – mormente através da banca universal ou tão-só banca de investimento, por exemplo – tem contribuído para o incremento do risco de conflito de interesses quer entre clientes, quer entre estes e o prestador do serviço financeiro. Para um enquadramento geral do conflito de interesses como "fenómeno normal" no contexto da prestação de serviços de investimento, PAULO CÂMARA, ob. cit., pp. 371-379.

[10] ALISTAIR ALCOCK, ob cit, pp. 123 e ss., bem como GEORGE BENSON, ob cit, pp. 233 e ss..

[11] Preconizando a bondade da solução de códigos de autoregulação ética pelos próprios analistas, organizados em torno de associações profissionais, *vide* STEFANO FABRIZIO, cit., p. 76.

[12] Em sentido diverso mas relativamente à quebra da imparcialidade dos analistas no contexto de insuficientes qualificações destes, cf a Comunicação da Comissão Europeia

do o conflito de interesses em detrimento do interesse do cliente destinatário da análise, está, assim, minada a independência e objectividade que deve animar a análise financeira e, dessa forma, posta em causa a qualidade e a veracidade do relatório de análise financeira[13].

II. Consideramos estar perante uma situação de conflito de interesses no contexto da actividade de análise financeira quando o analista financeiro, que por força da lei deve desenvolver a sua actividade prosseguindo apenas o interesse de outrem, tem afinal interesses próprios relacionados com a recomendação de investimento no contexto da análise financeira divulgada ou ainda está confrontado, numa situação concreta, com interesses incompatíveis de uma pluralidade de clientes.

Assumindo o consenso generalizado de que se deve eliminar ou reduzir os efeitos negativos dos conflitos de interesses na actividade financeira em geral, existem, todavia, duas abordagens distintas quanto a prosseguir esse objectivo[14]. A primeira abordagem sustenta-se

---

de 12 de Dezembro de 2006 que concluí pela inexistência de suficientes indícios que permitam concluir que a falta de imparcialidade dos analistas decorre da falta de qualificações. Procurando articular a prioridade na certificação e qualificação dos analistas e a *qualidade* da análise financeira, cf AUSTRALIAN SECURITIES & INVESTMENTS COMMISSION, ob cit, pp. 7 e ss.. Cf, ainda, sublinhando o princípio da protecção do investidor como *ratio* enformador da tutela informativa (de qualidade), JOSÉ CACHÓN BLANCO, ob cit, pp. 635 e ss..

[13] A seguir à derrocada das cotações das empresas tecnológicas, no início do século, o debate em torno da actuação dos intermediários financeiros, denominados como bancos de investimento, centrou-se mais na questão dos conflitos de interesse que trespassariam essa actividade, do que em questões de índole prudencial. Vieram, entretanto, a público – quer por ocasião do rescaldo do rebentamento da "bolha especulativa das empresas tecnológicas", quer mais recentemente no contexto das grandes fraudes societárias e das fragilidades do sistema financeiro postas em evidência pelo eclodir da crise financeira em 2008/2009 – as situações em que conhecidas instituições bancárias difundiam recomendações de compra, destinadas designadamente aos seus clientes não qualificados, de instrumentos financeiros que eram objecto de comentários negativos por parte dos analistas financeiros autores dessas recomendações. Tendo-se depois vindo a apurar que essas recomendações eram emitidas por razões que se prendiam com a satisfação de interesses de clientes da área da banca de investimento, mormente no contexto de prestação de serviços na área da colocação de emissões de valores mobiliários.

[14] Cf. ALISON ANDERSON, ob. cit., pp. 741; FILIPPO ANNUNZIATA, ob. cit., pp. 103 e ss..

na necessidade de os conflitos deverem ser evitados. Habitualmente, esta perspectiva materializa-se em regimes de proibição de determinados actos ou operações, quer na óptica da prevenção de situações geradores de conflitos, quer na proibição de transacções que pressupõem conflitos de interesses[15]. Já na segunda abordagem, aceita-se a inevitabilidade dos conflitos de interesses na actividade financeira, privilegiando-se, assim, a "resolução adequada" dos conflitos[16], quer através da proclamação de critérios hierarquizantes de conflitos antagónicos, quer de *full disclosure* aos clientes dos interesses em presença, em particular, os do intermediário financeiro e/ou analista. De igual modo, estratégias de segregação interna das actividades do intermediário financeiro, designadamente no que respeita à circulação interna de informação entre, por exemplo, o departamento de análise financeira, por um lado, e os departamentos de banca de investimento ou *corporate finance*, por outro lado[17].

III. A actividade de análise financeira suscita dois tipos de riscos de conflito de interesses: aqueles que se prendem com os interesses do seu empregador ou os interesses do próprio analista financeiro[18].

---

[15] No final de 2002, o referido "acordo global" nos EUA, que envolveu os principais bancos de investimento e as autoridades estaduais e federais responsáveis pela regulação e supervisão da actividade financeira e que surgiu em resposta a diversos escândalos financeiros, não adoptou a solução mais radical de impor o encerramento dos departamentos de análise financeira dos bancos em causa. O enfoque incidiu antes sobre o regime de remuneração dos analistas, as relações destes com a área da banca de investimento e a eventual correlação entre as comissões auferidas pelos analistas e a rentabilidade da actividade da banca de investimento, designadamente a que se prende com a colocação de instrumentos financeiros no contexto de ofertas públicas. Para consulta a este *global agreement*, vide em http://www.sec.gov/news/press/2003-54.htm.

[16] Cf., por exemplo, o artigo 309.º do CdVM.

[17] Considerando, ainda assim, as *chinese walls* insuficientes ou mesmo deficientes na prossecução do objectivo de prevenir as situações de conflitos de interesses, JOSÉ MANUEL FARIA, ob. cit., p. 282, e STEFANO FABRIZIO, *Os relatórios de research realizados por analistas financeiros e os fenómenos de abuso de mercado*, p. 49.

[18] FRITZ RAU, *Ethical behaviour...*, ob. cit. Também cf ALDO STESURI, ob. cit., pp. 6 e ss..

Em particular no que respeita à actividade do analista financeiro, é possível identificar áreas de potencial conflito de interesses[19]:

- o envolvimento do analista financeiro em ofertas públicas de valores mobiliários promovidas pelo intermediário financeiro contratante ou empregador daquele;
- as práticas de remuneração dos analistas financeiros;
- a titularidade de instrumentos financeiros;
- as relações do intermediário financeiro e do analista financeiro com os emitentes objecto da actividade deste.

IV. O risco de conflito de interesses surge essencialmente ao nível do intermediário financeiro e justifica-se pelo exercício, em simultâneo com a realização de relatórios de análise financeira, de outras funções como:

a) Actividade de banca de investimento;
b) Serviços de banca comercial;
c) Corretagem;
d) Emitente de instrumentos financeiros que tenham como activo subjacente os valores da sociedade objecto do relatório de análise financeira.

O risco de conflito de interesses resultante da mencionada multifuncionalidade da actividade dos intermediários financeiros é também exacerbado pelas relações de grupo que existem entre intermediários financeiros de natureza diversa como bancos, seguradoras, empresas de investimento. Esses "grupos multifuncionais"[20] potenciam, na composição dos diversos interesses em presença, o risco de o interesse do adquirente do relatório de análise financeira ser aquele que é prejudicado, na medida em que o serviço de análise financeira é aquele que, de entre as outras actividades desenvolvidas pelo intermediário financeiro, gera directamente o menor volume de receita e,

---

[19] Cf., a propósito, o relatório "Financial analysts: best practices...", pp. 37-39, descrevendo os riscos típicos de conflito de interesses associados à actividade dos analistas *buy-side*, concluindo que estes acabam por se reconduzir a casos de comportamento ilícito no contexto de abuso de mercado e abuso de informação privilegiada.

portanto, mais facilmente "sacrificado" no contexto da conduta ilícita do intermediário financeiro em retirar benefício próprio da situação de conflito de interesses.

V. No que respeita aos conflitos entre os analistas e os respectivos intermediários ou clientes destes, é possível distinguir entre um interesse de curto prazo correspondente à oportunidade de obter vantagens financeiras pessoais pelo conhecimento do relatório de análise financeira e um interesse de longo prazo correspondendo à prossecução de uma cada vez melhor reputação e, dessa forma, garantir uma remuneração cada vez mais elevada[21].

O analista financeiro tem, por um lado, de satisfazer os objectivos do intermediário financeiro para o qual trabalham, de modo a preservar o seu posto de trabalho e ou aferir uma remuneração mais elevada, por exemplo; bem como satisfazer a procura pelos clientes do intermediário financeiro de relatórios de análise financeira com qualidade[22]. Com efeito, quanto melhor for a qualidade da análise financeira que disponibiliza junto dos clientes – ou seja quanto maior for a correspondência entre as respectivas recomendações e a evolução do valor de mercado dos instrumentos financeiros ou dos emitentes analisados – melhor será o posicionamento do analista em comparação com os outros analistas e, por consequência, maior a remuneração pela sua actividade de análise financeira. Paralelamente, note-se que o analista tem interesse em preservar, por seu turno, uma boa relação com os emitentes dos instrumentos financeiros objecto da sua análise financeira já que, desde logo, esse bom relacionamento aumenta a probabilidade de aceder a informação relevante para a elaboração dos relatórios de análise financeira.

Em síntese, os conflitos de interesses podem surgir (i) da probabilidade do analista financeiro perder o seu emprego por não acatar instruções do intermediário financeiro no sentido de "manipular" o

---

[20] STEFANO FABRIZIO, "Os relatórios de *research* realizados por analistas financeiros e os fenómenos de abuso de mercado", ob. cit., p. 50.

[21] Neste sentido, cf. STEFANO FABRIZIO, "Os relatórios de *research...*", cit., p. 54.

[22] Quanto aos interesses típicos do cliente-investidor e do intermediário financeiro, cf GIULIA GOBBO, ob. cit., pp. 423-425.

conteúdo do relatório de análise financeira; (ii) do modelo de remuneração do analista, designadamente se o prémio do analista estiver relacionado com os proveitos de outro departamento do intermediário financeiro; (iii) do interesse do analista em utilizar os relatórios de análise financeira para seu proveito, designadamente adquirindo o instrumento financeiro objecto da análise antes da divulgação do relatório e da inerente recomendação de "compra" e muito provável valorização da respectiva cotação; (iv) da relação com os emitentes, atendendo a que possa haver pressão destes no sentido de serem elaborados relatórios positivos sobre os respectivos instrumentos financeiros e os analistas poderem ser compelidos a aceitar formas específicas de remuneração por esse facto e, por esta forma, assegurar também a manutenção de uma relação "especial" com esse emitente e, assim, manter o acesso privilegiado a informação relevante para a elaboração dos seus relatórios de análise financeira[23].

VI. O grau de independência do analista está particularmente correlacionado com os potenciais conflitos de interesses que possam surgir, quer entre o analista financeiro e o emitente (factores internos), quer entre o intermediário financeiro para quem o analista trabalha e o emitente cujos instrumentos financeiros são objecto da análise financeira[24]. Nesses casos, o risco de enviesamento das análises é elevado.

Quanto aos factores internos, deparamos com situações que se reconduzem a uma estratégia pessoal do analista de condicionar o sentido da recomendação constante do relatório de análise financeira,

---

[23] Existem diversas formas de classificar os tipos de conflitos de interesses relativos aos analistas financeiros. Em 2002, o supervisor britânico (*Financial Services Authority*) avançava com a seguinte classificação: (a) conflitos decorrentes do facto de aos analistas ser pedido que estejam envolvidos, ou que influenciem, outras actividades prosseguidas pelo intermediário financeiro; (b) conflitos decorrentes dos esquemas de remuneração ou divulgação da informação; (c) conflitos decorrentes da carteira de investimento do analista, do intermediário financeiro ou de clientes; (d) conflitos decorrentes do facto do emitente objecto do relatório poderem exercer poder ou influência sobre o intermediário financeiro; (e) conflitos decorrentes do acesso a informação que ainda não é pública; (f) conflitos decorrentes do poder das recomendações de análise financeira; (g) problemas causados pela falta de conhecimento/experiência dos investidores.

[24] BELL / FRIEDMAN, ob. cit., pp. 3-5.

designadamente procurando obter vantagens com a divulgação de determinada recomendação de investimento.

No que respeita aos denominados factores externos potenciadores de conflitos de interesses, relevam as situações que consubstanciam pressões feitas pelo intermediário financeiro empregador junto do respectivo analista financeiro. São comummente apresentadas situações-padrão para ilustrar esses "factores externos" potenciadores de conflitos de interesses, como por exemplo:

- muitas vezes a remuneração dos analistas está relacionada com a actividade do intermediário financeiro para o qual trabalham, quer, por exemplo, em função do número de negócios gerados com a recomendação ou do lucro obtido com a gestão de activos;
- o caso do intermediário financeiro empregador do analista deter em carteira instrumentos financeiros do emitente objecto da análise financeira pode suscitar pressão sobre o analista de não emitir uma recomendação de "venda" desses instrumentos financeiros;
- recomendações desfavoráveis da parte do analista pode comprometer a prazo a relação entre o intermediário financeiro empregador do analista e o emitente objecto da análise, pelo que pode emergir uma situação de pressão sobre o analista no sentido de omitir esse tipo de recomendações;
- a emissão de recomendações favoráveis no contexto de determinado relatório de análise financeira pode favorecer o aumento de negócio do intermediário financeiro junto do emitente e, desse modo, das comissões cobradas por aquele;
- no contexto da participação do intermediário financeiro na colocação de determinada oferta de valores mobiliários, a actividade do analista financeiro pode estar particularmente subordinada ao interesse do intermediário financeiro em reunir o maior número possível de condições favoráveis à subscrição integral da emissão, onde se inclui uma estratégia sistemática de divulgação de recomendações de investimento favoráveis sobre os instrumentos financeiros objecto da oferta em causa, bem como, depois da operação, a sustentação, pela mesma via, da cotação do instrumento financeiro vertente;

– no caso do analista financeiro trabalhar para intermediário financeiro que perdeu determinado negócio com o emitente objecto da análise financeira, poderá ser pressionado, como forma de retaliação, no sentido de contribuir para degradar o *rating* do emitente em causa.

VII. Os relatórios elaborados por analistas independentes, enquanto analistas que não são contratados por intermediários financeiros, não estão necessariamente mais resguardados do risco de terem o respectivo conteúdo "distorcido" por uma situação de conflito de interesses.

Se é certo que os conflitos referenciados no contexto da interacção da actividade de análise financeira com a da actividade de banca de investimento não se verificam por natureza, já, por exemplo, aqueles que identificámos potencialmente ao nível do modelo de remuneração dos analistas parece poderem também verificar-se no contexto da actividade de analistas independentes ou sociedades de analistas desligadas de grupos financeiros[25].

Envolvimento em ofertas públicas de instrumentos financeiros

I. O intermediário financeiro que desenvolve a actividade típica de "banca de investimento" está confrontado com o risco de conflito de interesses entre essa actividade e a da análise financeira, mormente aquando da participação em oferta pública.

Os analistas integrados em intermediários que prestam o serviço de colocação em oferta pública são, em regra, particularmente incentivados a recomendar a compra de instrumentos financeiros objecto

---

[25] A regulamentação da CMVM sujeita a actuação dos analistas financeiros a princípios de protecção dos investidores e da eficiência do mercado, como impõe aos "analistas independentes" o dever de definirem políticas e procedimentos que regulem em que circunstâncias podem realizar operações pessoais, de que modo gerem os conflitos de interesses a que estão sujeitos e ainda que metodologias de análise adoptam na sua actividade. Para estes analistas, a adesão a um código deontológico de uma associação profissional representativa da classe substitui a definição das próprias políticas e procedimentos. (Cf, a propósito, GÓMEZ-ACEBO, ob. cit., pp. 29-35, bem como DOMONT-NAERT, ob. cit. para mais informações, consultar http://www.cmvm.pt/NR/excres).

das ofertas, independentemente da sua qualidade (suscitando-se dessa forma conflitos de interesses com os seus clientes)[26].

O intermediário financeiro pode ainda, por exemplo, pressionar os analistas financeiros contratados a emitirem recomendações de investimento num determinado sentido, de forma a favorecerem o aumento de ordens de investimento através desse intermediário financeiro.

II. Num contexto de crescente competição entre intermediários financeiros e sendo expectável que os intermediários financeiros que participam na colocação de instrumentos financeiros objecto de oferta pública assegurem ao respectivo emitente um serviço de análise financeira, é expectável que alguns emitentes procurem influenciar o sentido da análise financeira e respectivas recomendações de investimento.

A análise financeira que antecede uma determinada oferta ou aquela que seja divulgada subsequentemente a uma oferta releva, assim, ou pode relevar, significativamente na contratação de determinado intermediário financeiro por parte do emitente[27]. Análise financeira mais favorável para o emitente e respectivos instrumentos financeiros poderá favorecer a opção do emitente em contratar esse intermediário financeiro empregador de analista financeiro em detrimento de outro intermediário financeiro. Importa ainda ter presente que o emitente pode querer condicionar a divulgação de análise financeira antes da publicação do prospecto, sobretudo por parte dos membros do sindicato de colocação dos instrumentos financeiros objecto da oferta[28].

---

[26] Michaely-Womack (1999) conclui-se nesse sentido, bem como quanto à "pressão" que pode incidir sobre os analistas no sentido de cobrirem determinados emitentes que são clientes ou potenciais clientes do departamento de *corporate finance*.

[27] QUINTÁNS EIRAS, ob cit, pp. 202-203.

[28] Ilustrando, de igual modo, a possibilidade de conflitos de interesses entre analistas integrados em intermediários financeiros e os destinatários dos seus relatórios de análise financeira, no contexto da participação daqueles na colocação em ofertas, Krigman-Shaw-Womack (1999) demonstram que na escolha de um intermediário financeiro para a colocação da oferta releva a ponderação do histórico de análise financeira relativamente ao emitente em causa.

III. De igual modo, o departamento de análise financeira inserido na estrutura de determinado intermediário financeiro também prossegue o seu interesse específico de manter uma relação de confiança com os emitentes que vão acompanhando.

É, entretanto, do interesse do emitente que essa relação se baseie no respeito pela autonomia da actividade do analista financeiro, já que através dos relatórios de análise financeira elaborados no respeito por padrões de objectividade e independência se contribuirá, numa perspectiva de longo prazo, para que os investidores em instrumentos financeiros emitidos por esse emitente confiem na informação e recomendações que são disponibilizados através dos relatórios de análise financeira.

Sendo inevitável e natural que o intermediário financeiro aspire a beneficiar através da completude e qualidade dos relatórios de análise financeira elaborados pelos seus *sell-side* analistas dos contactos e relação de confiança entre estes e representantes do emitente em causa, importa que tal "círculo de proximidade" na obtenção e processamento de informação relevante quanto à avaliação potencial do emitente e respectivos instrumentos financeiros seja balizado por regras de conduta exigentes e efectivas para o referido relacionamento entre os analistas financeiros e representantes do emitente[29].

Remuneração do analista financeiro

I. O modo de cálculo da remuneração do analista pode também ser uma causa de conflito de interesses[30].

---

[29] É recomendável que os analistas não sujeitem projectos de relatórios de análise financeira à revisão final ou parecer dos emitentes objecto da análise, bem como que os emitentes se atenham nas suas respostas ao solicitado pelos analistas à prestação de informação factual, sem avançar juízos de valor sobre as matérias objecto da análise financeira em causa.

[30] Cf MIGUEL COELHO, *A actividade de research em Portugal, as recomendações de investimento e os conflitos de interesses,* ob. cit., p. 21, realça, face ao 1.º Inquérito promovido pela CMVM sobre a actividade de análise financeira em Portugal (disponível em www.cmvm.pt), que o sistema de remuneração do analista financeira não é particularmente relevante como causa de conflito de interesses na actividade do analista, atendendo a que das respostas ao referido Inquérito se depreende que a componente variável da

Um modelo que faça depender a remuneração do analista da participação deste em operações de financiamento ou na colocação de instrumentos financeiros objecto de ofertas públicas pode comprometer a objectividade do analista quando, por exemplo, promova recomendações de investimentos sobre esses instrumentos financeiros no contexto da elaboração de determinado relatório de análise financeira. Com efeito, um sistema remuneratório que estabeleça uma correlação entre os resultados do segmento da banca de investimento e a remuneração final dos analistas ou em que o departamento da banca de investimento defina essa remuneração induzem alguma fragilidade na credibilidade da análise financeira enquanto juízo imparcial e objectivo sobre o objecto de determinada recomendação[31].

II. A publicitação dos critérios para se determinar a remuneração dos analistas assumirá, assim, uma particular relevância no contexto da mais abrangente política de transparência e de *accountability* do intermediário financeiro empregador de analistas financeiros ou de uma sociedade de analistas independentes.

Neste contexto, é habitual também discutir-se se os referidos critérios de determinação da remuneração devem assentar exclusivamente na qualidade e originalidade do conteúdo dos relatórios de análise financeira, ou afinal parcial ou primeiramente também em critérios de índole quantitativa, em particular a adequação das recomendações e o seu sentido de (des)investimento face ao comportamento dos emitentes e respectivos instrumentos financeiros.

III. Relativamente ao modo de determinar a remuneração do analista financeiro como fonte de risco de conflito de interesses, importa acautelar a previsibilidade dos critérios para essa determinação, publicitando-os em termos adequados, e salvaguardando a respectiva imunidade face à discricionariedade do departamento da

---

remuneração do analista não depende das receitas geradas pelas transacções efectuadas, pelo intermediário financeiro ou por outrem, sobre os instrumentos financeiros objecto da análise.

[31] Realçando os riscos associados a sistemas "imperfeitos" de fixação da remuneração dos analistas, cf. RETHEL / PALAZZO, ob. cit..

banca de investimento em estabelecer essas remunerações em função do retorno obtido por este segmento de negócio com o contributo dado pelo segmento da análise financeira.

A quantificação da performance de determinado analista ajudaria a estabilizar critérios objectivos para a referida determinação de recomendações.

Diversos autores têm, a propósito, vindo a sustentar que a remuneração do analista financeiro deve, assim, estar correlacionada com o historial das respectivas recomendações e análises face à evolução histórica das cotações dos instrumentos financeiros objecto dessa mesma análise.

Titularidade de instrumentos financeiros

I. Também a titularidade de instrumentos financeiros por parte do analista financeiro, bem como, por exemplo, familiares[32], pode ser uma fonte adicional de conflito de interesses.

Em particular, este risco de incremento de conflito de interesses emerge no caso de titularidade de instrumentos financeiros emitidos por empresa de um sector económico acompanhado regularmente pelo analista[33].

Neste contexto, com efeito, uma recomendação em determinado sentido pode favorecer o analista ou alguém com ele relacionado. Pode, todavia, sustentar-se que a experiência de investidor da parte do analista financeiro é útil na aproximação do seu interesse aos interesses dos clientes, devendo, de qualquer modo, assegurar-se que

---

[32] Referindo-se a "connected person", cf. "Recommendations from the Forum Group to the EuropeanCommission Services", p. 35 (nota 32) – *"Any person who is associated with a covered employee by reason of a domestic relationship (ie the spouse, partner and children under the age of 18 of a covered employee) such that the covered employee has influence over that person's judgement as to how to invest his/her funds or exercise any rights attaching to his/her investments"*.

[33] Os problemas deocrrentes de condutas desviantes dos analistas fiannceiros são maiores relativamente a emitentes sujeitas a pouca análise financeira, já que, nesses casos, é difícil, se não mesmo impossível, comparar diferentes recomendações e relatórios, conforme sustenta STEFANO FABRIZIO, cit., p. 75, baseando-se num estudo empírico sobre a indústria italiana do *research*.

são adoptados procedimentos de prevenção dos referidos conflitos de interesses, bem como de monitorização e controlo de cumprimento das boas práticas.

II. Habitualmente, avançam-se dois tipos de medida de modo a obviar-se ao referido risco: por um lado, adoptar-se um modelo de gestão da carteira do analista por parte de terceiro (independente), por outro, restringir os seus investimentos ao universo de fundos de investimento.

De igual modo, preconiza-se habitualmente um período de inibição a actividades de investimento antes e depois de divulgação de relatório de análise financeira ou ainda a proibição de (des)investimento num sentido desconforme ao propugnado nas recomendações constantes de relatórios de análise sobre determinado instrumento financeiro[34]. Adiante aprofundaremos estes vectores preventivos das situações de conflito de interesses.

III. Na área de instrumentos financeiros derivados, sobretudo no segmento OTC, é habitual que o intermediário financeiro actue simultaneamente como consultor-analista e como contraparte, pelo que também nestes casos deve haver especial e prévia divulgação dos interesses em presença junto do cliente-investidor[35].

---

[34] Em vez de proibição de detenção de instrumentos financeiros pelo analista financeiro, a Directiva de Abuso do Mercado optou por um sistema de "plena transparência" (*full disclosure*), o que tem a virtualidade de evitar a distinção entre conflitos de interesses que podem ou não ser evitados e de fomentar uma atitude crítica e conscienciosa dos investidores não qualificados que sejam destinatários de relatórios de análise financeira, sublinhando-se, por esta via, que os analistas não são consultores financeiros ou intermediários financeiros com o dever de avaliação da adequação da prestação do serviço ao perfil do investidor.
[35] Cf. JOHN WHITE, ob. cit., pp. 268 e ss..

3. Deveres de boa conduta na prevenção ou resolução de conflito de interesses na actividade do analista financeiro

3.1. Transparência e prevalência de interesses

I. Assumida a inevitabilidade de subsistirem conflitos de interesses na actividade do analista financeiro, a melhor solução para acautelar os interesses dos clientes é assegurar um modelo de transparência e de deveres de informação sobre os interesses pessoais dos analistas e dos intermediários financeiros que os contratam, bem como uma correcta avaliação dos interesses em presença e uma equitativa ordenação dos mesmos; tendo em vista dirimir o conflito através da assunção da *adequada* prevalência dos interesses em presença[36].

II. Em 2003, foi apresentado por um grupo de trabalho constituído por iniciativa da Comissão Europeia um Relatório intitulado *Best practices in an integrated European financial market*, em que se formularam diversas recomendações quer aos analistas financeiros, quer aos respectivos supervisores e Estados-membros, na perspectiva da prevenção e resolução de situações de conflitos de interesses, qualificação e formação dos analistas ou ainda do conteúdo dos relatórios de análise financeira.

As conclusões e as recomendações do grupo de trabalho acabaram por ser acolhidas na legislação comunitária subsequente que versou a regulação da actividade de análise financeira, mormente as Directivas relativas ao abuso de mercado (DAM)[37] e aos mercados de instrumentos financeiros (DMIF)[38], ambas já transpostas entretanto para a nossa ordem jurídica.

---

[36] Preconizando a referida inevitabilidade, cf. FRITZ, RAU, "Ethical Behaviour...", p. 9. Ainda EUGENE WHITE, ob. cit., assumindo cepticismo quanto à capacidade do mercado (e respectivos mecanismos de controlo) de dirimir os conflitos de interesses.

[37] A Directiva n.º 2003/6/CE, do Parlamento Europeu e do Conselho, de 28 de Janeiro, e respectivas medidas de execução, em particular a Directiva n.º 2003/125/CE, sobre a apresentação imparcial de recomendações de investimento e a divulgação de conflitos de interesse.

[38] A Directiva n.º 2004/39/CE do Parlamento Europeu e do Conselho, de 21 de Abril de 2004, relativa aos mercados de instrumentos financeiros, aplicada pela Directiva

Com efeito, a DAM prescreve um conjunto de deveres para quem elabore ou divulgue relatórios de análise financeira, impondo, designadamente, que sejam divulgados os interesses ou os conflitos de interesses de quem os produz ou divulga, relativamente aos instrumentos financeiros ou emitentes a que se referem. O regime preconizado pela DAM não se dirige, assim, apenas aos intermediários financeiros, mas antes também a todos aqueles que emitam recomendações, designadamente as sociedades de estudos independentes ou os denominados analistas independentes[39].

Por seu turno, a DMIF, ao qualificar como serviço auxiliar de investimento "a elaboração de estudos de investimento, análise financeira ou outras recomendações genéricas relacionadas com operações em instrumentos financeiros", veio estender aos intermediários financeiros que a título profissional forneçam estes serviços não só a necessidade da respectiva autorização prévia para exercício da actividade, como os requisitos organizacionais e os deveres gerais de conduta profissional[40-41].

Assim, as disposições gerais em matéria de conflitos de interesses passam a aplicar-se também à actividade de análise financeira, não apenas, portanto, a obrigação de se identificarem os conflitos de interesses – o que já decorria da DAM – mas também o dever que passa a impender sobre o intermediário financeiro que preste serviço de análise financeira de manter procedimentos organizativos eficazes e uma política de gestão orientados à prevenção e, se for o caso, adequada gestão dos casos de conflitos de interesses, salvaguardando-se sempre o interesse dos clientes. A particular atenção regulatória

---

n.º 2006/73/CE da Comissão, de 10 de Agosto de 2006, no que diz respeito as requisitos em matéria de organização e às condições de exercício da actividade das empresas de investimento e aos conceitos definidos para efeitos da referida Directiva.

[39] Na revisão do CódVM em 2006, por força do Decreto-Lei n.º 52/2006 de 15 de Março, consagrou-se o regime preconizado pela DAM através dos artigos 12.º-A a 12.º-E do CódVM.

[40] O artigo 291.º, al. c), consagrou precisamente a referida qualificação como serviço auxiliar de serviço de investimento.

[41] CARLO COMPORTI, ob. cit., pp. 600-602, com enfoque na DMIF. Cf, na perspectiva da gestão de activos e crítico da abordagem clássica do direito Comunitário, MARC KRUITHOF, ob. cit., pp. 49-51.

colocada nos conflitos de interesses no contexto de estudos de investimento produzidos pelos intermediários financeiros manifesta-se ainda, por exemplo, na proibição da realização de operações pessoais pelos analistas[42] ou por quem tenha acesso a essas recomendações em data prévia à sua divulgação ao público[43], bem como na proibição de serem concretizadas operações pelo intermediário financeiro em causa que contrariem o sentido da recomendação por este emitida ou ainda restrições à aceitação de incentivos conexos aos relatórios de análise financeira (*inducements*).

III. Das recomendações do *forum group* criado pela Comissão Europeia sobre boas práticas na actividade de análise financeira consta ainda a de cada intermediário financeiro adoptar uma política escrita de manutenção da independência e integridade da análise.

Esta boa prática deve igualmente ser estendida à divulgação *a priori* dos critérios para resolução das situações de conflito de interesses e de determinação das remunerações dos analistas financeiros[44].

IV. A OICV/IOSCO estabeleceu, por seu turno, em 2003, um conjunto de princípios para o enquadramento da actividade dos analistas financeiros[45]. Estes padrões de conduta com vocação para inspirarem a regulação à escala global versam sobre três temáticas: (a)

---

[42] Cf, a propósito, o artigo 309.º-D do CódVM.

[43] O analista *sell-side* não deve participar em reuniões ou aceder a informação privilegiada relacionada com emitentes ou instrumentos financeiro que venham a ser objecto de um relatório de análise financeira ou recomendação de investimento. Esta inibição pode, contudo, ser ultrapassada se (i) a informação em causa é para ser publicitada antes do analista emitir ou divulgar a sua recomendação de investimento, ou ainda se (ii) o analista restrinja a divulgação da recomendação enquanto se mantiver como *insider*. (cf pg 26 do report *Forum Group* para a CE).

[44] Nos EUA, a Lei Sarbanes-Oxley acolheu a maior parte destes princípios, tendo consagrado duas imposições específicas: a constituição de um fundo financiado pela indústria financeira para compartecipar na actividade dos analistas financeiros independentes e o reconhecimento expresso pelo analista em cada relatório de análise financeira de que o respectivo conteúdo corresponde à sua opinião. Cf., mais recentemente, no Direito norte-americano, o *Policy Statement on Financial Market Development*, cit..

[45] *Statement of Principles for Addressing Sell-Side Securities Analyst Conflict of Interests*, (2003), disponível em http://www.iosco.org/library/pubdocs/pdf/IOSCOPD 150.pdf.

conflitos de interesses específicos na actividade da análise financeira; (b) integridade dos analistas e respectivos relatórios de análise; e (c) educação dos investidores sobre os conflitos de interesse reais e potenciais a que os analistas estão sujeitos.

Deparamos com abordagens, é certo, necessariamente complementares, desde logo, na percepção de que é incontornável assegurar que as características essenciais à prestação de informação adequada ao mercado estejam presentes na divulgação de recomendações de investimento ou ainda que o abuso da posição informativamente privilegiada de alguns não comprometa a transparência e equidade do funcionamento dos mercados e, por essa via, a sua pretendida eficiência e integridade. Todavia, também se nos afigura evidente que outras ordens jurídicas que não as que integram a União Europeia (EUA, Japão, Austrália, Canadá...) – às quais, naturalmente, a síntese apresentada pela OICV/IOSCO também vai afinal beber possíveis soluções para a correcta regulação dos mercados de valores mobiliários – privilegiam a função proibitiva à função preventiva, ou seja, preferem proibir e impor soluções organizacionais aos analistas financeiros ou estabelecer limites à sua actividade a adoptar um mecanismo de publicitação prévia de circunstâncias potencialmente originadoras de conflitos de interesses ou atentatórias da desejável objectividade e integridade da informação processada na recomendação de investimento, como acabou por vingar nas fontes comunitárias.

Assim, a este propósito, permitimo-nos destacar algumas das principais recomendações da OICV/IOSCO, também elas inspiradoras de parte significativa das soluções que vieram a ter acolhimento na Directiva n.º 2003/125/CE, de 22 de Dezembro de 2003 e, depois, como veremos, na transposição para os Direitos nacionais dos Estados-membros, embora não se nos afigure forçado considerar que este elenco acaba por traduzir afinal um *benchmark* mais restritivo a esta actividade, o que, para aqueles que vêem o compromisso comunitário transposto entre nós como uma primeira resposta concertada à escala europeia e por isso premonitória de uma regulação europeia mais restritiva para este segmento da actividade financeira, pode também ser perspectivado como uma *padrão de regulação mais ambicioso*:

– Proibir os analistas de negociar valores mobiliários objecto da sua análise e/ou recomendação num sentido contrário ao

daquele que verteram na respectiva recomendação de investimento;
- Impor um período de inibição para o analista e/ou entidade empregadora de negociar valores mobiliários objecto da recomendação antes e depois de divulgação da mesma;
- Proibir a participação de analistas em campanhas de promoção de produtos financeiros (vg *road shows*);
- Proibir intermediários financeiros que empreguem analistas de prometer a emitentes recomendações de investimento favoráveis em relação a valores mobiliários, em troca de benefício económico ou financeiro;
- Impor a divulgação pelos analistas de critérios de selecção de emitentes objecto de recomendação ou análise e de informar imediatamente quando determinado emitente deixa de constar da lista de emitentes seleccionados;
- Assegurar que o analista não reporta hierárquica e funcionalmente à área interna da banca de investimento, bem como que esta área funcional não tenha de "pré-aprovar" a análise e recomendação de investimento;
- Obrigar à divulgação da remuneração ou benefício do autor da recomendação pela elaboração da análise financeira ou da recomendação de investimento;
- Proibir a divulgação selectiva pelos emitentes de informação a determinados analistas.

V. Uma nota ainda para a actividade da ACIIA – *Association of Certified International Investment Analysts* – que divulgou um conjunto de princípios fundamentais relacionados com boas práticas na conduta dos analistas financeiros, sublinhando-se a prevalência do interesse do cliente sobre os interesses do analista ou do respectivo empregador ou a necessidade de se salvaguardar a independência e a integridade na actividade de análise financeira[46].

---

[46] A EFFAS (*the European Federation of Financial Analysts Societies*) filtrou, por seu turno, os princípios da ACIIA atendendo às especificidades dos mercados europeus.

VI. Cotejando os diversos acervos de recomendações e boas práticas postuladas por estes documentos, paradigmáticos face a tantos outros que têm vindo a ser divulgados à escala nacional ou regional, é possível constatar uma dupla abordagem ao problema do conflito de interesses na actividade do analista financeiro – por um lado, um controlo *ex ante*, de pendor preventivo, procurando mitigar o risco de verificação de uma situação de conflito de interesses, por outro lado, um controlo *ex post*, de gestão sucessiva do conflito que emergiu no contexto da actividade do analista.

VII. Do rol de recomendações internacionais e do sistema regulatório comunitário – que acabou por inspirar, desde logo, a realidade regulatória e de supervisão nacional –, revela-se preponderante a matriz preventiva de abordagem do conflito de interesses.

A forma mais eficaz de prevenir condutas abusivas dos analistas financeiros ou dos intermediários que os empregam através da divulgação de relatórios de análise financeira reconduz-se a um regime rigoroso de divulgação de informação relacionada com a actividade de análise financeira. Com efeito, importa assegurar que através de deveres de informação *ex ante* se mencionem nos relatórios de análise financeira as situações de potenciais conflitos de interesses, bem como numa abordagem *ex post* se assegure a adequada transparência sobre a conduta subsequente de quem elaborou ou divulgou a análise financeira. Sujeitar os relatórios de análise financeira a um regime de divulgação ao público contribui decisivamente para que os investidores e clientes tenham condições para avaliarem os comportamentos dos analistas e respectivos intermediários financeiros, em particular, se tais comportamentos foram coerentes com as recomendações constantes dos relatórios de análise financeira[47].

---

[47] Sublinhando o impacto que as novas tecnologias e a organização de bases de dados de relatórios de análise financeira – serviços de *consensus* – assumirá na indústria da análise financeira, atendendo a que os subscritores destes serviços têm acesso a todos os relatórios elaborados pelos principais analistas, com acesso a índices de variação dos ganhos estimados e beneficiando de extensão e rapidez inéditas na forma como se divulgam e, por essa via, se podem utilizar os relatórios de análise financeira, cf. STEFANO FABRIZIO, "Os relatórios de *research*...", ob. cit., p. 69, bem como CERVELLATI/DELLA BINA, ob. cit., pp. 4-5. Por esta via, com a proliferação de sistemas de divulgação sistemática e

VIII. As regras *ex ante* respeitam:
- à divulgação nos relatórios da existência e da extensão dos conflitos de interesses, não bastando, a esse propósito, declarações genéricas ou evasivas sobre a possibilidade de conflito de interesses por parte do analista ou do intermediário financeiro que o contrata, mas antes a assunção clara de existência ou não do conflito e, em caso afirmativo, a identificação da respectiva causa. De igual modo, não é aceitável que uma declaração sobre conflito de interesses seja inserida no relatório com o intuito de evitar a responsabilidade pelos conflitos de interesse, em jeito de "cláusula de salvaguarda";
- à organização interna do intermediário, devendo acautelar-se, a par de um *compliance officer* responsável pelo cumprimento dos procedimentos, que os relatórios de análise estejam sujeitos a um processo interno de revisão, de validação por um "analista-supervisor"[48] (, bem como adoptar-se um sistema de remuneração do analista financeiro, particularmente a parcela variável da mesma, que não esteja dependente das receitas de um departamento específico do intermediário financeiro, designadamente fazendo depender essa remuneração – os prémios ou bónus – de operações específicas de *corporate finance* ou dos resultados finais obtidos pelo segmento da corretagem do intermediário financeiro;
- à proibição de os intermediários financeiros abusarem do conhecimento antecipado de relatórios elaborados pelos analistas por si contratados, mormente impedindo-os de transaccionar instrumentos financeiros objecto de análises financeiras antes das mesmas serem divulgadas ou de conduzirem nego-

---

articulada de relatórios de análise financeira, a atenção tradicional sobre relatórios individuais é agora transferida para o *consensus* encontrado entre o conjunto de relatórios e de simples recomendações de (des)investimento, apurando-se, assim, não apenas o *consensus* relativamente a uma determinada estimativa, mas ainda, por exemplo, o seu desvio padrão face às séries de relatórios disponíveis, bem como se transfere a relevância de se atender a "meras" recomendações de "compra" e de "venda", por exemplo, para se aprofundar a análise de indicadores de previsões do crescimento dos ganhos e respectiva variabilidade.

[48] STEFANO FABRIZIO, ob. cit., p. 70 e *Rule* 472 da NYSE.

ciação por conta própria em sentido contrário às recomendações contidas no relatório[49];
– à continuidade da cobertura e tendência das recomendações, devendo os relatórios indicar se se pretende efectuar uma cobertura contínua dos instrumentos financeiros em causa ou se a mesma foi pontual e isolada; em caso afirmativo no sentido da cobertura contínua, importa assegurar que as sucessivas análises coincidam com os ciclos de reporte periódico por parte do emitente (por ocasião da divulgação das contas trimestrais, semestrais, anuais, por exemplo) de modo a evitar-se a selecção pelo analista da "conveniência" em omitir ou subvalorizar um facto relevante que devesse levar à formulação de um juízo negativo sobre o emitente em causa e/ou uma recomendação de venda dos respectivos instrumentos financeiros;
– aos procedimentos de divulgação dos relatórios;
- aos critérios para se assegurar a completude, independência e imparcialidade dos relatórios de análise financeira.

VIII. Assim, os riscos de conflitos de interesses mais óbvios podem, na opinião de alguns autores, ser mitigados através de procedimentos organizacionais e de gestão que separem os analistas *sell-side* e os analistas *buy-side* internos (*in-house*) ao mesmo intermediário financeiro.

Há quem defenda uma separação entre as pessoas jurídicas que desenvolvem as actividades de análise financeira e a de banca de investimento. Não foi essa, todavia, a solução preconizada, por exemplo, pelo denominado US *Settlement* no início da actual década, em que não se adoptou uma solução de cisão jurídica entre os sujeitos das duas actividades, mas antes uma segregação física e funcional entre essas actividades quando desenvolvidas no mesmo intermediário financeiro ou entidade (as tradicionalmente denominadas *chinese wall*, ainda que cada vez com diversas matizes no grau de "estanquicidade" que comportam na aplicação prática)[50].

---

[49] Destacando este ponto específico, cf ADOLFO DI MAJO, ob. cit., pp. 298-301.
[50] Cf HARRY MCVEA, ob. cit, pp. 127-128.

São, aliás, habitualmente referidas desvantagens a uma opção mais radical de segregação: tal implicaria muito provavelmente uma redução da quantidade de análises financeiras disponíveis, assim como contribuiria decisivamente para a insustentabilidade da actividade prosseguida pelas empresas de análise financeira mais pequenas e ainda que não estaria assegurada uma melhor qualidade e integridade das análises financeiras face, designadamente, a outras influências que não as que surgem por via de conflito de interesses entre a actividade de análise financeira e a actividade de outros departamentos do mesmo intermediário financeiro (vg banca de investimento).

IX. Ainda numa perspectiva preventiva da situação de conflito de interesses, atente-se no enquadramento de boas práticas no caso de analistas financeiros contratados por intermediário financeiro que integra o sindicato de colocação dos instrumentos financeiros objecto da oferta em causa[51].

No contexto de IPOs, a prática na Europa tem sido a de intermediários financeiros membros de sindicato de colocação de determinado instrumento financeiro disponibilizarem aos seus clientes institucionais – antes de período de *"black out"* que preceda a oferta pública[52] – relatórios de análise financeira (*pre-deal reports*) sobre o emitente em causa, elaborados pelos respectivos departamentos de análise financeira.

---

[51] No contexto, por exemplo, dos peritos que integraram o mencionado *Forum Group* da Comissão Europeia, uma maioria não vê porque restringir envolvimento *research* nas ofertas desde que sejam adoptados sistemas de controlo interno de cumprimento (*compliance*). Já uma minoria de membros desse Grupo entende que não deve haver qualquer tipo de envolvimento, já que investidores serão mais protegidos se se adoptar estratégia de evitar as situações de conflito de interesses do que gerir essas situações através de um sistema regulamentar e de boas práticas de divulgação desses interesses. Apesar do que fica referido como boa prática comummente aceite, registe-se que vários autores defendem a virtualidade ínsita no envolvimento do analista financeiro na concepção e condução das operações de colocação de valores mobiliários pelo seu intermediário financeiro empregador, atendendo ao relevante contributo que pode desempenhar na determinação do preço do instrumento financeiro objecto da operação ou ainda na determinação pelos investidores/subscritores do nível de risco associado à colocação em causa.

[52] Estes períodos de inibição de informar *(black out)* são impostos por lei para "gerir" a responsabilidade do intermediário financeiro pela informação constante do prospecto.

Os *pre-deal research reports* desempenham uma função útil no apoio à avaliação e monitorização da IPO, em aditamento à informação constante dos prospectos. Os responsáveis do intermediário financeiro pelo sistema de controlo de cumprimento devem assegurar uma correcta avaliação da consistência entre a análise financeira em causa e a proposta de prospecto a disponibilizar aos destinatários da oferta.

Em qualquer relatório de análise financeira que seja publicado antes do *pricing* da oferta por um membro de sindicato de colocação, é recomendável que esses *pre-deal researchs* contenham uma divulgação adequada da relação existente entre o intermediário financeiro e o emitente.

Além do mais, devem reiterar a centralidade da consulta do prospecto no processo de decisão de investimento, bem como omitir qualquer recomendação de investimento específica ou de preços-referência.

Os *pre-deal researchs* estão sujeitos aos requisitos da qualidade da informação neles contida e deles deve constar claramente a responsabilidade do membro do sindicato que o emite, bem como a não validação pelo emitente objecto da análise ou por outro membro do sindicato de colocação[53].

X. O primeiro objectivo de uma abordagem regulatória aos conflitos de interesses deve ser, pois, o de prevenir (ou reduzir) os conflitos de interesses. Subsidiariamente, importa actuar sobre a situação de conflito de interesses entretanto ocorrida, criando as condições para que a mesma seja conhecida e, de seguida, sancionando-se os incumpridores dos deveres de boa conduta profissional.

Uma abordagem *ex post* visa, assim, assegurar a adequada divulgação dos relatórios ao público, em primeira linha, aliás, aos clientes que compraram os relatórios, permitindo comparar o sentido das recomendações constantes dos relatórios e as operações em

---

[53] Antes e depois da publicitação do prospecto está vedada a divulgação de *research*, de modo a reforçar-se o papel do prospecto como documento incontornável na compilação da informação relevante para a avaliação dos instrumentos financeiros objecto da oferta pública.

mercado do intermediário financeiro e/ou analista financeiro. De igual modo, um sistema sancionatório sobre os intermediários financeiros e analistas financeiros por violação das regras de conduta enquadradoras das situações de conflito de interesses também desempenha um papel relevante como solução *ex post* de reacção a uma situação de conflito de interesses, abusivamente aproveitada pelo intermediário financeiro ou analista financeiro que elaborou determinado relatório de análise.

A divulgação de uma situação potencial de conflito de interesses deve ser facilmente cognoscível pelos investidores e deve constar dos relatórios de análise financeira propriamente ditos.

A informação (*disclaimer*) sobre conflitos de interesse da parte do analista financeiro que publicita, ainda que de forma truncada ou sintética, as recomendações de investimento no contexto de relatórios de análise financeira devia constar de suporte informativo distinto da fonte de onde consta a informação de análise financeira – o "infotrainment" impõe que se remeta a descrição dos interesses, por exemplo, na interna.

Os emitentes não devem discriminar positiva ou negativamente determinados analistas financeiros e estão sujeitos à lei no que respeita à divulgação de informação privilegiada, designadamente têm de publicitar esse tipo de informação através dos meios e de modo atempado conforme previsto na lei, bem como não devem discriminar o acesso de analistas, inclusive os não afectos a intermediário financeiro ou ao sindicato de colocação, a eventos de divulgação de informação.

Sugere-se que os emitentes incluam nos respectivos documentos internos de boas práticas de governo societário e de orientação à conduta para com o exterior uma parte relativa ás relações com os analistas financeiros.

3.2. *Em particular: o regime jurídico português*

I. Com a transposição das Directivas n.os 2003/6/CE, do Parlamento Europeu e do Conselho, de 28 de Janeiro, relativa ao abuso de informação privilegiada e à manipulação do mercado, e 2003/125, da Comissão, de 22 de Dezembro, que estabelece as modalidades de aplicação daquela Directiva no que diz respeito à apresentação imparcial de recomendações de investimento e à divulgação de conflitos de interesses, adita-se ao Código dos Valores Mobiliários uma disciplina específica da actividade de análise financeira e, em particular, da formulação de recomendações de investimento ou desinvestimento sobre emitentes, valores mobiliários ou outros instrumentos financeiros.

Já antes da última revisão do Código dos Valores Mobiliários, por via da mencionada transposição de direito comunitário, encontrávamos dispositivos legais reguladores da actividade de análise financeira e, especificamente, da divulgação de recomendações de investimento. Retomá-los-emos, aliás, adiante quando complementarmos o regime aditado ao Código dos Valores Mobiliários pelo Decreto-lei n.º 52/2006, de 15 de Março.

Todavia, é indiscutível que, quanto à matéria relacionada com as recomendações de investimento em valores mobiliários, os agora aditados artigos 12.º-A a 12.º-E robustecem a protecção dos investidores, destinatários de recomendações de investimento, de forma inédita na nossa tradição jusmobiliária e, naturalmente, na sistemática civilística a que temos incontornavelmente de continuar a apelar quando nos debruçamos sobre as situações jurídicas resultantes da formulação de recomendações e conselhos e, mais amplamente, da prestação de informação[54].

3.2.1. *A apresentação das recomendações de investimento*

I. A distinção operada no artigo 12.º-A entre dois universos de emitentes de recomendações, como filtro qualificador do que deva ser entendido como recomendação de investimento para efeitos do regime jurídico consagrado no Código dos Valores Mobiliários, justifica no artigo subsequente uma disciplina diferenciada para a apresentação das recomendações de investimento propriamente ditas, assumindo-se um grau de exigência acrescido no cumprimento de

---

[54] Cfr., em geral, a regulamentação, recomendações e entendimentos genéricos da CMVM a propósito da análise financeira, em www.cmvm.pt.

deveres de boa conduta quando esteja em causa a divulgação de recomendação de investimento por uma das pessoas previstas no n.º 1 do artigo 12.º-A.

Com efeito, enquanto o n.º 1 do artigo 12.º-B enuncia deveres de apresentação objectiva e completa do conteúdo das recomendações, aplicáveis a qualquer tipo de recomendação (independentemente, portanto, da distinção referida no artigo 12.º-A), já o n.º 2 do mesmo preceito estipula um grau acrescido de detalhe e explicitação na concretização dos referidos princípios da objectividade e completude na prestação da recomendação. Com as adaptações devidas pela natureza das recomendações de investimento e a própria actividade (profissional) de as elaborar e divulgar, encontramos, assim, a recepção neste regime específico para as recomendações de investimento mobiliário dos princípios norteadores da divulgação de informação nos mercados de valores mobiliários, constantes do artigo 7.º, n.º 1, e já antecipado, no que diz respeito às recomendações de investimento, pela clarificação do respectivo n.º 2. Curiosamente, aliás, o legislador assume plenamente esta recondução de regimes ao "unificar" o conteúdo do documento recomendatório através da informação, quer ela se reconduza a matéria factual (a informação em sentido estrito, na acepção comummente aceite), quer se trate de informação não factual, conforme explicitado na alínea b) do n.º 1 do artigo 12.º-B.

II. O regime geral para a apresentação das recomendações de investimento, tal como consagrado no n.º 1 do artigo 12.º-B, traduz-se, assim, no dever que impende sobre o autor da recomendação de:

– Indicar, de forma clara e visível, a sua identidade e denominação, bem como, se for distinta, a do analista dependente – pessoa singular, portanto – que preparou a recomendação (alínea a));
– Distinguir, conforme referido, a matéria factual daquela informação que, tendo estado na base da formulação da recomendação, deve ser entendida como não factual (alínea b));
– Assegurar a fidedignidade das fontes ou, em caso de dúvida quanto a esta, mencioná-lo expressamente, bem como identificar como tal o conjunto das projecções, das previsões e dos preços alvo, com menção expressa dos pressupostos utilizados para os determinar e, a pedido das autoridades competen-

tes, disponibilizar todos os elementos necessários para demonstrar a coerência da recomendação com os pressupostos que lhe estão subjacentes (alíneas c), d) e e)).

III. Já o regime de divulgação da recomendação constante do n.º 2 do mesmo preceito estabelece um conjunto de deveres adicionais para determinados autores das recomendações, consagrando, assim, um regime mais exigente para as pessoas enunciadas no n.º 1 do artigo 12.º-A. A par dos deveres enumerados no n.º 1 do artigo 12.º-B, importa, *ex vi* do n.º 2, que o autor da recomendação assegure:

- A identificação da autoridade de supervisão da empresa de investimento ou da instituição de crédito, de modo a acentuar junto dos destinatários da recomendação o carácter regulamentado da actividade em causa e, se for o caso, facilitar o recurso ao supervisor competente (alínea a));
- A identificação das fontes da informação – o que consome o dever geral de assegurar "apenas" a fidedignidade das mesmas, conforme é estabelecido no n.º 1 (alínea b));
- A informação sobre os termos em que o emitente (visado na recomendação) teve conhecimento prévio da recomendação e, se for o caso, da eventual correcção por este antes da divulgação ao público (alínea b, 2.ª parte))[55];
- A identificação da base de cálculo ou o método usado para avaliar o emitente e o instrumento financeiro ou para determinar o preço alvo (alínea c));
- A explicação do significado da recomendação de "comprar", "manter" ou "vender" (bem como expressões equivalentes), bem como a informação sobre o prazo do investimento para que é formulada, a inclusão de eventuais advertências relacionadas com o risco envolvido na operação pressuposta pela recomendação em causa e ainda proceder a uma análise de sensibilidade aos pressupostos adoptados na elaboração da recomendação (alínea d));

---

[55] Nada obsta, todavia, que o autor da recomendação emita nesta uma declaração pela negativa deste facto (FAQ CMVM de 18 de Agosto de 2006 sobre recomendações de investimento).

– A indicação da periodicidade na divulgação da recomendação (alínea e));
– A indicação explícita da data em que a recomendação foi divulgada, bem como a data e hora a que se referem os preços utilizados para os instrumentos financeiros analisados (alínea f));
– A confirmação de eventuais divergências entre a recomendação vertente e outra recomendação sobre o mesmo emitente ou instrumento financeiro, emitida nos 12 meses anteriores (alínea g)).

IV. A transposição do acervo comunitário nesta matéria através do aditamento de vários preceitos ao Código dos Valores Mobiliários permitiu ainda que se passe a regular, com algum detalhe e com as devidas adaptações face ao artigo 12.º-B, a divulgação de recomendações de investimento elaboradas por terceiros, ou seja, quando já não se verifica uma coincidência entre o autor da recomendação ou da entidade para quem este trabalha e quem divulga ao público a recomendação. Deste modo, como veremos, a lei prossegue o objectivo, também nestes casos, de assegurar um elevado grau de objectividade na reprodução, alteração ou resumo de recomendações de investimento.

Com efeito, a este propósito, o n.º 1 do artigo 12.º-D reafirma, face ao já referido n.º 1 do artigo 12.º-B, o dever de se assegurar uma "clara e destacada" identificação da pessoa ou da entidade responsável pela divulgação da recomendação de investimento, ainda que, neste caso, esteja em causa uma recomendação elaborada por terceiro. De igual modo, o n.º 5 do artigo 12.º-D, ao impor a identificação da autoridade de supervisão relevante, retoma a equiparação de deveres de conduta por parte de quem divulga recomendação própria – e disciplinada no artigo 12.º-B, como vimos – e quem divulga recomendação alheia, nos casos em que essa divulgação é feita por uma empresa de investimento, instituição de crédito ou pessoa singular que, independentemente do vínculo a que esteja sujeita, para elas trabalhe.

V. No contexto do regime jurídico que disciplina a apresentação de recomendações de investimento elaboradas por terceiros, importa aduzir duas breves notas sobre algumas especificidades, entretanto acauteladas pelo legislador. Referimo-nos à alteração substancial da recomendação de terceiro por parte de quem a divulga e aos casos em que se visa apresentar apenas um resumo da recomendação elaborada por terceiro.

No primeiro caso, regem os n.os 2 e 3 do artigo 12.º-D, estabelecendo-se que a alteração substancial deve ser claramente identificada e explicada na própria recomendação, sendo conferido aos destinatários da recomendação, entretanto alterada substancialmente, o direito de acesso à identidade do autor da alteração à recomendação, bem como ao conteúdo original da mesma. Naturalmente, como corolário da equiparação de regime na óptica da protecção do destinatário da informação entre divulgação de "recomendação nova" e divulgação de "alteração substancial de recomendação alheia", deparamos no n.º 3 do mesmo preceito com uma remissão para os deveres específicos previstos no artigo 12.º-B com relevância para casos de alteração substancial no sentido da recomendação.

No segundo caso, aquele que se reporta à divulgação de um resumo de recomendação alheia, o n.º 4 do artigo 12.º-D estipula que o divulgador deve assegurar a clareza e actualidade do resumo, bem como da veracidade do respectivo conteúdo. Deve ainda constar expressamente no documento em causa a indicação da fonte e do local onde as informações relevantes relacionadas com a recomendação resumida podem ser acedidas.

VI. Por fim, em sede de divulgação de recomendação de investimento elaborada por terceiro, o legislador não enjeitou o tratamento normativo da sensível intercessão da disciplina jusmobiliária quanto à actividade da análise financeira e respectiva divulgação ao público com a eventual actividade jornalística com ela conexa.

Com efeito, o n.º 6 do artigo 12.º-D assume a exclusão da aplicação do regime consagrado nesse preceito aos casos em que é reproduzida por jornalista, em meio de comunicação social, uma opinião oral de terceiro sobre valores mobiliários, outros instrumentos financeiros ou emitentes. Como é bom de ver, a contrario ex vi do n.º 6, o artigo 12.º-D rege, assim, a divulgação através de reprodução jornalística de qualquer "opinião" escrita de terceiro e, por maioria de razão, de "recomendação" de terceiro, bem como, naturalmente, está sujeito ao acervo de deveres do artigo 12.º-B (e, veremos de seguida, do artigo 12.º-C sobre conflito de interesses) qualquer jornalista enquanto autor de recomendação de investimento, nos termos do n.º 2 do artigo 12.º-A.

3.2.2. A divulgação de interesses

I. Embora não exclusivamente, o exigente universo de deveres de informação que impendem sobre os autores e divulgadores de recomendações de investimento, constante dos artigos 12.º-B e 12.º-D, dirige-se, sobretudo, à prossecução de uma nível adequado de fidedignidade e objectividade no tratamento da informação relevante disponível e que tenha estado na base da formulação de determinada recomendação de investimento. A lei não se coibiu, com efeito, de acentuar a especial responsabilização técnica e, por isso, profissional do autor da recomendação de investimento ou desinvestimento sobre um emitente ou instrumentos financeiros.

Embora a completude informativa e o especial dever de fundamentação quanto aos pressupostos da recomendação sejam instrumentos na prossecução dessa ratio, é indesmentível que esse acervo deôntico se dirige, igualmente, à prevenção (dissuasão) de situações de conflito de interesses que possam surgir no âmbito da actividade de elaboração e/ou divulgação da recomendação dirigida ao público. O potencial conflito de interesses na relação entre o autor da recomendação e a entidade para o qual este trabalha, bem como o conflito que pode emergir dos analistas (e respectivas entidades empregadoras) em relação aos emitentes visados, por exemplo, são cenários de risco para a credibilidade da informação que é disseminada nos mercados, especialmente aquela que, como acontece no formato de recomendação de investimento, é enquadrada pela análise de peritos, especializados por definição, em áreas de especial complexidade no tratamento do manancial de informação disponível à generalidade dos investidores.

Não sendo inédita a preocupação de reduzir o risco de conflito de interesses no exercício de actividades profissionais, mormente em sede de disciplina jurídica da actividade de intermediação financeira, não surpreende, pois, que a lei tenha explorado soluções de transparência acrescida na enunciação de relações ou circunstâncias que pudessem, em abstracto, junto do destinatário da recomendação, suscitar dúvidas quanto à objectividade, completude e veracidade da informação incorporada em determinada recomendação de investimento e, em última análise, da recomendação de investimento ou desinvestimento propriamente dita.

II. Sobre o autor da recomendação de investimento que seja (simultaneamente) um intermediário financeiro impendem, além do acervo de deveres de transparência enumerados no artigo 12.º-C, deveres de conduta especificamente dirigidos à prevenção e resolução de situações de conflito de interesses, nos termos do artigo 309.º.
Os deveres de assegurar uma organização adequada de modo a evitar ou reduzir ao mínimo o risco de conflito de interesses, bem como, em caso de conflito de interesses, de dar prevalência aos interesses dos clientes e de, em qualquer caso, assegurar um tratamento equitativo e transparente estão, para os autores das recomendações de investimento que *ex lege* preencham os requisitos para serem qualificados como intermediários financeiros, pressupostos na consagração dos deveres de informação pelo artigo 12.º-C.

III. No artigo 12.º-C, a primeira decorrência do princípio da transparência em relação a circunstâncias susceptíveis de prejudicar a objectividade da recomendação, surge no respectivo n.º 1, impondo-se a divulgação de informação relacionada com interesse, directo ou indirecto, do autor da recomendação no instrumento financeiro ou no emitente a que respeita a recomendação.
Se o autor da recomendação for uma pessoa colectiva, o dever geral de divulgação nos termos do referido n.º 1 do artigo 12.º-C também impende sobre as pessoas singulares ou colectivas que lhe prestem serviços e que tenham estado envolvidas na elaboração da recomendação vertente. No caso de pessoas colectivas relacionadas com o autor da recomendação ainda que não tendo estado envolvidas na elaboração da recomendação, a lei impõe a identificação de quaisquer interesses ou conflito de interesses dessas pessoas, caso estas tenham ou possam ter tido acesso à recomendação antes da sua

divulgação aos clientes ou ao público (alínea b) do n.º 2 do artigo 12.º-C).

Tal como tínhamos visto para a disciplina do conteúdo e apresentação da recomendação, também no regime relativo à prevenção e divulgação de conflito de interesses do autor da recomendação encontramos um regime de exigência acrescida para os autores de recomendações indicados no artigo 12.º-A, n.º 1. Para estes, a lei impõe um rol acrescido de deveres de informação a acompanhar a divulgação da recomendação e os dados já enunciados nos n.ºs 1 e 2 do artigo 12.º-C:

- Participações qualificadas do autor da recomendação (ou pessoa colectiva com ele relacionada) no emitente objecto da recomendação e vice versa (alínea a) do n.º 3 do artigo 12.º-C);
- Envolvimento do autor da recomendação ou entidade conexa em operações de fomento de mercado ou de estabilização de preços com os instrumentos financeiros objecto da recomendação, bem como no contexto de contratos de consórcio para assistência ou colocação dos valores mobiliários do emitente (alíneas c) e d))[56];
- Acordos entre o emitente e o autor da recomendação, bem como entidade com ele conexa, relativos à elaboração da recomendação, designadamente a propósito da prestação de serviços bancários de investimento ou quando tenha existido remuneração ao autor da recomendação ou promessa da mesma (alíneas e) e f));
- Informação relativa ao nexo entre a remuneração das pessoas envolvidas na elaboração da recomendação e a concretização de operações bancárias de investimento a favor do emitente objecto da recomendação por parte dos intermediários financeiros autores da recomendação (alínea g));

---

[56] Para efeitos de cumprimento da obrigação de divulgação da participação do autor da recomendação de investimento em operações de fomento de mercado ou de estabilização de preços de instrumentos financeiros (artigo 12.º-C, n.º 3, al. c)), é entendimento da CMVM que a participação com antiguidade superior a dois anos nessas operações sobre instrumentos financeiros objecto da recomendação em causa não é passível de indiciar potenciais conflitos de interesse.

– Quaisquer interesses financeiros do autor da recomendação ou de entidade conexa que, pela sua relação com o emitente, sejam relevantes para avaliar a objectividade da recomendação (alínea b)).

Por fim, o artigo 12.°-C dispõe ainda que as pessoas singulares envolvidas na preparação ou elaboração de uma recomendação, que prestem serviço a intermediário financeiro autor da recomendação, e que tenham adquirido, a título oneroso ou gratuito, acções do emitente antes da realização de uma oferta pública de distribuição, devem informar a entidade divulgadora da recomendação sobre o preço e a data da respectiva aquisição, de modo a assegurar que esses dados sejam também tornados públicos[57-58].

---

[57] Para efeitos de artigo 12.°-C, n.os 3, als. e) e g), e 5, al.b), consideram-se "serviços bancários de investimento", não só parte dos serviços bancários mas inclusive alguns serviços de investimento, designadamente operações de crédito, participação em emissões, colocação e assistência em ofertas públicas relativas a valores mobiliários, consultoria sobre estrutura de capital, estratégia industrial e questões conexas, prestadas pelo autor da recomendação ao emitente do instrumento financeiro sobre o qual recaia a recomendação, uma vez que a lei faz referência ao facto destes serem prestados por instituições de crédito e empresas de investimento. Relativamente à necessidade de aferir do carácter "significativo" ou não da relação estabelecida, considera-se mais prudente aferir este conceito pela negativa, desconsiderando apenas aqueles que são claramente insignificantes para o autor da recomendação. Deve entender-se ainda que a obrigação de comunicar e de divulgar as aquisições de acções objecto da oferta pública de distribuição se aplica em relação a todas as recomendações de investimento que sejam emitidas ou divulgadas entre as datas do registo da oferta pública na CMVM (ou em autoridade de supervisão estrangeira, se o emitente se encontrar sujeito à respectiva jurisdição) e a data da publicação do resultados da oferta pública. Não obstante, entende-se que até ao termo do segundo mês subsequente ao do apuramento dos resultados da oferta, e não obstante o Código dos Valores Mobiliários não o impor, será desejável que as aquisições de acções sejam comunicadas e divulgadas.

[58] A obrigação de comunicar e divulgar vincula qualquer entidade independentemente de ser ou não intermediário financeiro envolvido na assistência ou colocação da operação. A obrigação tem por objecto todas as aquisições de acções efectuadas em momento anterior ao da divulgação da recomendação, independentemente da antiguidade da aquisição. Apesar da lei se referir apenas à aquisição de acções, considera-se recomendável que qualquer transacção sobre as acções objecto da oferta, designadamente a venda, deva ser igualmente comunicada e divulgada.

IV. Concluímos com três notas ainda quanto ao regime de prevenção e divulgação de situações de conflitos de interesses, tal como configurado no Código dos Valores Mobiliários, em torno da prossecução da transparência devida na elaboração e divulgação das recomendações de investimento, bem como com uma referência comparativa entre as opções do acervo comunitário em relação ao tema deste texto, entretanto plasmadas na nossa lei mobiliária, e os padrões internacionais especificamente dirigidos à análise financeira e, em particular, à prevenção e reacção a situações de conflito de interesses dos analistas ou de quem os contrata.

(i) Para os autores de recomendações que revistam a natureza de intermediários financeiros, sinalize-se, atento o n.º 5 do artigo 12.º-C, o dever de estes divulgarem nos respectivos sítios na internet, no final de cada trimestre do ano civil percentagem das recomendações de "comprar", "manter" ou "vender" no conjunto das suas recomendações, bem como a percentagem de recomendações relativas a emitentes aos quais aqueles intermediários financeiros prestaram serviços bancários de investimento significativos nos 12 meses anteriores à elaboração da recomendação.

(ii) A propósito da divulgação de conflitos de interesses por parte do autor da recomendação que foi divulgada por terceiro, atente-se no n.º 2, *in fine*, do artigo 12.º-D que impõe a divulgação pelo terceiro que publicita uma alteração substancial à recomendação dos conflitos de interesses que existem para o autor da mesma[59].

(iii) A agilização dos termos em que deve decorrer a publicitação da informação que ex lege deve acompanhar a recomendação –

---

[59] O autor da recomendação é sempre a entidade responsável pela sua elaboração e não quem a divulga. O que sucede é que o n.º 3 do artigo 12.º-D manda aplicar ao divulgador da recomendação regras análogas às que se aplicam ao autor da recomendação, quando o divulgador introduzir alterações na recomendação divulgada que impliquem uma mudança no sentido dessa recomendação. Por seu turno, no que respeita ao âmbito da informação sobre conflito de interesses a divulgar pelo terceiro relativamente ao autor da recomendação de investimento, tem entendido a CMVM que a informação a divulgar apenas compreende os conflitos de interesses do autor da recomendação que sejam públicos (artigo12.º-D, n.º 2).

artigo 12.º-E – compreende, verificados os pressupostos legais, a possibilidade da informação relacionada com os conflitos de interesses e, de qualquer modo, a informação referida no n.º 3 do artigo 12.º-C serem consultadas pelo destinatário da recomendação por remissão para outro local e suporte documental que não o da recomendação propriamente dita.

Abstract

The purpose of this paper is the study of the phenomenon of conflicts of interests in the financial securities analyst activity. After identifying the main sources of conflicts of interests in the context of the contractual relationship between the analyst and his/her clients, issuers or his/her financial intermediary employee, this study highlights the best practices for preventing or solving conflicts of interests across the financial researching activity, testing the appropriate balance of transparency and prevailing interests. This paper considers not only international benchmarking on this issue, namely through IOSCO standards and EU *acquis*, but also the specific response of Portuguese securities law.

CAPÍTULO VII

A Notação de Risco e os Conflitos de Interesses

Hugo Moredo Santos*

Plano:
  1. Introdução; **1.1** A importância da notação de risco; **1.2** Sequência; **2.** Algumas distinções; **2.1** Objecto: valores mobiliários ou entidades; curto prazo ou médio/longo prazo; **2.2** Relevância: legal ou contratual; **2.3** Iniciativa: solicitada ou não solicitada; **3.** As sociedades de notação de risco; **3.1** Aspectos gerais; **3.2** Registo e supervisão; **3.2.1** Panorama internacional; **3.2.2** Panorama nacional; **4.** Interferências no resultado da notação de risco; **4.1** O processo de notação de risco; **4.2** Os conflitos de interesses; **4.2.1** Protagonistas, interesses em conflito e suas manifestações; **4.2.2** Os interesses em conflito: áreas propícias à ocorrência de conflitos de interesses; **(a)** Comissões a pagar pelo emitente/originador; **(b)** "*Notching*"; **(c)** Prestação de outros serviços; **(d)** Interesses nas sociedades objecto de notação de risco; **(e)** Notação de risco não solicitada; **(f)** Acesso a informação que não reveste natureza pública / *insider trading*; **5.** Notas finais.

Abreviaturas:

CESR   – The Committee of European Securities Regulators

CdSC   – Código das Sociedades Comerciais

CdMVM – Código do Mercado de Valores Mobiliários

---

* Mestre em Direito (Faculdade de Direito da Universidade de Lisboa) e Advogado (Vieira de Almeida & Associados – Sociedade de Advogados, R.L.) – hms@vda.pt.

CdVM — Código dos Valores Mobiliários
CMVM — Comissão do Mercado de Valores Mobiliários
Directiva n.º 2003/125/CE — Directiva n.º 2003/125/CE, da Comissão, de 22 de Dezembro de 2003, que estabelece as modalidades de aplicação da Directiva n.º 2003/6/CE, de 28 de Janeiro de 2003, do Parlamento Europeu e do Conselho, no que diz respeito à apresentação imparcial de recomendações de investimento e à divulgação de conflitos de interesses
Directiva n.º 2006/48/CE — Directiva n.º 2006/48/CE, do Parlamento Europeu e do Conselho, de 14 de Junho de 2006, relativa ao acesso à actividade das instituições de crédito e ao seu exercício
DL 142-A/91— Decreto-lei n.º 142-A/91, de 10 de Abril, que aprovou o Código do Mercado de Valores Mobiliários
DL 453/99 — Decreto-lei n.º 453/99, de 5 de Novembro, que estabelece o regime da titularização de créditos e regula a constituição e a actividade dos fundos de titularização de créditos, das respectivas sociedades gestoras e das sociedades de titularização de créditos
DL 69/2004 — Decreto-Lei n.º 69/2004, de 25 de Março, que regula a disciplina aplicável aos valores mobiliários de natureza monetária designados por papel comercial
DL 59/2006 — Decreto-Lei n.º 59/2006, de 20 de Março, que estabelece o novo regime aplicável às obrigações hipotecárias e às instituições de crédito hipotecário, bem como às obrigações sobre o sector público
ESME — European Securities Markets Expert Group
IOSCO — International Organization of Securities Commissions
Fitch — Fitch Ratings Ltd.
Moody's — Moody's Investment Services
Proposta de Regulamento — Proposta de Regulamento do Parlamento Europeu e do Conselho sobre sociedades de notação de risco, aprovada pelo Conselho Europeu em 27 de Julho de 2009
Reg. 7/2000 — Regulamento da CMVM n.º 7/2000
Regulamento — Regulamento (CE) n.º 1060/2009, do Parlamento Europeu e do Conselho de 16 de Setermbro de 2009, relativo às agências de notação de risco.
S&P — Standard & Poors, a Division of The McGraw-Hill Companies, Inc.

Sempre que um artigo for indicado sem referência ao diploma ao qual pertence, entende-se que faz parte do CdVM, salvo se o contexto claramente apontar em sentido contrário.

1. Introdução

1.1 *A importância da notação de risco*

"There are two superpowers in the world today in my opinion. There's the United States and there's Moody's Bond Rating Service. The United States can destroy you by dropping bombs, and Moody's can destroy you by downgrading your bonds. And believe me, it's not clear sometimes who's more powerful."[1].

"The ratings address the expected loss posed to investors by the legal final maturity. (...) In (...)'s opinion, the structure allows for timely payment of interest and ultimate payment of principal with respect to Class (...) Notes by the legal final maturity, and ultimate payment of principal with respect to the Class (...) Notes by the legal final maturity."[2].

*"**Credit ratings may not reflect all risks***
One or more independent credit rating agencies may assign credit ratings to the Covered Bonds. The ratings may not reflect the potential impact of all risks related to structure, market, additional factors discussed above, and other factors that may affect the value of the Covered Bonds."[3].

I. Fenómenos registados no início deste século, entre os quais a falência de colossos empresariais como a Enron, a Worldcom, a Parmalat e, no ano passado, a Lehman Brothers, a incontornável crise associada ao *sub-prime* e o anunciado colapso da banca de investimento, vieram suscitar um acrescido interesse sobre as sociedades de notação de risco e o seu papel como *gatekeepers*[4] no contexto da

---

[1] Thomas L. Friedman, colunista do New York Times, nomeadamente citado por JOHN C. COFFEE JR., *Gatekeepers – The professions and corporate governance*, Oxford, Nova Iorque 2006, p. 283-284. Sobre aquela afirmação, FRANK PARTNOY, The Siskel and Ebert of Financial Markets: Two Thumbs Down for the Credit Rating Agencies, *Washington University Law Quarterly*, vol. 77, n.º 3, 1999, disponível em www.ssrn.com (http://ssrn.com/abstract=167412), p. 711, refere que apenas é incorrecta na medida em que exlui a S&P.

[2] Extracto de uma "carta de *rating*" emitida no âmbito de uma operação de titularização de créditos. Por razões de confidencialidade, os elementos identificadores da operação e da sociedade de notação foram suprimidos.

[3] Extracto do prospecto de base de admissão à negociação, no Eurolist by Euronext Lisbon, de obrigações hipotecárias a emitir pelo Banco Santander Totta, S.A. ao abrigo de um programa com o valor máximo de €5.000.000.000, disponível em www.cmvm.pt.

[4] Não há uma noção estanque e consensual de *gatekeeper*. Sobre o conceito e sua evolução veja-se JOSÉ FERREIRA GOMES, Responsabilidade Civil dos Auditores, *Código das Sociedades Comerciais e Governo das Sociedades*, Almedina, Coimbra 2008, p. 400-402.

actividade financeira. Aqueles episódios tiveram grande reflexo na confiança dos investidores, fortemente amparada na notação de risco. As sociedades de notação de risco, ainda que não tenham constituído a causa principal ou imediata de qualquer dos mencionados fenómenos, estão-lhes intimamente associadas. Por isso, quando os investidores sentem que um indicador que tinham em grande conta nas suas decisões, afinal, começa a mostrar-se pouco fiável e a merecer pouca credibilidade, é altura de descortinar o que pode estar a correr mal[5].

A notação de risco constitui a opinião de uma sociedade de notação de risco acerca da capacidade que certa entidade manifesta para cumprir as suas obrigações na respectiva data de vencimento – ocupa-se, por conseguinte, do risco de crédito ou, numa formulação jornalística, da "qualidade da dívida" ("*expected loss posed to investors*")[6]. Quanto mais elevada for a notação de risco maior será essa

---

[5] Sobre a crise financeira iniciada em meados de 2007 a bibliografia é muito extensa. A título exemplificativo, refiram-se dois textos: THE HIGH-LEVEL GROUP ON FINANCIAL SUPERVISION IN THE EU (The de Larosière Group), *Relatório*, Bruxelas, 25 de Fevereiro de 2009, e FSA, *The Turner Review – A regulatory response to the global banking crisis*, Março 2009, disponível em www.fsa.gov.uk.

[6] Cfr. IOSCO, *Report on the activities of credit rating agencies*, Setembro de 2003, p. 1, 3, disponível em www.iosco.com, CESR, *Technical advice to the European Commission on possible measures concerning credit rating agencies*, Março de 2005, disponível em www.cesr-eu.org, p. 12. Nesta linha vai a definição constante do art. 3.º, n.º 1, al. (a) da Proposta de Regulamento e, embora, com algumas alterações, do Regulamento.

Aquela definição – que pode ser vista como a notação de risco de crédito tradicional (*corporate rating*), por se referir a uma entidade – deve ser adaptada em função do objecto da notação de risco. A título exemplificativo, se a notação de risco se referir a um produto estruturado (*structured finance*), a opinião em causa refere-se à suficiência dos fluxos financeiros gerados pelo conjunto de activos subjacente para fazer face aos pagamentos associados aos valores mobiliários (ou a uma categoria destes) emitidos no âmbito da operação (neste sentido, BANK FOR INTERNATIONAL SETTLEMENTS, *The role of ratings in structured finance: issues and implications*, Janeiro de 2005, disponível em www.bis.org, p. 14-15; para uma distinção entre notação de risco tradicional e relativa a *structured finance*, veja-se ESME, *Role of credit rating agencies*, Junho de 2008, disponível em www.ec.europa.eu, p. 4-5).

Esta distinção é tão relevante que tem vindo a suscitar opiniões sustentando a adopção de simbologias distintas, destinadas a aletar os investidores para a circunstância de poderem estar face a um instrumento complexo (neste sentido, THE HIGH-LEVEL GROUP ON FINANCIAL SUPERVISION IN THE EU (The de Larosière Group), *Relatório*, cit., p. 20, FRANK PARTNOY, Rethinking Regulation of Credit Rating Agencies: An Institutional

capacidade e vice-versa. Não tem em consideração, ao contrário do que possa ser pensado, outros riscos eventualmente inerentes a um investimento em valores mobiliários, tais como iliquidez ou a volatilidade dos mercados[7]. Mais rigoroso seria, portanto, falar em notação de risco de incumprimento de obrigações assumidas.

Em qualquer caso, e seja qual for o objecto em questão, a notação de risco procura acrescentar informação independente e fiável, baseada na análise da sociedade de notação de risco, permitindo ao investidor tomar uma decisão mais esclarecida. A notação de risco tem, por isso, uma função "transformadora"[8]: a partir da análise de uma vasta panóplia de informações relativas ao objecto cujo risco se pretende aferir, e com recurso a procedimentos e metodologias testadas e consistentemente aplicadas, procura-se descortinar qual o nível de risco em causa, traduzindo-o numa indicação ("notação" significa, precisamente, marca ou sinal) – correspondente a *"investment grade"* (risco mais reduzido) ou a *"speculative grade"* ou *"non-investment grade"* (risco mais elevado – *"high yield"* ou *"junk"*)[9] – compreensível e interpretável pelos investidores.

Investor Perspective, Julho de 2009, disponível em www.ssrn.com (http://ssrn.com/abstract=1430608), p. 10). Em sentido contrário, tem-se argumentado que a utilização de diferente simbologia seria mais apta a confundir o público do que a esclarece-lo.

[7] IOSCO, *The role of credit rating agencies in the structured finance markets*, Março de 2008, disponível em www.iosco.org, p. 6.

[8] Também o BASEL COMMITTEE ON BANKING SUPERVISION, *Credit ratings and complementary sources of credit quality information*, Basel Committee on Banking Supervision Working Papers, dir. Arturo Estrella, n.º 3, Agosto de 2000, disponível em www.bis.org, p. 12, convoca a ideia de transformação de informação para explicar a actividade das sociedades de notação de risco. Autores como DIETER KERWER, Standardising as governance: the case of credit rating agencies, Março de 2001, disponível em www.ssrn.com (http://ssrn.com/abstract=269311), p. 4, STEVEN L. SCHWARCZ, Private ordering of public markets: the rating agencies paradox, *University of Illinois Law Review*, n.º 2, Fevereiro de 2002, p. 6, p. 12, KLAUS J. HOPT, Modern company and capital market problems, *After Enron: improving corporate law and modernising securities regulation in Europe and the US*, ed. John Armour e Joseph A. McCahery, Hart Publishing, Oxford 2006, p. 476, ou JOHN C. COFFEE, JR., *Gatekeepers...*, cit., p. 288, referem que as sociedades de notação de risco são "intermediários de informação".

[9] Para dívida de longo prazo, a S&P e a Fitch utilizam como *"investment grade"* as categorias AAA, AA, A e BBB, e como *"speculative grade"* as categorias BB, B, CCC, CC, C e D (ajustados como sinais "+" e "–"); já a Moody's considera como *"investment*

Esta mesma ideia era claramente reconhecida no art. 614.º, n.º 2 do CdMVM, onde se afirmava a "influência que a informação por eles [serviços de notação de risco] produzida pode ter nas decisões dos investidores e na transparência e racionalidade de funcionamento dos mercados de valores mobiliários", dando, assim, profundidade normativa à posição assumida pelo legislador do CdMVM quando sufragava a relevância da notação de risco ao dizer que "as sociedade de *rating* podem constituir instrumentos poderosos de racionalização, dinamização e expansão do mercado e auxiliares valiosíssimos de apoio aos investidores nas suas decisões de investimento e às entidades emitentes na colocação das suas emissões, ou precisamente o contrário".

A notação de risco apresenta, por isso, inequívocos benefícios para os investidores. A expensas de uma entidade, um grupo limitado de sociedades de notação de risco afere o risco de crédito em causa, partilhando a sua opinião com todos os potenciais investidores, alcançando, dessa forma, uma economia de escala[10]. Daí que no prefácio do *Code of Conduct*[11] se diga que as sociedades de notação

---

grade" as categorias Aaa, Aa, A e Baa, e como "*speculative grade*" as categorias Ba, B, Caa, Ca e C (ajustadas com números de 1 a 3, em sentido decrescente de qualidade) (cfr. FRANK PARTNOY, The Siskel and Ebert..., cit., p. 641 e segs., *maxime*, 649, SECURITIES AND EXCHANGE COMMISSION, *Report on the role and function of credit rating agencies in the operation of the securities markets*, Janeiro de 2003, disponível em www.sec.gov, p. 25, STAFF TO THE SENATE COMMITTEE ON GOVERNMENTAL AFFAIRS, *Financial oversight of Enron: the SEC and private-sector watchdogs*, 8 de Outubro de 2002, disponível em www.senate.gov, p. 98-99. No panorama nacional, a Companhia Portuguesa de Rating, S.A. atribui notação de risco compreendida entre AAA, que revela que a entidade objecto da notação tem uma capacidade extremamente forte para cumprir os seus compromissos financeiros, e D, que significa que entidade objecto da notação se encontra em incumprimento de compromissos financeiros, para o médio-longo prazo, e compreendidas entre A-1, evidenciando que entidade objecto da notação tem uma capacidade de pagamento dos seus compromissos financeiros muito elevada ou muito forte (sendo as entidades objecto da notação com uma extraordinária capacidade de pagamento destes compromissos distinguidos com o sinal "+"), e D, que indica que entidade objecto da notação está em situação de incumprimento com relação, pelo menos, a um dos seus compromissos financeiros, para o curto prazo (veja-se www.cprating.pt).

[10] STEVEN L. SCHWARCZ, Private ordering of public markets..., cit., p. 12.

[11] IOSCO, *Code of Conduct Fundamentals for Credit Rating Agencies*, Dezembro de 2003, p. 1, disponível em www.iosco.com. Esta mesma ideia era já salientada por G. FERRI / L.-G. LIU / J. E. STIGLITZ, The procyclical role of rating agencies: evidence from the East Asian crisis, *Economic Notes*, vol. 28, n.º 3, 1999, p. 335, LAWRENCE

de risco podem desempenhar um papel muito útil junto dos investidores, interpretando informação e analisando riscos, partilhando as suas conclusões com potenciais investidores, acrescentando transparência ao mercado, prevenindo assimetrias informativas e estimulando a confiança. Na mesma linha, embora mais assertivamente, manifestou-se também a Comissão Europeia, ao afirmar que as sociedades de notação de risco "desempenham um papel vital nos mercados globais da banca e valores mobiliários"[12]. Houve ainda quem visse nas sociedades de notação de risco um exemplo de "autoridade privada" na regulação dos mercados financeiros[13] ou as qualificassse

---

WHITE, The credit rating industry: an industrial organization analysis, 2 de Dezembro de 2001, disponível em www.ssrn.com (http://ssrn.com/abstract=267083), p. 4, estava presente em IOSCO, *Statement of principles regarding the activities of credit rating agencies*, 25 de Setembro de 2003, disponível em www.iosco.com, p. 1, e foi posteriormente reconhecida em CESR, *Technical advice...*, cit., p. 14, *The role of credit rating agencies in structured finance*, Fevereiro de 2008, disponível em www.cesr-eu.org, p. 8, IOSCO, *The role of credit rating agencies...*, cit., p. 6, CESR, *Second report to the European Commission on the compliance of credit rating agencies with the IOSCO Code and the role of credit rating agencies in structured finance*, Maio de 2008, disponível em www.cesr-eu.org, p. 21 e segs., e FINANCIAL STABILITY FORUM, *Report of the Financial Stability Forum on enhancing market and institutional resilience*, 7 April 2008, disponível em www.fsforum.org, p. 32. Salientando a crescente importância da notação de risco, ligando o fenómeno ao crescente número de emitentes e à maior complexidade dos instrumentos financeiros, SECURITIES AND EXCHANGE COMMISSION, *Report...*, cit., p. 5.

[12] COMISSÃO EUROPEIA, *Communication from the Commission on Credit Rating Agencies*, Bruxelas, 23.12.2003 (JOCE C59, de 11 de Março de 2006), COMISSÃO EUROPEIA, *Impact assessment – Commission Staff working document accompanying the Proposal for a Regulation of the European Parliament and of the Council on Credit Rating Agencies*, Bruxelas, 12.11.2008, www.europa.eu, p. 5. No mesmo sentido pronunciam-se DANIEL M. COVITZ / PAUL HARRISON, Testing conflicts of interest at bond ratings agencies with market anticipation: evidence that reputation incentives dominate, Dezembro de 2003, disponível em www.ssrn.com (http://ssrn.com/abstract=512402), p. 2-3, ao referirem-se ao papel fundamental das sociedades de notação de risco nos mercados de capitais, KLAUS J. HOPT, Modern company..., cit., p. 478, ao afirmar que as sociedades de notação de risco pertencem ao grupo de instituições essenciais para assegurar a existência de mercados de capitais sólidos, e FRANK PARTNOY, The paradox of rating agencies, *Law and Economics Research Paper No. 20*, Março de 2001, disponível em www.ssrn.com (http://papers.ssrn.com/abstract=285162), p. 1.

[13] DIETER KERWER, Standardising as governance..., cit., p. 3. Nesta linha escreve STEVEN L. SCHWARCZ, Private ordering of public markets..., cit., p. 3, ao defender que as sociedades de notação de risco são um exemplo que ilustra a crescente tendência de regulação privada de matérias tradicionalmente cometidas a entidades públicas.

como "guardiães dos mercados financeiros"[14], chegando o CESR a afirmar que existe um claro interesse público na informação divulgada pelas sociedades de notação de risco[15]. Mais recentemente, o DE LAROSIÈRE GROUP veio defender que o papel das sociedades de notação de risco é "epicêntrico e quase regulatório"[16]. Assim, e com maior ou menor ênfase, é indesmentível que a notação de risco granjeia um relevante papel no domínio dos mercados financeiros. Constitui evidência disto mesmo a prática de divulgar no sistema de difusão de informação organizado pela CMVM, como facto relevante, a atribuição, modificação ou remoção de notações de risco.

II. No factor de risco antes citado diz-se que a notação de risco não constitui uma recomendação de compra, venda ou detenção dos valores mobiliários aos quais se reporta. No mesmo sentido, na Directiva n.º 2003/125/CE pode ler-se que "as agências de notação do risco emitem pareceres sobre a solvência de um emitente ou de um instrumento financeiro concretos numa determinada data (...) [, os quais] não constituem uma recomendação na acepção da presente directiva" (considerando 10). No considerando (19) do Regulamento diz-se que "os estudos de investimento, as recomendações de investimento e outros pareceres relativos ao valor ou ao preço de um instrumento financeiro ou de uma obrigação financeira não deverão ser considerados notação de risco". Também nesta linha vai o entendimento do CESR, ao afirmar que as notações de risco "não são recomendações para comprar ou vender qualquer valor mobiliário"[17].

Para evitar responsabilidades, as sociedades de notação de risco têm-se escudado na ideia de apenas emitem opiniões, nas quais ninguém deve confiar exclusivamente para tomar uma decisão de investimento. Esta posição tem vindo a ser cada vez mais questionada,

---

[14] Assim, STEVEN L. SCHWARCZ, Private ordering of public markets..., cit., p. 2, FRANK PARTNOY, How and why credit rating agencies are not like other gatekeepers, *Legal Studies Research Paper Series – Research Paper No. 07-46*, Maio de 2006, disponível em www.ssrn.com (http://ssrn.com/abstract=900257), p. 59.

[15] CESR, *Second report....*, cit., p. 58.

[16] THE HIGH-LEVEL GROUP ON FINANCIAL SUPERVISION IN THE EU (The de Larosière Group), *Relatório*, cit., p. 19.

[17] CESR, *Technical advice...*, cit., p. 12, 25.

quer em virtude do relevante papel que as sociedades de notação desempenham, quer para assegurar uma igualdade de tratamento nesta matéria face a outros *gatekeepers*[18]. A verdade é que, pelo que se depreende do que já ficou dito, a existência de notação de risco não pode ser de modo algum desconsiderada, revelando-se mesmo, em inúmeros casos, um factor essencial na tomada de desisões de investimento.

O juízo que um potencial investidor fará sobre os valores mobiliários que pondera adquirir não é o mesmo caso a estes, ou ao seu emitente, seja atribuída notação de risco[19]. Para investidores institucionais, que têm as suas próprias equipas internas encarregues da análise de riscos de crédito, a opinião das sociedades de notação de risco serve mais enquanto termo de comparação do que como efectiva fonte de informação[20]. Mas há grupos de investidores menos sofisticados que, por não disporem de recursos, tempo e experiência suficientes para estudar as possíveis consequências dos investimentos que pretendem realizar, tendem a confiar quase exclusivamente –

---

[18] FRANK PARTNOY, Rethinking Regulation of Credit Rating Agencies..., cit., p. 13 e segs.

[19] Isto sem prejuízo de haver investidores que apenas canalizam os seus fundos para tranches com notação de risco mais baixa ou mesmo sem notação de risco, estratégia que pressupõe uma grande capacidade para aferir os riscos inerentes a esses investimentos. Cfr. AUTORITÉ DES MARCHÉS FINANCIERS, *La notation en matière de titrisation*, 31 de Janeiro de 2006, disponível em www.amf-france.com, p. 21.

[20] Cfr. STAFF TO THE SENATE COMMITTEE ON GOVERNMENTAL AFFAIRS, *Financial oversight of Enron...*, cit., p. 100). Para os investidores institucionais, a notação de risco pode desempenhar um outro papel, limitando o âmbito de investimentos a emitentes ou valores mobiliários com um nível mínimo de notação de risco (cfr. G. FERRI / L.-G. LIU / J. E. STIGLITZ, The procyclical role of rating agencies..., cit., p. 335).

Em todo o caso, a IOSCO, *The role of credit rating agencies...*, cit., p. 11, salienta que ainda que os investidores mais sofisticados disponham da necessária capacidade para analisar o risco inerente a certo investimento, fazê-lo pode implicar um elevado consumo de tempo, mesmo se os modelos aplicáveis já estiverem preparados. Neste contexto, a opinião emitida pelas sociedades de notação de risco funciona, essencialmente, como "selo de garantia" – "*seal of approval*". No mesmo sentido, veja-se FINANCIAL STABILITY FORUM, *Report...*, cit., p. 37-38. Por outro lado, e conforme nota LAWRENCE WHITE, *The credit rating industry...*, cit., p. 4, os investidores mais sofisticados podem socorrer-se da notação de risco quando canalizam investimentos para mercados novos ou com relação aos quais não têm suficiente familiaridade.

"*prime source of information*" – na notação de risco para aferir os riscos em causa[21]. Em todo o caso, esta tendência não pode nem deve querer significar que uma notação de risco substitui a análise independente que deve ser feita por um investidor: tão-só a complementa, contribuindo, assim, para uma decisão mais esclarecida e informada[22].

III. É fácil perceber que o papel das sociedades de notação de risco pode ser bastante ingrato. Em contextos de normalidade, os investidores dificilmente contestam as opiniões manifestadas. Por isso, sem prejuízo de as sociedades de notação de risco, regra geral, efectuarem análises acertadas, quando as suas opiniões falham as consequências podem ser muito graves.

A título exemplificativo, ao *Senate Committee on Govermental Affairs* estava cometida, entre outras, a tarefa de descortinar como é que as sociedades de notação de risco fizeram uma análise favorável do risco de crédito da Enron até quatro dias antes de a sociedade ser

---

[21] CESR, *The role of credit rating agencies in structured finance*, cit., p. 8, 10. Sobre os riscos inerentes à confiança excessiva e uso abusivo da notação de risco no contexto de uma decisão de investimento, veja-se CESR, *The role of credit rating agencies in structured finance*, cit., p. 10, IOSCO, *The role of credit rating agencies...*, cit., p. 5, 11-12, ao referir-se, no que respeita à análise de risco envolvendo RMBSs (*residential mortgage backed securities*) e CDOs (*collateral debt obligations*), a um *outsourcing*, a favor das sociedades de notação de risco, das avaliações dos valores mobiliários e respectivo risco pelos investidores e outros participantes no mercado. A este propósito, veja-se também THE PRESIDENT'S WORKING GROUP ON FINANCIAL MARKETS, *Policy statement on financial market developments*, 13 de Março de 2008, disponível em www.ustreas.gov, p. 12, que destaca os riscos inerentes a uma conduta dos investidores de acordo com a qual a notação de risco é vista como "*sufficient statistic*". No entanto, o THE PRESIDENT'S WORKING GROUP ON FINANCIAL MARKETS, *Policy statement...*, cit., p. 2, não deixa de notar que factores como a existência de condições económicas favoráveis e mercados muito líquidos podem igualmente contribuir para desconsiderar riscos em benefício da confiança nas notações de risco.

[22] Cfr. BANK FOR INTERNATIONAL SETTLEMENTS, *The role of ratings in structured finance...*, cit., p. 22. Por isso mesmo, o CESR, *Second report...*, cit., p. 26, vem sugerir que as sociedades de notação de risco tenham uma atitude pedagógica face à natureza e alcance das notações de risco e que não se limitem a meras advertências (*disclaimers*). Na mesma linha vai a recomendação do THE PRESIDENT'S WORKING GROUP ON FINANCIAL MARKETS, *Policy statement...*, cit., p. 13, ao sugerir a educação dos investidores para que estes promovam a sua própria análise dos riscos de crédito, em vez de confiarem excessiva ou exclusivamente nas opiniões emitidas pelas sociedades de notação de risco.

declarada falida[23]. Num cenário mais remoto, certas instituições financeiras internacionais (entre as quais, o Banco Mundial, o Fundo Monetário Internacional e o Bank for International Settlements) apontaram às sociedades de notação de risco a incapacidade para prever atempadamente a crise que assolou os mercados asiáticos em 1997--1998[24].

Qualquer destes ambientes leva a que os investidores passem a reagir com reservas face a futuras notações de risco. A excessiva confiança pode dar lugar à injustificada desconfiança, uma vez que, afinal, a opinião de certa entidade – que até determinado momento, havia sempre sido acertada – veio a demonstrar-se incorrecta. Daí que seja certeira a afirmação de que notações de risco incorrectas contribuem para a erosão, senão mesmo, destruição, da reputação de uma sociedade de notação de risco[25].

IV. Mas, regressemos aos cenários de normalidade. Referiu-se antes que as sociedades de notação de risco podem prestar um contributo muito útil aos investidores. Todavia, nem só os investidores beneficiam da actividade desenvolvida pelas sociedades de notação de risco[26]. Na verdade, os primeiros e imediatos beneficiários são as entidades que contratam os serviços de notação de risco. Ao formu-

---

A este respeito é muito esclarecedor o considerando (10) do Regulamento, ao dizer: "os utilizadores de notações de risco não deverão confiar cegamente nas mesmas".

[23] Cfr. STAFF TO THE SENATE COMMITTEE ON GOVERNMENTAL AFFAIRS, *Financial oversight of Enron...*, cit., p. 97, SECURITIES AND EXCHANGE COMMISSION, *Report...*, cit., p. 3.
Sobre as investigações que se seguiram ao caso Enron nos Estados Unidos, veja--se CESR, *Technical advice...*, cit., p. 66 e segs., e, em especial sobre a audiência designada *"Rating the raters: Enron and the Credit Rating Agencies"*, veja-se, SECURITIES AND EXCHANGE COMMISSION, *Report...*, cit., p. 16 e segs. No mesmo cenário, mas na perspectiva europeia, veja-se COMISSÃO EUROPEIA, *Communication...*, cit..

[24] Sobre este tema, com grande desenvolvimento, G. FERRI / L.-G. LIU / J. E. STIGLITZ, The procyclical role of rating agencies..., cit., p. 336 e segs.

[25] STEVEN L. SCHWARCZ, Private ordering of public markets..., cit., p. 14. Conforme realçado pela SECURITIES AND EXCHANGE COMMISSION, *Briefing Paper: Roundtable to Examine Oversight of Credit Rating Agencies*, Abril de 2009, disponível em www.sec.gov, no contexto da crise associada ao *sub-prime*, a falta de confiança nas análises das sociedades de notação de risco levou os investidores, até aqueles que somente investiam em instrumentos AAA, a abandonar o mercado.

larem uma opinião informada e independente sobre uma entidade ou certos valores mobiliários, as sociedades de notação de risco contribuem para alicerçar a opinião sobre a capacidade dessa entidade para cumprir as suas obrigações e medir os riscos subjacentes a uma operação, facilitando a comercialização dos valores mobiliários a emitir no âmbito da mesma[27].

O acesso a um conjunto de investidores mais amplo pode ser fortemente influenciado pela notação de risco obtida[28]. A não atribui-

---

[26] Uma lista mais ampla de interessados em notações de risco inclui, para além os emitentes e dos investidores, entidades tais como investidores institucionais (que, tal como já referido, usam a notação de risco essencialmente como termo de comparação com as suas próprias análises, confirmando ou refutando as suas posições acerca de investimentos), intermediários financeiros (para melhor sustentarem as suas análises e recomendações de investimento), investidores em instrumentos representativos de capital (embora não exista uma ligação directa e inevitável entre risco de crédito e valor de mercado das acções, a análise sobre a capacidade de certo emitente para cumprir as obrigações assumidas pode ter impacto ao nível da cotação das suas acções), autoridades de supervisão (em particular, com vista a evitar certos riscos ligados à utilização indevida de informação, *maxime* eliminação de assimetrias informativas e de possíveis casos de *insider trading*) e pequenos investidores (a quem, naturalmente, faltam o tempo e os recursos necessários para empreender uma análise do nível daquela que pode ser efectuada por sociedades de notação de risco). Cfr. IOSCO, *Report...*, cit., p. 6-8, IOSCO, *Statement of principles...*, cit., p. 1, disponível em www.iosco.com., SECURITIES AND EXCHANGE COMMISSION, *Report...*, cit., p. 27 e segs. Sobre o papel desempenhado pelas agências de notação de risco no contexto norte-americano, com origem nos anos 30 do século XX e importância reforçada desde 1975, veja-se STAFF TO THE SENATE COMMITTEE ON GOVERNMENTAL AFFAIRS, *Financial oversight of Enron...*, cit. p. 101 e segs.

[27] Is, *The role of credit rating agencies...*, cit., p. 6.
A este respeito, vale a pena citar o que se diz no site oficial da Parpública – Participações Públicas (SGPS), S.A. (www.parpublica.pt): "(o) recurso ao mercado financeiro internacional pressupõe hoje em dia que a empresa disponha de uma avaliação da capacidade de cumprir as suas obrigações, avaliação essa baseada em critérios técnicos e profissionais e efectuada por entidades credenciadas para o efeito e internacionalmente reconhecidas. Significa isto que a Parpública necessita de dispor de uma adequada avaliação de rating, para o que recorre à CPR – Companhia Portuguesa de Rating, S.A., a mais destacada entidade nacional nesta área, e ainda à Moody's e à Standard and Poors, igualmente duas das mais credenciadas empresas de rating a nível mundial. Estas entidades acompanham a actividade da Parpública e apresentam regularmente os seus relatórios de rating os quais, sistematicamente, vêm atribuindo notações elevadas ao nível das estabelecidas para a República Portuguesa".

[28] Conforme nota IVES CHAPUT, Contrôle et responsabilité de la notation financière: les agences de rating en droit français, *Revue internationale de droit comparé*, Paris, ano 58, n.º 2, Abril-Junho de 2006, p. 497, a notação de risco condiciona fortemente a definição da estratégia de investimento, por exemplo, dos organismos de investimento

ção de notação de risco pode, desde logo, excluir do potencial âmbito de investidores aqueles cujos critérios de investimento só permitam a aquisição de instrumentos financeiros com notação de risco. Em segundo lugar, a atribuição de uma notação de risco desfavorável – nomeadamente, *"speculative grade"* ou *"non-investment grade"* – é susceptível de excluir do potencial leque de investidores aqueles que apenas invistam (ou possam investir) em instrumentos financeiros com risco mais reduzido – *"investment grade"*.

Neste cenário, a existência de notação de risco – isto é, uma opinião independente sobre a capacidade para realizar os pagamentos devidos por certa entidade ou no âmbito de certa operação – tem um reflexo directo nos custos, *maxime* na remuneração a pagar aos investidores. A relação entre risco e preço – que é directa: quanto maior for o risco, maior será o preço e vice-versa – acaba por ser fortemente arbitrada pela notação de risco. Os investidores aceitam receber menos, na medida em que sentem que os riscos que estão a incorrer estão identificados e são aceitáveis[29].

Por um lado, ao apresentar aos investidores os riscos inerentes ao investimento em causa, a notação de risco permite-lhes tomar uma decisão mais esclarecida; por outro lado, o emitente estará em melhor condição para negociar a remuneração a pagar se puder "oferecer" aos potenciais investidores o benefício de uma opinião isenta sobre si ou os valores mobiliários que pretende sejam subscritos ou adqui-

---

colectivo, embora o mesmo seja verdade para outros tipos de veículos de investimento. Na verdade, frases como a que a seguir se reproduz (extraída de um prospecto relativo à emissão de obrigações no âmbito de uma operação de titularização de créditos), evidenciam claramente a importância que a notação de risco assume: "The Instruments are expected to be rated by Standard & Poor's Rating Services, a division of The McGraw Hill Companies, Inc. ("S&P"), Moody's Investor Services Ltd. ("Moody's") and Fitch Ratings ("Fitch" and, together with S&P and Moody's, the "Rating Agencies"). *It is a condition to the issuance of the Instruments that the Instruments receive the ratings set out below*: (...)" (itálico do autor). Quer isto dizer que se não forem alcançadas as notações previstas, a operação deixa de se justificar, uma vez que o conjunto de investidores potenciais seria certamente bastante mais reduzido.

[29] Cfr. G. FERRI / L.-G. LIU / J. E. STIGLITZ, The procyclical role of rating agencies..., cit., p. 335, DIETER KERWER, Standardising as governance..., cit., p. 3, IVES CHAPUT, Contrôle et responsabilité de la notation financière..., cit., p. 770. Sobre este tema, entre nós, CARLOS ANTÓNIO TORROAES ALBUQUERQUE, *Análise e avaliação de obrigações*, Editora Rei dos Livros, Lisboa 1996, p. 203 e segs.

ridos. Mas, em última análise, a notação de risco não se repercute apenas no preço. Numa perspectiva mais ampla, o seu reflexo abrange todos os intervenientes no mercado: a divulgação de informação em quantidade e qualidade promove a eficiência do mercado e, consequentemente, mais investidores sentirão a necessária confiança para gerar mais transacções, baseadas em comportamentos cada vez mais esclarecidos.

Assim, sem substituir a decisão que deve ser tomada pelos investidores, sem constituir uma recomendação sobre a conduta a ter face aos valores mobiliários (aquisição, alienação ou manutenção), a notação de risco tem um importante papel: identifica e mede riscos, procurando eliminar assimetrias informativas[30]. Em última análise, tudo isto contribuirá para a eficiência dos mercados de instrumentos representativos de dívida, na medida em que aquela é tributária da circunstância de o preço dos instrumentos reflectir toda a informação relativa à solvência do respectivo emitente / devedor[31].

1.2 *Sequência*

I. Embora o objecto central deste texto sejam os conflitos de interesses aos quais as sociedades de notação de risco podem estar sujeitas, dada a escassez de elementos doutrinários acerca da notação

---

[30] Este desiderato pode ser repetidamente encontrado nos documentos preparados pela IOSCO. Assim, veja-se, a título exemplificativo, IOSCO, *Code of Conduct...*, cit., p. 3.

[31] Neste sentido, JOHN AMMER / NATHANIEL CLINTON, Good news is no news? The impact of credit rating changes on the price of asset-backed securities, Julho de 2004, disponível em www.ssrn.com (http://ssrn.com/abstract=567743), p. 1. As teorias sobre a relação entre notação de risco e a eficiência dos mercados são explicadas por DIETER KERWER, Standardising as governance..., cit., p. 4-5: enquanto que a teoria financeira neo-clássica sustenta que as sociedades de notação de risco, afinal, reduzem a eficiência do funcionamento dos mercados, pois regra geral não revelam informação que não seja do conhecimento do público e cobram comissões pelos serviços prestados, a teoria financeira neo-institucional defende que como todas as relações creditícias são caracterizadas por problemas de agência, a assimetria informativa que funciona contra os investidores (credores) torna difícil a sua percepção dos riscos inerentes e o seu controlo no futuro, situação que encarece as operações. Neste cenário, e segundo esta teoria, as sociedades de notação de risco promovem a eficiência ao reduzir os custos de monitorização de informação.

de risco no panorama nacional, optou-se por, antes de abordar aquele tema, realizar um excurso pela actividade de notação de risco e pelas sociedades de notação de risco.

Assim, feita que está esta breve introdução, é altura de apurar certos conceitos básicos em matéria de notação de risco. Para o efeito, no ponto seguinte serão traçadas algumas distinções, tendo em consideração o objecto sobre o qual a notação de risco incide, o âmbito no qual a notação assume relevância, e a entidade à qual pertence a iniciativa de solicitar a prestação dos serviços de notação de risco, procurando fixar noções que serão depois empregues ao longo desta exposição. Tentar-se-á, na maior medida possível, recorrer a exemplos que forneçam uma amplitude prática aos conceitos divisados.

Segue-se um rápido relance pelo registo de sociedades de notação de risco no contexto internacional. Ainda nesse domínio, pela sua profundidade e inegável importância, abordar-se-á o papel da IOSCO no âmbito da notação de risco e traçar-se-ão as perspectivas abertas pela aprovação do Regulamento comunitário relativo às agências de notação de risco. O capítulo relativo à matéria do registo e supervisão das sociedades de notação de risco termina com a análise do processo de registo junto da CMVM, enquanto instrumento de controlo de legalidade e supervisão.

II. A análise dos conflitos de interesses com impacto na notação de risco é precedida de uma incursão no processo de notação de risco. Este processo é a peça principal no percurso que leva à atribuição, modificação ou remoção de uma notação de risco. E, na verdade, os conflitos de interesses mais não são do que interferências no processo de notação de risco, capazes de conduzir a um resultado diferente daquele que se verificaria caso esse processo fosse imune a outros interesses para além daqueles que devem nortear a actividade das sociedades de notação de risco.

Depois de indicados os principais protagonistas desses conflitos, bem como os próprios interesses em conflito e suas manifestações, o texto ocupar-se-á das áreas propícias à ocorrência de conflitos de interesses. No último capítulo procura-se a sinopse do caminho percorrido, aproveitando para apresentar algumas soluções para matérias que parecem ainda controvertidas.

2. Algumas distinções

2.1 *Objecto: valores mobiliários ou entidades; curto prazo ou médio/longo prazo*

I. Quanto ao seu objecto, a notação de risco pode referir-se a *valores mobiliários* representativos de dívida[32], quer sejam simples (por exemplo, obrigações) – ou seja, tendo por referência o património global da entidade emitente – ou estruturados (por exemplo, obrigações hipotecárias ou titularizadas) – isto é, tendo subjacente um conjunto de activos[33] –, ou a *entidades* (públicas – tal como

---

[32] Nas palavras do CESR, *Technical advice...*, cit., p. 12, entre os valores mobiliários objecto de notação de risco podem incluir-se todos aqueles que representam dívida (*"debt and debt-like securities"*). Conforme salienta STEVEN L. SCHWARCZ, Private ordering of public markets..., cit., p. 6, valores mobiliários representativos de capital não são objecto de notação de risco, na medida em que não têm uma específica data de vencimento nem um montante de capital a reembolsar definido.

[33] As duas principais características dos valores mobiliários estruturados são a referência a um determinado conjunto de activos (*pooling of assets*) e a criação de várias categorias de valores mobiliários, construídas em função da prioridade de pagamentos (*tranching process*) (Cfr. CESR, *The role of credit rating agencies in structured finance*, cit., p. 8). A estas duas características, o BANK FOR INTERNATIONAL SETTLEMENTS, *The role of ratings...*, cit., p. 1, junta uma terceira: a segregação dos riscos de crédito inerentes ao conjunto de activos face ao seu originador (*de-linking*). Conforme nota o FINANCIAL STABILITY FORUM, *Report...*, cit., p. 35, em circunstâncias normais, o *pooling*, embora aumente a exposição a factores sistémicos, permite esbater o risco inerente a cada activo individualmente considerado, tornando a carteira de activos menos volátil e com um comportamento mais previsível. Por outro lado, deve referir-se que nem sempre os valores mobiliários estruturados implicam *tranching*. Um exemplo paradigmático encontra-se nas obrigações hipotecárias e nas obrigações sobre o sector público. Os prospectos de base dos programas estabelecidos até à data por bancos portugueses (cfr. www.cmvm.pt) denunciam a existência de uma única categoria de obrigações, o que pode justificar-se pela circunstância de, sem prejuízo da existência de um conjunto de activos (créditos hipotecários ou sobre o sector público) exclusivamente afecto ao pagamento dos rendimentos associados às obrigações (cfr. art. 4.º do DL 59/2006, directamente aplicável às obrigações hipotecárias e *ex vi* art. 32.º, n.º 1 daquele diploma às obrigações sobre o sector público), o emitente responder com o seu património em caso de insuficiência daqueles activos. Também por esta razão, regra geral, há uma única situação de vencimento antecipado: a insolvência do emitente – *"insolvency event"*. Pelo contrário, as emissões de obrigações titularizadas (onde não há recurso sobre o emitente ou sobre o cedente em caso de insuficiência dos créditos cedidos – art. 61.º do DL 453/99) costumam estar repartidas por diferentes categorias de valores mobiliários, prevendo-se que as primeiras perdas sejam

Estados soberanos³⁴ – ou privadas)³⁵. Quer isto dizer: a notação de risco pode referir-se a valores mobiliários representativos de dívida

---

suportadas pelas categorias mais juniores, procurando-se, assim, atrair diversos tipos de investidores, com distintos perfis de risco.

A opção pela emissão de valores mobiliários estruturados pode ter como objectivo, precisamente, alcançar uma notação de risco – associada ao conjunto de activos segregado e não ao emitente / originador – que, de outra forma não, seria possível. Exemplificando: enquanto que as obrigações emitidas pelo Banco BPI, S.A. ao abrigo do seu *Euro Medium Term Note Programme* (programa de emissão de obrigações) merecem uma notação de risco A (S&P), A1 (Moody's) e A+ (Fitch), as obrigações hipotecárias emitidas pelo mesmo Banco BPI, S.A. ao abrigo do seu programa de emissão de obrigações hipotecárias justificam uma notação de risco AAA (S&P), Aaa (Moody's) e AAA (Fitch) (fontes: www.cmvm.pt, www.euronext.com).

Sobre a notação de risco no âmbito de operações de titularização de créditos, veja-se STEVEN L. SCHWARCZ, Private ordering of public markets..., cit., p. 18 e segs., AUTORITÉ DES MARCHÉS FINANCIERS, *La notation...*, cit., *maxime* p. 8 e segs. Em especial acerca da notação de risco de RMBSs ("*residential mortgage-backed securities*") e CDOs ("*collateralised debt obligations*") e a sua ligação ao *tranching*, com detalhes sobre o processo de notação de risco, veja-se IOSCO, *The role of credit rating agencies...*, cit., p. 8 e segs.

³⁴ Sobre a notação de risco de Estados soberanos, veja-se RICHARD CANTOR / FRANCK PACKER, Determinants and impact of sovereign credit ratings, *Economic Policy Review*, vol. 2, n.º 2, Outubro de 1996, p. 37 e segs., salientando que a notação de risco de Estados soberanos pode ter relevância não só para permitir o acesso desses Estados a mercados internacionais através da emissão de dívida, mas igualmente pelo impacto que a notação de risco de um Estado pode ter na notação de risco de entidades nele localizadas. Trata-se do chamado "*sovereign ceiling*" ou "*country ceiling*", que usualmente corresponde à notação de risco atribuída às obrigações do tesouro do país em causa (Cfr. BASEL COMMITTEE ON BANKING SUPERVISION, Credit ratings..., cit., p. 99, STEVEN L. SCHWARCZ, Private ordering of public markets..., cit., p. 8). Refiram-se a este propósito dois exemplos relativamente recentes: face aos confrontos armados entre a Geórgia e a Rússia, a Fitch reduziu, em 8 de Agosto de 2008, a notação de risco daquele país de "B+" para "BB-", o que teve como consequência a redução e limitação da notação de risco de dois bancos sedeados na Geórgia (JSC VTB Bank e ProCredit Bank) àquele patamar (fonte: www.fitchratings.com); já em Janeiro de 2009, e embora sem daí extrair uma imediata consequência para a notação de risco atribuída, a S&P colocou a Caixa Geral de Depósitos, S.A. e a Rede Ferroviária Nacional – Refer, E.P.E. em *credit watch negative*, na sequência da revisão, no mesmo sentido, efectuada para a República Portuguesa, em virtude da directa indexação da notação de risco das referidas entidades à notação de risco soberana (fonte: www.cmvm.pt).

³⁵ ALAIN COURET, Les agences de notation: observations sur un angle mort de la réglementation, *Revue des sociétés*, Paris, ano 121, n.º 4, Outubro-Dezembro de 2003, p. 767, distingue cinco objectos possíveis: Estados soberanos, municípios, obrigações, bancos e instituições financeiras e outras sociedades.

(simples ou estruturados, aos quais esteja associada uma renda fixa ou variável, quer sejam objecto de uma única emissão ou de várias emissões ao abrigo de um programa), ou a uma entidade (quer esteja em curso uma operação ou não, e se estiver, quer essa entidade ocupe o papel de emitente, depositário, mutuante, mutuário ou contraparte em operações de cobertura de risco, apenas para dar os exemplos mais significativos).

II. A importância da notação de risco de valores mobiliários detecta-se, por exemplo, no disposto no art. 12.º, n.º 3 do DL 453/ /99, que permite aos fundos de titularização de créditos, a título acessório, aplicar as suas reservas de liquidez na aquisição de valores mobiliários cotados em mercado regulamentado e títulos de dívida, pública ou privada, de curto prazo, contanto que a detenção desses valores mobiliários não altere a notação de risco que tenha sido atribuída às unidades de titularização, ou no previsto no art. 27.º, n.º 4, al. (e) daquele diploma, que inclui o risco de insolvência inerente a cada unidade de titularização entre o conteúdo mínimo do relatório de notação de risco que deve instruir o pedido de constituição do fundo de titularização de créditos caso as respectivas unidades de titularização se destinem a emissão com recurso a subscrição pública (para as obrigações titularizadas, veja-se o art. 60.º, n.º 4 do DL 453/99)[36].

Nestes dois exemplos, é patente a diversidade dos intervenientes no mercado afectados pela notação de risco. Não obstante em ambos os casos tenha como objecto valores mobiliários, enquanto no segundo a notação assume directa relevância para o investidor, pois o relatório de notação pronuncia-se sobre o risco das unidades de titularização de créditos, no primeiro tem como principal destinatário a sociedade gestora que, no âmbito da sua actuação por conta e no interesse exclusivo dos detentores das unidades de titularização, vê o

---

[36] A qualidade da informação constante deste (ou de qualquer outro) relatório de notação de risco deve ser completa, verdadeira, actual, clara, objectiva e lícita (art. 7.º, n.º 2 do CdVM). Sobre o conteúdo daquele relatório, veja-se o art. 3.º do Regulamento da CMVM n.º 2/2002. Sobre este tema, veja-se DIOGO LEITE DE CAMPOS / MANUEL MONTEIRO, *Titularização de créditos – Anotações ao Decreto-lei n.º 453/99, de 5 de Novembro*, Almedina, Coimbra 2001, p. 67.

potencial âmbito de investimentos limitado a valores mobiliários que, para além de outros, cumpram com aquele critério.

III. Outras vezes, a notação de risco tem como objecto entidades. Pode descortinar-se um exemplo da notação de risco com impacto no desempenho da função de depositário no art. 17.º, n.º 1, al. (b) do DL 59/2006, que inclui os depósitos à ordem ou a prazo constituídos junto de instituições de crédito com notação de risco igual ou superior a «A-» ou equivalente entre os activos que podem ser afectos à garantia de obrigações hipotecárias[37]; constitui exemplo de notação de risco relativa ao mutuante aquele que reside no art. 18.º do DL 59/2006, que permite a contratação de facilidades de crédito para fazer face a necessidades temporárias de liquidez para pagamento de reembolsos e juros devidos no âmbito das emissões de obrigações hipotecárias apenas junto de instituições de crédito com notação de risco igual ou superior a «A-», ou equivalente; refere-se à notação de risco com incidência ao nível de uma contraparte em operações de cobertura de risco o disposto no art. 20.º do DL 59/2006, que permite a realização de operações sobre instrumentos financeiros derivados para efeito de cobertura de riscos, no âmbito da emissão de obrigações hipotecárias, desde que realizadas num mercado regulamentado de um Estado membro da União Europeia, num mercado reconhecido de um membro de pleno direito da Organização para a Cooperação e Desenvolvimento Económico (OCDE), ou tenha por contraparte uma instituição de crédito com notação de risco igual ou superior a «A-» ou equivalente.

Em cada um destes exemplos é apontada uma notação de risco mínima. Quer isto dizer que não é suficiente que uma entidade esteja autorizada a prestar serviços de depósito, conceder crédito ou entrar em operações de cobertura de risco. É ainda imprescindível que evidencie um risco de crédito mínimo, que ao não ser atingido torna

---

[37] Estes activos acrescem aos créditos pecuniários vincendos e não sujeitos a condição, que não estejam dados em garantia nem judicialmente penhorados ou apreendidos e de que sejam sujeitos activos as entidades emitentes, garantidos por primeiras hipotecas constituídas sobre bens imóveis destinados à habitação ou para fins comerciais e situados num Estado membro da União Europeia (art. 16.º, n.º 1 do DL 59/2006).

a entidade em causa inelegível para desenvolver as actividades referidas nas mencionadas disposições legais. Ao tomar esta opção, o legislador sopesou a forte capacidade que uma entidade deve revestir para poder prestar aqueles serviços e cumprir as suas obrigações, limitando, desta forma, a exposição dos investidores em obrigações hipotecárias aos riscos alheios ao património autónomo afecto à operação.

IV. Por último, a notação de risco pode ter como objecto obrigações que se vencem a curto prazo – de que é exemplo o papel comercial (cfr. art. 1.º, n.º 2 do DL 69/2004) –, ou obrigações com vencimento a médio ou longo prazo – ilustrativamente, as obrigações de caixa (cfr. art. 1.º do Decreto-lei n.º 408/91, de 17 de Outubro) ou as obrigações hipotecárias (cfr. art. 12.º do DL 59/2006), que impõem um prazo de reembolso não inferior a dois anos.

2.2 Relevância: legal ou contratual

I. A relevância assumida pela notação de risco pode ter uma dimensão **legal** ou **contratual**, pois o importante papel desempenhado pela notação de risco é reconhecido tanto num perímetro legislativo e regulamentar, como pelas partes no âmbito dos seus negócios.

Várias são as referências legais à notação de risco: para além das mencionadas no ponto anterior, o art. 349.º, n.º 4. al. (b) do CdSC refere, a propósito do limite à emissão de obrigações, que não estão restringidas ao dobro dos seus capitais próprios as sociedades que apresentem notação de risco da emissão[38]; outro exemplo pode

---

[38] O art. 349.º, n.º 4, al. (b) do Código das Sociedades Comerciais, ao contrário do art. 4.º, n.º 1, al. (b) do DL 69/2004 (como adiante se verá), faz menção à notação de risco da emissão, mas não à notação de risco do emitente. Todavia, um emitente pode ter notação de risco e decidir não a solicitar para uma concreta emissão. Nesse caso, deve ser excluída a aplicação do art. 349.º, n.º 4, al. (b) do Código das Sociedades Comerciais? Embora o texto pareça apontar nesse sentido, faz pouco ou nenhum sentido sustentar a exclusão. A notação de risco de obrigações é limitada pela notação de risco do respectivo emitente e tenderá a corresponder-lhe, dado que é o património do emitente, na sua generalidade, que responderá pelos pagamentos aos investidores. O risco dos credores obrigacionistas é, por isso, medido pelo risco dos credores comuns, não privilegiados e não subordinados, da sociedade emitente.

encontrar-se no art. 4.º, n.º 1, al. (b) do DL 69/2004, que indica a apresentação de notação de risco da emissão ou notação de risco de curto prazo do emitente como um dos requisitos alternativos que as entidades que pretendam emitir papel comercial devem preencher[39-40]; por último, podem colher-se mais exemplos da relevância legal da notação de risco no art. 11.º, al. (c) do Decreto-lei n.º 60/2002, de 20 de Março, que prevê o regime jurídico dos fundos de investimento imobiliário, e no art. 34.º, n.º 6, al. (d) do Decreto-lei n.º 252/2003, de 17 de Outubro, que aprova o regime jurídico aplicável aos organismos de investimento colectivo. Segundo aquelas disposições, não se encontram incluídas entre as operações vedadas às sociedades gestoras dos fundos de investimento imobiliário e dos organismos de investimento colectivo, respectivamente, a aquisição por conta própria de valores mobiliários representativos de dívida pública, de títulos de participação e de obrigações negociadas em mercado regulamentado que tenham sido objecto de notação de risco correspondente, pelo menos, a «A» ou equivalente, por sociedade de notação de risco registada na CMVM ou reconhecida internacionalmente.

A função desempenhada pela notação de risco não é igual em todos estes exemplos. Nos dois primeiros, aparece como requisito

---

Esta excepção não integrava a versão inicial do art. 349.º do CdSC, tendo sido introduzida aquando da transposição para o direito nacional da Directiva n.º 2003/71/CE, do Parlamento Europeu e do Conselho, de 4 de Novembro de 2003, relativa ao prospecto a publicar em caso de oferta pública de valores mobiliários ou da sua admissão à negociação e que altera a Directiva 2001/34/CE, por parte do Decreto-lei n.º 52/2006, de 15 de Março. No entanto, já antes dessa alteração legislativa PAULO CÂMARA, *O regime jurídico das obrigações e a protecção dos credores obrigacionistas*, *Direito dos valores mobiliários*, vol. IV, Coimbra Editora, Coimbra 2003, p. 318 e segs., embora sem se referir expressamente à notação de risco, sustentava a necessidade de serem introduzidas excepções ao limite quantitativo geral, dada a inoperância da excepção por via de portaria presente no anterior texto do art. 349.º, n.º 3 do CdSC.

[39] A notação de risco refere-se a cada emissão, seja ou não realizada ao abrigo de um programa, pois este não tem notação de risco uma vez que não consubstancia, em si mesmo, a assunção de responsabilidades financeiras pelo emitente. Tais responsabilidades resultarão apenas das emissões que venham a ser realizadas.

[40] Tanto o art. 349.º, n.º 4, al. (b) do CdSC, como o art. 4.º, n.º 1, al. (b) do DL 69/2004 acrescentam ainda que a sociedade de notação de risco deve estar registada na CMVM. Trata-se de um esclarecimento, embora dispensável, dado que nos termos do art. 12.º, n.º 1 do CdVM "as sociedades de notação de risco estão sujeitas a registo na CMVM". Sobre este tema, veja-se 3.3.2.

alternativo para a emissão dos valores mobiliários em causa nos moldes referidos. Nos outros exemplos, a notação surge como um dos critérios cumulativos que o objecto do investimento deve observar. Por outro lado, nos primeiros dois exemplos, não é identificada a notação mínima que a sociedade emitente ou os valores mobiliários devem alcançar. Já nos restantes, não só se exige a notação de risco como se impõe que esta atinja um determinado patamar. Caso tal não suceda, os valores mobiliários não podem ser adquiridos por sociedades gestoras dos fundos de investimento imobiliário ou de organismos de investimento colectivo.

Ao convocar a notação de risco para textos legais, o legislador não só anui à importância da notação, como transmite a ideia que esta tem, por exemplo, uma relevância semelhante à constituição de garantias especiais (no caso da emissão de obrigações) ou à existência de certo nível de capitais próprios ou património líquido (no caso da emissão de papel comercial). Por isso mesmo, a menção à notação de risco em textos legais e regulamentares pode ter efeitos perniciosos, pois a excessiva confiança na notação de risco (e na relevância que o legislador lhe conferiu) é susceptível de originar uma atitude acrítica dos investidores face aos riscos em que poderão ver-se envolvidos[41].

II. A notação de risco pode também ter uma relevância contratual – "*rating trigger*". Mesmo que a lei não associe quaisquer efeitos, no âmbito de certo contrato ou operação, à existência ou evolução da notação de risco, as partes podem atribuir-lhe importância. Assim, o decréscimo da notação de risco pode constituir causa de resolução de um contrato ou implicar obrigações adicionais para a parte afectada. Cláusulas como a que a seguir se reproduz podem ter um efeito muito relevante, tal como sucedeu no processo que levou

---

[41] Neste sentido FINANCIAL STABILITY FORUM, *Report...*, cit., p. 38, CESR, *Second report...*, cit., p. 58. Não surpreende, por isso, que a *Securities and Exchange Commission* tenha recentemente considerado remover as alusões a notação de risco de textos legais (cfr. SECURITIES AND EXCHANGE COMMISSION, *Briefing Paper...*, cit.) e que essa medida reúna apoiantes de peso (cfr. FRANK PARTNOY, Overdependence on Credit Ratings..., cit., p. 14); também o THE HIGH-LEVEL GROUP ON FINANCIAL SUPERVISION IN THE EU (The de Larosière Group), *Relatório*, cit., p. 20, recentemente recomendou a significativa redução do uso de notações de risco em textos legais.

à falência da Enron, quando a diminuição da notação de risco daquela empresa por parte da S&P em 9 de Novembro de 2001 para BBB- deu origem ao vencimento imediato de uma obrigação no montante de 690.000.000,00 de dólares[42]:

> "*O Banco tem o direito de exigir ao Mutuário o reembolso antecipado do empréstimo se a notação atribuída pela Standard & Poor's, pela Fitch ou pela Moody's Investors Service, Inc. à dívida de longo prazo, não subordinada e não garantida, do Mutuário for inferior a "A-" ou "A3", respectivamente, ou se alguma dessas agências de rating deixar de atribuir notação à dívida de longo prazo, não subordinada e não garantida, do Mutuário*".

O mesmo se diga no âmbito, por exemplo, de operações de titularização de créditos, seja no que respeita à ocorrência de uma situação (aqui definida como "*Consolidated Collection Account Trigger Event*") que obrigue à transferência dos montantes cobrados pelo gestor dos créditos para uma conta diferente daquela onde as cobranças relativas aos créditos cedidos, num cenário de normalidade, são depositadas:

> "*Following receipt by any of the Sellers of a notification from the relevant Servicer of the occurrence of a Consolidated Collection Account Trigger Event, the relevant Servicer will be required to transfer all monies standing to the credit of the Consolidated Collection Account, other than the amount to be transferred to the Reserve Ledger, from the Consolidated Collection Account to the Revenue Account on each Lisbon Banking Day following the Lisbon Banking Day of receipt of such Collections. (...)*

> "*«Consolidated Collection Account Trigger Event» means: (...)*

> *(f) Downgrade: the downgrade of the rating of the short-term unsecured, unsubordinated and unguaranteed debt obli-*

---

[42] STAFF TO THE SENATE COMMITTEE ON GOVERNMENTAL AFFAIRS, *Financial oversight of Enron...*, cit., p. 114.

gations of the Republic of Portugal below the Required Minimum Short-term Rating ["Required Minimum Short-term Rating" means, in respect of any entity the short-term unsecured unsubordinated and unguaranteed debt obligations of such entity are rated "F1+" by Fitch, "P-1" by Moody's and "A-1+" by S&P.][43].

Ou no que se refere a contrapartes em operações de cobertura de risco:

"If the ratings of the short-term unsecured and unsubordinated debt obligations of the Hedge Guarantor fall below certain ratings and the other conditions indicated in the Hedge Agreement are met (such event being a "Rating Event") the Hedge Counterparty will be required within 30 days of the occurrence of such event either, (a) to transfer all of its rights and obligations in relation to the Hedge Agreement to an appropriately rated entity; or (b) to arrange for an appropriately rated entity to become co-obligor or guarantor in respect of the obligations of the Hedge Counterparty under the Hedge Agreement; or (c) to put in place appropriate mark-to-market collateral arrangements which may be based on the credit support documentation published by ISDA or otherwise in such amount as is set out in the Hedge Agreement and documented in a manner acceptable to the Rating Agencies in order to maintain the outstanding ratings of the Notes, or (d) to take such other action as may be agreed with the relevant Rating Agency. If the Hedge Counterparty does not take any of the measures described in (a), (b), (c) or (d) above, then the Hedge Agreement may be terminated on the thirtieth day following the relevant Rating Event (a "Downgrade Termination Event")"[44].

---

[43] Extracto do prospecto de admissão à negociação, no mercado de cotações oficiais – Segmento R Trading Group – da Euronext Lisbon, de seis categorias de obrigações titularizadas no montante global de €1.663.000.000, emitidas pela Sagres – Sociedade de Titularização de Créditos, S.A. (disponível em www.cmvm.pt).

[44] Extracto do prospecto de admissão à negociação, no mercado de cotações oficiais – Segmento R Trading Group – da Euronext Lisbon, de seis categorias de obrigações titularizadas no montante global de €1.663.000.000, emitidas pela Sagres – Sociedade de Titularização de Créditos, S.A. (disponível em www.cmvm.pt).

2.3 Iniciativa: solicitada ou não solicitada (espontânea)

I. Poder-se-ia pensar que a notação de risco depende sempre do prévio impulso da entidade que pretende beneficiar da notação e que tem amparo numa relação contratual[45]. Mas não é assim, e até as maiores sociedades de notação de risco se envolvem, embora em reduzida escala, em notações de risco espontâneas[46]. Tendo como critério o agente impulsionador da notação de risco, é possível distinguir entre notação de risco *solicitada* e *não solicitada*. Naquele caso, a iniciativa parte da entidade que pretende obter a notação de risco[47], enquanto neste a sociedade de notação de risco realiza a avaliação sem ter sido previamente contratada para o efeito.

De facto, a "iniciativa" é apenas um entre vários parâmetros que devem ser considerados para distinguir notação de risco solicitada e não solicitada. O CESR aponta como outro critério decisivo a circunstância de a entidade objecto de notação de risco ter ou não participado no processo de notação de risco, através da disponibilização de informação não pertencente ao conhecimento público[48].

---

[45] Sobre a natureza jurídica desta relação contratual, veja-se ALAIN COURET, Les agences de notation..., cit., p. 769 e segs.

[46] Cfr. FRANK PARTNOY, How and why credit rating agencies are not like other gatekeepers, cit., p. 71.

[47] Na verdade, a iniciativa pode não partir da sociedade emitente, mas sim do intermediário financeiro encarregue da montagem e estruturação da operação (*arranger*). Sobre este tema, veja-se BANK FOR INTERNATIONAL SETTLEMENTS, The role of ratings in structured finance..., cit., p. 14.

[48] Esta é, aliás, a proposta do CESR, *Technical advice...*, cit., p. 20, para interpretar a alusão a "*participated*" na secção 3.9 do *Code of Conduct*. Sobre a conformidade dos códigos de conduta de certas sociedades de notação de risco com o princípio constante daquela secção, veja-se CESR, *Second report...*, cit., p. 46 e segs. Quanto a outros critérios para distinguir notação de risco solicitada e não solicitada, veja-se CESR, *Technical advice...*, cit., p. 20.

Refira-se a este propósito que o Regulamento n.° 809/2004, da Comissão, de 29 de Abril de 2004, que estabelece normas de aplicação da Directiva 2003/71/CE do Parlamento Europeu e do Conselho no que diz respeito à informação contida nos prospectos, bem como os respectivos modelos, à inserção por remissão, à publicação dos referidos prospectos e divulgação de anúncios publicitários, inclui, entre os elementos adicionais que devem integrar os requisitos mínimos de informação relativos à nota sobre os valores mobiliários relacionada com títulos de dívida cujo valor nominal unitário seja

Em todo o caso, refira-se que há cenários em que é pouco provável, senão mesmo inédito, que a notação de risco não tenha sido solicitada. Tal sucede, a título exemplificativo, no âmbito de operações de titularização de créditos, nas quais cabe ao *arranger* a iniciativa de solicitar a notação de risco, agindo para o efeito por conta do seu cliente, o cedente dos créditos[49].

II. Caso a notação de risco não seja solicitada, a informação disponível poderá não ser tão ampla quanto deveria, nomeadamente quando a entidade objecto de notação não colaborar na aferição do risco. Nessas situações, o resultado da notação de risco poderá não corresponder àquele que teria lugar se a notação de risco houvesse sido solicitada e a informação necessária disponibilizada. Por razões de transparência, os investidores devem tomar conhecimento de que a notação de risco foi preparada sem que tenha sido solicitada[50].

3. As sociedades de notação de risco

3.1 *Aspectos gerais*

I. Ainda que a criação de sociedades de notação de risco seja livre, a verdade é que o sector é fortemente concentrado – trata-se de

---

inferior a 50000 euros (anexo V) e à nota sobre os valores mobiliários relacionada com os títulos de dívida com um valor nominal unitário igual ou superior a 50000 euros (anexo XIII), a indicação da notação do risco atribuída ao emitente ou aos seus títulos de dívida, a pedido do emitente ou com a sua cooperação no processo de notação.

[49] Cfr. AUTORITÉ DES MARCHÉS FINANCIERS, *La notation...*, cit., p. 8.

[50] Neste sentido IOSCO, *Report...*, cit., p. 15. Veja-se ainda IOSCO, *Principles...*, cit., 3. (*Transparency and Timeliness of Ratings Disclosure*), 3.5., que sugere a indicação de que a notação de risco não foi solicitada, e o *Code of Conduct...*, cit., 3. (*CRA Responsibilities to the Investing Public and Issuers*), A. (*Transparency and Timeliness of Ratings Disclosure*), 3.9., que recomenda que a sociedade de notação de risco refira se o emitente participou no processo de notação de risco ou não, indique se a notação de risco não foi solicitada e, neste caso, apresente os seus procedimentos e metodologias.

Na mesma linha veja-se o considerando (21) e o art. 10.º, n.º 5 do Regulamento, que elucidativamente refere que "as notações de risco não solicitadas devem ser identificadas como tais".

um "oligopólio natural"[51] –, pelo que quando se pensa em sociedades de notação de risco surgem de imediato três nomes: S&P, Moody's e Fitch. A mais antiga das três é a Moody's, atribuindo-se a John Moody a responsabilidade pela sua criação e pela elaboração das primeiras notações de risco no início do século XX. Seguiram-se a constituição da Poor's Publishing Company em 1916, da Standard Statistics Bureau em 1922 (que se fundiram em 1941, dando origem à S&P) e da Fitch Publishing Company em 1924[52].

A existência deste "oligopólio natural" tem várias explicações: por um lado, a reputação – que desempenha um papel crucial no *curriculum vitae* das sociedades de notação de risco – exige anos e anos de experiência e, sobretudo, de opiniões acertadas e emitidas com completa isenção; por outro lado, e porque estão em causa opiniões sobre o risco de crédito que serão consideradas por uma massa indeterminada de participantes no mercado financeiro, talvez seja preferível que existam poucas sociedades de notação de risco, mas inspiradoras de confiança e adoptando procedimentos e metodologias facilmente comparáveis[53].

---

[51] CESR, *Technical advice...*, cit., p. 48, CESR, *Second report...*, cit., p. 59. A mesma expressão é empregue por IVES CHAPUT, Contrôle et responsabilité de la notation financière..., cit., p. 770, e MATTEO TONELLO, Le agenzie di rating finanziario: il dibattito su un modelo economico e esposto al rischio di conflitto di interessi. Verso un sistema pubblico di controllo?, *Contratto e impresa: dialoghi*, dir. Francesco Galgano, Padova, ano 21, n.º 3 (Set.–Dez. 2005), p. 930.

A COMISSÃO EUROPEIA, *Impact assessment....* cit., p. 9, revela que, conjuntamente, a Moody's e a S&P têm uma quota de mercado superior a 80%, enquanto que a quota de mercado da Fitch ascende a cerca de 14%. Talvez por isso mesmo, JOHN C. COFFEE JR., *Gatekeepers...*, cit., p. 284, se refira a um "duopólio".

[52] Cfr. STAFF TO THE SENATE COMMITTEE ON GOVERNMENTAL AFFAIRS, *Financial oversight of Enron...*, cit., p. 98. Veja-se ainda www.moodys.com ["Moody's history"], www.standardandpoors.com ["Company history"], www.fitchratings.com ["The history of Fitch Ratings"]. Não obstante, o site oficial da Fitch refere 24 de Dezembro de 1913 como a data em que John Knowles Fitch fundou a empresa a que deu nome. Sobre a história das três maiores sociedades de notação de risco, veja-se FRANK PARTNOY, How and why credit rating agencies are not like other gatekeepers, cit., p. 62 e segs.; sobre a história da notação de risco em geral, veja-se FRANK PARTNOY, The Siskel and Ebert..., cit., p. 636 e segs. (com especial ênfase no papel da reputação das sociedades de notação de risco), FRANK PARTNOY The paradox of rating agencies, cit., p. 5 e segs., JOHN C. COFFEE, JR., *Gatekeepers...*, cit., p. 292 e segs.

[53] LAWRENCE WHITE, *The credit rating industry...*, cit., p. 11, BANK FOR INTERNATIONAL SETTLEMENTS, *The role of ratings...*, cit., p. 30.

II. É inquestionável que aquelas sociedades de notação de risco preponderam. Todavia, um estudo realizado no ano 2000 reconheceu que em Setembro de 1999 havia cerca de 130 sociedades de notação de risco[54], ainda que num levantamento realizado pela Comissão Europeia em Abril de 2008 se referissem apenas 64[55]. Sem prejuízo destes números impressionantes, não se pense que a criação e expansão de uma sociedade de notação de risco é uma tarefa fácil. Só as sociedades de notação de risco que merecem a credibilidade dos investidores são contratadas, pelo que os entraves supra indicados são sérias limitações à constituição e desenvolvimento de uma nova sociedade: a reputação depende de um longo historial, o qual é tributário da experiência acumulada em muitos anos de actividade; a pequena dimensão poderá impedir o acesso a certos clientes ou a certas operações por falta de recursos humanos ou técnicos[56]. Em todo o caso, a especialização em determinadas indústrias tem-se revelado uma fórmula de sucesso para sociedades de notação de risco que entram no mercado[57]. Na mesma linha, o "*rating* ético", caracterizado pelo uso de critérios de avaliação de natureza não exclusivamente financeira (por exemplo, sociais ou ambientais), tem permitido a sociedades de notação de risco de menor dimensão conquistar algum espaço no mercado, pois a aplicação daqueles critérios desperta o interesse de certos nichos de investidores[58].

Isto significa, naturalmente, que o âmbito das actividades que as sociedades de notação de risco desenvolvem é bastante díspar. Há aquelas que operam a nível internacional – é o caso das três a que antes se fez referência –, enquanto que outras estão geograficamente limitadas; há sociedades que se ocupam só da notação de risco de valores mobiliários, outras concentram-se em determinadas entidades ou indústrias, ao passo que outras ainda têm um leque de actividades praticamente ilimitado.

---

[54] Cfr. BASEL COMMITTEE ON BANKING SUPERVISION, *Credit ratings*..., cit., p. 14.

[55] COMISSÃO EUROPEIA, *Impact assessment*.... cit., p. 68 e segs., tendo como fonte www.defaultrisk.com.

[56] Cfr. IOSCO, *Report*..., cit., p. 14, CESR, *Technical advice*..., cit., p. 48. Acerca da concorrência como factor com possível interferência no processo de notação de risco, veja-se IOSCO, *The role of credit rating agencies*..., cit., p. 16 e segs.

[57] SECURITIES AND EXCHANGE COMMISSION, *Report*..., cit., p. 24.

[58] MATTEO TONELLO, Le agenzie di rating finanziario..., cit., p. 933.

3.2 Registo e supervisão

3.2.1 *Panorama internacional*

I. No plano internacional, a posição a tomar quanto à supervisão das sociedades de notação de risco tem suscitado um aceso debate, em grande medida alimentado pelo fenómeno designado por "paradoxo da notação de risco[59]: enquanto as sociedades de notação de risco têm prosperado em dimensão e importância, a credibilidade das notações tem sido frequentemente contestada na sequência de súbitos *downgrades*, da ocorrência de situações de incumprimento ou de falências imprevistas.

Antes do surgimento, em meados de 2007, da crise associada ao *sub-prime*, a discussão parecia estar longe de atingir a maturidade, tanto sob a perspectiva económica, como ao nível das opções em sede de política legislativa[60]. Aliás, na sequência da publicação, em Dezembro de 2006, do primeiro relatório do CESR sobre o cumprimento, pelas sociedades de notação de risco, das disposições do *Code of Conduct*, a Comissão Europeia concluiu não ser preciso tomar medidas legislativas[61].

Mas o aparecimento e, depois, o agravamento da crise vieram gerar uma vaga de críticas a certos *gatekeepers*, sendo que as socie-

---

[59] A expressão é de FRANK PARTNOY, The Siskel and Ebert...,cit., p. 621. Do mesmo autor, veja-se ainda sobre este tema, The paradox of rating agencies, cit., p. 2, Rethinking Regulation of Credit Rating Agencies..., cit., p. 5 e segs., onde o autor apresenta duas razões essenciais para aquele paradoxo: por um lado, o papel da notação de risco e o peso das notações de risco, ainda que desprovidas de valioso contributo informativo; por outro lado, a inexistência de um eficaz sistema de responsabilidade, assente, no caso dos Estados Unidos, numa expressa isenção concedida pelo *Securities Act* de 1933 (secção 11).

[60] KLAUS J. HOPT, Modern company..., cit., p. 478-479. Para uma perspectiva global sobre as apreensões suscitadas pelas actividades das sociedades de notação de risco, envolvendo as opiniões de vários grupos de trabalho, veja-se CESR, *Second report...*, cit., p. 8 e segs.

[61] COMISSÃO EUROPEIA, Commission welcomes EU regulators' report on credit rating agencies, Bruxelas, 10 de Janeiro de 2007, disponível em http://europa.eu/rapid/pressReleasesAction.do?reference=IP/07/28&format=HTML&aged=0&language=EN&guiLanguage=fr.

dades de notação de risco estavam na primeira linha de visados[62]. Daí que aquela conclusão tenha sido reavaliada, tendo a Comissão Europeia nomeado o ESME em Novembro de 2007 para preparar recomendações em matéria de notação de risco. O ESME mostrou-se desfavorável a um modelo de regulação oficial, tendo antes sugerido que o *Code of Conduct* fosse robustecido e aprofundado, cabendo ao CESR aferir o cumprimento desse código de conduta pelas sociedades de notação de risco[63]. Por seu turno, a IOSCO, num *press release* emitido em 17 de Setembro de 2008, mostrou-se favorável a um sistema global que regulasse a actividade de notação de risco. Nesse cenário, incumbiu um grupo de trabalho de analisar a possibilidade de criação de um organismo internacional destinado a promover a crescente interacção entre as sociedades de notação de risco e as autoridades reguladoras[64].

Muito significativa foi ainda a publicação, em 12 de Novembro de 2008, da proposta do Regulamento, que veio a entrar em vigor em Dezembro de 2009. Inspirada no *Code of Conduct*, esta iniciativa justifica-se pela incapacidade do *Code of Conduct* e de outras propostas de auto-regulação atingirem vários desideratos, entre os quais se contam a gestão eficiente dos conflitos de interesses, a melhoria das metodologias e procedimentos de notação, o reforço da transparência, a sujeição das sociedades de notação de risco a supervisão e a atribuição às autoridades competentes de poder sancionatório. A aprovação do Regulamento consagra um nível de obrigatoriedade face às regras que norteiam a actividade de notação de risco até agora desconhecido, constituindo, nessa medida, um passo adiante face ao *Code of Conduct* da IOSCO[65].

---

[62] Sobre o tema, veja-se PAULO CÂMARA, Conflito de Interesses no Direito Financeiro e Societário: Um Retrato Anatómico, *Conflito de Interesses no Direito Societário e Financeiro: Um Balanço a partir da Crise*, Almedina, Coimbra 2009, p. 15-16.

[63] ESME, *Role of credit rating agencies*, cit., p. 22.

[64] IOSCO, *IOSCO urges greater international coordination in the oversight of credit rating agencies*, Madrid, 17 de Setembro de 2008, disponível em www.iosco.org.

[65] Cfr. COMISSÃO EUROPEIA, *Impact assessment....* cit., p. 43 e segs., COMISSÃO EUROPEIA, *Proposal for a Regulation of the European Parliament and of the Council on Credit Rating Agencies*, Bruxelas 2008, disponível em www.europa.eu, p. 3, onde é feita a análise das vantagens e inconvenientes associados às diversas opções de auto-regulação relativas às sociedades de notação de risco, incluindo o *Code of Conduct* e o *White Paper*, preparado em Outubro de 2007 por várias sociedades de notação de risco.

Mas, comecemos por uma breve incursão pelo panorama norte-americano, regressando depois à IOSCO e aos trabalhos desenvolvidos no seio da Europa comunitária.

II. Hoje em dia, nos Estados Unidos, as sociedades de notação de risco estão sujeitas a supervisão pela *Securities and Exchange Commission*. Até recentemente, essa supervisão era precedida por um acto informal de certificação como "*nationally recognised statistical rating organization*" (NRSRO), modelo que, segundo alguns autores, não era muito eficaz, na medida em que implicava a aplicação de critérios vagos e pouco sedimentados[66].

Daí que JOHN C. COFFEE JR. afirmasse, referindo-se ao contexto norte-americano, que o "oligopólio natural" no mercado da notação de risco foi artificialmente co-adjuvado por aquele mecanismo de reconhecimento. A *Securities and Exchange Commission*, ao ponderar o poder das sociedades de notação de risco e a possibilidade de surgirem, de um dia para o outro, inúmeras sociedades empenhadas numa "guerra de *ratings*" (usando a atribuição de notações de risco elevadas como arma para alargar a sua base de clientes), acabou por criar uma barreira que desencorajou a entrada de novas sociedades neste mercado[67]. Quer isto dizer que sempre foram poucas e, portanto, bastante poderosas, as sociedades de notação de risco reconhecidas pela *Securities and Exchange Commission*. Por isso, autores como FRANK PARTNOY, ao analisarem a relação entre este sistema de reconhecimento e o papel da reputação das sociedades de notação de risco, afirmaram que as mesmas se desenvolveram exponencialmente não devido ao valor das suas opiniões mas sim da circunstância de venderem "*regulatory licenses*", ou seja, um "selo de conformidade" com as disposições legais e regulamentares[68].

---

[66] É essa a opinião de DIETER KERWER, Standardising as governance..., cit., p. 22, STEVEN L. SCHWARCZ, Private ordering of public markets..., cit., p. 4. Sobre este tema, veja-se ainda LAWRENCE WHITE, *The credit rating industry*..., cit., p. 23 e segs., CESR, *Second report*..., cit., p. 10, FRANK PARTNOY, How and why credit rating agencies are not like other gatekeepers, cit., p. 60-61.

[67] JOHN C. COFFEE JR., *Gatekeepers*..., cit., p. 284-285, 300.

[68] FRANK PARTNOY, The Siskel and Ebert..., cit., p. 681 e segs., 711. A definição de "*regulatory licenses*" pode ser encontrada na p. 623 do texto citado: "*the valuable*

Porém, este cenário modificou-se significativamente com a aprovação (em Setembro de 2006) e a entrada em vigor (em Junho de 2007) do *Credit Rating Agencies Reform Act*[69]. Este diploma, bem como a regulamentação que o complementou, embora sem aderir formalmente aos princípios vertidos no *Code of Conduct*, de que se falará no parágrafo seguinte, contém soluções consistentes com as previstas naquele código de conduta, e expressamente prevê a supervisão das sociedades de notação de risco pela *Securities and Exchange Commission*, ainda que não lhe conceda poderes para regular os procedimentos e metodologias através das quais são determinadas as notações de risco[70].

III. A nível internacional, é crucial falar dos trabalhos desenvolvidos em sede de notação de risco pela IOSCO, dado que lhe coube um papel pioneiro na elaboração de regras de grande relevância sobre sociedades de notação de risco e respectiva actividade.

Nesse âmbito, o *Report on the Activities of Credit Rating Agencies* constitui um marco histórico. Em 2003, o Comité Técnico da IOSCO constituiu um grupo de trabalho – *Task Force* – com vários propósitos: apurar se as sociedades de notação de risco revelavam informação suficiente sobre as suas opiniões, procedimentos e meto-

---

property rights associated with the ability of a private entity, rather than the regulator, to determine the substantive effect of legal rules".

[69] Até então apenas a Dominion Bond Rating Service Limited se juntava à Moody's, S&P e Fitch enquanto *nationally recognised statistical rating organisation* (*NRSRO*) pela *Securities and Exchange Commission*. Todavia, desde que o *Credit Rating Agencies Reform Act* entrou em vigor, àquelas quatro sociedades de notação de risco juntaram-se mais cinco: A.M. Best Company. Inc., Japan Credit Rating Agency, Ltd., Rating and Investment Information, Inc., Lace Financial Corp., a Egan-Jones Rating Company e a Realpoint LLC (cfr. SECURITIES AND EXCHANGE COMMISSION, *Briefing Paper...*, cit.). Para uma breve indicação das sociedades de notação de risco reconhecidas como NRSRO desde 1975, veja-se, LAWRENCE WHITE, *The credit rating industry...*, cit., p. 11.

Sobre o conceito de NRSRO, veja-se a secção 3. do *Credit Rating Agencies Reform Act* de 2006, que altera a secção 3 (A) do *Securities Exchange Act* de 1934.

[70] CESR, *Second report...*, cit., p. 10-11, COMISSÃO EUROPEIA, *Impact assessment....* cit., p. 55-56, FRANK PARTNOY, Rethinking Regulation of Credit Rating Agencies..., cit., p. 6 e segs. Este autor sugere, contudo, a criação de uma entidade independente e especializada encarregue de supervisionar as sociedades de notação de risco, para a qual propõe o nome de *Credit Rating Agency Oversight Board*.

dologias e se dispunham de um sistema que adequadamente prevenisse a divulgação de informação não pública, a que conflitos de interesses se encontravam expostas e como preveniam a ocorrência e mitigavam os efeitos da verificação de conflitos de interesses, a que tipo de regulação estavam sujeitas e que obstáculos se levantavam à criação de novas sociedades de notação de risco.

A *Task Force* realizou um questionário do qual veio a resultar o referido *Report on the Activities of Credit Rating Agencies*. Tendo como referência os *Objectives and Principles of Securities Regulation*[71], o Comité Técnico da IOSCO elaborou, em Setembro de 2003, um conjunto de princípios destinados a nortear a actividade das sociedades de notação de risco – *Principles for the Activities of Credit Rating Agencies* (*Principles*).

Com a publicação dos *Principles*, a IOSCO procurou fixar os alicerces orientadores da prestação de serviços de notação de risco e fornecer um guia útil ao desenvolvimento daquela actividade. Assim, os *Principles* – divididos em quatro grandes áreas: qualidade e integridade do processo de notação de risco, independência e conflitos de interesses, transparência e divulgação atempada de notações de risco e tratamento de informação confidencial – foram criados para ser assimilados e implementados pelas sociedades de notação de risco. Contudo, certas sociedades de notação de risco sugeriram que a IOSCO fosse mais longe, promovesse a aplicação daqueles princípios e elaborasse um código de conduta mais específico e detalhado[72].

O resultado foi o *Code of Conduct Fundamentals for Credit Rating Agencies* (*Code of Conduct*), cujo objectivo primordial consiste em procurar proteger os investidores, estimulando a integridade do processo de notação de risco através de um conjunto de medidas práticas – divididas em três partes: qualidade e integridade do processo de notação de risco, independência e prevenção de conflitos de

---

[71] IOSCO, *Objectives and principles of securities regulation*, Maio de 2003, disponível em www.iosco.org. Os *Objectives and principles of securities regulation* prosseguem três grandes desideratos: a protecção dos investidores, a promoção da transparência, equidade e eficiência dos mercados e a prevenção de risco sistémico.

[72] IOSCO, *Code of Conduct...*, cit., p. 2.

interesses e responsabilidade perante investidores e emitentes – votadas a auxiliar a implementação dos *Principles*[73].

O *Code of Conduct* não foi importado pela legislação interna de nenhum Estado-Membro. Todavia, o prestígio da IOSCO confere-lhe uma inegável importância. Por isso mesmo, o *Code of Conduct* é considerado pelo CESR como o nível mínimo de exigência em matéria ética – na expressão do CESR, "uma referência a ser seguida pelas sociedades de notação de risco"[74] –, ainda que a IOSCO saliente que o *Code of Conduct* "não dita modelos de negócio nem de governo"[75].

Não obstante, com vista a estimular a transparência e a promover a sindicância por parte dos agentes do mercado sobre o cumprimento das orientações constantes do *Code of Conduct*, as sociedades de notação de risco têm reflectido nos seus códigos de conduta as orientações daquele código[76]. É certo que ao incorporar essas orientações nos seus códigos de conduta, as sociedades de notação de risco têm flexibilidade para as ajustar aos mercados em que operam[77]. Devem, contudo, indicar de que forma aquelas orientações se encontram vertidas no seu código de conduta, em que medida se desviam das mencionadas orientações e confirmar que os desvios não comprometem o cumprimento dos objectivos que presidem ao *Code of Conduct*[78].

O *Code of Conduct* está em contínua evolução. No primeiro trimestre de 2007, a IOSCO aferiu o nível de adesão dos códigos de

---

[73] IOSCO, *Code of Conduct*..., cit., p. 2-3

[74] CESR, *Second report*..., cit., p. 56-58. No mesmo sentido, COMISSÃO EUROPEIA, *Communication*..., cit..

[75] IOSCO, *IOSCO announces next steps on credit rating agencies*, Madrid, 28 de Julho de 2008, disponível em www.iosco.org. E, mais do que isso, conforme expressamente reconhecido pela COMISSÃO EUROPEIA, *Impact assessment*.... cit., p. 34, o *Code of Conduct* permite às sociedades de notação de risco decidir o que é efectivamente proibido e que medidas devem ser tomadas no âmbito da sua actividade.

[76] Neste sentido, veja-se a COMISSÃO EUROPEIA, *Communication*..., cit.. E, conforme revelado pela IOSCO, *Review of Implementation of the IOSCO Fundamentals of a Code of Conduct for Credit Rating Agencies*, Fevereiro de 2007, disponível em www.iosco.org, p., 8, 15, as maiores sociedades de notação de risco adoptaram códigos de conduta que seguem de perto o *Code of Conduct*.

[77] Isto mesmo resulta da análise realizada pelo CESR em Dezembro de 2006, ao comparar as disposições do *Code of Conduct* com os códigos de conduta da Dominion Bond Rating Service Limited, Fitch, Moody's e S&P. Cfr. CESR, *Report*..., cit., p. 13 e segs.

[78] Cfr. IOSCO, *Revised Code of Conduct Fundamentals for Credit Rating Agencies*, Maio de 2008, disponível em www.iosco.org, p. 2.

conduta das sociedades de notação de risco ao *Code of Conduct*[79]. Praticamente em simultâneo, surgiram comentários acerca da qualidade das análises das sociedades de notação de risco, em especial no âmbito de operações envolvendo créditos à habitação garantidos por hipoteca (*"residential mortgage-backed securities"* – RMBSs) ou obrigações com garantia associada (*"collateralised debt obligations"* – CDOs)[80].

O resultado foi a revisão do *Code of Conduct* em Maio de 2008, dando assim origem ao *Revised Code of Conduct*. Contudo, a IOSCO anunciou, desde logo, que acompanharia a revisão dos códigos de conduta de forma a apurar a sua conformidade com o *Revised Code of Conduct*, em particular no que concerne à divulgação de informação e à prevenção de conflitos de interesse[81].

IV. Também o direito comunitário tem dado crescente atenção ao papel desempenhado pelas sociedades de notação de risco. Evidência desta afirmação é, para além da já referida breve alusão na Directiva n.º 2003/125/CE, a preocupação manifestada com o reconhecimento daquelas sociedades na Directiva n.º 2006/48/CE. No seu considerando (39) pode ler-se que a importância da notação externa para o cálculo dos requisitos mínimos de fundos próprios suscita a necessidade de melhor estruturar o processo de reconhecimento e supervisão das agências de notação – agências de notação externas (ECAI) –, as quais, à época, não se antevia virem a estar sujeitas a qualquer processo de autorização na Comunidade[82].

---

[79] IOSCO, *Review of implementation*..., cit., p. 4 e segs.

[80] IOSCO, *The role of credit rating agencies*..., cit., p. 5.

[81] IOSCO, *IOSCO announces next steps on credit rating agencies*, cit., CMVM, *Boletim*, n.º 183, Julho de 2008, disponível em www.cmvm.pt, p. 8.

[82] O papel da notação de risco no quadro Basileia II (cfr. Directiva n.º 2006/48/ CE e Directiva n.º 2007/49/CE, do Parlamento Europeu e do Conselho, relativa à adequação dos fundos próprios das empresas de investimento e das instituições de crédito) tem sido fortemente criticado e não tem faltado quem solicite a alteração daquelas Directivas de modo a remover as referências a sociedades de notação de risco (é essa a posição expressa pela FSA, *The Turner Review*..., cit., p. 79, e por FRANK PARTNOY, Overdependence on Credit Ratings..., cit., p. 15).

Sobre a articulação entre o procedimento de reconhecimento das ECAIs e o processo de registo instituído pelo regulamento, que será explicado adiante, veja-se o considerando (44) e o art. 2.º, n.º 3 do Regulamento.

Refere, depois, o art. 81.º, n.º 2 daquela Directiva que só podem realizar avaliações para apurar a qualidade de crédito com base no qual serão aplicados os coeficientes de ponderação para cálculo das posições ponderadas pelo risco as agências de notação externas reconhecidas como elegíveis ("ECAIs elegíveis") pelas autoridades competentes de um Estado-Membro.

O reconhecimento será concedido contanto que a metodologia de avaliação empregue cumpra os requisitos de objectividade, independência, actualização permanente e transparência e as avaliações de crédito se revelem credíveis e transparentes. No âmbito do reconhecimento, as autoridades competentes devem considerar os critérios técnicos previstos na Parte 2 do Anexo VI daquela Directiva, onde assume especial relevância a metodologia. Esta deve ser objectiva, isto é, rigorosa, sistemática, contínua e objecto de validação com base em dados históricos, e independente, ou seja, isenta de influências ou condicionalismos políticos externos, bem como de pressões económicas. Entre os factores considerados para aferir a independência contam-se a propriedade e a estrutura de organização da ECAI, o seu governo societário e os respectivos recursos financeiros e humanos.

Após ter sido reconhecida como elegível, a ECAI pode beneficiar de um "passaporte" comunitário, pois as autoridades competentes de outros Estados-Membros têm a possibilidade de reconhecer a elegibilidade dessa ECAI sem recurso ao seu próprio processo de avaliação (art. 81.º, n.º 3 da Directiva n.º 2006/48/CE).

Mas, no contexto do direito comunitário, merece especial destaque a recente aprovação do Regulamento, que obriga ao registo das sociedades de notação de risco[83]. Porém, em causa não estão todas as sociedades de notação de risco nem todas as notações de risco. O art. 2.º, n.º 1, confirmando o previsto no considerando (19), limita

---

[83] Sobre a Proposta de Regulamento, veja-se o Parecer do Banco Central Europeu emitido em 21 de Abril de 2009, BANCO CENTRAL EUROPEU, *Parecer do Banco Central Europeu de 21 de Abril de 2009 sobre uma proposta de regulamento do Parlamento Europeu e do Conselho relativo às agências de notação de crédito* (CON/2009/38), JOCE C 115 de 20 de Maio de 2009.

positivamente o âmbito de aplicação do Regulamento às notações de risco divulgadas publicamente ou fornecidas por assinatura.

A finalidade prosseguida por este sistema de registo obrigatório pode encontrar-se, nomeadamente, nos considerandos (7) e (43), sendo reafirmada no art. 1.º: assegurar um elevado nível de protecção dos investidores. O processo de registo tem início junto do CESR (art. 15.º, n.º 1) pela sociedade de notação de risco ou por um grupo de sociedades de notação de risco, sendo depois remetido no prazo de 5 dias úteis às autoridades competentes do todos os Estados-Membros; nos 10 dias úteis seguintes, o CESR pronunciar-se-á junto da autoridade competente do Estado-Membro no qual a sociedade de notação de risco tem a sua sede (Estado-Membro de origem) sobre o pedido de registo (art. 15.º, n.º 4).

A autoridade competente do Estado-Membro de origem deverá analisar o pedido de registo e, após receber uma comunicação do CESR quanto ao cumprimento dos requisitos de registo, preparar e aprovar uma decisão de registo ou de recusa devidamente fundamentada (art. 16.º; para pedidos de registo apresentados por grupos de agências de notação de risco veja-se o art. 17.º). A sociedade de notação de risco será, depois, informada daquela decisão da autoridade competente do Estado-Membro de origem (art. 18.º, n.º 1), que notificará, também, a Comissão Europeia, o CESR e as restantes autoridades competentes (n.º 18, n.º 2)[84].

A lista actualizada das sociedades de notação de risco registadas deve ser divulgada pela Comissão Europeia no Jornal Oficial da União Europeia (art. 18.º, n.º 3). Uma vez publicado, o registo é válido no território da Comunidade Europeia (art. 14.º, n.º 2).

---

[84] Este processo estava previsto no art. 13.º e seguintes da Proposta de Regulamento em moldes um pouco diferentes e era visto pelo THE HIGH-LEVEL GROUP ON FINANCIAL SUPERVISION IN THE EU (The de Larosière Group), *Relatório*, cit., p. 19-20, como sendo demasiado intrincado. Este grupo de peritos sugeria que a autorização e monitorização de sociedades de notação de risco, bem como a aplicação de sanções, deveriam ser exclusivamente confiadas ao CESR. Já o CONSELHO DA UNIÃO EUROPEIA, *Conclusões da Presidência do Conselho Europeu de Bruxelas (18/19 de Junho de 2009)*, Bruxelas, 10 de Julho de 2009, disponível em http://www.consilium.europa.eu, p. 8, propunha a instituição de um Sistema Europeu de Supervisores Financeiros, composto por três novas Autoridades Europeias de Supervisão com poderes de supervisão sobre as sociedades de notação de risco.

Uma sociedade de notação de risco registada deverá cumprir a todo o tempo as condições que justificaram a concessão do registo (art. 14.º, n.º 3). Daí que seja motivo de cancelamento do registo a falta de cumprimento daquelas condições. Entre as causas que podem suscitar aquele cancelamento contam-se a renúncia ao registo, a não atribuição de notações por período superior a seis meses, a obtenção do registo através de falsas declarações ou de forma irregular ou o desrespeito das regras relativas ao funcionamento de sociedades de notação de risco (art. 20.º, n.º 1).

3.2.2 Panorama nacional

I. No direito nacional, a exigência legal de registo das sociedades de notação de risco está desde há muito sedimentada. O art. 21.º do DL 142-A/91, diploma que aprovou o CdMVM, mandava as sociedades de notação de risco – então também chamadas sociedades de *rating* – constituídas antes da sua data de publicação requerer o respectivo registo na CMVM. Para o futuro, impunha-se ainda que as sociedades de *rating* que se viessem a constituir até à entrada em vigor da legislação especial prevista no art. 614.º, n.º 2 do CdMVM requeressem o registo na CMVM no prazo de 30 dias a contar da celebração da escritura de constituição.

No domínio do CdMVM, embora não existissem dúvidas acerca da sua qualificação (tal como hoje não existem, e a indicação autónoma dos intermediários financeiros e das sociedades de notação de risco enquanto entidades sujeitas à supervisão da CMVM – als. (b) e (f) do 359.º, n.º 1 – confirma-o), as sociedades de *rating* eram reguladas no título V do CdMVM, relativo aos intermediários financeiros. O próprio preâmbulo do DL 142-A/91 assumia que tal podia parecer "descabido". Mas o legislador convocava duas razões para sustentar esse enquadramento: por um lado, a importância fundamental da notação de risco para o mercado de valores mobiliários; por outro, atenta essa relevância, não se entenderia que a notação de risco estivesse à margem de qualquer regulamentação acautelando os interesses das entidades emitentes, dos investidores e do mercado em geral.

II. No âmbito do CdVM, as alusões às sociedades de notação de risco encontram-se no art. 12.º, no art. 306.º-C, n.º 7 e no art. 359.º, n.º 1, al. (f). Aquele artigo, desdobrado em três números, vem consagrar regras sobre duas matérias: registo, ao afirmar que as sociedades de notação de risco estão sujeitas a registo na CMVM, sendo que apenas podem ser registadas as sociedades dotadas dos meios humanos, materiais e financeiros que assegurem a respectiva idoneidade, independência e competência técnica, e modo de desenvolvimento das actividades, ao dizer que os serviços de notação de risco devem ser prestados imparcialmente e obedecer às classificações dominantes segundo os usos internacionais.

No âmbito da definição das formas de aplicação, por parte das empresas de investimento, do dinheiro recebido dos seus clientes, e a respeito dos instrumentos do mercado monetário de elevada qualidade, o art. 306.º-C, n.º 7 afirma que é competente para proceder à notação de risco daqueles instrumentos uma sociedade de notação de risco que emita notações de risco relativas a fundos do mercado monetário numa base regular e profissional ou que seja elegível na acepção do art. 81.º, n.º 1 da Directiva n.º 2006/48/CE.

Por último, o art. 359.º, n.º 1, al. (f) integra as sociedades de notação de risco, ao lado dos auditores sujeitos a registo na CMVM[85], na lista de entidades sujeitas à supervisão da CMVM no âmbito das actividades relativas a instrumentos financeiros.

III. Concentremo-nos agora no art. 12.º, n.ºs 1 e 2, que impõem o registo das sociedades de notação de risco junto da CMVM. Esse registo, recorde-se, tem dois desideratos: controlar a legalidade e a conformidade com os regulamentos dos factos ou elementos sujeitos a registo e organizar a supervisão (cfr. art. 365.º, n.º 1).

No que respeita ao primeiro objectivo, o disposto no art. 12.º, n.ºs 1 e 2 era, até à entrada em vigor do Regulamento, apenas complementado pelo previsto no Reg. 7/2000 (cujo conteúdo poderá vir

---

[85] Quanto aos auditores, veja-se o Regulamento da CMVM n.º 6/2000. No que respeita à autorização, as sociedades de notação de risco apresentam forte semelhança com os auditores. Tanto os auditores como as sociedades de notação de risco devem estar registados junto da CMVM (cfr. art. 9.º, n.º 1 e 12.º, n.º 1). Adicionalmente, como condições indispensáveis para o registo, os auditores e as sociedades de notação de risco devem ser dotados dos meios humanos, materiais e financeiros necessários para assegurar a sua idoneidade, independência e competência técnica.

a ser ajustado em conformidade com o previsto no Regulamento). O art. 1.º do Reg. 7/2000 praticamente reproduz o art. 12.º, n.º 2 (as diferenças estão assinaladas a itálico, com prevalência para o texto do Reg. 7/2000): "(s)ó podem ser registadas na CMVM as sociedades de notação de risco que *demonstrem possuir uma estrutura organizativa*, os meios humanos, *técnicos*, materiais e financeiros necessários para assegurar a sua idoneidade, independência e competência técnica na prestação de serviços de notação de risco".

Percebe-se que a prestação de serviços de notação de risco deva evidenciar um nível qualitativo mínimo. E isso só é possível caso as sociedades de notação de risco sejam idóneas, independentes e manifestem competência técnica, características que dependem da existência de um complexo organizacional técnico, humano e financeiro traduzido pela fórmula "estrutura organizativa, meios humanos, técnicos, materiais e financeiros".

Para verificar o cumprimento destas condições, bem como de outras das quais o registo está dependente, a sociedade de notação de risco deve apresentar um pedido de registo mediante requerimento dirigido ao Conselho Directivo da CMVM. Os parâmetros pelos quais será aferida a capacidade da sociedade de notação de risco para obter registo e iniciar as suas actividades encontram-se no art. 2.º, n.º 2 do Reg. 7/2000. Para além dos elementos usualmente requeridos no âmbito do registo de entidades junto da CMVM (cópia do contrato de sociedade e certidão actualizada do registo comercial da sociedade), exige-se à sociedade de notação de risco:

(a) quanto à **estrutura accionista** e **órgãos sociais**: que identifique os detentores de participações que, nos termos do art. 20.º, n.º 1, atinjam ou ultrapassem 5% do seu capital social; identifique os titulares dos órgãos de administração e de fiscalização e da mesa da assembleia geral; declare as participações detidas pela sociedade, pelos detentores daquelas participações ou por titulares dos órgãos de administração e de fiscalização ou da mesa da assembleia geral em sociedades com valores mobiliários cotados e que sejam objecto de notação de risco; confirme que nenhum dos titulares dos seus órgãos de administração e fiscalização, nem as empresas em que quaisquer deles tenham detido uma participação maioritária ou de cujos órgãos de administração ou fiscalização tenham sido titulares foram declarados em estado de insolvência ou falência, declarando ainda não estar a correr processo visando a obtenção dessa declaração; e apresente o currículo profissional e académico dos titulares do seu órgão de administração;

(b) no que se refere à *estrutura organizativa*: exponha pormenorizadamente a estrutura organizativa da sociedade; descreva os meios humanos de que a sociedade está dotada, número de técnicos e suas qualificações; descreva os meios técnicos e materiais, designadamente quanto aos meios informáticos disponíveis, principais funções que permitem assegurar e mecanismos de controlo e segurança criados; descreva os meios financeiros, com menção de seguro de responsabilidade profissional, caso exista; e apresente cópia dos relatórios de gestão e contas da sociedade respeitantes aos três últimos exercícios, ou apenas aos exercícios decorridos, se tiver sido constituída há menos de três anos, acompanhados dos pareceres do órgão de fiscalização e da certificação legal de contas da sociedade, quando a sociedade estiver legalmente obrigada à elaboração desses documentos; e

(c) em especial, quanto à *actividade de notação*: descreva os sistemas de controlo interno adoptados, por forma a garantir, nomeadamente, a confidencialidade das informações e a prevenção da ocorrência de conflitos de interesses, e as normas deontológicas e de conduta, eventualmente expressas em regulamentos internos, que regulem o exercício da actividade; e indique a escala ou escalas de notação utilizadas, com descrição das metodologias adoptadas na análise das operações, nomeadamente na titularização de créditos, e dos procedimentos de revisão (*follow-up*) das classificações atribuídas.

Sem prejuízo de poder haver outras informações em falta, note-se que dois importantes elementos informativos constantes do anexo 2 do Regulamento (que identifica as informações a entregar quando da solicitação do registo) não surgem referidos no Reg. 7/2000: a indicação da política de remuneração e de avaliação do desempenho e acerca dos serviços adicionais (caso existam) que a sociedade de notação pretende desenvolver.

Para o registo tem vigorado uma regra de deferimento tácito, considerando-se aquele efectuado se a CMVM não o recusar no prazo de trinta dias contados a partir da data em que o pedido esteja devidamente instruído ou da data em que sejam recebidos os elementos complementares que tenham sido solicitados, conforme aplicável (art. 2.º, n.º 4 do Reg. 7/2000). Qualquer alteração relevante aos elementos com base nos quais o registo tenha sido concedido deve ser comunicada à CMVM, mediante requerimento instruído com os documentos necessários para o efeito, no prazo de quinze dias após a sua ocorrência, tendo em vista o respectivo averbamento (art. 3.º do Reg. 7/2000).

IV. A organização da supervisão é o segundo objectivo do registo. Daí que o art. 359.º, n.º 1 confirme que, no âmbito das actividades relativas a instrumentos financeiros, as sociedades de notação de risco estão sujeitas à supervisão da CMVM.

No exercício da supervisão, a CMVM deve tentar assegurar a efectividade dos princípios enunciados no art. 358.º, a saber: protecção dos investidores, eficiência e regularidade de funcionamento dos mercados de instrumentos financeiros, controlo da informação, prevenção do risco sistémico, prevenção e repressão das actuações contrárias à lei ou a regulamento, e independência face a quaisquer entidades sujeitas ou não à sua supervisão.

No contexto das suas atribuições de supervisão, a CMVM fiscaliza o cumprimento da lei e dos regulamentos (cfr. art. 360.º, n.º 1, al. (b)), pelo que se uma sociedade de notação de risco, no âmbito das suas actividades, não observar os parâmetros previstos no CdVM ou no Reg. 7/2000 – nomeadamente, se deixar de reunir os meios indispensáveis para garantir a prestação dos serviços de notação de risco em condições de imparcialidade, independência, idoneidade e competência técnica – a CMVM pode determinar a suspensão do registo (art. 4.º, n.º 1 do Reg. 7/2000).

4. Interferências no resultado da notação de risco

4.1 *O processo de notação de risco*

I. Já foi referido que a notação de risco tem como ponto de partida informação sobre a sociedade / valores mobiliários e constitui informação sobre a sociedade / valores mobiliários. Assim sendo, o resultado da notação de risco pode ser condicionado por razões de ordem muito diversa: a informação analisada era enganadora ou insuficiente, o processo não foi rigoroso ou foi viciado, ou a notação de risco não foi divulgada de forma atempada ou transparente.

Essas razões foram consideradas nos trabalhos desenvolvidos pela IOSCO nesta matéria. Ciente de que a notação de risco resulta de um processo – o processo de análise de informação sobre o objecto cuja notação de risco se pretende obter –, tanto os *Principles* como o *Code of Conduct* contêm, logo nas suas primeiras partes, orientações sobre a qualidade e integridade do processo de notação de risco.

II. Qualidade e integridade cruzam duas realidades: uma essencialmente operacional – "o que fazer?" –, e outra de índole marcadamente subjectiva – "como fazer?". A primeira reflecte-se nos *Principles* e no *Code of Conduct* mediante o dever de implementar procedimentos e metodologias rigorosos e sistemáticos que garantam, através da sua consistente aplicação, que a notação de risco resulta de uma análise justa e completa de toda a informação relevante; a segunda repercute-se nos *Principles* e no *Code of Conduct* através da alusão à integridade que deve subjacer à actuação da sociedade de notação de risco quando aplica os procedimentos e metodologias implementados[86].

É fácil perceber o papel que a informação ocupa no processo de notação de risco. Mas qual é a informação relevante? *"(A)ll informa-*

---

[86] Cfr. IOSCO, *Principles*..., cit., 1. (*Quality and Integrity of the Rating Process*), 1.1., IOSCO, *Code of Conduct*..., cit., I. (*Quality and Integrity of the Rating Process*), A. (*Quality of the Rating Process*), 1.1., 1.2., 1.3.

tion known, and believed to be relevant"⁸⁷ ou "*todas as informações à (...) disposição [da agência de notação de risco] que sejam relevantes para a sua análise de acordo com as suas metodologias de notação*" (art. 8.º, n.º 2 do Regulamento). Estas são as dimensões quantitativa – *toda* a informação conhecida – e qualitativa – toda a informação *tida como relevante* – da informação que deve ser considerada e digerida pelo processo de notação de risco. Entre a informação relevante pode incluir-se, portanto, toda a informação ainda não divulgada publicamente, mas também toda a informação que, no momento da aferição do risco, é do conhecimento público, sem que entre ambas haja qualquer distinção qualitativa. A informação não é mais ou menos importante em função do seu grau de confidencialidade: pode haver informação sigilosa relevantíssima e outra totalmente inócua⁸⁸. Daí que seja fundamental que a sociedade de notação de risco leve a cabo uma exaustiva apreciação de toda a informação relevante com vista a apurar qual deve ser considerada. Por exemplo, foi já apontada como causa da crise associada ao *sub-prime* a atribuição de notações de risco a estruturas muito complexas com base em insuficiente informação histórica⁸⁹. Assim, o processo

---

⁸⁷ IOSCO, *Code of Conduct...*, cit., I. (*Quality and Integrity of the Rating Process*), A. (*Quality of the Rating Process*), 1.1 e 1.4.

⁸⁸ Caso a sociedade em causa seja emitente de valores mobiliários admitidos à negociação em mercado regulamentado ou tenha requerido a respectiva admissão a um mercado dessa natureza, a divulgação de informação privilegiada à sociedade de notação de risco deverá ser feita tendo em consideração o regime de previsto para a revelação de factos relevantes (cfr. arts. 248.º e 248.º-A).

Sobre os limites da divulgação de informação confidencial e a sua relação com a Directiva n.º 2003/6/CE, do Parlamento Europeu e do Conselho, de 28 de Janeiro de 2003, relativa ao abuso de informação privilegiada e à manipulação de mercado (abuso de mercado), veja-se CESR, *Technical advice...*, cit., p. 28.

⁸⁹ FINANCIAL STABILITY FORUM, *Report...*, cit., p. 32, THE HIGH-LEVEL GROUP ON FINANCIAL SUPERVISION IN THE EU (The de Larosière Group), *Relatório*, cit., p. 9, FSA, *The Turner Review...*, cit., p. 77, FRANK PARTNOY, Overdependence on Credit Ratings Was a Primary Cause of the Crisis, 2009, disponível em www.ssrn.com (http://ssrn.com/abstract=1427167), p. 1. O THE PRESIDENT'S WORKING GROUP ON FINANCIAL MARKETS, *Policy statement...*, cit., p. 1, aponta igualmente a fraca prestação das sociedades de notação de risco – com a consequente "erosão significativa da disciplina de mercado" – como uma das causas da crise associada ao *sub-prime*. Para uma análise retrospectiva desta crise, desde a sua origem no modelo "*originate to distribute*", isto é,

de notação de risco deve ter por base informação quantitativa e qualitativamente suficiente. De outro modo, a notação de risco partirá de premissas incorrectas e, provavelmente, concluirá incorrectamente.

III. Mas a informação (sobre a entidade objecto de notação/ os valores mobiliários) é tão-só a matéria-prima. Exige-se que seja trabalhada, analisada. Entre aquela informação e a notação de risco intercede o processo de notação de risco, que envolve a aplicação de procedimentos e metodologias aos quais o CESR aponta três características: adequação, consistência e clareza[90].

Isto não significa, contudo, que possa ou deva haver completa uniformidade nas metodologias e nos procedimentos aplicados por todas as sociedades de notação de risco. O CESR tem esse efeito como sendo indesejável, não só porque levaria a uma padronização excessiva, como porque abrandaria a renovação desses procedimentos e metodologias e a sua substituição por novos[91]. Não obstante, os procedimentos e metodologias devem ser adequada e oportunamente revelados para que os investidores os possam conhecer e perceber qual o caminho que levou até à notação em causa e quais as premissas que sustentam as opiniões formuladas[92]. Isto porque é importante

---

a concessão de crédito com o propósito de o titularizar, veja-se SECURITIES AND EXCHANGE COMMISSION, *Briefing Paper...*, cit.

Com vista a alertar para este tipo de situações, a IOSCO passou a sugerir, a partir da revisão do *Code of Conduct* levada a cabo em Maio de 2008, que seja feita expressa menção ao facto de a notação incidir sobre um produto acerca do qual existe pouca informação (nomeadamente, dados históricos) quando tal suceda, devendo a sociedade de notação de risco recusar atribuir uma notação quando a complexidade ou o índice de estruturação de um produto novo ou a falta de informação consistente acerca do mesmo ou dos activos envolvidos suscitem sérias dúvidas quanto ao apuramento do risco de crédito em causa (cfr. IOSCO, *Revised Code of Conduct...*, cit., I. (*Quality and Integrity of the Rating Process*), A. (*Quality of the Rating Process*), 1.7, *in fine*, e 1.7-3, respectivamente).

[90] CESR, *Technical advice...*, cit., p. 24. Veja-se ainda o art. 8.º, n.º 4 do Regulamento.

[91] CESR, *Technical advice...*, cit., p. 26.

[92] O CESR, *Technical advice...*, cit., p. 34, não deixa, contudo, de chamar a atenção para a circunstância de o excesso de informação sobre procedimentos e metodologias poder aproveitar indevidamente ao emitente, que numa próxima ocasião saberá como serão valorados os seus elementos informativos. Semelhante preocupação é manifestada no

que os investidores – aliás, que todos os participantes no mercado – compreendam as razões que levaram à atribuição de determinada notação de risco. Todas as recomendações recentemente emitidas neste âmbito apontam no sentido de uma crescente transparência, de forma a promover o esclarecimento dos investidores e prevenir o excesso de confiança em notações de risco que podem partir de pressupostos que certos investidores não aceitam[93]. Assim:

"The CRA should publish sufficient information about its procedures, methodologies and assumptions (including financial statement adjustments that deviate materially from those contained in the issuer's published financial statements) so that outside parties can understand how a rating was arrived at by the CRA."[94].

"As agências de notação de risco devem divulgar publicamente as metodologias, modelos e principais pressupostos que utilizam nas suas actividades de notação de risco"[95].

Todavia, não se pense que o processo de notação de risco se esgota com a emissão da notação de risco. À atribuição de uma notação de risco seguem-se os chamados "procedimentos de revisão (*follow-up*) das classificações atribuídas", a que é feita menção no art. 2.º, n.º 2, al. (m) do Reg. 7/2000, e que surgem igualmente mencionados no art. 8.º, n.º 5 do Regulamento. Muitas vezes, à notação de risco está associada a tendência que se prevê ("*outlook*"), destinada a indicar a possível evolução da notação. Esta tendência pode ser positiva, estável, negativa ou indefinida. Em fase de transição, uma

---

considerando (25) do Regulamento, onde se pode ver que "a divulgação de informações sobre modelos deverá ser feita de modo a não prevalecer informações comerciais sensíveis ou impedir seriamente a inovação".

[93] O THE PRESIDENT'S WORKING GROUP ON FINANCIAL MARKETS, *Policy statement...*, cit., p. 4, aponta como uma das recomendações para reformular a notação de risco após a crise do *sub-prime*, precisamente, a divulgação de informação suficiente acerca dos pressupostos subjacentes aos procedimentos e metodologias empregues. No mesmo sentido, veja-se ainda FINANCIAL STABILITY FORUM, *Report...*, cit., p. 35-36, CESR, *Second report...*, cit., p. 26.

[94] IOSCO, *Code of Conduct...*, cit., 3. (*CRA Responsabilities and Timeliness of Ratings Diclosure*), A. (*Transparency and Timeliness of Ratings Disclosure*), 3.5.

[95] Art. 8.º, n.º 1 e considerando (25) do Regulamento.

notação atribuída está em fase de observação ("*credit watch*"). Daí que seja comum que em prospectos e documentos similares se encontrem advertências como esta:

> "*A credit rating is not a recommendation to buy, sell or hold securities and may be revised or withdrawn by the rating agency at any time. A rating agency may lower or withdraw its rating of the Covered Bonds and that action may reduce the market value of the Covered Bonds.*"[96].

Embora este aviso procure alertar os investidores acerca da não imutabilidade de notações atribuídas, do procedimento de revisão (*follow-up*) nem sempre decorrem más notícias. Uma notação de risco tanto pode degradar-se, como vir a ser ulteriormente reforçada[97].

Na verdade, o acompanhamento futuro do objecto da notação não se trata de uma mera faculdade. Ainda que a notação de risco tenha uma data como referência, caso ocorram factos que imponham a sua alteração, devem os mesmos ser considerados e a notação de risco ajustada em conformidade[98]. Por exemplo, há quem tenha sus-

---

[96] Extracto do prospecto de base de admissão à negociação, no Eurolist by Euronext Lisbon, de obrigações hipotecárias a emitir pelo Banco Espírito Santo, S.A. ao abrigo de um programa com o valor máximo de €10.000.000.000, disponível em www.cmvm.pt.

[97] Foi o que sucedeu relativamente à Caixa Geral de Depósitos, S.A. em 27 de Agosto de 2008. Em comunicado divulgado no sistema de difusão de informação organizado pela CMVM (www.cmvm.pt), pode ler-se que "(a) agência de notação internacional Standard & Poor's (S&P) reviu em alta os ratings da Caixa Geral de Depósitos, S.A. (CGD). O rating de Longo Prazo subiu de A+ para AA-, o mais elevado atribuído por esta agência a um grupo bancário português, e o de Curto Prazo de A-1 para A-1+. Com esta revisão em alta da notação, o Outlook passou para estável". Neste comunicado pode ainda ler-se que "de acordo com a S&P, a subida dos ratings atribuídos à CGD reflecte o reforço da solidez financeira da Instituição, designadamente pela melhoria da rentabilidade de base e dos indicadores de qualidade dos activos, bem como o firme apoio evidenciado pelo seu accionista único – o Estado Português (com notações de AA-/Estável/A-1+). Contribuiu também para aquelas notações a forte implantação da CGD no mercado nacional, que lhe proporciona uma base de *funding* alargada, estável e de baixo custo, e o seu sólido perfil financeiro global. O Outlook estável pressupõe a manutenção pela CGD do seu actual perfil financeiro e nível de solvabilidade, bem como que o Banco continuará a beneficiar do apoio, se necessário, do Estado Português".

[98] Cfr. IOSCO, *Principles*..., cit., 3. (*Transparency and Timeliness of Ratings Disclosure*), 3.2, IOSCO, *Code of Conduct*..., cit., 1. (*Quality and Integrity of the Rating Process*), B. (*Monitoring and Updating*), 1.9, 1.10, art. 8.º, n.º 5 do Regulamento.

tentado que a reacção tardia das sociedades de notação de risco e a excessiva redução das notações de países como a Malásia, a Tailândia, a Indonésia e a Coreia contribuíram para agravar a crise asiática de 1997-1998[99]. Considerando um caso mais recente, uma das principais críticas apontadas à actuação das sociedades de notação de risco no âmbito do processo Enron foi, precisamente, o precário acompanhamento da informação disponível até uma fase tardia, modificando as notações de risco atribuídas somente quando os problemas de solvência daquela empresa eram já muito visíveis[100]. O mesmo se diga quando, a partir de meados de 2007, foram anunciadas rápidas e significativas reduções de notações de risco que, entre 2004 e 2007, sustentaram o exponencial crescimento do mercado de *sub-prime*[101].

IV. Sem prejuízo dos procedimentos e metodologias, não é possível obviar o papel humano no domínio operacional. Quem aplica os procedimentos e metodologias são pessoas. Ainda que a notação de risco seja atribuída pela sociedade de notação de risco e não pelo concreto analista que foi afecto àquela tarefa (institucionalização da notação de risco), os analistas devem ter um profundo conhecimento dos mencionados procedimentos e metodologias e uma experiência adequada à notação de risco da qual foram encarregues – "a

---

[99] G. FERRI / L.-G. LIU / J. E. STIGLITZ, The procyclical role of rating agencies..., cit., p. 337 e segs. Estes autores referem que as reduções efectuadas pela Moody's chegaram a atingir, nos casos da Indonésia e Coreia, seis *notches*, de Baa3 para Caa3 e de A1 para Ba1, respectivamente.

[100] STAFF TO THE SENATE COMMITTEE ON GOVERNMENTAL AFFAIRS, *Financial oversight of Enron...*, cit., p. 115.

[101] FINANCIAL STABILITY FORUM, *Report...*, cit., p. 32, THE PRESIDENT'S WORKING GROUP ON FINANCIAL MARKETS, *Policy statement...*, cit., p. 2, 8 e segs., que salienta casos em que as reduções se verificavam com relação a emissões realizadas há pouco tempo, e AMADOU N.R. SY, *The Systemic Regulation of Credit Rating Agencies and Rated Markets*, International Monetary Fund, 2009, disponível em www.imf.org, p. 3, se refere as inesperadas e abruptas descidas da notação de risco como "crises de *rating*".

Os números divulgados recentemente pela Comissão Europeia, tendo como fonte a Bloomberg, são assustadores: entre 1 de Julho de 2007 e 24 de Junho de 2008, as sociedades de notação de risco realizam 145.899 reduções dos designados *structured ratings* e 1.445 reduções de *corporate ratings* (COMISSÃO EUROPEIA, *Impact assessment....* cit., p. 7).

qualidade da avaliação de toda a informação disponível sobre o emitente em causa depende da qualidade dos colaboradores"[102]. Mas não é suficiente que a sociedade de notação de risco empregue pessoal qualificado. Exige-se que os meios humanos afectos sejam bastantes para assegurar que não há perda de qualidade no processo de notação de risco[103].

A componente humana do processo de notação de risco manifesta-se na integridade do processo de notação de risco. Na verdade, não é o processo que é íntegro, mas a sociedade de notação de risco e os seus administradores e analistas, pois a integridade e, consequentemente, a imparcialidade são características marcadamente subjectivas. Isto mesmo é denunciado tanto nos *Principles*, onde sobre os analistas se diz que devem ser "profissionais, competentes e da mais elevada integridade"[104], como no *Code of Conduct*, que refere que os analistas devem "relacionar-se de forma justa e honesta com emitentes, investidores e outros participantes no mercado e o público",

---

[102] CESR, *Technical advice...*, cit., p. 23, CESR, *Second report...*, cit., p. 29 e segs., maxime 31, IOSCO, *Code of Conduct...*, cit., I. (*Quality and Integrity of the Rating Process*), A. (*Quality of the Rating Process*), 1.4. Veja-se ainda a propósito o art. 7.º, e a secção (C) do anexo I do Regulamento.

O STAFF TO THE SENATE COMMITTEE ON GOVERNMENTAL AFFAIRS, *Financial oversight of Enron...*, cit., p. 116, aponta como uma das causas que motivaram as críticas dirigidas às sociedades de notação de risco no âmbito do processo Enron a análise deficitária – "*less than thorough*" – da informação relativa à sociedade, a qual resultou da incompreensão de certas transacções e do seu impacto por parte dos analistas envolvidos. Daí que FRANK PARTNOY, How and why credit rating agencies are not like other gatekeepers, cit., p. 60, diga que relativamente a novos e complexos instrumentos as sociedades de notação de risco possam, por vezes, funcionar mais como *"gate openers"* do que como *"gatekeepers"*.

[103] Cfr. IOSCO, *Principles...*, cit., 1. (*Quality and Integrity of the Rating Process*), 1.4., IOSCO, *Code of Conduct...*, cit., I. (*Quality and Integrity of the Rating Process*), A. (*Quality of the Rating Process*), 1.7. Semelhante exigência surge referida no considerando (13) do Regulamento.

Note-se o que diz a este respeito o FINANCIAL STABILITY FORUM, *Report...*, cit., p. 34: "(a)s sociedades de notação de risco devem demonstrar que têm capacidade para manter a qualidade dos seus serviços face ao rápido crescimento das suas actividades, e afectar recursos adequados tanto no momento da inicial atribuição da notação de risco, como na fase da sua revisão futura".

[104] Cfr. IOSCO, *Principles...*, cit., 1. (*Quality and Integrity of the Rating Process*), 1.5.

revestir "elevados padrões de integridade" e "manter-se e parecer manter-se independentes e objectivos"[105]. Entre as manifestações da integridade contam-se, entre outros, exemplos como as proibições de dar qualquer garantia sobre o resultado de uma notação ou de emitir recomendações acerca da forma de estruturar um produto objecto de notação de risco[106]. Recentemente, o Regulamento veio prever que a maioria dos membros dos órgãos de administração e ou fiscalização tenham suficientes conhecimentos na área dos serviços financeiros e que aqueles órgãos incluam um terço ou, pelo menos, dois membros independentes (considerando (29) e anexo 1, secção (A), n.os 1 e 2 do Regulamento)[107].

No âmbito da prevenção de casos de falta de integridade cabe à própria sociedade de notação de risco um relevante papel. Desde logo, e no domínio preventivo, não deve contratar analistas cuja integridade seja duvidosa, nomeadamente em virtude de factos ocorridos e comprovados. Neste âmbito, é essencial respeitar períodos de *"cooling-off"* (isto é, períodos de tempo que devem medear a cessação da colaboração com uma entidade e o início de funções junto da sociedade de notação de risco) e cumprir com rigor *"look back reviews"*, que, se estendem, em caso de trânsito de um analista para uma entidade por si notada, ao período de dois anos anterior à data

---

[105] Cfr. IOSCO, *Code of Conduct...*, cit., I. (*Quality and Integrity of the Rating Process*), C. (*Integrity of the Rating Process*), 1.12, 1.13, e IOSCO, *Code of Conduct...*, cit., 2. (*CRA Independence and Avoidance of Conflicts of Interest*), A. (*General*), 2.2, respectivamente.

[106] Cfr. IOSCO, *Code of Conduct...*, cit., I. (*Quality and Integrity of the Rating Process*), C. (*Integrity of the Rating Process*), 1.14 e IOSCO, *Revised Code of Conduct...*, cit., I. (*Quality and Integrity of the Rating Process*), C. (*Integrity of the Rating Process*), 1.14-1, respectivamente, anexo 1, secção (B), n.º 5 do Regulamento). Ainda neste sentido, ESME, *Role of credit rating agencies*, cit., p. 20.

[107] Também a ESME, *Role of credit rating agencies*, cit., p. 19, 21, aponta a existência de administradores não executivos como forma de supervisionar e influenciar a integridade do processo de notação de risco. Aquele grupo de perios, que concentra grande atenção na governação das sociedades de notação de risco, sugere ainda outras medidas: remuneração essencialmente fixa e desligada do desempenho e fixação de um período máximo, não superior a 5/7 anos, para os mandatos dos membros do órgão de administração da sociedade de notação de risco.

de cessação de funções na sociedade de notação de risco (anexo 1, secção (C), n.º 6) do Regulamento[108].

No plano preventivo, a sociedade de notação de risco deve instituir um sistema de controlo interno que permita segregar as funções de análise e de controlo do cumprimento dos procedimentos e metodologias. Já no âmbito repressivo, a sociedade de notação de risco deve estimular a denúncia de actuações ilegais ou contrárias ao código de conduta em vigor, para que sejam atempadamente tomadas medidas adequadas[109].

4.2 Os conflitos de interesse

4.2.1 Protagonistas, interesses em conflito e suas manifestações

"Conflicts of interest or factors that impinge on a CRA [Credit Rating Agency]'s analytical independence can undermine investor confidence in the CRA's opinions and ratings. Where conflicts of interest or a lack of independence are widespread and hidden from investors, overall investor confidence in the transparency and integrity of a market can be harmed."[110].

"As agências de notação de risco tomam todas as medidas necessárias para assegurar que a emissão de notações de risco não seja afectada por conflitos de interesses reais ou potenciais ou por relações comerciais que englobam a agência que emite a notação, os seus gestores, analistas de notação de risco empregados ou outras pessoas singulares cujos serviços sejam colocados à disposição ou sob o controlo da agência de notação de risco, ou quaisquer pessoas que lhe estejam directa ou indirectamente ligadas por uma relação de controlo"[111].

---

[108] COMISSÃO EUROPEIA, *Impact assessment*.... cit., p. 37-38.

[109] Cfr. IOSCO, *Code of Conduct*..., cit., I. (*Quality and Integrity of the Rating Process*), C. (*Integrity of the Rating Process*), 1.15, 1.16. Neste sentido, veja-se o anexo 1, secção (C), n.º 5 do Regulamento.

[110] IOSCO, *Report on the activities of Credit Rating Agencies*, cit., p. 17.

[111] Art. 6.º, n.º 1 do Regulamento.

I. Tendo em consideração o relevante papel que se lhes reconhece, fácil é prever que as sociedades de notação de risco se encontram frequentemente expostas a situações de conflito de interesses. Esta situação não é nova para os "*gatekeepers*". Porém, a exposição de sociedades de notação de risco a conflitos de interesses resulta de um conjunto de circunstâncias: por um lado, a situação de monopólio em que operam as três principais sociedades de notação de risco; por outro lado, a notação de risco, não sendo legalmente obrigatória, assume grande relevância e acaba, em inúmeros casos, por ser imposta pela prática de mercado; por último, as comissões, que constituem a grande maioria (senão mesmo a quase totalidade) das receitas das sociedades de notação de risco, são pagas pelas próprias entidades que contratam os serviços de notação de risco[112]. Neste contexto, percebe-se com facilidade que as comissões ocupem um papel relevantíssimo entre as fontes de conflitos de interesses aos quais as sociedades de notação de risco podem estar expostas. A circunstância de essas comissões serem pagas pelos emitentes / originadores leva a que haja quem afirme que tal situação encerra, em si mesma e desde logo, um potencial cenário para a existência de um conflito de interesses[113]. Tratar-se-ia de um conflito inato e inevitavelmente inerente à relação entre o emitente / originador e a sociedade de notação de risco. Se assim for, não haverá possibilidade de *prevenir* a ocorrência de conflitos de interesses gerados pelo pagamento de comissões, sendo então indispensável *gerir* o conflito e resolvê-lo em benefício de uma notação de risco de qualidade. O tema será retomado adiante.

Quanto aos protagonistas entre as quais é possível vir a existir uma situação de conflito de interesses, cumpre recorrer a uma distinção feita antes: notação de risco tradicional (*corporate rating*) e notação de risco no âmbito de *structured finance*. Naquela, predominam, entre os potenciais geradores de conflito, a sociedade e os seus

---

[112] FRANK PARTNOY, How and why credit rating agencies are not like other gatekeepers, cit., p. 68.

[113] ANNETTE L. NAZARETH, Testimony concerning rating the rating agencies: the state of transparency and competition, 2 de Abril de 2003, disponível em http://www.sec.gov/news/testimony/ts040203aln.htm#footnote_1.

credores, incluindo os diversos titulares (actuais e futuros) de valores mobiliários representativos de dívida; nesta, entre os possíveis agentes de conflito encontram-se os emitentes/originadores, os investidores e outros terceiros credores[114].

Compreende-se a distinção: a notação de risco tradicional tem como objecto, directo ou indirecto, a própria entidade objecto da notação de risco. Daí que envolva os titulares da propriedade – os accionistas – e, dada a cisão (mais ou menos profunda) entre propriedade e gestão, os membros do seu órgão de administração – os administradores –, aos quais se contrapõem os credores da sociedade. Já a notação de risco em *structured finance* tem, regra geral, uma incidência mais delimitada. Circunscreve-se a uma concreta operação e procura descortinar o risco da relação entre fluxos a receber e fluxos a pagar. Pelo que as tensões verificam-se entre os dois extremos da cadeia: de um lado, os responsáveis pela existência dos fluxos financeiros – os emitentes/originadores – e, de outro lado, os subscritores / adquirentes dos valores mobiliários que têm como base os activos que geram aqueles fluxos – os investidores. Para além de uns e outros, há ainda que considerar todos os terceiros que, por qualquer razão, intervêm na operação.

II. Entre os interesses conflituantes é possível descortinar, de um lado, a emissão de uma notação de risco com qualidade. Na sua comunicação de 23 de Dezembro de 2005, a Comissão Europeia assinalou que uma notação de risco deve ser independente, objectiva e evidenciar elevada qualidade[115]. No mesmo sentido, o CESR apontou como elementos essenciais de uma notação de risco a sua independência, objectividade, exactidão, divulgação atempada e qualidade[116].

---

[114] BANK FOR INTERNATIONAL SETTLEMENTS, *The role of ratings in structured finance...*, cit. p. 15. De acordo com o CESR, *Technical advice...*, cit., p. 12, no que respeita aos procedimentos e metodologias a diferença entre os dois tipos de notação de risco têm como principal factor de distinção a circunstância de a notação de risco em *structured finance* permitir a adaptação da operação em causa com maior facilidade de forma a obter a notação desejada.
[115] COMISSÃO EUROPEIA, *Communication...*, cit.
[116] CESR, *Technical advice...*, p. 21.

Apesar de serem raras as alusões que se podem encontrar no CdVM ou no Reg. 7/2000 com impacto ao nível de conflitos de interesses aos quais as sociedades de notação de risco podem estar sujeitas, ainda assim aqueles dois diplomas fornecem algumas pistas relevantes. Segundo o art. 12.º, n.º 2 e o art. 1.º do Reg. 7/2000, para que uma sociedade de notação de risco obtenha o registo junto da CMVM é preciso que assegure, através dos meios humanos, materiais e financeiros de que dispõe, "a sua idoneidade, independência e competência técnica"; na mesma linha, o art. 12.º, n.º 3 exige que os serviços de notação de risco sejam prestados de "modo imparcial"; por outro lado, se a sociedade de notação de risco deixar de reunir os "meios indispensáveis para garantir a prestação dos serviços de notação de risco em condições de imparcialidade, independência, idoneidade e competência técnica", o respectivo registo pode ser suspenso por decisão da CMVM (art. 4.º, n.º 1 do Reg. 7/2000); por último, entre as causas de cancelamento do registo de uma sociedade de notação de risco encontra-se, nomeadamente, "a violação de normas a que esteja sujeito o exercício da actividade susceptível de afectar o funcionamento do mercado e os interesses dos investidores" (art. 4.º, n.º 2, al. (b) do Reg. 7/2000). Nesta medida, imparcialidade, independência, idoneidade e competência técnica são condições imprescindíveis para que uma sociedade possa exercer a actividade de notação de risco.

Assim, e ainda que nada seja expressamente dito acerca dos interesses em conflito, é fácil perceber que a actuação preventiva, votada a evitar a sua ocorrência, e a actuação repressiva ou mitigadora, destinada a identificar e eliminar ou gerir e limitar os efeitos de conflitos, assume grande importância. A estreita ligação entre as actividades desempenhadas pelas sociedades de notação de risco e o mercado, aliada à importância que a notação de risco manifesta no âmbito de uma decisão de investimento, impõe que assim seja.

Só é possível identificar e prevenir, mitigar ou eliminar um conflito caso existam critérios que permitam a apurar quais são os interesses potencialmente conflituantes. E as referências na nossa lei e regulamentação, embora amparadas em fórmulas amplas requerendo concretização, permitem dizer que entre os interesses que devem ser prosseguidos pelas sociedades de notação de risco podem encontrar-

-se: (i) a prestação de serviços de forma idónea e independente (art. 12.º, n.º 2 e (ii) de modo imparcial (art. 12.º, n.º 3. Vejamos cada um deles.

A idoneidade e a independência aparecem estreitamente ligadas à estrutura organizativa, e aos meios humanos, técnicos, materiais e financeiros. Percebe-se que assim seja: a idoneidade traduz uma ideia de capacidade e adequação, enquanto a independência apela à autonomia e liberdade. Deste modo, é idónea a sociedade de notação de risco que tenha implementada uma estrutura organizativa e empregue os meios humanos, técnicos, materiais e financeiros que lhe permitam reunir condições para prestar serviços de notação de risco; é independente a sociedade de notação de risco que tenha ao seu dispor uma estrutura organizativa e os meios humanos, técnicos, materiais e financeiros que assegurem a possibilidade de serem prestados serviços de notação de risco sem dependência de terceiros.

Já a imparcialidade tem um conteúdo diferente, ao indiciar isenção, rectidão, neutralidade na prestação de serviços. Não está em causa "ter como fazer" (dispor dos *meios* que assegurem a capacidade / adequação e a autonomia / liberdade), mas sim "fazer de certo modo" (empregar os *meios* de forma a atingir um resultado isento / recto). Esta distinção parece manifestar-se no art. 12.º, que separa "idoneidade e independência" e as situa ao lado da "competência técnica" (n.º 2), por um lado, de "imparcialidade", por outro lado (n.º 3).

Assim, é ao nível da imparcialidade que os conflitos de interesses terão maior incidência. Na verdade, e ainda que a sociedade de notação de risco disponha dos meios humanos, técnicos, materiais e financeiros que assegurem a sua idoneidade e independência, estes podem ser usados de forma a obter uma notação de risco parcial.

Mas, não se pense que a idoneidade e a independência não constituem interesses a prosseguir e não possam ser potencialmente afectados por conflitos. Todavia, esses cenários parecem ser mais remotos. Primeiro, porque a idoneidade e a independência são requisitos de registo e funcionamento da sociedade de notação de risco; segundo, porque o conflito apenas existiria naqueles casos em que o beneficiário do conflito garantisse à sociedade de notação de risco a capacidade / adequação e a autonomia / liberdade – isto é, os meios – que lhe faltem.

III. De outro lado, podem existir interesses de natureza vária. Destacam-se, naturalmente, os interesses de natureza patrimonial, traduzidos em comissões devidas pela prestação de serviços de notação de risco ou de diferente índole ou outras vantagens pecuniárias. Mas não devem ser desconsiderados outros interesses tanto comerciais como estratégicos. E mesmo que não seja viável enumerar todos os potenciais conflitos de interesses, deve haver um exaustivo trabalho de pesquisa no sentido de os procurar identificar. É esse o propósito do art. 2.º, n.º 2, al. (l) do Reg. 7/2000, quando impõe que as sociedades de notação de risco estejam dotadas de sistemas de controlo interno votados a prevenir a ocorrência de conflitos de interesses, preocupação igualmente presente no art. 6.º do Regulamento.

Mas não basta prevenir. Exige-se mais, porque a prevenção pode falhar ou ter um efeito limitado. Mesmo que tenham sido tomadas todas as medidas ao alcance da sociedade de notação de risco, pode suceder que um conflito não tenha sido evitado. Nesse caso, será necessário geri-lo. Assim, nas situações em que a prevenção seja impossível ou não haja logrado o efeito pretendido, devem os conflitos ser resolvidos ou, se tal for inviável, mitigados. Se forem susceptíveis de influenciar o resultado da notação de risco, então o relatório de notação de risco deve referir tal facto, dando a conhecer a existência do conflito e deixando ao critério dos investidores a sua aferição[117].

A este respeito é importante salientar dois esclarecedores princípios vertidos no *Code of Conduct*:

"*The determination of a credit rating should be influenced only by factors relevant to the credit assessment*"[118].

"*The credit rating a CRA [Credit Rating Agency] assigns to an issuer or security should not be affected by the existence of*

---

[117] Neste sentido, CESR, *Technical advice...*, cit., p. 15, sugerindo uma importante distinção entre gestão do conflito ("*management*") e divulgação do conflito ("*disclosure*").

Sobre este tema, veja-se ainda o anexo I, secção (B), n.º 1 e secção (E), ponto 1, n.º 1 do Regulamento.

[118] IOSCO, *Code of Conduct...*, cit., 2. (*CRA Independence and Avoidance of Conflicts of Interest*), A. (*General*), 2.3.

or potential for a business relationship between the CRA (or its affiliates) and the issuer (or its affiliates) or any other party, or the non-existence of such a relationship"[119].

Aquele princípio releva quaisquer que sejam os interesses potencialmente conflituantes. Quer isto dizer que nem razões comerciais ligadas à actividade de notação de risco, nem razões, também comerciais, ligadas a outras actividades que a sociedade de notação de risco preste ou a motivos egoísticos que extravasam a prestação de serviços podem interferir na notação de risco. Esta deve resultar, unicamente, do *"credit assessment"*, ou seja, da análise de crédito realizada.

Mas quais são, na verdade, os casos que podem levar a que os serviços de notação de risco não sejam "prestados de modo imparcial"? Quais são os eventos capazes de suscitar a "ocorrência de conflitos de interesses"? Nem o CdVM nem o Reg. 7/2000 apresentam um catálogo de potenciais situações de conflito de interesses. Os casos apontados pela IOSCO, bem como outros a que se fará referência, podem originar conflitos de interesses. Mas, naturalmente, não esgotam o universo de situações configuráveis. Nem poderiam: na identificação de conflitos de interesses deve haver um mínimo de segurança, mas também uma razoável flexibilidade, que permita encaixar em fórmulas com contornos amplos e em conceitos indeterminados, casos que o legislador pode não ter antecipado. Na verdade, o que releva não é a situação concreta, mas sim o efeito possível que da sua existência pode derivar: a interferência com um processo de extrema importância e cujo completo rigor se pretende a todo o tempo de forma a garantir a imparcialidade da notação de risco.

Portanto, na ausência de uma lista (veja-se, como exemplo de um cardápio de conflitos de interesses, o art 347.º, n.º 1, relativo à negociação de instrumentos financeiros por conta própria de intermediários financeiros), deve tomar-se como referência não exaustiva os casos apontados pelo IOSCO, as indicações vertidas no *Revised Code of Conduct*, em especial, no seu capítulo 2 (*CRA Independence and*

---

[119] IOSCO, *Code of Conduct...*, cit., 2. (*CRA Independence and Avoidance of Conflicts of Interest*), A. (*General*), 2.4.

Avoidance of Conflicts of Interest), bem como os casos que são identificados no Regulamento, *maxime* no seu anexo I.

IV. Há duas manifestações evidentes da ocorrência de conflitos de interesses a favor do emitente/originador: *"overrating"*, que ocorre quando a sociedade de notação de risco realça os aspectos mais positivos negligenciando os negativos de forma não totalmente isenta, e a protelação da divulgação de uma redução ou remoção da notação de risco já atribuída.

Os propósitos subjacentes são fáceis de identificar: no primeiro caso, pretende-se alcançar certa notação de risco, seja uma notação mínima de *"investment grade"*, seja uma notação com mais elevada qualidade (*"higher investment grade"*); no segundo caso, procura-se que certa notação de risco se mantenha, embora as circunstâncias de facto possam apontar a sua revisão.

A prática de *"overrating"* pode ter como efeito a atribuição de uma notação de risco que permite à entidade objecto de notação aceder a um mais amplo grupo de investidores. Com efeito, como certos investidores apenas realizam investimentos que mereçam um parecer favorável mínimo por parte de sociedades de notação de risco, a atribuição de uma notação mais elevada pode englobar no conjunto de potenciais investidores quem, a ser atribuída uma notação mais reduzida, ficaria excluído. Mas o *"overrating"* também pode justificar-se para que certa entidade passe a estar habilitada a prestar serviços que pressupõem determinada notação de risco mínima (vejam-se os já referidos arts. 17.º, n.º 1, al. (b), 18.º e 20.º, todos do DL 59/2006) ou para que esteja dispensada de cumprir critérios que convivem alternativamente com a notação de risco (vejam-se os também já mencionados art. 349.º, n.º 4. al. (b) do CdSC e art. 4.º, n.º 1, al. (b) do DL 69/2004).

Quando está em causa uma notação de risco com relevância legal sem que seja feita menção à notação mínima, faz sentido que o risco de *"overrating"* deva equivaler ao risco de não ser alcançada uma notação *"investment grade"*. Idêntica posição deve ser tomada caso a notação tenha relevância contratual, excepto se a vontade das partes apontar em sentido contrário. De outra forma, seria necessário afirmar que a notação de risco, apenas pelo facto de existir, implicaria consequências favoráveis para o emitente / originador.

Ora, uma notação de risco depreciativa não pode funcionar como elemento indicador da robustez financeira da entidade objecto de notação nem como factor de segurança para os investidores. Considere-se, por exemplo, o art. 349.º, n.º 4. al. (b) do CdSC. É verdade que o legislador não indicou neste caso, ao contrário de outros, a notação de risco mínima a atingir. Mas não será de concluir que a notação de risco mínima para que aquela excepção tenha aplicação deve equivaler, pelo menos, ao patamar que seria aceitável por um investidor prudente? É que admitir o contrário poderia, no limite, levar a ter que anuir a uma situação paradoxal: enquanto a notação de risco desaconselhava a canalização dos fundos para a emissão (por exemplo, porque o emitente estava iminentemente insolvente), a lei admitia que os limites gerais aplicáveis ao montante da emissão fossem ultrapassados. Este paradoxo é confirmado pela prática: uma sociedade até poderia "comprar" a possibilidade de exceder o limite máximo previsto na lei, contratando uma notação de risco; mas seria muito difícil ou praticamente impossível colocar tais obrigações, em especial porque o elevado risco teria que ser contrabalançado por uma significativa elevação dos juros a pagar. A opção da lei por não indicar a notação de risco mínima exigível é, por isso mesmo, questionável. A notação de risco, destinada a medir, aferir, quantificar, não pode relevar apenas pelo facto de existir, porque tal significa dar a mesma dignidade à notação seja qual for o seu concreto resultado[120].

Quando a lei ou as partes exigem uma notação de risco mínima (como sucede, por exemplo, no art. 11.º, al. (c) do Decreto-lei n.º 60/

---

[120] Outra parece ser a opinião de PEDRO WILTON, Sobre o artigo 349º do Código das Sociedades Comerciais – Limite de emissão de obrigações, *Cadernos do Mercado de Valores Mobiliários*, n.º 21, Agosto de 2005, p. 20, ao dizer que o limite de emissão de obrigações poderia ser alargado caso o emitente obtivesse uma notação de risco para a emissão em causa, embora esse limite não devesse depender da concreta notação de risco, para não se criar incentivos ao seu enviesamento, sendo bastante a divulgação pública da notação para que os investidores tivessem consciência do nível de risco do emitente. Também FLORBELA DE ALMEIDA PIRES, Art. 349.º (Limite e emissão de obrigações), *Código das Sociedades Comerciais Anotado*, coord. António de Menezes Cordeiro, Almedina, Coimbra 2009, p. 860, sustenta que não é necessária uma notação de risco mínima, pois essencial é que o investidor esteja informado.

2002, de 20 de Março, ou no art. 34.º, n.º 6, al. (d) do Decreto-lei n.º 252/2003, de 17 de Outubro), a prática de "*overrating*" pode ser um risco igualmente sério. Se a lei exige que seja atingida certa notação de risco é porque não se basta, no caso concreto, com uma notação de qualidade inferior.

Nesses casos, coloca-se a dúvida de saber se basta obter uma única notação mínima, ou se é necessário que todas as notações atribuídas atinjam o patamar mínimo. Nas duas situações acima referidas parece que a lei se basta com uma notação «A»: por um lado, uma só notação é suficiente para tornar os valores mobiliários em causa elegíveis, desde que seja «A» e, por outro lado, mesmo que hajam notações inferiores, a existência de uma notação «A» assegura a elegibilidade. Embora o texto não seja tão claro, a mesma solução parece ser aplicável às situações a que se referem os arts. 17.º, n.º 1, al. (b), 18.º e 20.º, todos do DL 59/2006. Pelo contrário, o art. 306.º-C, n.º 6 requer a "notação de risco disponível mais elevada por parte de todas as sociedades de notação de risco competentes que tenham sujeitado esse instrumento a notação". Não é imperativo que haja uma pluralidade de notações[121], mas exige-se a "notação de risco disponível mais elevada".

V. As sociedades de notação de risco devem publicar as suas opiniões atempadamente (neste sentido, expressamente, art. 10.º, n.º 1 do Regulamento). No entanto, o atraso na divulgação da redução de uma notação de risco já atribuída pode ter fortes incentivos, em especial se estiver em causa a passagem de "*investment grade*" a "*speculative grade*"[122]. E o mesmo se diga, *mutatis mutandis*, para a remoção de uma notação. Qualquer destas decisões pode ter consequências desastrosas para a entidade notada, transformando-a num

---

[121] Conforme refere JOHN C. COFFEE, *Gatekeepers*..., cit., p. 300, o mercado protege-se ao impor, em certos casos, a regra de duas notações.

[122] Daí as preocupações da Enron, que precisava de manter o "*investment grade*" para assegurar a continuidade das suas actividades comerciais, em não revelar certos factos, atendendo ao seu possível impacto. Sobre o tema, veja-se WILLIAM W. BRATTON, Rules, principles, and accounting crisis in the United States, *After Enron: Improving Corporate Law and Modernising Securities Regulation in Europe and the US*, ed. John Armour e Joseph A. McCahery, Hart Publishing, Oxford 2006, p. 277 e segs.

"*fallen angel*", nomeadamente se estiver vinculada a contratos que contenham "*rating triggers*". Em todo o caso, como bem salienta a IOSCO[123], uma sociedade de notação de risco não pode deixar de actuar em virtude do impacto que a sua actuação possa ter, seja qual for a entidade afectada (emitente, investidor ou outro participante no mercado)[124]. De outro modo, e para usar uma ilustrativa expressão de JOHN C. COFFEE, JR. – que defende que numa maior concorrência entre sociedades de notação de risco poderia estar a resposta para evitar reacções tardias face a sinais de degradação do risco de crédito –, é possível que as reduções da notação de risco se pareçam mais com obituários do que com profecias[125].

O atraso na divulgação da redução ou remoção de uma notação atribuída tem forte incidência na notação de risco com relevância contratual. É certo que se uma sociedade deixar de merecer notação de risco poderá, por essa razão, ver o montante máximo de uma emissão de obrigações ser limitado ao dobro dos seus capitais próprios, considerando a soma do preço de subscrição de todas as obrigações emitidas e não amortizadas (art. 349.º, n.º 1 do CdSC). Em consequência, pode não conseguir aceder a um financiamento ou não o conseguir na medida pretendida. Mas não terá que enfrentar em sede legal as consequências, em tese mais graves, de um "*rating trigger*": a faculdade de a contraparte solicitar a prestação ou o reforço

---

[123] IOSCO, *Code of Conduct...*, cit., 2. (*CRA Independence and Avoidance of Conflicts of Interest*), A. (*General*), 2.1.

[124] Veja-se a situação do Banco Privado Português, S.A. Como se pode ler no comunicado do Banco de Portugal publicado em 1 de Dezembro de 2008, na génese da situação de grave desequilíbrio financeiro que justificou a nomeação de administradores provisórios esteve "a divulgação de uma revisão da notação [daquele banco] pela Moody's no passado dia 13 de Novembro", o que colocou o Banco Privado Português, S.A. perante "dificuldades de liquidez" (BANCO DE PORTUGAL, *Comunicado sobre o Banco Privado Português*, 1 de Dezembro de 2008, disponível em www.bportugal.pt).

[125] JOHN C. COFFEE, JR., *Gatekeepers...*, cit., p. 286. Conforme referido no respectivo preâmbulo, estimular a concorrência entre as sociedades de notação de risco era um dos objectivos assumidamente prosseguidos pelo *Credit Rating Agencies Reform Act* de 2006 para melhorar a qualidade dos serviços de notação de risco para protecção dos investidores e do interesse público. Veja-se ainda a este respeito a secção 2, (5) do *Credit Rating Agencies Reform Act* de 2006.

de garantias ou de declarar o vencimento antecipado do contrato celebrado e exigir a realização de todas as prestações vencidas e, até então, vincendas.

4.2.2 Os interesses em conflito: áreas propícias à ocorrência de conflitos de interesses

I. As respostas ao questionário elaborado pela *Task Force* e que deu lugar ao *Report on the Activities of Credit Rating Agencies* de 2003, permitiram identificar quatro principais áreas propícias à existência de conflitos de interesse: (a) comissões a pagar pelo emitente; (b) acesso a informação que não reveste natureza pública / *insider trading*; (c) prestação de outros serviços; e (d) interesses nas sociedades objecto de notação de risco[126].

Os conflitos de interesses podem ter vários impactos. Nuns casos são capazes de afectar directamente a notação de risco, noutros podem ter consequências diversas. Embora todos os conflitos de interesses devam, seja qual for o seu impacto, ser adequadamente prevenidos e, caso ocorram, ser prontamente dirimidos ou mitigados, os que incidem directamente na notação de risco revelam-se mais preocupantes. Isto porque ao serem susceptíveis de condicionar a notação de risco, interferem directamente com a "imagem" retratada, a qual passa a ter determinados contornos em lugar de ter outros. A consequência deste pernicioso fenómeno é fácil de antever: ao ponderar a sua decisão, o investidor socorrer-se-á de uma notação de risco que não repercute uma análise rigorosa e que, por isso mesmo, pode contribuir para uma decisão que, caso não tivesse existido aquela interferência, não seria tomada ou seria tomada diferentemente.

Integram-se neste primeiro conjunto, como se verá, os conflitos de interesses ligados às comissões a pagar pela entidade objecto de notação, à prestação de outros serviços e aos interesses em entidades objecto de notação de risco. Ainda que não hajam sido identificadas pela *Task Force*, devem também considerar-se incluídas neste grupo a prestação de serviços de notação não solicitados e a prática conhecida como "*notching*".

---

[126] Cfr. IOSCO, *Report...*, cit., p. 10-11.

II. Há, depois, situações geradoras de conflitos de interesses que não têm directo impacto (ou, pelo menos, impacto necessariamente directo) na notação de risco. Nestes casos, não está tanto em causa a própria análise de risco efectuada, mas antes o cumprimento de deveres que decorrem do desenvolvimento dessa actividade.

Por conseguinte, e ainda que a análise da qual resultará a notação de risco tenha sido efectuada de forma rigorosa, o acesso a informação reservada à sociedade e ao seu órgão de administração poderá suscitar conflitos de interesses. Neste âmbito, assume especial relevância a prevenção do uso indevido de informação e a ocorrência de *insider trading*.

III. Embora acima se tenha feito a enunciação dos principais conflitos de interesses atendendo à ordem pela qual os mesmos são indicados no *Report on the activities of Credit Rating Agencies* da IOSCO, fruto da distinção traçada tendo em conta o impacto do conflito de interesses, a exposição que se segue adoptará uma ordem diversa daquela. Em primeiro lugar, analisar-se-ão as situações geradoras de conflito cujas consequências se repercutem directamente na notação de risco (a saber, comissões a pagar pelo emitente, prestação de outros serviços, interesses nas sociedades objecto de notação de risco, notação de risco não solicitada e "*notching*"), e em segundo lugar aquelas que suscitam consequências sem directo reflexo (ou, pelo menos, impacto necessariamente directo) na notação de risco (acesso a informação que não reveste natureza pública / *insider trading*).

(a) Comissões a pagar pelo emitente/originador

"*The credit rating a CRA [Credit Rating Agency] assigns to an issuer should not be affected by the existence of or potential for a business relationship between the CRA (or its affiliates) and the issuer or any other party*"[127].

"*The credit rating a CRA [Credit Rating Agency] assigns to an issuer or security should not be affected by the existence of*

---

[127] IOSCO, *Principles...*, cit., 2. (*Independence and Conflicts of Interest*), 2.2.

or potential for a business relationship between the CRA (or its affiliates) and the issuer (or its affiliates) or any other party, or the non-existence of such a relationship"[128].

I. Seja no âmbito de uma notação de risco tradicional – em que a entidade notada paga a comissão, regra geral, anualmente – seja no contexto uma concreta emissão de valores mobiliários – em que o emitente/originador paga uma comissão inicial (*upfront*) e, eventualmente, outra comissão mais reduzida ao longo da vida da operação –, o interesse da sociedade de notação de risco em manter uma boa relação com as entidades às quais presta serviços de notação de risco – i.e., os seus clientes – é evidente (ainda que também a essas entidades interesse, por razões óbvias, manter boa relação com as sociedades de notação de risco por si contratadas). Por um lado, quem paga as comissões à sociedade de notação de risco são os emitentes/originadores e não os *arrangers* ou os investidores[129-130]; por outro lado, as receitas das sociedades de notação de risco resultam, quase exclusivamente, de pagamentos efectuados pelos emitentes/originadores – "*issuer-based fee scheme*" ou "*issuer-pays model*".

---

[128] IOSCO, *Code of Conduct...*, cit., 2. (*CRA Independence and Avoidance of Conflicts of Interest*), A. (*General*), 2.4.

[129] Cfr. CESR, *The role of credit rating agencies in structured finance*, cit., p. 9. Até meados dos anos 70, os serviços de notação de risco eram suportados pelos investidores e as receitas das sociedades de notação de risco tinham forte amparo na venda de publicações contendo informação sobre notações de risco (cfr. SECURITIES AND EXCHANGE COMMISSION, *Report...*, cit., p. 41, LAWRENCE WHITE, *The credit rating industry...*, cit., p. 13, FRANK PARTNOY, How and why credit rating agencies are not like other gatekeepers, cit., p. 62, 68).

Num estudo recente, apurou-se que as comissões cobradas pelas sociedades de notação de risco ascendem a aproximadamente 0,3% a 0,4% do valor nominal de uma emissão de obrigações (montantes compreendidos entre cerca de $30,000 e $300,000), sendo bastante mais elevados se a estrutura revestir maior complexidade (cfr. FRANK PARTNOY, How and why credit rating agencies are not like other gatekeepers, cit., p. 60 (nota 4), 69).

[130] Contudo, e tal como nota FRANK PARTNOY, The Siskel and Ebert..., cit., p. 653, embora os investidores não paguem directamente os serviços de notação de risco prestados relativamente aos valores mobiliários que adquirem, a remuneração a pagar aos investidores acaba por reflectir os custos de notação de risco incorridos.

Neste cenário, a sociedade de notação de risco pode sentir-se tentada a resolver o conflito de interesses em benefício do emitente/originador, seja para continuar ou passar a ser contratada para prestar serviços em próximas ocasiões. O emitente/originador, que tem interesse em que ao objecto da análise seja atribuída a melhor notação de risco possível, poderá querer utilizar o pagamento da comissão – ou a sua fórmula de cálculo – para influenciar o resultado. Trata-se do confronto "óbvio" entre uma actuação em benefício do emitente/originador – "*conflict of interest hypothesis*" – ou em favor dos interesses dos investidores – "*reputation hypothesis*"[131].

Este potencial conflito tem impacto directo na notação de risco. Daí que existam dois feixes de tensão: entre o emitente/originador e a sociedade de notação de risco, já referido, e entre o emitente ou originador/a sociedade de notação de risco e os investidores/mercado. Caso ocorra um conflito de interesses e a sociedade de notação de risco permita que as suas ambições comerciais se sobreponham à análise imparcial que lhe é exigida, a notação de risco é afectada imediatamente. Porque desconhecem esta situação e confiam no trabalho desenvolvido pela sociedade de notação de risco, os investidores são mediatamente afectados.

O movimento é, portanto, circular. Se existir um conflito de interesses ligado a comissões que leve a sociedade de notação de risco a deixar-se condicionar, em última análise serão afectados os investidores. E estes repercutirão em investimentos futuros a sua actuação: o emitente/originador será penalizado por desconfiança – e recorde-se que o principal interesse de um emitente/originador é manter, a longo prazo, uma relação de confiança com os investidores[132] –, a sociedade de notação de risco deixará de merecer credibilidade. Naturalmente, o bom funcionamento do mercado exige que qualquer um destes efeitos seja obviado na máxima medida possível, sob pena de ser colocada em perigo uma das principais razões de ser do mercado financeiro: a canalização do aforro para investimento.

---

[131] DANIEL M. COVITZ / PAUL HARRISON, Testing conflicts of interest..., cit., p. 2.
[132] CESR, *Technical advice...*, cit., p. 18.

II. À exposição a este conflito de interesses as sociedades de notação de risco respondem com a constante necessidade de preservar a sua reputação[133]. É certo que a reputação constitui um elemento chave para o sucesso de uma sociedade de notação de risco. Pode mesmo dizer-se que mais do que ser um elemento chave é um pressuposto da actividade de notação de risco, pois nenhum emitente/ /originador estará disposto a pagar comissões por uma notação que não seja reconhecida como credível pelos investidores[134]. Mas é igualmente certo que o *Code of Conduct* não previa efectivas sanções para transgressões às suas previsões[135], situação que merece, contudo, diferente tratamento no Regulamento (cfr. art. 20.º) e sempre mereceu no Reg. 7/2000 (cfr. art. 4.º).

Poderia considerar-se a possibilidade de seguir um modelo de remuneração diferente: ou um *"subscriber-pays model"*, de acordo com o qual seriam os investidores a suportar o custo da atribuição de uma notação de risco, ou um *"public utility model"*, que transformaria

---

[133] CESR, The role of credit rating agencies..., cit., p. 9, SECURITIES AND EXCHANGE COMMISSION, Report..., cit., p. 23. DIETER KERWER, Standardising as governance..., cit., p. 5, refere que, na verdade, o risco de perda de reputação constitui uma eficaz forma de responsabilizar as sociedades de notação de risco. O mesmo autor (p. 24) refere que os investidores mais rapidamente ignoram as opiniões das sociedades de notação de risco do que lhes pedem indemnizações pela incorrecção dessas opiniões. No mesmo sentido escreve STEVEN L. SCHWARCZ, Private ordering of public markets..., cit., p. 14, ao dizer que a rentabilidade de uma sociedade de notação de risco está directamente dependente da sua reputação, pelo que as sociedades de notação de risco têm fortes incentivos para evitar conflitos de interesses. DANIEL M. COVITZ / PAUL HARRISON, Testing conflicts of interest..., cit., p. 2, recordam, no entanto, que o risco de reputação também existe para entidades como os auditores e não foi por essa razão que certos escândalos recentes deixaram de acontecer. Sobre o papel da reputação das sociedades de notação de risco no desempenho da sua actividade, veja-se, com desenvolvimento, FRANK PARTNOY, The Siskel and Ebert..., cit., p. 628 e segs., p. 654 e segs.

[134] Cfr. BASEL COMMITTEE ON BANKING SUPERVISION, Credit Ratings..., cit., p. 12, STEVEN L. SCHWARCZ, Private ordering of public markets..., cit., p. 6. Repare-se que a "credibilidade e aceitação pelo mercado" é um dos factores a considerar no âmbito do reconhecimento de ECAIs (cfr. Anexo VI, Parte 2 da Directiva 2006/48/CE): "(a)s autoridades competentes verificarão se as avaliações de crédito individuais estabelecidas pelas ECAI são reconhecidas no mercado como credíveis e fiáveis pelos utilizadores dessas avaliações de crédito".

[135] CESR, Second report....., cit., p. 58-59.

a sociedade de notação de risco numa entidade pública patrocinada pelo Estado. O primeiro modelo, usado, conforme já referido[136], até aos anos 70, foi abandonado por duas razões principais: primeiro, porque as notações de risco não estavam acessíveis a todos os intervenientes no mercado, mas tão-só aos investidores, e segundo porque passaram a ser solicitadas notações de risco relativas a instrumentos crescentemente complexos[137]. Mas também o segundo modelo apresenta inconvenientes: por um lado, não está a salvo da ocorrência de conflitos de interesses, dado que os Estados são igualmente potenciais clientes das sociedades de notação de risco, por outro lado, este modelo poderia condicionar a inovação das estruturas utilizadas e, por último, significaria um pesado custo para os contribuintes[138].

O *"issuer-based fee scheme"* ou *"issuer-pays model"* parece, por isso, ser praticamente inevitável[139]. Consequentemente, e como salienta FRANK PARTNOY[140], os conflitos de interesses são endémicos ao processo de notação de risco. Mas, se assim é, impõe-se ir mais longe. Por isso, o CESR recomenda que as sociedades de notação de risco mantenham total transparência no que respeita às suas relações com os emitentes ou originadores/*arrangers*[141] e sugere que sejam implementadas políticas destinadas a evitar ou mitigar influências sobre a notação[142]. Para tanto contribui um conjunto de diversas medidas, entre as quais se inclui a prática, aliás, generalizada, de fazer depender as comissões da dimensão e natureza da operação em causa.

Poder-se-ia pensar que a divulgação das fórmulas de cálculo das comissões serviria para eliminar este conflito de interesses. Contudo,

---

[136] Cfr. nota 129.
[137] Cfr. JOHN C. COFFEE, *Gatekeepers*..., cit., p. 298-299.
[138] COMISSÃO EUROPEIA, *Impact assessment*..., cit., p. 15.
[139] De acordo com a SECURITIES AND EXCHANGE COMMISSION, *Briefing Paper*..., cit., sete das dez NRSROs, que representam a quase totalidade deste mercado, aplicam o *"issuer-pay model"*, duas (Egan-Jones Rating Company e Realpoint LLC) adoptam o *"subscriber-pay model"*, enquanto uma (Lace Financial Corp.) segue um modelo híbrido.
[140] FRANK PARTNOY, Rethinking Regulation of Credit Rating Agencies..., cit., p. 12.
[141] CESR, *Second report to the European Commission*..., cit., p. 33.
[142] CESR, *Technical advice,*..., cit., p. 19.

o CESR levanta duas objecções a esta ideia[143]: por um lado, tal solução reduziria as hipóteses de negociação, situação que é tida como indesejável; por outro lado, a mera divulgação da fórmula não impediria que a sociedade de notação de risco fosse influenciada.

III. Já se disse antes que o conflito de interesses suscitado pelo pagamento de comissões pode ser inato à relação entre o emitente/ originador e a sociedade de notação de risco. De facto, parece que assim é. Estruturalmente, a relação comporta duas partes, uma prestando um serviço, outra pagando a respectiva comissão. Isto é o que sucede em qualquer contrato de prestação de serviços. Contudo, neste particular caso, o serviço prestado não aproveita apenas a quem paga a comissão, mas a uma massa indeterminada de potenciais investidores. Mais ainda: o resultado do serviço prestado pode ser decisivo em vários parâmetros, conforme ficou demonstrado[144], sendo que pode ser tão importante quanto viabilizar ou não a realização de uma operação de financiamento[145].

Por conseguinte, não parece possível *prevenir* a ocorrência de conflitos de interesses no que respeita a comissões, tal como acontece quando estão em causa outros interesses. Como se verá adiante, a sociedade de notação de risco pode não prestar outros serviços, pode ter códigos éticos que impedem a prática de "*notching*" ou ser adversa à atribuição de notações que não tenham sido previamente solicitadas. Mas não pode deixar de cobrar comissões.

Pelo que os conflitos gerados pelo pagamento de comissões existem – ainda que apenas potencialmente – quaisquer que sejam as partes envolvidas e a sua predisposição. Abre-se então a porta à *gestão* dos conflitos de interesses, podendo a abordagem ser feita sob duas distintas perspectivas: a primeira respeita à elegibilidade do cliente, ao passo que a segunda, pressupondo que o cliente é

---

[143] CESR, *Technical advice...*, cit., p. 18.
[144] Cfr. secção 1.1.
[145] Neste sentido, COMISSÃO EUROPEIA, *Impact assessment...* cit., p. 21-22, por um lado, ao assumir que há conflitos de interesse incapazes de ser evitados e, por outro lado, ao indiciar que o pagamento das comissões devidas às sociedades de notação de risco e a prática de "*rating-shopping*" podem ter que ser geridas ou mitigadas em lugar de prevenidas.

elegível, se refere à comissão propriamente dita e ao seu processo de negociação.

A primeira perspectiva tem em consideração a importância de um concreto cliente face aos demais. Como se verá de seguida, é indesejável que um cliente represente uma percentagem significativa da facturação da sociedade de notação de risco. Daí que devam ser adoptadas medidas destinadas a limitar o peso relativo de cada cliente ou, pelo menos, a divulgar o peso de certos clientes, sempre que as comissões pagas correspondam a uma percentagem relevante quando comparadas com a totalidade das comissões cobradas pela sociedade aos seus clientes.

Já a segunda perspectiva tem incidência sobre a própria comissão. Não é desejável que esta seja negociada pelas mesmas pessoas que procederão à análise de risco. Ainda que as pessoas envolvidas pertençam ao universo de colaboradores da sociedade de notação de risco, a isenção do analista poderia ser comprometida pela circunstância de a comissão ter sido bem ou mal negociada[146].

IV. A mitigação dos riscos de conflitos de interesses é fortemente tributária do peso que cada cliente representa face à globalidade dos negócios da sociedade de notação de risco. Assim, uma sociedade de notação de risco que tenha um reduzido número de clientes encontra-se tendencialmente mais exposta a situações de conflito de interesses. O mesmo se passa, seja qual for o número de clientes, se algum deles assumir um papel de grande relevo quando comparado com os demais[147].

---

[146] Em todo o caso, o CESR, *Report...*, cit., p. 43, nota que os códigos éticos nem sempre acompanham o *Code of Conduct* neste domínio. Factores como a pequena dimensão de certos escritórios ou o estabelecimento em países que suscitem dificuldades de comunicação podem levar a que colaboradores com maior antiguidade estejam envolvidos tanto na fase de negociação como na de análise de risco. Sem prejuízo, todos os respondentes ao questionário lançado em 6 de Julho de 2006 pelo CESR afirmaram que nunca haviam negociado comissões com os analistas envolvidos na notação de risco (cfr. CESR, *Report...*, cit., p. 73). Veja-se a este respeito o art. 7.º, n.º 2 do Regulamento.

[147] Cfr. a propósito IOSCO, *Report on the activities of Credit Rating Agencies*, cit., p. 11.

Este risco sistémico pode suscitar maiores preocupações no que respeita a sociedades de notação de risco recentemente criadas – portanto, ainda à procura do seu espaço no mercado – ou de sociedades de notação de risco de pequena dimensão ou em fase de expansão – por conseguinte, especialmente vulneráveis à influência dos seus clientes.

Neste contexto, pode dizer-se que quanto maior for a sociedade de notação de risco, quanto mais amplo for o leque de serviços de notação prestado (quer no que respeita ao objecto, à área geográfica de actuação ou outro parâmetro), em princípio, maior será o número de potenciais clientes e menor será a exposição a este conflito. De facto, tendencialmente, a maior dimensão da sociedade de notação de risco contribuirá para esbater a eventual influência de algum cliente na análise de risco da qual decorrerá a notação, pois a perda de um importante cliente não terá um impacto decisivo para a actividade da sociedade de notação de risco.

Se um cliente sentir que o valor das comissões por si pago corresponde a uma importante parcela do encaixe anual da sociedade de notação de risco, é possível que queira fazer-se prevalecer dessa posição, pressionando a sociedade de notação de risco para obter resultados mais favoráveis. A sociedade de notação de risco, face a este cenário, pode procurar manter a fidelidade do cliente à custa de notações menos rigorosas. Uma sociedade de notação de risco não se importará de perder um cliente se as comissões pagas pelo mesmo representarem uma parcela irrisória da sua facturação. Mas já assim pode não acontecer caso essas comissões sejam essenciais no orçamento anual da sociedade de notação de risco.

O conflito de interesses que pode decorrer da preponderância de certo cliente de uma sociedade de notação de risco pode ser mitigado, na sua ocorrência ou nos seus efeitos, pelo menos, por três vias: através da criação de regras que limitem a representatividade de cada cliente face aos demais, mediante a desconexão entre a remuneração do analista encarregue da notação e as comissões a receber pela sociedade de notação de risco ou através da divulgação da situação.

A implementação de um sistema que obvie a existência de situações de dependência (económica) da sociedade de notação de risco face a um cliente / grupo económico certamente contribuirá para mitigar este risco. Contudo, poderá não ser fácil, nomeadamente para quaisquer terceiros à relação entre a sociedade de notação de risco e a entidade objecto de notação de risco, saber ao certo qual o peso que as comissões pagas por esta entidade ocupam no contexto global das comissões recebidas pela sociedade de notação de risco.

Para procurar evitar que a falta de informação possa tornar ineficientes aqueles factores de mitigação, a IOSCO sugere o seguinte princípio:

"*CRAs [Credit Rating Agencies] should disclose the nature of the compensation arrangement that exists with an issuer that the CRA rates.*"[148].

Adicionalmente, na revisão do *Code of Conduct* ocorrida em Maio de 2008, passou a prever-se a divulgação das entidades que, isolada (embora incluindo as respectivas subsidiárias) e anualmente, representassem mais de 10% da receita da sociedade de notação de risco[149]. Mais longe foi o Regulamento, ao reduzir aquela fasquia para 5% (anexo 1, secção B, n.º 2). Qualquer uma destas fasquias parece ser aceitável. A escolha de uma percentagem superior a 10% poderia deixar de fora entidades que já são bastante representativas no universo de clientes de uma sociedade de notação de risco, enquanto uma percentagem inferior a 5%, ao procurar abranger um maior número de entidades, poderia perder aderência ao propósito subjacente a esta divulgação – identificar os clientes significativos – e obrigar à divulgação de informação em medida excessiva.

V. Da mesma forma, agora não ao nível da sociedade de notação de risco mas sim dos seus colaboradores, a inexistência de ligação entre a remuneração de administradores e analistas e as comissões recebidas é uma medida indispensável para obviar conflitos de

---

[148] IOSCO, *Principles...*, cit., 2. (*Independence and Conflicts of Interest*), 2.6. No mesmo sentido, IOSCO, *Code of Conduct...*, cit., 2. (*CRA Independence and Conflicts of Interest*), B. (*CRA Procedures and Policies*) 2.8.

[149] IOSCO, *Revised Code of Conduct...*, cit., 2. (*CRA Independence and Avoidance of Conflicts of Interest*), B. (*CRA Procedures and Policies*), 2.8(b). Também o ESME, *Role of credit rating agencies*, cit., p. 20, sugeria 10%.

interesses. Caso assim não fosse, um administrador / analista poderia sentir-se tentado a negligenciar o rigor do trabalho a realizar face à expectativa de poder obter benefícios. É neste sentido que vai o Regulamento (art. 7.º, n.º 5, considerando (30) e anexo 1, secção (A), n.º 2), aliás, seguindo um princípio já firmado pela IOSCO:

> "*A CRA [Credit Rating Agency] analyst should not be compensated or evaluated on the basis of the amount of revenue that a CRA derives from issuers that the analyst rates or with which the analyst regularly interacts.*"[150].

Adicionalmente, a confusão funcional entre quem negoceia a comissão e quem procede à análise de risco de crédito deve ser obviada. Os analistas não devem intervir na negociação de comissões. Deve existir uma completa separação que, inclusive, obste a que os analistas saibam se a comissão devida no âmbito de uma concreta notação de risco é generosa ou não. A este respeito vale a pena citar o *Code of Conduct*, cujo conteúdo está também vertido no art. 7.º, n.º 5 do Regulamento:

> "*The CRA [Credit Rating Agency] should not have employees who are directly involved in the rating process initiate, or participate in, discussions regarding fees or payments with any entity they rate.*"[151].

---

[150] IOSCO, *Principles...*, cit., 2. (*Independence and Conflicts of Interest*), 2.4.

[151] IOSCO, *Code of Conduct...*, cit., 2. (*CRA Independence and Avoidance of Conflicts of Interest*), C. (*CRA Analyst and Employee Independence*), 2.12. Sobre o cumprimento dos códigos de conduta de certas sociedades de notação de risco, veja-se CESR, *Second Report...*, cit., p. 44-45. A título exemplificativo, o CESR considera que o código de conduta da Moody's está em conformidade com este princípio, ao prever que "*MIS will not have Analysts who are directly involved in the rating process initiate, or participate in, discussions regarding fees or payments with any entity they rate*"; já o código de conduta da Fitch, ao estabelecer que "*(a)ll discussions with issuers and intermediaries concerning rating fees and fee arrangements shall be restricted to members of the global marketing team or to senior personnel in the analytical groups with the title of Managing Director or higher. This policy applies to all groups worldwide. Although it is generally not possible to prevent issuers and their representatives from raising issues concerning fees with analysts, in such a case, analysts shall refer the issuer to a member of the global marketing team or their Managing Director*", foi julgado desconforme com o princípio em causa.

Há excepções. Não é possível calcular comissões sem determinar o âmbito dos serviços a prestar. Neste processo será valiosa a colaboração de um analista. Mas não tem que ser o mesmo analista que, depois será encarregue de efectuar aquela concreta notação de risco e, sendo-o, deve-lhe competir tão-somente estimar o volume de trabalho e não o respectivo custo.

Considerando a alteração introduzida a este respeito em 2008 no *Code of Conduct*, deve haver uma sindicância às análises empreendidas por analistas que deixem de colaborar com a sociedade de notação de risco e passem a trabalhar para os clientes destas. A razão de ser deste procedimento é compreensível: assegurar que a contratação do analista não produziu efeitos perniciosos enquanto aquele ainda era colaborador da sociedade de notação de risco.

"*A CRA [Credit Rating Agency] should establish policies and procedures for reviewing the past work of analysts that leave the employ of the CRA and join an issuer the CRA analyst has been involved in rating, or a financial firm with which the CRA analyst has had significant dealings as part of his or her duties at the CRA.*"[152].

Neste contexto, vale ainda a pena destacar uma importante regra sugerida pelo art. 7.º, n.º 4 do Regulamento: a sociedade de notação de risco deverá estabelecer um mecanismo de rotação gradual adequado para os analistas de notação de risco e as pessoas que aprovam as notações de risco (veja-se ainda o ponto 8 da secção (C) do anexo 1, vem como a secção (C) em geral, quanto às pessoas aplicáveis aos analistas[153]. Todavia, esta regra não terá aplicação se em causa estiver uma sociedade de notação de risco de reduzida dimensão (menos de 50 colaboradores).

VI. Por último, e ainda no que respeita às comissões, é importante revelar as "*break-up fees*" (comissões devidas se o processo de notação de risco não vier a ser concluído) cobrados pelas sociedades de notação de risco, caso existam.

---

[152] IOSCO, *Revised Code of Conduct...*, cit., 2. (*CRA Independence and Avoidance of Conflicts of Interest*), C. (*CRA Analyst and Employee Independence*), 2.17.

[153] Sustentando a existência de um mecanismo de rotação, pelo menos, no que respeita aos analistas mais seniores, ESME, *Role of credit rating agencies*, cit., p. 19.

Por vezes, determinado instrumento financeiro é estruturado de forma a alcançar certa notação de risco. Após a indicação preliminar da notação de risco a atribuir, as características do produto são ajustadas para que o mesmo atinja a notação de risco pretendida, ainda que esta não venha a ser formalmente emitida. Noutras situações, são consultadas várias sociedades de notação de risco e escolhida aquela que oferecer melhor notação de risco.

Estes fenómenos de *"rating-shopping"* potenciam a existência de conflitos de interesses. O CESR e a Comissão Europeia manifestaram-se no sentido de a divulgação das situações em que uma notação de risco não chega a ser atribuída, com indicação dos respectivos *"break-up fees"*, promover a transparência e integridade do processo, limitando assim a prática de *"rating-shopping"*[154]. Todavia, e tal como salienta a Comissão Europeia, embora as sociedades de notação de risco devam tomar todas as medidas ao seu alcance para limitar esta prática, a grande responsabilidade na eliminação do *"rating-shopping"* assiste a quem contrata os serviços de notação de risco, que deve refrear-se e não recorrer àquele expediente, e não às sociedades de notação de risco que os prestam[155].

(b) *"Notching"*

I. Esta prática consiste em reduzir ou recusar a atribuição de notação de risco a certos valores mobiliários se a notação de outros valores mobiliários, integrados na mesma ou noutra operação, não for realizada pela sociedade de notação de risco em causa ou se for contratada outra sociedade de notação de risco *a posteriori* para a mesma tarefa.

---

[154] CESR, *Second Report...*, cit., p. 36, COMISSÃO EUROPEIA, *Impact assessment....* cit., p. 37. Também neste sentido, THE PRESIDENT'S WORKING GROUP ON FINANCIAL MARKETS, *Policy Statement...*, cit., p. 13.

Em todo o caso, o CESR acaba por concluir que a não revelação de um processo de notação de risco inacabado pode ser irrelevante para os investidores, em especial quando em causa estejam produtos, de facto, diferentes, pois aí não haverá o risco de *"rating-shopping"* (CESR, *Second Report...*, cit., p. 36).

[155] COMISSÃO EUROPEIA, *Impact assessment....* cit., p. 37. Veja-se ainda o considerando (41) do Regulamento.

Esta táctica tem como propósitos reforçar a quota de mercado através da obtenção de um mais amplo objecto de notação de risco e limitar o acesso de potenciais concorrentes. Assim, a possibilidade de praticar "*notching*" é fortemente dependente da posição da sociedade de notação de risco. Regra geral, sociedades de pequena expressão ou recentemente criadas não podem recorrer ao "*notching*", ainda que sejam vítimas ideais, na medida em que esta prática pressupõe, por um lado, a detenção de uma posição dominante no mercado em causa e, por outro, o abuso dessa mesma posição. No entanto, não se pense que as grandes sociedades de notação de risco estão sempre a salvo de "*notching*". Com efeito, em 2002, a Fitch acusou a S&P e a Moody's de praticarem "*notching*"[156].

II. A particularidade do "*notching*" reside na circunstância de o conflito de interesses convocar, para além da sociedade de notação de risco e do emitente/originador, outra sociedade de notação. Os impactos manifestam-se tanto nesta sociedade como no emitente//originador. Ainda que nenhuma razão possa justificar a redução ou recusa da notação de risco atribuída ou a atribuir, o emitente/originador é confrontado com uma ameaça de redução ou recusa de atribuição de uma notação de risco; já a outra sociedade de notação de risco enfrenta a possível perda de negócio em virtude da posição dominante da sociedade de notação de risco que pratica "*notching*".

O "*notching*" pode não ter relevância para o emitente/originador. Este limita-se a não contratar outra sociedade de notação de risco e nenhuma consequência sofrerá. No entanto, pode haver interesse em contratar outra(s) sociedade(s) de notação de risco, seja para reforçar a opinião que se pretende obter, seja para aceder a investidores que imponham, como critério de investimento, a emissão de duas ou mais notações de risco.

---

[156] FITCH RATINGS, *Survey Shows Majority of Structured Finance Executives Oppose Notching as Practiced by* Moody's *and* S&P (press release), 27 de Março de 2002, disponível em www.fitchratings.com. Sobre o tema, veja-se ainda SECURITIES AND EXCHANGE COMMISSION, *Report...*, cit., p. 24, FABIAN DITTRICH, The credit rating industry: competition and regulation, 4 de Junho de 2007, disponível em www.ssrn.com (http://ssrn.com/abstract=991821), p. 113.

Para a sociedade de notação que sofre as consequências do *"notching"* o resultado pode ser desastroso. Face ao seu peso relativo, pode ver-se afastada do negócio, na medida em que a preponderância da outra sociedade de notação leve o emitente/originador a preferi-la para não sofrer efeitos adversos.

III. Para mitigar os efeitos do *"notching"*, a Fitch sugeriu uma regra de acordo com a qual uma sociedade de notação de risco aceitaria a notação realizada por outra sociedade de notação de risco se ambas coincidissem no resultado. Parece uma regra razoável. Contudo, podem-se-lhe apontar duas críticas: por um lado, é susceptível de estimular uma atitude acrítica face à notação já atribuída; por outro lado, e ainda que essa postura não exista, a revisão de uma notação de risco pode ser postergada pela necessidade de confirmar a notação atribuída, de modo a assegurar a respectiva consentaneidade e aceitação.

Não há uma solução perfeita para este problema, ainda que a sugestão da Fitch possa ser um bom ponto de partida. A predominância de certas sociedades de notação de risco, bem como a sua reputação, permite pressupor que as opiniões emitidas são acertadas. Todavia, tal não pode nem deve significar a imunidade dessas opiniões. Pelo que, sem prejuízo de poder ser vítima de *"notching"*, uma sociedade de notação de risco não deve deixar de aplicar, com completo rigor, os seus procedimentos e metodologias. Se chegar a um resultado similar ao já alcançado, estará a salvo do *"notching"*; se isso não acontecer, e ainda que sofra as consequências daquela prática e venha a perder negócio, pelo menos, manterá intacta a sua reputação.

(c) Prestação de outros serviços

"The CRA [Credit Rating Agency] should separate, operationally and legally, its credit rating business and CRA analysts from any other businesses of the CRA, including consulting businesses, that may present a conflict of interest. The CRA should ensure that ancillary business operations which do not necessarily present conflicts of interest with the CRA's rating business have in place procedures and mechanisms designed to

minimize the likelihood that conflicts of interest will arise. The CRA should also define what it considers, and does not consider, to be an ancillary business and why."[157].

"*Where a CRA [Credit Rating Agency] receives from a rated entity compensation unrelated to its ratings service, such as compensation for consulting services, the CRA should disclose the proportion such non-rating fees constitute against the fees the CRA receives from the entity for ratings services.*"[158].

I. No art. 3.º, n.º 1, al. (b) da Proposta de Regulamento, sociedade de notação de risco surgia definida como aquela cuja principal e regular actividade é a atribuição de notações de risco. Já no Regulamento "agência de notação de risco" aparece como a pessoa colectiva cuja actividade inclui a emissão de risco a título profissional. Na perspectiva destes textos, não se exige, portanto, que a atribuição de notações de risco seja o *objecto exclusivo* das sociedades de notação de risco, mas tão-só uma parte do seu objecto. Isto significa que as sociedades de notação de risco atribuem notações de risco (e devem fazê-lo a título profissional), mas não estão impedidas de prestar outros serviços. Esta afirmação é também válida à luz da nossa lei actual, pois nem o CdVM nem o Reg. 7/2000 circunscrevem positivamente o objecto social das sociedades de notação de risco ou contêm uma lista de operações proibidas. Por conseguinte, não existe uma demarcação das actividades a empreender, pelo que, à partida, nada impede as sociedades de notação de risco de prestar outros serviços para além da emissão de notações de risco, contanto que tais serviços não ponham em causa a prestação, a título profissional, dos serviços de notação de risco.

---

[157] IOSCO, *Code of Conduct...*, cit., 2. (*CRA Independence and Avoidance of Conflicts of Interest*), A. (*General*), 2.5. A última frase foi introduzida aquando da revisão operada em Maio de 2008 e consta hoje do *Revised Code of Conduct* (cfr. IOSCO, *The Role of Credit Rating Agencies...*, cit., Anexo A, p. 7).
Sobre a conformidade dos códigos de conduta de certas sociedades de notação de risco com este princípio, veja-se CESR, *Second Report...*, cit., p. 38-43, tendo concluído que nenhum dos códigos de conduta das quatro sociedades de notação de risco analisados (Moody's, S&P, Fitch e DBRS) observava aquele princípio.
[158] IOSCO, *Code of Conduct* ..., cit., 2. (*CRA Independence and Avoidance of Conflicts of Interest*), A. (*General*), 2.8(a).

A prática conhecida como "*tying*" tem como objectivo estimular a contratação de outros serviços por parte da mesma sociedade de notação de risco. Pense-se na prestação de serviços de notação de risco com objecto diverso. Será o caso, por exemplo, de uma sociedade de notação que se pronuncia sobre o risco de uma emissão de obrigações hipotecárias pretender notar o risco do respectivo emitente ou de outras operações nas quais este esteja envolvido[159].

Este é um exemplo. Mas poderiam ser considerados outros exemplos relativos a serviços com natureza distinta. As sociedades de notação de risco podem ser convocadas pelas entidades às quais prestam serviços não para emitir uma notação de risco, mas sim para avaliar o impacto que certo facto/evento pode ter na notação de risco atribuída em geral ou no âmbito de uma operação ("*risk management consulting services*" ou "*rating assessment services*")[160]. Trata-se de uma actuação preventiva que visa acautelar uma reacção desfavorável das sociedades de notação de risco perante a ocorrência desse facto/evento. Através desta prática, as entidades podem aferir consequências, evitar surpresas desagradáveis e, se tal se mostrar necessário, ajustar a sua conduta de modo a assegurar que a mesma é neutra face à notação de risco que se pretende manter inalterada. Embora seja um serviço prestado por uma sociedade de notação de risco, não constitui verdadeiramente a atribuição de uma notação de risco. O que se procura não é saber qual é o risco de crédito, mas sim qual é o impacto de certa actuação pode ter no risco de crédito já aferido.

II. Quando a sociedade de notação de risco vise estimular a prestação de outros serviços junto de entidades que contratam a prestação de serviços de notação de risco, pode suscitar-se um conflito de interesses. A exemplo do que sucede quanto às comissões a pagar, a sociedade de notação de risco poderá sentir-se tentada a pressionar

---

[159] Sobre este tema, FABIAN DITTRICH, The credit rating industry..., cit., p. 114.

[160] FRANK PARTNOY, How and why credit rating agencies are not like other gatekeepers, cit., p. 70, ANNETTE L. NAZARETH, Testimony concerning rating the rating agencies..., cit., CAROL ANN FROST, Credit rating agencies in capital markets: a review of research evidence on selected criticisms of the agencies, 15 de Março de 2006, disponível em www.ssrn.com (http://ssrn.com/abstract=904077), p. 18, COMISSÃO EUROPEIA, Impact assessment..., cit., p. 15-16.

quem recorre àqueles seus serviços para contratar outros serviços que a sociedade de notação de risco também esteja habilitada a prestar. A contratação destes outros serviços estaria, nesse cenário, a servir para manipular o resultado de uma análise que se pretende seja absolutamente isenta de influências. Aliás, e ainda que não exista uma atitude consciente no sentido da contratação desses outros serviços, a entidade que pagará as comissões à sociedade de notação de risco poderá sentir que da contratação daqueles serviços decorrerá um impacto positivo na notação de risco, bem como que a não contratação poderá ter um impacto adverso[161].

A possibilidade de ocorrência destes conflitos de interesses pode ser dirimida por três vias: (i) a abstenção de prestar quaisquer serviços para além da notação de risco; (ii) a opção, face a cada entidade, entre prestar serviços de notação de risco ou de natureza diversa; e (iii) a criação de regras de controlo interno relativas à prestação de serviços de notação de risco e de outra natureza (*"firewalls"*).

A primeira hipótese pode aproximar, ainda que apenas numa perspectiva operacional, as sociedades de notação de risco das sociedades às quais está legalmente cometido um objecto exclusivo. Esta opção resolveria o problema, mas poderia limitar a actuação das sociedades de notação de risco numa medida superior à necessária, mesmo que as comissões cobradas em actividades não relacionadas com a notação de risco correspondam a percentagens pouco expressivas[162].

Vedar a hipóstese de serem prestados todos e quaisquer serviços auxiliares equivaleria a partir do pressuposto que existiria necessariamente uma relação perniciosa entre a prestação de tais serviços e a notação de risco. Conforme nota o CESR, a sociedade de notação de risco pode estar tão-somente interessada em estimular as suas

---

[161] Cfr. a propósito IOSCO, *Report on the activities of credit rating agencies*, cit., p. 11, FRANK PARTNOY, How and why credit rating agencies are not like other gatekeepers, cit., p. 70.

[162] Por exemplo, a Moody's revelava no seu site oficial que em 2005 a percentagem de *"non-rating services"* equivaleu a 1% das suas receitas totais (cfr. CESR, *Report...*, cit., p. 39). No mesmo sentido, veja-se SECURITIES AND EXCHANGE COMMISSION, *Report...*, cit., p. 23.

receitas, pelo que prefere uma solução que privilegie a transparência em detrimento da proibição[163]. Não obstante, o CESR reconhece que quanto mais amplas forem as relações comerciais entre a sociedade de notação de risco e um emitente/originador, maiores são as possibilidades de existir "influência, dependência e pressão" recíprocas[164]. Por isso, parece ser inevitável, conforme sugere a Comissão Europeia, perceber se o serviço em causa é a tal ponto susceptível de conflituar com a notação de risco que a sua prestação deve ser proibida – seria o caso, por exemplo, da prestação de serviços de consultoria (cfr. considerandos (6) e (22) do Regulamento – ou se, pelo contrário, pode ser tolerada, ainda que dentro de certos limites[165].

A segunda solução não limita as actividades da sociedade de notação de risco e deixa em aberto a possibilidade de serem prestados outros serviços para além da notação de risco. Mas prefere a eliminação de cenários em que a sociedade de notação de risco poderia estar exposta a situações de conflito de interesses. Assim, uma entidade poderia contratar uma sociedade de notação de risco para lhe prestar serviços de notação de risco ou de qualquer outra natureza. Simplesmente não poderia contratar a mesma sociedade de notação de risco para uns e outros.

Esta via parte, por isso, de uma premissa: a inevitável existência de conflito de interesses em caso de prestação de serviços de notação de risco e de outra natureza. *Rectius*: a inevitável existência de conflito de interesses em caso de prestação de serviços de notação de risco e de outra natureza e a incapacidade da sociedade de notação de risco para o resolver. Será adequado levantar esta dúvida? Será que os conflitos de interesses não podem ser geridos através de regras criadas para o efeito?

A terceira solução procura responder a estas duas questões, ao permitir que uma entidade contrate à mesma sociedade de notação de risco serviços de notação de outro tipo. Enquanto nas primeiras duas

---

[163] CESR, *Technical advice...*, cit., p. 16.
[164] CESR, *Technical advice...*, cit., p. 16.
[165] COMISSÃO EUROPEIA, *Impact assessment...* cit., p. 35-36. Defendendo a proibição de serem prestados serviços de consultoria a entidades notadas, ESME, *Role of credit rating agencies*, cit., p. 20.

hipóteses haveria uma eliminação dos riscos (pois a sociedade de notação de risco não poderia fazer *cross-selling*), aqui estamos na presença de uma gestão de interesses. A monitorização desses interesses implicaria a implementação de um rigoroso sistema de controlo interno que segregasse as distintas actividades, de forma a assegurar que a entidade contratante estava, em termos materiais, perante duas equipas de pessoas, absolutamente independentes uma da outra.

Esta parece ser a solução preferida pelo CESR e pela Comissão Europeia (excepto quanto aos serviços de consultoria). Pela sua flexibilidade, e sem prejuízo para o rigor, é a opção que melhor acautela os interesses em jogo, seja das sociedades de notação de risco, seja de todas as entidades que contratam os seus serviços ou que deles beneficiam. Em todo o caso, o CESR realça a necessidade de existirem medidas que promovam a transparência: informação acerca da prestação de serviços adicionais, indicação das comissões pagas pela prestação desses serviços e confirmação de que estão implementados *fire-walls* eficazes[166].

Esta linha é igualmente prosseguida no Regulamento, que aborda a prestação de serviços auxiliares da seguinte forma: é expressamente proibida a prestação de serviços de consultoria a entidades objecto de notação de risco ou a terceiros relacionados (incluindo originadores, *arrangers*, promotores, *servicers* ou outras entidades que se relacionem com a sociedade de notação de risco em nome de entidades objecto de notação de risco, incluindo as suas subsidiárias), sendo também vedada a formulação de recomendações relativas à estruturação de instrumentos financeiros; é permitida a prestação de outros serviços (entre os quais, previsões de mercado, estimativas das tendências económicas, análise de preços ou de outros dados gerais, contanto que não suscitem conflitos de interesses, devendo a sociedade de notação de risco identificar quais os serviços que considera estar incluídos neste âmbito (considerandos (6) e (22) e anexo 1, secção (B), n.ºs 4 e 5 do Regulamento).

---

[166] CESR, *Technical advice...*, cit., p. 16, COMISSÃO EUROPEIA, *Impact assessment....* cit., p. 36.

(d) Interesses nas sociedades objecto de notação de risco

"CRAs [Credit Rating Agencies] (...) should not engage in any securities or derivatives trading presenting inherent conflicts of interest with the CRAs ratings activities."[167].

I. A detenção de participações ou de outros interesses nas entidades objecto de notação de risco pode constituir uma séria fonte de conflitos de interesse[168]. A notação de risco de uma entidade na qual a sociedade de notação de risco tem interesses coloca-a numa situação paradoxal: por um lado, pode haver tendência para negligenciar aspectos negativos de modo a não afastar potenciais investidores; por outro lado, a sociedade de notação de risco – sócia – conhece a verdadeira situação da entidade objecto de notação de risco, sabendo da existência daqueles aspectos negativos.

Também neste caso há impacto directo na notação de risco. Contudo, esta situação parece revestir maior gravidade do que qualquer das anteriores. Nessas, os interesses em conflito são, de uma parte, a emissão de uma notação de risco imparcial e, de outra parte, a venda de serviços (seja de notação de risco ou de outra natureza). Enquanto naquelas situações o conflito tem uma componente patrimonial exclusivamente ligada à prestação de serviços, neste caso há interesses completamente alheios à prestação de serviços de notação de risco ou auxiliares. A amplitude de interesses em conflito gera, naturalmente, maior preocupação, pois maior será a tendência para resolver o conflito em prejuízo da emissão de uma notação de risco imparcial.

Situação semelhante a esta pode ocorrer caso os membros do órgão de administração da sociedade de notação de risco possam acumular esse cargo com qualquer outro numa entidade objecto de serviços de notação de risco. Este cenário pode parecer improvável, mas refira-se como exemplo que um administrador da Moody's era também administrador da Worldcom[169].

---

[167] IOSCO, *Principles...*, cit., 2. (*Independence and Conflicts of Interest*), 2.3. No mesmo sentido, IOSCO, *Code of Conduct...*, cit., 2. (*CRA Independence and Conflicts of Interest*), B. (*CRA Procedures and Policies*) 2.9.

[168] Sobre o tema, veja-se CESR, *Technical advice...*, cit., p. 21.

[169] Este exemplo é referido por FRANK PARTNOY, How and why credit rating agencies are not like other gatekeepers, cit., p. 69, *maxime*, nota 38.

II. Parecem existir duas soluções para este potencial conflito de interesses: (i) a proibição de aquisição de participações sociais em quaisquer sociedades; ou (ii) a proibição de aquisição de participações sociais em sociedades objecto de notação de risco.

A primeira opção resolve o problema ao nível da delimitação negativa do objecto social ou da inclusão da aquisição de participações entre as actividades absolutamente vedadas. Se às sociedades de notação de risco não for permitido adquirir participações em sociedades (proibição que se justificaria, por identidade de razão, por exemplo, relativamente a unidades de participação em fundos de investimento), este conflito de interesses deixaria de existir. Caso a sociedade de notação de risco não detivesse qualquer participação em qualquer entidade potencialmente objecto de notação de risco, este problema nunca se colocaria.

A segunda opção resolve o problema mediante a criação de uma incompatibilidade. A aquisição de participações em outras sociedades passaria, neste cenário, a ser uma actividade relativamente vedada, sendo permitida nuns casos e proibida noutros. À sociedade de notação de risco não estaria proibida a aquisição e detenção de participações sociais em geral, mas antes a aquisição e detenção de participações sociais em entidades objecto de notação de risco por si realizada ou a realizar (*rectius*, e numa formulação mais ampla destinada a não circunscrever a restrição às participações sociais, à sociedade de notação de risco, incluindo os membros dos seus órgãos sociais, não seria permitido deter qualquer interesse no objecto sujeito a notação de risco). Por um lado, a aquisição de uma participação em entidade objecto de notação de risco poderia indiciar a falta de rigor na notação, em especial se entre esta e a data de aquisição da participação mediasse um curto espaço de tempo; por outro lado, a detenção de participação serviria como incompatibilidade para realizar a notação de risco. Sem perigar a imparcialidade da notação de risco, admitir-se-ia a possibilidade de aquisição de participações sociais por sociedades de notação de risco[170].

---

[170] Solução semelhante é preconizada, a título exemplificativo, para os revisores oficiais de contas: o art. 78.º, 1, al. (a) do Decreto-lei n.º 487/99, de 16 de Novembro, estabelece como incompatibilidade relativa o exercício de funções de revisor oficial de contas numa empresa ou outra entidade em que o revisor ou o seu cônjuge ou parentes em linha recta tenham participação no capital social.

Esta é a solução preconizada no Regulamento (anexo 1, secção (B), n.º 3, al. (a), anexo 1, secção (C), n.º 2, al. (a)), que, no entanto, vai um pouco mais longe e estende a incompatibilidade às entidades que integrem nos respectivos órgãos sociais um analista ou outro colaborador que tenha participado na elaboração ou aprovado a notação de risco (anexo 1, secção (B), n.º 3, al. (d)). É uma extensão que faz todo o sentido, pois não só a participação societária através do capital é susceptível de criar um conflito de interesses neste cenário.

(e) Notação de risco não solicitada

"For each rating, the CRA should disclose whether the issuer participated in the rating process. Each rating not initiated at the request of the issuer should be identified as such. The CRA should also disclose its policies and procedures regarding unsolicited ratings."[171]

I. Embora não tenha sido identificada pela *Task Force* como uma área propícia à ocorrência de conflitos de interesses, certo é que a notação de risco não solicitada pode suscitar problemas naquele domínio, dado que ocorre num cenário de anormalidade: certa entidade não deseja que lhe sejam prestados serviços de notação de risco, pelo que não toma a iniciativa de os solicitar, e a sociedade de notação de risco decide prestar um serviço de notação de risco que não foi requisitado e que à partida não será remunerado.

Porque razão pode a notação de risco ser fonte de conflitos de interesse? Porque a tensão entre a entidade objecto de notação e a sociedade de notação de risco pode levar aquela a pagar comissões relativas a serviços não solicitados para evitar uma notação de risco desfavorável, por um lado, ou a sociedade de notação de risco a retaliar a entidade que se tenha recusado a pagar aquelas comissões ou a prestar colaboração na análise de crédito[172].

---

[171] IOSCO, *Code of Conduct...*, cit., 3. (*CRA Responsabilities to the Investing Public and Issuers*), A. (*Transparency and Timeliness of Ratings Disclosure*), 3.9.

[172] CESR, *Technical advice...*, cit., p. 19. FRANK PARTNOY, How and why credit rating agencies are not like other gatekeepers, cit., p. 71-72, aponta o ano de 1993 e uma

II. É inegável que a prestação de serviços de notação de risco espontânea não é, em si mesma e em todos os casos, perniciosa. Para as sociedades de notação de risco emergentes ou de menor dimensão, pode constituir uma forma eficiente de afirmar a sua posição e construir a sua reputação no mercado; para as de maior dimensão, pode ser uma forma de atrair novos clientes ou de expandir as suas actividades para novas indústrias[173]; para as entidades objecto de notação de risco, a notação espontânea permite conhecer o trabalho de outras sociedades de notação de risco sem terem que contratar os respectivos serviços. Por último, só é possível concluir que as notações de risco não solicitadas levam a resultados menos favoráveis do que aquelas que tenham sido solicitadas caso se assuma uma postura de suspeição sobre a sociedade de notação de risco[174].

O problema surge quando a notação de risco, por não ter sido solicitada – isto é, por não resultar de um encontro de vontades manifestado a vários níveis (o emitente necessitava de um serviço, escolheu o respectivo prestador, indicou-lhe o âmbito do serviço, o prestador confirmou a sua capacidade para o prestar, ambos acordaram os seus direitos e obrigações) –, é usada como instrumento para pressionar indevidamente o emitente (ou seja, como "ameaça psicológica"[175]). Porém, esse cenário deve ser aferido face às circunstâncias em causa, em lugar de ser assumido como um dado inquestionável.

E, por outro lado, há quem sustente que o impacto de notações de risco não solicitadas falsamente depreciativas é diminuto. Ainda

---

emissão por parte da Jefferson County (Colorado) School District como o primeiro caso de notação de risco não solicitada: aquela entidade decidiu escolher a S&P e a Fitch em lugar da Moody's para a notação de risco de certa emissão de obrigações. Duas horas depois de a subscrição das obrigações ter tido início, a Moody's emitiu um *"negative outlook"* que levou ao cancelamento imediato de inúmeras ordem de subscrição.

[173] CAROL ANN FROST, Credit rating agencies in capital markets..., cit., p. 20. MATTEO TONELLO, Le agenzie di rating finanziario..., cit., p. 932, citando um artigo de *The Economist*, refere que para a S&P e a Moody's, a notação de risco não solicitada deu origem a menos de 1% da facturação do ano de 2005, enquanto que para a Fitch, nesse ano, representou menos de 5%.

[174] Cfr. STEVEN L. SCHWARCZ, Private ordering of public markets..., cit., p. 17.

[175] A expressão pretence a FABIAN DITTRICH, The credit rating industry..., cit., p. 112.

que tal prática possa levar a notações mais reduzidas do que as notações solicitadas, aquelas acabam por se revelar pouco credíveis, uma vez que qualquer discriminação é facilmente detectada se comparada a notação em causa com outras[176].

III. Tal como no caso do *"notching"*, não há uma solução perfeita. Ainda que o *Code of Conduct* preveja a divulgação das políticas e procedimentos da sociedades de notação de risco quanto à atribuição de notações não solicitadas (e no mesmo sentido vai a redacção do art. 10.º, n.º 4 do Regulamento, sendo que o art. 8.º, n.º 5 da Proposta de Regulamento sugeria ainda que as notações não solicitadas adoptassem uma escala de notação diferente, solução que acabou por não vingar no texto do Regulamento, que exige, todavia, que as notações sejam identificadas como tais), certo é que o cumprimento dessas políticas e procedimentos está muito dependente da sociedade de notação de risco e das entidades que solicitam os seus serviços.

As entidades notadas podem recusar-se a pagar comissões relativas a uma notação de risco não solicitada. Mas essa resistência pode ter consequências graves, em especial se tais entidades estiverem expostas a *"rating triggers"*. Por isso, as entidades notadas podem ter que pagar uma notação de risco não desejada, ainda que esta não esteja necessariamente incorrecta. Aliás, é duvidoso que uma sociedade de notação de risco se expusesse a atribuir uma notação de risco incorrecta, pondo em causa a sua reputação, não estando certa de vir a ser remunerada.

As sociedades de notação de risco devem abster-se de pressionar as entidades notadas a pagar comissões por serviços que não solicitaram. Aquelas têm sempre a faculdade de remunerar a prestação desses serviços se assim entenderem. Caso tal não suceda, a notação de risco não solicitada já gerou, em si mesma, um importante efeito positivo para a sociedade de notação, embora sem imediata tradução patrimonial: a apresentação das suas metodologias e procedimentos,

---

[176] Assim, FABIAN DITTRICH, The credit rating industry..., cit., p. 111-112, que afirma que teoricamente a notação de risco não solicitada não afecta entidades que agem racionalmente, embora acabe por reconhecer que muitas dessas entidades se sentem compelidas a pagar pelo serviço de notação para assegurar que não sofrerão represálias.

da sua equipa e resultados ao emitente/originador, com vista a contratações no futuro.

(f) Acesso a informação que não reveste natureza pública / insider trading

"A CRA [Credit Rating Agency]'s analysts and anyone involved in the rating process (or their spouse, partner or minor children) should not buy or sell or engage in any transaction in any security or derivative based on a security issued, guaranteed, or otherwise supported by any entity within such analyst's area of primary analytical responsibility, other than holdings in diversified collective investment schemes"[177].

I. A actividade de notação de risco permite aos colaboradores das sociedades de notação de risco aceder a informação que, pela sua natureza reservada, pode não se encontrar disponível ao público. Regra geral, a mais importante – qualitativa e quantitativamente – fonte de informação sobre uma sociedade é ela própria.

Mas não é só a informação detida por entidades notadas que está em causa. Pode considerar-se igualmente a informação sob controlo da sociedade de notação de risco. Pense-se, a título exemplificativo, que a sociedade de notação de risco se prepara para proceder a uma revisão desfavorável de uma notação de risco já atribuída.

Qualquer destas informações pode revelar-se valiosa para, por exemplo, apurar a possível evolução da cotação da entidade notada, situação que poderá levar ao seu uso indevido. Entramos, aqui, no domínio da conduta ética que deve exigir-se a qualquer pessoa que entra em contacto com informações que, pela sua natureza sensível e confidencial, são susceptíveis de condicionar o comportamento do preço de valores mobiliários.

---

[177] IOSCO, *Code of Conduct...*, cit., 2. (*CRA Independence and Conflicts of Interest*), C. (*CRA Analyst and Employee Independence*) 2.14. No mesmo sentido, tendo em conta o uso de informação confidencial, IOSCO, *Code of Conduct...*, cit., 3. (*CRA Responsibilities to the Investing Public and Issuers*), B. (*The Treatment of Confidential Information*) 3.14, 3.18. Semelhante proibição pode ser encontrada no texto no n.º 1 da secção (C) do anexo 1 do Regulamento.

II. Contrariamente a todas as situações de conflito de interesses antes identificadas, esta pode não ter impacto ao nível da notação propriamente dita. Daí que possa ser discutido se se trata de uma verdadeira situação de conflito de interesses. Com efeito, não há confronto entre dois interesses potencialmente prosseguidos pela sociedade de notação de risco, mas antes o eventual aproveitamento da actividade de notação de risco para fins alheios à mesma.

Isto significa que a notação de risco não sofrerá, em princípio, quaisquer alterações em virtude da utilização que for feita da informação que serve para aferir o risco de crédito da entidade / valores mobiliários em causa. Portanto, a preocupação que esta situação suscita não acautela o interesse dos possíveis beneficiários da notação de risco, mais atentos à solvência da sociedade do que à sua cotação. Retiram proveitos desta situação, em particular, os investidores em acções.

Sem prejuízo do que fica dito, este conflito entre o acesso a informação reservada, por um lado, e os deveres de confidencialidade e de abstenção de uso indevido de informação, por outro, pode ser mitigado pela criação de sistemas de controlo interno que dificultem a utilização de informação para fins alheios à notação de risco.

III. Mas em causa podem também estar situações em que a própria notação de risco é afectada. Tal acontecerá, por exemplo, se um colaborador de uma sociedade de notação de risco puder contribuir ou influenciar a notação de risco de uma sociedade da qual seja accionista ou com a qual tenha mantido uma relação laboral. Essas situações, bem como outras, integram um conjunto de casos que, a verificarem-se, levarão a que esse analista não possa tomar parte no processo de notação de risco[178].

---

[178] IOSCO, *Code of Conduct...*, cit., 2. (*CRA Independence and Conflicts of Interest*), C. (*CRA Analyst and Employee Independence*) 2.13.

5. Notas Finais

I. Ao longo deste texto ficou clara a importância da notação de risco. Essa importância, *rectius* crescente importância, foi acompanhada pelo aumento do número de entidades notadas, de operações com notação de risco, de analistas que diariamente asseguram a prestação de serviços de notação de risco e, claro, das comissões recebidas pelas sociedades de notação de risco.

Todavia, este crescimento aconteceu num ambiente recheado de paradoxos. Entre os mais evidentes contam-se: primeiro, ainda que possa assumir relevância legal, a notação de risco não é imposta pela lei, mas sim ditada pela prática de mercado; segundo, o crescimento da importância da notação de risco não foi acompanhado pela multiplicação do número de prestadores de serviços de notação de risco; terceiro, embora existam dezenas de sociedades de notação de risco, a verdade é que as três principais – Moody's, S&P e Fitch – dividem entre si a quase totalidade deste vigoroso e peculiar mercado; por último, não obstante a ocorrência de falhas na notação de risco, muitas delas com severas consequências, a colocação com sucesso de certos valores mobiliários continua a exigir a notação de risco.

II. Desde a entrada em vigor do CdMVM que o direito nacional exige o registo prévio das sociedades de notação de risco. Sem prejuízo dos trabalhos desenvolvidos pela IOSCO e pelo CESR (aquele, inclusive, através da publicação dos *Principles* e do *Code of Conduct*), o nosso exemplo pioneiro só agora merece acolhimento no direito comunitário, tendo a Proposta de Regulamento sobre sociedades de notação de risco sido apresentada em Novembro de 2008 e aprovada pelo Conselho Europeu em 27 de Julho de 2009 e o Regulamento sido publicado em 17 de Novembro de 2009.

A razão de ser da criação de regras relativas ao registo de sociedades de notação de risco assenta na percepção de que a notação de risco influencia – nuns casos, determinantemente, noutros, e ao contrário do que é recomendado, exclusivamente – as decisões tomadas pelos investidores. Compreende-se, assim, que a principal finalidade visada pelo Regulamento seja a protecção dos interesses dos investidores. Através do estabelecimento de regras relativas ao registo e funcionamento das socidades de notação de risco torna-se possível controlar o acesso à actividade e a manutenção dos parâmetros mínimos que justificaram o registo prévio.

III. Tanto os *Principles* e o *Code of Conduct*, como o Regulamento prestam grande atenção aos conflitos de interesses. Considerando a sua importância, percebe-se com facilidade que é imprescindível que a notação de risco seja imparcial, idónea e independente.

Face à ocorrência (real ou potencial) de uma situação de conflito de interesses, o caminho apontado pelo Regulamento é no sentido de aquela ser identicada e eliminada ou, se aplicável, gerida e revelada. Existe o dever de procurar prevenir a ocorrência de situações de conflito de interesses. Mas não há, nem parece que poderia haver, a ambição de prevenir todas e cada uma dessas situações. Aquelas que não puderem ser prevenidas, devem ser geridas e, se necessário, reveladas.

Contudo, e assumindo (tal como faz o Regulamento) a inviabilidade do uso generalizado dos modelos de *"public utility"* e *"subscriber-pays"*, insanável parece continuar a ser o conflito de interesses por excelência: o pagamento de comissões às sociedades de notação de risco pelas entidades que contratam os seus serviços. Este conflito é inato à estrutura da relação de notação de risco (contendo, de um lado, o emitente / originador e, de outro lado, a sociedade de notação de risco), dado que uma parte – a sociedade de notação de risco – presta um serviço – a notação de risco – que tem como principal interessado / beneficiado a entidade que pagará a remuneração devida pela prestação desse serviço – a entidade notada.

É certo que se podem estabelecer procedimentos destinados a mitigar a ascendência das entidades notadas sobre as sociedades de notação de risco. O Regulamento impõe a revelação da identidade de clientes que representem mais de 5% da remuneração anual recebida pela sociedade de notação de risco (o *Code of Conduct* refere 10%). Poderia e seria desejável que se fosse mais longe e se estabelecesse que, a partir de certa fasquia percentual (p.e. 10%), a sociedade de notação de risco estava impedida de prestar mais serviços de notação de risco a esse cliente. Para impedir injustificados entraves, esta restrição apenas vigoraria, por exemplo, a partir do terceiro ano de actividade, permitindo, assim, a angariação de um número mínimo de clientes, e não teria lugar se todas as três principais sociedades de notação de risco prestassem serviços em dimensão equivalente ao cliente em causa. Colateralmente, esta regra poderia ter o benéfico efeito de abrir espaço à entrada no mercado de outras sociedades de notação de risco, estimulando a concorrência num mercado altamente concentrado.

Outro tema central deste texto, e estreitamente ligado às comissões, é a relevância legal da notação de risco. Aqui, importa actuar tendo em consideração dois vectores: por um lado, o recurso à notação de risco apenas deve ter lugar caso se pretenda aferir o risco de crédito; por outro lado, a notação de risco não pode nem deve relevar em si mesma, apenas por existir, desligada do risco aceitável por um investidor prudente.

Embora os serviços de notação de risco impliquem custos significativos, seria desejável que as entidades que contratam serviços de notação de risco promovessem a prática das duas notações de risco (aliás, imposta pelo mercado em várias situações e recentemente imposta pelo Banco Central Europeu para efeito de elegibilidade de *asset-backed securities* em operações de crédito envolvendo o Eurosystem[179]): a pluralidade de opiniões contribui para esbater efeitos perniciosos da existência de conflitos de interesse e a "compra" de notações, potenciando a inexistência de influência da entidade que solicitou a notação sobre a sociedade de notação a risco – única – contratada. Nas situações em que a notação de risco assume dignidade contratual, faria igualmente sentido que, se só existisse uma notação de risco, fosse referido (por exemplo, entre os factores de risco que devem constar dos propectos de oferta pública ou de admissão à negociação) que outras sociedades de notação de risco poderão emitir uma notação diferente da atribuída. Na verdade, em factores de risco é comum dizer-se que *"a securities rating is not a recommendation to buy, sell or hold securities and may be subject to revision, suspension or withdrawal at any time by the assigning*

---

[179] EUROPEAN CENTRAL BANK, ECB Amends rating requirements for Asset--Backed Securities in Eurosystem credit operations, 20 de Novembro de 2009, disponível em www.ecb.int

rating organisation", mas o que não se diz é que *outras* sociedades de notação de risco poderão emitir diferentes notações.

IV. O Reg. 7/2000 foi tímido na abordagem dos conflitos de interesses, ao mencionar que os sistemas de controlo interno adoptados pela sociedade de notação de risco devem "prevenir a ocorrência de conflitos de interesses"; o art. 12.º, n.ºˢ 2 e 3, embora menos tímido, é vago, ao fazer menção a conceitos indeterminados tais como "idoneidade e independência" ou "forma imparcial". Já o Regulamento teve uma abordagem corajosa, representando um passo em frente na densificação do tema dos conflitos de interesses no direito nacional. Cabe-nos prosseguir por essa via e tentar assegurar que a interpretação e aplicação do Regulamento, sem criarem um regime desligado da realidade e desalinhado face a outras experiências europeias, encontram soluções que traduzam um equilibrado compromisso entre a importância da notação de risco e a relevância dos conflitos de interesse a que as sociedades de notação de risco podem estar sujeitas.

Abstract

This text discusses the conflicts of interest to which rating agencies may be exposed. Rating agencies play a critical role in today's financial markets. This role has increased over the years in a context where the three major rating agencies operate in an oligopoly environment, leading to the existence of a very narrow market and the absence of actual competition. The prominence of those rating agencies results from reputation and the experience enjoyed thereby, which are recognised and relied upon by market participants.

The relevance of rating agencies has contrasted with scarce regulation. However, since 2003 IOSCO has been developing studies and a quite relevant code of conduct providing non-binding guidance about rating; the European Commission, after some hesitations, recently approved a Regulation about rating agencies and rating services; in the United States, a new act was passed in 2006 so as to fine tune the existing regulation; Portuguese legal framework concerning rating agencies is exceptional, for regulation thereof has historical roots that go back to the last decade of the twentieth century.

Rating agencies have typically been seen worldwide as non-regulated entities, accountable for their reputation mainly. However, the recent sub-prime-related crisis, and the pour performance of various gatekeepers, including rating agencies, proved that rating need to be considered from a whole different perspective. Submission to an authorisation process, supervision, enhanced transparency and more rigorous rating processes became hot topics. In this scenario, discussions around the conflicts of interest to which rating agencies could be exposed became inevitable.

Among the conflicts of interest, commissions assume a prominent role. Rating agencies offer rating services which are paid by the rated entities. But commissions are not the only source of conflicts of interest. Other interests may jeopardise the independent judgement of the rating: the performance of other services to rated entities, the existence of interests in rated entities, the performance of unsolicited ratings, notching or the access to privileged information.

One of the lessons to be learned from the alluded crisis is that the fundamental role of rating agencies requires strong measures aimed at preventing the occurrence, mitigating and managing conflicts of interest. Otherwise, rating quality could be at risk, with dramatic consequences for all those – investors, mainly – that continue to rely in the opinions issued by rating agencies.

CAPÍTULO VIII

Conflito de Interesses em Auditoria

Gabriela Figueiredo Dias

I. Contexto actual. A fiabilidade da informação financeira como factor crítico de funcionamento dos mercados e o despertar das instituições para os efeitos perversos dos conflitos de interesses em auditoria

1. *A importância da transparência financeira das empresas: evolução dos interesses e reconstrução do conceito de direito à informação*

Os interesses que envolvem a actividade das empresas, sobretudo das grandes empresas cotadas, exigem, para a respectiva satisfação, a disponibilização de informação rigorosa sobre a situação financeira dos diferentes operadores económicos que actuam no mercado. Sem essa informação, a eficiência do funcionamento dos mercados resulta necessariamente comprometida.

Inicialmente, os destinatários da informação financeira das empresas eram apenas a própria sociedade e os seus sócios e administradores. Historicamente, o direito à informação nas sociedades comerciais colocava-se apenas como uma *questão interna*, própria da relação entre o sócio e a sociedade, sendo estes os únicos destinatários da informação financeira produzida pela empresa. Não era, pois, reconhecido a quaisquer outros sujeitos ou entidades o direito de acesso às contas e demonstrações financeiras produzidas pelas sociedades.

Contudo, esta situação evoluiu com o reconhecimento de que, sobretudo quando em causa estão sociedades cujo capital se acha admitido à negociação em mercados regulamentados, o direito à informação teria de ser estendido a todos aqueles cuja situação jurídica e opções financeiras possam depender ou ser de algum modo afectadas pelo conhecimento da situação financeira das empresas. Com este reconhecimento, claramente acolhido pelas Directivas sobre Direito das Sociedades emitidas em 1989, o centro das atenções em matéria de informação financeira das sociedades deslocou-se, deixando esta informação de ser vista como um mero direito, privado e individual, dos accionistas, para passar a ser entendida como um bem jurídico público, constitutivo de um dever das sociedades de informarem o mercado sobre os dados mais relevantes da sua situação financeira patrimonial e da sua rentabilidade[1]. A informação societária, sobretudo financeira, passou assim a ser devida a um público constituído por investidores actuais e potenciais, trabalhadores da empresa, credores, fornecedores, consumidores e o próprio Estado.

O enorme interesse que a transparência da informação, sobretudo das sociedades abertas, actualmente representa evoluiu, assim, de um conceito de direito individual dos sócios que lhes confere um poder intraorgânico para um novo conceito, influenciado pelas novas concepções de respeito pela tutela dos accionistas e dos investidores das grandes sociedades abertas que recorrem ao financiamento do público, onde são considerados outros interesses – sobretudo, os interesses do mercado onde as empresas actuam. Tratou-se, efectivamente, de uma mudança de paradigma no direito das sociedades, do direito dos valores mobiliários e do próprio direito público da economia, em que o tratamento da informação financeira das sociedades, sobretudo daquelas que têm o respectivo capital admitido à nego-

---

[1] MATILDE PACHECO CAÑETE, *Régimen legal de la Auditoria de cuentas y responsabilidade de los auditores*, Consejo Económico y Social, Madrid, 2000, p. 253.

ciação em mercado regulamentado, deixa de assentar num pressuposto de que a gestão das empresas, a sua situação económica e as relações com outras entidades interessam apenas aos seus sócios, para passar a assentar no reconhecimento da importância desses dados para um amplo espectro de cidadãos e entidades, erigindo-se em *interesse público* decisivo para assegurar a liberdade de empresas no contexto de uma economia de mercado[2].

Daqui se evoluiu para um cenário regulatório onde a transparência das sociedades abertas se constitui num valor fundamental numa sociedade organizada de acordo com os critérios que regem a economia de mercado, e que requer uma informação de qualidade prestada por todas as unidades económicas que ali actuam: só assim se torna possível uma adequada distribuição dos recursos económicos disponíveis numa economia, sempre limitados, a quem se encontra em melhores condições para a sua utilização produtiva, em detrimento dos operadores menos eficazes.

2. Função de certificação da auditoria e necessidade de regulação da informação das empresas

A qualidade e a fiabilidade da informação financeira das empresas constituem, deste modo, factores fundamentais no funcionamento dos mercados financeiros e na sua função de canalização do financiamento para os sujeitos e empresas que exibam oportunidades de investimento produtivo, deste modo contribuindo para níveis elevados de produtividade e eficiência.

A existência de assimetrias de informação constitui todavia um aspecto crítico do funcionamento eficiente dos mercados, situando-se sistematicamente na base de problemas que põem em causa a capacidade de identificação dos operadores mais eficientes e dos melhores investimentos, como os conhecidos problemas de *selecção*

---

[2] ADÁN NIETO MARTÍN, "El régimen penal de los auditores de cuentas", *Homenage al Doctor Marino Barbero Santos*, Vol. I, Ediciones de la Universidad de Castilla-la-Mancha, Cuenca, 2001.

adversa[3] e de *risco moral* que afectam o funcionamento do mercado de capitais.

A minimização destes problemas pressupõe que os investidores possuam informação completa e rigorosa sobre as contas das empresas, que lhes permita precisamente distinguir os bons investimentos dos maus investimentos (contrariando o problema da selecção adversa) e monitorizar o comportamento dos gestores das empresas, a fim de verificar se o uso que estes fazem dos poderes de gestão dos fundos que lhes são entregues pelos investidores visa ou não a maximização do valor da empresa (lidando assim com o problema do risco moral).

O funcionamento eficiente do mercado depende, pois, verticalmente da informação financeira das empresas e da respectiva qualidade e rigor, assim como os investidores dependem dos auditores para ultrapassar as assimetrias informativas entre accionistas e administradores. E essa dependência vem por sua vez exigir que a informação difundida seja ordenada e inteligível, para o que é necessário regulá-la: só através da regulação se consegue assegurar que os vários operadores económicos do mercado têm acesso à informação e dispõem de mecanismos que lhes permitem interpretar adequadamente essa informação e aplicar esse conhecimento às suas relações com a entidade que produz a informação, através de decisões racionais a respeito dessa entidade.

A finalidade da contabilidade, enquanto função e resultado traduzido num registo ordenado de informação económica que transcende a empresa efectuado de acordo com determinada técnicas específicas, é, assim, a de disponibilizar aos interessados uma imagem fiel do património, da situação financeira e dos resultados da empresa.

Mas para que esta informação resulte útil, além de ordenada e inteligível, é necessário assegurar a veracidade e conformidade da

---

[3] Também referido na literatura económica como *lemon problem*. O fenómeno da *selecção adversa* enquanto fenómeno económico que impede os agentes de seleccionar ou distinguir os melhores produtos ou serviços em consequência de falta de informação foi pela primeira vez referido por GEORGE ARTHUR AKERLOF, 'The Market for "Lemons": Quality Uncertainty and the Market Mechanism', Quarterly Journal of Economics, vol. LXXXIV, Agosto 1970, 3, e identificado como um problema crítico sobretudo no sector segurador e do mercado de capitais.

mesma com a situação da empresa – o que nem sempre acontece na contabilidade produzida pela própria empresa, frequentemente opaca por omissão ou falsificação dos dados financeiros relevantes. Deste modo, além de regulada, a informação financeira das empresas tem de ser verificada e certificada, sendo nesta vertente da informação financeira que intervêm a auditoria enquanto actividade destinada a conferir e emitir uma opinião sobre contabilidade produzida pela própria empresa.

A auditoria constitui um custo da relação de agência existente entre os administradores e a própria sociedade e os seus sócios, entendida esta como uma relação fiduciária que resulta da manifestação do consentimento, por parte de um sujeito, para que outro sujeito actue em sua representação e de acordo com os seus interesses.

A relação de agência implica, por seu turno, pela cisão entre a titularidade do interesse e a legitimidade para o exercer a que procede, a existência de conflitos de interesses que podem determinar os administradores a apresentar uma contabilidade que sirva os seus interesses próprios e não o interesse público a uma informação completa, rigorosa e verdadeira, numa actividade de *adaptação* forçada das demonstrações financeiras a determinados objectivos da sociedade ou dos seus administradores (a que se dá habitualmente o nome de *cooking the books*). A auditoria tem, pois, a função de eliminar estes desvios e assegurar ao público uma informação depurada de omissões e cosméticas.

A necessidade de certificação das contas para assegurar a respectiva fiabilidade e conformidade é hoje, assim, assegurada pelo legislador em todos os sistemas jurídicos relevantes, através da imposição e regulação de uma actividade de *revisão e certificação legal de contas* atribuída a profissionais qualificados e acreditados para o efeito – os auditores ou revisores legais de contas – cuja intervenção é hoje obrigatória, entre nós, em relação às contas de todas as sociedades anónimas, como para determinados actos relativos às sociedades abertas, nas entidades de interesse público[4], nas diversas modalidades institucionais de gestão de activos[5], etc.

---

[4] Definidas no DL n.º 225/2008, de 20 de Outubro, que transpôs parcialmente a Directiva n.º 2006/43/CE para a ordem jurídica interna.

[5] Gestão de fundos de investimento mobiliário e imobiliário, titularização, capital de risco e fundos de pensões.

3. Falhas de regulação e conflitos de interesses em auditoria.

A percepção da necessidade de regulação e certificação da informação, não sendo nova, acentuou-se dramaticamente com a verificação do conjunto de escândalos relacionados com instituições financeiras verificados no início da década nos Estados Unidos e na Europa, os quais colocaram a auditoria e os auditores na primeira linha das atenções e da crítica, sendo-lhes hoje assinalada uma participação decisiva no conjunto de factores que determinaram o ciclo de colapsos de gigantes financeiros, iniciado com a Enron – ao tempo qualificada como a sétima maior empresa norte-americana – e que prosseguiu com os casos Worldcom, Tyco, Parmalat, Ahold, Andersen, etc.

Estes escândalos mobilizaram de forma significativa a opinião pública, pelos postos de trabalho e pelas pensões que aquelas falências custaram aos seus trabalhadores, mas também pela queda que provocaram nos mercados bolsistas, com o S&P 500 a descer 40% e o Nasdaq 65%, entre Março de 2000 e Março de 2003.

Na sequência do escândalo da Enron, o seu auditor – Arthur Andersen[6] – veio a ser condenado por fraude, acabando por entrar igualmente em colapso em consequência da fuga dos clientes e trazendo para o núcleo do debate a importância da qualidade e da fiabilidade da certificação das contas das empresas cotadas. A credibilidade e o rigor das demonstrações financeiras das empresas, sobretudo das cotadas, passaram a ser vistos como elementos decisivos de equilíbrio dos mercados e de sustentação do próprio sistema, dando origem a uma espiral de debate político, económico e regulatório sobre os aspectos da actividade de auditoria que terão estado no epicentro dos escândalos que abalaram as estruturas institucionais até aí inquestionadas.

Mais especificamente, porém, na base destes escândalos terão estado determinados *conflitos de interesses* que terão interferido com

---

[6] Até então integrado no grupo dos *big five*. Com o seu desaparecimento acentuou-se significativamente o movimento de consolidação da indústria da auditoria, reduzida aos *big four* e com sucessivas fusões ao nível das firmas de auditoria de média dimensão.

o modo de agir dos auditores, enquanto agentes económicos responsáveis por assegurar aos investidores e ao público em geral a fiabilidade da informação financeira das empresas.

II. Respostas regulatórias ao impacto dos conflitos de interesses em auditoria revelado nos escândalos financeiros recentes

1. *Algumas respostas regulatórias concretas no rescaldo dos escândalos financeiros do início da década*

Os escândalos financeiros do início da década vieram colocar em evidência a relativa ineficiência do mercado na eliminação dos conflitos de interesses gerados no contexto da auditoria e a consequente necessidade de intervenção do regulador no desenho e na implementação de incentivos e mecanismos de *governance* que possam aumentar a eficiência do mercado através da mitigação desses conflitos de interesses.

De facto, estes acontecimentos determinaram uma resposta rápida e incisiva por parte do regulador norte-americano, que reagiu com uma medida legal – a lei Sarbannes-Oxley Act 2002 (SOX) – que, cobrindo a generalidade das estruturas de governo societário das empresas, veio contudo incidir de forma muito particular sobre as estruturas de fiscalização. Terão sido estas efectivamente a falhar também em todas as histórias de colapso que se sucederam nos primeiros anos do milénio, convocando uma particular preocupação das instâncias políticas e forçando significativas intervenções regulatórias no sentido do apuramento das estruturas de fiscalização societária.

O SOX constituiu, nos Estados Unidos, a concretização de um esforço no sentido de eliminar os potenciais *conflitos de interesses* susceptíveis de interferir com a independência e isenção do auditor e de influenciar o rigor e a qualidade os relatórios de auditoria, enquanto instrumentos de certificação das demonstrações financeiras das empresas clientes. O SOX veio, designadamente, estabelecer uma proibição de prestação, pelos auditores, de determinados serviços diversos dos serviços de auditoria, no pressuposto de que a prestação simultânea de serviços de auditoria e de serviços de diferente natureza afecta necessariamente a sua independência.

Na Europa, as medidas regulatórias destinadas a conferir aos mecanismos de governo societário uma eficiência, uma coerência e um grau de apuramento significativamente mais elevado têm vindo a multiplicar-se também desde a verificação dos aludidos escândalos, não só porque também na Europa se verificaram colapsos decorrentes de falhas evidentes daqueles mecanismos (vg, o caso Parmalat), estimulando as reacções institucionais, mas também porque se aproveitou da reflexão já feita nos EUA, e de algumas das respostas regulatórias ali encontradas, ainda que (nem sempre) devidamente adaptadas à realidade europeia. Concretamente no que respeita aos mecanismos de fiscalização, e em particular à certificação das contas das empresas pelos auditores, foi publicada em 9 de Junho de 2006 no Jornal Oficial das Comunidades a Directiva n.º 2006/43/CE, do Parlamento Europeu e do Conselho, de 17 de Maio de 2006, relativa à auditoria das contas anuais e consolidadas[7]. Esta veio estabelecer um regime uniforme de formação e qualificação profissional dos auditores, de modo a criar condições para sua mobilidade laboral na Europa, assegurando ainda uma exigência mínima de qualificação para o acesso ao exercício da actividade de auditoria. Ao mesmo tempo, impôs aos estados membros a implementação de regras relativas à independência dos auditores e mecanismos específicos de mitigação de *conflitos de interesses*, designadamente através da introdução do conceito de rede que tornou mais claras as ligações não explícitas entre auditores e entre auditores e outros profissionais.

Em ambos os casos, porém, a identificação de *conflitos de interesses* na actividade de auditoria, bem como dos mecanismos destinados a mitigar o respectivo potencial de dano, foram tomados como aspecto crucial e ponto de partida da nova regulação da auditoria.

---

[7] Esta Directiva revogou a Directiva n.º 84/253/CEE, do Conselho, de 10 de Abril de 1984, geralmente conhecida por 8.ª Directiva sobre as sociedades de capitais, relativa à aprovação das pessoas responsáveis pela auditoria de documentos contabilísticos, e que se manteve em vigor 22 anos.

Importa, todavia, estabelecer quais os conflitos de interesses que interferem efectivamente com o exercício da actividade de auditoria, a sua importância real e o papel que desempenham na verificação de fraudes financeiras e nos subsequentes colapsos das empresas que as cometem. E importa igualmente, ou sobretudo, questionar a forma como a regulação os percebe e lida com eles, projectando mecanismos, formais ou informais, de mitigação dos respectivos efeitos nocivos no que respeita à confiança dos investidores, à transparência e fiabilidade da informação financeira a ao equilíbrio do sistema financeiro em geral.

2. Efeitos negativos dos conflitos de interesses e oportunidade de intervenção regulatória

Em Setembro de 2006, ainda no rescaldo da publicação da Directiva n.º 2006/43/CE, a Comissão Europeia desenvolveu um estudo sobre o impacto económico dos regimes de responsabilidade dos auditores[8], que viria a constituir a base da Recomendação da Comissão de 5 de Junho de 2008 relativa à limitação da responsabilidade civil dos revisores oficiais de contas e das sociedades de revisores oficiais de contas.

De acordo com os dados sobre o panorama da auditoria na Europa recolhidos neste estudo, o relevo conferido aos conflitos de interesses pelos clientes das firmas de auditoria é significativamente mais reduzido do que se poderia esperar no contexto actual.

Assim, de acordo com aqueles dados, apenas um escasso número de utilizadores de serviços de auditoria (clientes) inquiridos admitiu ter obtido uma recusa de prestação de serviços por parte da empresa de auditoria escolhida. Em todos os casos em que tal sucedeu, con-

---

[8] "Study on the Economic Impact of Auditor's Liability Regimes" (MARKT/2005/24/F) – Final Report to the EC-DG Internal Market and Services, London Economics in association with Professor Ralf Ewert, Goethe University, Frankfurt-am-Main, Germany, Set. 2006.

tudo, a recusa teve sempre fundamento na existência de situações de conflitos de interesses[9].

Por outro lado, os conflitos de interesses não aparecem referidos nas respostas recolhidas naquele estudo como causa concreta da mudança de auditor por parte dos clientes[10] e são, por último, em abstracto considerados como uma causa pouco relevante para a decisão de mudar de auditor[11].

Neste cenário, poder-se-ia ser tentado a concluir pela irrelevância dos conflitos de interesses no exercício da actividade de auditoria. Contudo, não parece ser essa a abordagem mais correcta dos dados disponibilizados.

Não se pode, em primeiro lugar, ignorar que a sensibilização dos agentes do mercado para a importância e o impacto da existência de estruturas de governo societário sólidas, eficazes e coerentes é ainda um processo em evolução na Europa, iniciado mais recentemente do que nos Estados Unidos, sendo compreensível que à data da conclusão do estudo da Comissão essa sensibilização estivesse ainda numa fase embrionária.

Por outro lado, e concretamente no que respeita aos conflitos de interesses na actividade de auditoria, atenta a complexidade do tema e o modo menos evidente como eles se repercutem nos resultados finais das empresas, será ainda necessário percorrer um longo caminho na elaboração sobre as causas de certos fenómenos financeiros,

---

[9] Study on the Economic Impact of Auditor's Liability Regimes, p. 57

[10] "Study on the Economic Impact of Auditor's Liability Regimes", p. 58, onde todavia se refere que esta realidade é susbtancialmente diferente nos EUA, onde os conflitos de interesses constituem a causa da escolha de novo auditor em 64% dos casos, sendo previsível que o panorama se altere na EU em consequência da regulação que tem vindo a ser produzida na matéria e de uma sensibilização crescente dos agentes do mercado para a relevância e os efeitos perversos dos conflitos de interesses.

[11] Numa escala de 1 (menos importante) a 5 (mais importante) das razões que podem em abstracto determinar a designação de um novo auditor pela empresa, à existência de conflitos de interesses é atribuída uma importância de 1,6 – enquanto outras razões, como a falta de qualidade dos serviços ou a modificação das necessidades da empresa com a entrada em mercados internacionais são qualificadas como as causas mais prováveis e relevantes (3,4): "Study on the Economic Impact of Auditor's Liability Regimes", p. 60.

que a prazo se compreenderá estarem em muitos casos fortemente relacionados com falhas de auditoria determinadas pela interferência de incentivos que influenciam negativamente o rigor e a isenção da auditoria.

Os potenciais conflitos de interesses que interferem com o exercício da actividade de auditoria, sendo porventura menos visíveis e mais difíceis de isolar do que em outros sectores da actividade financeira – e consequentemente, mais difíceis de mitigar –, estão longe todavia de ser irrelevantes. Para além da importância que os conflitos de interesses em auditoria assumem em si mesmos – pela significativa capacidade de produzir enviesamentos na revisão e certificação das contas enquanto resultado material da actividade de auditoria e pelo consequente potencial de danos que a respectiva ocorrência envolve –, a baixa percepção dos agentes do mercado em relação a estes conflitos de interesses, bem como o modo insignificante como os mesmos parecem ainda influenciar a decisão das empresas de manter, mudar ou substituir um auditor, constitui em si mesmo um factor de agravamento dos respectivos efeitos nocivos. A ausência de uma exacta percepção e compreensão dos efeitos potenciais dos conflitos de interesses na actividade de auditoria determina uma menor atenção e monitorização dos mesmos por parte das empresas (e eventualmente do próprio supervisor, necessariamente focado naqueles aspectos mais sensíveis do ponto de vista do mercado e das empresas) e potencia os danos por ausência de aplicação sistemática de mecanismos eficazes de mitigação.

No momento presente e no estádio actual de desenvolvimento dos mercados financeiros e da construção teórica em torno das causas dos colapsos financeiros desta década e, mais recentemente, da crise global, não é sequer questionável a importância de dotar o sistema de mecanismos rigorosos, confiáveis e transparentes de verificação e certificação das demonstrações financeiras das empresas. E esses mecanismos assentam decisivamente na actividade do auditor, vista a sua função de *certificação* das contas, isto é, da respectiva verificação técnica e da subsequente emissão de uma opinião profissional sobre a conformidade das contas com a situação e as operações da empresa auditada: a revisão legal de contas, enquanto actividade que se concretiza numa declaração pública sobre a conformidade das contas da empresa e consequentemente sobre o grau da respectiva robustez financeira, constitui hoje uma pedra angular do equilíbrio e da transparência do mercado, onde confluem e assentam, em última análise, a confiança dos investidores e o pressuposto das respectivas decisões de investimento.

III. As pressões sobre os auditores e sobre os resultados da auditoria

1. *Pressões económicas e pressões sociais sofridas pelos auditores*

É precisamente o papel decisivo desempenhado pela revisão e certificação legal de contas no contexto de um mercado dinâmico que simultaneamente gera e explica as significativas pressões sob as quais os auditores actuam.

De um ponto de vista económico, os auditores enfrentam significativas pressões para emitir opiniões sem reservas sobre as demonstrações financeiras dos clientes, relacionadas com o seu empenho em continuar a receber honorários relativos à prestação de serviços de auditoria e de não-auditoria (*non audit servives* – NAS), com o objectivo de manter em aberto a possibilidade de uma futura contratação sua pelo cliente. Outras pressões, relacionadas com outras consequências adversas, podem ocorrer quando o auditor emite um relatório de auditoria em que são identificados erros substanciais nas contas auditadas (perda do cliente, litigância baseada no facto de não ter detectado o erro mais cedo, etc.).

Quanto às pressões sociais, estas resultam sobretudo da renitência do auditor em desiludir o seu cliente (sobretudo quando entre eles existe já uma relação *instalada*).

Qualquer uma destas pressões cria incentivas no auditor, susceptíveis de potenciar ou mesmo determinar desvios no rigor das auditorias realizadas.

Todavia, o auditor é igualmente pressionado por incentivos económicos e sociais de sinal contrário, e que podem teoricamente conduzir a um razoável equilíbrio no processo de *sedução moral* dos auditores[12]: assim, do ponto de vista económico, o auditor encontra-se igualmente pressionado para o cumprimento rigoroso das normas técnicas e das regras deontológicas da auditoria pelo potencial de responsabilidade, civil e criminal, associado à violação daquelas regras, bem como pelas regras sancionatórias aplicáveis pelo supervisor e as perdas de reputação pessoal e profissional que resultam do criticismo dos *media* e das imputações de falha de auditoria, que deterioram a sua imagem e podem impedir ganhos futuros. Igualmente, do ponto de vista da pressão social, as pressões desviantes podem ser parcial ou totalmente compensadas por incentivos sociais de sinal contrário, como o da necessidade de conformar a sua conduta com os padrões éticos da profissão ou de não desiludir ou prejudicar a própria firma de auditoria a que o auditor pertence.

2. O excesso de expectativas sociais relativamente aos resultados da auditoria

Refira-se ainda, a propósito, a *pressão social* sobre os auditores que decorre de um excesso de expectativas depositadas pelos investidores e pelo público em geral nos resultados da auditoria. Estas expectativas geram o designado *expectation gap*[13] em relação à

---

[12] MOORE/TETLOCK/TANLU/BAZERMAN, "Conflicts of Interest and the Case of Auditor Independence: Moral Seduction and Strategic Issue Cycling", HBS Working Paper #03-115 Rev.12/04; M.W. NELSON, "A review of experimental and archival conflicts of interest research in auditing", in MOORE/CAIN/LOEWENSTEIN/BAZERMAN (Eds), *Conflicts of Interest: Problems and solutions in law, medicine and organizational settings*, Cambridge University Press, 2005.

[13] Este fenómeno foi pela primeira vez identificado e isolado na literatura da especialidade em 1993 por BRENDA PORTER em "An empirical study of the audit expectation – performance gap", *Accounting and Business Research, 1993*, 49-68, e desenvolvido por J.E. MCENROE/ S.C. MARTENS, "Auditors' and investors' perceptions of the "expectation gap". *Accounting Horizons,* Dez. 2001, 345-358, que o definiram nos seguintes termos: *The auditing "expectation gap" refers to the difference between (1) what the public and other financial statement users perceive auditors' responsibilities to be and (2) what auditors believe their responsibilities entail.* Cf. ainda, sobre o *expectation gap* relativamente ao produto da actividade dos auditores, MARIANNE OJO, "Eliminating the Audit Expectations Gap: Myth or Reality?", *Journal of Forensic Accounting*, Volume VIII, Numbers 1 & 2 January – Dezembro 2007; WOLF, TACKETT,

actividade, que tem vindo a ensombrar a imagem profissional dos revisores e auditores, sobre cujos ombros a sociedade civil tende a colocar a responsabilidade pela detecção e evicção de fraudes através da fiscalização política e jurídica da actividade da sociedade[14]. Este *expectations gap* manifesta-se numa generalizada convicção de que os auditores têm o supremo poder, mas também o supremo dever, de detectar, nas contas e relatórios de actividades das empresas auditadas, todas as falhas, desconformidades, fraudes, erros, etc., incorporando uma tendência (ao menos sociológica) para a respectiva responsabilização, de modo quase automático e acrítico, sempre que os relatórios financeiros produzidos pela administração apresentam desconformidades mais ou menos graves em relação à realidade da empresa e estas não sejam detectadas ou corrigidas pelo auditor no exercício da respectiva actividade de revisão e certificação legal das contas.

As expectativas *sociais* em relação à actividade de auditoria e revisão de contas – ou aos seus resultados – apontam, assim, para uma *responsabilidade quase objectiva* dos auditores, ancorada na simples verificação de desconformidades não detectadas e/ou reveladas e são desproporcionadas em relação às expectativas que é legítimo depositar no resultado da actividade de auditoria. Contrariamente às expectativas apontadas, não é legítimo esperar do auditor – porque não é essa a sua função legal nem se encontra para isso vocacionado – que proceda a um controlo político, jurídico ou estratégico da actividade da sociedade[15] ou que possa em todas as circunstâncias

---

CLAYPOOL, "Audit disaster futures: antidotes for the expectation gap", *Managerial Auditing Journal*, 1999, Vol. 14-9, p.468-478; BOSTICK/LUEHLFING, "Minimizing the expectations gap", Minimizing the expectation gap", *Academy of Accounting and Financial Studies Journal, Jan 2004*, Volume 8, 1, 2004, p. 51-61; GABRIELA FIGUEIREDO DIAS, "Controlo de Contas e Responsabilidade dos ROC", *Temas Societários*, IDET – Colóquios, Coimbra, Almedina, 2006, p. 186 e *Fiscalização das Sociedades e Responsabilidade Civil*, Coimbra Editora, 2007, p.

[14] GABRIELA FIGUEIREDO DIAS, "Controlo de Contas e Responsabilidade dos ROC", *Temas Societários*, IDET – Colóquios, Coimbra, Almedina, 2006, p. 186.

[15] Sobre a distinção entre as funções de fiscalização *política* ou operacional (a incidir sobre a actividade da administração e da própria sociedade enquanto ente jurídico e económico) e de fiscalização *financeira* das sociedades (dirigida aos documentos de prestação de contas) e a falta de vocação dos revisores oficiais de contas para a

detectar fraudes ou actividades ilícitas[16]: a sua função é uma função *técnica*, orientada por regras objectivas de carácter igualmente técnico, não cabendo a detecção de fraudes em si mesma na esquadria das funções técnicas legais do auditor, cuja actividade é vinculada à observância de certos métodos, regras e princípios específicos de revisão mas restrita a essa mesma revisão.

O excesso de expectativas em relação ao *resultado* da actividade dos auditores encerra perigos relevantes, não só do ponto de vista social – pelo risco excessivo de litígio, que pode converter a auditoria numa actividade antieconómica[17] –, como do ponto de vista estritamente técnico-jurídico, já que nada permite dispensar, na responsabilização dos auditores, a verificação dos pressupostos gerais da responsabilidade civil[18].

3. Sedução moral *em auditoria*

A *sedução moral* em auditoria refere-se, pois, às diversas modalidades ou formas sob as quais determinados incentivos de natureza económica ou social podem afectar a independência do julgamento do auditor, de modo consciente e intencional, ou enquanto mecanismos psicológicos mais subtis que actuam num plano desprovido de intencionalidade ou mesmo inconsciente.

---

fiscalização política da sociedade, PAULO OLAVO CUNHA, *Direito das Sociedades Comerciais*, Coimbra, Almedina, 3.ª Ed., 2008; algumas referências igualmente em GABRIELA FIGUEIREDO DIAS, *Fiscalização das Sociedades e Responsabilidade Civil*, Coimbra Editora, 2007, p. 14 e 15.

[16] A detecção de fraudes foi, inclusivamente, internacionalmente considerada como um objectivo primário da auditoria até cerca de 1920: BRUNO ALMEIDA/DANIEL TABORDA, "A Fraude em Auditoria: Responsabilidade dos Auditores pela sua Detecção", in *Revista dos Revisores Oficiais de Contas*, Ano 6, n.º 21, Abril/Junho 2003, p. 28-35.

[17] JULIETA GARCIA DIEZ, "Responsabilidade dos Auditores Legais em Espanha e Portugal", in *Revisores e Empresas*, Ano 1, n.º 4 – Jan.-Mar. 99, p. 46.

[18] A responsabilidade obrigacional do ROC perante a sociedade fiscalizada – primeira e principal destinatária do produto da sua actividade – não prescinde designadamente dos elementos da *ilicitude* e da *culpa*, sendo insuficiente a mera ocorrência de um dano para o qual haja contribuído a não detecção ou reporte do erro por parte do auditor;

Existindo todavia, no sistema actual, incentivos de sinal contrário – isto é, que predispõem o auditor para o enviesamento dos relatórios de auditoria a favor do seu cliente ou de outros interesses ilegítimos ou que, pelo contrário, o incentivam a praticar uma auditoria diligente, rigorosa e objectiva –, os incentivos podem, em teoria, constituir em simultâneo o problema e a solução do problema (da independência do auditor): tornam o auditor vulnerável às pressões do cliente, mas podem torná-lo igualmente vulnerável a pressões opostas que conduzem à produção de auditorias de elevada qualidade.

Contudo, o efeito de mitigação recíproca dos dois tipos de incentivos, que teoricamente conduz a um equilíbrio e deveria como tal anular os conflitos de interesses em auditoria, é afinal insuficiente para garantir este resultado, na medida em que comparativamente, os incentivos relacionados com o favorecimento de interesses de segunda ordem dos clientes são claramente predominantes em relação aos incentivos positivos, atendendo ao seu carácter extensivo e imediato: a desilusão provocada no cliente pela emissão de opiniões com reservas e a perda potencial e consequente de honorários relativos a serviços de auditoria e outros serviços (NAS) têm consequências severas, relevantes e imediatas, sobretudo quando em causa está uma firma de auditoria que depende forte ou exclusivamente de um cliente[19]. Diversamente, o risco de litigância e de perda de reputação, que funcionará como incentivo positivo e teoricamente mitigador dos incentivos negativos, afigura-se sempre longínquo, improvável e pouco relevante[20].

---

[19] Razão pela qual, como se verá, é hoje defendida a máxima concentração da indústria de auditoria, no sentido de eliminar dependências excessivas das firmas de auditoria em relação a cada cliente e torná-las assim mais independentes e com melhores condições para resistir às pressões dos clientes.

[20] MOORE/TETLOCK/TANLU/BAZERMAN, "Conflicts of Interest and the Case of Auditor Independence: Moral Seduction and Strategic Issue Cycling", HBS Working Paper #03-115 Rev.12/04, p. 29 e ss, que concluem que as reformas recentemente levadas a cabo (nos EUA) para evitar a ocorrência de conflitos de interesses, incidindo sobre as situações de fraude consciente e ignorando os conflitos de interesse gerados pelo próprio sistema e que actuam através de incentivos psicológicos inconscientes são meramente simbólicas e insuficientes .

Neste cenário, assume importância não só a identificação dos principais incentivos susceptíveis de comprometer a qualidade e a fiabilidade do produto da actividade de auditoria, mas também e sobretudo a identificação ou construção dos mecanismos, efectivos ou potenciais, de mitigação dos respectivos efeitos, que sistematicamente se traduzem numa baixa qualidade e fiabilidade das certificações financeiras produzidas. Os incentivos económicos e sociais influenciam o comportamento dos auditores num plano micro, enquanto os *lobbies* afectam o sucesso das reformas regulatórias ao nível macro. É muito difícil, senão impossível, conceber um mecanismo institucional de actuação dos auditores que não envolva conflitos de interesses.

A questão fundamental é, pois, a de *como gerir esses conflitos de interesses*.

Ora, a primeira pista para uma gestão eficaz dos conflitos de interesses, embora ainda abstracta, já foi sugerida: os incentivos económicos e sociais que pressionam o auditor constituem simultaneamente o problema e a sua via de solução. Será necessário, sempre que possível, acentuar os incentivos *positivos*, que determinam o auditor a aderir rigorosamente às regras técnicas e deontológicas mais estritas em vigor para a actividade de auditoria, de modo a que estes incentivos positivos possam compensar os incentivos *negativos* que introduzem elementos de distorção na conduta do auditor.

V. Interesses e conflitos de interesses em auditoria. O interesse na qualidade e fiabilidade da informação financeira como interesse principal e critério de resolução dos conflitos de interesses

1. *Interesses em jogo na auditoria*

A identificação dos conflitos de interesses que potencialmente intervêm no exercício da auditoria e que são susceptíveis de comprometer a independência do auditor, a isenção da sua análise e o rigor da verificação e certificação das contas produzidas e disponibilizadas pela entidade auditada pressupõe em primeiro lugar que se tenham presentes os *interesses* em jogo relativamente a uma relação de auditoria.

Efectivamente, os diversos sujeitos de algum modo envolvidos na relação de auditoria ou por ela potencialmente afectados exibem, relativamente ao exercício e aos resultados da auditoria, interesses diferentes, por vezes opostos entre si ou inconciliáveis e que, dependendo do modo como são colocados em equação, podem gerar conflitos susceptíveis de interferir com a qualidade e a fiabilidade da auditoria.

No que respeita aos interesses em jogo numa actividade de auditoria, há que considerar pelo menos quatro grupos de interesses: (i) os interesses dos auditores; (ii) os interesses do cliente/empresa ou entidade objecto de auditoria; (iii) os interesses dos investidores; (iv) interesses económicos gerais.

Estes grupos de interesses integram, por sua vez, diversos interesses de natureza diversa, designadamente:

(i) *Interesses dos auditores*: interesses económicos (lucros resultantes da prestação contratual de serviços), interesses sociais e de reputação (baixa litigiosidade, reforço da imagem do auditor no mercado com o objectivo de manutenção dos contratos actuais e angariação de novos clientes).

(ii) *Interesses do cliente*: interesses económicos (baixo preço da auditoria) e interesses de reputação e imagem (auditoria de qualidade, auditorias sem reservas, de modo a criar no público e nos investidores a convicção do rigor das contas apresentadas pela empresa).

(iii) *Interesses dos stakeholders da empresa cliente e dos investidores*: informação completa, rigorosa e fiável, eliminação de custos desproporcionados com as auditorias (que se repercutem nos resultados da empresa e no valor do investimento).

(iv) *Interesses económicos gerais*: credibilidade, rigor e qualidade da informação financeira, garantida pela actividade dos auditores.

2. Natureza dos interesses em jogo. O carácter público do interesse na qualidade e fiabilidade da informação financeira como critério de hierarquização dos interesses

Esta breve descrição de alguns dos mais relevantes interesses que envolvem a actividade de auditoria permite algumas conclusões:

por um lado, a de que esses interesses nem sempre são compatíveis entre si, mas conflituantes por essência e definição; por outro lado, a de que apenas alguns destes interesses devem ser considerados pelo auditor no exercício da sua actividade profissional, devendo os restantes ceder perante estes ou mesmo ser totalmente desconsiderados. Por fim, a de que a natureza das funções exercidas pelo auditor pressupõe uma hierarquização dos interesses em jogo de acordo com um critério que em qualquer caso privilegie a qualidade e a fiabilidade da informação, ainda que a prossecução deste fim implique sacrificar os restantes interesses ou subordiná-los a ele.

De entre os interesses acima identificados nem todos se podem efectivamente qualificar para serem considerados no exercício da auditoria. O auditor, enquanto profissional a quem são cometidas funções *de interesse público*[21], deve apenas atender aos interesses alinhados com a função social e económica da auditoria, isto é, aos interesses cuja concretização coincida ou esteja ao serviço da concretização do interesse fundamental da qualidade da informação financeira ao serviço da eficiência dos mercados e da protecção dos investidores. Na sua actividade de certificação das contas *públicas* das empresas, o auditor assume uma responsabilidade também ela *pública*, que transcende a relação laboral ou contratual com o cliente. O auditor, enquanto certificador *público* independente no exercício de funções de interesse público, assume uma especial responsabilidade (ao menos social[22]) perante os credores e os accionistas da

---

[21] Cf. art. 40.º do DL n.º 487/99, de 16 de Novembro (Estatuto da Ordem dos Revisores Oficiais de Contas) onde as funções típicas e principais do auditor – revisão e certificação legal de contas – são qualificadas como *funções de interesse público*. O auditor pode exercer outras funções não qualificadas como de interesse público e essa distinção tem relevo substancial na medida em que existe um conjunto significativo de normas, designadamente no próprio EOROC, que se aplicam apenas quando o auditor se encontre no exercício de funções de interesse público.

[22] Não cabe no âmbito deste estudo uma análise da responsabilidade *jurídica* do auditor perante terceiros que não a sua contraparte contratual (credores, investidores, accionistas, etc.), que constitui um problema de enorme dificuldade do ponto de vista da construção dogmática e conceptual a que obriga e que não foi até hoje satisfatoriamente resolvido. Sobre o tema pode ver-se todavia CARNEIRO DA FRADA, *Uma "Terceira Via" no Direito da responsabilidade Civil?*, Coimbra, Almedina, 1997; GABRIELA FIGUEIREDO

empresa auditada e perante o público investidor em geral, aos quais garante a conformidade e a fiabilidade das contas das empresas auditadas.

O carácter de *interesse público* das funções desempenhadas do auditor[23] confere, por um lado, uma natureza *sui generis* à relação contratual estabelecida entre o auditor e o seu cliente[24], na medida em que os interesses atendíveis no cumprimento do contrato, conforme demonstrado acima, transcendem o próprio círculo contratual: há, de facto, interesses em jogo na relação de auditoria que o auditor tem de considerar no desempenho da sua actividade *ao abrigo de um contrato* celebrado com o cliente, mas que não coincidem necessariamente com os concretos interesses do cliente e/ou que são titulados por outros sujeitos que não são parte no contrato (vg., os *stakeholders* da empresa cliente, os investidores actuais e potenciais e o público em geral), e cuja consideração é vinculativa como consequência da natureza de interesse público da função desempenhada.

DIAS, *Fiscalização das Sociedades e Responsabilidade Civil*, Coimbra Editora, 2007; "Estruturas de fiscalização de sociedades e responsabilidade civil", Nos Vinte Anos do Código das Sociedades Comerciais – Vol I – Homenagem aos Profs Doutores A. Ferrer Correia, Orlando de Carvalho e Vasco Lobo Xavier; Coimbra Editora, 2008, p. [...]; "Controlo de Contas e Responsabilidade dos ROC", *Temas Societários*, IDET – Colóquios, Coimbra, Almedina, 2006, p. 186 e *Fiscalização das Sociedades e Responsabilidade Civil*, Coimbra Editora, 2007, TORSTEN ROSENBOOM, "A Responsabilidade Civil de Profissionais que Fiscalizam Sociedades Anónimas Cotadas em Bolsa, em Portugal e na Alemanha", in *Estudos de Direito do Consumidor*, n.º 6, 2004, Coimbra, FDUC (Centro de Direito do Consumo), p. 208 ss.; CONCEPCIÓN MONTOYA OLIVER/JULIO FERNANDEZ-SANGUINO FERNANDEZ, "Auditorias y Control Interno en España, con especial referencia al Sector Financiero. Aspectos Legales", in *Revista de Derecho Bancario y Bursátil*, Anno XXIV, Abril-Junho 2005, Editorial Lex Nova, Centro de Documentación Bancaria y Bursátil; CARLOS SILVA E CUNHA, "Responsabilidade Civil Profissional", in *VII Congresso dos ROC – Novas Perspectivas para a Profissão*", policopiado, Nov. 2000.

[23] Que constituem, por essência, um elemento definidor da própria função, e que é mencionada na própria exposição de motivos da Directiva n.º 2006/43/CE, que assinala que "... a função de interesse público dos auditores legais significa que um amplo conjunto de pessoas e instituições confiam na qualidade do trabalho do auditor legal".

[24] Cf. PAULO CÂMARA, "A Actividade de Auditoria e a Fiscalização de Sociedades Cotadas – Definição de um Modelo de Supervisão", *Cadernos do Mercado de Valores Mobiliários*, n.º 16, Abril 2003, pp. 93-98 (94).

O contrato de auditoria estabelecido entre o auditor e o cliente, para além do conteúdo específico estabelecido pelas partes – e que diz respeito a aspectos também específicos da relação contratual e das condições de prestação dos serviços de auditoria – é igualmente integrado, *independentemente da vontade das partes*, por interesses e deveres que decorrem da própria *natureza de interesse público da actividade de auditoria*, e que são, como tal, vinculativos e indisponíveis, não cabendo às partes decidir sobre a sua integração no contrato ou sequer sobre a sua hierarquização no conjunto dos interesses relevantes.

Concretamente, o *interesse* capital a ser considerado no exercício da auditoria, para cuja concretização deve ser orientada a conduta do auditor (mas também a do seu cliente) e que deve constituir o critério de resolução de quaisquer conflitos de interesse que possam surgir neste contexto, *sobrepondo-se a todos os demais* e qualificando as acções orientadas para a sua concretização, é inequivocamente o interesse da *qualidade e fiabilidade da informação financeira*, pois que é este o objectivo e a função da auditoria e o pressuposto da obrigatoriedade legal de revisão e certificação das contas das empresas por sujeitos especificamente habilitados para o efeito.

O auditor, colocado no ponto de cruzamento de todos estes interesses, pode experimentar determinados conflitos de interesses – sobretudo entre o seu interesse próprio e/ou os interesses do seu cliente *versus* o interesse público a que corresponde a sua obrigação profissional de produzir auditorias credíveis e de qualidade. Ainda que nem todos os interesses que gravitam em torno da auditoria tenham de ser à partida desconsiderados ou desqualificados, por não serem em si mesmos incompatíveis com o objectivo da qualidade e fiabilidade da informação financeira (vg, o interesse económico do auditor ou o interesse reputacional do auditor ou do cliente[25]), estes devem contudo, se colocados em equação com o interesse em asse-

---

[25] O interesse de reputação ou imagem do auditor e/ou do cliente podem inclusivamente constituir interesses acessórios do interesse principal da qualidade e fiabilidade da auditoria, na medida em que seja prosseguido de acordo com uma abordagem correcta – isto é, que a reputação e a imagem sejam promovidas "à custa" de uma auditoria da mais elevada qualidade efectiva (e não aparente).

gurar a qualidade e a fiabilidade da informação financeira, ceder perante este último, enquanto *interesse público*, sempre que a respectiva compatibilização não seja possível ou implique qualquer potencial ameaça para a sua concretização.

Este deverá constituir, assim, o critério geral de resolução dos conflitos de interesses em auditoria.

VI. Independência do auditor e conflitos de interesse

1. *Caracterização do requisito de independência do auditor. A falta de independência como* causa *de conflitos de interesse*

A independência constitui um factor crítico no desempenho das funções de auditoria e é globalmente considerada como um dos valores (ou ideais) fundamentais subjacentes à actividade e legitimação dos auditores para a certificação pública das demonstrações financeiras das empresas[26]. Não obstante a eventual tendência das administrações das empresas para exagerar, omitir ou de algum modo falsificar as respectivas demonstrações financeiras, a revisão destas demonstrações e a respectiva certificação através de relatórios de auditoria *independentes* deve proporcionar uma avaliação rigorosa e objectiva da situação financeira da empresa.

Ao mesmo tempo que a importância da independência dos auditores vem sendo cada vez mais sublinhada e reforçada, os eventos financeiros ocorridos nesta década – com especial destaque para a falência da Enron e o papel do seu auditor (Arthur Andersen) nessa falência –, assim como o aprofundamento dos estudos relacionados com os pressupostos e a concretização dessa independência, vêm suscitando inúmeras dúvidas sobre a efectiva independência das práticas modernas de auditoria e sobre a extensão dos efeitos da eventual falta de independência.

---

[26] O.C. HOPE/J.C. LANGLI, "Auditor Independence in a Private Firm and Low Litigation Risk Setting", SSRN, p. 31 e *passim*.

A independência do auditor não corresponde, no entanto, a uma circunstância ou pressuposto concreto, mas antes a um conceito dinâmico que abrange a objectividade do auditor e a respectiva capacidade de resistir às pressões susceptíveis de interferir com essa objectividade.

2. Evolução do conceito de independência do auditor. Independência de facto e independência aparente

Ao longo do tempo, o conceito de independência do auditor tem vindo a evoluir em paralelo com a evolução da própria actividade: de um conceito de independência, especificamente concentrado na eliminação de conflitos de interesses resultantes das relações financeiras entre os auditores e os seus clientes, evoluiu para um conceito mais lato onde tem igualmente lugar o conceito de *independência aparente*, de acordo com o qual a mais-valia da contratação de auditores *vistos como independentes* reside na capacidade acrescida de reforço da confiança dos investidores relativamente à empresa auditada[27] – e não necessariamente em qualquer acréscimo substancial da qualidade da auditoria[28].

A independência de facto ou real aumenta a protecção do investidor proporcionada pela auditoria, enquanto a independência

---

[27] Sobre a importância da aparência de independência dos auditores, MOORE/TETLOCK/TANLU/BAZERMAN, p. 10 e *passim*, sendo referido que já em 1935 o American Institut of Certified Public Accountants (AICPCA) mencionava a necessidade de garantir que, para além da objectividade em si mesms, a *aparência de objectividade* existe na actividade de auditoria; M.W. NELSON, "Ameliorating conflicts of interest in auditing: Effects of Recent Reforms on Auditors and their Clients", Jul. 2005, Working Paper, Cornwell University.

[28] O que explica que muitas das reformas regulatórias efectuadas no sentido de reforçar a independência dos auditores sejam puramente cosméticas, destinando-se a promover a aparência de independência – fenómeno este relacionado com o crescimento paralelo do *expectations gap* que se gera entre um relatório de auditoria limpo e sem reservas, que permite a convicção de robustez e equilíbrio financeiro das contas de uma empresa, e o súbito e inesperado colapso da mesma, que os relatórios de auditoria não faziam prever.

aparente encoraja os investidores a confiar na auditoria. E ambas parecem necessárias para reduzir o custo do capital[29].

Em primeiro lugar, todos os conflitos de interesses susceptíveis de interferir com a isenção e o rigor de uma auditoria resultam de problemas de independência do auditor: a falta de independência do auditor não constitui em si mesma um específico conflito de interesses, mas sim a causa (ou em última análise, o efeito) de todos os conflitos de interesses, potenciais ou efectivos, susceptíveis de comprometer a neutralidade do auditor. O conflito de interesses surge sempre que a linha clara do seu dever profissional é perturbada por um outro imperativo, relacionado com interesses de outra natureza, e consubstancia-se numa situação de dilema entre dois interesses ou duas lealdades de sinal contrário[30].

Ao mesmo tempo, a independência do auditor é uma qualidade que deve ser aferida em relação a um conjunto amplo de sujeitos, circunstâncias e interesses, e não em relação a um específico sujeito ou interesse: a independência do auditor apenas estará assegurada quando, no exercício da sua actividade, ele permanecer neutro em relação a um conjunto de incentivos alheios ao principal interesse que deve ser prosseguido, de produção de um relatório de auditoria neutro, objectivo e rigoroso.

A independência do auditor constitui assim um conceito muito amplo, onde cabem considerações de ordem económica, institucional e de governo societário racionalmente encarados pelo cliente e pelo auditor, mas também factores de natureza psicológica, frequentemente não intencionais ou inconscientes, que desafiam de forma muito mais impressiva o entendimento das implicações subjacentes e as possíveis respostas dos reguladores: a dinâmica interior da "sedução moral" dos auditores em relação a determinados incentivos encoraja a com-

---

[29] Sobre a independência de facto e a independência aparente dos auditores, N. DOPUCH/R. KING/R. SCHWARTZ, "Independence in appearance and in fact: an experimental investigation", *Contemporary Accounting Research*, 20, 1, 2001, p. 79-114; M.W. NELSON, "Ameliorating conflicts of interest in auditing: Effects of Recent Reforms on Auditors and their Clients", Jul. 2005, Working Paper, Cornwell University, p. 3.

[30] JANIN AUDAS, "Incompatibilités et conflits d'interêts pour la profession comptable", CECCAR, Set. 2008.

placência dos mesmos e provoca uma significativa erosão da sua independência, sem que esta percepção se torne clara sequer para o próprio auditor, que nem sempre se apercebe de que sucumbiu a um conflito de interesses. Muitas das vezes, os auditores, tal como outros profissionais, não têm consciência da gradual acumulação de pressões de que são objecto e que influenciam as suas decisões, num processo habitualmente designado por *sedução moral*[31].

Por último, refira-se que o nível de independência do auditor depende, entre um conjunto de factores que geram os conflitos de interesses, de um factor "ambiental" que determina o grau de resiliência do auditor relativamente a incentivos susceptíveis de distorcer os resultados da sua actividade: o grau de litigiosidade do contexto onde o auditor actua[32], e que é susceptível de influenciar ou mesmo determinar as opções do auditor no que respeita à selecção racional ou irracional dos interesses considerados na sua conduta.

VII. Conflitos de interesses específicos em auditoria

A falta de independência do auditor traduz-se, pois, sistematicamente em conflitos de interesses susceptíveis de comprometer a qualidade da auditoria.

Tendo em consideração os diversos interesses em jogo numa relação de auditoria, as pressões (económicas, sociais e reputacionais) que actuam sobre o auditor e as concretas condições actuais de intervenção dos auditores no mercado financeiro, é todavia possível identificar alguns conflitos de interesses como sendo aqueles que em

---

[31] *Moral seduction*; cf. MOORE/TETLOCK/TANLU/BAZERMAN, "Conflicts of Interest and the Case of Auditor Independence: Moral Seduction and Strategic Issue Cycling", HBS Working Paper #03-115 Rev.12/04.

[32] O que significa que o mesmo auditor confrontado com os mesmos incentives nos EUA, onde o grau de litigiosidade contra os auditores é significativo e crescente, ou em Portugal, onde praticamente não existem registos de casos judiciais envolvendo a independência do auditor, resolverá provavelmente o conflito de interesses decorrente da verificação desses incentivos de modo diferente em função do risco de litigiosidade num e noutro contexto; sobre esta questão, O.C. HOPE/J.C. LANGLI, "Auditor Independence in a Private Firm and Low Litigation Risk Setting", SSRN (http://ssrn.com.).

teoria mais provável e frequentemente comprometem o rigor das certificações de contas e a actividade de auditoria em geral.

Por mais frequentes e por apresentarem uma maior potencialidade de influenciar negativamente os resultados das auditorias, são habitualmente referidos os conflitos de interesses decorrentes da captura do auditor pelo cliente e da prestação de serviços cumulativos de auditoria e de consultoria pelo auditor.

São algumas das fontes, variantes e consequências desses conflitos de interesses específicos que cumpre identificar e descrever brevemente, analisando-os, bem como aos instrumentos regulatórios formais disponíveis para a respectiva mitigação, à luz do regime jurídico actual da auditoria nos quadros regulatórios nacionais e à luz das soluções introduzidas pela Directiva n.º 2006/43/CE relativa à revisão legal de contas anuais e consolidadas.

1. A captura do auditor pelo cliente

1.1. *Mecanismos de designação e destituição do auditor*

1.1.1. Liberdade de escolha do auditor pelo cliente

Os mecanismos institucionais de designação do auditor são susceptíveis de influenciar decisivamente a respectiva independência.

O modelo de escolha do auditor vigente em Portugal – como em todos os regimes jurídicos de referência – confere ao cliente a liberdade de escolha e contratação do auditor, sem limitações ou restrições para além daquelas que decorrem dos regimes de impedimentos e incompatibilidades estabelecidos neste ordenamento.

Este modelo opõe-se a um outro, possível em teoria, de designação *ad hoc* do auditor por uma entidade independente (supervisor, ordem profissional ou outra) sem possibilidade de intervenção do cliente no processo de selecção do auditor.

O modelo vigente, de selecção do auditor pelo cliente, assentando no pressuposto de uma ampla autonomia privada que se reconhece às empresas na condução dos seus negócios e na sua organização, mesmo em relação a aspectos que, como a certificação de contas, mexem com interesses de natureza pública, contém um potencial significativo do risco de conflitos de interesses, na medida em que coloca o auditor (ou a decisão da sua contratação ou substituição) inteiramente nas mãos do seu cliente. Esta circunstância cria um evidente incentivo no cliente para seleccionar e manter os auditores que mais provavelmente emitam relatórios de auditoria "limpos", isto é, que com maior probabilidade se abstenham de destacar eventuais erros ou desconformidades existentes nas demonstrações financeiras das empresas.

Existe efectivamente alguma evidência prática de que a probabilidade de substituição do auditor na sequência da emissão de um relatório de auditoria com reservas ou desqualificado aumenta significativamente[33]. O outro lado da moeda reside numa outra evidência – a de que o auditor, consciente desta probabilidade, se sinta fortemente incentivado a adaptar o conteúdo dos seus relatórios de auditoria aos desejos e necessidades do seu cliente. E nestas circunstâncias, o auditor está necessariamente colocado numa situação de conflito de interesses.

Os mecanismos possíveis de mitigação deste conflito não são evidentes, mas passam seguramente pela definição de mecanismos internos de decisão sobre a selecção e substituição ou manutenção do auditor que de alguma forma contrabalancem os incentivos aludidos.

Genericamente, a solução deveria passar por atribuir à assembleia geral das empresas a competência e legitimidade para a designação do auditor, já que se trata do órgão colectivo de decisão onde as regras da colegialidade funcionam de modo mais depurado e onde os accionistas ou membros da instituição exercem os seus poderes/deveres de fiscalização da sociedade. É assim mais improvável que a assembleia geral seja influenciada, na decisão de escolha, manutenção ou substituição do auditor, pela probabilidade de este emitir relatórios de auditoria "limpos" quando no entanto as demonstrações financeiras da empresa apresentem erros ou falsidades: os accionistas

---

[33] MOORE/TETLOCK/TANLU/BAZERMAN, "Conflicts of Interest and the Case of Auditor Independence: Moral Seduction and Strategic Issue Cycling", p. 13; SEABRIGHT/LEVINGTHAL/FICHMAN, "Role of Individual Attachments in the Dissolution of Interorganizational Relationships", Academy of Management Journal, Vol. 35, 1, p. 122-160.

são em princípio os principais interessados em conhecer a verdadeira situação financeira da empresa, pelo que não terão interesse em contratar ou manter um auditor que se disponha a "adaptar" os relatórios da empresa às conveniências da administração.

Assim, a Directiva da Auditoria (Directiva n.º 2006/43/CE) estabeleceu como regra, no art. 37.º/1, que a competência para a designação do auditor pertence à assembleia geral[34], deixando todavia aos estados-membros a possibilidade de, em alternativa, estabelecerem outros mecanismos de designação do auditor, desde que os mesmos assegurem a sua independência relativamente aos membros executivos do órgão de administração.

Desta disposição é possível retirar duas conclusões:

(i) O legislador comunitário quis estabelecer como *regra* a atribuição de legitimidade à assembleia geral das entidades utilizadoras dos serviços de auditoria, admitindo-se que os estados transponham esta norma atribuindo essa competência a outros órgãos a título excepcional ou como opção de segunda linha.

(ii) Aquilo que se pretende assegurar com esta regra é a independência do auditor *face aos membros com responsabilidades executivas da sociedade*, e não em relação a quaisquer órgãos ou sujeitos da sociedade, por se considerar que é em relação àqueles que existe um risco sério de captura e de consequente enviesamento dos resultados da auditoria produzida em favor das conveniências da administração da empresa.

1.1.2. O modelo português de designação do auditor face ao regime da Directiva

Em Portugal, a transposição da Directiva n.º 2006/43/CE fez um uso parcial da opção deixada aos estados-membros pelo n.º 2 do art. 37.º.

---

[34] "O revisor oficial de contas ou a sociedade de revisores oficiais de contas são designados pela assembleia geral de accionistas ou membros da entidade examinada."

De acordo com a nova redacção introduzida pelo DL n.º 224//2008, de 20 de Março, que transpôs parcialmente a Directiva n.º 2006/43/CE para a ordem jurídica interna, o n.º 1 art. 50.º do DL n.º 487/99, de 16 de Novembro, que institui o Estatuto da Ordem dos Revisores Oficiais de Contas, estabelece uma regra de designação do auditor pela assembleia geral das empresas ou outras entidades. A 2.ª parte da norma, contudo, fazendo uso da opção deixada pela Directiva aos Estados-Membros, admite a possibilidade de essa competência ser atribuída pela legislação específica a outros órgãos ou sujeitos.

Precisamente, no que respeita às sociedades anónimas (cotadas ou não), o Código das Sociedades Comerciais optou por estabelecer uma regra de designação do auditor *pela assembleia geral*, mas *sob proposta do órgão de fiscalização*[35].

A solução encontrada pelo legislador nacional resulta num compromisso entre a regra da designação do auditor pela assembleia geral, de acordo com a proposta principal da Directiva, e a atribuição de competências ao órgão de fiscalização da sociedade, enquanto órgão independente em relação à administração, para intervir no processo de selecção do auditor, considerado mecanismo de governo societário adequado para evitar a formação de conflitos de interesses nas relações com o auditor[36]. Esta solução é designadamente defendida no relatório da OCDE sobre independência dos auditores, onde se recomenda que "(...) *regardless of the particular legal structure in a jurisdiction, a governance body that is in both appearance and fact independent of management of the entity being audited and acts in the interests of investors should oversee the process of selection and appointment of the external auditor and the conduct of the audit.*"

Esta recomendação foi claramente tida em consideração na definição dos mecanismos de designação do auditor estabelecidos

---

[35] Cf. os arts. 420.º, n.º 2, al. b), 423.º-F, al.m) e 446.º, n.º 1 do Código das Sociedades Comerciais. Sobre os mecanismos de designação do auditor, ANTÓNIO PEREIRA DE ALMEIDA, *Sociedades Comerciais*, 5.ª ed., (2008), 458-459 e 478-479.

[36] Cf. o relatório do Comité Técnico da OCDE "Principles of Auditor Independence and the Role of Corporate Governance in Monitoring Auditor's Independence", OCDE, 2002.

com a Reforma Societária de 2006[37]. Na sequência das críticas dirigidas à omissão legal de qualquer indicação sobre a competência para a designação do auditor externo no regime societário anterior à Reforma[38] o legislador veio clarificar essa competência nos termos atrás referidos.

Efectivamente, na versão anterior à Reforma, o CSC limitava-se a mencionar que nas sociedades que adoptassem o modelo dualista, previsto então no art. 278.º, al. b), o revisor oficial de contas deveria ser designado pela assembleia geral, nada dizendo o Código dos Valores Mobiliários sobre o mecanismos e a competência para a designação do "auditor externo" cuja intervenção é obrigatória nas sociedades abertas para efeitos do disposto no art. 8.º deste Código. Com a modificação das estruturas de fiscalização operadas com a Reforma de 2006, em que o revisor oficial de contas passou obrigatoriamente a ser "externo" em relação aos órgãos de fiscalização das sociedades emitentes de valores mobiliários admitidos à negociação, passou a entender-se que o revisor oficial de contas assim designado nos termos do CSC e para os efeitos ali previstos pode ser o mesmo auditor que cumpre as funções previstas no art. 8.º do CVM e para os efeitos previstos neste Código. Nestes termos parece que os mecanismos de designação do ROC previsto nos arts. 420.º, n.º 2, al, b), 423.º-F, al. m) e 446.º, n.º 1 vêm suprir a falta de previsão do CVM sobre os mecanismos de designação do auditor para efeitos do art. 8.º deste Código, já que se o auditor é o mesmo, fica resolvida no CSC a questão da legitimidade e competência para intervir no processo da respectiva selecção.

1.1.3. A cumulação de funções de auditor para efeitos do CSC e para efeitos do CVM.

Esta solução – de cumulação, pelo mesmo auditor, das funções de ROC para efeitos do CSC e de auditor nos termos do CVM – não

---

[37] Reforma do Código das Sociedades Comerciais introduzida pelo DL n.º 76-A//2006, de 31 de Março.

[38] PAULO CÂMARA, "A Actividade de Auditoria e a Fiscalização de Sociedades Cotadas – Definição de um Modelo de Supervisão", *Cadernos do Mercado de Valores Mobiliários*, n.º 16, Abril 2003.

é isenta de críticas e pode suscitar algumas preocupações em matéria de independência do auditor[39]. Alguma reflexão posterior permite todavia admitir que no contexto dos novos modelos de fiscalização em vigor para as sociedades emitentes de valores mobiliários admitidos à negociação em mercado regulamentado, a possibilidade de as sociedades designaram um só auditor para o desempenho das funções de fiscalização societária descritas no CVM e para os actos em que é obrigatória a intervenção de auditor registado junto da CMVM parece menos estranha, pelo facto de o ROC, não obstante integrado na empresa, não integrar todavia o seu órgão de fiscalização, devendo assim actuar como um verdadeiro *auditor externo*. Vistas as coisas por este prisma, a função do auditor registado junto da CMVM no que respeita à sua intervenção obrigatória nos termos do CVM não é a de exercer um segundo grau de fiscalização – ou seja, de fiscalizar os resultados da fiscalização feita pelo revisor oficial de contas no contexto do CSC – mas a de assegurar, em relação àquelas sociedades, que determinados actos de fiscalização são assegurados por profissionais devidamente habilitados para o efeito e supervisionados pela CMVM.

Se assim não for – e estamos em crer que é – estar-se-á nesse caso perante um fenómeno de *auto-revisão*, em que o auditor verifica, no exercício das suas funções especiais decorrentes do CVM, o seu próprio trabalho enquanto revisor oficial de contas no exercício das funções que lhe são atribuídas pelo CSC. Uma circunstância incompreensível e em relação à qual nenhuma condescendência deveria ser admitida.

---

[39] Cf, sobre o assunto e mais detalhadamente sobre as preocupações que esta acumulação de papéis pelo auditor convoca, GABRIELA FIGUEIREDO DIAS, "Controlo de Contas e Responsabilidade dos ROC", *Temas Societários*, IDET – Colóquios, Coimbra, Almedina, 2006, p. 173 e sobretudo em *Fiscalização das Sociedades e Responsabilidade Civil*, Coimbra Editora, 2007, p. 14 (nota 6). Veja-se ainda o texto colectivo A. BEBIANO/L. CALDAS/M. PUPO CORREIA/G. FIGUEIREDO DIAS, "Administração e fiscalização de sociedades e responsabilidade civil". Alguma reflexão posterior conduziu todavia a uma aceitação mais tranquila desta solução, conforme se explica no texto.

1.1.4. O modelo de designação do auditor: vantagens e problemas. O alcance da regra de designação do auditor pela assembleia geral sob proposta do órgão de fiscalização.

O mecanismo escolhido pelo legislador nacional de designação do auditor (revisor oficial de contas) pela assembleia geral sob proposta do órgão de fiscalização apresenta assim vários méritos e um problema.

Por conta dos méritos da solução está a feliz compatibilização de dois modelos de governo societário diferentes frequentemente propostos pela doutrina – de designação do auditor pela assembleia geral e pelo órgão de fiscalização. Neste modelo, ambos os órgãos são admitidos a intervir no processo de designação – através da selecção do auditor (órgão de fiscalização) e da sua aprovação ou rejeição (assembleia geral). Com isto, o auditor não fica nas mãos da administração no que respeita ao processo da respectiva escolha e será assim teoricamente menos permeável a eventuais pressões (por parte da administração do cliente) de que possa vir a ser alvo. Associada a um regime de inamovibilidade do auditor, salvo com justa causa, por um período de tempo correspondente ao seu mandato, tal como previsto nos arts. 54.º, n.º 1 do EOROC e arts. 419.º, n.º 1 e 423.º-E, n.º 1 do CSC[40], esta solução parece criar condições para uma menor dependência do auditor em relação à administração do seu cliente, uma menor familiaridade e consequentemente, uma menor permeabilidade do auditor aos interesses do cliente no sentido do alisamento dos resultados da auditoria e às pressões que nesse sentido o cliente possa exercer.

O problema contido nesta solução tem exclusivamente que ver com uma falta de clareza do regime no que respeita à extensão da

---

[40] No momento em que este estudo é concluído permanece uma lacuna na lei societária no que respeita à previsão dos mecanismos de destituição do revisor oficial de contas no modelo germânico de governo societário (conselho de administração executivo e conselho geral e de supervisão) que se espera seja corrigida em breve, de acordo com uma proposta de alterações diversas ao CSC que se encontra a aguardar aprovação pelo governo e que inclui uma norma adicional que prevê que essa destituição só possa ocorrer nas mesmas circunstâncias previstas para os restantes modelos de governo societário, *ie*, pela assembleia geral e com justa causa.

competência da assembleia geral para intervir no processo de selecção e designação do auditor. As normas do CSC que estabelecem a distribuição destas competências entre o órgão de fiscalização e a assembleia geral, sendo inequívocas quanto ao carácter limitado das competências do órgão de fiscalização – que se limita a *propor* o auditor e não tem por conseguinte poderes para o nomear ou eleger – têm no entanto colocado, na prática, a questão de saber se os sócios não possuem igualmente o direito de propor um auditor à assembleia geral.

Trata-se de um problema de interpretação das normas dos arts. 420.º, n.º 2, al, b), 423.º-F, al. m) e 446.º, n.º 1. A atribuição de competência ao órgão de fiscalização para *propor* o nome do auditor à assembleia geral tem que ver com a necessidade de assegurar que no termo do mandato do auditor existirá uma proposta de designação de auditor que será submetida à assembleia geral, não deixando a existência de uma proposta na dependência da iniciativa dos accionistas e não deixando a porta aberta para a possibilidade de a sociedade poder ficar temporariamente sem auditor por ausência de propostas da assembleia geral. A atribuição dessa competência ao órgão de fiscalização tem ainda em consideração o facto de o órgão de fiscalização ser por definição aquele que melhor avaliará a competência e a independência do auditor a seleccionar e a necessidade de assegurar a não intervenção da administração no respectivo processo de selecção. Tem, por conseguinte, a natureza de um *poder-dever* do órgão de fiscalização – e não o sentido de retirar aos sócios essa competência, se eles pretenderem igualmente exercê-la.

Não parece de facto de excluir que os sócios, no uso do seu poder de fazer propostas à assembleia geral, possam propor também um auditor – hipótese provável sobretudo quando o auditor proposto pelo órgão de fiscalização não seja aprovado pela assembleia geral. Em circunstâncias como esta, se não se admitir aos sócios a possibilidade de fazerem uma proposta alternativa, estará criado um impasse que de acordo com uma leitura rígida do núcleo de competências atribuídas à assembleia geral em matéria de designação do auditor só seria superável através da nova convocação de uma assembleia geral para eleição do auditor sob nova proposta do órgão de fiscalização.

Ora, esta interpretação não parece razoável, sobretudo se se tiver em consideração o disposto no art. 35.º da Directiva n.º 2006/43/CE, já referido, bem como o art. 50.º do DL n.º 487/99, de 16 de Novembro (EOROC) na versão que lhe foi dada pelo DL n.º 224/2008, de 20 de Novembro, que estabelecem como regra a designação do auditor pela assembleia geral.

1.2. Remuneração do auditor. Apreciação crítica do regime do art. 60.º, n.º 5 do EOROC.

De acordo com dados empíricos recolhidos e tratados na literatura da especialidade, e que não parecem contestados, o valor porventura elevado da remuneração não constitui em si mesmo uma fonte de conflitos de interesses nem é considerado como elemento de captura do auditor pelo cliente[41]. Pelo contrário, determinados estudos concluem que a fixação de contrapartidas mais reduzidas induz uma auditoria de mais baixa qualidade, sobretudo em ambientes de baixo risco de litigância[42], estabelecendo igualmente uma relação de causalidade entre fenómenos de redução dos preços (*lowballing*) da auditoria e a perda de objectividade do auditor[43].

Não são, por conseguinte, necessários mecanismos de mitigação de um eventual conflito de interesses gerado pelos valores elevados dos honorários contratados e pagos pelo cliente ao auditor, desde que a *estrutura* e os *critérios* de determinação da remuneração não criem pela sua natureza incentivos no auditor para não revelar, em relação ao cliente, quaisquer erros ou desconformidades detectados nas suas demonstrações financeiras ou para admitir ou criar a aparência de solidez e equilíbrio financeiro da empresa auditada, quando essa fotografia não corresponda à sua situação financeira real.

---

[41] O.C. HOPE/J.C. LANGLI, "Auditor Independence in a Private Firm and Low Litigation Risk Setting", SSRN.

[42] C. KOCH/J. WÜSTEMANN, "A Review of Bias Research in Auditing: Opportunities for Combining Psychological and Economic Research", *Journal of Accounting Literature*, Ago. 2008, disponível em http://ssrn.com/abstract=1032961; M.S. COLLER/ J. L. HIGGS/S. WHEELER, "An experimental market analysis of auditor work-level reduction decisions", *Advances in Accounting*, n.º 19, 1, p. 53-70.

[43] N. DOPUCH/R. R. KING, "The effects of lowballing on audit quality: An experimental markets study", *Journal of Accounting, Auditing & Finance*, Vol. 11-1, p. 45-68.

A regra estabelecida no artigo 60.º, n.º 5 do EOROC, enquanto mecanismo regulatório pensado para a mitigação de eventuais conflitos de interesses decorrentes da dependência da remuneração do auditor de condições variáveis, concretiza de certo modo esta preocupação, ao dispor que a remuneração não pode ser contingente em função dos resultados *do trabalho realizado pelo auditor*. O que bem se compreende: não é admissível que o montante dos honorários do auditor fique na dependência do resultado das auditorias que este venha a realizar relativamente às demonstrações financeiras da empresa que o contratou. Admitir essa possibilidade, através da contratação de honorários contingentes em função do resultado das auditorias, seria o mesmo que condenar o auditor a um permanente, inevitável e injusto conflito entre o interesse (*público*) da objectividade da auditoria e o *seu interesse próprio* numa remuneração mais elevada, que consciente ou inconscientemente influenciaria a atitude do auditor perante as contas a certificar.

Mas o critério estabelecido no art. 60.º, n.º 5 do EOROC é, apesar disso, insuficiente, na medida em que admite a contingência da remuneração em função dos resultados da empresa, criando um incentivo no auditor para emitir sistematicamente uma opinião sem reservas sobre a contabilidade produzida pela empresa que exiba uma situação financeira saudável mas que o auditor verifique não ser conforme com a situação real da empresa. Essa possibilidade abre assim as portas à verificação de mais um conflito de interesses que pode ser liminarmente mediante a extensão da proibição legal de contingência da remuneração em relação aos resultados do cliente.

Para evitar incentivos negativos e conflitos de interesses susceptíveis de influenciar a certificação das demonstrações financeiras pelo auditor, não deve apenas estabelecer-se a proibição da *contingência da remuneração do auditor em função dos resultados do seu trabalho,* mas deve igualmente afastar-se de modo expresso a possibilidade de a *remuneração ser contingente ou variável em função dos resultados da empresa auditada.*

1.3. *Permanência prolongada do auditor no cliente: cumplicidade e familiaridade como fonte de conflitos de interesse. Rotação periódica obrigatória dos auditores.*

1.3.1. Efeitos e consequências da permanência prolongada do auditor no cliente.

Uma das causas geralmente apontadas para o surgimento de pressões e conflitos de interesse na actividade do auditor reside no estabelecimento e preservação de uma vinculação prolongada do mesmo auditor a um cliente.

O prolongamento no tempo da relação profissional pode, efectivamente, conduzir ao estabelecimento de relações de proximidade e cumplicidade entre o auditor e o seu cliente susceptíveis de produzir alguma erosão na resistência daquele relativamente a eventuais pressões exercidas por este no sentido da apresentação de relatórios de auditoria "limpos", isto é, sem reservas. Mesmo na ausência de pressões conscientes, o auditor que permanece vinculado a um cliente durante períodos longos de tempo pode sofrer pressões inconscientes no sentido de corresponder às respectivas expectativas implícitas, adequando o resultado da auditoria a essas expectativas e mais ou menos conscientemente procurando não o desiludir ou desagradar.

Para além deste efeito de captura psicológica, relacional ou afectiva, o estabelecimento de vínculos contratuais de longa duração entre o auditor e o cliente é susceptível de desencadear outro tipo de conflitos de interesses, ligado à necessidade de preservação do cliente de serviços de auditoria para garantir a continuidade da prestação de serviços de outra natureza. Estes podem inclusivamente conduzir a cenários de *lowballing*, em que o auditor aceita reduzir o valor dos seus honorários para preservar o cliente, verificando-se todavia que a prática de *lowballing* tende a produzir um correspondente abaixamento da qualidade dos serviços de auditoria prestados[44].

---

[44] C. KOCH/J. WÜSTEMANN, "A Review of Bias Research in Auditing: Opportunities for Combining Psychological and Economic Research", *Journal of Accounting Literature*, Ago. 2008, disponível em http://ssrn.com/abstract=1032961, p. 27; DOPUCH/KING, *cit.*

Numa relação profissional de longa duração, para além dos laços de dependência económica que se criam e do relaxamento inconsciente do auditor na monitorização de sinais de alerta e operações duvidosas, este, uma vez confrontado com um erro, omissão ou fraude nas demonstrações financeiras do cliente que lhe incumbe verificar e certificar, é colocado numa situação de conflito entre revelar a desconformidade – e sofrer represálias imediatas decorrentes do facto de com isso desiludir o seu cliente antigo, surgir aos olhos deste como infiel e perder provavelmente a sua estima e os seus honorários – ou emitir um relatório limpo, preservando ou potenciando a estima do cliente e assegurando a manutenção do contrato. Tudo isto, num pressuposto de muito remota possibilidade de litigância e de consequências jurídicas, as quais são efectivamente em certos contextos (como o contexto nacional) muito improváveis.

Um efeito perverso adicional resultante da vinculação duradoura do auditor a um cliente reside na tendência para a repetição de erros ou omissões nos sucessivos relatórios de auditoria relativos às demonstrações financeiras do mesmo cliente[45]. Trata-se de um fenómeno psicológico ou sociológico de adesão acrítica dos sujeitos às suas próprias actuações e asserções, não admitindo revê-las ou pô-las em causa e por conseguinte repetindo *ad eternum* um erro ou uma omissão eventualmente cometido num relatório de auditoria.

Neste cenário, o auditor tende a assumir em cada relatório de auditoria todas as asserções e conclusões que anteriormente formulou, nos relatórios antecedentes, a propósito das contas e da situação financeira do cliente – porque não considera sequer a possibilidade de existência de alguma inexactidão no seu próprio trabalho ou porque, tendo detectado o erro, se recusa a assumi-lo com receio das consequências da revelação do mesmo, preocupando-se por conseguinte com a respectiva ocultação ou validação cosmética nas sucessivas auditorias a que venha a proceder relativamente às contas daquele cliente.

---

[45] MOORE/TETLOCK/TANLU/BAZERMAN, "Conflicts of Interest and the Case of Auditor Independence: Moral Seduction and Strategic Issue Cycling", HBS Working Paper #03-115 Rev.12/04, p. 18 ss.

Este fenómeno pode inclusivamente ocorrer no limite da consciência do auditor. Serve de exemplo a situação em que, num determinado ano, o auditor se abstém de solicitar ao cliente a correcção das respectivas contas quando estas se encontram no limite daquilo que é tecnicamente aceitável como correcto, do ponto de vista contabilístico. No ano seguinte, o auditor pode sentir a necessidade de justificar a sua abstenção do ano anterior fechando os olhos a uma situação em que o cliente puxou a sua contabilidade para além das fronteiras da conformidade técnica relativamente ao mesmo aspecto. No ano seguinte, o auditor pode sentir-se obrigado a certificar sem reservas a contabilidade do cliente para evitar admitir os erros dos dois anos anteriores, na esperança de que o erro seja corrigido pelo cliente no ano seguinte. No quarto ano, o cliente e o auditor estarão os dois comprometidos na ocultação activa dos erros anteriores.

1.3.2. A rotação de auditores como mecanismo de mitigação dos conflitos de interesses resultantes da permanência prolongada do auditor no cliente

A solução teórica habitualmente referida como adequada para eliminar os conflitos de interesses actuais e potenciais que resultam da permanência prolongada do auditor como revisor de contas de uma empresa consiste na *rotação periódica dos auditores*, a título obrigatório ou como práticas voluntária de bom governo da empresa cliente.

Nos EUA, a Lei SOX 2002 veio impor como regra a rotação obrigatória de *sócios* (*lead audit partner*) das firmas de auditoria designados para a certificação das contas de um determinado cliente com uma periodicidade de 5 anos.

Esta regra surgiu, no entanto, na sequência de uma significativa pressão exercida pelo público em geral e pelos investidores sobre o regulador norte-americano, após o colapso e dos escândalos da Enron e da Worldcom, para a implementação de uma regra de *rotação periódica obrigatória do próprio auditor* (firma de auditoria).

Esta regra chegou a ser proposta pela SEC em Junho de 2000, juntamente com outras medidas regulatórias severas que acabaram por ser mitigadas na versão final da SOX[46] sob a pressão de alguns *lobbies* e a invocação de um rigor regulatório excessivo sem um ganho correspondente em matéria de protecção dos investidores: a regra que veio a ser implementada – – segundo alguns, em consequência das pressões e da forte actividade de *lobbying* desenvolvidas pelas firmas de auditoria contra esta regra junto das instâncias políticas – foi no entanto, como referido, a da rotação obrigatória *do sócio* designado para auditar uma empresa, e *não da própria firma de auditoria*.

A mesma opção regulatória foi tomada pelo legislador comunitário, que estabeleceu no art. 42.º, n.º 2 da Directiva n.º 2006/43/CE a obrigatoriedade de rotação obrigatória pelo menos de 7 em 7 anos do sócio principal responsável pela revisão legal das contas do cliente, como mecanismo de mitigação de conflitos de interesses decorrentes do estabelecimento de relações de permanência prolongada entre o auditor e o seu cliente. Contudo, provavelmente com a finalidade política de exibir alguma simpatia do legislador comunitário para com a opção, mais radical, de rotação periódica da firma de auditoria, estabelece-se naquela norma a *possibilidade* de os estados-membros que assim o queiram serem mais exigentes e imporem a rotação periódica de auditores.

Esta norma da Directiva n.º 2006/43/CE foi transposta para a ordem jurídica interna no art. 56.º, n.º 2 do EOROC, onde se impõe a rotação obrigatória *do sócio responsável pela orientação ou execução da revisão legal de contas* com uma periodicidade não superior a 7 anos e onde, por conseguinte, o legislador nacional optou por não fazer uso daquela opção mais rigorosa.

Acrescem, todavia, as regras do Código das Sociedades Comerciais que dispõem sobre a duração do mandato do revisor oficial de contas (art. 415.º, n.º 1), o qual não pode estender-se por mais de 4 anos, podendo no entanto ser renovado por designação da assembleia geral. Não sendo por esta via assegurada a respectiva rotação, trata-se no entanto de assegurar que a assembleia geral, enquanto

---

[46] Por exemplo, a proibição total da prestação de serviços de consultoria pelas firmas de auditoria.

órgão competente para a designação do auditor, tem condições legais para avaliar e reflectir periodicamente sobre a actividade desenvolvida pelo auditor e manifestar a sua vontade de manutenção do vínculo ou, pelo contrário, de o susbtituir.

A regra da rotação periódica dos sócios principais responsáveis pela certificação das contas de um cliente, tal como estabelecida na SOX, na Directiva da Auditoria e no regime jurídico português, tem sido no entanto qualificada por alguns como uma regra meramente *cosmética*[47], que não reduz substancialmente o potencial de ocorrência de conflitos de interesses decorrentes de relações profissionais prolongadas entre o auditor e o cliente. E isto, não só na medida em que os riscos de captura do auditor pelo cliente se verificam em relação à firma de auditoria, muito mais do que em relação ao auditor individual, mas sobretudo porque a obrigação de substituição de um sujeito por outro integrado na mesma organização empresarial, com os mesmo objectivos e incentivos económicos, não permite actuar sobre os conflitos de interesses estabelecidos entre o anterior sócio e o cliente, assim como não permite ao novo sócio designado ter uma perspectiva isenta e objectiva sobre o trabalho anteriormente desenvolvido pelo seu par ou sequer sentir-se livre para denunciar eventuais fraudes ou negligências que venha a detectar em relação às certificações emitidas pelo seu antecessor.

É inquestionável que a mera imposição da rotação de sócios constitui uma regra que fica inquestionavelmente muito aquém da regra pretendida de rotação do próprio auditor (empresa de auditoria), em termos de eficácia na mitigação dos conflitos de interesses susceptíveis de surgir e afectar a qualidade da auditoria sempre que as relações profissionais do auditor e do cliente se prolonguem no tempo para além do razoável. Admite-se inclusivamente alguma hipocrisia ou farisaísmo na substituição da regra ideal projectada – de rotação do auditor – por esta outra – de rotação do sócio –, tanto mais que as mesmas tendem a ser apresentadas como equivalentes ou alternativas, em termos de eficácia e objectivos, ou como duas regras aparentemente muito semelhantes, mas que têm na prática um objectivo e um grau de eficácia significativamente diferentes.

---

[47] MOORE/TETLOCK/TANLU/BAZERMAN, "Conflicts of Interest and the Case of Auditor Independence: Moral Seduction and Strategic Issue Cycling", p. 12.

A simples rotação vinculativa dos sócios não deixa todavia de ser importante e de promover a mitigação de alguns conflitos de interesses potenciais, ainda que não necessariamente os mesmos que se pretendia mitigar com a imposição da rotação do próprio auditor.

Assim, as relações contratuais de longa duração entre o auditor e o cliente aumentam à medida em que o auditor se vê a ele próprio como *ligado* ao cliente (em particular se o auditor antecipar uma futura contratação sua pela empresa cliente[48]), podendo no entanto tratar-se de uma simples ligação de facto, afectiva, de cumplicidade, etc.

Por outro lado, certas falhas de auditoria podem resultar de uma escalada de comprometimento entre o sócio e o cliente, proporcionada por relações contratuais de longa duração, que levem o auditor a entrar num circuito escorregadio de envolvimento duradouro com o cliente. Se é certo que este problema se resolveria de forma mais assertiva com a rotação periódica obrigatória do próprio auditor, o simples afastamento do sócio da empresa de auditoria que segue aquele cliente provoca uma quebra de rotinas, cumplicidades, códigos e familiaridades e permite refrescar as relações entre o auditor e o seu cliente, na medida em que o novo sócio do mesmo auditor vai, pelo menos, poder (dever) olhar para as contas da empresa e para a própria empresa com um olhar mais neutro e objectivo, ao menos no período inicial da sua designação.

Teoricamente, o problema da cumplicidade e familiaridade do sócio com o cliente, enquanto fonte de conflito de interesses, resolve-se através de um sistema que conjugue a inamovibilidade temporária do auditor (sócio) com a respectiva rotação periódica obrigatória – precisamente o sistema instituído no regime regulatório português.

Esta solução apresenta também, todavia, algumas debilidades. Por um lado, a inamovibilidade impede o cliente de se libertar de

---

[48] O que entre nós é excluído pelo art. 79.º do EOROC, onde se estabelece um período de "carência" (*cooling off*) dentro do qual se proíbe a contratação do auditor como membro do órgão de administração ou colaborador da empresa cliente. Sobre a solução da Directiva n.º 2006/43/CE em matéria de *cooling off*, por confronto com a solução adoptada no SOX mas com preferência pela primeira, JOSÉ JOÃO FERREIRA GOMES, "A fiscalização externa das sociedades comerciais e a independência dos auditores: a reforma Europeia, a influência Norte-Americana e a transposição para o direito Português", *Cadernos do Mercado de Valores Mobiliários*, n.º 24, Nov. 2006, p. 204.

serviços de auditoria de fraca qualidade e de mudar de auditor quando determinadas modificações ao nível das necessidades de auditoria o imponham ou recomendem[49]. Por outro lado, a crescente consolidação da indústria da auditoria e as regras em vigor sobre independência dos auditores têm vindo a tornar a rotação de auditores crescentemente difícil. Por último, a probabilidade de perda de informação com a rotação de auditores é muito significativa, afectando negativamente a qualidade da auditoria: existe alguma evidência de que a *expertise* ligada ao cliente (o conhecimento concreto e aprofundado das especiais características, estratégias e dificuldades do cliente) é fundamental para a qualidade da auditoria: as taxas de falhas de auditoria parecem ser significativamente mais elevadas nos primeiros anos de envolvimento contratual do auditor com o cliente, verificando-se, inversamente, uma relação positiva entre o crescimento da qualidade da auditoria e a permanência do auditor no cliente.

Perante estes factos, para além de impor a rotação da firma de auditoria – solução porventura ideal mas de difícil concretização prática e que contém em si mesma um potencial de efeitos negativos na qualidade da auditoria –, as opções regulatórias para lidar com os conflitos de interesses suscitados pela permanência prolongada do auditor no cliente poderão passar por restringir a possibilidade de o auditor de se abster de corrigir ou divulgar os erros e as omissões detectadas na informação financeira produzida pelo cliente, responsabilizando-o severamente e impondo-lhe a observância de regras estritas de auditoria[50].

---

[49] Segundo K. HACKENBRACK/C. HOGAN, "Market Response to Earnings Surprises Conditional on Reasons for an Auditor Change", *Contemporary Accounting Research*, n.º 19, 2, p. 195-223, as alterações das necessidades do cliente em matéria de auditoria (vg, pela alteração dos mercados onde actuam, pela fusão ou consolidação de empresas, pela alteração ou ampliação da área de negócio) constituem uma das mais frequentes uma razões pelas quais os clientes optam por trocar o auditor; no mesmo sentido vejam-se os resultados do estudo "Study on the Economic Impact of Auditor's Liability Regimes" (MARKT/2005/24/F) – Final Report to the EC-DG Internal Market and Services, London Economics in association with Professor Ralf Ewert, Goethe University, Frankfurt-am-Main, Germany, Set. 2006.

[50] M.W. NELSON, "A review of experimental and archival conflicts of interest research in auditing", in MOORE/CAIN/LOEWENSTEIN/BAZERMAN (Eds), *Conflicts of Interest: Problems and solutions in law, medicine and organizational settings*, Cambridge University Press, 2005.

Mas deverá igualmente considerar-se a possibilidade de impor, além da rotação dos sócios da firma de auditoria, a rotação do *staff* técnico afectado àquele cliente, bem como estabelecer mecanismos de supervisão que assegurem que, aquando da rotação, é efectuada uma reavaliação do cliente pelo novo auditor, de modo a evitar que eventuais falhas de auditoria do anterior auditor possam perpetuar-se nas auditorias seguintes, retirando valor ao efeito de rotação.

Admite-se, tanto em relação à rotação da firma de auditoria como à rotação do pessoal técnico afectado ao acompanhamento e certificação das contas do cliente, que a respectiva implementação enquanto mecanismos de mitigação dos conflitos de interesses decorrentes do estabelecimento de vínculos de longa duração entre o auditor e o cliente possa ser prosseguida através de medidas recomendatórias, alternativamente a medidas vinculativas, designadamente através da inclusão de disposições com esse conteúdo nos códigos de governo societário dos diversos países.

1.3.3. Outros mecanismos de mitigação dos conflitos de interesses decorrentes do estabelecimento de relações de familiaridade e cumplicidade entre o auditor e o cliente. Apreciação crítica de algumas soluções do ordenamento jurídico nacional.

A mitigação dos conflitos de interesses resultantes da existência de relações de familiaridade e cumplicidade entre o auditor e o cliente, decorrentes de vínculos profissionais de longo prazo ou de relações pessoais ou profissionais específicas, pode todavia recorrer a mecanismos diversos ou adicionais em relação à rotação dos auditores ou dos sócios das empresas de auditoria.

Assim, e considerando o exemplo do regime português, são ainda estabelecidas *incompatibilidades* para o exercício da função de auditor que assentam numa presunção (inilidível) de que a existência ou persistência de certas relações pessoais ou profissionais entre o auditor e o seu cliente são susceptíveis de comprometer a independência da avaliação levada a cabo por aquele, estabelecendo-se em consequência uma *proibição* de exercício da actividade relativamente aos clientes com os quais se estabeleça essa tipo de relação, a fim de evitar liminarmente a ocorrência dos conflitos de interesses potenciais que tais relações podem gerar.

Desde logo, na revisão de foi recentemente alvo o DL. n.º 487/99, de 16 de Novembro, que estabelece o Estatuto da Ordem dos Revisores Oficiais de Contas, foi introduzida uma norma adicional – o art. 68.º-A – cujo racional consiste precisamente no estabelecimento uma regra geral e muito ampla sobre os deveres de salvaguarda da independência do auditor e de actuação com respeito por esses critérios de independência. Esta regra, embora enunciada em termos genéricos, é aplicável a todas as situações em que a existência de relações de proximidade, familiaridade ou cumplicidade seja susceptíveis de comprometer a isenção e a neutralidade da apreciação levada a cabo pelo auditor.

Acrescem todavia a esta norma as situações de incompatibilidade para o exercício da auditoria estabelecidas nos artigos 75.º (incompatibilidades em geral) e 78.º do EOROC (incompatibilidades relativas). Sobretudo nesta última norma sobressaem as aludidas presunções de perda de independência decorrentes de certo tipo de ligações pessoais ou familiares [art. 78.º, n.º 1, als. a) e b)] ou profissionais [art. 78.º, n.º 1, als. c), d) e e)].

No caso de o cliente ser uma sociedade anónima, acrescem todavia a estas incompatibilidades para o exercício da função de auditoria externa todas aquelas mencionadas no art. 414.º-A do CSC[51] – o que, para além de alguns problemas de articulação de ambos os regimes, a que o auditor/revisor oficial de contas fica sujeito sempre que se trate de exercer funções de fiscalização externa numa sociedade anónima (o que corresponde à situação largamente predominante) ou numa entidade de interesse público (que consome praticamente o remanescente das situações[52], suscita algumas reservas quanto à extensão e eficácia deste conjunto de incompatibilidades.

---

[51] Sobre o critério da independência dos membros dos órgãos de fiscalização e as incompatibilidades assinaladas pela lei aos mesmos sujeitos, detalhadamente, PAULO OLAVO CUNHA, *Direito das Sociedades Comerciais*, 3.ª ed., 2008, 532-538.

[52] Visto que o domínio de intervenção obrigatória de auditor é praticamente coberto pelo espectro das entidades de interesse público, tal como definidas e elencadas no art. [...] do DL n.º 225/2008, de 20 de Março, e que todas as entidades de interesse público ficam sujeitas ao regime do CSC no que respeita aos mecanismos de governo societário relacionados com a fiscalização.

Se o objectivo prosseguido pelo legislador, ao submeter o auditor a um amplo conjunto de pressupostos de legitimação para o exercício da auditoria, de garantir a maior independência possível do auditor é obviamente de suportar, não é evidente que o vasto conjunto de incompatibilidades estabelecidas seja eficaz e proporcional relativamente a esse objectivo.

Na sua grande maioria, trata-se de proibições que procuram actuar sobre aspectos altamente subjectivos da independência do auditor através de critérios formais e objectivos. Será expectável que a proibição estabelecida por exemplo no art. 414.º-A, n.º 1, al. e) ou g) de um auditor que se encontre em relação ao cliente numa das situações descritas exercer a actividade de auditoria em relação a esse cliente seja simultaneamente eficaz e proporcionado?

Independentemente da avaliação que se faça deste regime, a independência do auditor não deixa de ter uma dimensão muito significativa de *subjectividade* que implica duas consequências: por um lado, a de que essa *subjectividade* deveria ser assumida, permitindo-se uma análise caso a caso e deixando uma margem de flexibilidade para que, quando verificadas as situações a que a lei faz actualmente corresponder uma incompatibilidade total e automática, se pudesse todavia ilidir a presunção de perda de independência. Se o auditor, pelo casamento de um seu irmão que porventura reside do outro lado do mundo com alguém que é sócio de uma sociedade em nome colectivo que se encontra em relação de domínio com a sociedade cliente, esta circunstância não será automática e necessariamente comprometedora da independência do auditor. Todavia, o legislador preferiu ligar objectivamente a estas situações um impedimento para o exercício da actividade.

A questão está em saber se, sobretudo num mercado de reduzida dimensão como o mercado português, o alargamento significativo das incompatibilidades não pode ter um efeito perverso, consubstanciado numa redução crítica do espectro de auditores seleccionáveis e impedindo a escolha ou manutenção do auditor objectivamente mais qualificado ou mais bem colocado para proceder a uma auditoria de qualidade.

Por outro lado, os conflitos de interesses decorrentes da existência de laços pessoais ou profissionais entre o auditor e o cliente não se resolvem necessariamente pela criação de impedimentos ao exercício da actividade dos sujeitos que se encontrem nas condições referidas no art. 414.º-A do CSC e/ou no art. 78.º, n.º 1 do CSC. As ligações e dependências pessoais e profissionais entre o auditor e o cliente resultam de factores excessivamente complexos para poderem ser compreendidos em toda a sua extensão e sobretudo, para poderem ser ultrapassados através de soluções simplistas – mas em todo o caso onerosas para os destinatários. Existe aqui um risco de se procurar uma solução *simples* para uma questão *complexa*, com o risco adicional de se julgar ter resolvido, por via dessas soluções *simples* em que se traduz a proibição de exercício da auditoria independentemente do grau de influência concreta que a situação é susceptível de produzir no resultado da auditoria, todo um conjunto de situações que ameaçam a independência do auditor e a qualidade da auditoria por ele produzida.

No fundo, a questão que aqui se coloca e em relação à qual se deixa espaço para uma ponderação e reflexão adicional é a questão básica da *legitimidade da regulação*: a questão da adequação, proporcionalidade e eficácia expectável da regulação produzida e imposta aos seus destinatários e os *custos* da regulação (aqui compreendidos os custos para o sistema, com a criação, implementação e monitorização da regulação, e os custos para os seus destinatários, com os encargos de adaptação das práticas, de cumprimento constante e de redução de opções em termos de práticas de governo societário e estratégias empresariais).

1.4. *A prestação simultânea de serviços de auditoria e consultoria*

1.4.1. Os conflitos potenciais gerados pela acumulação de serviços de auditoria e não-auditoria

Uma das mais proeminentes e controvertidas fontes de conflitos de interesses em auditoria reside alegadamente na inexistência de impedimentos regulatórios à prestação de serviços diversos da auditoria (vg, consultoria – fiscal, contabilística e/ou de gestão[53]) pelos auditores aos clientes a quem prestam serviços de auditoria.

Enquanto a prestação simultânea de todos estes serviços permite à empresa de auditoria beneficiar de economias de escala e de uma racionalização dos objectivos e recursos[54], ela contém todavia um significativo potencial de conflitos de interesses: por um lado, pela pressão criada no auditor para enviesar os seus julgamentos e opiniões de modo a limitar quaisquer perdas nas comissões recebidas pela prestação de "outros serviços"; por outro lado, decorrentes do facto de o auditor frequentemente avaliar, nestas condições, determinados sistemas ou estruturas (fiscais e financeiras) implementadas pela firma a que pertence na prestação de "outros serviços".

A prestação de serviços *non-audit* pelas firmas de auditoria afecta inequivocamente a aparência de independência do auditor, mas afecta também provavelmente a sua independência real[55].

Do ponto de vista da independência de facto ou real, aliás, a preocupação é dupla, porque duplo é o conflito de interesses que pode resultar desta circunstância:

– por um lado, o auditor pode sentir-se pressionado a corresponder aos desejos de um cliente pela importância económica de manter esse cliente, em razão sobretudo dos ganhos que este lhe proporciona pela prestação dos serviços de consultoria, cedendo para isso às suas pressões ou desejos implícitos de obtenção de relatórios de auditoria "limpos" a fim de se manter no cliente como prestador de outro tipo de serviços (porventura mais rentáveis).

---

[53] *Non – audit services* (NAS).

[54] EUGENE N.WHITE, "Can the Market Control Conflicts of Interest in the Financial Industry?", in C. BORIO, W. C. HUNTER, G. KAUFMAN and K.TSATSARONIS, *Market Discipline Across Countries and Industries*, MIT Press, 2004, p. 7.

[55] M.W. NELSON, "A review of experimental and archival conflicts of interest research in auditing", in MOORE/CAIN/LOEWENSTEIN/BAZERMAN (Eds), *Conflicts of Interest: Problems and solutions in law, medicine and organizational settings*, Cambridge University Press, 2005, p. 3 e 11, afirma que ambas as dimensões da independência do auditor são necessariamente afectadas pela prestação simultânea de serviços de auditoria e consultoria.

– por outro lado, a prestação de serviços *non-audit* é ainda susceptível de comprometer a independência de facto dos auditores na medida em os pode colocar em posição de defenderem os seus clientes em relação aos serviços *non-audit*, mas não em relação a serviços de auditoria: por exemplo, no âmbito da prestação de serviços de aconselhamento fiscal, o auditor (na veste de consultor) pode advogar para o seu cliente a assunção de posições fiscais muito agressivas – para as quais, na qualidade de auditor, terá de procurar a todo o custo uma cobertura contabilística; nesta medida, o auditor perde independência, na medida em que prosseguirá o rigor da cobertura das posições ficais assumidas mais do que o rigor do reporte financeiro e do cumprimento das normas de auditoria em si mesmo.

Em qualquer caso, e para além da perda de independência real que é susceptível de gerar, é inquestionável que a prestação cumulativa de serviços de auditoria e de consultoria reduz inevitavelmente a aparência de independência dos auditores – e que esta reduz a credibilidade e consequentemente o valor das respectivas auditorias.

Efectivamente, o conceito de independência, historicamente focado na eliminação de conflitos de interesses resultantes das relações financeiras entre os auditores e os seus clientes, evoluiu ao longo dos tempos, sendo hoje considerado da maior importância o conceito de *independência aparente*, ao ponto de uma parte significativa da classe dos auditores entender que a mais-valia da contratação de auditores vistos como independentes reside na capacidade acrescida que esse facto gera de angariar a confiança dos investidores no que respeita à solidez financeira da empresa auditada[56].

---

[56] Sobre a importância da aparência de independência dos auditores, MOORE/TETLOCK/TANLU/BAZERMAN, p. 10 e *passim*, sendo referido que já em 1935 o American Institut of Certified Public Accountants (AICPCA) mencionava a necessidade de garantir que, para além da objectividade em si mesms, a *aparência de objectividade* existe na actividade de auditoria; M.W. NELSON, "Ameliorating conflicts of interest in auditing: Effects of Recent Reforms on Auditors and their Clients", Jul. 2005, Working Paper, Cornwell University.

Os elevados valores cobrados pela prestação de serviços *non-audit* são geralmente percebidos pelos investidores e pelo público em geral como um facto que inevitavelmente compromete a independência do auditor[57].

A prestação cumulativa de serviços de consultoria contém, por outro lado, um significativo potencial de dano para a actividade de auditoria da mesma firma, pondo em risco toda a actividade[58].

Em consequência, tem vindo a ser reclamada, em várias instâncias, a inibição dos auditores de prestarem serviços *non-audit* apenas com o objectivo de incrementar a independência aparente.

Note-se no entanto que uma parte da literatura especializada insiste ne existência de uma pequena evidência de que a prestação de serviços *non-audit* pelo auditor reduza a sua independência: alguns autores assinalam mesmo que a prestação de serviços non-audit não relacionados com aspectos contabilísticos não só não afectam a independência do auditor como apresentam um impacto positivo na qualidade dos relatórios de auditoria quando os serviços *non-audit* são de natureza fiscal[59].

Por outro lado, é repetidamente invocada a eficácia dos mecanismos do próprio mercado, no seu funcionamento, para a eliminação destes conflitos de interesses: de acordo com alguns estudos, os próprios clientes evitam solicitar à mesma firma que lhes presta serviços de auditoria certo tipo de NAS, na medida em que se o fizerem, essa actuação diminui a credibilidade da sua informação financeira aos olhos dos investidores e o apetite destes pela libertação de capital a favor da empresa através do seu investimento. Assim, na tentativa de

---

[57] J.R. FRANCIS/B. KE, "Disclosure of fees paid to Auditors and Market Valuation of Earnings Surprises", Working Paper, University of Missouri at Columbia and Pennsylvania State University, 2005.

[58] As dificuldades sentidas pela KPMG em consequência da sua actividade de criação e aconselhamento de paraísos fiscais aos seus clientes, no âmbito dos serviços de consultoria fiscal, e do impacto que estes tiveram na sua actividade de auditoria constituem um bom exemplo deste fenómeno.

[59] M.W. NELSON, "Ameliorating conflicts of interest in auditing", *cit.*; W.R. KENNEY/Z. PALMROSE/S. SCHOLTZ, "Auditor independence, non-audit services and restatements: was the U.S. government right?", *Journal of Accounting Research*, 42, 3, p. 561-588.

manter a sua reputação e de diminuir a sua exposição a situações de litigância, o próprio mercado se encarrega, segundo estes estudos, de excluir as situações susceptíveis de gerar conflitos de interesses que possam comprometer a independência real e aparente do auditor e a imagem do cliente no mercado.

1.4.1. Mecanismos de mercado e mecanismos regulatórios de mitigação dos conflitos de interesses resultantes da cumulação de serviços de auditoria e serviços de outra natureza

Em face deste problema, foi exercida, nos EUA como na EU, alguma pressão junto dos reguladores no sentido de ser eliminada, por via regulatória, a possibilidade de as empresas de auditoria prestarem simultaneamente serviços de auditoria e serviços de outra natureza (NAS).

A verdade é que, tanto nos EUA como na EU, se ficou a meio do caminho na consecução do objectivo de evitar a cumulação de serviços prestados pelas firmas de auditoria aos seus clientes.

Assim, a SOX 2002[60] estabeleceu a proibição de prestação contemporânea de um conjunto de serviços *non audit* (registos contabilísticos, concepção de sistemas de informação financeira, avaliações, serviços actuariais, prestação de serviços de auditoria interna, funções de gestão, intermediação, consultoria para investimento, banca de investimento, serviços jurídicos e quaisquer outros serviços estabelecidos pelo Public Company Accounting Oversight Board[61]), deixando de fora – isto é, permitindo – o exercício simultâneo da actividade que gera os mais severos conflitos de interesses com a actividade de auditoria: a consultoria fiscal.

Na Europa – e por arrastamento, em Portugal – a amputação dos serviços de consultoria fiscal do elenco de actividades *non-audit* cujo exercício é proibido em cumulação com a actividade de auditoria repetiu-se, numa imitação das soluções da SOX e provavelmente como resultado de uma cedência do regulador às pressões gigantescas da indústria nesse sentido.

---

[60] Secção 201.
[61] PCAOB, órgão de supervisão da actividade de auditoria na dependência da SEC.

Efectivamente, o art. 68.º-A do EOROC, para além das cláusulas gerais de independência como critério obrigatório de actuação do auditor, estabelece, nas vária alíneas do n.º 7, diversas restrições no que respeita à prestação contemporânea de NAS pelas firmas de auditoria que reproduzem praticamente todas as restrições estabelecidas na SOX 2002 – e entre as quais, à semelhança da SOX e pelas mesmas razões, não estabelece qualquer restrição à prestação de serviços de consultoria fiscal.

O regime nacional instituído para fazer face aos conflitos decorrentes da cumulação de actividades de auditoria e não-auditoria ficou assim ainda longe do ponto desejável e necessário para estabelecer um regime eficaz no que respeita à mitigação desses conflitos de interesses.

O facto de não ter sido levada às últimas consequências a percepção dos graves conflitos de interesses que a cumulação de serviços de auditoria e NAS é susceptível de gerar, bem como da necessidade de os evitar através de uma intervenção regulatória dirigida à respectiva proibição, ficou porventura a dever-se ao reconhecimento dos efeitos económicos negativos de uma medida desta natureza, pela supressão de importantes economias de escala que implica. A imposição de segregação de actividades, permitindo assegurar que os "agentes" não são colocados em situações de ter de responder perante vários "principais", assim se reduzindo o potencial de ocorrência de conflitos de interesses, comporta todavia custos relevantes para as firmas de auditoria que importa não desconsiderar.

Neste estado de coisas, devem ser considerados mecanismos suplementares de evicção ou correcção das distorções susceptíveis de ocorrerem pela prestação simultânea de serviços de auditoria e de NAS, nas circunstâncias em que a lei o admite. E esses mecanismos passam inevitavelmente por duas vias: a intensificação e aperfeiçoamento da *supervisão* e o aprofundamento da *transparência*.

VIII. Mitigação dos conflitos de interesses: considerações gerais

1. Orientações gerais para a instituição de mecanismos de mitigação dos conflitos de interesses em auditoria.

Para além do que fica dito, mas também em jeito de sistematização de diversas idéias atrás afloradas no que respeita aos mecanismos possíveis de mitigação dos conflitos de interesses em auditoria, algo mais deve ser dito.

Por um lado, não deve ignorar-se alguma eficácia efectivamente demonstrada pelo mercado na eliminação dos efeitos perversos dos conflitos de interesses susceptíveis de influenciar negativamente a actividade do auditor. Ao mesmo tempo, não deve insistir-se no mito da eliminação de *todos* os conflitos de interesses em auditoria pela via regulatória: esta não só não é possível, como a prossecução de um tal objectivo revelar-se-ia insuportavelmente onerosa.

Pode contudo traçar-se um quadro equilibrado de mecanismos de mitigação das causas e dos efeitos dos conflitos de interesse identificáveis, como aqueles que acabaram de ser abordados. Sempre que se verifique a incapacidade do mercado para lidar eficazmente com os conflitos de interesses, deverá ser considerada a intervenção do regulador nos seguintes termos:

(1) Incremento obrigatório da transparência, através de obrigações mais exigentes de informação

Trata-se do mecanismo de mitigação de conflitos de interesses menos intrusivo e portanto, aquele que deve merecer a preferência do regulador. Toda a informação que divulgue a existência de um conflito de interesses pode auxiliar os investidores a julgar sobre a conveniência de colocar o seu investimento junto de um determinado cliente, ou sobre a proporção da alocação desse investimento.

Neste sentido, é actualmente imposto aos auditores a publicação de um relatório de transparência (art. 62.º-A do EOROC), do qual é obrigatório que conste um conjunto muito amplo de informações sobre o auditor e as suas relações com o mercado e através do qual, em conjugação com os relatórios dos emitentes (designadamente os relatórios de governo societário), se pretende que sejam divulgados ao mercado e aos investidores toda a informação necessária sobre a existência ou potencialidade de conflitos de interesses, tornando mais responsáveis e esclarecidas as decisões dos investidores e a monitorização que estão dispostos a fazer da actividade da empresa.

(2) Incremento da supervisão

Todavia, as empresas financeiras são muitas vezes tentadas a esconder informação financeira relevante, enquanto a intensificação da informação pode revelar demasiado sobre a empresa. Nestas condições, mesmo sob a pressão de um ambiente regulatório fortemente orientado para o aumento da transparência, esta pode não ser bem sucedida, *sobretudo se não for acompanhada de uma monitorização e supervisão efectiva*. Quando o regulador exige aos operadores mais informação, eles alteram os relatórios, mas não necessariamente as práticas: estas só sofrem as alterações desejadas quando o regulador passa a verificar se a informação produzida corresponde efectivamente à realidade da empresa.

Neste sentido foi criado, através do DL n.º 225/2008, de 20 de Março e por imposição da Directiva n.º 2003/43/CE, um órgão de supervisão da actividade de auditoria – o Conselho Nacional de Supervisão da Auditoria –, que veio preencher uma lacuna efectiva no sistema e responder à necessidade de assegurar que as regras impostas aos auditores no exercício da sua actividade, designadamente desenhadas para garantir a respectiva independência, são efectivamente monitorizados e fiscalizados por uma entidade com competência e legitimidade para o efeito.

(3) Reforço dos mecanismos de responsabilização dos auditores

O caso Andersen ensinou uma lição – a de que o sucesso das firmas de auditoria em casos judiciais, perante os tribunais ou através de acordos com os outros litigantes, é improvável. Este caso poderá moderar eventuais impulsos das restantes formas de auditoria no sentido de adoptarem práticas de auditoria de qualidade e legalidade duvidosa: a Andersen foi destruída pela perda de clientes subsequente a uma condenação judicial. Situações desta natureza, com os tribunais a evidenciarem uma tolerância zero no que respeita a falhas de auditoria dolosas ou negligentes, evidenciam a vulnerabilidade das firmas de auditoria relativamente a eventos judiciais, que deverão encorajá-las a projectar auditorias rigorosas e eficientes e a resistir a cedências a eventuais pressões dos clientes.

Não é tanto a probabilidade de se tornar vulnerável a uma futura destruição que afecta as práticas de auditoria, mas antes as modificações internas das abordagens da auditoria, do controlo interno, etc. que essa vulnerabilidade obriga as firmas a fazer e que afectam os auditores quotidianamente.

A reforma societária de 2006 introduziu, em Portugal, alguns ajustamentos nos mecanismos da responsabilidade pela fiscalização societária, designadamente como efeito da segregação da função de revisão legal de contas em relação ao órgão de fiscalização e da consagração de deveres específicos dos fiscalizadores no art. 64.º, n.º 2 do CSC. Ambas as medidas contribuíram significativamente para a criação de um esquema jurídico de responsabilização dos membros dos órgãos de fiscalização (interna) e do revisor oficial de contas significativamente mais claro e mais sólido do que aquele até ali existente. E este constitui inequivocamente um passo imprescindível para a criação de mecanismos de correcção dos conflitos de interesses no âmbito da actividade de auditoria, através da criação de incentivos ao cumprimento e observância das regras de cuidado e diligência profissional que evita o accionamento de acções de responsabilidade contra o auditor, com todas as consequências que a litigância comporta.

Por outro lado, a Recomendação da Comissão Europeia sobre a responsabilidade dos auditores veio igualmente, em alguns dos seus aspectos, reforçar a responsabilidade dos auditores, assim contribuindo para a construção de um edifício regulatório eficaz na gestão dos conflitos de interesses.

A via do reforço dos mecanismos de responsabilização dos auditores pela violação de deveres fiduciários decorrente de conflitos de interesses, sendo provavelmente a via que merece ser explorada, encontra-se ainda em segundo plano no conjunto dos mecanismos de mitigação desses conflitos. Designadamente a proposta da Recomendação de eliminação do elemento da solidariedade na responsabilidade dos auditores constitui uma regressão no apuramento dos mecanismos de responsabilidade.

Há pois que manter este caminho sob observação, já que é possível equacionar a possibilidade de ele constituir a via adequada de intervenção na construção de um sistema onde os conflitos inerentes ao exercício da auditoria sejam cada vez menos impressivos.

(4) Substituição dos auditores externos por seguros de auditoria

Trata-se de uma proposta fracturante, que envolve uma radical mudança de paradigma nos modelos de reporte e verificação financeira. De acordo com esta proposta, as empresas sujeitas a auditoria deixariam de submeter os seus relatórios a um controlo regular pelo auditor externo mas seriam, em vez disso, obrigadas a estabelecer *contratos de seguro* para garantir o potencial de responsabilidade associado a erros e omissões ao nível da contabilidade e informação financeira da empresa.

Neste cenário, os auditores seriam contratados, não pela empresa auditada mas pelas seguradoras para avaliar o risco das empresas seguradas: com isto resolver-se-ia a maioria dos problemas relacionados com a independência dos auditores e assegurar-se-ia razoavelmente a eliminação de um conjunto muito significativo de conflitos de interesses.

Apesar de intrigante, esta posição corresponde desde logo a uma posição de ruptura com o modelo vigente ou, pelo menos, a uma posição de partida para uma mudança de paradigma, não isenta de dificuldades: por exemplo, não é evidente que os investidores depositem suficiente confiança em seguros adquiridos pelas empresas em que investem, nem é claro que os clientes façam ou saibam fazer uma distinção entre empresas que adquiram seguros baratos (por exemplo, com franquias muito elevadas ou limites de cobertura muito baixos, ou baseados em relatórios de auditores de baixa qualidade, ou em auditorias restritas ou limitadas, etc.) daquelas outras que adquirem bons seguros: a dificuldade de determinação dos mercados onde os investidores saibam fazer esta avaliação sugere desde logo uma eficiência limitada desta proposta.

Em todo o caso trata-se de uma proposta que oferece uma alternativa ao sistema actual, enquanto mecanismo que permite o alinhamento de interesses dos auditores com os dos accionistas. Não obstante constituir em simultâneo a sua própria rede de relações de interesse, com as empresas a sofrerem incentivos para a aquisição de seguros de baixo preço, as seguradoras a sofrerem incentivos para evitar pagamentos em caso de reclamações e os investidores e os credores a sofrerem baixos incentivos para exercerem uma efectiva monitorização daqueles conflitos de interesses, pode constituir um interessante ponto de partida para a reflexão sobre a eventual necessidade de substituição do actual modelo por um outro modelo alternativo, se persistir um quadro de permeabilidade do sistema aos conflitos de interesses ditados pelo modelo actual.

(5) Socialização da informação

A "socialização da informação" constitui a mais radical resposta aos conflitos de interesses que resistem aos restantes mecanismos regulatórios: trata-se de colocar nas mãos do estado os mecanismos de produção e disponibilização da informação financeira da empresa. Como argumento legitimador teríamos a natureza de *bem público* da informação financeira das empresas, a requerer uma produção igualmente pública.

Para além da ausência de tradição e de cultura de mercado nesse sentido, a apropriação pública da actividade de auditoria como mecanismos de garantir a qualidade da informação esbarra com as dificuldades decorrentes do facto de um ente público não possuir os mesmo incentivos que o auditor privado para produzir auditoria de qualidade, assim se reduzindo o fluxo de informação financeira relevante nos mercados.

Acresce que os custos de implementação de um sistema público de auditoria implicaria custos muito elevados, dificilmente compensados pelos benefícios que este mecanismos permitiria obter.

Qualquer uma destas vias – substituição da auditoria externa por seguros e socialização da auditoria – constituem propostas fracturantes de substituição de um paradigma por outro substancialmente diferente.

Será preciso todavia ainda percorrer um longo caminho para desenvolver um modelo diferente, pelo que se trata, por agora, de compreender e aperfeiçoar o modelo actual e procurar com ele atingir o grau de impermeabilidade possível da auditoria aos incentivos de que é objecto.

IX. (Sem) Conclusão

Em conclusão, questiona-se qual a via de solução para os conflitos de interesse em auditoria. Este não prescinde seguramente de intervenções regulatórias dirigidas a reequilibrar os incentivos no sentido de assegurar a qualidade da auditoria.

O caminho passa pois pela regulação. Mas é contudo necessário fazer uma ponderação cuidadosa dos custos e benefícios e do equilíbrio necessário entre a necessidade de controlo externo (regulação) e a importância da liberdade de auto-regulação da indústria. O excesso de regulação nesta matéria faz deslocar para as agências regulatórias o ónus da responsabilidade de garantir o bom funcionamento da actividade de auditoria no seu *design*, desempenho e administração e transformará as agências regulatórias em verdadeiros "auditores do desempenho" dos auditores financeiros (quando aquilo que se espera do supervisor em relação a esta actividade é que exerça com eficácia a sua função de *check the checkers*).

Há ainda que ter em conta, ao equacionar as intervenções regulatórias julgadas adequadas, a actuação dos auditores enquanto grupo de interesses *(lobbying)*: tal como todos os *lobbies*, o *lobby* dos auditores tende a permanecer discreto e inactivo em contextos de escândalo ou quando debaixo de fortes críticas sociais, mas quando a situação abranda, tende a reaparecer com uma agressividade redobrada no sentido de inverter algumas das concessões feitas numa situação de maior debilidade.

Neste cenário, a ocorrência de regressões regulatórias relativamente a reformas em curso ou mesmo já concluídas[62] não é improvável que suceda.

---

[62] A título de exemplo, já depois da implementação do SOX, a SEC pronunciou-se sobre o *excesso de zelo* com que os auditores, ao abrigo daquela lei, têm vindo a monitorizar os sistemas de controlo interno das empresas (Solomon and Gullapalli 2005), assim como assinalou a necessidade de um possível relaxamento das regras sobre independência se o processo de consolidação na indústria da auditoria vier de facto a verificar-se (por exemplo, se a KPMG vier a desaparecer por efeito de uma condenação relacionada com a promoção de paraísos fiscais).

Em termos mais gerais, a mitigação dos conflitos de interesses na actividade de auditoria deverá passar igualmente por um maior profissionalismo no acesso e exercício da actividade e por uma modificação da cultura das firmas de auditoria. Ao mesmo tempo, é essencial uma monitorização adequada do funcionamento dos sistemas de controlo interno pelo órgão competente, a refocagem das firmas de auditoria na prestação estrita de serviços de auditoria e o incremento da supervisão do cumprimento da regulação em vigor.

Algumas medidas regulatórias mais recentes, vg, dirigidas a assegurar a independência do auditor em relação ao órgão de administração, podem ter consequências ao nível da comunicação entre o *management* e o auditor, que pode tornar-se menos fluida ou menos aberta, diminuindo a capacidade do auditor para evitar problemas e potenciando a probabilidade de produção de erros e omissões no reporte financeiro do cliente, reduzindo igualmente a possibilidade de o auditor detectar esses erros e omissões. Será necessário ter em consideração estes factos e perceber que nenhuma medida regulatória é inócua, produzindo custos, mas também impactos negativos que podem não ser previsíveis aquando da sua adopção.

Outras direcções possíveis passam pela consideração de modelos alternativos para a indústria da auditoria, como o modelo de seguro[63], ou a contratação dos auditores pelas entidades gestoras dos mercados onde os valores mobiliários são cotados, em substituição do modelo de contratação do auditor pela empresa auditada, ou a integração dos auditores numa organização governamental e pagamento através desta (ou controlado por esta), num processo de socialização da auditoria.

Quaisquer reformas regulatórias devem todavia considerar um sistema equilibrado de incentivos, isto é, os incentivos que podem levar a um enviesamento do controlo financeiro interno (pelos colaboradores e/ou órgãos competentes) e da auditoria (pelo auditor externo) deverão ser compensados pela criação de incentivos que determinem, no cliente, uma maior diligência na produção de reportes financeiros rigorosos e transparentes (vg, através da implementa-

---

[63] Ronen, 2004.

ção e apuramento dos sistemas de controlo interno[64]) e uma menor tendência para pressionar o auditor para a emissão de um relatório de auditoria sem reservas; e no auditor, um maior profundidade nas auditorias, com maior probabilidade de detecção dos erros, e uma maior resistência às pressões dos clientes.

Abstract

The conflicts of interest (CoI) that may arise in the auditing activity and affect the quality and the reliance of the auditing reports are being currently understood as relevant corporate governance problems, particularly since the financial scandals of the beginning of the century showed how critical the role of financial information can be. Those conflicts of interest have been leading to a call for more regulation, while the auditing firms and some literature see more auditing regulation as a wrong response to the problem. The question is therefore not only how to recognize the conflicts of interest that may interfere with the auditing reports quality and reliance, but also to understand how effective some regulatory answers may be to the scope of mitigating the negative effects of the CoI in the auditing activity.

This chapter aims first to identify the most common and relevant conflicts of interest that may arise in the auditing activity (eg., deriving from close and/or long relationships between the auditor and the client, from the auditor's remuneration system or from the legal possibility of the same auditor cumulating audit and non-audit services), both from an economic perspective and from a social one. But it also aims to look for some answers or ways forward to mitigate the CoI and minimize its potential damage, checking the ability of some regulatory and non-regulatory measures to achieve this goal.

It is concluded that the current regulatory framework may not be sufficient to avoid some perverse interference of the CoI in the auditing independence and quality and some regulatory intervention may be useful for this purpose, namely through more demanding duties of transparency, more intensive supervision and harder liability rules. But one should have in mind the costs and benefits of more and new regulation and above all, that a significant part of the CoI may be dealt with by the means of a change of the culture and the implementation of best practices in the auditing market, rather than through extensive and intensive new mandatory regulation.

---

[64] Pode sugerir-se uma reforma regulatória no sentido de o sistema de controlo interno passar a ser verificado pelo auditor externo, à semelhança do SOX 404?

Apresentação dos Autores

Paulo Câmara

Mestre em Direito (FDUL, 1996) e advogado (Sérvulo & Associados, desde 2008). Foi Director do Departamento de Emitentes (1998-2006) e Director do Departamento Internacional e de Política Regulatória (2006-2008) da CMVM. Membro do Conselho Orientador (desde 2008) e Associado fundador do Instituto dos Valores Mobiliários. Membro do *European Corporate Governance Institute*. Membro do Comité de Coordenação do Conselho Nacional de Supervisores Financeiros (2006-2008). Membro do *European Securities Committee* (2007-2008). Membro do *Steering Group on Corporate Governance* da OCDE (1998-2008). Membro do Grupo de Trabalho constituído para a elaboração do Código dos Valores Mobiliários (1998-1999). Lecciona em diversos cursos de pós-graduação (na Faculdade de Direito da Universidade de Lisboa, na Universidade Católica Portuguesa e no Instituto Superior de Economia e de Gestão) e publica regularmente na área do Direito dos Valores Mobiliários, do Direito das Sociedades e do Governo das Sociedades, sendo nomeadamente autor do *Manual de Direito dos Valores Mobiliários* (2009).

José Ferreira Gomes

Licenciado em Direito pela Faculdade de Direito da Universidade Católica Portuguesa em Lisboa (2001), pós-graduado em contencioso administrativo pela mesma faculdade (2003), LL.M. pela *Columbia University School of Law*, em Nova Iorque (2005), advogado e jurisconsulto, assistente estagiário e doutorando da Faculdade de Direito da Universidade de Lisboa. Membro do *European Corporate Governance Institute* e assessor jurídico da comissão do Instituto Português de Corporate Governance encarregue da preparação do Ante-Projecto do Código de Bom Governo das Sociedades.

João Sousa Gião

Licenciado em Direito pela Faculdade de Direito da Universidade de Lisboa. Advogado. Subdirector do Departamento Internacional e de Política Regulatória da CMVM. Membro do Grupo de Peritos em Direito das Sociedades junto da Comissão Europeia e do *Steering Group on Corporate Governance* da OCDE. Docente convidado em vários Cursos de Pós-Graduação do Instituto de Valores Mobiliários em Direito dos Valores Mobiliários. Autor na área do Direito dos Valores Mobiliários.

Rui de Oliveira Neves

Mestre em Direito pela Faculdade de Direito de Lisboa (2009) e advogado (Morais Leitão, Galvão Teles, Soares da Silva e Associados). Autor e orador na área do Direito das Sociedades, do Governo das Sociedades e do Direito dos Valores Mobiliários.

Sofia Leite Borges

Licenciada em Direito pela Faculdade de Direito da Universidade de Lisboa (1997), jurista na CMVM entre 1998 e 2002, advogada desde 1999, sócia responsável pela área de direito financeiro e mercado de capitais na sociedade de advogados Abranches Namora, Lopes dos Santos.

Gonçalo Castilho dos Santos

Mestre em Direito pela Faculdade de Direito da Universidade de Lisboa. Dirigente da CMVM (2000-2005). Representante nacional no Comité de Serviços Financeiros da União Europeia (2006-2008). Autor e orador na área do Direito dos Valores Mobiliários.

Hugo Moredo Santos

Mestre em Direito pela Faculdade de Direito da Universidade de Lisboa e advogado na Área de Direito Bancário e Financeiro e Mercado de Capitais (Vieira de Almeida & Associados – Sociedade de Advogados, RL). Autor e orador na área do Direito dos Valores Mobiliários.

Gabriela Figueiredo Dias

Mestre em Direito (FDUC) e Directora Adjunta do Departamento Internacional e de Política Regulatória (2008) da CMVM. Autora de diversas publicações na área do Direito das Sociedades, Direito Civil e Direito dos Valores Mobiliários. Membro do *Steering Group on Corporate Governance* da OCDE (2008), da Comissão Jurídica do Instituto Português de Corporate Governance, do Instituto de Direito Bancário, da Bolsa e dos Seguros e do European Corporate Governance Institute. Membro do Conselho Directivo da SPAIDA (Secção portuguesa da *Association International de Droit des Assurances*). Lecciona em diversos cursos de Pós-Graduação (Faculdade de Direito da Universidade de Coimbra, Universidade Católica de Lisboa, Faculdade de Direito da Universidade de Lisboa).

Bibliografia

AAVV, *Dossier: DMIF – Directiva dos Mercados de Instrumentos Financeiros*, Cadernos do Mercado de Valores Mobiliários, n.º 27 (Agosto de 2007)

AAVV, *Le marché financier aprés la directive mif: les questions qui restent poseés*, Banque & Droit, n.º 102 (01.07.05)

ABREU, JORGE M. COUTINHO DE, *Curso de Direito Comercial*, Vol. 2 – Das Sociedades, 2 ed., (2007)

ABREU, JORGE M. COUTINHO DE, *Do abuso de direito : ensaio de um critério em direito civil e nas deliberações sociais*, (1983)

ABREU, JORGE M. COUTINHO DE, *Governação das Sociedades Comerciais*, Coimbra (2006)

ABREU, JORGE M. COUTINHO DE, *Responsabilidade Civil dos Administradores de Sociedades*, IDET, Cadernos n.º 5, (2007)

ABREU, JORGE M. COUTINHO DE, *Vinculação das sociedades comerciais*, em *Estudos em honra do Professor Doutor José de Oliveira Ascensão*, Vol. 2, Coimbra, (2008)

ABREU, JORGE M. COUTINHO DE/ MARIA ELISABETE RAMOS, *Responsabilidade civil de administradores e de sócios controladores, – Responsabilidade Civil de Administradores e de Sócios Controladores – Privatização de Empresas Públicas e Empresarialização Pública – Princípios do Comércio Electrónico – Project Finance*, Coimbra, (2004)

AKERLOF, GEORGE ARTHUR, *The Market for "Lemons": Quality Uncertainty and the Market Mechanism*, Quarterly Journal of Economics, vol. LXXXIV, (Agosto 1970), 3

ALBUQUERQUE, CARLOS ANTÓNIO TORROAES, *Análise e avaliação de obrigações*, Lisboa (1996)

ALBUQUERQUE, PEDRO DE, *Direito de Preferência dos Sócios em Aumento de Capital das Sociedades Anónimas e por Quotas*, (1993)

ALBUQUERQUE, PEDRO DE, A vinculação das sociedades comerciais por garantia de dívidas de terceiro, *Revista da Ordem dos Advogados*, 55:3, (1995)

ALBUQUERQUE, PEDRO DE, Da prestação de garantias por sociedades comerciais a dívidas de outras entidades, *Revista da Ordem dos Advogados*, 57:1, (1997)

ALCOCK, ALISTAIR, *Conflict of duty and financial services*, in *European Financial Services Law*, (1997), 123 e ss.

ALDAMA Y MIÑÓN, ENRIQUE DE, et al., *Informe de la Comisión Especial para el Fomento de la Transparencia y Seguridad en los Mercados y en las Sociedades Cotizadas*, (2003)

ALLEN, WILLIAM T./ REINIER KRAAKMAN, *Commentaries and Cases on the Law of Business Organizations*, New York: Aspen Publishers, (2003)

ALMEIDA, ANTÓNIO PEREIRA DE, *Sociedades comerciais*, Coimbra: Coimbra Editora, (2006)

ALMEIDA, BRUNO/ DANIEL TABORDA, *A Fraude em Auditoria: Responsabilidade dos Auditores pela sua Detecção*, in *Revista dos Revisores Oficiais de Contas*, Ano 6, n.º 21, (Abril/Junho 2003)

ALONSO ESPINOSA, FRANCISCO, *La Responsabilidad Civil del Administrador de Sociedad de Capital en sus elementos configuradores*, (2006)

ANABTAWI, IMAN e LYNN STOUT, *Fiduciary duties for activist shareholders*, Stanford Law Review, 60, 2008

AMMER, JOHN / NATHANIEL CLINTON, *Good news is no news? The impact of credit rating changes on the price of asset-backed securities*, (Julho de 2004), disponível em www.ssrn.com (http://ssrn.com/abstract=567743)

ANDERSON, ALISON GREY, *Conflicts of interest: efficiency, fairness and corporate structure*, em *University of California at Los Angeles Law Review*, vol. 25, (1978), 738 e ss.

ANNUNZIATA, FILIPPO, *Intermediazione mobiliare e agire disinteressato: I profili organizzativo interni*, em Banca, Borsa y Titolo de Credito, (1994)

ANNUNZIATA, FILIPPO, *Intermediazione mobiliare e agire disinteressato: i profili organizativi interni*, in *BBTC*, I, (1994), 657-658

ANTUNES, JOSÉ A. ENGRÁCIA, ""Law & Economics" Perspectives of Portuguese Corporation Law", in VENTORUZZO, MARCO (ed) – *Nuovo Diritto Societario e Analisi Economica del Diritto*, Milano (2005)

ANTUNES, JOSÉ A. ENGRÁCIA, *Os Grupos de Sociedades: Estrutura e Organização Jurídica da Empresa Plurissocietária*, 2 ed., Coimbra (2002)

ARAÚJO, FERNANDO, *Teoria Económica do Contrato*, Coimbra: Almedina, 2007

ARAÚJO, FERNANDO, *Introdução à Economia*, vol. I, 2.ª ed., 2004; vol. II, 2.ª ed., (2004)

ASCARELLI, TULLIO – "Principi e problemi delle società anonime", – *Saggi Giuridici*, Milano (1949)

ASCENSÃO, JOSÉ DE OLIVEIRA, *Direito Comercial. Sociedades Comerciais*. Parte Geral, (2000)

AUDAS, JANIN, *Incompatibilités et conflits d'interêts pour la profession comptable*, CECCAR, (Set. 2008)

AUSTRALIAN SECURITIES & INVESTMENTS COMMISSION, *Managing conflicts of interest in the Australian financial service industry*, (Maio 2006), disponível em www.asic.org

AUTORITÉ DES MARCHES FINANCIERS, *La notation en matière de titrisation*, (31 de Janeiro de 2006), disponível em www.amf-france.com

BAHAR, RASHID/ LUC THÉVENOZ, *Conflicts of Interest. Corporate Governance and Financial Markets,* Geneva (2007)

BAINBRIDGE, STEPHEN, *Remarks on Say on Pay: An Unjustified Incursion on Director Authority*, UCLA School of Law, (2008), disponível em http://ssrn.com/abstract=1101688

BAINBRIDGE, STEPHEN M., *Corporation Law and Economics*, New York: Foundation Press, (2002)

BANCO CENTRAL EUROPEU, *Parecer do Banco Central Europeu de 21 de Abril de 2009 sobre uma proposta de regulamento do Parlamento Europeu e do Conselho relativo às agências de notação de crédito* (CON/2009/38), JOCE C 115 de (20 de Maio de 2009)

BANCO DE PORTUGAL, *Comunicado sobre o Banco Privado Português*, (1 de Dezembro de 2008), disponível em www.bportugal.pt

BANK FOR INTERNATIONAL SETTLEMENTS, *The role of ratings in structured finance: issues and implications*, (Janeiro de 2005), disponível em www.bis.org

BANNOK, GRAHAM/ R.E. BAXTER/ RAY REES, *Dicionário de Economia*, Verbo, (1987)

BASEL COMMITTEE ON BANKING SUPERVISION, *Credit Ratings and Complimentary Sources of Credit Quality Information*, Basel Committee on Banking Supervision Working Papers, dir. Arturo Estrella, n.º 3, (Agosto de 2000), disponível em www.bis.org

BEBCHUK, LUCIAN ARYE, *The Sole Owner Standard for Takeover Policy*, Journal of Legal Studies, 17, (1988)

BEBCHUK, LUCIAN ARYE e MARCEL KAHAN, *Fairness Opinions: How Fair Are They and What Can Be Done About It?*, Duke Law Journal, 27, (1989)

BEBCHUK, LUCIAN/ JESSE FRIED, *Pay without Performance – The Unfulfilled Promise of Executive Compensation*, (2006)

BEBIANO, ANA/ LUÍS CALDAS/ MIGUEL PUPO CORREIA/ GABRIELA FIGUEIREDO DIAS, *Administração e fiscalização de sociedades e responsabilidade civil, Corporate Governance – Reflexões, I, Comissão Jurídica*, IPCG, (2007)

BELL, ROBERT/ HERSHEY FRIEDMAN, *Conflict of interest: the common thread underlying ethical lapses"*, in Electronic Journal of Business Ethics and Organization Studies, Vol. 10, n.º 1, (2005), disponível em http://ejbo.jyu.fi/

BENSON, GEORGE, *Conflicts of interest*, in Business Ethics and Common Sense, AAVV, Westport, (1992), 233 e ss.

BERKOWITZ, DANIEL, KATHARINA PISTOR e JEAN-FRANCOIS RICHARD, *Economic development, legality, and the transplant effect*, European Economic Review 47, (2003)

BERLE JR., A. A./ G. C. MEANS, *The Modern Corporation and Private Property*, Reimpressão, (2002)

BERTRAND, MARIANNE, PARAS MEHTA e SENDHIL MULLAINATHAN, *Ferreting Out Tunneling: An Application to Indian Business Groups*, The Quarterly Journal of Economics, 117:1, (2002)

BLACK, BERNARD S. e REINIER KRAAKMAN, *A Self Enforcing Model of Corporate Law*, Harvard Law Review, 109, (1996)

BLACK, BERNARD S., *The Core Fiduciary Duties of Outside Directors*, Asia Business Law Review, 16/3, (2001)

BLACK, BERNARD/ BRIAN CHEFFINS/ MARTIN GELTER/ HWA-JIN KIM/ RICHARD NOLAN/ MATHIAS SIEMS/ LINIA PRAVA, *Comparative Analysis on Legal Regulation of the Liability of Members of the Management organs of Companies*, ECGI Law Working Paper n.º 103/2008 (2008)

BOATRIGHT, JOHN, *Conflict of interest in financial services: a contractual risk-management analysis*, (2003), disponível em www.ssnr.com

BORGES, SOFIA LEITE, *A Regulação Geral do Conflito de Interesses na DMIF*, in Cadernos do Mercado de Valores Mobiliários, (Dezembro de 2007), disponível em http://www.cmvm.pt

BOSTICK/LUEHLFING, *Minimizing the expectations gap, Minimizing the expectation gap*, Academy of Accounting and Financial Studies Journal, (Jan 2004), vol. 8, 1, (2004), 51-61

BOURGINAT, HENRI/ÉRIC BRYS, *L'arrogance de la Finance*, ed. La Découverte, Paris (2009)

BRATTON, WILLIAM W., *Rules, principles, and accounting crisis in the United States, After Enron: Improving Corporate Law and Modernising Securities Regulation in Europe and the US*, ed. John Armour e Joseph A. McCahery, Hart Publishing, Oxford (2006)

CACHÓN BLANCO, JOSÉ ENRIQUE, *El principio jurídico de protección al inversor en valores mobiliarios: aspectos teóricos e prácticos*, in RDBB, n.º 55, ano XIII (1994), Julho-Setembro, 635-685

CAETANO NUNES, PEDRO, *Responsabilidade Civil dos Administradores Perante os Accionistas*, (2001)

CÂMARA, PAULO, *A Actividade de Auditoria e a Fiscalização de Sociedades Cotadas – Definição de um Modelo de Supervisão*, Cadernos do Mercado de Valores Mobiliários, n.º 16, (Abril 2003)

CÂMARA, PAULO, *Auditoria Interna e Governo das Sociedades*, Cadernos de Auditoria Interna, Banco de Portugal, (2008) = em *Estudos em Homenagem ao Professor Paulo Pitta e Cunha*, (2009)

CÂMARA, PAULO, *Códigos de Governo das Sociedades*, Cadernos do Mercado de Valores Mobiliários n.º 15 (Dezembro de 2002), 65-90; também publicado nos Cadernos de Auditoria Interna, edição Banco de Portugal, Ano 6 n.º 1 (Outubro 2003), 6-51

CÂMARA, PAULO, *Comentários ao Ante-Projecto de Código de Bom Governo Apresentado Pelo Instituto Português de Corporate Governance*, disponível em http://www.cgov.pt/index.php?option=com_content&task=view&id=513&Itemid=1, (2009)

CÂMARA, PAULO, *Conflito de Interesses no Direito Financeiro e Societário: Um Retrato Anatómico, Conflito de Interesses no Direito Societário e Financeiro: Um Balanço a partir da Crise*, Almedina, Coimbra (2009)

CÂMARA, PAULO, *Las medidas adoptadas en Portugal en respuesta a la crisis financiera, Revista de Derecho de Mercado de Valores* n.º 4 (2008), 543-556

CÂMARA, PAULO, *Manual de Direito dos Valores Mobiliários*, (2009)

CÂMARA, PAULO, *Modelos de Governo das Sociedades Anónimas*, em *Jornadas em Homenagem ao Professor Doutor Raúl Ventura. A Reforma do Código das Sociedades Comerciais*, (2007), 197-258 = *Reformas do Código das Sociedades*, ed. IDET, Almedina (2007), 179-242

CÂMARA, PAULO, *O Governo das Sociedades e a Reforma do Código das Sociedades Comerciais*, em *Código das Sociedades Comerciais e Governo das Sociedades*, (2008), 9 -141

CÂMARA, PAULO, *O Governo das Sociedades e os Deveres Fiduciários dos Administradores*, em MARIA DE FÁTIMA RIBEIRO (org.), *Jornadas sobre Sociedades Abertas, Valores Mobiliários e Intermediação Financeira*, Coimbra, (2007), 163-179

CÂMARA, PAULO, *O governo dos grupos bancários*, in *Estudos de Direito Bancário*, Coimbra, (1999), 111-205

CÂMARA, PAULO, *O regime jurídico das obrigações e a protecção dos credores obrigacionistas, Direito dos valores mobiliários*, vol. IV, Coimbra Editora, Coimbra (2003)

CÂMARA, PAULO, *Regulação dos Mercados de Valores Mobiliários: Fundamento e Estrutura, Legislação n.º 48*, (2009)

CÂMARA, PAULO, *Regulação e Valores Mobiliários*, em EDUARDO PAZ FERREIRA/ LUÍS SILVA MORAIS/ GONÇALO ANASTÁCIO (org.), *Regulação em Portugal: Novos Tempos, Novo Modelo?*, (2009), 127-186

CÂMARA, PAULO, *Supervisão e Regulação do Mercado de Valores Mobiliários*, em *Direito dos Valores Mobiliários*, Vol. VIII (2008), 39-64

CÂMARA, PAULO/ RUI DE OLIVEIRA NEVES/ ANDRÉ FIGUEIREDO/ ANTÓNIO FERNANDES DE OLIVEIRA/ JOSÉ FERREIRA GOMES, *O Código das Sociedades Comerciais e o Governo das Sociedades*, Coimbra, (2008)

CAMPOS, DIOGO LEITE DE / MANUEL MONTEIRO, *Titularização de créditos – Anotações ao Decreto-lei n.º 453/99, de 5 de Novembro*, Almedina, Coimbra (2001)

CANTOR, RICHARD / FRANCK PACKER, *Determinants and Impact of Sovereign Credit Ratings, Economic Policy Review*, vol. 2, n.º 2, (Outubro de 1996)

CARMONA, MAFALDA, *O acto administrativo com efeito conformador de relações jurídicas entre particulares*, dissertação de mestrado, FDUL, Lisboa (2003)

CARNEIRO DA FRADA, MANUEL A., *A Business Judgement Rule no Quadro dos Deveres Gerais dos Administradores, Revista da Ordem dos Advogados On-line*, 67/I, (2007)

CASSIANO DOS SANTOS, FILIPE, *Estrutura Associativa e Participação Societária Capitalística,* (2003)

CASTILHO DOS SANTOS, GONÇALO, *A Responsabilidade Civil do Intermediário Financeiro Perante o Cliente,* Almedina, Coimbra, (2008)

CASTILHO DOS SANTOS, GONÇALO, *O Dever de Informação Sobre Factos Relevantes Pela Sociedade Cotada,* A.A.F.D.L., Lisboa, (1998)

CERVELLATI, ENRICO MARIA/ DELLA BINA, ANTONIO CARLO FRANCESCO, *Analysts Recommendations and Conflict of Interest, SSRN*: http://ssrn.com/abstract=873052

CESR, *Report to the European Commission on the compliance of credit rating agencies with the IOSCO Code,* (Dezembro de 2006), disponível em www.cesr-eu.org

CESR, *Second Report to the European Commission on the compliance of credit rating agencies with the IOSCO Code and the role of credit rating agencies in structured finance,* (Maio de 2008), disponível em www.cesr-eu.org

CESR, *Technical advice to the European Commission on possible measures concerning credit rating agencies,* (Março de 2005), disponível em www.cesr-eu.org

CESR, *The role of credit rating agencies in structured finance,* (Fevereiro de 2008), disponível em www.cesr-eu.org

CHAPUT, IVES, *Contrôle et responsabilité de la notation financière : les agences de rating en droit français, Revue internationale de droit comparé,* Paris, ano 58, n.º 2, (Abril – Junho de 2006)

CHEFFINS, BRIAN/ RANDALL S. THOMAS, *Should Shareholders have a Greater Say over Executive Pay?: Learning from the US Experience,* Vanderbilt Law (2001), disponível em http://ssrn.com/abstract=268992

CLARKE, BLANAID, *Corporate governance regulation and board decision making during takeovers,* em GOPINATH ARUN/ JOHN TURNER (org.), *Corporate Governance and Development: Reform, Financial Systems and Legal Frameworks,* Cheltenham/ Northampton, (2009), 127-142

CMVM, *Código do Governo das Sociedades,* (2007)

CMVM, *Relatório Anual sobre o Governo das Sociedades Cotadas em Portugal,* (2008)

COASE, RONALD H., *The nature of the firm,* Economica, 16/4, (1937), 386 – 405

COELHO, MIGUEL, *A actividade de research em Portugal, as recomendações de investimento e os conflitos de interesses, CadMVM,* n.º 16, (Abril 2003)

COELHO, MIGUEL, *As recomendações de investimento em Portugal – breve caracterização, CadMVM,* n.º 14, (Agosto 2002)

COFFEE JR., JOHN, *Gatekeepers – The Professions and Corporate Governance,* Oxford, Nova Iorque (2006)

COFFEE JR., JOHN, *Gatekeeper failure and reform: the challenge of fashioning relevant reforms, Boston University Law Review, 84, 301 e ss.,* disponível em: www.ssrn.com (*http://ssrn.com/abstract=447940*), in *Gatekeepers – The professions and corporate governance,* Oxford, Nova Iorque, (2006)

COLLER, M.S./ J.L. HIGGS/ S.WHEELER, *An experimental market analysis of auditor work-level reduction decisions, Advances in Accounting,* n.º 19, 1

COMISSÃO EUROPEIA, *Communication from the Commission on Credit Rating Agencies* (JOCE C59), de (11.03.2006)

COMISSÃO EUROPEIA, *European Commission Working Staff Document SE,* (2007), 1022--2007

COMISSÃO EUROPEIA, *Impact assessment – Commission Staff working document accompanying the Proposal for a Regulation of the European Parliament and of the Council on Credit Rating Agencies,* Bruxelas, 12.11.2008, www.europa.eu

COMISSÃO EUROPEIA, *Proposal for a Regulation of the European Parliament and of the Council on Credit Rating Agencies,* Bruxelas (2008), disponível em www.europa.eu

CONSELHO DA UNIÃO EUROPEIA, *Conclusões da Presidência do Conselho Europeu de Bruxelas (18/19 de Junho de 2009),* Bruxelas, (10 de Julho de 2009), disponível em http://www.consilium.europa.eu

CORDEIRO, ANTÓNIO MENEZES, *A crise planetária de 2007/2010 e o governo das sociedades, RDS* n.º 2, (2009), 263 – 286

CORDEIRO, ANTÓNIO MENEZES, *A decisão segundo a equidade,* in *O Direito,* Ano 122, (Abril – Junho), II, (1990)

CORDEIRO, ANTÓNIO MENEZES, *A lealdade no Direito das sociedades, ROA* (2006), 1034-1065

CORDEIRO, ANTÓNIO MENEZES, *A Lealdade no Direito das Sociedades, Revista da Ordem dos Advogados On-line,* 66/III, (2006)

CORDEIRO, ANTÓNIO MENEZES, *A Responsabilidade Civil dos Administradores das Sociedades Comerciais,* (1997)

CORDEIRO, ANTÓNIO MENEZES, *Das Obrigações,* 1.º volume, A.A.F.D.L. (1994)

CORDEIRO, ANTÓNIO MENEZES, *Direito Europeu das Sociedades,* (2005)

CORDEIRO, ANTÓNIO MENEZES, *Manual de Direito Bancário,* 3.ª edição, Almedina, (2008)

CORDEIRO, ANTÓNIO MENEZES, *Manual de Direito das Sociedades,* vol. I, 2.ª ed., (2007)

CORDEIRO, ANTÓNIO MENEZES, *Os deveres fundamentais dos administradores das sociedades, ROA* (2006), 443-488

CORDEIRO, ANTÓNIO MENEZES, *Teoria Geral do Direito Civil,* 1.º Volume, A.A.F.D.L., Lisboa, (1992)

COSTA E SILVA, PAULA, *Direito dos Valores Mobiliários – Relatório,* (2005)

COURET, ALAIN, *Les agences de notation: observations sur un angle mort de la réglementation, Revue des sociétés,* Paris, ano 121, n.º 4, (Outubro-Dezembro de 2003)

COUTINHO DE ABREU, JORGE *Responsabilidade Civil dos Administradores de Sociedades,* (2007)

COUTINHO DE ABREU, JORGE, *Deveres de Cuidado e de Lealdade dos Administradores e Interesse Social, Reformas do Código das Sociedades,* (2007)

COVITZ, DANIEL M./ PAUL HARRISON, *Testing conflicts of interest at bond ratings agencies with market anticipation: evidence that reputation incentives dominate*, (Dezembro de 2003), disponível em www.ssrn.com (http://ssrn.com/abstract=512402)

CRANSTON, R., *Banking and investment services: implications of the new financial landscape*, em *European Securities Markets, The Investment services Directive and Beyond*, Kluwer Law International, Londres, (1998)

CRUICKSHANK, CRISTOPHER, *Is there a need to harmonise conduct of business rules?*, em AAVV, *European Securities Markets. The Investment Services Directive and Beyond*, Londres/Haia/Boston

CUNHA, CARLOS SILVA E, *Responsabilidade Civil Profissional*, in *VII Congresso dos ROC – Novas Perspectivas para a Profissão*, policopiado, (Nov. 2000)

CUNHA, PAULO OLAVO, *Direito das Sociedades Comerciais*, Coimbra, Almedina, 3.ª Ed., (2008)

DI MAJO, ADOLFO, *La correttezza nell'attività di intermediazione mobiliare*, BBTC, (1993), 289 e ss.

DIAS, GABRIELA FIGUEIREDO, *Controlo de Contas e Responsabilidade dos ROC, Temas Societários, IDET – Colóquios*, Coimbra, Almedina, (2006)

DIAS, GABRIELA FIGUEIREDO, *Estruturas de fiscalização de sociedades e responsabilidade civil, Nos Vinte Anos do Código das Sociedades Comerciais – Vol. I – Homenagem aos Profs. Doutores A. Ferrer Correia, Orlando de Carvalho e Vasco Lobo Xavier*; Coimbra Editora, (2008)

DIAS, GABRIELA FIGUEIREDO, *Fiscalização das Sociedades e Responsabilidade Civil*, Coimbra Editora, (2007)

DIAS, GABRIELA FIGUEIREDO, *Fiscalização de Sociedades e Responsabilidade Civil (Após a Reforma do Código das Sociedades Comerciais)*, (2006)

DITTRICH, FABIAN, *The credit rating industry: competition and regulation*, (4 de Junho de 2007), disponível em www.ssrn.com (http://ssrn.com/abstract=991821)

DJANKOV, SIMEON/ RAFAEL LA PORTA / FLORENCIO LOPEZ-DE-SILANES / ANDREI SHLEIFER, *The Law and Economics of Self-Dealing*, (2005) http://ssrn.com/abstract=864645

DOMONT-NAERT, FRANÇOISE, *La rôle de la déontologie et la protection des consommateurs dans de sector bancaire et financier*, in *La déontologie bancaire & financière. The ethical standards in banking & finance*, Bruxelles, (1998)

DOOLEY, MICHAEL P., *Two Models of Corporate Governance*, The Business Lawyer, 47, (1992)

DOPUCH, N./ R. KING, *The effects of lowballing on audit quality: An experimental markets study*, Journal of Accounting, Auditing & Finance, Vol. 11-1

DOPUCH, N./ R.KING/ R.SCHWARTZ, *Independence in appearance and in fact: an experimental investigation"*, Contemporary Accounting Research, 20, 1, (2001)

EASTERBROOK, F.H./ D. R. FISCHEL, *The Economic Structure of Corporate Law*, (1991)

EISENBERG, MELVIN, *Obblighi e Responsabilità degli Amministratori e dei Funzionari delle Società nel Diritto Americano, Giurisprudenza Commerciale*, 19/4, (1992)

EKELMANS, MARC, *Conflits d'intérêts – Contrats d'intermédiaires*, em Les Conflits D'Intérêts, Les Conférences du Centre de Droit Privé, volume III, (1997)

ENRIQUES, LUCA, *Conflicts of Interest in Investment Services: The Price and Uncertain Impact of MIFID's Regulatory Framework*, in European Securities Markets. The Investment Services Directive and Beyond, Kluwer Law International, Londres/Haia/Boston, (1998)

ENRIQUES, LUCA, *The Law on Corporate Directors' Self-dealing: a comparative analysis*, (1998)

ESME (EUROPEAN SECURITIES MARKETS EXPERT GROUP), *Role of credit rating agencies*, (Junho de 2008), disponível em www.ec.europa.eu

ESPINOSA, FRANCISCO ALONSO, *Intereses del inversor y Derecho del mercado de valores*, in Revista de Derecho Mercantil, Abril-Junho, (1993), 415-469

EUROPEAN CORPORATE GOVERNANCE FORUM, *Statement of the European Corporate Governance Forum on Director Remuneration*, (Março 2009)

EUROPEAN CORPORATE GOVERNANCE FORUM, *Statement of the European Corporate Governance Forum on Director Remuneration*, (Março 2009)

FABRIZIO, STEFANO, *Os relatórios de research realizados por analistas financeiros e os fenómenos de abuso de mercado*, CadMVM, n.º 14 (Agosto 2002)

FALZEA, ANGELO, *Sulla sentenza n.º 500/99 delle s.u.. Gli interessi legittimi e le situación giuridiche soggettive*, in Rivista di diritto civile, Padova, n.º 5, Setembro--Outubro, ano XLVI (2000), parte prima, 679-688

FARIA, JOSÉ MANUEL, *Regulando a actividade financeira: as actividades de intermediação financeira: razões e critérios gerais para a compartimentação*, CadMVM, n.º 15, 279-286

FERNANDES DE OLIVEIRA, ANTÓNIO, *Responsabilidade Civil dos Administradores*, em Código das Sociedades Comerciais e Governo das Sociedades, (2008)

FERNANDES, NUNO, *Board Compensation and Firm Performance: The Role of "Independent" Board Members*, ECGI Finance WP n.º 104 (2005)

FERRAN, EILIS, *Company Law and Corporate Finance*, (1999)

FERRARINI, G./ P. MARCHETTI *Regole generali di comportamento degli intermediari*, in La riforma dei mercati finanziari (dal decreto Euroim al Testo Unico della Finanza), AAVV, Milano, (1998), 103-134

FERRARINI, GUIDO/ PAOLO GIUDICI, *Financial Scandals and the role of private enforcement: the Parmalat Case*, ECGI Law Working paper n.º 40/2005, disponível em www.ssrn.com *(http://ssrn.com/abstract=730403)*

FERREIRA DE ALMEIDA, CARLOS, *As transacções de conta alheia no âmbito da intermediação no mercado de valores mobiliários*, Direito dos Valores Mobiliários, Lex, Lisboa, (1997)

FERREIRA DE ALMEIDA, CARLOS, *Contratos – Conceito, Fontes, Formação*, I, Almedina, (2000)

FERRI G./ L.-G. LIU/ J. E. STIGLITZ, *The procyclical role of rating agencies: evidence from the East Asian crisis*, Economic Notes, vol. 28, n.º 3, (1999)

FICI, ANTONIO, *Il conflito de interessi nelle gestioni individuali di patrimoni mobiliari*, Rivista Critica Delle Diritto Privato

FIGUEIREDO, ANDRÉ, *O Princípio da Proporcionalidade e a sua Expansão para o Direito Privado*, em *Estudos Comemorativos dos 10 Anos da Faculdade de Direito da Universidade Nova de Lisboa*, Vol. II (2008), 23-51

Financial Crisis, (Nov. 2008), http://www.icgn.org/news/releases/fcrisis_statement_10nov2008.php

FINANCIAL SERVICES AUTHORITY, *Conflicts of Interest: Investment Research and Issues of Securities*, Consultation Paper 171, (2003)

FINANCIAL STABILITY FORUM, *Report of the Financial Stability Forum on Enhancing Market and Institutional Resilience*, (Abril de 2008), disponível em www.fsforum.org

FINANCIAL STABILITY FORUM, *Report of the Financial Stability Forum on Enhancing Market and Institutional Resilience*, (7 April 2008), disponível em www.fsforum.org

FLANNIGAN, ROBERT, *The fiduciary obligation*, Oxford Journal of Legal Studies, vol. 9, (1989), 285-322

FRADA, MANUEL CARNEIRO DA, *Uma "Terceira Via" no Direito da responsabilidade Civil?*, Coimbra, Almedina, (1997)

FRANCIS, J.R./ B.KE, *Disclosure of fees paid to Auditors and Market Valuation of Earnings Surprises, Working Paper*, University of Missouri at Columbia and Pennsylvania State University, (2005)

FROST, CAROL ANN, *Credit rating agencies in capital markets: a review of research evidence on selected criticisms of the agencies*, (15 de Março de 2006), disponível em www.ssrn.com (http://ssrn.com/abstract=904077)

FSA, *The Turner Review – A regulatory response to the global banking crisis*, (Março 2009), disponível em www.fsa.gov.uk

GARCIA DIEZ, JULIETA, *Responsabilidade dos Auditores Legais em Espanha e Portugal*, in *Revisores e Empresas*, Ano 1, n.º 4, (Jan.-Mar. 1999)

GEVURTZ, FRANKLIN A. – *Corporation Law*, St. Paul: West Group, 2000

GILSON, RONALD J. – Controlling Shareholders and Corporate Governance: Complicating the Comparative Taxonomy, *Harvard Law Review*, 119:6, 2006

GILSON, RONALD J. e JEFFREY N. GORDON – Controlling Controlling Shareholders, *University of Pennsylvania Law Review*, 152:2, 2003

GOMES, CONCEIÇÃO, *O tempo dos Tribunais: Um estudo sobre a morosidade da Justiça*, PLANEAMENTO, MINISTÉRIO DA JUSTIÇA – GABINETE DE POLÍTICA LEGISLATIVA E, Coimbra: Coimbra Editora, 2003

GOMES, JOSÉ FERREIRA, *A fiscalização externa das sociedades comerciais e a independência dos auditores: A reforma europeia, a influência norte-americana e a transposição para o direito português*, Cadernos do Mercado de Valores Mobiliários, 24, 2006

GOMES, JOSÉ FERREIRA, Auditors as Gatekeepers: The European Reform of Auditors' Legal Regime and the American Influence, *The Columbia Journal of European Law*, 11:3, 2005

GOMES, JOSÉ FERREIRA, *Os deveres de informação sobre negócios com partes relacionadas e os recentes Decretos-Lei n.º 158/2009 e 185/2009*, Revista de Direito das Sociedades, 1:3, 2009

GÓMEZ-ACEBO, ALEJANDRO FERNÁNDEZ DE ARAOZ, *Las normas de conducta en el derecho del mercado de valores*, Madrid, (2000)

GÓMEZ-ACEBO, ALEJANDRO, *Las Normas de Conducta en el Derecho del Mercado de Valores*, (2000)

GONÇALVES, DIOGO COSTA, *Fusão, cisão e transformação de sociedades comerciais: a posição jurídica dos sócios e a delimitação do statuo viae*, Coimbra: Almedina, 2008

GONÇALVES, LUIZ DA CUNHA, *Comentário ao Código Comercial Português*, Volume I, Empreza Editora J.B, (1914)

GORDON, JEFFREY N., *Say on Pay': Cautionary Notes on the UK Experience and the Case for Shareholder Opt-In* (2008), Columbia Law and Economics WP n. 336, disponível em http://ssrn.com/abstract=1262867

GORDON, JEFFREY N./ MARK J. ROE, *Convergence and persistence in corporate governance*, Cambridge, UK ; New York, NY: Cambridge University Press, 2004

GOSHEN, ZOHAR, Controlling corporate self-dealing: convergence or path dependency", in MILHAUPT, CURTIS J. (ed) – *Global Markets, Domestic Institutions: Corporate Law and Governance in a New Era of Cross-Border Deals*, New York: Columbia University Press, 2003

GOSHEN, ZOHAR, Controlling Strategic Voting: Property Rule or Liability Rule?, *University of California Law Review*, 70, 1997

GOSHEN, ZOHAR, *Voting and the Economics of Corporate Self-Dealing: Theory Meets Reality*, (2003)

GUINÉ, ORLANDO VOGLER, *Da Conduta (Defensiva) da Administração "Opada"*, FDUC, Coimbra (2008)

HACKENBRACK, K./ C.HOGAN, *Market Response to Earnings Surprises Conditional on Reasons for an Auditor Change*, Contemporary Accounting Research, n.º 19, 2

HARRIS, MILTON / ARTUR RAVIV, *Optimal Incentive Contracts with Imperfect Information*, Journal of Economic Theory, 20/2, (1979), 231-259

HAZEN, THOMAS LEE, *Treatise on the Law of Securities Regulation*, 3.ª edição, volume II, West Publishing Co., St. Paul, Minnesota, (1995)

HOLLANDER, CHARLES/ SIMON SALZEDO, *Conflicts of Interest³*, London (2008)

HOLMSTROM, BENGT, *Moral Hazard and Observability, Bell Journal of Economics*, 10/ 1, (1979), 74-91

HOPE, O.C./ J.C. LANGLI, *Auditor Independence in a Private Firm and Low Litigation Risk Setting*, SSRN(http://ssrn.com)

HOPT, KLAUS J. / HIDEKI KANDA/ MARK J. ROE/ EDDY WYMEERSCH/ STEFAN PRIGGE, (eds.), *Comparative Corporate Governance: The State of the Art and Emerging Research,* (1998)

HOPT, KLAUS J., Modern Company and Capital Market Problems, *After Enron: Improving Corporate Law and Modernising Securities Regulation in Europe and the US*, ed. John Armour e Joseph A. McCahery, Hart Publishing, Oxford (2006)

HOPT, KLAUS J., *Self-Dealing and Use of Corporate Opportunity and Information: Regulating Directors' Conflicts of Interests,* em HOPT, KLAUS J. / GUNTHER TEUBNER, (eds.), *Corporate governance and director's liabilities : legal economic and sociological analyses on corporate social responsibility,* (1984), 285-326

HOPT, KLAUS J./ GUNTHER TEUBNER, (eds.) *Corporate governance and director's liabilities: legal economic and sociological analyses on corporate social responsibility,* (1984)

HOPT, KLAUS, *Inside information and conflicts of interests of banks and other financial intermediaries in European Law, in European Insider Dealing*, AAVV, 1991, 219 e ss.

HOPT, KLAUS J., "Comparative Company Law", in REIMANN, MATHIAS e REINHARD ZIMMERMANN (eds) – *The Oxford Handbook of Comparative Law*, Oxford, 2006

HOPT, KLAUS J., et al., *Corporate Governance in Context*, Oxford, New York: Oxford University Press, 2005

HU, HENRY T./ BERNARD S. BLACK, *The New Vote Buying: Empty Voting and Hidden (Morphable) Ownership, Southern California Law Review*, 79, 2006

HU, HENRY T.C./ BERNARD S. BLACK, *Equity and Debt Decoupling and Empty Voting II: Importance and Extensions, University of Pennsylvania Law Review*, 156, 2008

INSTITUTO PORTUGUÊS DE CORPORATE GOVERNANCE, *Ante-Projecto de Código de Bom Governo das Sociedades,* (4 de Fevereiro de 2009)

INTERNATIONAL ORGANIZATION OF SECURITIES COMMISSIONS (IOSCO), *Report on analyst conflict of interest*, (2003), disponível em www.iosco.org

IOSCO, *Code of Conduct Fundamentals for Credit Rating Agencies*, (Dezembro de 2003), disponível em www.iosco.org

IOSCO, *Final Update – 34th Annual Conference Of the International Organization of Securities Commission,* (Junho/2009)

IOSCO, *IOSCO announces next steps on Credit Rating Agencies*, Madrid, (28 de Julho de 2008), disponível em www.iosco.org

IOSCO, *IOSCO urges greater international coordination in the oversight of Credit Rating Agencies*, Madrid, (17 de Setembro de 2008), disponível em www.iosco.org

IOSCO, *Objectives and Principles of Securities Regulation*, Maio de 2003, disponível em www.iosco.org- *Report on the activities of Credit Rating Agencies*, Setembro de 2003, disponível em www.iosco.org- *Statement of principles regarding the activities of credit rating agencies*, 25 de (Setembro de 200)3, disponível em www.iosco.org

IOSCO, *Review of Implementation of the IOSCO Fundamentals of a Code of Conduct for Credit Rating Agencies*,(Fevereiro de 2007), disponível em www.iosco.org

IOSCO, *Revised Code of Conduct Fundamentals for Credit Rating Agencies*, (Maio de 2008), disponível em www.iosco.org

IOSCO, *The Role of Credit Rating Agencies in the Structured Finance Markets*, (Março de 2008), disponível em www.iosco.org

JARRELL, GREGG A., *The wealth effects of litigation by targets: Do interests diverge in a merge?*, Journal of Law & Economics, 28/1, (1985), 151-177

JENSEN, MICHAEL / WILLIAM MECKLING, *Theory of the firm: Manegerial Behavior, Agency Costs and Ownership Structure*, Journal of Financial Economics, 4/3, (1976), 305-360

JOHNSON, SIMON, *et al.* – Tunneling, The American Economic Review, 90:2, 2000

JORGE, FERNANDO PESSOA, *O Mandato Sem Representação*, Coimbra, (2001)

KASOLOWSKY, BORIS, *Fiduciary Duties in Company Law*, Baden-Baden: Nomos Verlagsgesellschaft, (2003)

KENNEY, W.R./ Z. PALMROSE/ S.SCHOLTZ, *Auditor independence, non-audit services and restatements: was the U.S. government right?*, Journal of Accounting Research, 42, 3 (2004)

KERWER, DIETER, *Standardising as governance: the case of credit rating agencies*, (Março de 2001), disponível em www.ssrn.com (http://ssrn.com/abstract=269311)

KIRCHMAIER, THOMAS/ JEREMY GRANT – Corporate ownership structure and performance in Europe, *European Management Review*, 2:3, (2005)

KIRCHMAIER, TOM/ JEREMY GRANT – *Financial Tunneling and the Revenge of the Insider System: How to Circumvent the New European Corporate Governance Legislation*, (2005), disponível em http://eprints.lse.ac.uk/13324/

KOCH, A./J. WÜSTEMANN, *A Review of Bias Research in Auditing: Opportunities for Combining Psychological and Economic Research*, Journal of Accounting Literature, (Ago. 2008), disponível em http://ssrn.com/abstract=1032961

KÖNDGEN, JOHANNES, *Rules of conduct: Further Harmonization in "European Securities Markets"*, em Guido Ferrariwi, European Securities Markets, (1998), 115-129

KRAAKMAN, REINIER R./ PAUL DAVIES/ HENRY HANSMANN/ GERARD HERTIG/ KLAUS J. HOPT/ HIDEKI KANDA/ EDWARD B.ROCK, *The Anatomy of Corporate Law: A Comparative and Functional Approach*, (2004)

KRAAKMAN, REINIER/ JOHN ARMOUR/ PAUL DAVIES/ LUCA ENRIQUES/ HENRY HANSMANN/ GÉRARD HERTIG/ KLAUS HOPT/ HIDEKI KANDA/ EDWARD ROCK, *The Anatomy of Corporate Law: A Comparative and Functional Approach*, (2009)

KRUGMAN, PAUL, *O regresso da economia da depressão e a crise actual*, 3.ª ed., Presença, Lisboa (2009)

KRUITHOF, MARC, *Conflicts of Interest in Institutional Asset Management: Is the EU Regulatory Approach Adequate?*, em THÉVENOZ / BAHAR (eds.), *Conflicts of Interests: Corporate Governance & Financial Markets*, (2007), 277-335

LADOUCEUR, NICOLE, *Le Contrôle des Conflits d'Intérêts: mesures législatives et murailles de chine*, Les èditions Yvon Blais Inc. (1993)

LAROSIÈRE / BALCEROWICZ / ISSING / MASERA / MCCARTHY / NYBERG / PÉREZ / RUDING, *Report of the High Level Group on Financial Supervision in the EU*, (Fevereiro 2009)

LASFER, MEZIANE, *Board Structure and Agency Costs*, EFMA (2002), disponível em http://ssrn.com/abstract=314619

LAZEN, VICENTE, *Conflicts of Interest in Financial Services: Taxonomy and Mechanisms for Regulatory Control*, (2006), disponível em http://mpra.ub.uni-muenchen.de/3891

LEITÃO, LUÍS MENEZES, *Actividades de intermediação e responsabilidade dos intermediários financeiros*, em AAVV, *Direito dos Valores Mobiliários*, volume II, Coimbra Editora, (2000)

LEITÃO, LUÍS MENEZES, *As medidas defensivas contra uma oferta pública de aquisição hostil, Direito dos Valores Mobiliários*, Vol. VII (2007), 57-76

LEITÃO, LUÍS MENEZES, *Pressupostos da Exclusão de Sócio das Sociedades Comerciais*, (1989)

LOBO XAVIER, VASCO DA GAMA, *Anulação de Deliberação Social e Deliberações Conexas*, Reimpressão, (1998)

LUTTER, MARCUS, *Die Treupflicht des Aktionärs*, ZHR, 153:4, 1989

LUTTER, MARCUS, "Interessenkonflikte und Business Judgment Rule", in HELDRICH, ANDREAS, JÜRGEN PRÖLSS e INGO KOLLER (eds) – *Festschrift für Claus-Wilhelm Canaris zum 70. Geburtstag*, Vol. 2, München: Beck Juristischer Verlag, 2007

LUTTER, MARCUS, *Treupflichten und ihre Anwendungsprobleme*, ZHR, 162:2, 1998

MACEY, JONATHAN R., *Corporate Governance – Promises Kept, Promises Broken*, (2008)

MAFFEIS, DANIELE, *Conflito di interessi nel contratto e Rimedi, Milano* (2002)

MAGALHÃES, VÂNIA PATRÍCIA FILIPE, *A conduta dos administradores das sociedades anónimas: deveres gerais e interesse social*, RDS n.º 2 (2009), 379-414

MAHONEY, PAUL G., *Mandatory disclosure as a solution to agency problems*, University of Chicago Law Review, 62, (1995)

MARQUES ESTACA, JOSÉ, *O Interesse Social nas Deliberações Sociais*, (2003)

MARTÍN, ADÁN NIETO, *El régimen penal de los auditores de cuentas*, Homenage al Doctor Marino Barbero Santos, Vol. I, Ediciones de la Universidad de Castilla-la-Mancha, Cuenca, (2001)

MARTÍN, GUILLERMO GUERRA, *El Gobierno de Las Sociedades Cotizadas Estadounidenses – Su influencia en el movimiento de reforma del Derecho europeu*, (2003)

MARTINS, ALEXANDRE SOVERAL, *A responsabilidade dos membros do conselho de administração por actos ou omissões dos administradores delegados o dos membros da comissão executiva*, Boletim da Faculdade de Direito (Universidade de Coimbra), 78, (2002)

MARTINS, ALEXANDRE SOVERAL, *Da personalidade e capacidade jurídicas das sociedades comerciais*, Reformas do Código das Sociedades, Coimbra: Almedina, (2007)

MARTINS, ALEXANDRE SOVERAL, *Cláusulas do Contrato de Sociedade que Limitam a Transmissibilidade de Acções. Sobre os Artigos 328.º e 329.º do CSC*, (2006)

MARTINS, JOSÉ PEDRO FAZENDA, *Deveres dos intermediários financeiros, em especial os deveres para com os clientes e o mercado*, Cadernos do Mercado de Valores Mobiliários, N.º 7, (2000)

MELIS, ANDREA, *Corporate Governance Failures. To What Extent is Parmalat a Particularly Italian Case?*, 2004, disponível em http://ssrn.com/abstract=563223

MCENROE, J.E./ S.C MARTENS, *Auditors' and investors' perceptions of the "expectation gap"*. Accounting Horizons, (Dez. 2001)

MCVEA, HARRY, *Financial Conglomerates and the Chinese Wall – Regulating Conflicts of Interest*, Clarendon Press, Oxford, (1993)

MEINERTZHAGEN-LIMPENS, ANNE, *La représentation et les conflits d'intérêts en droit comparé*, em Les Conflits D'Intérêts, Les Conférences du Centre de Droit Privé, Vol. III, (1997)

MERANI, MARIA CRISTINA, *Il problema del conflitto di interessi nell'intermediazione mobiliare*, em *I Valori Mobiliari*, AAVV, Cedam, (1991)

MONTALENTI, PAOLO, *La reforma del Derecho societario en Italia: aspectos generales*, Revista de Derecho de Sociedades, 22, (2004), 35-54

MONTEIRO, JORGE FERREIRA SINDE, *Responsabilidade por Conselhos, Recomendações ou Informações*, Almedina, Coimbra, (1989)

MONTEIRO, MANUEL ALVES, *Análise financeira: ética e performance exigem-se, formação e certificação recomendam-se*, CadMVM, n.º 14 (Agosto 2002), 39 e ss.

MONTOYA OLIVER/ JULIO FERNANDEZ/ SANGUINO FERNANDEZ, *Auditorias y Control Interno en España, con especial referencia al Sector Financiero. Aspectos Legales*, in Revista de Derecho Bancario y Bursátil, Anno XXIV, (Abril-Junho 2005), Editorial Lex Nova, Centro de Documentación Bancaria y Bursátil

MOORE/ CAIN/ LOEWENSTEIN/ BAZERMAN (Eds), *Conflicts of Interest: Problems and solutions in law, medicine and organizational settings*, Cambridge University Press, (2005)

MOORE/ TETLOCK/ TANLU/ BAZERMAN, *Conflicts of Interest and the Case of Auditor Independence: Moral Seduction and Strategic Issue Cyclin"*, HBS Working Paper #03-115 Rev.12/04 (2004)

MORSE, GEOFFREY (ed.), *Palmer's Company Law: Annotated Guide to the Companies Act 2006*, (2007)

NAKAJIMA, CHIZU, *Conflicts of Interest and Duty, A Comparative Analysis em Anglo-Japanese Law*

NAZARETH, ANNETTE L., *Testimony concerning rating the rating agencies: the state of transparency and competition*, (2 de Abril de 2003), disponível em http://www.sec.gov/news/testimony/ts040203aln.htm#footnote_1

NELSON, M. W., *Ameliorating conflicts of interest in auditing: Effects of Recent Reforms on Auditors and their Clients*, (Jul. 2005), Working Paper, Cornwell University

NOLAN, RICHARD, *Legal Control of Directors' Conflicts of Interest in the UK*, em JOHN ARMOUR/ JOSEPH Mccahery, *After Enron – Improving Corporate Law and Modernising Securities Regulation in Europe and the US*, Oxford/ Portland, (2006), 367-412

OCDE, *Corporate Governance Lessons from the Financial Crisis*, Fevereiro (2009)

OCDE, *Principles of Auditor Independence and the Role of Corporate Governance in Monitoring Auditor's Independence*, OCDE, (2002)

OECD, *Corporate Governance Lessons from the Financial Crisis, Directorate for financial and enterprise affairs – Steering Group on Corporate Governance*, (23-Feb-2009)

OJO, MARIANNE, *Eliminating the Audit Expectations Gap: Myth or Reality?*, Journal of Forensic Accounting, Volume VIII, Nos 1e 2, (Jan./Dez. 2007)

OLIVEIRA, ANA PERESTRELO DE, *Os credores e o governo societário: deveres de lealdade para os credores controladores?*, RDS n.º 1 (2009)

OST, F., *Entre droit et non-droit: l'intérêt*, Collections Droit et Intérêt, Volume 2, Bruxelas, (1990)

PACHECO CAÑETE, MATILDE, *Régimen legal de la Auditoria de cuentas y responsabilidade de los auditores*, Consejo Económico y Social, Madrid, (2000), p. 253

PAIS DE VASCONCELOS, PEDRO, *A Participação Social nas Sociedades Comerciais*, Almedina, (2006)

PAIS DE VASCONCELOS, PEDRO, *Teoria Geral do Direito Civil*, volume II, Almedina, (2002)

PALMA, MARGARIDA, *O Passaporte Europeu para as Empresas de Investimento – Um Passo Decisivo Rumo à Integração dos Mercados de Capitais Europeus*, APD-MC, (1998)

PARTNOY, FRANK, *How and why credit rating agencies are not like other gatekeepers, Legal Studies Research Paper Series – Research Paper No. 07-46*, (Maio de 2006), disponível em www.ssrn.com (http://ssrn.com/abstract=900257)

PARTNOY, FRANK, *Overdependence on Credit Ratings Was a Primary Cause of the Crisis*, University of San Diego (2009), disponível em http://ssrn.com/abstract=1427167

PARTNOY, FRANK, *Overdependence on Credit Ratings Was a Primary Cause of the Crisis*, (2009), disponível em www.ssrn.com (http://ssrn.com/abstract=1427167)

PARTNOY, FRANK, *Rethinking Regulation of Credit Rating Agencies: An Institutional Investor Perspective*, (Julho de 2009), disponível em www.ssrn.com (http://ssrn.com/abstract=1430608)

PARTNOY, FRANK, *The paradox of rating agencies, Law and Economics Research Paper No. 20*, (Março de 2001), disponível em www.ssrn.com (http://papers.ssrn.com/abstract=285162)

PARTNOY, FRANK, *The Siskel and Ebert of Financial Markets: Two Thumbs Down for the Credit Rating Agencies*, Washington University Law Quarterly, vol. 77, n.º 3, (1999), disponível em www.ssrn.com (http://ssrn.com/abstract=167412)

PAZ-ARES, CÁNDIDO, *Ad imposibilia nemo tenetur (o por qué recelar de la novísima jurisprudencia sobre retribución de administradores)*, InDret Vol. 2 (2009), disponível em http://ssrn.com/abstract=1411244

PAZ-ARES, CÁNDIDO, *El enigma de la retribución de los consejeros ejecutivos*, InDret Vol. 1 (2008) e em RMV n.º 2 (2008), 15-88

PEREIRA DE ALMEIDA, ANTÓNIO, *Sociedades Comerciais*, 4.ª ed., (2006)

PEREIRA, JORGE DE BRITO, *A limitação dos poderes da sociedade visada durante o processo de OPA*, in *Estudos de Direito dos Valores Mobiliários*, Vol. II, (2000), 175-202

PETTET, BEN, *Company Law*, 2.ª ed., (2005)

PINTO, CARLOS ALBERTO DA MOTA, *Teoria Geral do Direito Civil*, 3.ª edição actualizada, Coimbra Editora, (1992)

PINTO, FREDERICO COSTA, *O Novo Regime dos Crimes e Contra-ordenações no Código dos Valores Mobiliários*, Almedina, Coimbra, (2000)

PIRES DE LIMA/ ANTUNES VARELA, *Código Civil Anotado*, volume I, 4.ª edição, Coimbra Editora, (1987)

PIRES, FLORBELA DE ALMEIDA, *Art. 349.º (Limite e emissão de obrigações), Código das Sociedades Comerciais Anotado*, coord. António de Menezes Cordeiro, Almedina, Coimbra (2009)

PISANI, *Protocolli di autonomia gestionale e gruppi finanziari*, em BBTC, I, (1995)

PORTER, BRENDA, *An empirical study of the audit expectation – performance gap*, Accounting and Business Research, (1993)

POSER, NORMAN, Conflicts *of interest within securities firms*, Brooklin Journal of International Law, vol 16, (1990), 110 e ss.

POSNER, RICHARD A., *Economic Analysis of Law*, 5.ª ed., (1998)

POWERS, WILLIAM C. / RAYMOND S. TROUBH/ HERBERT S.WINOKUR, *Report of Investigation by the Special Investigation Committee of the Board of Directors of Enron Corp*, (2002)

PRADA, MICHEL, *Conflicts of interest in financial services*, discurso proferido em Fevereiro de 2007, disponível em http://www.amf-france.org/documents/general/7638_1.pdf

PRESTI, GAETANO / RESCIGNO, MATTEO, *Il conflitto di interessi nella prestazione dei servizi di investimento: diagnosi e terapie*, Quaderno n.º 235, ASSBB, 3-37

QUIJANO GONZÁLEZ, JESÚS / VICENTE MAMBRILLA RIVERA, *Los deberes fiduciarios de diligencia y lealtad. En particular, los conflitos de interés y las operaciones vinculadas*, em RODRÍGUEZ ARTIGAS, FERNANDO / LUIS FERNÁNDEZ DE LA GÁNDARA/ JESÚS QUIJANO GONZALEZ/ ALBERTO ALONSO UREBA/ LUIS VELASCO SAN PEDRO/ GAUDENCIO ESTEBAN VELASCO (coord.), *Derecho de Sociedades Anónimas Cotizadas*, vol. II, (2006)

QUINTÁNS EIRAS, MARÍA ROCÍO, *Las relaciones de intermediación en la colocación de valores*, in *RDBB*, n.º 75, ano XVIII (1999), Julho-Setembro, 197-246

RABITTI, GIAN LUCA, *Il conflitto di interessi tra investitore e brokers-dealers nell' esperienza anglo-americana*, Rivista Delle Società, anno 34, (1989)

RAMONET, IGNACIO, *Le kradr parfait. Crise du Siècle et Refontation de l'Avenir*, Paris (2009)

RAMOS, ELISABETE, *Responsabilidade Civil dos Administradores e Directores de Sociedades Anónimas perante Credores Sociais*, (2002)

RAU, FRITZ, *Ethical behaviour and professional organisations: the financial analysts"*, Business Ethics Forum, The European Federation of Financial Analysts Societies *(EFFAS)*, (2006) disponível em www.effas.com

RETHEL, LENA/PALAZZO, GUIDO, *Conflict of Interest in Financial Intermediation* (Working Paper 0514), Institut Universitaire de Management International, Lausanne, (2005)

RIDER, BARRY A.K., *Conflicts of Interest: An English Problem?*, em AAVV, *European Securities markets: The Investment Services Directive and Beyond*, Kluwer Law International, London, The Hague, Boston, (1998)

RIDER, BARRY, CHARLES ABRAMS E MICHAEL ASHE, *Guide to Financial Services Regulation*, 3.ª edição, CCH Editions Limited, (1989)

RODRIGUES, SOFIA NASCIMENTO, *A Protecção dos Investidores em Valores Mobiliários*, Coimbra, (2001)

RODRIGUES, SOFIA NASCIMENTO, *Aspectos jurídicos da actividade e dos relatórios de análise financeira*, in Cadernos do Mercado de Valores Mobiliários n.º 14 (2002), 99 e ss.

RODRÍGUEZ ARTIGAS, FERNANDO / LUIS FERNÁNDEZ DE LA GÁNDARA/ JESÚS QUIJANO GONZALEZ/ ALBERTO ALONSO UREBA/ LUIS VELASCO SAN PEDRO/ GAUDENCIO ESTEBAN VELASCO, (coord.), *Derecho de Sociedades Anónimas Cotizadas*, vol. II, (2006)

ROMAIN, JEAN-FRANÇOIS, *Contrat avec soi-même et conflits d'intérêt*, em Les Conflits d'Intérêts, Conférences du centre de droit privé, volume III, (1997)

ROSENBOOM, TORSTEN, *A Responsabilidade Civil de Profissionais que Fiscalizam Sociedades Anónimas Cotadas em Bolsa, em Portugal e na Alemanha*, in Estudos de Direito do Consumidor, n.º 6, (2004), Coimbra, FDUC (Centro de Direito do Consumo)

SALA I ANDRÉS, ANNA MARIA, *La regulación de las 'murallas chinas': una técnica de prevención de conflictos de interés en el mercado de valores español*, Revista de Derecho Bancario y Bursatil, Ano XX, Janeiro – Março (2001)

SÁNCHEZ, ANÍBAL, *Conflicts of interest: the spanish experience*, em AAVV, European Securities Markets, The Investment Services Directive and Beyond, Kluwer Law International, Londres, Haia, Boston, (1998)

SANTOS, ANTÓNIO CARLOS, MARIA EDUARDA GONÇALVES e MARIA MANUEL LEITÃO MARQUES, *Direito Económico*, 3.ª edição (2.ª reimpressão), Almedina, Coimbra, (1999)

SCHOUTEN, MICHAEL C., *The Case for Mandatory Ownership Disclosure*, (2009)

SCHWARCZ, STEVEN L., *Private ordering of public markets: the rating agencies paradox*, University of Illinois Law Review, n.º 2, (Fevereiro de 2002)

SEABRIGHT/ LEVINGTHAL/ FICHMAN, *Role of Individual Attachments in the Dissolution of Interorganizational Relationships*, Academy of Management Journal, Vol. 35, 1 (1992)

SEABRIGHT/ LEVINGTHAL/ FICHMAN, *Study on the Economic Impact of Auditor's Liability Regimes (MARKT/2005/24/F) – Final Report to the EC-DG Internal Market and Services*, London Economics in association with Professor Ralf Ewert, Goethe University, Frankfurt-am-Main, Germany, (Set. 2006)

SECURITIES AND EXCHANGE COMMISSION, *Briefing Paper: Roundtable to Examine Oversight of Credit Rating Agencies*, (Abril de 2009), disponível em www.sec.gov

SECURITIES AND EXCHANGE COMMISSION, *Report on the Role and Function of Credit Rating Agencies in the Operation of the Securities Markets*, (Janeiro de 2003), disponível em www.sec.gov

SELIGMAN, LOUIS LOSS – JOEL, *Fundamentals of Securities Regulation*, 4.ª edição, Aspen Law & Business, Gaithersburg, Nova Iorque, (1990)

SERRA, ADRIANO VAZ, *Contrato consigo mesmo*, em Revista de Legislação e Jurisprudência, n.º 3129

SHLEIFER, ANDREI / ROBERT W. VISHNY, *A Survey of Corporate Governance*, (1997)

SILVA, JOANA RIBEIRO E, *A OPA como Mecanismo de Governo Societário*, UCP, Lisboa (2009)

SILVA, JOÃO GOMES DA, *Os administradores independentes das sociedades cotadas portuguesas*, em INSTITUTO PORTUGUÊS DE CORPORATE GOVERNANCE/ COMISSÃO JURÍDICA, *Corporate Governance. Reflexões I*, (2007), 7-29

SILVA, PAULA COSTA E, *O administrador independente*, em *Direito dos Valores Mobiliários*, Vol. VI, (2006) 417 – 425

SMITH, ADAM, *An Inquiry into the Nature And Causes of the Wealth of Nations*, (1776)

STAFF TO THE SENATE COMMITTEE ON GOVERNMENTAL AFFAIRS, *Financial Oversight of Enron: The SEC and Private-Sector Watchdogs*, (8 de Outubro de 2002), disponível em www.senate.gov

STESURI, ALDO, *Il Conflitto di Interessi*, Giuffrè Editore, Milão, (1999)

STESURI, ALDO, *Il conflitto di interessi*, Milano, (1999)

STONE, RICHARD, *It all depends on what you mean by "client"*, International Financial Law Review, (August 2006)

SY, AMADOU N.R., *The Systemic Regulation of Credit Rating Agencies and Rated Markets, International Monetary Fund*,(2009), disponível em www.imf.org

TAPIA HERMIDA, ALBERTO JAVIER, *Las normas de actuación en los Mercados de Valores*, in *RDBB*, n.º 50, ano XII (1993), Abril-Junho, 315-360

TAPIA HERMIDA, ALBERTO JAVIER, *Las normas de protección de la clientela en el mercado de valores*, in *RDBB*, ano XV, Julho-Setembro, (1996), 562-607

TELES, INOCÊNCIO GALVÃO, *Contrato entre sociedades anónimas e o seu director*, O Direito, 87 (1955)

TELES, INOCÊNCIO GALVÃO, *O § 3.º do Artigo 39.º da Lei de 11 de Abril de 1901*, O Direito (1946)

THE HIGH-LEVEL GROUP ON FINANCIAL SUPERVISION IN THE EU (THE DE LAROSIÈRE GROUP), *Relatório*, Bruxelas, (25 de Fevereiro de 2009)

THE PRESIDENT'S WORKING GROUP ON FINANCIAL MARKETS, *Policy Statement on Financial Market Development*, (Março de 2008), disponível em www.ustreas.gov

THE PRESIDENT'S WORKING GROUP ON FINANCIAL MARKETS, *Policy Statement on Financial Market Developments*, (13 de Março de 2008), disponível em www.ustreas.gov

THÉVENOZ, LUC / RASHID BAHAR (eds.), *Conflicts of Interests: Corporate Governance & Financial Markets*, (2007)

THÉVENOZ, LUC / RASHID BAHAR, *Conflicts of Interests: Disclosure, Incentives, and the Market*, em THÉVENOZ / BAHAR (eds.), *Conflicts of Interests: Corporate Governance & Financial Markets*, (2007), 1-29

TISON, MICHEL/ HANS DE WULF/ CHRISTOPHER VAN DER ELST/ REIHARD STEENNOT (org.), *Perspectives in Company Law and Financial Regulation*, Oxford, (2009)

TONELLO, MATTEO, *Le agenzie di rating finanziario: il dibattito su un modelo economico e esposto al rischio di conflitto di interessi. Verso un sistema pubblico di controllo?*, Contratto e impresa: dialoghi, dir. Francesco Galgano, Padova, ano 21, n.º 3 (Set. –Dez. 2005)

TRIUNFANTE, ARMANDO, *Código das Sociedades Comerciais Anotado*, (2007)

ULRICH, RUY, *Da Bolsa e Suas Operações*, Coimbra, Imprensa da Universidade, (1906)

URÍA, RODRIGO/ AURÉLIO MENÉNDEZ (eds), *Curso de Derecho Mercantil*, Vol. 1, 2 ed., Madrid (2006)

VAN DEN BERGHE , LUTGART, *To What Extent is the Financial Crisis a Governance Crisis? From Diagnosis to Possible Remedies*, (2009), disponível em http://ssrn.com/abstract=1410455

VAZ, TERESA ANSELMO, *A Responsabilidade do Accionista Controlador*, O Direito, 128:III-IV (1996)

VELOSO, JOSÉ ANTÓNIO, *Churning: alguns apontamentos com uma proposta legislativa*, AAVV, Direito dos Valores Mobiliários, (1997)

VENTURA, RAÚL, *Adaptação do Direito português à 1.ª Directiva do Conselho da CEE sobre Direito das Sociedades*, Documentação e direito comparado, 2, 1980

VENTURA, RAÚL, *Estudos Vários Sobre Sociedades Anónimas (Comentário ao Código das Sociedades Comerciais)*, 1 reimp., Coimbra: Almedina, 2003

VENTURA, RAÚL, *Objecto da sociedade e actos ultra vires*, ROA, 40 (1980)

VENTURA, RAÚL, *Sociedades por Quotas (Comentário ao Código das Sociedades Comerciais)*, Vol. 1, 2 ed., 3 reimp., Coimbra (1989)

VENTURA, RAÚL, *Sociedades por Quotas (Comentário ao Código das Sociedades Comerciais)*, Vol. 2, 1 ed., 2 reimp., Coimbra: Almedina, 1999

VENTURA, RAÚL, *Sociedades por Quotas (Comentário ao Código das Sociedades Comerciais)*, Vol. 3, 1 ed., 1 reimp., Coimbra: Almedina, 1996

VENTURA, RAÚL, *Estudos Vários Sobre Sociedades Anónimas – Comentário ao Código das Sociedades Comerciais*, Almedina, Coimbra, (1992)

VENTURA, RAÚL/ BRITO CORREIA, *Responsabilidade civil dos administradores e directores das sociedades anónimas e dos gerentes das sociedades por quotas: Estudo comparativos dos direitos alemão, francês, italiano e português. Nota explicativa do capítulo II do Decreto-Lei n.º 49381 de 15 de Novembro de 1969*, Separata do Boletim do Ministério da justiça n.ºs 192, 193, 194 e 195 (1970)

VISINTINI, GIOVANNA, *Rappresentanza e gestione*, em Rappresentanza e gestione, (1992)

VIDAL, DOMINIQUE, *Droit des Sociétes*, Paris (2008)

WHITE, EUGENE N., *Can the Market Control Conflicts of Interest in the Financial Industry?*, in C. BORIO, W. C. HUNTER, G. KAUFMAN AND K.TSATSARONIS, *Market Discipline Across Countries and Industries*, MIT Press, (2004)

WHITE, EUGENE, *Can the market control conflicts of interest in the financial industry?*, (Maio 2004), disponível em www.ssnr.com

WHITE, LAWRENCE, *The credit rating industry: an industrial organization analysis*, (2 de Dezembro de 2001), disponível em www.ssrn.com (http://ssrn.com/abstract=267083)

WILTON, PEDRO, *Sobre o artigo 349.º do Código das Sociedades Comerciais – Limite de emissão de obrigações, Cadernos do Mercado de Valores Mobiliários*, n.º 21, (Agosto de 2005)

WINTER / GARCIA / HOPT / RICKFORD / ROSSI / CHRISTENSEN / SIMON, *Report of the High Level Group of Company Law Experts on a Modern Regulatory Framework for Company Law in Europe*, (2002)

WOLF/TACKETT/CLAYPOOL, *Audit disaster futures: antidotes for the expectation gap, Managerial Auditing Journal*, (1999), Vol. 14-9, 468 – 478

WORLD BANK, THE, *Doing Business 2008 (Portugal)*, Washington, DC: The World Bank, (2007)

WYMEERSCH, EDDY, *Corporate Governance and financial stability, Financial Law Institute Working Paper*, n.º 2008-11 (2008)

XAVIER, VASCO DA GAMA LOBO, *Anulação de deliberação social e deliberações conexas*, Coimbra (reimp.1998)

Índice Ideográfico

Administrador de facto
– accionista controlador como – 151-155

Análise financeira
– analista financeiro – 421-424
– recomendação de investimento – 417-
-421
– e conflito de interesses – 424-459

Auditoria
– auto-revisão – 583
– e conflito de interesses – 553-611
– designação – 578-582, 584-585
– função de certificação – 555-559
– rotação – 588-595
– e sedução moral – 567-569

Auto-regulação
– e conflito de interesses – 71

Benefícios privados
– conceito – 81
– formas de extracção pelo accionista controlador – 86-89
– limitação da extracção pelo accionista controlador: mecanismos legais – 89-192
– níveis de extracção em Portugal e comparação a nível internacional – 194

Business Judgment Rule
– no âmbito da aprovação de negócios com o accionista controlador – 158-163

Comissões devidas a sociedades de notação de risco
– conflitos de interesses gerados pelo pagamento de – 523

– e gestão de conflitos – 528-529
– e *"break-up fees"* – 533-534
– e *"issuer-pays model"* – 527
– e remuneração de analistas – 531-533
– e representatividade do cliente – 529-
-531
– e *"subscriber-pays model"* – 526
– impactos dos conflitos de interesses gerados pelo pagamento de – 522-523

Conflito de interesses
– conceito – 55-57, 210, 306-310, 570
– modalidades – 57, 318-323
– técnicas de regulação – 11, 57-73, 89-93, 300-304, 590-608
– transversalidade – 10-11

Conflito de interesses e direito financeiro
– em geral – 11
– antecipação na negociação – 408-415
– conflito e intermediação financeira – 17-36, 324-415
– conflito e remuneração – v. remuneração

Conflito de interesses e direito societário
– em geral – 17, 37-41
– conflito entre accionistas – 78-86, 86-89
– conflito entre administradores e accionistas – 209-285
– membros de órgãos de fiscalização – 287-304
– conflito e remuneração – v. remuneração
– discussão e deliberação do conselho de administração em caso de conflito de interesse – 163-165

– requisitos de aprovação de contratos com administradores – 100-120
– requisitos de aprovação de negócios com o accionista controlador – v. negócios com o accionista controlador

Conflito de interesses na notação de risco
– áreas propícias à sua ocorrência – 522
– gerado pela prestação de outros serviços – p. 536
– gerado pelo pagamento de comissões – 523
– gerado por "*notching*" – 534
– gerado por interesses nas sociedades objecto de notação de risco – 542-544
– gerado por notação de risco não solicitada – 544-546
– gerado por informação não pública – 547-548
– impacto – 522-523

Crise financeira
– em geral – 5, 6, 13-17, 42, 54, 71, 72, 85, 200, 201, 230, 268, 287-288, 388, 426, 463-464, 471, 563
– e notação de risco – 470, 489, 508

Deliberações sociais
– anulabilidade de deliberações sociais e impedimentos de voto: concretização do dever de lealdade dos accionistas – 140-144

Dever de cuidado
– dos administradores – 156-166
– Business Judgment Rule – v. Business Judgment Rule

Dever de lealdade
– do mandatário e do gestor de negócios - 10
– do intermediário financeiro aos interesses do cliente – 23, 62, 330-331, 333, 343, 349,
– dos accionistas – 40, 120-151
– dos administradores – 39, 59-62, 166--169, 211-212, 218-220, 223-229
– e graduação de interesses – 55-63, 73, 225
– dos auditores - 576
– no direito norte-americano – 122-124
– no direito alemão – 124-126

Deveres de informação
– sobre negócios com partes relacionadas: justificação – 172-178
– sobre negócios com partes relacionadas – 172-192
– sobre contratos entre a sociedade e os seus administradores – 172-180
– sobre operações com partes relacionadas em anexo às contas anuais – 180-186
– das sociedades cotadas no relatório anual de governo societário – 186-188
– dos emitentes no relatório semestral – 188-189
– das entidades sujeitas à IAS 24 – 189-192

Deveres fundamentais dos administradores
– considerações gerais – 155-156
– cuidado – v. dever de cuidado
– lealdade – v. dever de lealdade

Directriz 2006/46/CE
– transposição pelo Decreto-Lei n.º 185//2009, de 12 de Agosto – 180-186

Estados soberanos
– como objecto de notação de risco – 477

IAS 24
– deveres de informação – 189-192

Impedimentos de voto
– e anulabilidade de deliberações sociais: concretização do dever de lealdade dos accionistas – 140-144

Informação
– e sua importância no Direito das sociedades comerciais e dos valores mobiliários – 172-178

– deveres de informação – v. deveres de informação

Incompatibilidades
– e conflito de interesses – 295-297, 300-302, 543-544, 578, 595-598

Independência
– e conflito de interesses – 27, 28, 39, 44-45, 47, 49, 51, 55, 57, 67-70, 80, 85, 90, 101, 119, 122
– do auditor – 64, 96, 574-578

Interesse
– conceito – 310-311

Investidores
– conflito de interesses com accionista controlador – 78-86, 86-89
– e confiança na notação de risco – 471
– discernimento dos – 406-407
– notação de risco e remuneração de – 473
– notação de risco e sofisticação de – 469

Levantamento da personalidade colectiva
– e negócios com o accionista controlador – 91-93

Negócios
– com administradores da sociedade – 100-120, 230-261
– com accionista controlador: v. negócios com accionista controlador

Notação de risco
– beneficiários da – 466, 471-473
– função informativa da – 465
– importância da – 466-467, 472-473
– e crise associada ao *sub-prime* – 470, 489, 508
– e confiança dos investidores – 471
– e remuneração de investidores – 473
– e recomendações – 468
– história da – 486-487
– não solicitada – 485, 544-546
– no direito comunitário – 495-498

– no panorama norte-americano – 491-492
– papel da IOSCO – 492-495
– relevância contratual da – 482
– relevância legal da – 480
– sofisticação dos investidores e – 469
– tradicional e em *structured finance* – 513

Negócio consigo mesmo
– redução teleológica das normas que prescrevem a nulidade ou anulabilidade do – 112
– negócios com o accionista controlador – v. negócios com o accionista controlador

Negócios com o accionista controlador
– e conflitos de interesses entre accionistas – 78-86, 86-89
– requisitos de aprovação de contratos com – 93-120
– e o dever de lealdade dos accionistas – v. dever de lealdade dos accionistas
– e os deveres fundamentais dos administradores – v. deveres fundamentais dos administradores
– deveres de informação sobre – v. deveres de informação

"Notching"
– conflito de interesses gerado por – 534

Obrigações
– como objecto de notação de risco – 476
– e requisitos legais de notação de risco – 519
– e relevância legal da notação de risco – 480

Obrigações hipotecárias
– como objecto de notação de risco – 479

Obrigações titularizadas e unidades de titularização de créditos
– como objecto de notação de risco – 477

Operações de cobertura de risco
– e relevância contratual da notação de risco – 484

Overrating
– de obrigações – 519
– em investimentos por organismos de investimento colectivo – 520
– manifestações de conflitos de interesses e – 518

Papel comercial
– e relevância legal da notação de risco – 480

Processo de notação de risco
– procedimentos e metodologias – 503, 505-506
– informação e – 503-505
– *follow-up* do – 506-508
– meios humanos e – 509-511
– e redução / remoção de notação – 520--521

Quase-entradas
– a propósito dos requisitos de aprovação dos negócios celebrados com um accionista controlador – 95-100
– requisitos de aprovação das quase entradas e sua (não) aplicação aos contratos de prestação de serviços por fundadores ou sócios – 97-100

Remuneração
– e conflito de interesses – 12, 14, 18, 21, 27, 39, 42-55, 63, 70, 86, 191, 227, 229-231, 262-285, 297, 344, 369, 373, 381, 404, 427-432, 434-436, 442, 444, 456, 473, 502, 510, 524, 526, 530, 531, 550, 586-587

Representação
– com abuso de poderes nos negócios entre a sociedade e accionista controlador – 110

– dupla representação nos negócios com o accionista controlador – 103-106
– da sociedade de modelo germânico nos negócios com membros do conselho de administração executivo – 114-118

Responsabilidade civil
– do accionista controlador pelo exercício de influência sobre a administração – 144-151
– do accionista controlador como administrador de facto – 151-155
– dos administradores no âmbito dos negócios com o accionista controlador – v. dever de cuidado; dever de lealdade e *Business Judgment Rule*

Responsabilidade penal
– dos administradores por violação do dever de lealdade – 169-172

Sociedades de notação de risco
– e conflitos de interesses – 512 e ss.
– registo das – 499-502, 514-516
– supervisão das – 502-503

Titularização de créditos
– e notação de risco – 477
– e relevância contratual da notação de risco – 483

Tribunais
– dados sobre ineficiência dos – 199-200

Unidades de participação
– e relevância legal da notação de risco – 480

Vantagens especiais
– aferição da sua existência nos negócios com o accionista controlador – 111-113

Índice

APRESENTAÇÃO	5
Capítulo I: Conflito de Interesses no Direito Financeiro e Societário: Um Retrato Anatómico	
Paulo Câmara	9
Capítulo II: Conflito de Interesses entre Accionistas nos Negócios Celebrados entre a Sociedade Anónima e o seu Accionista Controlador	
José Ferreira Gomes	75
Capítulo III: Conflitos de Interesses entre Administradores e os Accionistas na Sociedade Anónima: os Negócios com a Sociedade e a Remuneração dos Administradores	
João Sousa Gião	215
Capítulo IV: Conflitos de Interesses no Exercício de Funções de Fiscalização de Sociedades Anónimas	
Rui Oliveira Neves	293
Capítulo V: Conflitos de Interesses e Intermediação Financeira	
Sofia Leite Borges	315
Capítulo VI: A Análise Financeira e o Conflito de Interesses	
Gonçalo Castilho dos Santos	427
Capítulo VII: A Notação de Risco e o Conflito de Interesses	
Hugo Moredo Santos	470
Capítulo VIII: Interesses e Conflito de Interesses em Auditoria	
Gabriela Figueiredo Dias	565
APRESENTAÇÃO DOS AUTORES	625
BIBLIOGRAFIA	629
ÍNDICE IDEOGRÁFICO	651
ÍNDICE FINAL	655